Jezus van Nazareth

Boeken van Eugen Drewermann

Klassieker
Beelden van verlossing
Toelichting op het evangelie van Marcus
Met een inleiding door dr. H. Andriessen

In de 'prekenserie'
Ik laat u niet gaan, tenzij gij mij zegent
Overwegingen bij het boek Genesis

Een eigen weg
Overwegingen bij de boeken Exodus tot en met Richteren

Dogmatisch project
Geloven in vrijheid
Dieptepsychologie en dogmatiek

Meditatief
Wat ons toekomt
Gedachten over de rijkdom van het leven

Op het raakvlak van hemel en aarde
De gelijkenissen van Jezus

Hij legde hun de handen op
De wonderen van Jezus

Van vastentijd naar Pasen
De dood die leven brengt
Overwegingen bij de veertigdagen- en paastijd

Inspirerende ethiek
De Bergrede
Beelden van vervulling. Toelichting op Mattheüs 5, 6 en 7

Rijkdom van symbolen
Dieptepsychologie en exegese
Droom, mythe, sprookje, sage en legende

Exegese en dieptepsychologie
Wonder, visioen, profetie en gelijkenis

Interviews
Een ruimte om te leven
Gesprekken, gekozen en vertaald door Ton van der Stap
Serie Binnenkant

Eugen Drewermann

Jezus van Nazareth

Bevrijding tot vrede

Geloven in vrijheid 2

Uitgeverij Meinema, Zoetermeer

Oorspronkelijke uitgave:
Eugen Drewermann, Jesus von Nazareth, Befreiung zum Frieden. Bd. 2. Glauben in Freiheit.

Nederlandse uitgave:

Vertaling: Corrie van de Pol

Afbeelding op het omslag: Peter Paul Rubens (1577-1640), Christus en de overspelige vrouw, olieverf op hout, 143,5 x 194 cm, Koninklijke Musea voor Schone Kunsten van België, Brussel (foto Speltdoorn)
Ontwerp omslag: Cicero, Haren

De namen waarmee men Jezus in de joodse voorstellingen als Messias, Mensenzoon en Zoon van God aanduidde, zijn voor ons historische gelijkenissen geworden.

Als een onbekende en naamloze komt Hij tot ons, zoals Hij aan de oever van het meer toekwam op de mannen die niet wisten wie Hij was. Hij zegt dezelfde woorden: Volg gij mij! en stelt ons voor de taak, die Hij in onze tijd moet volbrengen. Hij gebiedt, en aan degenen die hem gehoorzamen, wijzen en onwijzen, zal Hij zich openbaren in wat zij in zijn gemeenschap aan vrede, werken, strijden en lijden mogen ervaren, en als een onuitsprekelijk geheim zullen zij vernemen wie Hij is...

Schweitzer, *Geschichte der Leben-Jesu-Forschung*
(geciteerd uit: *Jezus; capita selecta uit Schweitzers theologie*, samengesteld en ingeleid door C.J. den Heyer, Den Haag 1981)

Bij deze uitgave

Eugen Drewermann (geboren 1940) publiceerde in 1996 "Glauben in Freiheit, Band 2. Jesus von Nazareth, Befreiung zum Frieden".

De Nederlandse uitgave "Jezus van Nazareth" bevat een uitgebreide en representatieve keuze uit de oorspronkelijke publicatie. De auteur heeft deze selectie zelf gemaakt.

Eugen Drewermann is aan zijn dogmatiek begonnen toen hij zijn ambten en taken in de katholieke kerk van Duitsland had verloren. In dit boekwerk houdt hij zich bezig met de leer aangaande Jezus. Degenen die reeds kennis hebben gemaakt met zijn werk, zal het niet verbazen dat Drewermann hier een psychologisch portret schetst van Jezus, als levend model voor het inrichten van ons leven en onze maatschappij.

Inhoud

Woord vooraf – of: de opgave

In het *Musée d'Art Ancien* te Brussel bevindt zich een paneel van Peter Paul Rubens (1577–1640): Christus en de overspelige vrouw. Het paneel (143,5 x 194 cm) is geïnventariseerd onder nummer 3461. De scène op het paneel is afkomstig uit het achtste hoofdstuk van het *Johannes*-evangelie. Dit verhaal behoort eigenlijk niet tot het Johannesevangelie, – men heeft duidelijk lang geaarzeld om deze geschiedenis toch in het 'Nieuwe Testament' op te nemen, want het verhaal heeft een zeer vrije uitstraling. Vroeg in de morgen, zo verhaalt deze kleine novelle, kwamen de schriftgeleerden en Farizeeërs naar Jezus in de tempel. Zij brachten een vrouw bij hem die ze betrapt hadden op overspel. Volgens de mozaïsche wetgeving moesten 'zulke vrouwen gestenigd worden' (Lev. 20:10). Jezus zal daarentegen tegen hen zeggen: 'Wie van u zonder zonde is, moet dan maar de eerste steen werpen!' En ze gaan allen weg! Aan de vrouw geeft Jezus daarentegen de vrijheid om niet meer te 'zondigen'.

Het schilderij van Rubens is bijzonder geschikt als *omslagillustratie* bij dit werk. Het geeft namelijk in één beeld al wat Jezus' boodschap aan genezends en heilzaams bevat weer. Men ziet een vrouw voor zich, wier gezicht, onder een zwarte sluier die de haren verbergt, nog rood is van schaamte. Haar gewaad laat schouders en borst zien, terwijl zij zelf echter, de hand voor het gezicht, niemand aan durft te kijken. Helemaal rechts aan de rand van het beeld is een schriftgeleerde te zien met een gewaad dat is afgezet met franjes, waar het goud doorheen schemert en op zijn voorhoofd, als een bord voor zijn kop, het zesde gebod in het Hebreeuws: *lo thinaph* – gij zult niet echtbreken. Voorovergebogen, terwijl hij de beide handen uitstrekt als aanklacht en als het ware al klaar om te arresteren, fixeert hij met priemend fanatisme, zeker van zijn zaak zijn tegenstander tegenover hem: Jezus van Nazareth. Naast hem staat, met een dik gezicht en de ronde schedel bedekt met een rode muts, de botte 'farizeïsche' zelfverzekerdheid, de handen besluitvaardig gevouwen, – voor deze man is alles al helemaal duidelijk, het is een eenvoudige zaak.

Rechts van de vrouw echter staart een andere man Jezus aan, die meer beschermend de arm van de vrouw lijkt aan te raken. Zijn gezicht heeft een verbaasde uitdrukking, zijn ogen onder de kale schedel kijken vragend. Alle andere personen naast en tussen deze hoofdrolspelers stellen slechts een achtergrond van nieuwsgierige mensen voor. Maar wat ze nu te zien en te horen krijgen is de omgekeerde wereld. Jezus staat daar, helemaal in zichzelf gekeerd en eigenlijk kijkt hij niemand aan. Maar toch strekt hij beide armen openend uit, naar de vrouw en naar de man van de wet. Alles wat hij wil zeggen wordt uitgedrukt in zijn uitzonderlijk lange rechterarm met de fijngebouwde geopende hand. Men ziet: deze handen drukken *geen* veroordeling, maar begrip uit. En juist daarom gaat het in alles wat hierna nog volgt.

Hoe is het mogelijk de boodschap van Jezus als 'verlossing' van deze 'wereld' te begrijpen, zolang deze wereld nog is zoals ze is? Deze vraag die in de klassieke theologische traktaten behandeld wordt onder de trefwoorden: '(erf)zonde' en 'verlossingsleer', 'christologie' en 'eschatologie', is sinds de dagen van Kaïn en Abel een indringende vraag, omdat zij het probleem van de *oorlog* aanduidt. De oorlog is de samenvatting, het gevolg en de oorzaak van alles wat de mensen elkaar aan onheil toe kunnen brengen. Zolang er *oorlog* in de wereld is, is deze wereld niet in orde, heeft ze *genezing* nodig. Maar hoe...

We zullen in dit boek niet nog een poging doen om een samenvatting te geven van de nieuwste ontwikkelingen van de historisch-kritische exegese bij de zoektocht naar de historische Jezus. Wij willen eerder proberen bij de bijbelse beelden over de persoon van Jezus en bij de overlevering van zijn woorden de vraag te stellen of zij ons kunnen helpen *vrede* te vinden en zo ja, op welke manier: vrede met onszelf en met de mensen om ons heen, vrede in de samenleving van de volkeren, vrede met de ons omringende wereld en vrede met de wereld die wij zelf gemaakt hebben. Met dit doel voor ogen willen wij de *motieven* nagaan die ons al vanuit de gelederen der dieren ertoe bestemmen, elkaar in geval van nood te bevechten en te doden: psychologische, groepsdynamische, politicologische, economische, cultuurfilosofische motieven.... Welke antwoorden geeft de man uit Nazareth ons op al deze vragen en hoe ver reiken ze?

We willen aantonen dat het *niet* mogelijk is de mens te helpen door middel van de *moraal;* – dat besef is de eigenlijke betekenis van de zogenaamde '*erfzondeleer*'. Een werkelijk probleem in het menselijk leven laat zich niet oplossen door een 'gij zult' of 'gij zult niet'. *Ieder* mens moet iets beleven wat lijkt op deze uitgestoken hand van Jezus in het schilderij van Rubens. De hele moeilijkheid van dit boek bestaat er echter uit duidelijk te maken dàt dit zo is. 'Alleen uit genade, niet uit de werken der wet'. Deze kernzin van Maarten Luther uit Romeinen (3:28) geeft de hele inhoud weer van de kerkelijke '*genade*'- en '*rechtvaardigingsleer*'. Maar wat mensen nodig hebben heet in hun taal niet 'genade', maar eerder *goedheid* en *begeleiding*. En dat is eerder een open hand dan een opgeheven of uitgestoken wijsvinger, eerder *acceptatie zonder veroordeling* en *open meeleven* dan dogmatiek, conformisme en kerkelijke dwang.

Het is in deze ten einde lopende twintigste eeuw de *psychoanalyse* geweest die ons, door middel van kennis van het onderbewuste, wezenlijk aan kon tonen hoe hulpeloos mensen aan zichzelf en anderen overgeleverd zijn. En hoezeer zij, om zichzelf terug te vinden de liefde nodig hebben van ten minste *één* mens aan hun zijde. Juist daarom zullen de inzichten van de psychoanalyse en psychotherapie in de onderstaande studies een belangrijke rol spelen. Niet om, zoals de 'bezwaren' stereotiep luiden, alles te 'verpsychologiseren' of 'geestelijk' en 'naar willekeur' op te lossen. Maar juist in tegendeel: om *het* punt in de mens te vinden van waaruit de bestaande wereld zich in naam van de man uit Nazareth uit de hengsels laat lichten en zich met de blik op hem gericht naar een nieuwe en *betere* wereld laat voeren.

Er zijn bij alle historische twijfel over de betrouwbaarheid van de overlevering van de bijbel een paar *grondbeginselen* die ook historisch niet bestreden kunnen worden. Jezus was een *profeet* en hij wilde dat wij niet anders zouden leven dan als door God bezielden en enthousiasten (E. Drewermann: *Geloven in vrijheid. Dieptepsychologie en dogmatiek*, Zoetermeer 1995, p. 49-60). Jezus was een *dichter* en hij wilde dat wij de geloofs- en gebedstaal terug zouden krijgen die ons vrij zou maken en eerlijk voor God en de mensen. En hij was een *therapeut*; hij wilde dat wij niet anders over God zouden spreken dan op een manier waardoor de wonden van mensen zich helen. Welk antwoord geeft een mens, die met zijn liederen over God de angsten en nachtmerries van het menselijk hart kalmeert en tot bedaren brengt, op de onderdrukking, het geweld, de machtswellust en het geld op deze wereld? Hoe plaatst hij zijn visioenen over een nu reeds en altijd mogelijk koninkrijk van God tegenover de harde logica van de feiten en de factoren die de zogenaamde 'werkelijkheid' vormen? Met deze vragen willen wij ons bezighouden.

In de kerkelijke betekenis is in Jezus geloven: een reeks *theologische begrippen* over de man uit Nazareth uit het hoofd leren en overeenkomstig de kerkelijke 'leer' opzeggen. Al deze begrippen zijn echter secundair. Niet één is er afkomstig van Jezus zelf. Ook *dat* zullen en *moeten* we aantonen. Want alleen als we de vervreemdende omhulsels terzijde leggen, zullen we leren geloven wat Jezus ons werkelijk wilde laten zien. Dat er een macht is die ons draagt, als wij denken weg te zinken in de zee; dat er een stem is die ons vraagt wie we zijn, als wij onszelf niet meer begrijpen; dat wij een bescherming genieten waardoor het ons mogelijk is op geweld niet langer met tegengeweld, of op angst met de antiterreur van nog meer angst te reageren. Daar zijn ogen die ons aankijken, zo liefdevol, begrijpend en treurig en vrolijk dat wij het in zijn ogen weer wagen kunnen om onszelf onder ogen te komen, wat er ook gebeurd is. Er wordt een vertrouwen in ons gesteld dat ons kracht geeft weer in onszelf te geloven en 'heen te gaan en voortaan niet meer te "zondigen"'.

R.M. Rilke schreef ooit als 'titelblad' in zijn *Buch der Bilder* een gedicht dat de beste interpretatie van de omslagillustratie van dit boek is (*Uit alle daken*, Gedichten van Rainer Maria Rilke vertaald door Piet Thomas, Kortrijk, 1982):

> Gelukkigen en rijken kunnen zwijgen.
> Geen mens die om hun leven vragen windt.
> Maar wie in nood is en wil aandacht krijgen,
> die moet wel zeggen: ik ben blind,
> of: ik geloof dat ik het weldra word,
> of: 't gaat me helemaal niet goed op aarde,
> of: 'k heb een kind dat ziek is en verdort,
> of: zo heeft men mij opgelapt, mijn waarde...
>
> Best mogelijk dat dit nog niet volstaat.
>
> Daar mensen dan aan hem als aan de dingen
> voorbijgaan, moet hij ook nog zingen.
>
> En wat men hoort is lang geen slecht gezang.

Ja, mensen zijn zo gek; ze horen
het liefst castraten in de knapenkoren.

Maar God komt zelf en Hij blijft lang
en duldt dat *die* besnedenen Hem storen.

'En ze brachten alle zieken bij Hem, die gekweld werden door allerlei ziekten en pijnen, mensen die bezeten waren door demonen, lijders aan vallende ziekte en verlamden, en Hij genas hen.'

Deze scène is niet 'historisch', – Mattheüs heeft dit geschreven als 'summarium' (verkorte weergave) ter inleiding op de 'bergrede' (Matth. 4:24); toch ligt het hele evangelie hierin begrepen.

A. Het roepen uit de diepte – of: 'Geeft niemand antwoord?'

Het is nu vijftig jaar geleden dat Wolfgang Borchert zijn toneelstuk *Buiten voor de deur* schreef. Daarin schreeuwde hij, met een longziekte opgenomen in een sanatorium in Basel, zijn vertwijfeling uit over de massamoord van de Tweede Wereldoorlog. Zijn hoofdpersoon, iemand van alle tijden, is de oorlogsinvalide Beckmann, die 'een van hen' is die na een oorlog 'naar huis' komen en 'toch niet naar huis komen, omdat er voor hen geen thuis meer is' (W. Borchert, *Buiten voor de deur*; vertaald door W.Wielek-Berg, Weesp 1983). 'Ja', stamelt deze protagonist van alle zinloos lijdenden, 'de mensen zijn goed. Maar soms heb je dagen, dan kom je voortdurend die paar slechten die er zijn tegen. Nou ja, zo erg zijn die mensen nu ook niet... Ik zal niet onrechtvaardig zijn. De mensen zijn goed. Maar ze zijn zo verschrikkelijk verschillend, dat is het, zo onbegrijpelijk verschillend.' 'Wie behoedt ons ervoor een moordenaar te worden? We worden elke dag vermoord en elke dag plegen wij een moord. We negeren elke dag een moord! En de moordenaar Beckmann kan het niet meer verdragen vermoord te worden en een moordenaar te zijn. En hij schreeuwt het de wereld in het gezicht: Ik sterf! ... Moet ik verder laten moorden en verder moorden? Waar moet ik heen? Waar moet ik van leven? Met wie? Waarvoor? Waar moeten we heen op deze wereld? Verraden zijn wij. Verschrikkelijk verraden... Waar is de oude man die zich God noemt? Waarom zegt hij niets? Geef toch antwoord! Waarom zwijgen jullie? Waarom? Geeft niemand antwoord? Geeft niemand antwoord?? Geeft dan niemand, niemand antwoord???' (Borchert, p. 131–132).

Hoe moet men leven in een wereld waarin alles wat we doen direct of indirect uitloopt op moord? We werken om geld te verdienen, maar met het geld waarvoor we gewerkt hebben, financieren we in de Bondsrepubliek Duitsland nog altijd een politiek die elk jaar het immense bedrag van meer dan vijfentwintig miljard DM aan wapens en bewapening opslokt. Wij verkopen jaar na jaar clandestien wapentuig aan alle mogelijke volkeren, alleen om nog meer geld te verdienen aan het lijden van anderen. Onze staat, – de Bondsrepubliek Duitsland, is na Amerika de tweede van alle wapen-exporterende landen ter wereld. En alsof dat niet genoeg is, ondersteunen wij met handelsorders van vele miljarden marken ook nog eens dictators en schenders van mensenrechten, zowel in het nabije als in het verre Oosten. Ja, wij kennen zelfs geen scrupules om bij deze praktijken nog te spreken van een brede visie en verantwoordelijkheid voor het wereldgebeuren. Wij vinden het heel normaal om zogenaamd ter bescherming van onze vrijheid onze achttienjarigen vele maanden te trainen om onze 'bondgenoten' behulpzaam te zijn een miljoenvoudige dood uit de bommenluiken van hun vliegtuigen en uit de gevechtskoppen van hun raketten over metropolen en continenten af te werpen – in 1982 bedroeg de vernielende kracht van de atoomwapens in handen van de 'grootmachten' al tweeënzestig miljoen keer Hiroshima. En men brengt ons zoals altijd bij, dat het slechts verstandig en verantwoordelijk, realistisch en correct, krachtig en mannelijk is om op deze voet voort te gaan.

Op het moment dat dit boek geschreven wordt, staat de bisschopsstad Paderborn stil bij de vijftigjarige herdenkingsdag van het zware bombardement van de geallieerden die nog in de laatste oorlogsmaanden van 1945 het hele stadscentrum in puin en as legden. Ook de rol van de toenmalige bisschop en latere kardinaal van de roomse kerk, Lorenz Jäger, wordt daarbij herdacht. Over hem verschijnt juist een door de kerk in eigen beheer uitgegeven 'studie' die de kerkelijk hoogwaardigheidsbekleder vrij moet spreken van de verdenking van medeplichtigheid aan de nazi's. Nee, Jäger zou niet nazistisch in merg en been zijn geweest, zoals zovelen van zijn ambtsbroeders in die tijd, bijvoorbeeld kardinaal Adolf Bertram in Breslau of aartsbisschop Gröber in Freiburg. Hij was slechts 'Duits-nationalistisch' gezind. In feite had hij al deelgenomen aan de Eerste Wereldoorlog en toen hij 29 mei 1941 verkozen werd tot aartsbisschop van Paderborn verbleef hij juist als aalmoezenier in het bezette Frankrijk. Toen 20 juni 1940 Hitlers divisies Parijs bezetten, had zijn voorganger Caspar Klein uit enthousiasme en dankbaarheid over de gelukkige veldslag van de Duitsers tien dagen lang de klokken laten luiden. 'Ook de kerk heeft zich schuldig gemaakt', verklaarde aartsbisschop J.J. Degenhardt terugblikkend in een pontificale mis ter gedachtenis aan het einde van de oorlog op 2 april 1995 in de grote Dom te Paderborn. Maar voegde hij er meteen aan toe: 'Men kan in een onrechtvaardige samenleving niet verwachten dat in alle afzonderlijke gevallen de kerk steeds haar stem in het openbaar verheft.' 'Het doel van de katholieke kerk was destijds toch geweest de zielszorg en geloofsverkondiging... intact en het godsdienstige leven in stand te houden.'

Wat is dat dan voor een 'godsdienst' die 'in stand gehouden' moet worden als deze de overduidelijke aanvalsoorlog van nazi-Duitsland met nationalistische frasen en christelijke kruistochtideeën verheerlijkte, na tweeduizend jaar van theologische disputen over 'rechtvaardige' en 'onrechtvaardige' oorlogen? 'Kijk naar Rusland!', schreef aartsbisschop Jäger in een pastorale vastenbrief in 1942. 'Is dat arme, ongelukkige land niet de verzamelplaats van mensen die door hun godevijandigheid en hun Christushaat bijna tot dieren ontaard zijn?' Voor de poort van zijn bisschopsstad in het dertig kilometer noordelijker gelegen Stukenbrock waren destijds – niemand heeft ze geteld – dertigduizend of zelfs zestigduizend Russische krijgsgevangenen in een 'strafkamp' ondergebracht. Deze mensen leden in de winter van 1941–42, als vogels onder de blote hemel, koude en honger in hun eigenhandig uitgegraven aardholen. In totaal stierven tussen juni 1941 en januari 1942 in Duitsland vijfhonderdduizend krijgsgevangenen. Voor de bisschop van Paderborn geen woord van gedachtenis waard. Vijfentwintig kilometer ten zuidwesten van Paderborn ligt de Wewelsburg, – gewijde grond voor Heinrich Himmlers SS en een concentratiekamp voor tegenstanders van het regime en voor dissidenten. Ook daarover al die jaren uit de mond van de aartsbisschop geen enkel woord. In plaats daarvan preekte hij hetzelfde als de bisschoppen van het Grootduitse Rijk aan hun gelovigen verklaard hadden in twee herderlijke schrijvens na het begin van 'operatie Barbarossa' in juli en december 1941: dat de strijd tegen Rusland een kruistocht tegen het atheïsme was. En zelfs de later als 'Leeuw van Münster' gevierde kardinaal graaf van Galen liet in 1938, drie jaar na de invoering van de eed op de vlag voor de 'weermacht' bekend maken dat een eed gezworen bij Führer Adolf Hitler een eed is, die ook gezworen is bij God.

Het is deze 'theologie', deze 'pastorale zorg' van de bisschoppen geweest, die de gelovigen in het 'Derde Rijk' van alle moed tot tegenstand beroofde. Wie onder de banier van deze kerk serieus de praktijk van de nationaal-socialisten wilde tegenspreken, als dienstweigeraar, deserteur, verdediger van de mensenrechten van homoseksuelen, joden, zigeuners en woonwagenbewoners, communisten of pacifisten, had niet alleen de fascistische overheid als tegenstander, maar, volgens de informatie die de kerk verspreidde, God zelf. *Dat* was de reden waarom katholieken in die tijd nauwelijks in de verzetsbeweging te vinden waren. Ze liepen mee zoals hun bevolen was. Zij deden hun plicht! Inmiddels hebben de katholieke bisschoppen in april 1995 voor de eerste keer na vijftig jaar een 'schuldbekentenis' afgelegd voor hun gedrag in het 'Derde Rijk', ze hebben verklaard dat er in die tijd sprake is geweest van een 'onverstandig zwijgen'. Alsof ze er zo gemakkelijk vanaf kwamen! Er is sprake geweest van een al te handig gedraai met woorden en van zwijgen in plaats van moed tonen.

En zo ging het steeds in deze hele twintigste eeuw! Slechts de krankzinnigheid van de oorlog is nooit een halt toegeroepen. Na de 'materiaalslag' van Verdun, na het inferno van Yperen of aan de Somme is er geen verantwoordelijk politicus geweest die gezegd heeft: 'De zomer van 1918 betekent het einde van een wereld waarin een oorlog af kan lopen met een overwinning voor de ene en een nederlaag voor de andere partij. Deze oorlog heeft ons voor altijd getoond dat we altijd gezamenlijk verliezers zijn. We hebben mensen gedwongen elkaar bij honderdduizenden te doden en te doden met alles wat onze fabrieken aan moordinstrumenten kunnen vervaardigen: met vliegtuigen, pantserwagens, gifgas, vlammenwerpers, kanonnen; – van bajonet tot bom hebben we alles tot "wapen" verklaard wat op de een of andere manier geschikt lijkt mens en dier te verteren en te verminken. De enige "overwinning" die we nu nog kunnen behalen is de overwinning op onszelf. Zoiets als deze oorlog mag nooit en te nimmer meer voorkomen.' Niemand van de 'verantwoordelijken' in staat of kerk heeft zoiets gezegd.

Tien jaar had Erich Maria Remarque nodig voor hij in zijn bestseller *Van het westelijk front niets nieuws* schreef: 'De tanks ... zijn, meer dan iets anders, de incarnatie van het gruwelijke van de oorlog. Het geschut, dat ons onder trommelvuur neemt, kunnen we niet zien. De troepen, die bij een handgemeen op ons afkomen, zijn mensen zoals wijzelf; – maar deze tanks zijn machines; hun rupsbanden wentelen eindeloos verder net zoals de oorlog zelf: ze zijn de geïncarneerde vernietiging, als ze gevoelloos onze trechters binnenrollen en er weer uitklimmen, niet tegen te houden; een heel eskader van brullende, rook verspreidende pantsers, dieren van staal, zelf niet te wonden, maar die doden en gewonden kapotrijden; – wij, in ons dunne vel, krimpen er voor ineen; bij hun kolossale zwaarte vergeleken zijn onze armen strohalmen en onze handgranaten lucifers. Granaten, gasaanvallen, een eskader tanks; – ze trappen ons stuk; ze slokken ons op; ze brengen ons de dood. Dysenterie, griep, tyfus; – stikken, verbranden, dood. In de loopgraven, naar het hospitaal, of onder de grond – meer mogelijkheden zijn er niet.' (E.M. Remarque, *Van het westelijk front geen nieuws*; vertaald door Annie Salomons, Utrecht 1987) Zelfs de vertwijfeling van Remarque deed nog geen recht aan de zaak. Natuurlijk waren er *meer* mogelijkheden, *veel* meer mogelijkheden in de twintigste eeuw! Niet alleen steeds grotere pantsercolonnes, niet alleen steeds bredere formaties bommenwerpers, niet alleen steeds vernietigender bommenlasten, – maar ook de atoom-, waterstof- en neutronenbom. Er zijn 'intelligente' bommen, er zijn pantservoertuigen die, zoals in de Golfoorlog in 1991, de vijandelijke loopgraven van kilometers afstand met de grond gelijk kunnen maken om duizenden soldaten tijdens één enkele opmars in hun schuilplaatsen levend te begraven. Men kan een 'slagveld' verdelen in 'killing boxes', die systematisch geplaveid worden met napalm-, spring- en fragmentatiebommen, met alles wat volkenrechtelijk verboden is maar allang tot de militaire vernietigingsroutine gerekend wordt, tot er geen levend wezen meer in bestaat. De organisatie van de dood is tegenwoordig zo perfect en precies dat alle schrikbeelden uit de zestiende en negentiende eeuw van Hieronymus Bosch tot en met Francisco Goya slechts een zwak vermoeden schijnen van wat mensen aan onheil over de mensheid brengen kunnen.

En ze doen het schijnbaar onaangedaan. 'We hebben ze een baksteen op hun kop gegooid', luidde het commentaar van president Truman van de VS op het bombardement van Hiroshima. Pas toen hij merkte dat zo'n opmerking politiek verkeerd uit kon pakken, deelde hij mee dat men de militaire en industriële doelen van de havenstad vernietigd had. Tot op de dag van vandaag wordt dit bombardement in Amerika niet oprecht betreurd en de moord in enkele seconden op circa honderdduizend mensen niet geproblematiseerd.

Vele legenden vertellen dat de bemanning van de *Enola Gay*, die op 6 augustus 1945 haar dodelijke vracht door het luchtruim van Hiroshima droeg, krankzinnig werd door haar daad of in het klooster ging om levenslang boete te doen. De werkelijkheid ziet er anders uit. Jaarlijks bezoeken de zegenrijke helden van Hiroshima hun vliegtuig dat de naam van de moeder van hun gezagvoerder Paul Tibbet draagt en begieten hun geslaagde bravoure-stukje met champagne.

'Vier keer naar het museum in Hiroshima', schreef Marguerite Duras in haar scenario *Hiroshima mon amour* (M. Duras, *Hiroshima mon amour*; vertaald door J.A. Schalekamp, Amsterdam 1967). 'Ik heb naar de mensen gekeken. Ik heb ... naar het ijzer gekeken. Het verbrande ijzer. Het gebroken ijzer, het ijzer dat kwetsbaar geworden is als een menselijk lichaam. Ik heb de samengesmolten capsules gezien: wie zou daar ooit aan gedacht hebben? Mensenhuiden, drijvend, nog levend, nog midden in hun pijn. Stenen. Verbrande stenen. Uit elkaar gesprongen stenen. Naamloze scalpen, in hun geheel afgevallen van de hoofden van de vrouwen van Hiroshima, 's morgens toen ze wakker werden. Ik heb het warm gehad op het Vredesplein. Tienduizend graden op het Vredesplein. Ik weet het. De temperatuur van de zon op het vredesplein... De reconstructies zijn zo getrouw mogelijk gemaakt. De films zijn zo getrouw mogelijk gemaakt. De illusie, het is heel simpel, is zo volmaakt, dat de toeristen huilen ... Ik heb de nieuwsjournalen gezien. Op de tweede dag zegt de Geschiedenis, ik heb het niet verzonnen, vanaf de tweede dag zijn bepaalde diersoorten weer boven gekomen uit de diepten van aarde en as... Ik heb ook de overlevenden gezien en hen die nog in de buiken van de vrouwen van Hiroshima waren. (Een mooi kindje keert ons zijn gezicht toe. Dan zien we dat het maar één oog heeft. Een jong meisje dat verbrand is bekijkt zich in een spiegel. Een ander jong meisje, blind, met verwrongen handen, bespeelt de citer. Een vrouw bidt bij haar kinderen die sterven. Een man sterft langzaam omdat hij al sinds jaren niet meer slapen kan...) Ik heb het geduld, de onschuld, de schijnbare zachtzinnigheid gezien waarmee de tijdelijke overlevenden van Hiroshima een lot ondergingen, zo onrechtvaardig dat de verbeelding, gewoonlijk toch zo vruchtbaar, bij hen te kort schiet... De vrouwen lopen gevaar mismaakte kinderen, monsters, te baren, maar het gaat verder. De mannen lopen gevaar onvruchtbaar te worden, maar het gaat verder. Wij zijn bang voor de regen. Regen van as op het water van de Stille oceaan. Het water van de Stille Oceaan doodt. De vissers van de Stille Oceaan zijn dood. Wij zijn bang voor het voedsel. Wij werpen het voedsel weg van een hele stad. Wij begraven het voedsel van hele steden. Een hele stad ontsteekt in woede. Hele steden ontsteken in woede... tegen de ongelijkheid als beginsel gesteld door sommige volken tegen andere volken, tegen de ongelijkheid als beginsel gesteld door sommige rassen tegen andere rassen, tegen de ongelijkheid als beginsel gesteld door sommige klassen tegen andere klassen... Net als jij heb ik ook getracht met alle kracht die in mij is te vechten tegen de vergetelheid. Net als jij heb ik vergeten. Net als jij heb ik er naar verlangd een ontroostbaar geheugen te hebben, een geheugen van schaduwen en van steen... Luister naar me... Het zal opnieuw beginnen. Tweehonderdduizend doden. Tachtigduizend gewonden. In negen seconden. Dit zijn de officiële cijfers. Het zal opnieuw beginnen... Het zal tienduizend graden heet zijn op de aarde. Tienduizend zonnen, zal men zeggen. Het asfalt zal branden.'

Zo *is* het verder gegaan, zo *gaat* het verder en zo *zal* het altijd verder gaan. Het kan blijkbaar niet ophouden. In laboratoria hebben militairen bacteriestammen gekweekt: botulisme, pest, cholera. Voor de zekerheid hebben ze hun vaardigheid tot martelen en doden op miljoenen dieren getest. Ze hadden succes. Ze hebben de gesels der mensheid tot 'strijdmiddelen' verheven en de bevolking wijsgemaakt dat de menselijke waardigheid alleen op deze manier verdedigd kan worden.

'Het moet alles een leugen zijn en zonder enig belang, als de beschaving van duizenden jaren niet eens bij machte was om *dat* te verhinderen', meende E.M. Remarque (*Van het westelijk front geen nieuws*; vertaald door Annie Salomons, Utrecht 1987), – met het oog op de Eerste Wereldoorlog. Maar ondanks al het verschrikkelijke wat hij met eigen ogen gezien had, – ook hij had niet het geringste vermoeden van alles wat de mensen nog uit konden vinden en uitvoeren om elkaar zo effectief mogelijk te doden. Alle waarden binnen de zogenaamde cultuur schijnen binnen de zwaartekracht van de oorlog buigzaam en verbogen: eer, dapperheid, flinkheid, discipline, gehoorzaamheid, verantwoordelijkheid, vaderland, mannelijkheid, moed, kameraadschap, moraal – er is blijkbaar geen begrip dat niet indirect de oorlog dienen kan. En als zij eenmaal aan de gang is, beperkt de moraal de oorlog niet, integendeel: ze wakkert ze aan en voert ze op tot excessen die zich laten voltrekken als een soort 'godsdienst', als een heilig offer voor een hautaine demon.

Neem bijvoorbeeld 1954. In hetzelfde gebied van waaruit, onder de zegenbede van een Amerikaanse legerpredikant, de bommenformatie van de VS-Air-Force opgestegen was voor het eerste atoombombardement in de geschiedenis van de mensheid, haastten de Amerikaanse mariniers op vliegdekschepen in de Grote Oceaan zich het bevel tot paraatheid tegen communistisch China op te volgen. Met één enkele machtige zwaardslag zou, twee jaar na het bloedige einde van de oorlog in Korea, de Rode Draak in Oost-Azië de kop afgeslagen worden – door één enkele geconcentreerde atoomoorlog tegen de hoofdsteden van het Mao-imperium zou de gehele mensheid bevrijd zijn van de communistische onderdrukking. Een atoomoffensief tegen communistisch China – dat zou, al naar gelang de wind stond, vijftig of honderdvijftig miljoen doden betekenen, het drievoudige van alle slachtoffers van de Tweede Wereldoorlog. Maar was het doel zo'n offer niet waard? De Sovjets beschikten nog steeds niet over de waterstofbom. Ze bezaten ook geen lanceerinstellingen voor een alles vernietigende tegenaanval. Zou het niet beter zijn het onvermijdelijke nu te laten plaatsvinden, dan uit een misplaatst gevoel van medelijden pas later en dan met onmetelijke eigen verliezen? Hooggeplaatste katholieke moraaltheologen aan het hof van Pius XII voerden destijds nog de leus dat een atoomoorlog mogelijk een ultiem teken van Gods wens tot gerechtigheid zou zijn.

Een miljoenvoudige dood in tien seconden – tientallen jaren waren we met miljoenen tegelijk daartoe bereid, onder bepaalde omstandigheden.

En gedurende die tijd breidde aan de rand van de virtuele dood de werkelijke dood zich uit. Jaar na jaar dreven steeds grotere gebieden van het zuidelijk halfrond sneller een afgrond van ellende tegemoet. Jaarlijks vijftig miljoen verhongerde mensen, de vernietiging van de tropische regenwouden met duizenden dier- en plantensoorten: een onmetelijke oceaan van lijden – het heeft ons niet verhinderd achter de dijken van onze welstand God onvermoeid te danken en te prijzen voor het geschenk van het behoud van vrede, vrijheid en veiligheid... Een andere wereld dan deze schijnt ons nauwelijks denkbaar. Men kan zich die wel wensen of ernaar verlangen, maar het moet een illusie blijven. Wie op een verantwoordelijke positie vanuit zulke dromen wil *leven* is een onverantwoordelijke fantast, een anarchist, een gek.

Maar in dit boek komt juist zo iemand ter sprake: een fantast (Marc. 14:62!), een anarchist (Luc. 23:5!), een gek (Marc. 3:21!), die het voor mogelijk hield goedheid tegenover geweld te stellen, begrip tegenover misdaad, liefde tegenover haat, weerloosheid tegenover hebzucht... Hij had hiervoor slechts één enkel argument: geen kind dat geboren wordt, verdient deze wereld zoals wij hem die bereiden. En de man uit Nazareth wilde dat wij *dit kind* weer in onszelf ontdekten, want alleen zo zouden we God vinden (Marc. 10:15).

Enige tijd geleden discussieerde men op de televisie over de eindeloze burgeroorlog in ex-Joegoslavië en over de gruweldaden die er elke dag plaatsvonden. 'Wij hebben wapens, wapens en wapens nodig om de kinderen te beschermen', riep een vrouw die vertwijfeld had geprobeerd de bewoners van een kindertehuis tegen de artillerieaanvallen van de vijand in veiligheid te brengen. 'We moeten toch op z'n minst de kinderen beschermen'

Dat is waar. – Maar hoe? Moet dit werkelijk de eerste les zijn die we een kind bijbrengen, zodra het het levenslicht ziet: dat het alleen een recht op leven bezit als het sterk genoeg zal worden om te vechten, om alles te doden wat dodelijk bedreigen kan? Zolang vrouwen kinderen baren die bestaan uit gevoelig vlees en dromerige geest in plaats van ijzerdraad en siliconenschijven, zullen deze kinderen weigeren in een wereld van onafgebroken moordende overlevingsstrijd met letterlijk alle middelen en onder alle omstandigheden nog te willen overleven. Geest en gevoel weigeren een dergelijke wereld, hoe onontkoombaar ze ook lijken mag, uiteindelijk te accepteren.

Er staat hier niet meer en niet minder ter discussie dan de zoektocht naar een reëel alternatief voor het algemeen geldende, het vanzelfsprekende en normale. Het gaat letterlijk om *het einde* van deze 'wereld'. Als je naar een oplossing voor de problemen van deze wereld zoekt zonder zo'n beslissing over bestaan of niet bestaan, zonder bereid te zijn om *alles* ter discussie te stellen waarop de regels van onze samenleving gebaseerd zijn: welvaart, fatsoen en stand, geld, gelding en recht, gerechtigheid, veiligheid en bereidheid om oorlog te voeren – *zonder de ineenstorting* van alles wat wij 'orde' noemen (maar wat toch eigenlijk niets anders is dan een noodverordening van onmenselijkheid), dan zul je de provocatie van de profeet uit Nazareth nooit begrijpen, dan zul je zijn 'oplossing', zijn *verlossing* zeer zeker nooit aangrijpen, – dan heb je deze niet nodig en vind je deze onnodig.

'Door zijn kruisdood heeft Jezus Christus in gehoorzaamheid aan de wil van de Vader de mensheid verlost', zo verkondigen de theologen al eeuwen lang. Maar de man uit Nazareth was niet 'gehoorzaam', hij was een rebel en een onruststoker zoals er nooit één eerder was en zoals die er na hem niet meer gekomen is. En alleen al doordat hij de godheid als 'vaderlijk' (of 'moederlijk') zag, stond hij op gespannen voet met de patriarchale godsdienstige leiders uit die tijd. Met zijn zachtaardige rebellie wierp hij letterlijk 'vuur op de aarde' (Luc.12:49). Door zijn leven beschuldigde hij hen van een valse schijn, van een fundamentele leugen (Joh. 8:44). En juist daarom moest hij door een *leugen* sterven (Marc. 14:56 e.v.).

F.M. Dostojewski heeft dat gezien (F.M. Dostojewski, *De idioot*; vertaald door C.B. Timmer, Amsterdam 1987): 'Bij het aanschouwen van dat schilderij (van de kruisiging E.D.) doet de natuur zich aan je voor als een enorm, onverbiddelijk en stom beest, of ... als een enorme machine van de modernste constructie die zinloos, onaangedaan en zonder enig gevoel een wezen van onschatbare waarde en grootheid heeft gegrepen, vermorzeld en opgeslokt, – een wezen dat geheel alleen tegenwicht is voor de hele natuur met al haar wetten, voor de hele aarde, die wellicht alleen maar geschapen is om de verschijning van dat wezen mogelijk te maken. Het lijkt erop dat door middel van dit schilderij juist uitdrukking wordt gegeven aan die duistere, brute en zinloos-eeuwige kracht, waaraan alles is onderworpen en het is een indruk die zich onbewust van je meester maakt.' De '*natuur*' betekent hier niet de wetmatigheid die het bestaan bepaalt van sterren en stenen, bloemen en bomen, weekdieren en gewervelde dieren. De 'dood', die hier als het ware automatisch voltrokken wordt, behoort alleen tot de *mensenwereld*. In zijn innerlijke gedrevenheid en logische consequentie is deze zoiets als de *tweede* natuur van de mensen: zijn on-natuur, – zijn vloek en toevlucht, zijn gesel en geborgenheid, zijn plaag en pantser.

De '*verlossing*' van de '*wereld*' – al tweeduizend jaar verkondigen de 'christelijke' kerken dit geloof, maar ze baseren zich op de vermeende *onmogelijkheid* van dit 'rijk van God'. Dit staat in ieder geval vast: wie op de vraag van Borcherts *Beckmann* geen antwoord weet te geven, moet ophouden over de 'verlossing van de wereld' te spreken. Die weet niet eens welk vraagstuk er opgelost moet worden: alle tranen, vertwijfeling, hopeloosheid, zwaarmoedigheid, (psychische) ziekte, eenzaamheid en verlorenheid: – wat heeft 'God' daarmee te maken? En hoe zal het mogelijk zijn met 'God' daar wat aan te veranderen? 'Het kwaad' heeft talloze facetten en verschijningsvormen en ze vereisen alle een nauwkeurige uitwerking. De concrete gestalte echter van *al* het kwade, de systematische organisatie en doelmatige samenvatting, het *model* bij uitstek van de problematiek van het kwade is de *oorlog*. Slechts wie *de oorlog* weerlegt, zal de mensen ten minste de kans tot menselijkheid teruggeven. Alleen wie de oorlog een halt toeroept en zijn motieven duidelijk maakt en nauwkeurig uitwerkt, bereikt een standpunt waarbij weer geloofwaardig over 'God' gesproken kan worden en van waaruit het *protest* tegen de vanzelfsprekende ambtelijke logica in kerk en staat plaats kan vinden.

Een bisschop zoals kardinaal Jäger bijvoorbeeld, was inderdaad 'Duits-nationaal-socialistisch in hart en nieren' het IJzeren Kruis uit de

Eerste Wereldoorlog droeg hij demonstratief op zijn bisschopskleed – op en top soldaat van Christus en ook van de Duitsers! Op deze manier dacht hij het verwijt van de nationaal-socialisten te weerleggen dat de (katholieke) kerk *niet* nationalistisch en *niet* mannelijk gezind zou zijn. Maar wat hij met zijn potsierlijke vertoning demonstreerde, was een verraad van de God in Wie hij voorgaf te geloven. De God die Jezus verkondigde *verdraagt* het niet aangevoerd te worden als een God van Israël tegen de Samaritanen en de Romeinen. Hij *verdraagt* het niet vernederd te worden tot een cultureel, confessioneel en nationaal lokaal godheidje!

En 'onmannelijk'? – Mogelijk is er meer 'mannelijke' moed voor nodig om nee te zeggen, dan om mee te lopen. Misschien is niet de man sterk die het ambacht van de dood beheerst, maar die strikt weigert dat vak te leren. Wellicht is de tijd allang aangebroken om de zogenaamde 'mannelijke deugden' uit de sfeer van slachthuizen en slagvelden te halen (waar ze geschikt voor moesten zijn en het ook altijd nog zijn geweest) en in een vredelievend verband te plaatsen.

'Mijn vrede geef Ik jullie, een andere dan de "wereld" te bieden heeft', zegt de Christus van het Johannes-evangelie (Joh. 14:27). 'Vrede', salam, sjalom, – dat is in het Arabisch, in het Hebreeuws: volkomen zijn, heel zijn en de genezing van alles; en *in dat verband* wordt 'vrede' ook politiek gezien. Hoe kan een mens, hoe kan de mensheid zich over puinhoop en ruïnering, verscheurdheid en verscheuren, angst en haat, heen laten leiden naar eenheid en vereniging, rijping en rechtvaardiging, vertrouwen en tolerantie? Nergens wordt deze vraag dringender en indringender aan de orde gesteld dan bij het 'grootst denkbare ongeluk' dat de mensheid en de geschiedenis kent, –de opeenstapeling van alle menselijke waan: de oorlog. Derhalve: hoe kunnen we *de oorlog* overwinnen?

Wat in de taal van de kerkelijke dogmatiek ooit de 'christelijke verlossingsleer' heette, moet zonder alternatief hierop toegespitst worden aan het einde van deze aanmatigende, met bloed doordrenkte twintigste eeuw.

Nergens in de hedendaagse schilderkunst heeft de geconcentreerde vernietiging in de oorlog zo'n vertwijfelde uitdrukking gevonden als op het schilderij *Vlaanderen* van Otto Dix. Al in de etsenserie *De oorlog* van 1924 en het gelijknamige drieluik van 1929–32 had Dix zich op zijn taak voorbereid door de gruweldaad van de volkerenmoord in afzonderlijke expressieve scènes vast te leggen. Het schilderij *Vlaanderen* daarentegen is een monumentaal doek, dat verwant is aan Henri Barbusse's roman *Le Feu* (Het vuur), omdat het de oorlog in zekere zin in zijn voltooiing, in zijn eindsituatie toont. 'Op de plek waar wij ons hebben laten neervallen', schrijft Barbusse, 'wachten we de dag af. Hij komt, langzaam, kil en somber, onheilspellend, en sijpelt over de vale uitgestrektheid. De regen heeft opgehouden. Aan de hemel dreigt het niet meer. Het loodkleurige veld, met zijn doffe waterspiegels lijkt niet alleen uit den nacht, maar ook uit de zee op te doemen ... Waar zijn de loopgraven? We zien meren, en daartusschen melkkleurige en stil-liggende waterlijnen ... Het slagveld slaapt niet, het is dood. Ginds gaat het leven wellicht voort, maar we zien niet tot hoever ... Wat is toch die stilte? Zij is onverklaarbaar, geen enkel geluid... Er wordt niet geschoten, omdat de mannen... De mannen, waar zijn zij? Allengs herken ik ze. Niet ver van ons af, liggen er uitgeput te slapen van 't hoofd tot de voeten met modder doorweekt, bijna in voorwerpen veranderd. Op eenigen afstand ontwaar ik anderen, ineengedrongen, vastgedrukt als slakken langs den half door het water opgeslurpten heuvel... Zijn ze dood?... De gezichten zijn zoo afgemat, dat het is of het geen menschengelaten meer zijn; het lijkt iets vuils, weggevaagd en gekneusd, met bovenin bloedende oogen... Het zijn drenkelingen. Hun hoofden en armen zijn onder water gedompeld ... In dezen duizelingwekkenden slijkkring liggen geen lichamen. Maar afschuwelijker dan een lichaam steekt een enkele arm, naakt en bleek als een steen uit een gat in den rand... De man is in zijn schuilplaats begraven... Dichterbij, zien we dat de aardhoopen welke op de overblijfselen der verschansingen van dezen bedolven afgrond opeen liggen, wezens zijn. Zijn ze dood? Slapen zij? We weten het niet.'(H. Barbusse, *Het vuur*; vertaald door A. de Rosa, Amsterdam 1919)

Overeenkomstig deze beschrijving van een morgen na een 'slag' toont Dix onder een vale, bloedrood schemerende hemel een door granaattrechters totaal omgeploegd landschap, vol boomstronken die de indruk wekken van een zinloos vermoord, langzaam vergaand bos. Een bleke maan beschijnt uit de verte een groep mensenlijven die totaal versmolten lijken met het slijk en het moeras waarin ze liggen. Dezelfde aarde die ze heeft voortgebracht en waaraan ze zich vastklampten om tegen het trommelvuur van de 'vijand' bescherming te zoeken, heeft haar mond geopend in de talloze trechters om ze weer in zich op te nemen, als het ware dankbaar dat er eindelijk een einde is. Een jongen, een kind nog, ligt tegen een man met een baard waarvan het gezicht helemaal bedekt wordt door een stalen helm. Opzij ligt een andere man, ineengekrompen, de ogen open, stervend, wakend, – men weet het niet. Boven deze groep van drie steekt een houten paal uit, die als een doornenkroon met prikkeldraad omwikkeld is – een modern calvariebeeld zonder redding. Aan de rechter zijkant op de achtergrond duikt het gezicht van een man met wijd opengesperde ogen op uit de modder en staart de kijker ontzield vragend aan, als bespeurde hij in hem die nadert de opnieuw aanrukkende vijand. En terecht: temidden van dit inferno lijkt volgens militaire logica alles voorbereid op de intocht der *overwinnaars*. Men hoeft nu alleen nog maar over deze levende dode mensenkadavers heen te stappen en het hele landschap zou tot aan de horizon openstaan voor de overwinning. Er zijn geen hindernissen meer, er zijn geen loopgraven meer. Alleen de modder en de volgelopen trechters bieden de zegenrijke terreinwinst nog weerstand. *Bij* dit schilderij en *bij* dit beeld *sterft* echter elke gedachte aan overwinning en verovering. *Alles is vernield.* Er is niets overgebleven dan een loodzwaar gevoel van uitputting bij alle partijen, dan hun stomme onwetendheid: waarom?, en hun geduldig lijden, als stom vee voor de slachter. Als zelfs dit beeld van de man met de starre opengesperde ogen *de kijker* niet ten minste de ogen opent, als de vermoeidheid van de mensen op het schilderij van Dix de toeschouwer niet ten minste wakker schudt, als dit huiveringwekkende zwijgen over de slagvelden uiteindelijk in *zijn mond* niet verandert in een schreeuw van klagen, vragen van toorn en verzet, als het antwoord ook op deze voorstelling, onder welke voorwaarden of verklaringen dan ook, uiteindelijk altijd nog is 'voorwaarts, mars', dan bestaat er werkelijk voor ons mensen geen uitzicht meer op hoop. Dan zal het moorden in blinde woede op dezelfde voet doorgaan, alleen al omdat men niet de juiste visie heeft.

Ons *huidige* standpunt wordt ondubbelzinnig duidelijk door een kleine geschiedenis uit 1994. Ten zuiden van Paderborn ligt de kleine stad Büren met daarin sinds de 'asielwet' van 1993 een 'vertrekcentrum' voor uitgewezen asielzoekers. 'Uitwijzen', – met deze fascistoïde uitdrukking bedoelt men tegenwoordig de verwijdering van 'buitenlanders' zonder verblijfsvergunning. Een 'vertrekcentrum' wordt echter, zoals bij criminelen, verordend wanneer men vreest dat de betreffende personen tijdens de wettelijke 'procedure' van hun asielaanvraag gaan onderduiken wegens een dreigende 'uitwijzing'. In 1994 zat er in het Bürense 'vertrekcentrum' een jonge man uit Azerbeidzjan, een Armeniër, een christen, één uit het volk waarvan in 1915 naar schatting één miljoen mensen (samen met zevenhonderdduizend Koerden) uit racistische en religieuze motieven zijn vermoord door de Turken. Deze jonge man was uit zijn vaderland gevlucht, omdat hij in de burgeroorlog die daar sinds het einde van de Sovjetoverheersing woedt, niet deel wilde nemen aan het doden van mensen die tot voor kort nog zijn buren en vrienden waren. Als enig bezit hield hij, de Duitse taal niet machtig, een bijbel in zijn hand als toelichting op zijn internationaal vastgelegde recht op menselijkheid. In dit boek staat: 'U zult niet doden' (Ex. 20:13) en 'Steek dat zwaard in de schede' (Joh. 18:11). En: 'Maar als iemand jou een klap op je rechterwang geeft, houd hem dan ook de andere voor' (Matth. 5:39). Is er een betere, voor een christen een dwingender reden voor een 'asielaanvraag'? Maar voor de christen-democratische wettenmachinerie van de huidige regering van Kanther en Kohl is dat niet zo. Naar een rechterlijke beschikking van Bondsrepubliek Duitsland en met een beroep op de opheffing van de uitwijsstop in de deelstaat Noordrijn-Westfalen werd deze man uitgewezen. Wat er van hem geworden is, is onbekend.

'Waar moet ik heen?' vroeg Borcherts *Beckmann*. – Als wij temidden van het 'christelijke avondland' geen ruimte hebben en geen ruimte weten te geven waarin mensen mogen verblijven die niets anders willen dan zich onttrekken aan gedwongen afslachting van mensen, waarom nemen we dan nog Gods Woord in de mond?

Dit is de allesbeslissende vraag: hoe vinden we onszelf terug in de wereld zoals die eenmaal door God bedoeld is? Of anders gezegd: hoe komen we ertoe de *oorzaken* te begrijpen en helemaal te doorgronden, die ons altijd weer terug doen vallen in handelswijzen van de 'wilden' uit het stenen tijdperk, die mensen dodelijk van elkaar scheiden. Wat de oorlog betreft, wie de oorlog bevat, bevat alles, – de hele afgrond die het dier van de mens scheidt en vooral de dynamiek om, naar een uitspraak van Goethe: 'dierlijker dan ieder dier' te zijn (J.W. von Goethe, *Faust een en twee*; vertaald door C.S. Adema van Scheltema en N. van Suchtelen, Amsterdam 1982; Proloog in de hemel v. 285.) .

Laten we daarom *de oorlog* ter discussie stellen. Laten we *de som en synthese* van al het slechte in de mens ter discussie stellen. Laten we ons afvragen:

1. Wat maakt de mens zo 'slecht'? Oorlog als voorbeeld

Oorlog komt tot stand door de samenwerking van velen. Eén enkel individu of vele geïsoleerde individuen kunnen geen oorlog voeren. Alleen al daarom is het onmogelijk de oorlog af te leiden uit het gedrag, respectievelijk de motivatie van afzonderlijke mensen. Integendeel! Men kent het goedkope appèl van bijvoorbeeld de christelijke kerken maar al te goed: de vrede begint bij ieder afzonderlijk, de vrede wortelt in het gezin, in de menselijke samenleving; daar is de plek waar oorlog vermeden moet worden. Zeker, de vrede is aanwezig in individuen, anders wordt nergens vrede gevonden. Maar men vraagt niet aan ieder afzonderlijk of er al dan niet oorlog moet zijn. Deed men dat wel, – dan waren er geen oorlogen! Het zou daarom veel belangrijker zijn, om in plaats van de vrede aan ieder afzonderlijk te preken, de oorzaken en veroorzakers van oorlogen op *collectief* niveau tegemoet te treden. En juist daarin ligt het grote falen, de grootste medeschuld van de christelijke kerken van de twintigste eeuw, dat ze dat niet gedaan hebben toen het erop aankwam.

Het is een feit dat de oorlog het resultaat is van het samengaan van vele afzonderlijke factoren, het is een *plotseling opduikende* mogelijkheid van de sociale groepspsychologie, het *ontstaat*, het *komt opnieuw opduiken* als een gebeurtenis waarbij, als het eenmaal in gang is gebracht, het geheel veel meer is dan de som van de afzonderlijke delen. Het is principieel onjuist om oorlog te willen reduceren tot een verzameling activiteiten van individuele mensen. De paradox is dat individuen de oorlog helemaal niet hoeven te willen om er toch deel aan te nemen. Ze worden erin meegesleept, zoals de waterdruppels van een waterstraal, die afhankelijk van de druk en de opening van de sproeikop, op een bepaald punt in een chaotische bewegingsvorm raken: het geheel kan zich slechts voltrekken door de beweging van alles afzonderlijk, maar de beweging van de afzonderlijke delen is voorgestructureerd door de dynamiek van het geheel.

Het vraagstuk van de oorlog is voor ons juist zo'n belangrijk, zelfs centraal voorbeeld, omdat daarmee aangetoond kan worden hoever deze wereld verwijderd is van datgene wat in de christelijke theologie 'verlossing' genoemd wordt en hoezeer ze juist zo'n 'verlossing' nodig heeft. We moeten ten eerste de collectieve wetmatigheden, de 'functie-invarianten' van de sociale samenleving onderzoeken, om te zien hoe de beste bedoelingen op het gebied van de individuele motivatie in de oorlogsproblematiek betrokken kunnen raken. Hoe zelfs (en juist) religie en ethiek, in krijgswapens omgesmeed kunnen worden en hoe nauw de speelruimte dan is om de collectieve waan partij te bieden. Pas dan toont zich de waarde van een ware, een werkelijk verlossende religie, doordat ze het individu uit de collectieve dwang bevrijdt, waaraan het

- door een bepaald 'mannelijkheidsideaal',
- door identificatie met de eigen groep en
- door bepaalde archaïsche handelingsmotieven als het ware hypnotisch onderworpen is.

a. De vernietiging van het individu – of: de archaïsche logica van mannengemeenschappen

Zoveel is op voorhand al duidelijk: oorlog is niet alleen een toestand van rechteloosheid aan de zijde van degenen die worden aangevallen, maar ook aan de zijde van de aanvallers. Alle dril van het kazerneplein, van E.M. Remarques onderofficier *Himmelstoß* tot H.H. Kirsts rekrutenbeul *Platzek* is erop berekend de rekruten duidelijk te maken dat ze geen persoonlijkheid hebben. Het uniform, de stalen helm, het marcheren in rijen en gelederen, de absurde appèls met de marionetachtige bewegingen: draagt geweer, geef acht, op de plaats rust..., de hypnose van de onderscheidingstekenen, het blèren van vernederende bevelen, – al deze demonstratieve onzin heeft alleen tot doel levende, voelende, denkende wezens te veranderen in mechanisch functionerende raderen van kil berekenende apparatuur tot nauwkeurig gestuurd doden van zoveel mogelijk mensen in de kortst mogelijke tijd. Zeker, een film als *Full metal jacket* die de opleidingsmethoden van een Amerikaanse elite-eenheid toont, is niet zonder meer van toepassing op het kazerneplein van Münster of kamp Senne. Men hanteert echter overal hetzelfde schema als ideaal type waarnaar men 'mannen' heropvoedt tot soldaten: hoofd links, hoofd rechts, hoofd vooruit, geef acht... 'Na drie weken (dril)', schrijft Remarque (E.M. Remarque, *Van het westelijk front geen nieuws*;

vertaald door Annie Salomons, Utrecht 1987), 'vonden we het niet meer onbegrijpelijk, dat een brievenbesteller met de korporaalsstrepen meer macht over ons had dan vroeger onze ouders, onze opvoeders en alle culturen bij elkaar van Plato tot Goethe. Met onze jonge, wakkere ogen zagen we, dat het klassieke begrip van vaderlandsliefde bij onze leraren zich hier voorlopig verwerkelijkte in een opgeven van de persoonlijkheid, zoals men het zelfs niet van de minste dienstbode had durven verlangen. Salueren, in de houding staan, paraderen, geweer presenteren, ... hakken tegen elkaar slaan, standjes en duizend vitterijen; we ... vonden, dat we als circuspaarden op onze heldenrol werden afgericht.'

Dan *moet* het menselijk brein niets anders meer zijn dan een orgaan om bevelen op te nemen en te verwerken, dan *moet* het menselijk lichaam niets anders meer zijn dan een orgaan om bevelen uit te voeren. Dan is het van belang de mensen onder hun stalen helmen systematisch van hun biologische en humane eigenschappen te ontdoen – jammer eigenlijk, dat hij niet een *American Soldier* is, een geautomatiseerde gevechtsmachine temidden van andere geautomatiseerde gevechtsmachines, die er alleen nog maar uitzien alsof ze mensen zijn.

Waarom eigenlijk '*mensen*', als het *uitschakelen* van mensen het directe doel is van alle 'gevechtshandelingen'! Hoe kan een mens massaal menselijk leven vernietigen zonder daarbij zichzelf als mens meer en meer te vernietigen! Alle zachtere gevoelens moeten daarom in het belachelijke getrokken worden of veranderd worden in iets sadistisch of pathologisch sexueels. In het taalgebruik van Amerikaanse piloten, als zij hun 'job' doen – by lovely weather for killing enemies – heet het bombarderen van metropolen en hele frontsectoren: 'vogelen', de grondaanval: 'afspuiten', het vernietigen van een hele woonwijken: 'hen in het kruis grijpen'. En zelfs het sterven van een kameraad omschreef men bij de Grootduitse weermacht als: 'hij heeft zijn poepert dichtgeknepen' en bij een 'tegenstander': 'we hebben hem versierd'. Achter dit brutale cynisme staat in geen geval de persoonlijk gemotiveerde perversie van een individu, daarachter staat een systeem van uitschakeling van het gevoel wat alleen werkzaam kan worden als het alle menselijke gevoelens als iets hinderlijks terzijde schuift.

Dat wil zeggen: niet *alle* menselijke gevoelens! Er is een *beloning* nodig voor het ontberen van gevoel van eigenwaarde en die luidt: 'Je hebt het gemaakt als je op de juiste manier geleerd hebt te doden en te haten. Als persoon ben je een klootzak, een nul, maar als Amerikaans marinier of bij de *Green Berets* of als cadet aan de militaire academie van Saint Cyr of als legioensoldaat van het Franse vreemdelingenlegioen behoor je bij een speciale mannengemeenschap, je bent uitverkoren en uniek en dat heb je aan jezelf te danken, want als soldaat heb je jezelf overwonnen. Je bent jezelf vergeten. Als soldaat heb je geen rechten meer, alleen nog plichten. Als soldaat ben je een bruikbaar werktuig geworden, een levend wapen, een mes in de hand van de slachter, een scalpel in de hand van de chirurg. Niemand die niet meegemaakt heeft, wat jij beleeft hebt, zal je ooit begrijpen. Alleen jij weet wat het is om je op te offeren tot in de dood...'

Zonder deze vervanging van het zelfbewustzijn door het groepsbewustzijn, zonder dit oplossen van de enkeling in de 'korpsgeest' van zijn troep, zonder deze devaluatie van het persoonlijke ten bate van een nieuwe 'waarde': het lid van een bepaalde 'eenheid' te zijn, zonder deze *trots* op de zelfvernedering tot inwisselbaar 'mensenmateriaal' is een mens niet tot 'soldaat' te vormen.

Hoe kan men anders ook duizenden mensen in een 'strijd' gooien, tenzij men hun voorstellingsvermogen vergrendelt, hun fantasie coupeert en hun verbeeldingskracht weggoochelt? Men laat ze op de komende overwinning toasten, men laat ze zich bedrinken, alsof de huid van de geschoten beer al verzopen moest worden. Maar aan de prijs mag niet gedacht worden: geamputeerde ledematen, afschuwwekkend misvormde lichamen, nooit eindigende pijn van onbehandelde wonden en bovenal het Russisch roulette: twee van de drie die nu nog gezond zijn, zullen morgen dood zijn...

En waarom dat allemaal? Ook daaraan – *niet denken*! Duizenden mannen zullen precies op het uur dat de generaals bepalen, wanneer ze tot de aanval oproepen en er weer geroepen wordt 'uit de loopgraven', 'springen, lopen, lopen', op elkaar losstormen om elkaar wederzijds om het leven te brengen. Hoe ram je een bajonet in het lijf van je tegenstander? Hoe verscheur je met een handgranaat de bemanning van een mitrailleursnest? Hoe dring je met een vlammenwerper de schuilplaats van de 'vijand' binnen? Al in de Eerste Wereldoorlog trainde men de soldaten om die problemen op te lossen. De reden om al deze afschuwelijkheden te oefenen tot ze routine waren en om ze later op het 'slagveld' toe te passen, was subjectief volkomen onverschillig. De enkeling hoefde niet te weten en hij moest ook niet weten waarom hem het een of andere bevel verstrekt werd, het was voldoende dat het bevolen werd. Hij had maar te gehoorzamen.

Dat alles, zou men denken is zo duidelijk barbaars, onderontwikkeld en ruw, dat het een beetje geciviliseerd mens niet meer redelijk schijnt. Maar het tegendeel is waar. *Sociaal-psychologisch* bestaat er naar alle waarschijnlijkheid een directe *behoefte* aan offer, toewijding, dienst aan een hoger doel... Het vervult de enkeling met een gevoel van zingeving en bevrediging, wanneer hij zich in een 'groter verband' geplaatst ziet. Het maakt hem, die anders een onbeduidend mens zou zijn, iemand van betekenis, waardevol en belangrijk: hij is *nodig*. En hoe sterker tevoren de twijfel, des te dwingender en subjectief geloofwaardiger is nu de bevestiging: men is iemand!

Wie nooit geleerd heeft zichzelf doelen te stellen, wie voor van alles en nog wat een heilig boek nodig heeft, waar alles in geschreven staat, wordt niet alleen heel gemakkelijk tot plastisch materiaal in de handen van de 'sterkere', hij *verlangt* juist naar zo'n 'veilige' situatie, waarin hem 'zijn' 'waarheid' aangezegd wordt. Wat is een echte man – die kun je hier zien! Want: hier gaat het om alles of niets! Hier komt het op aan! Hier heeft men hele kerels nodig! De schuchtere figuur, – het vage, grauwe burgermannetje – plotseling voelt hij de adem van de geschiedenis, plotseling raken hem de vleugels van het lot, – plotseling verheft de tijdgeest hem op het niveau van de wereldgeschiedenis. 'Wij hebben het meegemaakt!'

Zolang de geschiedenisboeken zich nog altijd laten lezen als een litanie van overwinningen en nederlagen vanuit het perspectief van de machtigen, lijken de *excessen* van de geschiedenis momenten van onthulling van hun 'eigenlijke' waarheid, precies zoals vroeger. *Zegenrijk* te zijn, dat is het belangrijkste! 'Het is nu eenmaal zo', redeneerde Adolf Hitler op kerstmis 1940, 'dat de vrede pas na de overwinning komt. De natuur laat de soorten hun gang gaan en dan is het: vogel, vreet of sterf.' De hele geschiedenis lijkt dan steeds een ketting van nooit eindigende oorlogen en alle perioden van vrede daartussen zijn dan slechts adempauzen voor de volgende strijd.

Werd tot nu toe niet inderdaad alle vindingrijkheid, elke vooruitgang in wetenschap, economie, recht en bestuur, alle familiegeluk, worden zelfs kunst, filosofie en religie niet altijd weer gebruikt en misbruikt om vroeg of laat nog fanatieker en 'vastberadener', nog vreselijker oorlog te kunnen voeren? Hoe vanzelfsprekend wordt het daarbij voor 'mannelijk' gehouden, het eens te zijn met zo'n geschiedbeeld en het is 'soft' en 'vrouwelijk', in ieder geval niet manmoedig en 'onmannelijk', wanneer iemand *weigert* zo'n totaalbeeld van de oorlog als normatief geschiedenisbeeld te aanvaarden.

Er is echter *één* gevoel dat meer dan al het andere *mannen* in de oorlog samenvoegt en voor elkaar de dood in laat gaan: dat is het gevoel voor *kameraadschap*. Kameraadschap is niet gebaseerd op het gevoel van persoonlijke nabijheid en vriendschap, het heeft niets te maken met persoonlijke sympathie of antipathie, het ontstaat trouwens pas als het persoonlijke helemaal verdwijnt achter een taak die alleen verricht kan worden in een groep, gezamenlijk, in de samenwerking van allen. Het gevoel van kameraadschap richt zich daarom op de ander, niet omdat hij een ander is, maar omdat hij gezien wordt als lid van de dezelfde groep. De 'moraal' van elke vechtende 'troep' staat of valt met dit gevoel. Want het bezorgt de leden van de groep de zekerheid dat iedereen in de groep ten diepste bereid is plaatsvervangend voor de ander te handelen, zijn opdrachten over te nemen, zijn gevaren te delen en hem in alles, wat er ook gebeuren mag, betrouwbaar en behulpzaam terzijde te staan. Dit gevoel van kameraadschap stelt iemand in staat met levensgevaar een gewonde uit een granaattrechter te slepen en liever zijn eigen leven op te offeren, dan de ander in de steek te laten. Het gevoel van kameraadschap vormt in deze zin de triomf van de groep boven het individu. Het individu is niets anders dan een groepslid, hij is in principe vervangbaar en kan ingewisseld worden tegen ieder ander. Hij gaat met zijn leven en sterven volkomen op in de functie die hij binnen de groep heeft. Hem wordt alleen een bijzondere waarde toegekend, naar gelang hij zijn opdracht, die hem door de groep gesteld is, in ieders voordeel vervult.

S. Freud heeft in zijn *Massapsychologie* aan de hand van de (katholieke) kerk en het leger beschreven hoe een dergelijke groep tot stand komt, waarin niemand de ander ziet, maar allen tezamen opkijken naar de leider. In zulke groepen schijnt het onderscheid tussen man en vrouw geneutraliseerd, de dialoog met elkaar buiten het bereik van het gestelde doel onwezenlijk, de relatie tussen ik en jij verdrongen door het gezamenlijke van een wijgevoel dat de enkeling allereerst zijn (toevallige) plaats naast de (in principe willekeurige) ander toewijst. Mensen 'houden' hier niet meer van elkaar, maar allen hebben de plicht om meer dan iets anders van *hun groep* (het leger, het vaderland, de kerk) te houden, die in die ene aan de top (de 'leider': de generaal, de paus) zijn plaatsvervangende persoonlijkheid vindt. Uitvoerig beschrijft Freud daarbij de *archaïsche verlichting van het ik*, die in zekere zin de subjectieve premie van zo'n verbond voorstelt, maar hij vermeldt niet de enorme bevrediging van de kameraadschappelijkheid, die bij hem verschijnt als 'gedesexualiseerde, gesublimeerde homosexuele liefde tot andere mannen'.

Men moet zijn oor te luisteren leggen bij een bijeenkomst van oude 'krijgsmakkers' of de herinneringen van een legionair volgen: steeds verleent de nabijheid van de dood aan alles wat gezegd wordt het duistere aura van zich bewijzen en van heldendom: – de een is voor de ander door het vuur gegaan, de een heeft voor de ander op het beslissende moment 'het juiste' gedaan! En dan het gevoel van de verloren troep, – alles had ook heel anders kunnen gaan!

De paradox van de kameraadschappelijkheid bestaat eruit dat ze totaal niet gebonden is aan het gevoel een 'goede' zaak te dienen. Integendeel, 'een goede kameraad' geweest te zijn, blijft vaak genoeg de enige, maar werkelijke troost, wanneer op z'n laatst bij de terugblik alles zinloos blijkt te zijn, waarvoor men zich jarenlang ingezet heeft. Kameraadschap is *het gevoel collectief te willen functioneren* en dit gevoel kan zo sterk zijn dat daardoor de vraag naar de rechtvaardiging van het doel (bijna) over het hoofd gezien wordt. – Alleen zo kan de schijnbare tegenstrijdigheid van de *knechtenmoraal* verklaard worden: dat het niets uitmaakt welke zaak men dient, de keizer, vorst, paus of koning, als men maar een 'fatsoenlijke kerel' blijft, – zoals het niet uitmaakt bij welke vereniging men voetbal speelt, als men maar op een *behoorlijke manier* voetbal speelt. Kameraadschap is, juister gezegd, een gevoel waarbij de inhoud en samenhang van de groep zelf als het belangrijkste, niet ter discussie staande doel gesteld wordt. Met andere woorden: kameraadschap is de uitwisselbaarheid van betrekkingen onder personen die zichzelf van top tot teen met de leidende representant van de groep geïdentificeerd hebben.

Terecht heeft S. Freud daarom op het *archaïsche* karakter van deze psychologie van (paus)kerk en leger gewezen; – inderdaad schijnt ze uit een tijd te stammen waarin het ik van de enkeling nog slechts nauwelijks ontwikkeld was, in plaats daarvan stond de overlevingsstrijd in (relatief kleine) groepen en verbanden op de voorgrond. – Het schijnt geen toeval dat in de overeenkomstige groepen niet alleen de liefdesbetrekkingen tussen man en vrouw nagenoeg zijn uitgesloten, maar dat de zo gevormde groepen steeds *door mannen gedomineerd* worden, als ze trouwens al niet *uitsluitend* uit mannen samengesteld zijn. Alles wijst erop dat we de oorsprong van de mentaliteit van de oorlogvoerende groepen historisch in de *mannengemeenschappen* van de jagers uit het stenen tijdperk moeten zoeken met als enig verschil dat dat wat toen vanzelfsprekend was, voor ons, hedendaagse mensen slechts door een moeizaam afdwingen van een geboekte psychische vooruitgang kan worden opgelegd. Speciaal tot de *initiatieriten* bij de inwijding van een pas volwassen geworden jonge man behoort tot op heden een arrangement dat kennelijk duizenden jaren onveranderd bewaard is gebleven. Om met twaalf (respectievelijk achttien) jaar 'volwassen' te worden moet de jongen tot een *mannengemeenschap* toetreden die hem leert weerbaar te zijn en de leden van de naburige groep, indien nodig, te doden. Daarbij hoort een overeenkomstige, langdurige, extreem geritualiseerde *training* die zich voltrekt onder strenge afzondering van de even oude meisjes van de stam (het volk); lichaamsbeschilderingen en tatoeages, respectievelijk uniformen en epauletten duiden op de hiërarchie en de functie-indeling van de mannengemeenschap. Allesbepalend is echter de 'geest', die als een primitief spook of als de 'korpsgeest' van de troep beslag legt op de afzonderlijke groepsleden en ervoor zorgt dat ze voortaan niets meer zijn dan de handen en voeten *van het* organisme die van deze zelfde 'geest' doortrokken en bezield is.

Een 'gezworen bende', – juist deze vorm van samenleving *aan het begin* van de cultuurontwikkeling is ook heden nog de wensdroom van allen die de mensen terug zouden willen fokken tot het psychische niveau van een stamkrijger uit het stenen tijdperk, om zelfs in het atoomtijdperk nog 'oorlog' te kunnen voeren. Overeenkomstig hiermee zegt een officier die in de Vietnam-oorlog krankzinnig geworden is, ergens in Francis Coppola's film *Apocalypse now:* 'Het is alsof een glazen kogel de hersenen binnengedrongen is en je een paar millennia terugvalt. Alleen wie doodt als in een cultische handeling: onschuldig en rein, gehoorzaam en trouw, kan de oorlog doorstaan.'

De oorlog als godsdienst!

Iets anders is het eigenlijk nooit geweest. Alleen schijnt iets wat zich ooit opdrong als een heilige plicht in dienst van een archaïsche godheid in onze dagen geseculariseerd, een evidente, ellendige berekening van de machthebbers te zijn. Wij hebben onze 'onschuld' verloren, wij zijn toerekeningsvatbaar geworden. De grootste 'schuld' schijnt echter in dit verband te zijn dat we altijd nog motieven en gewoonten volgen die in het verleden misschien ooit een zekere rechtvaardiging bezaten, omdat ze het voortbestaan van de groep veilig konden stellen. Maar in onze tijd moeten zij vanuit humaan gezichtspunt echter als atavistisch, anachronistisch, barbaars – als cultureel volstrekt onaanvaardbaar worden beschouwd. – Het kan zo zijn dat koppensnellen en kannibalisme zich ooit voor konden doen als een religieuze wet en morele plicht; – wat voor verplichting, wat voor recht gaat daar voor ons hedendaagse mensen echter nog vanuit?

We hebben nu tenminste al twee dingen tegelijk geleerd. *Ten eerste* hoe dun de bodem is die ons van de opstijgende en gloeiende lava onder onze voeten scheidt! Er is blijkbaar maar heel weinig voor nodig of we vallen met een tijdsprong van duizenden jaren in de schacht van het verleden terug. We houden deze 'val' eigenlijk altijd als een dreigende mogelijkheid van ons optreden in goedgeoefende paraatheid. En *ten tweede*: dat de beste impulsen in mensen, dat zelfs ethische motieven die een individu ertoe brengen, met alle vezels van zijn leven het behoud van zijn naaste te dienen, in de verschrikkelijkste daden getransformeerd kunnen worden. Juist de extreem afschuwelijke gebeurtenissen van de geschiedenis van de mensheid kunnen op een bepaalde manier gezien worden als toppunten van een bijzonder soort vroomheid en idealisme! We zullen deze tragisch lijkende paradox beter kunnen begrijpen als we onze blik richten op:

b. Het superioriteitsgevoel van het wij – of: grenzen aan de menselijkheid

'Identificatie' met de groep, kameraadschap als functioneel doel op zich zelf, – daarin ligt nog een gezichtspunt, dat niet berust op de visie van individuen, maar op de groepspsychologie zelf.

Elke groep tendeert ernaar haar leden het gevoel te geven dat het een onschatbaar *voordeel* is dat ze juist haar leden zijn en niet die van een aanverwante groep. De aanleiding om tot de groep toe te treden kan puur toevallig zijn, – des te meer zal de groep zelf de indruk proberen te wekken van noodzaak, van lotgeval, van godsbeschikking.

Eigenlijk, zou men denken, is het tamelijk onbelangrijk of iemand ten noorden van de Lippe of ten zuiden van de Lippe geboren is. Maar zo'n geografisch toeval kan ter plaatse zeer betekenisvol zijn, zodra men hoort dat juist langs dit riviertje de landsvorsten in de Westfaalse vrede van 1648 hun onderdanen in katholieken en protestanten verdeeld hebben. Ten noorden van de Lippe geboren te zijn, – dat was sindsdien hetzelfde als 'gereformeerd' zijn, ten zuiden betekende 'rooms-katholiek' zijn. En dit onderscheid tussen de confessies was het van 1618 tot 1648 welbeschouwd dertig jaar lang waard geweest tweederde van Europa te ontvolken en hele landschappen te verwoesten. Als paus Innocentius X het van zijn kant door had kunnen zetten, – dan had het einde van de oorlog alleen uit een katholieke overwinning mogen bestaan. Landschappelijke grenzen werden daarbij landsgrenzen, bijgevolg machtsgrenzen, bijgevolg geloofsgrenzen, – bijgevolg grenzen van de goddelijke waarheid, bijgevolg grenzen aan de menselijkheid... Wat in de zeventiende eeuw een consequente verandering van religie in politiek lijkt, volgt in werkelijkheid echter een veel oudere wet van de sociale psychologie: het lidmaatschap van de desbetreffende groep moet het individu als een geloofsdaad voorkomen. Alleen zo kan men zeker zijn van zijn trouw en toegenegenheid.

Paradoxaal genoeg ontstaat de druk om de eigen groep te 'vergoddelijken' direct uit de duidelijke *willekeurigheid* van de verhoudingen. Het komt erop aan het gebied van het willekeurige, zinloze, niet vastgelegde, van het contingente, met een tegengestelde overtuiging van uitverkorenheid en lotsbeschikking af te sluiten en daarmee het gevaar van een gebrek aan vertrouwen tegenover de gebruiken van de groep te voorkomen. Terwijl een nuchter verstand gemakkelijk de onbeduidendheid van deze en al dit soort grenzen vast zou moeten stellen, staat een religieus-juridische ideologie dit in de weg door het tegendeel te verzekeren en ieder verder onderzoek en argumenteren onder denkverbod en denktaboe te stellen. Alle intelligentie moet direkt gebruikt worden als het bewijs van de *superioriteit* van de eigen groep ten opzichte van alle anderen. Uit de vrijheid van denken ontstaat daardoor de onvrijheid van gedachten.

'Elk volk', filosofeert de panslavist *Iwan Sjatow* op dezelfde manier in F. M. Dostojewski *Boze geesten* (F.M Dostojewski, *Boze Geesten*, Verzameld werk deel 7, Amsterdam 1970, p. 262), 'is slechts zo lang volk, als het zijn eigen speciale god heeft, en alle andere goden ter wereld verwerpt zonder enig voorbehoud; zo lang het erin gelooft, dat het door zijn god zal overwinnen en alle andere goden uit de wereld zal verdrijven. Zo geloofde iedereen sinds het begin der tijden, alle grote volkeren althans, alle volkeren, die zich ook maar enigszins onderscheiden hebben, alle volkeren, die aan het hoofd van de mensheid hebben gestaan. Het is onmogelijk, tegen de feiten in te gaan. De joden leefden slechts met het doel de ware God te verwachten, en ze hebben de wereld de ware God achtergelaten. De Grieken vergoddelijkten de natuur en hebben de wereld hun religie nagelaten: wijsbegeerte en kunst. Rome heeft het volk in de staat vergoddelijkt en heeft de volkeren de staat nagelaten... Als een groot volk niet gelooft, dat in hem alleen de waarheid ligt besloten (absoluut en uitsluitend in hem), als het niet gelooft, dat het 't enige volk is, geschikt om allen op te wekken en te redden door zijn waarheid, dan verandert het terstond in ethnographisch materiaal, dan is het geen groot volk meer! Een werkelijk groot volk kan zich nooit tevreden stellen met een tweederangsrol in het mensdom... Daar er echter maar één waarheid is, kan dus maar één volk de enig ware God hebben.'

Wat *Sjatow* hier uiteenzet is niet alleen de 'slavofiele' variant van Hegels concept van de 'volksgeest' als toenmalige openbaring van het absolute in de geschiedenis, het markeert bovenal het 'subjectcentrisme', respectievelijk het 'groepsnarcisme' waarmee alle sociale structuren de onbestemdheid van hun eigen leden proberen tegen te werken.

Juister bezien moet elke groep niet alleen op de toevalligheid van haar ontstaan reageren, maar in het bijzonder op de vrijheid van haar eigen leden en dat doet ze op uiterst tegenstrijdige wijze. Enerzijds wordt natuurlijk met voorliefde wervend en instemmend benadrukt dat alle leden van de groep *vrijwillig* in het groepsverband opgenomen zijn; – een groep die *toe zou geven* dat ze gebaseerd is op dwang en geweld, zou op de lange duur geen vooruitzichten hebben, zelfs wanneer het duidelijk herkenbaar het geval was – zoals bijvoorbeeld in de gewezen DDR, op zijn laatst na de bouw van de muur in 1961 – zou men nog al het mogelijke aan propaganda ondernemen om dit feit te verdoezelen. Zelfs naar binnen gerichte dwang kan een middel tot bevrijding van de mensheid buiten zijn. En zelfs gemeenschappen die volgens hun ideologische zelfbeeld helemaal berusten op de persoonlijke beslissing van hun leden, zullen toch methoden verzinnen en handhaven die de 'persoonlijke beslissing' op de gewenste wijze verbeteren.

Men kan bijvoorbeeld alleen *christen* worden, volgens alle theologische informatie, door een daad van persoonlijk 'geloof'. Vervolgens, om zeker te zijn van het lidmaatschap van haar leden, verklaart de kerk haar 'gelovigen' dat hen door de *doop* in Christus, waardoor ze 'christen' geworden zijn, al als zuigelingen een 'onuitwisbaar merkteken' opgedrukt is, dat nooit meer uitgewist kan worden. Zodat, wie later de kerk verlaten of van religie veranderen wil, daartoe *voor God* niet gerechtvaardigd, noch daartoe zelfs maar in staat is. Men moet God er zelfs levenslang op de knieën voor danken dat Hij het in zijn ondoorgrondelijke wijsheid en goedheid juist zo beschikt heeft dat een bepaald mensenkind toch maar ten noorden van de Lippe (of juist ten zuiden van de Lippe!) ter wereld gekomen is.

Het zou evenwel onjuist zijn om in de avonturen van dergelijke zelfenscenering van kerkelijke betekenis of van andere ideologische verabsolutering van groepen in staat en maatschappij niets meer te zien dan een bedrog van de leidinggevenden ten opzichte van de onderdanen. Het zijn in geen geval alleen de heersers die zich met behulp van dergelijke ideologische trucjes van hun 'volk' willen verzekeren, het zijn de groepsleden zelf, die als reden voor hun groepslidmaatschap naar een *beloning* voor hun gehoorzaamheid verlangen. Op dit punt vergiste J.P. Sartre zich zeer toen hij in zijn sociale filosofie slechts het belang beschreef dat de groep eraan hecht vooral met behulp van verzekeringen onder ede en bijbehorende straffen een 'terreurbroederschap' over individuen uit te oefenen met steeds als doel de leden in 'series' van één en hetzelfde programma, in uitvoerende organen van één en dezelfde 'groepsfinaliteit' te veranderen. Zo'n leugenachtige socialisatie van het individu zou nooit kunnen lukken zonder een bijna onuitroeibare behoefte tot zelfbedrog. Het is één en dezelfde daad waarmee de enkeling zich met *deze* groep identificeert en waarmee hij zich wijs maakt (en wijs laat maken) dat hij met zijn 'keuze' een 'juiste' beslissing genomen heeft.

Laten we een klein, onschuldig voorbeeld gebruiken. Iemand gaat op een mooie zomeravond voor de televisie zitten om de laatste uurtjes van de dag op de meest aangename manier door te brengen. En hij zet de televisie toevallig net aan tijdens de uitzending van een voetbalwedstrijd. De beide elftallen hebben, naar we aannemen, nog nooit zijn aandacht getrokken. Van huis uit is onze toeschouwer de ideale onbevangen 'objectieve' waarnemer. Maar dat blijft niet zo: na enkele momenten zal zijn voorkeur namelijk om onbekende redenen naar een van de beide partijen uitgaan. Het is mogelijk dat de kleur van de shirts van de ene ploeg hem meer aanspreekt dan die van de andere, of dat de naam van een van de spelers iets bijzonders voor hem betekent, misschien dat het ene elftal hem door hun herkomst aan zijn laatste vakantie herinnert, het is ook mogelijk dat hijzelf als chronische verliezer in het leven, steeds partij trekt voor degenen die al een achterstand van 0–2 hebben – onverschillig op grond van welke oneigenlijke motieven ook, op het ogenblik van zijn 'keuze' verandert de invalshoek van deze man radicaal in partijdigheid. Zodra hij stopt met het objectief en gedistantieerd volgen van het spel, zodra hij partij trekt, wint het verloop van het spel voor hem aan betekenis. Iets wat op zich geen enkele betekenis heeft, wint op deze manier aan belang, het trekt zijn aandacht; – een ontspannend avondje wordt een spannend voetbalgebeuren.

De *voorwaarde* daarvoor ligt echter in de *eenzijdigheid van het perspektief*. De – oorspronkelijk volledig willekeurige – wens van de kijker dat 'zijn' elftal zal winnen, krijgt nu als het ware vanzelf een motivatie: 'Mijn' elftal *verdient* het de winnaar te worden, – het speelt duidelijk beter en als dat niet het geval lijkt te zijn, zou het op zich toch beter *kunnen* spelen, het *moet* dus winnen! Of ook met een moralistisch argument: het speelt het eerlijkst. Alleen dat die zogenaamd 'onpartijdige' scheidsrechter zoiets duidelijks niet ziet, niet zien wil! Men hoeft over het algemeen geen aanhanger van het één of andere elftal te zijn, hoe gevoelsmatiger men partij trekt, des te sterker wordt de wens, het verlangen, *de eis*, dat 'ons' elftal wint, dat 'wij' als overwinnaars uit de bus komen. Een zaak die in ieder geval voor de penningmeester van de betreffende vereniging van doorslaggevend belang is, wordt in enkele minuten door *identificatie*, door *subject-centrisme* van de waarneming, door *groepsnarcisme* van de beoordeling een zenuwslopend schouwspel. En dan voor de tienduizenden die al jarenlang zaterdag aan zaterdag 'hun' elftal in elk stadion binnen en buiten de Bondsrepubliek trouw en volgzaamheid tonen! Voor hen dreigt *een wereld* ten onder te gaan als 'hun' elftal een 'belangrijk' *spel*(!) verliest. Ze kunnen onbedaarlijk huilen, dagenlang mokken en landerig zijn en worden als verslaafden pas weer getroost door het vooruitzicht op de volgende keer.

Ten aanzien van zoveel psychische opwinding over zoiets overduidelijk nietigs hebben ethologen als K. Lorenz niet ten onrechte gemeend dat de grote sportmanifestaties het massale publiek uit de grote steden het spektakel boden van een surrogaatoorlog in een wereld zonder schokkende gebeurtenissen. En ze deden serieus het voorstel dit soort sportmanifestaties waar mogelijk te bevorderen om oorlogen te vermijden. Achter dit op het eerste gezicht (vanwege de proporties) grotesk schijnende voorstel zit een zeer juiste en belangrijke afweging, die opnieuw ver teruggrijpt in de geschiedenis van de oorlog. Hoe fanatiek de afzonderlijke groepsleden zich ook van de superioriteit van *hun* groep overtuigd tonen, een *oorlog* tegen een naburige groep moet toch aan de voorwaarde voldoen dat zo'n superioriteit in de verhouding van de militair relevante krachten ten minste niet bestaat. Een absoluut superieur lijkende tegenstander als nazi-Duitsland tegenover het kleine Denemarken in 1940 *wordt* niet bestreden en *hoeft* niet te strijden. 'De aanvaller is altijd vredelievend', meende Clausewitz niet zonder cynisme, want hij wenst niets meer dan rust en vrede, dan onderwerping zonder strijd. De *oorlog* daarentegen heeft ook altijd een *spelelement* in zich. Niet alleen hebben bijna alle soorten sport (hardlopen, springen, paardrijden, speerwerpen, worstelen, vechten etc.) zich ontwikkeld naar militair voorbeeld, maar tot de oorlog behoort ook een beslissend element, dat niet van tevoren vastligt, maar, *zoals bij een spel*, alleen door het verloop van de handelingen in de strijd, bepaald kan worden.

Bij nader inzien moet men Clausewitz wel gelijk geven dat het *tweegevecht* de oervorm van oorlog is. Wat dat betekent, tonen niet alleen de voor miljoenen dollars georganiseerde bokswedstrijden die om de paar maanden via de televisie aan een wereldwijd publiek aangeboden worden, maar wordt ook zichtbaar op elk schoolplein waarop twee jongens hun ruzie gewelddadig willen oplossen. Ogenblikkelijk zal zich om hen een groep toeschouwers vormen, die voor de één zowel als voor de ander partij trekken, om de betreffende favoriet met raad en daad terzijde te staan. Zelfs een overtuigd pacifist als Erich Kästner betaalde de verschuldigde tol aan deze psychologie van het 'kind in de man' in zijn beroemde 'Vliegende klas' met een scène van een dergelijk tweegevecht. Clausewitz zag echter in het tweegevecht niet alleen een speels krachtmeten; de Pruisische krijgswetenschappper wist en benadrukte des te meer, dat de oorlog een veel te serieuze zaak is om alleen maar *spel* te blijven.

Tot het *spel* behoort zelfs in het dierenrijk al een soort afstand nemen van de ernst van de situatie, er behoort het trouw in acht nemen van bepaalde regels van fairness bij, die vooral zorgen voor een zekere evenredigheid tussen de ingezette middelen (zoals we al aangetoond hebben in *Geloven in vrijheid. Dieptepsychologie en dogmatiek*, Zoetermeer 1995, p. 266-285). Zulke 'spel'regels worden echter afgeschaft zodra het tweegevecht serieus gaat worden, dan bestaat er, zoals Clausewitz naar voren bracht, de neiging om tot het uiterste te gaan. Een *bokswed-*

strijd eindigt pas – in de oorspronkelijke vorm – als de tegenstander bewusteloos op de grond ligt of op een andere manier zo afgestraft is dat hij uitgeschakeld is. Een *duel* eindigt pas – volgens de eigenlijke doelstelling – met de dood van een duellist. Een *oorlog* eindigt in ieder geval pas met de vernietiging van de strijdkracht en de strijdlust van de tegenstander.

Beslissend is daarbij dat er naarmate de strijd langer duurt, steeds gruwelijker middelen ingezet worden om het doel te bereiken. Het *opvoeren* gaat daarbij steeds uit van degene die op dat moment van de strijd aan de verliezende kant staat. Het was het keizerrijk Duitsland dat in het uur der waarheid de onbeperkte duikbootoorlog uitriep. Het was nazi-Duitsland dat na Stalingrad de 'totale oorlog' uitriep. Het is op de speelplaats de jongen die onder dreigt te komen, die als eerste de ander slaat en op de pijnlijkste plaatsen trapt. De *op voorhand* verliezende partij zal 'in geval van nood' vanaf het begin dergelijke middelen inzetten, die vanuit moreel standpunt als bijzonder verwerpelijk beschouwd mogen worden. Geen *partizanenoorlog* die niet de eigen zwakheid tracht te compenseren door bedrog, verrassing, sabotage en elke soort achterbaksheid. Geen *guerrilla-oorlog* die niet gevoerd wordt naar het recept van Mao-tse-tung: 'Men moet een reus iedere vinger afzonderlijk afhakken', – d.w.z. men moet waar een relatieve overmacht in mankracht of terreinwinst bestaat, door een overval afzonderlijke onderdelen van de vijand zo vernietigend mogelijk proberen te verslaan, zichzelf daarna echter ongrijpbaar maken door zich terug te trekken. Zelfs *de scheiding van strijdenden en niet-strijdenden*, een basiseis van het Haagse landoorlogsreglement en van de Geneefse Conventie, wordt in de guerilla-strategie niet gehandhaafd. Integendeel, hoe gruwelijker, hoe *misdadiger*, vanuit civiel standpunt gezien onschuldigen bij de militaire acties betrokken worden, des te waarschijnlijker zullen die acties gezien worden, des te eerder kunnen ze daarom als *politiek* dwangmiddel gelden, des te duidelijker demonstreren ze de onmacht van de sterkere partij om degenen die daarvan afhankelijk zijn te beschermen. Een autobom op een druk bezocht marktplein bijvoorbeeld, bij een veel gebruikte bushalte of op vrijdagmorgen voor een moskee gedeponeerd – hoe afschuwelijker, des te waarschijnlijker, dat juist dit middel gebruikt wordt in een 'vrijheidsstrijd' van onderdrukte etnische of religieuze minderheden.

Door de plotselinge pijn die hij veroorzaakt, hoopt de eigenlijke verliezer op deze manier de tegenstander steeds een soort schok toe te dienen die hem onbekwaam tot handelen, zelfs rijp om te capituleren zou moeten maken. Meestal werkt deze berekening niet, – waarom zou de al zo getroffen tegenstander niet ter plaatse met een des te zuiverder geweten tot dezelfde onscrupuleuze middelen grijpen en 'zonder mededogen' 'bommen met bommen' 'vergelden'? Alleen al de pijn die de oorlogsvoerders elkaar aanbrengen drijft hen daarom meer en meer in een negatieve spiraal van: 'Dat heeft de ander gedaan!' 'Hij is ermee begonnen!' 'Eerst vergelding!'. – De bommenoorlog bijvoorbeeld, die de *Royal Air Force* in de Tweede Wereldoorlog tegen de Duitse steden opende, was eigenlijk door de bemoeienis van *Churchill* ertoe bestemd de Engelse bevolking het gevoel te geven dat de Duitsers *ook* een keer 'aan de beurt' kwamen. Toen admiraal Harris in 1943 Hamburg aanviel, gaf hij het bevel tot paraatheid voor de militaire operatie die aan meer dan veertigduizend mensen het leven zou kosten, de sprekende naam '*Operatie Gomorra*': naar bijbels voorbeeld moest hier met vuur en zwavel een goddelijk gericht over de 'goddeloze' stad voltrokken worden. In totaal stierven in het puin van de Duitse steden in de Tweede Wereldoorlog ongeveer zeshonderdduizend mensen, het strijdmoreel van het 'thuisfront' werd daardoor niet verzwakt, integendeel, de wapenindustrie werd niet belemmerd, alleen de uitschakeling van de waterwerken zorgde voor bepaalde stagnaties in de brandstofvoorziening. Maar de dood van honderdduizenden bevredigde een quasi-religieus rechtvaardigheidsgevoel.

In plaats van te zeggen: 'De oorlog is een spel', zou men daarom beter kunnen zeggen: 'De oorlog is de executie van de doodstraf op internationaal niveau'. Men *moet* overwinnen, omdat men *in z'n recht* staat en men staat in z'n recht, omdat men *overwonnen* heeft.

De *rechtsopvatting zelf* wordt in de oorlog een *kansspel*. Was de rechtsopvatting eenduidig, dan was er geen oorlog nodig om uit te vinden wat voortaan 'krachtens de wet' is. Zelfs het nationaal-socialistische Duitsland beeldde zich in een goede, rechtmatige zaak voor te staan bij de aanvalsoorlogen tegen Polen, Frankrijk, Engeland, Scandinavië, de Balkan, en Sovjet-Rusland... En er waren, zoals we gezien hebben, moraaltheologen die het toen 'aanmatigend' vonden de rechtvaardigheid ter discussie te stellen. Neem nu de grenzen tussen Serven, Kroaten en moslims in ex-Joegoslavië in 1995 wat voor 'recht' moet daar gelden na het 'onrecht' dat elke partij de andere aangedaan heeft, alleen al in deze eeuw?

Opnieuw stuiten we hier echter op de wisselwerking tussen objectieve toevalligheid en ideologische noodzaak die de hele groepspsychologie doortrekt. Aan de andere kant heerst juist bij de verliezende partij het gevoel van '*lucky punch*' – misschien lukt het toch nog de tegenstander doorslaggevend 'te pakken' te krijgen! Deze offensieven nog, dit nieuw soort wapens nog.... Misschien kan operatie Sichelschnitt met een snelle opmars van tanks uit de Ardennen nog één keer herhaald worden. Of de projectielen van de rakettechnici rond *W. von Braun* in Peenemünde. Op een dergelijke 'hoop van zegen' leefde het verzet van 'Grootduitsland' eind 1944.

Maar gesteld dat zelfs op het laatste moment nog een 'wonder' gebeurt – *Sisera's* strijdwagens bleven steken, omdat precies aan het begin van de aanval een plasregen de vlakte aan de voet van de Tabor in modder en moeras veranderd had, een makkelijke buit voor de kinderen Israëls (Richt. 4:15 – 5:4) –, dan wordt deze toevalligheid vanuit het gezichtspunt van de overwinnaar toch beslist als een soort '*Godsgericht*' opnieuw geïnterpreteerd en ingekleed als *blijkbaar absoluut noodzakelijk*. Tenslotte was het steeds God zelf, die de oorlogskans keerde en aan de zijde van het sterkste bataljon de beste zaak hielp zegevieren.

In deze zin is *elke* oorlog, als die eenmaal uitbreekt, naar Sjatovs uitleg een tweegevecht tussen volkeren, waarvan elk volk op zijn manier gelooft drager van God te zijn. Geestelijk gezien brengt elk volk dat met een ander volk oorlog voert ook vandaag nog zijn 'verbondsark' mee naar het slagveld. Bij een nederlaag heeft òf de eigen godheid bewezen zwak te zijn, – men ruilt deze liever om tegen de levensstijl, tegen de cultuur, tegen de *way of life* van de overwinnende machten –, òf de godheid wilde het eigen volk slechts straffen voor de misdaden die het begaan had. In het laatste geval blijft de godheid superieur ook en juist in de nederlaag, zo luidt de *profetische* uitleg van de geschiedenis van dat, en van elk ander uitverkoren volk.

In ieder geval leidt de identificatie met een bepaalde groep tot een gedeeltelijk *ondergesneeuwd raken van het rechtsgevoel.* Men kan niet *wezenlijk* tot een bepaalde groep behoren zonder gedragen te worden door het vertrouwen dat deze groep een goede zaak voorstaat – en bij een conflict zelfs de *beste*. Men kan in een groep niet samenwerken zonder het vertrouwen dat de aanwijzingen van de leiding in ieder geval in grote lijnen verstandig, juist, terecht en noodzakelijk zijn. Er moet in het leven van een individu of zelfs van een heel volk al veel gebeurd zijn om een dergelijk vertrouwen te veranderen in scepsis, wantrouwen en weerstand.

Er kan met behulp van eenvoudige sociaal-psychologische taakstellingen zelfs aangetoond worden dat de dynamiek van elke groep ertoe tendeert een zo positief mogelijk *auto-stereotype* van zichzelf op te bouwen en een vergelijkbaar negatief *hetero-stereotype* van de concurrerende referentiegroep te schetsen. De opdracht zelf kan nog zo eenvoudig mogelijk gegeven worden: het enige waar het op aankomt is dat het *onmogelijk* moet zijn een rationele oplossing te vinden, zodat de 'beslissing' alleen met objectief quasi-rationele, subjectief echter met des te 'geloofwaardiger' 'redenen' bevochten kan worden.

Men geeft bijvoorbeeld twee groepen van acht personen de opdracht met behulp van schaar en lijm in een vastgestelde tijd uit karton een *complete* toren te bouwen, die later aan de hand van criteria van *schoonheid, stabiliteit* en *grootte* gewaardeerd wordt. Criteria dus, die op z'n minst onverenigbaar zijn met één van de andere punten. In elk laboratorium van de groepsdynamica zal men aan het eind van het experiment vaststellen dat elke deelnemende groep haar 'werk', hoe bizar het ook uitgevallen mag zijn, het beste vindt en deze overtuiging met hand en tand tegen de tegenwerpingen van de andere groep probeert te verdedigen. 'Wij zijn de besten en wat wij maken is het beste' – zonder een dergelijke zelfstilering schijnt een stabiele groepssamenhang niet mogelijk te zijn.

Nu is zo'n 'uitslag' gedurende een weekendcursus groepsdynamica met twee keer acht personen alleen maar erg amusant, maar misschien ook een reden om eens over zichzelf na te denken. Maar hoeveel springstof *en samenbindende energie (!)* in de psychologie van dergelijke 'auto'- en 'hetero-stereotypen' ligt, wordt direct duidelijk wanneer men aan de hand hiervan het gedrag van *grote groepen* probeert te begrijpen. 'Wij zijn beter dan anderen', – dat betekent niet alleen: 'Onze levensstijl is beter voor de mensheid dan de andere levensstijlen', het betekent ook en bovenal: 'Onze ethiek is "beter" dan de ethiek van anderen', en omdat er volgens het zwart-wit denken geen 'betere' ethiek bestaat, alleen 'goede' of 'slechte' ethiek, wordt het gelijk: 'Onze ethiek is de *enig* juiste'. Dit geldt ook voor 'onze' rechtspraak, 'onze' waarden en normen, 'onze' religie!

Ook nu nog gebruikt het grootste deel van de mensen die intellectueel met 'theologische' vragen bezig zijn, in alle regio's en religies van de wereld hun verstandelijk vermogen om 'aan te tonen' dat de geloofsvorm waarin ze als kind geboren en getogen zijn, werkelijk door God gegeven en voor onvervalst waar gehouden moet worden. De beste morele, religieuze en rationele energie verbruiken ze nog altijd om de positieve vooroordelen ten opzichte van de eigen groep te onderbouwen en om een negatief standaardbeeld van andere groepen op te bouwen. Het is duidelijk dat tolerantie, nieuwsgierigheid en bereidheid tot leren onder zulke omstandigheden slechts zeer beperkt kunnen opbloeien. De 'ander' blijft, als het er zo voorstaat, de 'vreemde' en daardoor een *gevaarlijk* persoon.

Een eigenaardigheid van het menselijk gedrag is dat men de *afzonderlijke* vreemdeling open en behulpzaam tegemoet treedt, maar vreemden *in groepen* schuw en afwijzend. – Een enkeling die in een vreemde stad naar een bepaald adres vraagt, wordt naar alle waarschijnlijkheid zeer voorkomend behandeld, – gastvrijheid is een diepgewortelde menselijke eigenschap. Toch geldt het respect voor een vreemdeling zijn hulpeloosheid; – hij betekent als enkeling zeker geen gevaar voor de autochtone groep, hij laat zich ondervragen zonder dat voor hemzelf duidelijk kan worden wat de consequenties van het gesprek zijn, men kan in hem geïnteresseerd zijn zonder dat de eigen identiteit gevaar loopt en welbeschouwd, als men hem de juiste weg wijst, zal hij het land ook wel weer snel verlaten. Heel anders is de omgang met vreemden die in grotere groepen immigreren. De onbekendheid zelf biedt van meet af aan een ideaal projectiescherm voor verdrongen negatieve delen van de eigen psyche. Het vreemde op zich trekt niet alleen aandacht, het roept ook waakzaamheid en voorzichtigheid, zo niet angst en afweer op. Vooral echter stelt het binnendruppelen van vreemdelingen in grotere aantallen de ontvangende groep vroeg of laat voor de vraag hoe ze haar identiteit bewaren zal. Een 'conservatieve' politiek en mentaliteit zal aandringen op het bewaren van de traditie, dus waarde hechten aan duidelijke afgrenzing. In geval van nood, zoals bij de huidige asielwetgeving in de Bondsrepubliek Duitsland zelfs met behulp van een instrumentarium van 'asielzoekersstop' en 'uitwijs-praktijken'. Op z'n christelijk-socialistisch Beiers: met behulp van een '*uitwijs-instelling*' die door de politie uitgevoerd wordt. Omgekeerd veronderstelt het concept van een 'multiculturele' samenleving al een hoge mate van identificatoire zekerheid over de eigen culturele identiteit. Alleen wie zich in zijn culturele overtuigingen gevestigd genoeg voelt, is in staat in een open dialoog te treden met de representanten van andere zienswijzen. Wanneer de identiteit van een cultuur, van een volk door een vreemde invloed aan het wankelen gebracht wordt, dreigt echter steeds een groot gevaar.

Een hoofdprobleem van de confrontatie tussen de 'westerse' en de 'Arabische' cultuur bijvoorbeeld, verschijnt heden onder het kernwoord 'islamitisch fundamentalisme'. Als ergens in Algerije een bom explodeert, als ooit een toeristenbus in Assuan op een mijn rijdt of als in Bangladesh een opgewonden mensenmenigte een schrijfster probeert te lynchen, kan men er zeker van zijn dat het om een terreurdaad van 'islamitische fundamentalisten' gaat. 'Ze hebben God veranderd in een met bloed besmeurd afgodje', schreef een ordezuster die in het voetspoor van Charles de Foucauld in Algerije werkzaam was jaren geleden gelaten. Dat is waar, maar het formuleert slechts een deel van het probleem. Wat zich op het moment begint af te tekenen is niet meer en niet minder dan de geestelijke destabilisering van een hele cultuurstroming waarin vooral de sociale onderlagen de koran als enig cultuurgoed hebben leren kennen. Aan de beloftes die in de koran staan, geloven ze met een vurig hart. De inhoud daarvan hebben ze echter op de meest 'eenvoudige' manier leren kennen, dat wil zeggen, zonder uitleg, niet in een historische context geplaatst. In vergelijking met de zekerheid die de koran als culturele identificatiefactor schijnt te bieden, worden de westerse invloeden als verleiding en bedreiging ervaren, als een gevaar waarvoor de bovenlaag in de ogen van de minder geprivilegieerden door corruptie en karakterloosheid bezweken schijnt te zijn. Daarbij betekent de technische voorsprong van het Westen een soort narcistische krenking voor de cultuurkring die zich al twaalfhonderd jaar beschouwt als drager van de laatste en definitief van alle vervalsingen gezuiverde godsopenbaring.

In tijden van identiteitscrisis wordt het zoeken naar het eigene identiek met de afwijzing van, zelfs met de vijandschap ten opzichte van alle vreemden.

Bij de speurtocht naar de wortels van de *oorlog* wordt deze constatering voor ons nu één van de belangrijkste inzichten in de achtergronden van vijandige conflicten tussen grotere groepen mensen: dat onder druk van *angst*, op zichzelf onschuldig schijnende processen van groepsdynamiek ertoe leiden kunnen dat de samenhang tussen mensen verbroken wordt ten gunste van het bijeenhouden van de eigen groep en *in vijandigheid* omgevormd kunnen worden. En het zijn, als het zo voorvalt steeds de trouwste, de meest opofferingsgezinde, de toegewijdste motieven die dan de strijd eisen en ondersteunen tegen al het vreemde ten dienste van het eigene.

De '*afgrenzing*' ten opzichte van de '*vreemden*', die zich laat inspireren door een *ethische*, respectievelijk *religieuze* inhoud, verklaart dan ook ten dele reeds de betekenis van de vreemde tegenstrijdigheid waarmee in de oorlog geregeld met de beste menselijke bedoelingen de onmenselijkste daden teweeg gebracht worden. De paradox bestaat eruit dat het begrip menselijkheid altijd nog door *absolute bepalingen* uit religie en ethiek gedefinieerd wordt: in plaats van onder 'menselijkheid' een *vorm* van menselijke ontmoeting te verstaan, wordt ze verbonden aan bepaalde particuliere, schijnbaar 'objectieve' *betekenissen*, die er intussen aanspraak op maken algemeen geldig te zijn, dat wil zeggen voor allen geldig. 'Allen' – dat zijn nu echter niet meer de leden van de groep, *allen* dat zijn nu ook de leden van de verwante groep(en) en doordat deze natuurlijk *weigeren* de opvattingen van een vreemde groep als maatgevend voor zichzelf over te nemen, vallen ze onmiddellijk binnen het vijandbeeld van de onethische, godslasterlijke, zondige en goddeloze mensen.

Vanaf dit moment is het een *plicht* voor God en de mensen de aanhangers van de tegenpartij te *haten*. Wanneer dan geen sterke politieke en economische motieven de uitbrekende strijdlust tegenwerken, is er in deze situatie alleen nog maar een onbeduidende aanleiding nodig om eindelijk de 'heilige' en 'rechtvaardige' oorlog tegen de 'onmensen', de 'terroristen', de 'heidenen' en 'misdadigers' uit te roepen. De deur naar het massaal doden met een goed geweten staat op dat moment op een kier.

Het belangrijkste bij deze overwegingen is: het is in één keer voor ons duidelijk waarom het blijkbaar genoeg is het woord 'oorlog' uit te spreken om alle menselijke consideratie ten opzichte van de 'vijand' te laten varen. Daden die in vredestijd slechts afschuw en weerzin op zouden roepen en die wanneer ze leden van het eigen volk aangedaan worden ook in oorlogstijden ten strengste gestraft zouden moeten worden, schijnen wanneer ze een 'vijand' aangedaan worden iets prijzenswaardigs en navolgenswaardigs te zijn. De verklaring voor zo'n gedeeltelijke morele (en religieuze) afstomping ligt in de genoemde particulariteit van de ethische en religieuze betekenis zelf: als de grenzen van de 'juiste' ethiek, de 'ware' religie zich juist aan de grenzen van het eigen staatsverband of het eigen volk bevinden, dan *kan* als logisch gevolg aan de andere kant van de eigen grens niets anders wonen dan 'schitterende zonde' van 'goddeloze heidenen', zoals de heilige Augustinus het al uitdrukte. Zulke mensen *verdienen niet* dat men rekening met ze houdt! *Dat* 'verklaart' in zekere zin, waarom niet alleen de menselijkheid in elke oorlog sterft, maar de oorlog er formeel ook uit bestaat mensen aan de andere kant van de grens van het eigen groepsverband gedurende de oorlog niet langer meer als mensen te beschouwen.

Alle oorlogspropaganda begint dan ook met de systematische omschakeling van ethiek en religie tot een instrument van *mensen*vernietiging. Dat wil zeggen, niet bepaald van *mensen*vernietiging, maar van verdelging van ongedierte, parasieten, ratten, barbaren, menseneters, vampiers, vrouwenschenders, draken en lintwormen... steeds is de 'vijand' achterbaks, gemeen, gruwelijk, de satan in hoogst eigen persoon, daarentegen moeten de eigen troepen ook en juist als ze precies hetzelfde doen als de 'vijand' voor verstandig, dapper, vastberaden gehouden worden, als de legermachten van de heilige Michael in de strijd tegen de duivel. Alleen zo wordt begrijpelijk hoe men gedurende de gifgasaanvallen in de Eerste Wereldoorlog tegen tienduizenden mensen kon 'optreden' als bij de bestrijding van schadelijke insekten. Alleen zo wordt begrijpelijk, hoe aan het einde van de 'Golfoorlog' in 1991 Amerikaanse piloten op de wegen naar Basra duizenden mensen met wellust als bij het kleiduiven schieten, met napalm verbranden en met springbommen verscheuren konden en zich later bovendien nog op een vaderlandse daad beroemen konden. De door het Pentagon gekochte verslaggeving van de CNN had vooraf al wereldwijd de motivatie voor deze en alle andere gruweldaden gegeven. Alle Irakezen die gedood werden, waren vanaf het begin niet anders dan dieven, moordenaars, rovers; ze hadden, – vervalste beelden 'toonden het aan', omgekochte getuigen bevestigden het, – baby's uit couveuses gerukt, vrouwen aangerand, huisraad geplunderd...

Wie op bevel een mens doodt, moet erin geloven, moet *daarin tot geloven gebracht zijn,* dat de gedode *schuldig* is, dat zijn dood in de naam van God, in de naam van de mensenrechten, menselijk gerechtvaardigd, zelfs onvermijdelijk is. – Alleen op deze manier kan men begrijpen dat de Servische artillerie vanuit stellingen rond Sarajevo een ziekenhuis met honderden zwaargewonden beschoot, – met als gevolg dat mensen met wondkoorts, met rottende ledematen, met ondraaglijke pijnen niet behandeld konden worden; – laat ze maar in aanwezigheid van hun hulpeloze familie lijden en lijden tot de dood hen eindelijk verlost... De 'verklaring' van dergelijke afschuwelijkheden is altijd dezelfde: tegen moslims, of omgekeerd tegen Servisch-orthodoxe katholieken of tegen rooms-katholieke Kroaten, in de strijd van *allen tegen allen* is niet alleen *ieder* middel geoorloofd, als het maar op de één of andere manier geschikt is om pijn, kwelling en vernietiging te vermeerderen, het is *juist goed*! Zelfs de roomse paus, die anders zo graag de rol van vredestichter en advocaat van de mensenrechten bekleedt, kon het in 1995 niet over zijn hart verkrijgen de Kroatische leden van 'zijn' kerk te zeggen dat ze geen recht hebben 'geloofs'-grenzen te definiëren als grenzen aan de menselijkheid. De wedstrijd in het afslachten van orthodoxe Serviërs in 1942 in kamp Jasenovac, (wie kan er met een slagersmes in een nacht het 'meeste') – wanneer is er ooit een schuldbekentenis, laat staan oprecht berouw gevonden voor deze gruweldaden gepleegd met medeweten van het Vaticaan bij de oprichting van een katholieke Kroatenstaat in de schaduw van de nationaal-socialistische bezetter?

Feitelijk toont de Bosnische tragedie op het ogenblik duidelijker dan al het andere aan dat bepaalde kwesties van het behoren tot een bepaalde geloofsrichting al voldoende zijn om een eeuwenoude haat te voeden. De dogmatische geschilpunten tussen rooms-katholieke (Kroatische) en orthodoxe (Servische) christenen schijnen volstrekt belachelijk: gaat, dat is sinds het kerkschisma van 1054 de vraag, de Heilige Geest in de goddelijke drie-eenheid van de Vader en van de Zoon uit of van de Vader door de Zoon of misschien van de Vader en *niet* van de Zoon? Vervolgens, mag men voor het misoffer naar joods voorbeeld ongezuurd brood gebruiken of is het christelijker om gegist brood te nemen? Nu komt het: kunnen vragen over de godheid serieus voor 'belachelijk' gehouden worden? Wie dat aanneemt is eigenlijk nog erger, nog verachtenswaardiger dan iemand die ten minste bereid is voor zulke waarheden of vanuit het oogpunt van de tegenstander voor zulke dwalingen te doden en zich te laten doden, hij is erger dan ieder oprecht gelovige: een relativist, een onverschillige, een agnosticus, een scepticus, een vrijdenker, een humanist..., een ketter dus van het ergste soort!

Feitelijk, dat moet men toegeven, bezitten vragen van culturele (inclusief dus de ethische en religieuze) identiteit een buitengewoon belang voor het behoud van een groep en ze plegen in de regel des te onverbiddelijker en verbitterder uitgedragen te worden hoe *kleiner* de betreffende geschilpunten in de strijd objectief zijn. Het gaat 'op zich' om niets, maar voor de betreffende groepen om alles!

Deze indruk wordt nog versterkt, als de culturele vragen zich tegelijkertijd mengen met sociale of etnische belangen. Het probleem van katholieken en protestanten in *Noord-Ierland* bijvoorbeeld, bevat niet alleen een religieus, maar ook een economisch probleem. De massamoord tussen Hutu's en Tutsi's in *Rwanda* is niet alleen een rassenconflict dat men 'begrijpen' kan in het kader van de Afrikaanse volksziekte nummer één: het *tribalisme*, de verabsolutering van het stambelang, iets wat aan het gedachtengoed van het stenen tijdperk doet denken. Het gaat integendeel om een sinds lang opgekropt conflict van sociale ongelijkheid *en* racistische discriminatie. Bij dit soort controversen wordt de 'ander' als 'vreemde' kennelijk niet alleen als een bedreiging van de culturele identiteit ervaren, hij wordt als etnisch *andere* alleen al als minderwaardig gebrandmerkt, omdat hij tot het type mens behoort dat groter, dan wel kleiner is gebouwd, omdat hij licht of donker van huid is, omdat hij kroes- of langharig is,

Maar zelfs voor zulke paranoïde lijkende denkbeelden konden en kunnen natuurlijk 'theologische', dat wil zeggen ideologische, schijnrationele 'verklaringen' gegeven worden. Had niet al God de Heer de zonen van Noach: de 'Chamieten' en de 'Jafethieten' vanwege hun 'ontucht' *vervloekt*, opdat ze de *slaven* van de 'semitische' volken zouden zijn (Gen. 9: 25 e.v.)? Of ook omgekeerd: toont zich niet de rechtmatige door God gewenste superioriteit van de 'christelijke' 'volken' (alleen al begripsmatig een contradictio in terminis) niet juist daarin dat ze de zwarte bevolking van Afrika sinds lange tijd bij miljoenen als slaven voor mijnwerk en katoenplantages van de 'nieuwe' wereld onder dwang versleept hebben en als sprekend gedierte tussen maïs, tabak en rubber de meestbiedende te koop aan 'mochten' bieden?

Het feit dat de 'ander' in de oorlog *gevangen genomen* werd, maakte hem al sinds jaar en dag tot een 'untermensch'. – Als hij vrijgelaten zou worden, zou hij wel direct weer actief de 'vijandelijke' krachten aan de overkant versterken. Vandaar dat het *beter* is dat men zoals in de dagen van David en Salomon zijn '*arbeidskracht*' gebruikt (2 Sam. 12:31), doordat men hem tot slaaf vernedert. Als men tenminste niet naar het indrukwekkende voorbeeld van de grootste koning van Israël, de (Moabitische) gevangenen eenvoudig wil laten natellen en onder gruwelijke martelingen executeren (2 Sam. 8:2).

'Strafgevangenkamp' – *Stalag* – zo noemen de nazi's in 1941, alle internationale volkenrechtelijke afspraken ten spijt, hun opvangkampen voor de meer dan anderhalf miljoen Sovjetrussische krijgsgevangenen, wier arbeidskracht zij in de wapenindustrie en bij de wegenbouw direct tot het uiterste uitbuitten, voor zover niet zoals in 'Stalag 326' in Stukenbrock-Senne honger, ziekte en koude de verzwakte lichamen naar duivels plan vanzelf al verteerden. 'Doodwerken', – dat was het beoogde lot van dit 'mensonwaardige' 'schoelje' in de handen van die Arische 'heersersnaturen'. En we hoorden al: een kerkelijk protest tegen deze kwellingen was er in deze tijd van 'kruistochten tegen het atheïstische bolsjewisme' niet geweest.

Maar zelfs de psychologie van de meelopers, de medeplichtigen, de plichtsbewuste misdadigers van het type *Adolf Eichmann* vereist een verklaring. Zeker, soldaten worden tot gehoorzaamheid *gedrild*, net als schaapshonden en circuspaarden, tot op de beperkte reflex. Maar deze kunstmatige uitschakeling van de eigen wil zou nooit uitgevoerd kunnen worden zonder *een natuurlijke bereidheid* zich overeenkomstig de *rangorde van de groep* te ordenen en te schikken. Ook dat zullen de deelnemers van elke willekeurige cursus in groepsdynamiek snel genoeg leren: dat mensen alleen dan een gemeenschappelijke opgave op kunnen lossen, als er iemand is, die (als '*alpha*') de leiding neemt, terwijl anderen (zogenaamde '*bèta's*') hem adviseren en zijn bevelen motiveren, zodat weer anderen (de '*gamma's*') zijn bevelen uitvoeren. Daaronder zijn er nog de '*omega's*', die als 'zondebokken' verantwoordelijk gemaakt worden voor het falen en de fouten van de groep. Zij nemen het verdrongen, negatieve deel van de zelfstilering van de groep op zich, tijdens een oorlog representeren ze dus de 'tegenstander' en staan steeds onder verdenking en krijgen het verwijt de zaken van de vijand uit te voeren. De joden tijdens het nationaal-socialisme bijvoorbeeld, vormden op extreme wijze zo'n laag van '*omega's*' en ze lieten daarmee opnieuw zien, hoezeer de 'vanzelfsprekende' regels van de menselijke samenleving onder de gegeven omstandigheden ten gunste van de oorlog en op barbaarse wijze destructief kunnen werken. Tenslotte heeft 'men' het alleen 'meegemaakt', 'men' is er slechts 'bij geweest', 'men' 'moest' wel doen wat bevolen werd, – de eeuwige uitvlucht van alle '*gamma's*'.

De gevaarlijkste uitwerking van de hiërarchische indeling van groepen ontstaat wanneer de *gamma's* niet meer weten wie ze volgen, omdat aan de top een machtsvacuüm ontstaat of concurrerende personen om de positie van de *alpha's* strijden. Natuurlijk vinden in zulke situaties beide partijen hun *bèta's* die zowel het ene als het andere standpunt motiveren, terwijl de objectieve onzekerheid het volk in *die* oorlogsvorm drijft die vanwege gehoorzaamheid en trouw aan alle kanten de ergste pleegt te zijn: de burgeroorlog.

Jaren geleden heeft Stanley Milgram aan de Yale-universiteit in het beroemd geworden essay '*Abraham*', zelfs tot verrassing van psychologen en beslist tot ontzetting van filantropen, de buitengewone bereidheid van mensen tot gehoorzaamheid ten opzichte van hun meerderen gedemonstreerd. Wie zou zelfs maar kunnen geloven dat hijzelf of de aardige medemens naast hem bereid zou kunnen zijn, nog deze middag een moord te begaan als hem slechts door een man in een witte jas duidelijk gemaakt wordt dat hij voor een bepaalde leerpsychologische test die voor de wetenschap van het grootste belang is, enkele 'proefpersonen' in geval van nood elektrische schokken toe moet dienen tot ver in de gevarenzone van dodelijke stroomstoten? 'De' wetenschap is blijkbaar tegenwoordig voor het besef van de meeste mensen zo'n afgod geworden dat ze voor het merendeel zonder aarzeling bereid zijn de wetenschap met het mensenoffer te huldigen. En dat in een relatief ontspannen sfeer, zonder zelf te hoeven vrezen voor straffen voor verzet, zelfs zonder één of ander duidelijk voordeel voor hun bereidwilligheid te verkrijgen, – alleen het idee een belangrijke opdracht uit te voeren, laat ook vandaag nog de meerderheid van de mensen letterlijk 'volgens de voorschriften' over lijken gaan!

Hoe moet het dan als dril en afhankelijkheid, groepsdwang en kameraadschap, soldateneer en eedsverplichting, dreiging met doodstraf en gevangenschap voor familieleden van de beschuldigde, alsmede de overtuiging van een noodzakelijke en grote roeping de speelruimte van het persoonlijke geweten steeds meer beperken? Wat heeft iedere individuele Duitser in het 'Derde Rijk' in te brengen tegen de joodse medeburgers, – tegen zulke fantastische schrijvers als Stefan Zweig, Franz Werfel en Jozeph Roth, die in miljoenen oplagen gelezen werden? En toch accepteerde men het dat in 1933 hun boeken verbrand werden, men accepteerde het dat in 1935 de Neurenberger rassenwetten 'in werking traden' – de *gamma's* vertrapten gehoorzaam de *omega's*, zoals het bevolen werd en de *bèta's* hielden zich stom of bereidwillig. Toen bijvoorbeeld in Paderborn in 1940 in een theologisch college over het Johannes-evangelie het woord 'jood' viel, schuifelden de kandidaten voor het priesterschap van deze academie van het pauselijk recht met hun voeten en hun docent kerkrecht nam hen tentamens af in een nazi-hemd...

Verzet? Zelfstandig denken? Een eigen oordeel?

Juist bij de 'intelligentsia', juist in de kringen van de '*geesteswetenschappelijke*' '*bèta's*', verleid door de ijdelheden van roem en prestige, verziekt door een soort geest die geoefend is in het 'bewijzen' van allerlei vermeende noodzakelijkheden en alles wat wenselijk is, zal men zulke vaardigheden te allen tijde wel allerminst aantreffen. En de '*natuurwetenschappelijke*' '*bèta's*' zullen in een twijfelgeval alles 'zuiver functioneel' zien. – Ze zullen Hitler motoren voor straaljagers en raketten ter beschikking stellen, ze zullen de gummiproductie onafhankelijk maken van de rubberimport, ze zullen met zwaar water aan de constructie van een waterstofbom prutsen...

Nee, er is geen weg die niet tot het inzicht voert dat de wortels van de oorlog, dat de basis van het ergste wat mensen elkaar aan kunnen doen diep geworteld is in de bodem van het 'gewone leven'. Dan mag de oorlog zelf ook in de menselijke geschiedenis verschijnen als een cyclisch terugkerende toestand van waanzin, de oorlog kan zichzelf niet vertonen zonder zich te bedienen van de meest alledaagse vorm van groepssamenleving. Oorlog – dat is niet alleen de immer aanwezige mogelijkheid van het monstrueuze temidden van het gewone, het is tegelijkertijd het inschakelen van het compleet alledaagse, het meest menselijke in dienst van het meest onmenselijke. Oorlog – dat is de perversie *van alles*. In deze zin heeft Clausewitz volkomen gelijk: elke oorlog is een *totaal*oorlog, doordat hij uit zichzelf geen grenzen kent, maar de neiging in zich heeft altijd tot het uiterste te gaan.

Tot dusver hebben we de individueel-psychologische en sociaal-psychologische mechanismen bediscussieerd die zowel ieder afzonderlijk als groepen mensen geschikt maken voor de oorlog. Ontbreekt nog het aangeven van *doel en inhoud* waarom oorlogen gevoerd worden. Merkwaardig genoeg zijn er van oudsher slechts *drie* motieven, die evenwel op archaïsche wijze met elkaar verbonden zijn

We gaan het dan ook hebben over:

c. Land, geld en macht – of: de eigenlijke inhoud van de oorlog

Zeker, oorlogen worden ook, en ten diepste, gevoerd om de groep bij elkaar te houden. In Papoea Nieuw-Guinea zijn ons bijvoorbeeld stamculturen bekend waarvan de samenhang hoofdzakelijk is gebaseerd op oorlog en koppensnellen als permanente instellingen. Deze oorlogen worden voornamelijk in scène gezet vanuit ritueel-religieuze motieven: omdat de wereld naar de overtuiging van vroege planterculturen alleen in stand wordt gehouden door een evenwicht tussen geboorte en dood, schijnt het de taak van *vrouwen* te zijn kinderen te baren en de taak van *mannen* om te doden. En beiden moeten met elkaar in evenwicht zijn om het behoud van de wereld te garanderen, evenzeer als het behoud van de eigen groep. In dit geval schijnen de psychologische motieven naast bepaalde religieuze overtuigingen op zichzelf al volledig toereikend te zijn om een voortdurende bereidheid tot oorlogvoeren te doen ontvlammen en een overeenkomstige definiëring van de verschillende rollen van vrouwen en mannen in de betreffende samenleving door te drijven. Maar zelfs in dit geval berust de uiteenlopende opvatting van datgene wat *een vrouw* respectievelijk *een man* moet doen op veel oudere evolutionair bepaalde interpretatiemodellen.

Veel bevindingen uit de *paleontologie* evenals uit de *ethologie* wijzen erop dat in het begin van de 'menswording' een primitieve geslachtsdifferentiatie bestond, doordat vrouwen de taak te beurt viel gedurende lange tijd voor het grootbrengen van de kinderen te zorgen, terwijl de mannen in een gebied van zo'n twintig kilometer rondom een waterplaats op jacht moesten naar eetbare dieren. Vermoedelijk was het het rechtop lopen zelf, wat ertoe leidde dat onze voorouders, de steppenbewoners, kinderen ter wereld brachten die onrijper en dus zorgbehoevender waren dan elk ander vergelijkbaar zoogdier in de gelederen van de primaten. Des te nauwer werd natuurlijk de band tussen moeder en kind en des te belangrijker was het deze eenheid te *beschermen* tegen indringers.

Als mannen tegenwoordig oorlog voeren, wordt het eerste en laatste motief van hun bereidheid om oorlog te voeren nog steeds gevormd door de archaïsche verplichting van de verdediging van vrouwen en kinderen binnen veilige grenzen. De soldaat die de foto van zijn bruid aan al zijn kameraden laat zien, – dat is niet alleen een cliché in elke oorlogsfilm, het komt grotendeels werkelijk overeen met de gevoelens waarmee een soldaat de oorlog ingaat. De bedreiging van weerloze vrouwen en kinderen, – wie ooit de mannen van een land wil motiveren tot oorlog, die zal deze voorstelling vanzelfsprekend meenemen in de propaganda. Zelfs toen de Tweede Wereldoorlog al duidelijk ten einde liep, kon J. Goebbels er nog over spreken dat de Duitse soldaten die nu in het oosten tot nieuwe, grote offensieven aangetreden waren, alleen de beelden van geschonden vrouwen voor zich zagen en dat zich van hun lippen een wraakgeschrei zou verheffen, waarvoor de vijand zou moeten verbleken.

'Wat zou u doen als op straat een vrouw overvallen werd?'
'Ik zou proberen haar te beschermen.'

'Hoe kunt u dan dienstweigeraar zijn?'

Zo simpel verliepen begin jaren zestig nog de verhoren van de beoordelingscommissie voor 'dienstweigeraars op grond van gewetensbezwaren'. Het was een tijd waarin de leer van de rooms-katholieke kerk nog nawerkte, die in 1956 van paus Pius XII tot en met elke plaatselijke kapelaan verkondigd heeft dat een katholiek in geval van een onrechtvaardige aanvalsoorlog geen recht heeft zich op zijn geweten te beroepen en de militaire dienst te weigeren. Hoogstens werd de dienstweigeraar een 'verkeerd geweten' toegekend, het handelen overeenkomstig dat geweten kan katholieken evenwel schuldig stellen doordat ze de rechte leer van de rooms-katholieke kerk mogelijk onvoldoende overdacht hebben en hun geweten daarop niet voldoende 'afgestemd'.

Een overtuigend antwoord op het oorlog-rechtvaardigende propagandamodel van de vrouw die op straat aangerand dreigt te worden, kan evenwel gegeven worden met een eenvoudige verwijzing naar *de werkelijkheid van een moderne oorlog*. 'Om een vrouw door middel van oorlog te "beschermen"', zou men kunnen zeggen, 'moet ik als eerste in het huis van die dader dringen en *zijn* vrouw samen met haar kinderen laten exploderen, pas dan, nadat wij ieder voor zich onze gruweldaden uitgevoerd hebben, zouden we er door de omstandigheden nog toe komen elkaar voor de eindafrekening danig naar de keel te grijpen. Bescherming van onschuldigen, ja! Maar bescherming van onschuldigen met als prijs de vernietiging van onschuldigen, nee!'

Feitelijk wordt geen enkel motief om oorlog te voeren in onze dagen duidelijker *weerlegd* dan het motief van de vermeende 'bescherming van vrouwen en kinderen'. Het best beschermd *waren* in de moderne spelvorm van de oorlog bijvoorbeeld in Vietnam de piloten van de B 52-bommenwerpers, die op 15 kilometer hoogte, onbereikbaar voor het SAM 2-afweergeschut van Russische constructie, de haven van Haifong of de Ho Tsi Min-weg met springbommen en napalm bombardeerden of het oerwoud aan de grens bij Cambodja en het deltagebied van de Mekong probeerden te 'ontbladeren' met het dioxinehoudend 'plantengif'

Agent Orange; het best beschermd *zouden* in een moderne atoomoorlog de matrozen *zijn* aan boord van een onderzeeër die op volle zee op een afstand van meer dan tweeduizend kilometer, onvindbaar dus voor de navigatiesystemen van de radarverkenning van de tegenstander, een serie raketten op één of meerdere grote steden van de tegenstander af zouden vuren. Een vrouw verkrachten is zeker één van de ergste misdaden, maar is zo'n misdaad werkelijk erger dan de vernietiging van hele woonwijken met hun inwoners? 'Liever een Rus op je buik, dan een Amerikaan op je hoofd', vonden in 1944 de vrouwen in het puin van het Ruhrgebied laconiek, toen ze hun lijden vergeleken met de berichten van de verschrikkingen van hun lotgenoten in het Oosten bij de opmars van het Rode Leger. Eén ding is zeker, men kan misdaden niet 'verhinderen' door middel van misdaden, men kan de menselijkheid niet 'verdedigen' of zelfs willen 'redden' door onmenselijke daden, men kan 'vrouw en kinderen' niet beschermen door de vrouwen en kinderen van de tegenstander elk soort lijden aan te doen.

Paradoxaal genoeg bestaat de oorlog er juist in de *eigen* vrouwen en kinderen *tegen* de vrouwen en kinderen van de 'tegenstander' te 'beschermen'. Het schijnt een primitief *biologisch* bepaald doel van alle oorlogszuchtige twisten te zijn, de groep van de tegenstander de mogelijkheid tot *voortplanting* te ontnemen. In geen enkele oorlog blijft het verkrachten en verminken van vrouwen beperkt tot de horror-propaganda tegen de 'vijand', maar wordt deze gruwel ook altijd weer door het verdierlijkte soldatenvolk daadwerkelijk uitgeoefend. Natuurlijk spelen daarbij ook de ongeremde sadistische sexuele pathologieën van individuen een rol. Maar het is moeilijk zo iets algemeens als de mishandeling van vrouwen in elke oorlog, op grond van individuele bijzonderheden te motiveren. Men zou eerder kunnen denken dat er bij de verkrachting en verminking van vrouwen (en mannen) in de oorlog wraak genomen wordt voor de gevoelens van angst en vertwijfeling uit de dagen *voor* de 'overwinning'. En bovenal wordt het gevoel van de *eigen* weerloosheid nu afgereageerd in de pose van degene die verheven is boven andere weerlozen, – zoals een jager het wild dat hij geschoten heeft trots in stukken snijdt en bepaalde afgesneden delen vervolgens als trofeeën van zijn succes en als bewijs van zijn mannelijkheid met zich mee draagt. De testikels van de tegenstanders, de borsten van vrouwen: de lichaamsdelen om kinderen te verwekken en groot te brengen, – wie deze bezit, die wordt verondersteld de toekomst te beheersen, zijn overwinning is beslissend.

Hoe zoiets klinkt in het taalgebruik van soldaten, maakte maarschalk *Tsjernjachovski*, de bevelhebber van het tweede Witrussische front in zijn marsbevel van 12 januari 1945 duidelijk: 'Tweeduizend kilometer hebben we gemarcheerd en hebben de vernietiging van alles gezien wat we in twintig jaar opgebouwd hebben. Nu staan we voor het hol van waaruit de fascisten ons aangevallen hebben. Wij blijven pas staan, nadat we ze gezuiverd hebben. – Er is geen genade – voor niemand, zoals er ook geen genade voor ons is geweest. Het is onnodig van de soldaten van het Rode leger te eisen dat genade geschonken wordt. Ze zijn laaiend van haat en wraak. Het land van de fascisten moet een woestenij worden, net zoals ons land dat zij verwoest hebben. De fascisten moeten sterven zoals ook onze soldaten gestorven zijn.' Indertijd werden tussen april en mei 1945 ongeveer twee miljoen vrouwen verkracht, men moet schatten dat ongeveer driehonderdduizend van hen zwanger werden, ongeveer tachtigduizend brachten hun kind voldragen ter wereld. De Russische soldaten hadden gedeeltelijk hun eigen vrouwen en kinderen verloren, ze wilden zich wreken en natuurlijk op de zwaksten, de mooisten.

Oorlog *bestaat* eruit de ander precies datgene aan te doen – en zo mogelijk nog veel meer – zoals men gelooft, wat de eigen onderdanen werd aangedaan of wat hun aangedaan zou zijn, als men *niet* ten oorlog getrokken was. Zolang de Russische troepen nog op Russisch grondgebied vochten, gaf de verdediging van het 'vaderland' voldoende aanleiding om zich steeds weer in het razende afweergeschut van Duitse tanks en machinegeweren te werpen. Maar wat zou hen nu, bij het overschrijden van de grenzen naar Oost-Pruisen, Pommeren en Sleeswijk, anders kunnen motiveren, dan wellustige wraakgevoelens? Oorlog zou geen oorlog zijn als het niet onvermijdelijk zulke gedachten en gevoelens opriep. – Krijgsgevangen mannen als slaven, krijgsgevangen vrouwen als buit, het ene ter vermeerdering van het eigen prestige, het andere ter verhoging van de mannelijke lust en tot uitbreiding van het eigen 'ras' – zonder zulke anachronismen speelt zelfs de 'modernste' oorlog het blijkbaar niet klaar.

Maar worden tegenwoordig, zou een tegenwerping kunnen luiden, oorlogen niet met totaal andere doeleinden gevoerd? Bescherming van vrouwen en kinderen, dat was nu eenmaal in vroeger tijden elementair, maar vandaag de dag gaat het om olie en ertsen, om grondstoffen, om afzetmarkten, om invloedszones, om de verdelingsstrijd tussen Noord en

Zuid, de moderne oorlog is een economische oorlog gevoerd door het kapitaal, ter vermeerdering van het kapitaal. – Zoiets was al ongeveer in de tijd van de Eerste Wereldoorlog de visie van Lenin toen hij het imperialisme de hoogste trap van het kapitalisme noemde. Inderdaad wijst alles erop dat wij ons tegenwoordig in een nieuwe geschiedenisfase bevinden, waarin na het wegvallen van het Oost-West-conflict onder de dekmantel van de oude invloedssferen van de 'grootmachten' oude nationaliteitsconflicten de kop weer opsteken, terwijl tegelijkertijd de supraregionale tegenstellingen zich verplaatsen naar politieke en in geval van nood ook militaire controle van belangrijke economische gebieden. April 1995, achter de façade van een officiële 'herinnering' en 'herdenking' van de vijftigste verjaardag van het einde van het 'Derde Rijk' oefenden voor de eerste keer Duitse soldaten van ongeveer vijftienhonderd man sterk, samen met Amerikaanse soldaten het ingezet worden in een woestijnoorlog – voor een scenario ergens aan de Golf. In de publiciteit nauwelijks opgemerkt, verkrijgt de Duitse 'wereldverantwoordelijkheid' op deze manier haar nieuwe structuur. Dit staat buiten kijf: zou een staat ergens in de 'Derde Wereld' of een zogenaamd jong 'industrieland' zoals Indië of China eens de hegemonie van de Europese en Noordamerikaanse gemeenschap van 'waarden' en van goederen willen betwisten, dan dient men op alle niveaus van mogelijke strijd hierop voorbereid te zijn.

En toch leeft in de hedendaagse economische oorlogen *één* oorlogsmotief voort dat zo oud is als de 'bescherming van vrouw en kinderen' en dat is: *het veilig stellen van een bepaald territorium* waarbinnen genoeg levensmiddelen, van oorsprong vooral water en jachtwild, aanwezig zijn. – Tegelijk met de *jacht* hebben de mannen van een stam, een clan of een volk van oudsher zorg moeten dragen voor de *voedselverschaffing* voor zover het niet door eenvoudig verzamelen bij het rondzwerven gevonden werd. Vrouwen met kinderen bij zich of op de arm waren tot zulke bezigheden apriori niet in staat. Het verschil in rolverdeling tussen de geslachten moet intussen zo langdurig en bepalend geweest zijn dat het tot op heden nog duidelijk te zien is aan de lichaamsvorm van een vrouw en een man. Er heeft in het uitwisselen van liefde tussen de geslachten duidelijk herkenbaar een millennia durende 'keus' plaats gevonden, doordat de vrouwen juist de voorkeur gaven aan een mannelijk postuur dat gekenmerkt werd door lichaamsgrootte, brede schouders, spieren, smalle heupen, krachtige dijen, waarin de man zich manifesteerde als een loper en vechter, kortom als een goede *jager*. Terwijl de mannen kennelijk als ideaal van een vrouwelijke gestalte de zachte vormen van een vrouw attractief hebben gevonden, met brede heupen en grote borsten, geschikt om te baren en kinderen groot te brengen. De man die zijn familie verzorgt met vlees, huiden en allerlei soorten werktuig was beslist niet zonder meer ook al de krijgsman, maar toch zullen de jagersbenden uit de oertijd zich altijd weer ook tot krijgsgroepen samengevoegd hebben om indringers uit 'hun' territorium te verdrijven door jacht op mensen te maken.

Men moet weten dat het '*territorialisme*' respectievelijk *het principe van gebiedsverdediging* tot de oudste psychische wetten behoort van de evolutie van de dieren op deze planeet. Elke hond markeert met urine 'zijn' gebied en de woerd zal in de vijver vreemde mannelijke soortgenoten met krachtige vleugelslagen uit de nabijheid van het vrouwtje verdrijven. Kikkers verdedigen 'hun' tak aan de oeverrand, van waaruit ze kwakend een pad lokken, vissen in een aquarium markeren aan de bladplanten de plek die 'hun' thuis is. Elk levend wezen maakt op z'n minst in de tijd van paring en het grootbrengen van jongen aanspraak op een bepaalde corridor als zijn levensruimte. Een principe dat vanaf de zoogdieren het totale geslacht van de gewervelde dieren tot en met de vissen heeft begeleid moet zonder twijfel beschouwd worden als buitengewoon succesvol en levensbevorderend en toch ligt bij mensen juist hierin de oorsprong van de geneigdheid tot het meest schadelijke: de oorlog! En dat bijna naadloos aansluitend in een coherente ontwikkeling! Incidentele oorlogsachtige twisten die kunnen eindigen met de dood van enkele dieren, en door de jaren heen zelfs met de uitroeiing van de hele groep, heeft men al kunnen observeren bij de dieren die het meest aan ons verwant zijn: de chimpansees. En als men zich voorstelt dat de menselijke grote hersenen zich in de loop van de laatste twee miljoen jaar over de zoogdierhersenen van onze voorouders geschoven hebben, dan is het eigenlijk geen verrassing dat de incidentele agressieve vechtpartijen om gebiedsgrenzen in het dierenrijk in de geschiedenis van de mensheid zijn terug te vinden op het niveau van systematisch geplande, geraffineerd uitgevoerde krijgshandelingen. Of het nu is tussen *Arafat* en *Peres*, of tussen *Karadzic*, *Izetbegovic* en *Tudjman* – waar er ook maar oorlogen uitgevochten worden, het gaat wezenlijk ook om landkaarten en hoe grenzen verlopen. 'Volk zonder ruimte', 'Levensruimte in het Oosten' – dat waren de propagandafrasen waarmee Hitler al in *Mein Kampf* de oorlog tegen sovjet-Rusland onvermijdelijk verklaard had.

Daarachter stak echter niet alleen een poging de nationaal-socialistische krijgsplannen met een belangrijk motief psychologisch plausibel te maken voor het Duitse volk, maar daar kwam de *wil tot macht* nog bij.

Evenals in het dierenrijk schijnt ook onder mensen diegene als 'grootste' te gelden die een zo groot mogelijk bewoonbaar landoppervlak bevolkt en over een toereikend wapensysteem voor zijn verdediging beschikt. Voor ons geldt nog altijd dat de 'grootte' van een staat of staatsman verbonden is aan een maximaal potentieel om te doden ofwel aan triomfantelijke veldslagen met voorbeelden van Cannae tot Austerlitz en overeenkomstig deze voorstellingen vormt zich tegelijkertijd ook het mannelijke ideaal van invloed en macht. In de oorlog bijvoorbeeld als deserteur 'gefaald' te hebben, geldt nog altijd als iets schandelijks en krenkends, waarop niet alleen maatschappelijke ballingschap staat, maar ook verlies van de liefde van vrouwen. Vrouwen die de thuiskomende overwinnaars een enthousiaste ontvangst bereiden, – dat is het droombeeld van soldaten aan het eind van alle oorlogen. 'En bij hun thuiskomst, toen David terugkwam van zijn overwinning op de filistijnen, trokken de vrouwen uit alle steden van Israël koning Saul zingend en dansend tegemoet, met tamboerijnen, vreugdeliederen en triangels. De dansende vrouwen zongen en riepen: 'Bij duizenden sloeg Saul ze neer, maar David bij tienduizenden!' (1 Sam. 18:6–7). Zo was het rond 1000 voor Christus, zo is het nog rond 2000 na Christus.

Toen bijvoorbeeld in 1991 de 'Golfoorlog' ten einde was, vierde heel Amerika tussen de Oost- en Westkust de 'overwinning' die honderdduizenden doden aan de kant van de tegenpartij had gekost, met enthousiaste optochten die langer duurden dan de totale oorlog. Deze vredesparades werden voor zestig miljoen dollar gesponsord door de bewapeningsindustrie, alvast ter voorbereiding op het volgende 'conflict'. 'Een overwinning zou men moeten laten beginnen met een rouwplechtigheid', waarschuwde de Chinese wijsgeer Lao Tse rond 500 voor Christus. Nooit werden zulke woorden in het 'christelijke' avondland gehoord.

In principe staan we nu voor de opdracht binnen enkele jaren oeroude handelwijzen en de rolverdeling tussen man en vrouw uit het erfgoed van miljoenen jaren op te geven, respectievelijk te hervormen. 'De man moet opgevoed worden tot de oorlog en de vrouw ter ontspanning van de krijger', meende F. Nietzsche en voegde er nog aan toe: 'al het andere is dwaasheid'. Men moet *tegenwoordig* zeggen: er is geen grotere dwaasheid dan deze oeroude mythische voorstellingsmodellen nog verder te volgen. 'Vrede', dat veronderstelt letterlijk de overwinning op de *oude* mens (1 Kor. 15:45). Veel tijd hebben wij daar niet voor, want alle kwaad schijnt onder andere daarin te bestaan dat wij in een moderne en volkomen veranderde wereld altijd nog geloven te kunnen leven naar archaïsche, naar atavistische programma's .

2. De oergeschiedenis van de mens en de bijbelse mythe van de ‘zondeval’

a. Tussen steentijd en nieuwe tijd – of: tussen zoogdierhersenen en neo-cortex

Alle redenen waardoor onder historische omstandigheden oorlogen ontstaan, vinden hun oorsprong in gedrag dat honderden miljoenen jaren ouder is dan de mensen: verdediging van het territorium, de strijd om het vrouwtje, bescherming van ‘vrouwen en kinderen’, het egoïsme van de ene groep tegenover het egoïsme van de andere groep, – dat alles hoefden wij mensen niet meer uit te vinden, het lag als kant en klaar programma in onze hoofden, nauwkeuriger uitgedrukt: het vormde een gedragspatroon uit het repertoire van de *tussenhersenen*. Alleen daarom zijn mensen in de oorlog in staat tot dergelijke onmenselijkheden, omdat ze in de oorlog hun persoonlijkheid, hun culturele moraal, hun menselijkheid verliezen en ver terugvallen in de dierlijkheid.

Dat wil zeggen, ook weer niet! – In werkelijkheid zien wij ons tegenover dezelfde dialectiek geplaatst waarop we al gestuit waren in het eerste deel van *Geloven in vrijheid* toen we de kruisverbanden en transformaties tussen het programma van het limbische systeem (de ‘zoogdierhersenen’) en de problemen en manieren van verwerking van de neocortex beschouwd hebben.

Een oude theorie van de paleontoloog R. Dart in de jaren dertig over het ‘slechte’ in de mens luidde: het zit blijkbaar in ons bloed zo gruwelijk en bloeddorstig te handelen als *roofdieren*. Toch gaat deze stelling aan de werkelijkheid voorbij: want mensen zijn erger dan roofdieren. Roofdieren doden onder natuurlijke omstandigheden alleen als ze voedsel nodig hebben. De marter die bloeddorstig alle kippen in de ren doodt en de wolf die een hele kudde schapen verscheurt, kunnen zich alleen zo gedragen, omdat ze op prooidieren stuiten die door stal en hekwerk verhinderd worden te vluchten en bovendien in onnatuurlijk grote populaties gehouden worden. Juist het *massale* doden, dat kenmerkend is voor de oorlog in de geschiedenis van de mensheid heeft geen parallellen in het dierenrijk. Behalve misschien als men het vergelijken wil met de moorddadige slachtpartijen die tussen de volken van verschillende soorten mieren of tussen mieren en termieten uitgevochten worden. Toch levert het gedrag van insecten zelfs geen analogie, laat staan een verklaring voor het menselijk doen en laten. *Dat* is pas verklaarbaar als men in ogenschouw neemt, hoe in de oorlog de gebruikelijke handelwijzen en motieven van zoogdieren onder leiding van het berekenende 'verstand' van de menselijke grote hersenen in het mateloze, zelfs in het totaal krankzinnige gedreven worden tot iets wat alle verstand tart.

Het verhaal gaat dat Albert Schweitzer in Lambarene zijn donkere medewerkers in 1914 het uitbreken van de wereldoorlog uit wilde leggen.

'Duizenden mensen in Europa zullen nu gedood worden', zei hij.

'Maar Massa, zoveel kan men er toch helemaal niet opeten', antwoordde één van zijn medewerkers hem. Schweitzer bedankte hem voor dit antwoord, toonde hem echter dat een 'kannibaal' altijd nog veel 'verstandiger', dat wil zeggen veel meer in overeenstemming met de natuurlijke motieven om te doden dacht, dan de vertechniseerde onnatuur van de 'geciviliseerde' mensheid toestaat. Hoe bitter het al is om bij dieren te observeren hoe een levend wezen alleen blijft bestaan door het offer van een ander leven, zo vormt toch het systematische afslachten van grote aantallen mensen in de oorlog een 'verworvenheid' waarop alleen de mens aanspraak kan doen gelden. Niet honger en het zoeken naar voedsel, zoals bij echte roofdieren, ook geen speels overdreven jachtdrift, zoals een kat die bij het vangen van muizen aan de dag legt, niets wat we in de evolutie van de gewervelde dieren kunnen zien, vertoont enige gelijkenis met de gruwelen van de menselijke oorlogvoering. Bovenal werpen roofdieren zich niet op hun soortgenoten als een prooi. Wel komt het – bijvoorbeeld bij een krachtmeting van twee mannetjes om een vrouwtje – tot hartstochtelijke en driftige tweegevechten, wel zijn er altijd weer – bijvoorbeeld bij de voedselconcurrentie – min of meer ernstige stoeipartijen onder soortgenoten, maar zelfs wanneer zulke acties eens tot zware, mogelijk dodelijke verwondingen zouden leiden, zo hebben ze toch door hun gevoelvolle 'wildheid' niets gemeen met het koud berekenende doden door de mensen in de oorlog.

Men zou het *zo* kunnen zeggen: stel dat in een individu zo'n opeenhoping van woede ontstaat dat hij naar zijn geweer grijpt en als een 'wildeman' op iedereen schiet die hem in de weg loopt. Het gedrag van zo'n amokmaker staat dan veel dichter bij het gedrag van een dier dan dat van een Duitse soldaat in maart 1916 voor Verdun die er op de aanwijzingen van zijn stafchef *von Falkenhayn* als machinegeweerschutter aan meewerkt Frankrijk 'op de knieën' te dwingen, onbekend met gevoelens van toorn, woede, smart, ressentiment: al deze hartstochten kunnen zich op schrikbarende wijze in één enkele agressieve stortvloed ontladen, na relatief korte tijd echter zal zo'n 'aanval' in psychische energie opgebrand zijn en de rust weerkeren. De agressieve impuls is in de dierpsychologie niet anders dan bij het onbeheerste menselijk gedrag berekend op een *ogenblikkelijke reactie;* juist daarom vermag het lang niet zoveel onheil te stichten als de 'intelligent' gevoerde agressie van militaire twisten. Hiervan geldt dat ze op het niveau van het individu georganiseerd wordt met beheerste gerationaliseerde gevoelens. Het gevoel van *angst* mag dan nog als een reflex, om zich op het juiste moment op de grond te drukken, van een zeker nut in de strijd om te overleven zijn, – uiteindelijk is de enkeling op grond van zijn 'krijgswaarde' bestaanswaardig voor de troep, maar de angst *mag* geen motief tot vlucht en desertie zijn.

De hele dril tot gehoorzaamheid en korpsgeest dient in wezen de *overwinning* van de angst. Hoe had bijvoorbeeld een generaal als de 'bloedzuiger' *Nivelle* anders in april 1917 in de strijd om de doorbraak bij Arras onder het voortdurend bloedige verliezen lijden bij aanval en tegenaanval honderddertigduizend mensen van zijn eigen soldaten kunnen 'opofferen'? Bij de opening van de 'veldslag' lagen er alleen al aan de kant van de Fransen tien miljoen granaten klaar, bovendien vijf miljoen handgranaten, honderdzeventig miljoen geweerpatronen, er waren drieënvijftighonderd stukken geschut geconcentreerd, het trommelvuur voor de opening van de 'operatie' duurde een week. Nivelles dagorder luidde: 'Heb vertrouwen en wees moedig. Leve Frankrijk.'

Maar zelfs de *haat*, hoe nuttig die bij een handgemeen ook mag zijn, moet ontdaan worden van zijn persoonlijke drijfveer: hij geldt het *uniform* van de 'ander', de 'vijand', niet zijn persoon. Zou iemand de *persoon* van de ander aanzien, dan zou hij geen 'soldaat' kunnen blijven en bleef hij de persoon die hij is, dan zou hij nooit in staat zijn om op bevel massaal te doden. Zou iemand de tegenstander maar slechts één vluchtig ogenblik als persoon zien, (zoals *Jeanne d'Arc* bijvoorbeeld in F. Schillers toneelstuk van de '*Jonkvrouw van Orléans*'), dan zou hij gevaar lopen bij het snelle doden te aarzelen, een radertje in de mechaniek van aanval en tegenaanval zou buiten werking raken en alles zou tot stilstand komen. Zelfs het 'plezier' dat Amerikaanse bommenwerper-piloten tegen het einde van de Tweede Wereldoorlog eraan beleefden om in ultralage vlucht machinegeweersalvo's af te vuren op burgers, betrof geen mensen, het betrof huppende pad-achtige doelen waarvan het voor de overwinnaars (juist) een genot was dat ze er zo volkomen macht over bezaten – een situatie die optisch in zekere zin al anticipeert op de scenario's van de krijgsvoering in het elektronisch tijdperk van veertig jaar later.

Als men het dilemma van het menselijk gevoel in de oorlog in *logische* begrippen wil beschrijven, dan moet men van een niveauverwisseling spreken: gevoelens die eigenlijk voor het individu gelden richten zich op het algemene, – niet de afzonderlijke soldaten, de afzonderlijke 'poilu's' staan hier tegenover elkaar, maar de tot symbolische dummy's vervallen representanten van het algemene, de 'ander' *als Duitser, als Fransman* geldt het vernietigingsbevel, omgekeerd wordt het algemene geconcretiseerd: de afzonderlijke soldaat staat voor het volk dat hij vertegenwoordigt. Concreet op het algemene en algemeen op het concrete te reageren, deze absurde omdraaiing van alle gevoelens vormt de voorwaarde voor elke oorlog. Oeroude driften, die mogelijk in het dierenrijk ooit een 'zin' hebben gehad, worden onder het dictaat van het menselijk 'verstand' op deze wijze veranderd in onzinnige en onverstandige dingen, terwijl omgekeerd het menselijk vernuft onder het dictaat van die oeroude uit het dierenrijk stammende gevoelens in het onmenselijke gedrongen wordt. '*Grenzeloos* haten – voor het behoud van de eigen *grenzen*', – deze overtrokken situationele gevoelens ten opzichte van het fundamentele en buitengewone, samen met de particularisering van het in wezen universele menselijke verstand, deze vervalsing van alles: dat is oorlog. Het menselijk verstand wordt niet gebruikt om bepaalde gevoelens op het vlak van menselijkheid te bevorderen, maar het verstand zelf wordt hier hulpmiddel van archaïsche behoeften, waarvoor ze om deze door te drijven steeds vernuftiger technieken en strategieën bedenkt. Aan de andere kant worden ook de gevoelens niet gebruikt om de gevaren te corrigeren van een onverstandig geworden verstand, maar integendeel: de beste gevoelens, vooral die gevoelens die 'vaderland' en 'gezin' willen beschermen, worden religieus en ethisch misbruikt. Een verkeerd denken en een verkeerd voelen, daarmee begint het geboorteuur van de oorlog, die niet alleen ten diepste 'irrationeel' op het verstandelijke vlak is, maar bovenal 'pervers' is op het emotionele vlak.

Toch kan wat in de oorlog gebeurt in plaats van 'logisch', ook *antropologisch* geduid worden, als men *historisch* het gebied van het 'gevoel' identificeert met: uit het 'stenen tijdperk' en het gebied van het 'verstand' gelijk stelt met de omstandigheden van het industriële tijdperk. Dan verschijnt de oorlog van binnen en van buiten als een 'ongelijktijdigheid': wij handelen in de oorlog kennelijk nog altijd volgens gedragspatronen die in het stenen tijdperk actueel waren, wij rusten niet alleen politieke stamkrijgers aan de grens van het kannibalisme uit met snelvuurgeweren en trapmijnen, wij gedragen ons terwijl we in het bezit zijn van atoom'wapens', biologische en chemische massavernietigingsmiddelen altijd nog zoals stamkrijgers en kannibalen, inderdaad, alleen nog heel wat erger.

Vooral K. Lorenz heeft erop gewezen dat de ergste oorlogsgruwelen alleen gepleegd kunnen worden, omdat de daders absoluut niet meer *zien* wat hun daden aanrichten. Precies zoals wij in de *slachthuizen* dag in dag uit miljoenen voelende, pijngevoelige dieren zo gevoelloos laten wegglijden over een dodelijke machine, alsof het gaat om het delven van fossiele levensresten van steenkool en krijtsteen, precies zo laten wij over de *slagvelden* een zuiver mechanisch berekende vuurwals heenvlammen om mensen te doden. Moesten we werkelijk zoals in het stenen tijdperk alleen maar een konijntje met blote handen verscheuren en slachten om het daarna rauw op te eten – de meesten van ons, meende K. Lorenz, zouden wel liever verhongeren dan zich op zo'n manier te voeden. – Als een man als kolonel *Tibbets*, zou men verder kunnen gaan, alles *eigenhandig* had moeten volbrengen wat zijn hand door het afwerpen van de eerste atoombom over Hiroshima aangericht had, dan zou hij echt wel krankzinnig zijn geworden, d.w.z. hij zou voor krankzinnig moeten *doorgaan,* als hij zoiets ook maar serieus zou *willen.* Men kan niet moedwillig duizenden vrouwen ertoe veroordelen nog tientallen jaren kinderen met ernstige erfelijke afwijkingen ter wereld te brengen, zonder zelf ergens een hersenbeschadiging te hebben!

In de twintigste eeuw waren we alleen in staat om de vreselijkste dingen aan te richten, omdat we zagen noch hoorden wat we veroorzaakten. De technische apparatuur in onze handen werkt tegenwoordig in de oorlog zo alsof wij een soort sprinkhanen zouden uitrusten met bulldozers en grondschuivers. Onze handelsimpulsen en handelwijzen passen duidelijk niet in de wereld die wij ons de laatste tienduizend jaar stap voor stap geschapen hebben. Of is het werkelijk voorstelbaar dat de commandant van de sovjet-onderzeeër die de '*Wilhelm Gustloff*' met zesduizend vluchtelingen aan boord in het ijswater van de Oostzee deed zinken, tot deze daad in staat was geweest als hij al die vrouwen, kinderen, zwaargewonden en oude mensen met een bijl in plaats van met een torpedo had moeten doden? Op deze manier bracht hij echter, *vol trots* op zijn daad, waarbij een afzonderlijk individu met 'conventionele' middelen in één keer *meer* mensen gedood had dan ooit in de geschiedenis van de mensheid de rest van zijn leven ermee door te wachten op een *onderscheiding* die, ondanks alle bidden en smeken hem vreemd genoeg onthouden werd, onrechtvaardig als de wereld nu eenmaal is. Of de piloten van de bommenwerpers die lang voor Hiroshima met fosfor en napalm de bamboehuizen van de keizerstad *Tokio* in brand zetten? Ongeveer één miljoen mensen kwamen destijds om in de strijd in de vuurhaarden die van alle kanten over hen losbrandden!

Wat geen mens zienderogen doen kan, dat doet hij zomaar, geamuseerd, heldhaftig onder het koffiedrinken als een radarinstallatie het menselijk oog en de bommenlast de menselijke hand vervangt. Een kleine beweging van de wijsvinger op het toetsenbord van de computer – en een raket stijgt op om hele woongebieden en steden in een vlammend inferno te veranderen. Tussen datgene wat een mens beleeft en wat zijn daden in de oorlog aan levens opeisen bestaat dankzij (of beter: door de vloek van) de techniek geen terugkoppeling meer.

Toch gaat het bij de oorlog niet alleen om de wanverhouding tussen binnen en buiten. *Neurologisch* respectievelijk hersen-organisch gezien, gehoorzamen wij in de oorlog handelingsimpulsen die gelocaliseerd zijn in de tussenhersenen, maar met behulp van de grote hersenen gereflecteerd en 'geoperationaliseerd' worden. Veel auteurs waren daarom van mening dat het denkende zoogdier mens tussen deze beide hersendelen verkeerd of slecht 'verbonden' was. Terwijl tussen de rechter en de linker hersenhelft in de zogenaamde 'stam' (in het corpus callosum) meer dan twintig miljoen zenuwbanen (axonen) voor een adequate verbinding tussen beide hemisferen zorgen, is iets soortgelijks tussen het limbische systeem en de neocortex niet aanwezig. Naar het zich laat aanzien zou het *menselijke* deel van onze hersenen zich in de laatste twee miljoen jaren *te snel* ontwikkeld hebben om al gerijpt te zijn. Mogelijk existeren wij vanuit evolutionair opzicht altijd nog aan de rand van het grensgebied tussen mens en dier, *verstandig* genoeg om natuurwetenschappen en techniek voort te brengen, maar nog altijd zo *onver-*

standig dat wij voor onszelf en het leven op deze aarde de grootste bedreiging vormen. – Verkeerd bezorgde post van de evolutie? Geestelijk gestoord geworden?

Het blijft een feit, dat de verbinding tussen de 'zoogdierhersenen' (diencephalon) en de menselijke grote hersenen (neocortex) juist in geval van angst gevolgen kan veroorzaken die overeenkomen met een bewustzijnstoestand van zowel individuele als collectieve krankzinnigheid. Al in deel 1 van *Geloven in vrijheid* noemden wij het gedachtengoed van de Nederlandse etholoog N. Tinbergen, dat de mens op deze aarde het enige 'dier' is dat geleerd heeft zijn soortgenoten niet te verdrijven of te overwinnen, maar opzettelijk te doden. Alleen de mens, meende Tinbergen, begrijpt dat de verslagen tegenstander zo mogelijk gevaarlijker terug zal keren dan hij tevoren was, hij zal van de nederlaag *geleerd* hebben hoe men de volgende twist 'beter' voorbereidt, – de wapens afdoender, de tactiek dwingender, het terreinvoordeel berekender, het verrassingseffect van de aanval koeler afgewogen, de afleidingsmanoeuvres van de terugtocht listiger bedacht – alles waarop de overwinning van de tegenstander de laatste keer berustte, wordt 'de volgende keer' zeker tot voorwaarde van de poging van een beslissende militaire uitschakeling. Daarom is elke oorlog in de opeenvolging van de geschiedenis in de regel nog verschrikkelijker geweest dan elke voorafgaande. Alleen de mens kon en moest leren dat de definitieve oplossing van een agressief conflict in de beëindiging van het leven van één van beide strijders gelegen kan zijn. Als men zich voorstelt dat deze les zich gedurende honderdduizenden jaren in het hoofd van de mensen heeft ingegraven, dan begrijpt men dat *de angst die uit het bewustzijn komt* inhoudelijk de subjectieve reflex van een verstand vormt, dat begrijpt dat de ander naast mij, juist omdat hij met verstand begiftigd is, als vijand gevaarlijker is dan elk roofdier. Het is het verstand zelf, dat onder deze omstandigheden de angst van de een voor de ander in het mateloze, in het oneindige drijft en het probleem is daarom hoe wij met deze angst omgaan.

Het is duidelijk dat de totale geschiedenis van de mensheid tot op heden het probleem van de oorlog niet opgelost heeft, maar alleen verschoven. Van de Sumerische stadsstaten van het tweestromenland tot aan de heerschappijen van de Akkadiërs, Babyloniërs en Assyriërs heeft men alleen de grenzen verwijd waarbinnen onder controle van wet en staatsstrafrecht aan het individu het 'recht' ontnomen wordt, zijn eigen interesse door willekeur en geweld te laten gelden. Het geweldsmonopolie van de staat, naar binnen zowel als naar buiten, vormde in de geschiedenis van de menselijke cultuur een enorme vooruitgang in het geciviliseerd samenleven en toch voerde het tot een merkwaardige dialectiek. Terwijl het innerlijk van de 'burgers' steeds meer onderworpen werd aan de overwegingen die het samenleven van veel mensen in een beperkte ruimte met zich meebrachten, traden de zo verworven vaardigheden van gehoorzaamheid, consideratie en ondergeschiktheid zeer spoedig in dienst van een des te grotere 'beschikbaarheid' voor de steeds prestigieuzere doeleinden van de staatspolitiek. Niet de humanisering of zelfs het afschaffen van de oorlog was het resultaat van de groeiende pacificering van de bevolking, maar integendeel: de georganiseerde vereniging van steeds grotere legers in bezit van technisch steeds vernuftiger wapens met als doel een steeds verschrikkelijker geweldsuitoefening *tegen* mensen en geweldsheerschappij *over* mensen. 'Nu wordt pas duidelijk', schreef Sigmund Freud in 1915 in '*Zeitgemäßes über Krieg und Tod*' in overeenstemming hiermee 'wat een onbevooroordeelde toeschouwer ook al in vredestijd zou kunnen opmerken: dat de staat leugens, verraad, roof en moord niet onder verbod gesteld heeft, om ze uit de wereld te helpen, maar om daarop het monopolie te verkrijgen zoals op suiker en tabak.' De paradox bestaat, dat vandaag ieder afzonderlijk in de omgang met zijns gelijken genoodzaakt is zich geciviliseerder te gedragen dan overeenstemt met de moraal van de officiële overheidsaangelegenheden. Ten bate van de staat, respectievelijk de gemeenschap van staten die een verbond zijn aangegaan, geldt in wezen nog altijd het principe dat het doel de middelen heiligt en iets wat men van de *privé*-mens nooit zou tolereren, als het slechts tot zijn eigen voordeel gebeurde, dat ziet men echter de *staats*man graag door de vingers als het voor het 'algemeen belang' licht te verteren schijnt.

Zo is het zover gekomen, dat ieder individueel als 'burger' steeds vredelievender werd, terwijl hij zich als soldaat in opdracht van de staat in steeds bloediger zaken liet betrekken. Kort geleden bleek in de Vietnam-oorlog, dat het ondanks alle militaire dril bijna onmogelijk was, mensen die sinds hun kindertijd in een wereld van stedelijke beschaving opgegroeid zijn de wetten van het handgemeen in de jungle te leren. De Amerikaanse soldaten waren vanzelfsprekend in staat over een oppervlak ter grootte van Beieren in enkele jaren meer bommen te laten regenen dan in de hele Tweede Wereldoorlog over nazi-Duitsland, maar in de strijd van man tegen man, in een grondoorlog, waren zelfs de commando's van de Amerikaanse mariniers nauwelijks in staat met hun *search and destroy*-acties iets uit te voeren. Zelfs als hij 'slechts' 'conventioneel' gevoerd wordt, heeft oorlog in onze dagen een gezicht aangenomen dat, zoals het hoofd van Medusa, zijn eigen spelers laat verstenen als zij hem in de ogen kijken. De vlucht in de technische abstractie laat echter het gebruik van moderne massa-vernietigingsmiddelen steeds spookachtiger worden.

Intussen hebben we een punt in de ontwikkeling bereikt waarop *het latent paranoïde karakter* van de totale geschiedenis van de mensheid openlijk aan de dag treedt. De permanente vijandsverwachting en het vermijden van de vijand maken deel uit van deze paranoia en zelfs dit principe: 'veiligheid' te 'verschaffen' door een permanente oorlogsparaatheid, is vandaag tot een van de belangrijkste bedreigingen van het behoud van de wereld geworden. Alleen al de uitgaven voor de overbewapening door een chronische behoefte aan veiligheid (uit angst), draagt direct bij tot de verpaupering van hele landstreken op aarde en schept op veel plaatsen trouwens de juiste voedingsbodem waarop altijd weer nieuwe oorlogen ontkiemen. Speciaal de wapenindustrie heeft zich allang zo zelfstandig gemaakt dat ze tegelijkertijd met de instrumenten die ze vervaardigt om te doden ook de oorzaken van de oorlog produceert, door middel waarvan ze zich in het leven houdt. De cynische machthebbers in het Pentagon, die in alle ernst met de uitroeiing van de bevolking van hele continenten door 'oorlogs'gassen, atoom'wapens' en epidemische ziekten 'dreigen', leven duidelijk van de projectievormen van waanzinnige angsten die ze ten bewijze van hun eigen bestaansnoodzakelijkheid zelf hevig moeten aanwakkeren. Vooral in de tijd van de 'koude oorlog' was het zogenaamd in het belang van de nationale veiligheid van de USA en haar bondgenoten met het oog op het te allen tijden dreigende gevaar van de Sovjetrussische verrassingsaanval tot en met de Pershing II een raket met meervoudige springlading en tot en met 'onzichtbare bommen' de bewapeningsspiraal met miljarden bedragen steeds draaiende te houden. Natuurlijk was de Westerse militaire politiek steeds vredelievend, de Oosterse natuurlijk oorlogszuchtig en imperialistisch – het ons al bekende 'spelletje' van de auto- en heterostereotype ter bevestiging van de eigen groepsidentiteit! Nu is het beeld echter nog een stuk complexer geworden dan voorheen, maar we zien toch hoe de afsplitsing van het eigen negatieve aandeel bij de opbouw van het positieve zelfbeeld in een veel ouder paranoïde schema van projectief angstleven binnentreedt: de vreemde groep is niet alleen 'slechter' dan de eigen groep, ze *moet* slecht zijn omdat men er bang voor is.

In deze spiraal van angstontwikkeling, waarin millennia lang de bedreiging van de één steeds beantwoord wordt met een nog grotere bedreiging van de ander en waarin de dialectiek van terreur en antiterreur onscheidbaar schijnt, hebben we waarschijnlijk een meer-is-onmogelijk in het zogenaamde 'crisismanagement' bereikt. Des te sterker leeft de vraag naar het *alternatief*. Alles in de ontwikkeling van de mens heeft ons van oudsher geleerd angst voor de één te beantwoorden met het bang maken van anderen. Met andere woorden, zolang wij niets anders zijn en blijven dan denkende dieren, zullen wij nooit ontkomen aan de paranoïde toestand van waanzin van een 'verstand' dat zichzelf door de ketenen van een eindeloze angst gevangen zet. Wij blijven er dan altijd door het lot toe veroordeeld de voorheen nuttige programma's van de tussenhersenen van de verwerking van de angst tot in het onzinnige te volgen. *Of* we gebruiken het verstand daarentegen om zichzelf in het oneindige vast te maken, doordat wij de scenario's van de zoogdierhersenen gebruiken om beelden van geborgenheid te ontwerpen die zich ontwikkelen tot symbolen van een andere dan slechts de natuurlijke werkelijkheid. Dat zou voor ons pas een menselijke vrijheid van handelen mogelijk maken. En zo luidt de beslissende vraag aan de *religie*: in hoeverre lukt het haar het geloof in een andere wereld plausibel te maken waardoor het mogelijk wordt de nachtmerries van angst van al de denkende dieren die wij zelf zijn, te kalmeren en de furiën van angst, haat, oorlog en verwoesting een halt toe te roepen?

Op *één* zo'n rustgevend, van angst bevrijdend symbool zijn we al gestuit, toen in het eerste deel van *Geloven in vrijheid* het beeld van het (heilig) *avondmaal* ter sprake kwam. Sinds oude tijden, al op het niveau van groepen chimpansees, kan geobserveerd worden dat een prooi die door een gezamenlijke jacht gedood is, gezamenlijk opgegeten wordt. En er is veel voor te zeggen dat in zulke 'dierlijke' handelingswijzen de herkomst van de latere (dodenmisachtige) gemeenschappelijke maaltijden in de cultuurgeschiedenis van de mensheid gelegen is. Een groep komt bij elkaar terwijl ze zich een dier dat haar heilig is, met andere woorden een gedode *god*, cultisch toeëigent in de maaltijd. Jacht, oorlog, kannibalisme – dat is de archaïsche achtergrond, zoals we zagen, ook van de christelijke *avondmaalsviering*. Evenwel met *één* opmerkelijk verschil: dat het voorheen reële doden van dieren en mensen veranderd is in alleen maar een *herinnering*, de bloedige kannibalistische uitgangssituatie van jagers uit de ijstijd is onder invloed van de neolithische boeren geweken voor de onbloedige toeëigening van een stervende en opgestane god onder het teken van brood en wijn. Het ritueel dat oorspronkelijk bedoeld was voor de stam heeft zich opengesteld voor de mensheid, een scène die ooit de stabilisatie van de ene groep ten opzichte van een (en elke) andere groep kon dienen, is in de christelijke interpretatie zo universeel geworden, dat ze in expressie van een gezamenlijke deelname in principe geschikt is *alle* mensen met elkaar te verenigen in plaats van van elkaar te scheiden. In zoverre mag het beeld van de 'eucharistie' inderdaad als een symbool van de 'verandering' niet alleen van brood en wijn, maar zelfs van de werkelijkheid van het menselijk bestaan van het stamdenken tot wereldverantwoordelijkheid gezien worden. In hoeverre, is de vraag, lukt het de religie *zichzelf* uit de ideologische banden van nationale of dogmatische egoïsmen te bevrijden en op de bestaansangst van de gehele mensheid zo te antwoorden dat het ergste gevolg van deze angst: de oorlog, van de aarde verdwijnt.

Het ontbreekt niet aan antwoorden uit het erfgoed van de religies van de mensheid. Wijs en goedmoedig is het antwoord van Boeddha om meester te worden van geweld en oorlog door zelfkennis (meditatie) en universele goedheid tot en met het voorschrift van het *ahimsa,* het nietkwetsen. Diepzinnig en ten diepste menselijk zijn de lessen van het *taoïsme* van de geest van het dal en van de kunst van het *wu wei,* het niethandelen. Omdat ze innerlijk verbonden zijn met de oorlogsproblematiek maken de religies van de *bijbel* (jodendom, christendom, islam) het *moeilijkst* kenbaar de bevrijding van de mensheid te dienen. Zelfs de in de vredesbeweging veel geciteerde woorden uit Jes. 2:4 dat God de 'zwaarden tot ploegscharen' om zal smeden, ademen geenszins een geest van geweldloosheid; integendeel: 'vrede' – dat is in de bijbel nooit iets anders dan de overwinning van de eigen God en zijn geloofsgemeenschap over de goden van andere volken en religies.

Paradoxaal genoeg kan men *juist daarom vanuit de bijbel* tot het diepste inzicht in de menselijke gewelddadigheid en verscheurdheid komen. Weliswaar wordt zo'n vermoeden belemmerd door alle bijbelgedeelten die de zogenaamde 'deuteronomistische geschiedschrijving' (een beschrijving van de koningstijd van Israël in een terugblik uit de zesde eeuw voor Christus na de verwoesting van Jeruzalem) nooit genoeg bereiken in hun haat tegen al het vreemde en in verlangen naar wraak aan de 'heidenen' die God naar profetische uitleg toch gebruikt heeft om zijn zondige volk te straffen. Dit soort gedachten en visioenen duiken in de bijbel niet alleen sporadisch en als randverschijnsel op, maar altijd weer en zelfs op centrale plaatsen. De *heilige oorlog*, de *ban*, dat wil zeggen de uitroeiing van de tegenstander *als godsdienst*, de godheid zelf als hoogste veldheer, dat zijn motieven waarvan de totale geschiedenistheologie (of geschiedenis-mythologie) van de bijbel voorzien is en die blijven bestaan tot in het laatste boek van het Nieuwe Testament, de 'geheime openbaring' met de bloeddorstige schildering van een veldslag door het 'christelijke' godsgericht over de 'hoer van Babylon', over het keizerrijk Rome (waarmee het christendom vanaf 313 als staatsgodsdienst en in het roomse pausdom een tot op heden niet verbroken huwelijk aanging). Juist omdat de problematiek van de oorlog in de bijbel zo'n enorme rol speelt, is het mislukken of lukken van de gestelde opgave aan een tevreden gestelde mensheid vanuit dit oogpunt gezien wel beter, in ieder geval indringender te bediscussiëren dan vanuit elke andere religieus-historische aanzet. Nergens moet de zelfoverwinning van traditionele religieuze vormen door de religie zo dringend bediscussieerd worden als hier.

Alleen de bijbel kent bovendien het geloof in een *radikale verlossingsbehoefte* van de mensen. Alleen de bijbel vat de mensheidsmythe door een 'zondeval' 'in het begin' op een manier op die vooral in het late jodendom en in het christendom allesbepalend geworden is. Als het waar is dat een juist gestelde vraag het antwoord al in zich draagt, dan zou het mogelijk moeten zijn, vooral door de mythische oergeschiedenis vanuit de bijbel, de mens in zijn hulpeloosheid en gedrevenheid door zijn angst zo te begrijpen, dat de persoon van de jood uit Nazareth juist vanuit de achtergrond van de gewelddadige hallucinaties van de apocalyptische beweging van zijn tijd en zijn volk als een van angst *bevrijdend* en vredestichtend antwoord verstaan kan worden dat derhalve een model biedt voor wat in de taal van de theologen ooit als 'verlossing' aangeduid zou worden. Het zullen in het bijzonder een reeks aanvullende *psychologische* inzichten en verduidelijkingen zijn, die wij van de kant van de mythische beschrijvingen van de oertijd van de menselijke beginsituaties mogen verwachten.

b. Buiten Eden – of: van de onafscheidelijkheid van de angst temidden van een genadeloze wereld (Gen. 2: 4 – 11:9)

α. *Misverstanden en inzichten*

Veel bijbelgedeelten, waaronder de meest waardevolle, vergaat het als de schatten van Egyptische koningsgraven: er zijn zekere aanwijzingen voor hun bestaan, maar om ze te vinden, moet men metershoog *stuifzand* van de woestijn opruimen, die de wind en tijd over hen gelegd hebben en moet men *het archeologische puin* afgraven die de traditie van latere culturen daarover opgestapeld heeft. Uiteindelijk moet men het symbolische, magische *doolhof* van schijndeuren, schijngangen en schijngraven ontraadselen, wat grafrovers moet verhinderen het heiligdom te plunderen; – alleen bevoegden zouden het ingetogen en met wijsheid moeten betreden.

Tot de grootste paradoxen van de 'kerkelijke' 'leer' behoort het feit dat ze zich niet in staat toont tenminste haar eigen 'documenten' zinnig uit te leggen. Er zijn in de bijbel slechts weinig teksten die zo belangrijk zijn als de oertijdvertelling van de *'Jahwist'* – zo noemt men literair-kritisch een redactionele lijn aan het begin van *Genesis* die door de hoofdstukken 2-11 loopt en waarin de naam van God met *Jahweh* aangeduid wordt. Aan deze redacteur, die misschien omstreeks 1000 v. Chr. aan het hof of misschien in de tijd van Salomo geprobeerd heeft uit de beschikbare tradities zoiets als een geschiedenis van Israël samen te stellen, danken we alle verhalen die een schoolkind zelfs vandaag nog op de één of andere manier kent, ook als het verder zo goed als geen notie meer heeft van de bijbel: het verhaal van het paradijs (Gen. 2:4-25), van Adam en Eva: hoe ze van de verboden boom aten en door God verdreven werden (Gen. 3: 1-24), van Kaïn en Abel en de eerste moord (Gen. 4:1-16), van de zondvloed die God over de verdorven mensheid bracht en hoe Noach in een ark zichzelf en de dieren redde (Gen. 6:8 e.v.), en niet in de laatste plaats het verhaal van de torenbouw van Babel en de spraakverwarring van de mensen (Gen. 11:1-9). Wie deze verhalen ook maar één keer gehoord heeft, vergeet ze nooit meer, want het zijn de dromen van de mensheid die verteld worden, – overal op aarde worden en werden vergelijkbare mythen overgeleverd om het raadselachtige wezen van de mens te duiden; uit deze erfenis van wijsheid van oeroude vertellingen heeft de 'Jahwist' de 'voorgeschiedenis' van zijn geschiedenis van Israël gevormd, om aan te tonen welke plaats het 'uitverkoren' volk tussen de 'heidenen' toekomt. Het is hem daarbij gelukt een onovertroffen voorstelling te geven van het menselijk bestaan temidden van een radicaal genadeloze wereld. Alles wat we moeten weten om de mensen, om onszelf te begrijpen, wanneer we altijd dingen doen die we eigenlijk helemaal niet willen doen, is hier op drie gedrukte bijbelpagina's verzameld. Alleen heeft de 'kerkelijke leer' het al die eeuwen nooit op die manier begrepen, ze heeft het tot op heden zelfs verboden om het verhaal zo op te vatten!

Mythen van de mensheid– het begrip alleen al doet huiveren. Het betekent dat 'God' zich niet eenvoudig 'geopenbaard' heeft op een centrale plaats in de bijbel, om een 'geïnspireerde' auteur iets mee te delen wat verder aan geen mens op aarde toevertrouwd werd, het betekent dat de wezenlijke inzichten van de bijbel voor alle mensen op de aarde gemeengoed zijn en dat er *beelden* zijn die in de menselijke psyche zelf gegrondvest zijn. Het betekent vooral dat men de kernteksten van de bijbel als *mythische verhalen* en juist niet als historische informatie moet lezen. Juist dit is echter een opvatting die de 'leer' van de roomse kerk tot op heden weigert over te nemen. Zelfs de 'Wereldcatechismus' van 1993 krijgt het nog voor elkaar om 'Adam en Eva' (Hebreeuws voor: 'de mens en het leven'!) tot historische persoonlijkheden te verklaren. Want alleen als 'Adam en Eva' *historisch* 'gezondigd' hebben, kan het veronderstelde dogma van de kerk van de 'erfzonde' van de mens gehandhaafd worden. Van dit dogma is alles afhankelijk: – uiteindelijk hoeven de 'genademiddelen' van de kerk voor de 'verlossing' van de mensen slechts zo lang gegeven te worden als de mensheid 'verlossing nodig heeft', dus 'in de zonde ligt'. De mogelijkheid alleen al, dat uitgerekend de sleuteltekst van de hele christelijke en kerkelijke 'verlossingsleer' 'onhistorisch' zou zijn, een mensheidsmythe, maar niet 'waar' in de zin van de geschiedschrijving van Tacitus of van Leopold von Ranke, schrok de roomse bekleders van het leergezag dermate af, dat ze ten tijde van de Eerste Wereldoorlog nog verklaarden, dat de slang in het paradijs werkelijk gesproken moest hebben om 'Eva' te kunnen verleiden (Gen. 3:1-7). Als in een ander geval dieren beginnen te praten, dan kan men er eigenlijk wel zeker van zijn dat men te maken heeft met een soort verhalen als sprookjes, fabels en mythen, – zoals vertellingen waarin engelen en goden verschijnen, onmiskenbaar tot het gebied van mythen en legenden behoren. Maar inderdaad: wat elders steeds overeen moet komen met de logica van genres, juist dat moet als onbeduidend en onjuist gelden zodra het om het goddelijk woord, de bijbel zelf gaat. Waarom zou God de Heer die de slang geschapen heeft, haar niet zonder enige moeite ook een keer de vaardigheid tot spreken kunnen verlenen? De zaak wordt op z'n laatst op dit 'discussieniveau' voor de kerkelijke bekleders van het 'leergezag' serieus. Want nu gaat het niet langer om filologie en historie, het gaat hen om de loochening van Gods almacht, het gaat, omdat God nu eenmaal niets anders is dan almachtig, om de loochening van God zelf, om de redding van het ware geloof tegenover een 'zuiver biologische', 'naturalistische', 'materialistische', 'darwinistische' – in ieder geval *atheïstische* opvatting van de bestaanswerkelijkheid. Het is deze mensen zeker niet meer te doen om de handhaving van het menselijk verstand. Want was het in werkelijkheid niet juist de oerzonde van Adam, zelfs maar iets te willen erkennen dat tegengesteld was aan de goddelijke wil? De hele verstandelijke trots, het 'eenzijdige' 'rationalisme' in plaats van de sobere kerkgebonden geloofsgehoorzaamheid, is dat nader beschouwd al niet de prometeïsche hybris, het oervergrijp zelf waarvan het 'zondeval-verhaal' verslag doet? – Voordat we dit '*woestijnstuifzand*' wegscheppen, zullen we van de jahwistische oergeschiedenis niet *één* woord begrijpen, dat is wel duidelijk. Maar het kan altijd nog 'goed' komen.

Zand wegdragen is een lichte bezigheid in vergelijking met de opgave het 'culturele *bouwpuin*' van de kerkelijke dogmatiek uit de weg te ruimen. Wat: zou een 'slang' 'Eva' 'verleid hebben' tot 'zonde'? Dat is nou echt zo'n verhaal dat tegenwoordig nog in de Afrikaanse rimboe verteld zou kunnen worden. Maar de joodse apocalyptiek 'wist' al van een 'zondeval' van de 'engelen' die 'duivels' werden met aan het hoofd de 'lichtdrager' (Lucifer). En ook als het daarbij duidelijk herkenbaar om een oude astrologische mythe over de morgenster gaat – in het licht van zulke verklaringen staat het zelfs in 1995 zoals tevoren voor de roomse paus ontwijfelbaar vast dat die 'slang' die 'Eva' verleidde werkelijk de *duivel* was. Al heeft Hermann Gunkel nu al bijna honderd jaar geleden in zijn beroemde Genesis-commentaar bij dit gedeelte sceptisch opgemerkt, dat een wezen dat er door God mee gestraft werd, op de buik te kruipen en stof te eten (Gen. 3:14) toch moeilijk een echte slang kon zijn – de duivel eet, zoals men weet, in nood zelfs vliegen (waarvan hij ooit de heer was!), maar *stof* – daarvan raakt zelfs een boze geest niet verzadigd; – het helpt allemaal niets: men moet het voor kennisgeving aannemen, dat het voor het opperhoofd van de roomse kerk totaal niet nodig is zich zelfs de eenvoudigste exegetische inzichten eigen te maken; de onfeilbare leer van de kerk van Petrus zou eens iets nuttigs leren van een protestantse bijbeluitleg, dat verhoede God!

Eveneens moet het naar de roomse mening zo blijven, dat God, toen Hij de mens vanwege zijn 'zonde' (?) 'vervloekte' (Gen. 3:16-19) hem direct de troost van de moeder van God en de maagd Maria voor ogen stelde (Gen. 3:15), de Hebreeuwse tekst mag op deze plaats zeggen wat hij wil – de Latijnse vertaling van de roomse kerk is altijd nog meer 'waar' dan zelfs het door God zelf 'geïnspireerde' origineel.

Wat er bij al deze bizarheden op het spel staat is duidelijk: als de slang werkelijk niets anders is dan een *mythologisch dier*, dan heeft het geen zin meer met de macht van de satan te dreigen en daartegen de absoluut noodzakelijke macht van de kerk aan te voeren; dan is het integendeel absoluut noodzakelijk zich op de vraag te concentreren wat er zich in de mens afspeelt als hij, als gehypnotiseerd, altijd juist die dingen doet, die hij ten diepste met hand en tand zou willen vermijden. Psychologie in plaats van demonologie, mythische symboliek in plaats van kerkelijke dogmatiek, antropologie in plaats van voorbarige 'theologie' – een grotere aardverschuiving is voor de veronderstelde 'onfeilbare' posities en bastions van de kerkelijke 'zondeleer' nauwelijks denkbaar; maar dat helpt nu juist dat kerkelijke '*cultuurpuin*' af te graven, dat de toegang tot één van de belangrijkste bijbelgedeelten verspert.

Pas als wij het karakter van de mythische taal van de jahwistische oergeschiedenis 'letterlijk' nemen, dat wil zeggen: *beeldend* (in plaats van op een verkeerde manier een duidelijk mythische tekst te historiseren en daarna te dogmatiseren), begint de geschiedenis direkt tot ons te spreken, doordat ze op zeer literaire wijze het menselijke bestaan in een tijdloze, altijd geldige code beschrijft en duidt. In plaats van het 'paradijsverhaal' dus op een fantastische manier als een 'historische' wereldsituatie vol 'buitengewone genade' te beschouwen, waarin leed, noch ziekte, noch dood voorkwamen, moet men de jahwistische scheppingsgeschiedenis integendeel als een schilderij beschouwen, dat aantoont hoe het met het menselijk bestaan gesteld zou kunnen zijn, als het een eenheid bleef met zichzelf en de macht die het draagt.

Elke regel van dit gedeelte kan *symbolisch* gelezen worden: '*Toen de Heer God aarde en hemel maakte, waren er op aarde nog geen wilde planten en groeide er geen enkel veldgewas, want de Heer God had nog geen regen op de aarde laten vallen en er was nog geen mens (Adam) om de grond (Adamah) te bebouwen, om water uit de aarde omhoog te halen en de aardbodem te bevloeien. Toen boetseerde de Heer God de mens (Adam) uit stof (Adamah) dat Hij van de aarde nam, en Hij blies hem de levensadem in de neus: zo werd de mens een levend wezen. Daarna legde de Heer God een tuin aan in Eden, ergens in het oosten, en daarin plaatste Hij de mens die Hij geboetseerd had.'* (Gen. 2:4-8).

Om trouwens over zoiets als 'schepping' te kunnen spreken is een zekere abstractie nodig. Nooit zal voor iemand die over zijn situatie begint na te denken de radicale toevalligheid van alle dingen verborgen blijven: enkele jaren geleden was er een tijd waarin hijzelf er nog niet was en spoedig zal er weer een tijd zijn waarin hij er niet meer is; en niemand zou, als hij er niet geweest was, op het idee gekomen zijn dat hij zou moeten bestaan. En dat geldt voor alles net zozeer als voor hemzelf. Ook aan de struiken en de bomen, ook aan de bergen en de rivieren, zelfs aan de zon en de sterren zou gevraagd kunnen worden wanneer ze er 'nog niet' waren. Alles op deze aarde, zelfs de aarde zelf kan *weggedacht* worden. Niets moet er zijn. Niets is *noodzakelijk*. Alleen met de 'godheid' verbindt zich een voorstelling van de werkelijkheid die er zonder meer moet zijn, omdat ze de basis is van alles wat er is. Wat men in de theologie in het avondland het 'godsbewijs' uit het 'ongerijmde' van de geschapen werkelijkheid genoemd heeft, moet in de mythische beeldspraak gezien worden in het kader van zo'n groot 'toen er nog niet'. Als men eens even alles wegdenkt wat er vandaag is, dan zal men over de afgrond van de niet-noodzakelijkheid en het niet-bestaan de 'godheid' raken. Men zal nooit begrijpen waarom de wereld er is, het scheppingsgebeuren zelf blijft gehuld in een ondoordringbare 'nevel'. Toch is het mogelijk om de vergankelijkheid van alles wat er is voor te stellen als het omvatten door een hand die het vasthoudt en deze voorstelling staat het pas toe het menselijk bestaan te begrijpen: enerzijds is de mens niets anders dan stof, een rood maaksel (Adam) uit rode aarde (Adamah); hij heeft geen waardigheid of grootheid – een samenstelling uit koolwaterstoffen, voortgebracht in de tijd en mettertijd weer terug te nemen, dat is alles wat er over hem te zeggen valt, zolang men hem zuiver empirisch beschouwt. En toch draagt dit wezen van nietigheid en vergankelijkheid Gods adem in zich; en toch is de vorm van deze stof-geboorte uit de onzichtbare scheppershanden van God voortgekomen, die het op zich amorfe, uiterlijk schoon en levensmoed verleend heeft. De hele wereld zou een tuin van wellust en vreugde kunnen zijn, *als* de mens zo bleef als Jahwe de godheid hem gemaakt had (Gen. 2:8), maar juist dat is duidelijk niet het geval en met deze constatering begint feitelijk de problematiek van de jahwistische oergeschiedenis.

Als men om zich heen kijkt, weet ieder levend wezen op deze aarde te leven zoals het moet; de hele wereld is een geschenk van schier onbegrijpelijk geluk en elk mens daarin, hoe kort zijn leven ook mag duren, is tot ooggetuige gesteld van dit oneindige schouwspel van extase en zinsvervoering. Evenwel schijnt alleen de mens niet in staat zich te voegen naar de harmonie van de wereld; met zijn totaal eigen aard, met zijn totaal eigen karakter functioneert hij als een verstotene, als een emigrant, zonder vaderland en uitgezet, niet in staat mee te gaan in de grote gang van de wereld, duidelijk iemand die diep aan zichzelf lijdt. Waarom?

Het oudste antwoord uit die groep van mythen, zoals die vooral in verband met initiatieriten overgeleverd werden en worden, bestaat uit de ervaring van de *sexualiteit*. Op het moment dat een meisje rijp wordt tot vrouw en een jongen tot man, treedt zo iemand niet alleen uit de geborgenheid van zijn familie in een eigen leven, hij verlaat tegelijkertijd de kinderlijke onbewustheid in de schoot van de natuur. Wie de sexualiteit leert kennen, die ervaart tegelijkertijd ook de *dood*, beide zijn de prijs en het gevolg van de meervoudigheid van de levende wezens. – Een kleine Afrikaanse mythe vertelt hoe aan het begin van de wereld de god Soko de stenen, de schildpadden en mensen aangeboden heeft dat ze onsterfelijk konden zijn, maar dan geen kinderen zouden hebben, of heel, heel oud konden worden, en ook kinderen krijgen, maar ze nooit zouden leren kennen of slechts een korte tijd zouden leven, daarvoor echter kinderen krijgen, ze leren kennen en ze mogen liefhebben. De *stenen* kozen een kinderloos, onsterfelijk leven, de *schildpadden* gaven er de voorkeur aan zeer lang te leven, ontzegden zich echter het geluk hun kinderen op te zien groeien; alleen de *mensen* kozen voor de liefde – en een spoedige dood. – Zich ervan bewust te maken dat het zo is en het daarmee eens te zijn, dat is de betekenis van *volwassen* worden.

Niet ten onrechte heeft men daarom de geschiedenis van 'Adam' en 'Eva', van de *mens* en het *leven*, altijd weer als zo'n initiatiemythe geduid. Al kan literair-kritisch aangetoond worden dat de gestalte van de 'vrouw' pas later aan de overlevering toegevoegd werd, toch schijnt alleen al het samenspel van man en vrouw en niet in de laatste plaats de symboliek van de verleidende 'slang' naast het overhandigen van de 'vrucht' aan de man in Gen. 3:1-7 te pleiten voor een eenduidige sexuele scène; en als we dan ook nog horen, dat Adam en Eva zichzelf na hun daad als *naakt* ervaren en zich als man en vrouw voor elkaar schamen, dan verdwijnt de laatste twijfel dat deze interpretatie iets goeds bevat.

Bijzonder aantrekkelijk werd de sexuele interpretatie van het bijbelse 'zondevalverhaal' natuurlijk onder de strenge Victoriaanse moraal van de negentiende eeuw met A. Schopenhauers filosofie van 'de strijd tussen de beide geslachten', waardoor de verschillen tussen man en vrouw gezien werden als de oertegenstellingen tussen verstand en drift, geest en materie, zedelijkheid en zinnelijkheid, ethiek en esthetiek, plicht en genegenheid. Terecht kon Schopenhauer zich daarbij beroepen op talloze teksten van kerkvaders, vooral van de heilige Augustinus, die in de zonde van Adam de 'boze begeerlijkheid' van het sexuele verlangen zagen en zich het 'paradijs' voorstelden als een toestand, waarin men het mannelijk lid zonder lustgevoelens zou hebben kunnen bewegen – een 'ideaal', dat de rooms-katholieke sexuele moraal zoals gezegd ten diepste beïnvloed heeft, doordat als voorbeeld van de vrouw en als tegenbeeld van de verleidelijke 'Eva' tot op de dag van vandaag de madonna in de hemel afgeschilderd wordt, die het wonder ten deel viel moeder te worden en toch, zelfs op het moment van de ontvangenis en de geboorte van een kind, een maagd te blijven die met al haar gevoelens en ervaringen alleen God 'toegewijd' en voor Hem 'beschikbaar' was. – Juist daarom schijnt het voor de roomse dogmatiek tot op heden absoluut noodzakelijk al in Gen. 3:15, alle exegetische inzichten ten spijt, een verwijzing naar Maria de moeder Gods vast te stellen.

Ondertussen mislukt deze hele constructie door het eenvoudige feit dat de bijbel weliswaar een mythe met duidelijk sexueel-symbolische componenten opneemt, maar zeer duidelijk geen initiatiescène wil uitbeelden. In de bijbel wordt de ontdekking van de liefde tussen man en vrouw al in Gen. 2:24-25 afgebeeld als een door en door paradijselijke beleving, als een geluk van wederzijdse completering, als het ontwaken uit een leven dat tot dusverre als een lange slaap scheen (Gen. 2:21) als het einde van een moeizaam zoeken, dat nu eindelijk zijn vervulling heeft gevonden. Geen enkele manicheïsche wereldverachting of 'mariologische' (oedipale) kwezelarij is te verenigen met deze voorstelling. Wat Jahwe de godheid de mensen met de verboden boom in het midden van de tuin dan ook heeft willen verbieden, het was niet het genot van de sexualiteit, die Hij zelf geschapen heeft.

Maar als de bewustwording van de sexualiteit dan geen 'zonde' is, moet dan niet *de bewustwording zelf* als eigenlijke zonde gelden? Draagt de verboden boom al niet deze naam: 'boom van de kennis van goed en kwaad' (Gen. 2:17, 3:5)? Vooral G.W.F. Hegel heeft de stap tot de bewustwording, tot ontdekking van het subject, het begin van de vrijheid, geïnterpreteerd als het uit de orde vallen van het algemene, het zedelijke, het substantiële en hij heeft gemeend in het verhaal van Gen. 3:1-7 de *onvermijdelijke* 'zondeval' van de geest te herkennen. Het is de eis van de ethiek, het is het 'gebod' van God de inhoud van het goede en het verbod van het kwaad te erkennen en trouw na te leven, maar het is ook de eis van de geest, de inhoud van de ethiek zelf als verstandig te willen erkennen; deze innerlijke tweespalt van het goddelijke in de mens is noodzakelijk, opdat de waarheid niet slechts uiterlijk gekend, maar zich ook van zichzelf bewust wordt. Alles wordt daardoor tweeduidig: het goede zelf is slechts zedelijk als het subjectief in vrijheid voltrokken wordt, de subjectiviteit van de vrijheid is echter alleen mogelijk in haar formele tegenspraak tot het algemene. De verdere voortgang van de religie zag Hegel in het opheffen van deze tegenstelling in de verzoening van het individuele met het algemene.

Inderdaad vindt deze opvatting ook bij theologen en psychologen heden nog een zekere weerklank, hoewel meestal zonder verdere filosofische reflectie. Dieptepsychologen uit de school van C.G. Jung zijn ervan overtuigd dat de zondevalmythe in de bijbel, evenals vergelijkbare vertellingen bij andere volken, het ontwaken van het bewustzijn zou beschrijven, het erkennen van de *schaduw*, het inzicht in de *keerzijde* van het schijnbaar alleen maar 'goede'. Exegeten, die anders resoluut dergelijke 'gnostische' opvattingen verwerpen, nemen hun toevlucht tot de toelichting dat het 'onderscheiden' tussen goed en kwaad op deze plaats niet zozeer het 'onderscheiden' betekent, maar dat het zoveel betekent als 'zelf bepalen', het zelf *willen* 'weten' wat goed en kwaad is. Deze interpretatie neemt het duidelijk niet zo nauw met de letterlijke inhoud van de tekst. Toch vindt ze tot en met de roomse paus brede instemming, omdat ze zich laat verenigen met de kerkelijke uitleg die de 'zonde' van de mensen, naast de sexualiteit, altijd al in de *ongehoorzaamheid* zag: de verleiding tot liefhebben, de verleiding tot denken, beide levenskrachten die het ik van de mensen tot geestelijke hartstocht en hartstochtelijke spiritualiteit hadden kunnen inspireren vielen en vallen zo ten deel aan het kerkelijke veto. Want het is duidelijk: als de mensen werkelijk 'zondigen' door ongehoorzaamheid, dan kan de 'verlossing' er slechts uit bestaan, ze terug te brengen tot gehoorzaamheid ten opzichte van 'God', dat wil zeggen ten opzichte van de kerkelijke leer. Dit interpretatieschema blijft duidelijk bij het autoritatieve streven van Hegel, het individu dat in zijn subjectiviteit met het algemene overhoop ligt, op te nemen in het algemene van de 'kerk' of beter nog, van de staat. Maar hiermee heeft de bijbelse mythe van de 'zondeval' duidelijk niets van doen, als men eerst maar eens de fase van '*schijndeuren*' en '*doodlopende gangen*' achter zich laat.

In werkelijkheid gaat het de jahwistische verteller namelijk helemaal niet om 'goed' en 'kwaad' in de ethische betekenis. Paradoxaal genoeg: juist *die* geschiedenis waarop in de christelijke theologie vanouds 'het kwaad' in de mens gebaseerd zou worden, spreekt met geen woord over het 'kwaad' op de manier van de kerkelijke moraaltheologie of dogmatiek! Juist in tegendeel, het levert als resultaat op, dat wij de scherpe zwartwit-voorstelling van een tweewaardige ethiek met de tegengestelde grootheden van 'goed' en 'kwaad' *verworpen* hebben als een onjuiste vereenvoudiging van het menselijk bestaan; we zeiden al dat de problematiek van het 'kwaad' in de mens niet bij de ethiek begint, maar diepere oorzaken heeft die in het onbewuste van de menselijke psyche verborgen zouden liggen; en dit inzicht wordt nu de sleutel tot het verstaan van vooral de jahwistische oergeschiedenis.

Wat *deze* met 'goed' en 'kwaad' bedoelt, laat zich ver van alle ethische en dogmatische vooroordelen het eenvoudigste herkennen aan het taalgebruik van het gedeelte zelf. Daar stelt God in de paradijsverhaal tot zijn verwondering vast, dat het voor een mens 'niet goed' is, alleen te zijn (Gen. 2:18); dan zijn de bomen in de tuin uitdrukkelijk 'goed' om te eten (Gen. 2:9) en over het geheel genomen is het verblijf in 'Eden', het oord van vreugde, door en door 'goed' te noemen; *goed* – dat betekent hier: gelukkig, aantrekkelijk, bevredigend, bekoorlijk, gelukkig stemmend – *begerenswaardig* in elke vorm. 'Niet goed', '*kwaad*' – dat betekent hier overduidelijk zoveel als: ongelukkig, giftig, schadelijk, akelig, zinloos – in ieder opzicht *negatief*. 'Goed' is in deze zin *het totale leven* van de mens in het paradijs: het is 'goed' voor hem uit het stof geboren te zijn (Gen. 2:7) als hij één blijft met de macht die in hem ademt en leeft; het is '*goed*' voor hem, met de dieren aan zijn zijde te leven en ondanks alle verschil te ontdekken dat hij verwant aan ze is (Gen. 2:19-20); het is '*goed*' voor hem deze aarde te mogen 'onderhouden' en vruchtbaar makend water over de anders zo dorre akker te leiden (Gen. 2:5); het is *'goed'* voor hem, een vrouw te vinden, die hem zo na aan het hart ligt als die 'rib' waaruit God haar 'gebouwd' heeft en de liefde tot haar als 'leiding' van God in zijn leven te ontdekken (Gen. 2:21-23), het is *'goed'* voor hem het 'onbeschaamde' geluk van de liefde te kunnen genieten, voor elkaar 'naakt' te zijn zonder schaamte (Gen. 2:25). Maar diezelfde wereld kan op alle punten ook precies tegenovergesteld beleefd worden: wat als puur geluk beleefd kan worden, verschijnt dan als een nooit eindigend ongeluk; zegen wordt vloek, verkiezing wordt verwerping.

Het jahwistische zondevalverhaal schildert het tegenbeeld van het paradijs in Gen. 3:8-24, als ze uitbeeldt, hoe Jahwe de godheid volgens zijn gewoonte (in de schemering, als de verkoelende dauw zich op de weiden legt) de tuin van zijn wereld betreedt en daarin een mens aantreft die zich verward en zeer bang in de bosjes verstopt heeft; want hij heeft het verbod van God: om van de boom van de kennis van het goed en het kwaad te eten, overtreden; hij heeft 'gezondigd' en terwijl Hij stap voor stap nagaat hoe zij, de mensen verstrikt zijn geraakt in de schuld, spreekt Hij over de schuldig bevonden mensen vervloekende en straffende woorden uit. Dat wil zeggen, steeds als de God van de bijbel mensen 'bestraft', zegt Hij ze 'slechts' de werkelijkheid aan, waarin ze door hun eigen gedrag terecht gekomen zijn. Zo ook nu: alles wat voorheen geluk en 'succes' was, heeft zich in 'onheil' en falen veranderd. Uit stof geschapen te zijn – dat betekent nu, van dag tot dag de dood voor zich te zien en als enige zekerheid in het leven gewaar te worden dat de dood dit bestaan in stof zal veranderen alsof het er nooit geweest was (Gen. 3:9-23), – de dood als de onherroepelijke devalueerder van een leven dat al uit louter angst voor de dood er nooit meer toe komt werkelijk te *zijn*. Willen sterven kan betekenen 'zat van dagen' een welbesteed, vruchtbaar leven dankbaar af te sluiten: de dood is daarentegen een *vloek* als het leven zelf geen zin heeft en dat is nu juist het geval. De aarde bewerken – dat wordt nu een vermoeiend, zinledig 'geploeter', een gevechtstoestand ten opzichte van een wereld die hinderlijk en weerbarstig geworden is (Gen. 3:18-19).

Sommige geleerden hebben – met goed recht! – in de 'vloek' van de landbouwarbeid (en bijgevolg in het hele 'zondevalverhaal') een echo willen zien van de cultuurhistorische overgang achtduizend jaar geleden van de jagers- en verzamelaarsbezigheden van de 'ijstijd' tot de geregelde, moeitevolle bewerking van de akkers, de zogenaamde neolithische revolutie; toentertijd trad de mens voor het eerst de natuur tegemoet als iets anders, iets vreemds, werd hij uit de 'tuin' van de wereld verdreven: daaraan was feitelijk de vrouw 'schuldig', die door het millennia lange verzamelen van amelkoren zonder het te willen langzamerhand het zich *niet*-verspreidende amelkoren, geschikt voor de teelt 'gekweekt' had en daarmee de voorwaarde van de akkerbouwcultuur geschapen. Ook de onvertrouwdheid, zelfs vijandschap ten opzichte van de 'slangen' en daarmee ten opzichte van alle dieren (Gen. 3:15) pleit (evenals in het *Gilgamesj-epos* de gedaante van de behaarde Engidu) voor zo'n omwisseling van steppebewoners tot boeren en stadsbewoners met een vaste verblijfsplaats die bij alle nieuw verworven luxe toch in niet geringe mate slaaf zijn van mechanische arbeid en beheerst worden door de wetenschap van een spoedige dood, waartegen geen 'levenskruid', geen 'vrucht' van de boom des levens hen meer ter beschikking staat (Gen. 3:22).

Al deze motieven kunnen ook gevonden worden in de geschiedenis van Gen. 3:8-24, maar toch opmerkelijk *anders*: niet cultuurgeschiedenis, maar een (theologische) verklaring van het bestaan is het doel van dit verhaal. Speciaal *de liefdesverhouding* tussen man en vrouw vervalt in de jahwistische voorstelling in een zuivere machtsverhouding doordat de man zijn vrouw zal 'overheersen' (Gen. 3:16). Men heeft de bijbel vaak verweten een door en door patriarchale theologie en antropologie voor te staan en dat is terecht. Maar juist de 'zondeval'-mythe, die er in dit verband altijd weer bijgesleept wordt, volgt verrassend genoeg een andere denkwijze: de jahwist beschouwt het patriarchisme allerminst als een zuiver natuurgegeven, als een van de 'eerste' gevolgen, eigenlijk als het *fundamentele* gevolg van een oerafvalligheid die een verhouding van wederzijdsheid en aanvulling omvormt tot een gewelddadige machtsuitoefening wat de man betreft en in een kwellend kinderen ter wereld brengen onder pijn en gevaar wat de vrouw betreft. De sexualiteit als een vreugdeloze functie van vruchtbaarheid aan de zijde van de vrouw en als een genotvol ritueel van vrouwelijke onderwerping aan de kant van de man – wat door de ethologen beschreven wordt als een demonstratie van rang en 'bronst' bij de mannelijke primaten, keert hier in een perverse vorm als verdierlijking bij de mensen terug.

De oorzaak hiervoor ligt echter in het *gevoel* van schaamte dat de één altijd voor de ander ervaart (Gen. 3:7). Terwijl het in de liefde de grootste vreugde is, 'naakt' voor elkaar te zijn en juist zonder bedekking en kleding aantrekkelijk en begeerlijk te zijn (Gen. 2:25), heeft door de 'zondeval' iets bij de mens ingebroken, wat hem beroofd heeft van alle 'onschuld' en hem alleen al door het feit te zijn zoals hij is, opzadelt met een gevoel van schande en onbehoorlijkheid. Voortaan moet men zich hoeden voor de kritische ogen van de ander, opdat ze niet de mankementen of de overbodigheid, de ontbrekende stabiliteit of de opdringerige obsceniteit van het eigen bestaan blootleggen. Voortaan moet men zich verbergen achter omhulsels (en maskers) uit angst niet aardig genoeg te zijn, in ieder geval aardig te *lijken*. De hele psychologie van minderwaardigheidsgevoelens en overcompensatie, van macho-cultuur en dominantieverhoudingen uit verdrongen gebrek aan eigenwaarde, van verstoorde relaties uit angst voor de waarheid, vindt hier haar aanknopingspunt.

Het leven als leugen, de liefde als geweld, het menselijk handelen als zinloze strijd tegen de onophoudelijke devaluatie van alles in de dood, de vervreemding ten opzichte van de omringende wereld, van zichzelf, van de naasten – *dat* betekent het om *buiten Eden* te moeten leven. Het is een leven dat in zichzelf door en door (niet: 'slecht' maar) *erg* is, omdat het alleen nog maar *uit angst* bestaat: angst voor een vijandig gezinde en vreemd geworden natuur, angst voor de aanblik van de ander, angst voor de absurde nabijheid van het einde, – angst in het bijzonder voor een 'God', die als een loerende demon de mensen bedreigt met straf, omdat hij zelf vrezen moet om zijn eigen macht, zodra de mens zijn eigen mogelijkheden ten volle zal ontplooien (Gen. 3:5). Voortaan verschijnt de religie zelf als het onderdrukkingsorgaan van een jaloerse godheid; zelfs wanneer het jahwistische verhaal benadrukt, dat Jahweh de mensen toen ze uit het paradijs verdreven werden, rokken van dierevellen geschonken heeft om de pijn van hun schaamte zo veel mogelijk weg te nemen (Gen. 3:21) dan nog stelt hierin dezelfde godheid toch dreigend genoeg 'vuurdraken', *kerubs*, aan bij de ingang van het paradijs om met vlammende zwaarden de terugkeer van de mensen naar het 'oord' van hun geluk te verhinderen (Gen. 3:24). Dit schrikbeeld van *weigering* is het beeld van God dat de mensen mee zullen nemen op weg naar de ballingschap (Gen. 3:22-24).

β. *De tragedie van de angst (Gen. 3:1-7): de geschiedenis van Adam en Eva*

Dat 'angst' een *gevolg* van de 'zonde' is, wordt inmiddels ook in kerkelijke kringen toegegeven; maar het inzicht dat het een *motief* voor de 'zonde' is, zoals S. Kierkegaard als eerste juist beschreven heeft, moest voor een bepaald soort theologie zolang verborgen blijven, omdat ze zich noch voor de existentiële filosofie van de vrijheid interesseerde, noch voor de psychologie van het onbewuste. En toch ligt de sleutel tot het begrip van de mens, zoals hij beschreven wordt in het jahwistische verhaal, juist in het verband tussen angst en schuld.

Waarom is alleen de mens niet in staat, in rust en vrede het geschenk van zijn bestaan te genieten? Waarom verdoet hij de korte tijdsspanne van zijn leven slechts met zinloos kwellen en martelt hij zichzelf en anderen met steeds geraffineerder lijden? Waarom verandert in zijn nabijheid het paradijs van de wereld altijd weer in een hel die uit leugen en liefdeloosheid, moord en verraad, heerschappij en geweld bestaat? Het antwoord daarop geeft de Jahwist met zijn verhaal in Gen. 3:1-7, met de geschiedenis van de 'zondeval', één van de in ieder opzicht best vertelde perikopen van de mensheidsliteratuur, omdat hier in nauwelijks zeven regels de eeuwige *tragedie van de angst* in het hart van de mensen met een onontkoombare consequentie geschilderd wordt.

Alles begint met het optreden van de 'slang', die – verre van de 'duivel' van de katholieke dogmatiek te zijn – nadrukkelijk als de 'listigste' aller *dieren* beschreven wordt, die Jahwe de godheid gemaakt heeft. Een 'dier', dat 'listig' genoeg is om de mensen te verleiden tot zonde, moet, evenals in de mythen en sprookjes van de volken uit de gehele wereld, gezien worden als een *symbool* en als men vraagt men wat een 'slang' symbolisch betekent, dan antwoorden deze verhalen eenstemmig dat de 'slangen' *overgangswezens* zijn tussen donker en licht, zee en vaste land, niet-zijn en zijn. Ze zijn altijd ambivalent, ze zijn zowel de vruchtbare, als de angstaanjagende 'chaos', een moedermond die zich opent en uit de diepte nieuw leven voortbrengt, tegelijkertijd echter een verslindende bek die beneden al het geschapene in zijn 'contingentie' legert en dat altijd in het niets dreigt terug te sleuren. De *god Atum* bij de Egyptenaren, die zich aan het eind der tijden in een slang verandert, om de gehele wereld te verslinden, de *Midgardslang Jörmungand* bij de Germanen, die met haar lijf het midden van de aarde omvangen houdt en zich maar iets hoeft samen te trekken om de bewoners op aarde de schrik om het hart te laten slaan, – dat zijn dergelijke belichamingen van het 'niet-zijn' in de mythische taal.

Het is, meent het bijbelse verhaal op dit symbolisch niveau, absoluut onvermijdelijk dat de slang tegen een mens begint te praten over het niet-zijn als een mens zich van zichzelf bewust wordt en zijn situatie in deze wereld begrijpt. Geen god, geen schepper zou een wereld kunnen scheppen waarin deze dialoog tussen de 'slang' en de mens vermeden zou kunnen worden. Tot de wereld zelf die God geschapen heeft, behoort de 'slang' als het noodzakelijke embleem van alles wat niet-noodzakelijk is.

Vanuit dat standpunt lijkt het alsof de mens die op het moment van de bewustwording de 'slang' hoort praten, in de hand van God op zich tegen gevaar beschermd wordt, maar toch heeft het gesprek van de mythische 'slang' bij de mensen een hypnotiserende angst tot gevolg, zoals bij een konijntje voor de open muil van een echte slang. Het is alsof de mens bij het ontwaken van de geest aan de rand van een plateau van een hoge uitkijktoren staat en naar beneden in de diepte staart. Een duizeling grijpt hem aan, hij gruwt van de gapende leegte onder zijn voeten en terwijl hij vertwijfeld zoekt naar een houvast, waaraan hij zich vast kan klampen, buigt hij naar beneden en stort als het ware vrijwillig, als het ware magisch aangetrokken halsoverkop naar beneden.

Het jahwistische 'zondevalverhaal' beschrijft in termen van juist deze onscheidbare logica *van angst*, de alles beslissende gebeurtenis waardoor een mens uit de eenheid met God en de wereld valt en in een sfeer van verwoesting en onheil stort, – een 'bewustwording', dat wel, maar niet als een fase-moment van Hegels 'Logica', maar als het psychodrama van een reddeloos ten prooi vallen aan de angst die de diepte van de bewustwording zelf ontstijgt.

Hoe ver deze kleine geschiedenis van de 'zonde' van mensen in Gen. 3 verwijderd is van elk soort moraliserende beoordeling naar de sjablonen van 'goed' en 'kwaad' in de gebruikelijke betekenis, is al op te maken uit het feit dat ze de 'slang' de 'listigste' van alle dieren noemt. Als ze werkelijk iets 'ergs' doen, zijn de mensen niet zomaar 'boosaardig' 'verdorven' en 'slecht'; ze zijn integendeel met de beste wil van de wereld letterlijk *bedrogen*, opgelicht, *verleid*. Eigenlijk willen de mensen helemaal niet doen wat ze doen, er ontstaat in hen echter een angst die hen uiteindelijk dingen laat doen die ze voor alles in de wereld zouden willen vermijden.

Men zal tijdens het lezen van het jahwistische zondevalverhaal altijd weer geschokt zijn als men ziet, hoe 'de vrouw', zojuist nog tot het uiterste bereid het gebod van God trouw te blijven (Gen. 3:2) dan toch enkele regels later al precies datgene doet, wat ze zelf als het grootste gevaar voor zichzelf beschouwt. Daarbij komt de 'slang' in het paradijs van de wereld in eerste instantie heel onschuldig over: – ze informeert naar datgene wat God werkelijk gezegd heeft. Wat zou minder verdacht kunnen zijn, dan naar het goddelijk woord zelf te vragen en de betekenis ervan te overdenken? Er is geen theoloog die ooit wat anders zal doen dan wat de 'slang' hier probeert. Weliswaar hangt nu alles af van de vertaling van de zin die de slang uitspreekt of, nog preciezer, van de beklemtoning: 'Heeft God werkelijk gezegd dat je van geen enkele boom in de tuin mag eten?' – zo geven de meeste vertalers dit vers van Gen. 3:1 weer. Ze bedoelen daamee dat de 'slang' de mensen op heeft willen roepen zich niet langer zo bedrukt en angstig te gedragen, 'alsof' God hen 'alles' verboden had, maar daarin ligt natuurlijk al de aansporing zich toch eens af te vragen waarom God hen eigenlijk iets, en dat welbeschouwd onder doodstraf, verboden had. Uit het gebod dat God werkelijk gegeven had, construeert de slang een totaalverbod; ze speelt daarmee met het beeld van een God die werkelijk in staat zou zijn een verleidelijk mooie, zaligmakende wereld te scheppen, alleen om ze de mensen dan als tantaluskwelling voor te houden. Zou het niet zo kunnen zijn, dat God in werkelijkheid helemaal niet de gever en bewaarder van een hele wereld, maar de onderdrukker en verhinderaar van elke zelfontplooiing zou zijn?

Deze ene vraag van de 'slang' plaatst een vraagteken bij de totale verhouding tussen God en mens. Als de 'slang' de mensen er slechts eenvoudig toe zou oproepen tegen het gebod van God te handelen, dan had ze zeker niet de minste kans van slagen gehad, – de mensen zouden haar niet volgen. Nu spreekt ze echter in een vermenging van verdachtmaking en uitnodiging waarvan alleen M. Buber de dubbele bodem zo vertaalt, dat het helemaal afhankelijk is van het soort intonatie, respectievelijk interpretatie, wat voor uitwerking de zin heeft en wat de zin betekent: '*Ob wohl* (Of) God (ook) gezegd heeft', schrijft M. Buber, dat je van geen enkele boom mag eten'? Men kan de zin echter net zo goed schrijven als: '*Obwohl* (Hoewel) God gezegd heeft...' en moet de zin dan laten eindigen in puntjes, een zin *zonder* eind, een verkapt voorstel tot openlijke tegenspraak. In ieder geval is deze eerste zin die de 'slang' hier spreekt, op zichzelf al een bewijs van haar meesterlijke achterbaksheid, waaraan de mensen al vanaf het begin hulpeloos uitgeleverd zijn.

Want wat zou 'de vrouw' in haar antwoord anders kunnen doen dan wat ze volgens het bijbelverhaal ook werkelijk doet? Ze neemt God uitdrukkelijk tegen de verdachtmakingen van de 'slang' in bescherming; ze citeert woord voor woord wat Jahwe de godheid in Gen. 2:16-17 tot de 'mens' gezegd heeft. En toch blijkt het onmogelijk het godswoord eenvoudig zo te herhalen als het gezegd werd. Door de vraag en de vraagstelling van de 'slang' is een toestand opgetreden die het verbod van God op een totaal nieuwe manier 'actualiseert': 'als jullie de verboden boom *ook maar aanraken*, zo zullen jullie sterven', zou God tegen de mensen gezegd hebben (Gen. 3:3)! Zo heeft God het *niet* gezegd, maar zo klinkt zijn woord de mensen in hun angst *nu* in de oren: het geeft hun *nog meer* angst! De voorheen welwillende, wijze en vriendelijke schepper van de wereld heeft zich enkel door de vraagstelling van de 'slang' veranderd in een duistere doodsengel, die klaar staat de mensen al terecht te stellen voor een enkele handbeweging! In het midden van de tuin staat een 'boom' die als de magneetberg in de verhalen van bijgelovige, door angst verwarde zeelui de schepen van verre aantrekt en ze op het rif te pletter laat slaan; daar bevindt zich een mens die zich gewoonweg de handen moet laten binden, om ze toch vooral niet iets te laten doen wat op straffe van de dood verboden is; de voormalige tuin Eden is veranderd in een spiegelzaal van moordende angsten, waardoor men alleen nog maar, als een gevangene voor het geladen geweer van zijn vijand, met opgeheven handen kan lopen. Er is nog helemaal geen zonde begaan en toch is al, tegen de wil van de mens (!) de oorspronkelijke vertrouwensrelatie tussen mens en God volkomen verbroken.

En wat nu doorslaggevend is: geen ethische inspanning, zelfs als ze nog zo goed bedoeld zou zijn, nog zo energiek beoefend zou worden, zou het oorspronkelijke vertrouwen in het hart van een mens weer kunnen herstellen! De 'zonde' van de mens, 'het kwaad' in de mens moet men zich, in plaats van het ethisch in te vullen en te bestrijden, voorstellen als een gevolg van een door angst verstoorde vertrouwensrelatie! Deze niet mis te verstane boodschap uit Gen. 3:1-7 staat zo centraal dat ze niet alleen de loop van alle verdere gebeurtenissen op dit punt al als absoluut consequent in zich draagt, maar tegelijkertijd ook al het belangrijkste aanknopingspunt aangeeft voor elke mogelijke 'genezing' van het menselijke bestaan: alles zou ook op dit ogenblik nog gered kunnen worden als God zelf de angstige mensen tegemoet trad en ze door de werkelijkheid van zijn bestaan gerust stelde. Hij zou dan ongetwijfeld met ze moeten praten als een vader of moeder met een dodelijk geschrokken kind. 'Je hoeft toch helemaal niet bang te zijn', zou God moeten zeggen; 'de hele wereld staat voor je open; alleen deze ene boom zou een gevaar voor je kunnen opleveren; *die* moet je vermijden, voor je eigen bestwil. Het zou verschrikkelijk voor je zijn als je echt zou moeten weten wat 'goed' en 'kwaad' in je leven is. Daar zou ik je graag voor behoeden! Maar juist deze woorden worden niet uitgesproken, ze *kunnen* klaarblijkelijk niet uitgesproken worden, omdat er in de angst geen mens meer is, die ze zou horen.

In plaats daarvan gaat, direct in de volgende zin, de 'slang' goed voorbereid tot een openlijke aanval over, doordat ze de mens alleen aanspreekt op de angst die ze in hem zelf opgeroepen heeft. 'Jullie zullen geenszins sterven (Gen. 3:4), legt ze uit alsof ze zelf in Gods plaats stond en als enige bijstand, als enig overgebleven redster op de menselijke nood ingaat. Men heeft in de exegetische literatuur altijd weer op het quasi-goddelijke karakter van de 'slang' gewezen en zoiets als een vegetatie-godin in haar willen zien, die een magische autoritaire kennis over *alles,* over 'goed en kwaad' aan de mensen belooft; de 'zondeval' op deze manier opgevat, zou dan bestaan uit de afvalligheid van Israël tot de cultus van Kanaän of Egypte – er werd zelfs vermoed dat de 'slang' stond voor de dochter van farao die koning Salomo huwde (1 Kon. 9:16-24). Toch vergeet men daarbij dat het in het 'zondevalverhaal' helemaal niet om Israël en de volken, om Jahwe en Baäl gaat, maar om een probleem van de *mensheid*, iets wat veel dieper gaat dan alle eigen nationaal-religieuze belangen. Het probleem van Gen. 3:1-7 is in ieder geval niet dat de 'slang' de verleidelijke godheid van een nog onbekende religie zou zijn, maar dat ze, zelf niets dan een deel van Gods schepping, met behulp van de angst die ze in de mens opgeroepen heeft, nu naar voren treedt en geruststellende woorden spreekt, die alleen God toekomen: 'Jullie zullen geenszins sterven' – dat is de zuivere waarheid, zolang de mensen het gebod van God niet overtreden; maar hoe staat het met een mens die een gebod slechts houdt uit angst voor een dodelijke straf?

Als men de kerkelijke gelovigen onder de preekstoel vandaag zou vragen *of* God *werkelijk* gezegd heeft: 'Jullie mogen van geen enkele boom uit de tuin eten?', dan zouden ze vermoedelijk instemmend en zelfs enthousiast verzekeren dat dat precies het geval is: God heeft alles zo gemaakt, dat het een vreugde is om te leven, maar dat helaas alles wat vreugde geeft, zonde is. Dan zijn angst en wereldmijding de belangrijkste karaktertrekken van zo'n 'religie'. En de reactie daarop laat niet lang op zich wachten. Men kan niet leven met een dergelijke God die doodsangst aanjaagt en onderdrukt met zijn verboden; men moet proberen deze God kwijt te raken. Juist daarbij echter 'helpt' nu de 'slang', terwijl ze de psychologie van de angst alleen nog maar verder drijft, tot op het punt dat godsdienst van de angst zichzelf oplost door een nieuw 'humanisme' dat vrij is van angst.

Want, wat is dat trouwens voor een God, die de mensen met de doodstraf bedreigt, als ze de boom in het midden van de tuin zelfs maar aanraken? Dit is in ieder geval zeker: zo'n God kan geen sterke zelfbewuste heerser zijn, hij is eerder zelf bang voor zijn troon, zodra de mens zijn eigen mogelijkheden begrijpt en grijpt. Een mens die de dood niet meer vreest, heeft geen God meer nodig, hij wordt zelf God, verklaart Dostojewski's *Kirilow* ergens in *Boze Geesten*. Precies hetzelfde zegt de 'slang' hier. In plaats dat de mensen voortaan bevreesd zijn voor een God die hen doodsangst aanjaagt, zouden ze beter in kunnen zien dat deze God zelf bang is voor de mensen en zijn macht alleen overeind kan houden door angst en schuldgevoelens te verspreiden.

De hele psychologisch gefundeerde godsdienstkritiek van de negentiende eeuw tegen een 'christendom' van vervreemding, van decadentie en van neurotisering van de menselijke psyche past in een notedop in het 'godsbeeld' van de 'slang'. Als mensen eenmaal beginnen God alleen nog maar binnen de contouren van dit 'beeld' te zien, dan wordt het voor hen overduidelijk dat 'God' en mens in feite om dezelfde macht strijden; want deze 'God' houdt zich alleen in stand doordat mensen zich onthouden van macht, respectievelijk doordat zij zich onder dwang vernederen; een mens echter die *erkent* dat het er zo voorstaat, heeft onmiddellijk de plicht om zelf God te worden. 'Als er goden waren, hoe zou ik er dan tegen kunnen om geen God te zijn?' Deze opstand van F. Nietzsche tegen elke vorm van religieuze onderdrukking is onvermijdelijk als mensen zich ooit in de schaduw van een godsbeeld begeven zoals de 'slang' het hier afschildert: 'God weet dat je ogen open zullen gaan als je van die boom eet, en dat je dan gelijk zult worden aan God, door de kennis van goed en kwaad' (Gen. 3:5).

Het is deze zin van het jahwistische zondevalverhaal die de kerkelijke 'erfzondeleer' totaal in de war gestuurd heeft. De *hybris* van de mensen, de prometheïsche *trots*, de zelfvergoddelijking en de almachtswaan

– daartegen trekt de pauselijke ‘leer’ met wisselende inhoud steeds weer opnieuw ten strijde. De massale kerkverlating, actieve euthanasie, suïcide, genetische manipulatie – wat er inhoudelijk ook op het spel mag staan, de roomse kerk zal de tekst uit Gen. 3:5 daarover laten gelden; ze zal daarbij niet eens merken dat ze in feite juist *dat* doet wat men voor de vorm zou moeten vermijden, als men dit bijbelgedeelte waarop de kerkelijke moraaltheologie zich zo graag beroept, goed zou begrijpen: ze maakt de mensen niets dan verwijten over zijn wanhopige situatie, terwijl het jahwistische ‘zondevalverhaal’ zich er juist mee bezig houdt om *begrip* voor de mens in zijn nood te kweken!

Alles hangt hier af van de manier waarop men God ziet. Een ‘theologie’, die het ‘Als-God-willen-zijn’ van de mensen *niet* ziet als reactie op een godsbeeld dat uit angst en onderdrukking bestaat, maar daarop zelf weer reageert met hernieuwde beschuldigingen en repressies, in plaats van het eigen verwrongen godsbeeld te vermenselijken, blijft zelf volledig steken in het denken van de ‘slang’; die theologie verscherpt het probleem dat ze zegt op te lossen!

Men zou volledig onbekend moeten zijn met psychoanalyse en existentiële filosofie om in de belofte: ‘dat je dan gelijk zult worden aan God’ niet een overcompensatie van een groot minderwaardigheidsgevoel te herkennen. Elke neurose, elke diepgaande psychische ziekte, vond A. Adler al, zou zoiets zijn als een op de spits gedreven streven om gelijk te zijn aan God; en J.P. Sartre verklaarde dertig jaar later in zijn filosofische meesterwerk *L’être et le néant* dat het menselijk bestaan een ontwerpschets is voor een fictief op zichzelf-staan; – de mens zou deze ‘nutteloze begeerte’ om zelf God te zijn, hebben om te ontkomen aan de schaamte en de weerzin, om niet noodzakelijk, overbodig en overtollig te zijn. Alleen wie begrijpt hoeveel pijn een ontwikkeling bevat die van onvoorwaardelijke trouw aan God (Gen. 3:2) in enkele regels tot opstand tegen God voert (Gen. 3:5-6), is in staat de mens in zijn eenzaamheid, kwetsbaarheid en angst te begeleiden en tot zichzelf terug te brengen.

Tragischer kan men in ieder geval de menselijke situatie niet schilderen, dan het jahwistische zondevalverhaal het nu doet. Nauwelijks heeft de ‘slang’ met haar ‘verklaring’ van de goddelijke angst voor de mensen de laatste grendel van de angst bij de mens terzijde geschoven, of de verboden boom verandert in de ogen van de vrouw al in het summum van gelukzaligheid. Alles wat eerder van alle ‘bomen’ van de ‘tuin’ gold – dat ze mooi waren en smakelijk en begerenswaardig (Gen. 2:9), – dat concentreert zich nu op dit ene enkele overgewaardeerde plekje wat op straffe des doods verboden is. Uit het voormalige taboe is nu een fetisj ontstaan, waarbuiten geen leven meer is. Steeds als de mens iets 'slechts' doet, gelooft hij, juist op deze weg zijn geluk te bereiken. De vrouw reikt zelfs haar man de verboden vrucht toe alsof zij werkelijk een geschenk van haar liefde in handen had en deze pas ontdekte kostbaarheid van haar begeerte met hem delen moet, en de man van zijn kant neemt dit levende godsgeschenk (Gen. 3:12), het geschenk van haar handen als het ware argeloos aan.

De mensen zullen altijd pas veel te laat merken dat de 'slang' hen *bedrogen* heeft. Deze 'listige' heeft geen onwaarheid gesproken toen ze de mens beloofde 'wijs' te worden en 'het goed en het kwaad te kennen'; de mensen zullen werkelijk opheldering krijgen, maar wat ze nog niet vermoeden: volgens een Hebreeuws woordspel zal hun 'wijs zijn' versmelten met hun 'naakt zijn'. Ze waren natuurlijk daarvoor ook al 'naakt', maar dat betekende niets 'ergs'; – in de eenheid met God, binnen de invloedssfeer van de liefde met elkaar was het een eer te mogen zijn zoals men was: behept met zwakheden, fouten, gebreken... Nu echter is alles veranderd, *is* alles *verkeerd*. Het is niet zo dat de mensen niet kregen wat ze wilden, het is alleen zo dat wat ze kregen uiteindelijk niet iets was wat ze hadden kunnen wensen. Bedrogen, verleid, opgelicht... Nooit zijn de mensen zo hulpeloos en machteloos geweest als op het moment dat ze veronderstelden 'als God' te worden. Ze *zijn* nu werkelijk aan God gelijk geworden door de 'kennis van goed en kwaad', maar wat ze daarmee te weten *zijn gekomen*, zouden ze nooit hebben willen weten! Want alleen voor de prijs van de ontrouw aan God kunnen ze 'erkennen' hoe alles wat 'goed' is in de eenheid met God, 'kwaad' is in de onenigheid met God.

Nooit hadden de mensen mogen ervaren wat het voor een 'schepsel', voor een schepping uit stof betekent, zonder zijn schepper te moeten leven, nooit hadden ze mogen weten hoe het hele leven van lust tot last wordt als men een schepsel dat zich van zichzelf bewust kan zijn, aan de fundamentele instemming van het bestaan onttrekt, de instemming die met de naam van God verbonden wordt. Geen mens *moet* er zijn, maar hij *mag* er wezen, hij zal er zijn als iets wat gewenst, gerechtvaardigd en wenselijk is, zolang 'God' er is.

Zonder deze achtergrond stort de mens in de afgrond van een radicale genadeloosheid waarin elke stap, elke gedachte, elke bezigheid overladen wordt met de vraag hoe uit het koolstof van de eigen nietigheid door een overdruk aan prestatie en inspanning in zekere zin een diamant geperst kan worden. *Niet* van de 'boom van kennis van goed en kwaad te eten' – het was het enige 'verbod' dat God *tot het welzijn van de mensen* wilde uitvaardigen, *moest* uitvaardigen!

Maar ook *dat* erkennen de mensen *te laat*: dat het niet goddelijke jaloezie, maar goddelijke zorg was, die dit gebod uitvaardigde. En ze zouden het, terugkijkend naar de engelen met de vlammende zwaarden aan de ingang van het paradijs, bij de tocht naar den vreemde *niet geloven*!

Dit, meent de Jahwist, gebeurt er als mensen tegen God 'zondigen'. Al hun inspanningen zullen er in het vervolg op gericht zijn de *verloren* God terug te vinden; maar juist daarbij zal zich een nieuwe onheilscyclus vormen.

γ. *Over offers, concurrentie, vertwijfeling en vernieling (Gen. 4:1-16): de geschiedenis van Kaïn en Abel*

Als een soort *troost* zal de vrouw die nu pas de naam 'Eva' (*het leven*) krijgt, buiten Eden *een kind* ter wereld brengen, dat ze *Kaïn* noemt, wat zoveel betekent als: 'Door de gunst van de HEER *heb ik* een mannelijk kind *voortgebracht*' (Gen. 4:1), alsof de kracht van de voortplanting, alsof de voortgang van de geslachten nu het enig overgebleven restant is van Gods tegenwoordigheid. Eva wordt nog een tweede keer zwanger en baart ditmaal een kind dat ze met een voorgevoel al Abel ('*ademtocht*') noemt. Dat het *de moeder* is, die de kinderen de namen geeft is wel een aanwijzing voor het oorspronkelijk bestaand moederrecht, zoals volgens Gen. 2:25 de man volgens matrilocale huwelijksorde vroeger in de clan van de vrouw trouwde. Maar het gaat in de jahwistische verhalen niet om bepaalde sociale ordeningen; wat *zij* beschrijven is de groeiende wanorde van het menselijk hart. Niet matriarchaat en patriarchaat zijn hier de leidende thema's, maar het stukbreken van de liefde in angst, schaamte en wederzijdse beschuldigingen (Gen. 3:12-13). Zo ook nu in de geschiedenis van Kaïn en Abel (Gen. 4:1-16).

Waarom oorlog, vroegen we ons af. Een sociaal-psychologisch volledig aanvaardbaar antwoord dat feitelijk ook vaak gegeven wordt, zou ook direct betrokken kunnen worden op de inleiding van het Kaïn-en-Abel verhaal, deze geschiedenis begint er toch mee mensen op te delen in herders en akkerbouwers, in nomaden en mensen met een vaste verblijfplaats. Wat zou gemakkelijker te begrijpen zijn dan dat verschillende productiewijzen ook verschillen in de sociale structuren tot gevolg hebben en deze weer verschillen in de religieuze en ethische denkbeelden naar zich toe zouden trekken, die van hun kant alle gunstige mechanismen die we al hebben leren kennen, vrij zouden maken voor oorlog. Maar zo wordt het niet uitgebeeld door het jahwistische oerverhaal of beter gezegd: dit verband schildert in zekere zin de keerzijde van de problematiek af! Alle oorlogen, zagen we, zijn gebaseerd op het *verabsoluteren* van de eigen groep, het maakt niet uit of deze 'groep' de eigen stam, het eigen volk, de eigen religie, het eigen rechtssysteem, de eigen economische 'orde' of wat dan ook bevat. Oorlog – dat betekent dat een *bepaald* belang belangrijker wordt dan een enkel mensenleven; en hoe het *zover* komt, dat is altijd weer de vraag die eigenlijk gesteld moet worden. Angst speelt, zoals we al zagen, in de oorlogsproblematiek zowel individueel als collectief de grootste rol; – er is geen oorlog zonder het gevoel van een levensbedreigend gevaar, waarop met letterlijk *alle* middelen gereageerd moet worden. Maar wat is *de oorzaak van deze angst*? Met deze vragen raken we het hart van het jahwistische oerverhaal.

Een levensbedreigend gevaar – dat kan realistisch gezien alleen maar een agressor, een echte 'tegenstander' zijn, waartegen men zich kan en moet beschermen met weerbaarheid en waakzaamheid. De 'verabsolutering' van de eigen groep in de oorlog gebeurt hier alleen maar als een reactie op *reële* angst. Dat is op zich allemaal goed te begrijpen, – een trivialiteit, die helaas de bedenkelijk eigenschap heeft dat ze een onontkoombaar karakter heeft: er zullen altijd weer levensbedreigende agressors zijn waartegen men zich verweren moet; het zal *altijd weer* nodig zijn tegen de slechtheid van de mensen de dood als ambacht uit te oefenen; men zal *altijd weer* op zijn hoede moeten zijn voor mensen die anders zijn dan zichzelf ... En uiteindelijk is het dan: 'De mensen zijn nu eenmaal zo.' En: 'Het is altijd zo geweest.' En: 'Op een grove kwast heeft men een scherpe beitel nodig.'

Alleen het jahwistische oerverhaal bezit de genialiteit in de vorm van een mythe een *voorgeschiedenis* van de heel 'gewone' geschiedenis van de mensheid te vertellen, die het probleem van het 'kwaad' in de mens in tegenstelling tot elke andere geschiedenisopvatting radicaliseert tot absolute uitzichtloosheid, die echter juist daarom met de totaliteit van haar diagnose ook een radicaal werkzaam 'wondermiddel' weet te benoemen, doordat ze de verabsolutering van de eigen standpunten en interessen *binnen de invloedssfeer van de angst* baseert op het *verlies van het absolute uit angst*: op grond van de jahwistische voorstelling kan men die geschiedenis van de 'eerste' moord, de essentie van al het moorddadige streven in mensen alleen begrijpen als men de *voorgeschiedenis* in het achterhoofd houdt van de verdrijving van de mens uit het 'paradijs' van de wereld, uit de geborgenheid van de plek waar de wereld haar 'middelpunt' had. Nooit zou een mens een ander dodelijk in de weg staan, als zijn innerlijke 'orde' niet ingestort was – een mens op de vlucht, een mens zonder vaderland, een voortvluchtige, een angstig mens temidden van een paranoïde ingekleurde, een totaal beangstigende, want door angst voortgedreven wereld. Alleen iemand waarvan de levensbasis van vertrouwen en dankbaarheid veranderd is in angst en vertwijfeling, zal tegen de ander, tegen zijn 'broer' strijden, tot en met de bereidheid zijn leven te bestrijden. Jahwe, de godheid, heeft het geweten toen hij om de schaamte van de één voor de ander te verminderen, kleren van dierevellen aan de verdreven mensen in de ballingschap meegaf om zich daarmee te bedekken (Gen. 3:21). Maar zelfs deze laatste goddelijke gift aan de mensen op weg naar de ballingschap zal de vicieuze cirkel van vernielingen met de beste bedoelingen niet meer tegenhouden.

Steeds als in de rooms-katholieke theologie de verhouding tussen God en mens ter sprake komt, zal de religieuze waarde van het *offer* benadrukt worden: 'Jezus Christus heeft ons door zijn offer aan het kruis verlost' heet het, en: 'Daarom is het de plicht van iedere christen grootmoedig opofferingsgezind te zijn'. '*Opofferingsgezindheid*' – dat geldt in de pauselijke encyclieken voor het tegendeel van de 'tijdgeest' van egoïsme, hedonisme, liberalisme..., tot de complete 'cultuur van de dood' bij uitstek. Ook sommige exegeten beschouwen het offer dat Kaïn en Abel in Gen. 4:3-4 aan de godheid brengen als een 'verworvenheid' van de culturele vooruitgang.

In werkelijkheid is niets minder juist! – wat het jahwistische verhaal juist beschrijft is het smekende streven van de mensen om het verloren aangezicht van een God terug te winnen die donker en dreigend als een onweer met zijn toorn over de wereld hangt. Kaïn en Abel kunnen niets door de 'schuld' van hun 'ouders'; het is eenvoudig hun *basishouding* zichzelf van tevoren al af te wijzen. *Ieder* mens buiten Eden komt met dit gevoel ter wereld, meent het jahwistische oerverhaal; als men ooit nog van hem kan houden, dan niet om wat hij is, maar in ieder geval om wat hij doet, om wat hij voor nuttigs verricht; om zijn daden, niet om zijn bestaan zal men hem, als het al gebeurt, min of meer accepteren. Vooral als iemand van het beste dat hij maakt niet zelf geniet, maar het *weggeeft* aan anderen, als hij het *offert*, om daarmee het gevaar van afwijzing en straf af te wenden, dan misschien kan het ondanks alles lukken de toornende godheid die steeds op de achtergrond van de wereld klaar staat om te straffen toch nog 'genadig' te stemmen. Temidden van een genadeloze wereld in de invloedssfeer van een letterlijk door God vervloekt leven is er geen ander middel om waardering en gunst te verkrijgen dan door zelfbeperking, bedrijvigheid, offers en zelfonthouding. Precies zo leven de beide broers Abel en Kaïn in de geschiedenis van Gen. 4:1-16; 'niet wat we zijn' schijnen ze te denken 'alleen wat we *doen*, niet wat we doen, maar dat wat we *niet voor onszelf* doen, *dat* verschaft ons genegenheid, genade, acceptatie...' Het leven als offer – dat is als zelfnegatie de verinnerlijkte verloochening van het bestaan buiten Eden; het is het 'zelfontwerp' van de religie in de schaduw van een 'vreemde God' vol schuldgevoelens en angst voor straf.

Een van de voornaamste fouten van de traditionele theologie bestaat eruit, met voorliefde de wereld vanuit Gods oogpunt te willen beschouwen – het was geen geringe arbeid in deel 1 van *Geloven in vrijheid* deze perspectivische vervorming weer om te draaien en 'theologie' als een taal van mensen in de richting van God (op grond van een spreken van God *in* de mens) te interpreteren. Hoe zal degene die de mensen niet begrijpt, God waarnemen of vanuit God, de mens?

'Waarom heeft God dan genadig neergezien op het offer van Abel, maar op Kaïns offer geen acht geslagen?' Op dit 'probleem' stoot onvermijdelijk iedereen die zich niet afvraagt wat mensen ervaren, maar wat God er wel bij gedacht zou hebben als er op aarde het één of ander gebeurt. 'Is God niet onrechtvaardig ten opzichte van Kaïn'? Of: 'Wat was er toch zo gebrekkig aan de *offergezindheid* van Kaïn dat God op zijn geschenk geen acht sloeg?' Dat zijn zo de problemen van de theologische commentaren. Steeds wordt bij dergelijke vragen verondersteld dat de latere moordenaar van zijn broer vanaf het begin een 'slecht' mens moet zijn geweest, die zelfs niet in staat was God een 'volmaakt offer' te brengen. Maar dit priesterlijk ritualisme, deze verdogmatiseerde offermagie vermijdt het botweg op de vraag in te gaan die in het jahwistische verhaal werkelijk gesteld wordt en beantwoord moet worden: hoe zo iemand met de beste bedoelingen, die het beste van zijn opbrengst opoffert, een mens als Kaïn ertoe komt zijn eigen broer te doden!

De oplossing van het raadsel is dat hier, in tegenstelling tot de opvattingen van de theologen, natuurlijk *niet* een probleem behandeld wordt dat God met de mensen heeft, maar een probleem dat de mensen met zichzelf en met hun God hebben – wat gebeurt er als *iedereen* buiten Eden in een gevoel van afwijzing met prestatie en offer dat gebrek aan erkenning probeert terug te winnen? De paradoxale situatie ontstaat dat de één de ander plotseling als *concurrent* ontdekt, en wel des te meer naarmate de ander gezien wordt als meer verwant, meer van hetzelfde en nabijer. Als de ander 'mijn broer' niet zou zijn, dan zou hij geen talenten en vaardigheden hebben die vergelijkbaar zouden zijn met de mijne, dan was hij als concurrent voor mij niet zo gevaarlijk: hij zou niet proberen op hetzelfde terrein uit te blinken als ik, hij zou niet over dezelfde middelen beschikken als ik, hij zou niet onder bijna identieke voorwaarden werken als ik. Juist mensen die het op zich goed met elkaar kunnen vinden, worden elkaars aartsvijanden zodra ze gedwongen worden om de gunst van dezelfde persoon te strijden, en hoe belangrijker de liefde voor hen is, des te dodelijker is uiteindelijk hun haat. Zelfs de kleinste natuurlijke verschillen verschijnen nu in het kader van buitengesloten zijn, het niet geaccepteerd worden, als onrechtvaardigheden van het noodlot, als partijdige spelbreuken van de natuur, als krenkingen van het gekwetste narcisme. Er is geen God die buiten Eden *rechtvaardig* zou kunnen lijken.

In zijn roman *Ten oosten van Eden* heeft de Amerikaanse auteur John Steinbeck deze tragedie van falende goede wil op aangrijpende wijze aan de hand van de jonge *Kaleb* beschreven. Steeds voelt deze voor een gevoel van eigenwaarde vechtende, uitermate welwillende jongen zich door zijn onberispelijke, vrome en rechtschapen vader minder geliefd dan zijn broer *Aron*. *Aron* is *goed* in de ogen van de vader, terwijl *Kaleb* hem maar al te zeer aan zijn vrouw herinnert, wier lot door een ondoordringbaar geheim verborgen wordt opdat zijn beide zonen dit geheim niet ontdekken. Het leek dat *het* moment voor Kaleb gekomen was, toen zijn vader zich bij een experiment met het vriesdroog vers houden van groente diep in de schulden gestoken had. De Eerste Wereldoorlog is uitgebroken en een bevriende boer heeft *Kaleb* verteld dat de prijs van de bonen op de markt nu enorm aan zal trekken. Dus vertrekt *Kaleb* en koopt op krediet een akker waarop hij zoveel mogelijk bonen kweekt; inderdaad behaalt hij daarmee een aanzienlijke winst, die hij van plan is aan zijn vader op zijn verjaardag ter beschikking te stellen om de schuld terug te betalen. Maar als hij op de vastgestelde tijd, het geld goed ingepakt in de hand, de kamer van de vader binnenkomt, verneemt hij dat zijn broer *Aron* zich zojuist verloofd heeft – 'dat is mijn mooiste verjaardagsgeschenk', hoort hij zijn vader zeggen, 'een mooier geschenk is er niet'. Maar *Kaleb* geeft het niet op. Moedig overhandigt hij het pakje. Helemaal verbaasd rolt de vader het geschenk uit – zoveel geld, waar komt het vandaan? De oorlog en de bonenprijs... 'nee, Kaleb, dat kan ik niet aannemen' verklaart deze uitermate correcte, deze zo rechtschapen denkende patriarch botweg tegen zijn zoon, 'zoveel soldaten trekken nu ten velde, om de vrijheid te beschermen, zovelen van hen keren niet meer terug. Met het leven van anderen doet men geen zaken, Kaleb, dat had je moeten weten'. Op deze avond zal *Kaleb* aan zijn broer *Aron* zijn moeder laten zien, die als prostitué aan de andere kant van de bergen in Salina woont – ook zij had het bij deze deugdheld van een man niet uitgehouden –, en *Aron* zal zich, geschokt en vertwijfeld vrijwillig aan het front melden. – In de slotscène van de film die E. Kazan gemaakt heeft naar de roman van J. Steinbeck, ziet men een oude man op zijn bed liggen, verlamd na een beroerte die veroorzaakt werd door het vertrek van zijn geliefde zoon, terwijl *Kaleb*, tegen de voorschriften van de verpleegster in, die de dodelijk zieke man strenge rust voorgeschreven had, nog één keer zijn vader zou willen spreken: hij moet zeggen, op z'n minst nu op z'n sterfbed, dat hij van hem, zijn zoon, houdt, dat hij hem vergeeft! Maar de vader kan alleen nog maar als een stomme zijn lippen een beetje bewegen, – nooit zal men er achter komen wat hij had willen zeggen.

Indringender dan in dit verhaal van J. Steinbeck is het psychologische probleem van de bijbelse geschiedenis van Kaïn en Abel nooit naverteld; vooral de innerlijke gebrokenheid van de ethiek is in de jahwistische mythe nooit indringender opgemerkt. Inderdaad treedt in Gen. 4:1-16 Jahwe de godheid de mens tegemoet en *praat* met hem; anders dan in het zondevalverhaal van Gen. 3:1-7, waar alleen de 'slang' maar praatte en praatte, *spreekt* God hier *echt* tot de mens, om het dreigende onheil op het laatste moment nog een halt toe te roepen; maar wat Jahwe de God in het Kaïn-en-Abel verhaal te zeggen heeft, is in het Hebreeuws een verward geformuleerde zin, een stamelende syntax, een zuiver moraliserende, verwijtende uitspraak: 'waarom' zegt hij, 'bent u zo woedend, en waarom staat uw gezicht zo grimmig? Als u het goede doet is er opgewektheid; maar doet u het goede niet, dan loert de zonde als belager aan uw deur, klaar om u te grijpen. Zult u hem de baas kunnen blijven?'(Gen. 4:6-7).

Hier ziet God al heel nauwkeurig aan de verbitterde gelaatstrekken van Kaïn hoeveel toorn en ressentiment er samengebald zijn in de ziel van degene die onrechtvaardig is verstoten; maar ook de godheid weet *daar* blijkbaar alleen nog maar het appèl aan de goede wil *tegenover* te stellen, evenals de waarschuwing tegen de 'zonde' die als een demon op de drempel, als een soort opvolger van de 'slang' in het paradijs er alleen maar op loert in het binnenste van het hart binnen te kunnen dringen. In deze situatie blijft waarschijnlijk alleen nog maar de 'zelfbeheersing' over. Evenals Adam zou 'heersen' over Eva (Gen. 3:16), zo zal Kaïn nu proberen de 'zonde' meester te worden. Alles wat maakt dat ethiek 'nodig' is en alles wat ethiek 'noodzakelijk' te zeggen heeft, wordt in deze ene zin uitgedrukt. Maar het verschil is duidelijk: het 'gebod' dat God *in het paradijs* gaf, bezat, zoals we zagen nog geen ethische inhoud, het was niets dan een poging de mens ervoor te behoeden, dat hij ooit zou ervaren wat het zou betekenen als schepsel te moeten leven zonder zijn schepper. Het gebod daarentegen dat God *nu* geeft, is zuiver ethisch van aard: een ad-hoc-maatregel ten opzichte van een dreigend gevaar, een aanmaning de innerlijke gespletenheid te overwinnen door discipline; wat daarbij *inhoudelijk* op het spel staat, hoeft God op deze plaats kennelijk helemaal niet te zeggen, – de *beste* voorwaarde voor elke ethiek wordt hier nog gegeven: men moet de mens geen nieuwe wet van buiten de mens opleggen, de mens voelt daarentegen zelf nog heel precies wat 'goed' en wat 'kwaad' is; hij moet het alleen *willen*, hij moet er alleen nog maar een keer nadrukkelijk op gewezen worden...

Maar het *allesbeslissende* woord valt ook hier niet, het woord dat *buiten* alle ethiek om de fundamentele angst van de mens kan kalmeren en het hele conflict in een handomdraai terzijde schuiven: dat God niet minder van Kaïn houdt dan van zijn broer, dat de offerprestatie helemaal niet van belang is, dat het trouwens helemaal niet nodig is daarover te treuren... *Dat* is het wat een God hier tegen de mens te zeggen heeft! In plaats daarvan echter kunnen de oren van een mens in het getto van de angst kennelijk niet eens meer horen wat God zegt, het gaat niet om wat niet gezegd wordt, maar om wat altijd gezegd wordt! Maar in het getto van de afwijzing en het offer horen de mensen beslist niets anders meer dan een vermaning en een eis *nog* beter te zijn en zich *nog* beter te beheersen dan voorheen en zo neemt de tragedie van het niet-geaccepteerd zijn slechts des te onvermijdelijker haar loop. Zelfs de beste ethische wet, zelfs het woord van God helpt een mens niet, die tegen het gevoel van zelfafwijzing met alle inspanning de nodige erkenning en achting poogt te herwinnen!

'Zo bleek het gebod ... voor mij juist de dood te betekenen', zou Paulus op grond van eigen inzichten ongeveer duizend jaar later schrijven (Rom. 7:10), – *het* gebod, niet alleen de joodse, *elk* gebod en wel om de eenvoudige reden dat het gebod de mens ondubbelzinnig pretendeert te zeggen wat hij moet doen om 'correct' en 'goed' te zijn, terwijl het in werkelijkheid zijn innerlijke verscheurdheid alleen maar vergroot. Paulus heeft zijn argumentatie niet betrokken op Gen. 4:8; anders had hij niet alleen gezegd: 'het gebod betekent de dood', hij had dan zelfs met betrekking tot zichzelf gezegd: iedere ethiek is *moorddadig*, ze geneest niet de verwonde, liefdeontberende mens, ze maakt alleen zijn pijn ondraaglijk.

We horen dan ook, dat Kaïn na de toespraak van God serieus heengaat om met zijn broer Abel te praten (Gen. 4:8), toch vindt duidelijk geen dialoog meer plaats! De één of andere zin schijnt op deze plaats *weggevallen* te zijn – de Griekse vertaling van het 'Oude Testament' (de 'troost van Israël'), de *Septuaginta,* heeft dat al gemerkt en tekstkritisch aangevuld, Kaïn zou tegen Abel gezegd hebben: 'Laten we gaan wandelen'. Maar juist dat staat er niet! Niet een tekstkritisch, maar een diep menselijk probleem meldt zich hier! Twee mensen proberen een laatste keer een alles beslissend, definitief gesprek te voeren; ze *dwingen* zich daartoe met alle goede wil die in hen steekt; maar juist daarom komt het niet meer tot een echt gesprek. Integendeel, onder dwang van de ethiek lopen de oorspronkelijke gevoelens van angst, jaloezie, verontwaardiging, gekwetste trots en beledigd rechtvaardigheidsgevoel uiteindelijk zo hoog op dat alles een plotselinge wending neemt: 'Buiten viel Kaïn zijn broer aan en vermoordde hem' (Gen. 4:8). Plotseling en onweerstaanbaar breekt als een aanval van de oorspronkelijk gevoelde haat, de toorn, *de woede* in Kaïn los en ruimt *de* man uit de weg die schijnbaar als enige het eeuwige tweederangsgevoel, het gevoel afgewezen te zijn, de nietigheid van het eigen bestaan binnen het kader van de concurrentie alleen al door zijn bestaan oproept: de eigen 'broeder'.

Alles wat dan volgt is als het ware een herhaling van en tegelijkertijd nog erger dan de scène uit Gen. 3. Opnieuw treedt God op, weer als onderzoeker en rechter, weer geeft Hij onvrijwillig noodzakelijke straffen en weer toont de mens dat hij niet in staat is zijn schuld toe te geven, omdat die veel te groot voor hem is. De aarde zelf schreeuwt ten hemel alsof ze een levend, voelend wezen was, toen ze haar mond moest openen om het bloed van Abel te drinken; maar Kaïn loochent iedere verantwoordelijkheid voor zijn broer – hij is niet de hoeder van de kudde! Hij is 'slechts' een landbouwer; hij heeft met het werk van zijn handen de vloek van God over de aarde (Gen. 3:18) in zegen veranderd.

Kaïn vermoedt daarbij niet, dat de moord hem juist beroven zal van het 'in de aarde geworteld zijn' waarop hij zo trots is. Er is een mens gedood, alleen om de verloren liefde van God terug te winnen en nu blijkt des te duidelijker dat deze liefde door eigen schuld onherroepelijk verspeeld werd! De moordenaar van zijn broer, de honend zijn schuld verloochenende Kaïn kan ook door God duidelijk alleen nog maar verstoten worden. 'Daarom zult u vervloekt zijn, verbannen van de grond.' (Gen. 4:11). 'Een zwerver en een vagebond', niet een nomade zoals zijn broer vroeger, maar een *vluchteling*, een *outlaw*, – dat zal Kaïn zijn. En steeds zal hij, vogelvrij, door iedereen die hem tegenkomt met een goed geweten doodgeslagen kunnen worden. – Altijd als de roomse kerk *de doodstraf* probeerde te rechtvaardigen, heeft ze teruggegrepen op deze archaïsche gedachte: een mens die zich buiten de rechtsorde stelt door een misdrijf heeft wettelijk elk recht op leven verspeeld – men zou hem daarom altijd kunnen doden als een door eigen schuld rechteloos geworden subject. – Alleen, de God van de jahwistische oergeschiedenis denkt er anders over: Hij zal de mens Kaïn zevenvoudig *beschermen* tegen iedereen die hem, Kaïn, zou proberen te doden! De vrees van de één voor het doodsgevaar dat de ander voor hem vormt, moet in het vervolg vooral niet als een epidemie onder de mensen uitbreiden. – Maar juist *dat* zal voortaan gebeuren.

Op dit moment is het voldoende de volgende stadia van de jahwistische oergeschiedenis kort te schetsen in hun ongelofelijke consequentie en we zullen de onheilzame verstrengeling van de mens in de excessen van zijn geweld, evenals op de hoogtepunten van zijn grootheid, in de verplichtingen van zijn goede wil, evenals in de nederlagen van zijn falen, op een wijze leren kennen die diametraal staat op elke 'eenvoudige' ethische oplossing,

Kaïn, om de geschiedenis af te maken, zal *noodgedwongen* ingezetene worden van het land waarnaar hij gevlucht is; hij zal daar op de plaats van zijn intrieste daad de 'eerste' *stad* bouwen en hij zal haar 'Henoch' (wijding) noemen, naar de naam van zijn zoon (Gen. 4:17). De stadscultuur, met andere woorden, lost de conflictstof van de menselijke agressiviteit niet op, zij zal, op basis van de agrarische cultuur alleen maar ertoe leiden, onder de schijn van geluk en zegen het potentieel van verwoesting nog te vermeerderen: men zal steeds grotere rijkdom en luxe in de steden ophopen en achter steeds dikkere muren de verworven welstand met steeds grotere legermachten verdedigen; men zal al heel spoedig leren leven met het doden en het dreigen met doden als met iets heel vanzelfsprekends en niemand zal meer de schreeuw vernemen van moeder aarde over het vergoten bloed van haar kinderen. In plaats daarvan zal men in de toekomst leren geweldsuitleving en krachtpatserij te eren als legitimatie van ware mannelijkheid en de vrouwen zullen blij zijn hun toevlucht te zoeken in de armen van zulke strijdbare mannen.

Het bewijs: onder de zonen van Kaïn bevindt zich onder andere *Lamech* (Gen. 21:23-24); het is *zijn bruidslied*, zijn wervende liefdeszang als hij zich in ritmische verzen voor *Ada* en *Zilla* roemt, voor elke striem en wond zich niet zoals God zijn beschermeling Kaïn zevenvoudig, maar zevenenzeventigvoudig te wreken. Dan is God, vergeleken met Lamech een stommeling en dilettant in de omgang met het geweldspotentieel in het hart van de mensen. Alleen de meest mateloze moordenaar belooft nu nog zekerheid. De gehele innerlijke logica van de geschiedenis van de 'afschrikking', de eindeloze spiraal van militaristisch georganiseerde terreur en antiterreur, zoals we die tevoren beschreven hebben, vindt in wezen hier haar oorsprong.

En zo zal het verder gaan! Uit de natuur die de mens nu gekregen heeft, zullen de historische structuren van zijn optreden voortkomen. De zonen van Noach zullen de stamvaders van volkeren zijn die elkaar zullen bestrijden met ethisch-religieuze pretenties, doordat zij zich ten opzichte van elkaar verhouden als heersers- en slavenvolken (Gen. 9:24-27). De eerste stadstaten zullen ontstaan met de wilde jager Nimrod aan het hoofd (Gen. 10:9). En uiteindelijk zal het één van de belangrijkste vragen van de culturele ontwikkeling worden, hoe de *eenheid* van de mensen verkregen wordt, resp. zich laat organiseren.

In *Babylon* (Gen. 11:1-9) willen de mensen *vermijden* dat het lot van Kaïn en Abel zich herhaalt. Ze handelen zoals elke groepsdynamiek en sociale psychologie hen aanbeveelt om grote groepen te stabiliseren: een gemeenschappelijke opdracht, een gemeenschappelijk doel... Veel onderzoekers zijn van mening dat de piramiden in Egypte, de tempeltorens in Mesopotamië, de offerplaatsen in Midden-Amerika naast hun religieuze functie vooral de samenhang van de vroege staatsgemeenschappen moesten dienen. Dat is zeer goed mogelijk. De toren te Babylon wordt in ieder geval in de jahwistische voorstelling echt opgericht met de bedoeling dat de mensheid die nog een eenheid was, niet over de aarde verstrooid zou worden (Gen. 11:4). Tegelijkertijd kan de toren en de stad in Gen. 11:1-9 gezien worden als een kunstmatig namaakparadijs: de boom in het midden van de tuin, de in vieren verdeelde stad... Het is de meest verregaande benadering van het verlorene, wat in de architectuur van 'Babylon' met kunstmatige middelen bereikt kan worden; en zo gaan de mensen ijverig en deskundig aan het werk – hun technische vaardigheden zijn verbazingwekkend! Maar wat ze bereiken staat gelijk aan een anticipatie op de Apocalyps van de geschiedenis: tegenover het 'omhoog' van de mensen stelt God zijn 'naar beneden' (Gen. 11:4-7), en nadat Hij naar de aarde afgedaald is om het waanzinnig grote gebouw door mensenhanden gemaakt, dat verondersteld werd tot in de hemel te reiken, in ogenschouw te nemen, besluit Hij de taal van de mensen te *verwarren* om een nog grotere ramp te vermijden. De stad die ooit *Bab-il*, Godspoort, heette, wordt nu een *babal*, een oord van verwarring en verstrooiing. In de angst van iedereen voor elkaar, begrijpt niemand zichzelf meer en niemand de ander. – Er is nog maar één manier om de eenheid van de mensheid te dienen en dat zou zijn door de mensen tot een eenheid met zichzelf terug te brengen.

Maar hoe moet dat gebeuren? – Op een centrale plaats in het oerverhaal heeft de Jahwist de uit een Mesopotamische bron stammende *zondvloedmythe* opgenomen en daaraan door de samenhang een totaal nieuwe betekenis toebedeeld. Als God aan moet zien hoe de mens steeds meer aan zijn oorspronkelijke wezen ontglipt en 'hoezeer de begeerte van hun hart de hele dag naar het kwade uitging' (Gen. 6:5) dan valt Hij terug, vertelt de Jahwist op een zo te zeggen herculische oplossing: Hij zal de wereld uitmesten als een Augiasstal; Hij zal een grote watermassa laten regenen en daarmee het aangezicht van de aarde schoonwassen van het vuil van de mensen.

Voorwaar, moet men zeggen, een rechtvaardige, een grootse, een voor een God waardige oplossing! Alles staat hier op het spel. Als God werkelijk alleen maar de vertegenwoordiger, en voorvechter van redelijke principes zou zijn, zoals de idealistische filosofen en kerkelijke moralisten menen, als Hij werkelijk alleen maar de belonende en straffende God zou zijn zoals theologen Hem graag zien, – dan zou de zondvloed zonder twijfel het enige gepaste antwoord zijn op alle dwaasheid die de mensen op aarde aanrichten. Degene die de waanzin van de mensen op aarde met geweld zou willen verhinderen, zou ogenblikkelijk de hele mensheid moeten vernietigen. En waarom eigenlijk niet? De natuur als het onbedorven werk van God zou zich eindelijk weer herstellen in haar oorspronkelijke reinheid, in vergelijking met de mensen.

Maar, God zij dank, doet God dat niet! Met dezelfde constatering waarmee Hij de zondvloed motiveert (Gen. 6:5) stelt God aan het eind van het zondvloedverhaal vast dat er nooit meer zo'n vloed zal komen, zoals hij juist ingesteld had (Gen. 8:21). Juist *omdat* de mens peilloos diep '*slecht*' is, is er ook voor God, zoals het jahwistische verhaal Hem schildert, zo te zien geen andere weg meer, dan deze mens door de geschiedenis te begeleiden in plaats van hem met steeds woestere strafgerichten in toom te houden. Weliswaar zal de natuur verder in rust en harmonie haar loop vervolgen; er zal voortaan zomer en winter zijn, zaaiing en oogst (Gen. 8:27), – de natuur zal betrouwbaar blijven en 'goed' zoals ze is. Hoe kan echter in deze cyclische levensvoltrekking van het wonderwerk van de wereld *de mens genezen* worden tot op de bodem van zijn bestaan?

Het was de overtuiging van de 'Jahwist' dat God met de uitverkiezing van Abraham (Gen. 12:1-4) eens en voor altijd begonnen is, de geschiedenis van de afvalligheid *om te keren*, doordat Israël zelf als een teken gesteld was onder de volkeren. Maar in heel Israël was er niemand die zo consequent in leven en dood de vraag ter hand genomen heeft die in het jahwistische oerverhaal opgeworpen werd: hoe neemt men de mens bij de hand en leidt men hem, de moordenaar, de woesteling, de rover, de leugenaar – de verlorene, de verdwaalde, die in het land waarin hij gevlucht was ingeburgerd is, terug naar het 'oord' waar alles begon: voorbij de waakengelen met het vlammende zwaard tot aan de 'boom des levens' in het 'midden van de tuin' waarin Jahweh de godheid de mens had gesteld toen hij (nog) zo was als hij hem geschapen had (Gen. 2:8)? In het jodendom, meende Hegel terecht, is de 'zondevalmythe' het drama van de 'verlossing' van de mens, als het ware 'sluimerend' gebleven; het heeft, belangrijke uitzonderingen in de laat-joodse apocalyptiek daargelaten, nooit een centrale rol gespeeld.

Maar anders, heel anders is de boodschap van de man uit Nazareth!

Hij kwam uit de 'laat-joodse apocalyptiek'. Hij deelde haar vermetele hoop op een spoedig 'einde van de wereld', op het spoedig aanbreken van het 'rijk van God'. Welk antwoord, moeten we dan vragen, heeft deze man klaar om tegenover de mensheidswaanzin van oorlog en geweld te plaatsen. De paradox zal eruit bestaan dat Jezus zich over geen enkel 'politiek' vraagstuk uit zijn tijd op de een of andere manier uitgesproken heeft. Maar doordat hij de mensen leerde in *God* te geloven als de enige belangrijke werkelijkheid van hun leven en doordat hij deze werkelijkheid door zijn persoon tot een levende ervaring maakte, schiep hij de voorwaarde om alles te veranderen wat in de geschiedenis van de mensheid altijd 'politiek' genoemd werd en wat toch alleen maar wanhopig veel leek op de torenbouw van Babel, het stichten van een stad door Kaïn.

B. ‘De stem vanuit een verbroken stilzwijgen’ – of: over de mogelijkheid van een andere wereld

1. Woordkunst en werkwijze – of: over poëzie en therapie

'Ik bestudeerde de geschiedenis van de revolutie. Ik voelde mij als vernietigd onder het gruwelijke fatalisme van de geschiedenis. Ik vind in de menselijke natuur een ontstellende gelijkheid, in de menselijke verhoudingen een onafwendbaar geweld dat aan iedereen en niemand wordt verleend. De enkeling is slechts een schuimvlok op een golf, de groten der aarde zijn zuiver toeval, de macht van een genie een poppenkast: een lachwekkend strijd tegen een voormalige wet, dit te erkennen is het hoogste, het te beheersen is onmogelijk. Het komt niet meer in mij op mij te buigen voor de paradepaarden en hoekstenen van de geschiedenis. Ik heb mijn oog gewend aan bloed. Maar ik ben geen guillotinemes. Het *moeten* is één van de vervloekingswoorden waarmee de mens gestraft wordt. De uitspraak: 'Het is onvermijdelijk dat er mensen ten val komen, maar wee degene die dat veroorzaakt' is huiveringwekkend. Wat is het dat in ons liegt, moordt en steelt?'

Deze woorden richtte Georg Büchner uit Giessen op 9-12 maart 1834 aan zijn verloofde Wilhelmine Jaeglé, en voegde er nog aan toe: 'Ik wil me niet meer met de gedachte bezighouden'.

Wij *moeten* in wat nu volgt juist dieper op deze gedachte ingaan. Büchner bevond zich indertijd in een levensbedreigende depressie door persoonlijke eenzaamheid, door na te denken over de bloedige mechaniek in natuur en geschiedenis, evenals door de uitzichtloosheid op spoedige, diep ingrijpende veranderingen in politiek en maatschappij; voor hem stond speciaal wat betreft de religie vast dat ze zich nooit zou kunnen opwerpen tot een 'profetisch' protest tegen de uitbuiting en onderdrukking van de armen door de rijken, zoals hij het zelf in de '*Hessischen Landboten*' geformuleerd had. En men kan alleen maar instemmen met zijn inschatting: de gevestigde 'religie' is voorgoed ongeschikt een echt alternatief te bieden voor de zich voltrekkende geschiedenis en ze draagt zelf wezenlijk bij aan de indruk van 'gruwelijk fatalisme'. Een 'kerk' die zich onaangevochten, traditiegetrouw uitgeeft voor de bron van alle aardse macht en menselijke waarheid, is noodzakelijk zozeer met de politieke vorming van de geschiedenis vervlochten dat ze niet in staat is de veronderstelde 'situationeel bepaalde dwang' van macht, geld en geweld als de onvermijdelijke structuur van *een wereld van angst en vervreemding* te bestuderen en te verklaren om er een alternatief perspectief aan te geven.

Hoe dan ook, zou een religie, waarnaar Büchner in wezen zo verlangde, kunnen bestaan – tot wat voor een kritische kracht, tot wat voor een constructieve energie zou ze in staat zijn! De enkeling als schuimvlok in het bruisend, kolkend schuim van de geschiedenis – zo moet het wel lijken, als zelfs de 'religie' in haar gesettelde vorm niet de individualiteit van de persoon, maar de homogenisering en kazerne-mentaliteit van een zo groot mogelijke hoeveelheid mensen in instituten die aan God gelijk staan, verheft als criterium van een waar 'geloof'. De genialiteit van de enkeling als louter een speling van de natuur, als een honende spot met het vermogen tot lijden van denkende en voelende wezens – zo moet het er wel uitzien, als een maatschappelijk gesteunde religieuze doctrine het niet zat wordt te kletsen over offer en overgave, onthouding en boete, deemoed en gehoorzaamheid aan 'geestelijke' autoriteiten. En de drang om ijverig gebruik te maken van de guillotine voor de vooruitgang van de geschiedenis, om de gerechtigheid te bewaren en de vrede veilig te stellen, – hoe zal die ooit ophouden, zolang de vaardigheid en bereidheid om in geval van nood massaal te doden, zelfs honderdvijftig jaar na Büchner nog altijd aan ieder afzonderlijk als 'morele' plicht opgelegd wordt, tot en met de 'kruistocht' tegen het bolsjewisme in de tijd van het 'Derde Rijk' of, in de atoombewapening van Frankrijk in 1995? Alles nodigt uit tot de gedachte dat religie iets heel anders kan zijn, zou moeten zijn dan de overheersing van het algemene over het individuele, dan de hegemonie van het institutionele over het persoonlijke. En wat als God zelf *als persoon* een individu was?

Identiteit en zelfacceptatie op het niveau van onvoorwaardelijk geaccepteerd zijn – dat was al de boodschap van de legende van de doop van Jezus, evenals de daarop volgende scène van de begeleiding van de engelen en vrede onder de dieren in Marc. 1:9-13.

Individualiteit en extatische geluk in de opdracht de mens innerlijk en extern te bevrijden – dat was de boodschap van de mythe van de verheerlijking op de berg in Marc. 9:2-8.

Soevereiniteit en engagement, de overwinning van de doodsangst en de koninklijke waardigheid van ieder mens in zichzelf – dat was uiteindelijk de boodschap van de mythe van de 'hemelvaart' van Jezus in Hand. 1:4-11 (vergelijk: Matth. 28:16-20). Alle drie de verhalen verwijzen al naar deze andere alternatieve vorm van het religieuze die van oorsprong het nauwst verbonden is met de persoon van de man uit Nazareth. Het is duidelijk slechts de alledaagse verschijning van de 'christelijke' kerk aan te rekenen, dat de veranderende kracht van de religie zo goed als verdwenen is, en direct binnengedrongen is in het onmogelijke, voor zover niet doorgedrongen is in datgene wat officieel verboden is. Alle conflicten van de 'historische' Jezus met de priesters en theologen blijven, zo beschouwd, tot op heden bestaan en wel juist op die plaatsen van de maatschappij waar men met zijn persoon en met zijn woorden probeert het behoud van de hiërarchische macht te legitimeren. Want de man uit Nazareth deugt *nergens* voor dan om op zijn naam een heilige ambtenarij te grondvesten of een 'Heilig Rooms Rijk' van pauselijke genade of uiteindelijk zelfs een roomse kerkstaat.

Maar wie was de historische Jezus in 'werkelijkheid' dat er van hem iets uitgaat en er iets over hem te zeggen valt, wat algemeen geldend, tijdloos is en wat de hele geschiedenis overhoop gooit?

Er zijn bij alles wat als twijfelachtig en hypothetisch ter discussie gesteld kan worden, twee historisch goed onderbouwde feiten uit het leven van Jezus: dat is *zijn manier van spreken en zijn manier van doen.* Beide kunnen daarom als eerste aanknopingspunten dienen om een coherent beeld van deze verbazingwekkende persoonlijkheid *in religieus opzicht* te schetsen. Het ene feit luidt: hij sprak op de manier van een '*dichter*'; het andere: hij werkte op de manier van een '*arts*'; beide: poëzie en therapie versmolten in hem tot een eenheid die uiteindelijk het motief vormde voor het derde: een religieus gemotiveerde *opstand* tegen het bestaande, zoals er in deze subjectieve vanzelfsprekendheid en zelfbewustheid in de geschiedenis van de mensheid nooit tevoren en nadien nooit meer geuit werd.

a. 'Een bron, waaruit de dorstigen drinken'

α. *Over literatuur en religie – of: poëzie en individualiteit*

In feite weet iedereen dat het onmogelijk is *literatuur* te bureaucratiseren. Waarom gelooft men dan dat uitgerekend de religie zich in zowel staats- als statige bureaucratie laat leiden –, behalve dan dat men religie vanaf het begin iets dermate gevaarlijks vindt, dat men haar moet domesticeren zoals een wolf tot schaapshond. 'Wat een geluk voor de literatuur' spotte honderdvijftig jaar geleden S. Kierkegaard al, 'dat de staat niet vond dat literatuur noodzakelijk was, zodat er op elke duizend mensen een literator aangesteld zou moeten worden – dan zou de literatuur ten gronde gericht zijn; we zouden dan geëxamineerde ambtenaren als literatoren hebben gekregen en de mensen zouden zo murw geworden zijn door dit aanhoudende literaire geklets, dat ze een kundige literator niet eens zouden willen hebben horen, – dat zou ook met het christendom het geval zijn. De staat stelt in haar soevereiniteit duizend geëxamineerde ambtenaren aan – en het christendom gaat aan haar geklets ten onder'.

Heel juist: het christendom *komt* om in geklets op grond van de bureaucratisering van de officiële 'religie-bedienaars'; maar de *literatuur* verging en vergaat het sinds oude tijden niet heel anders: terwijl het de opgave van de priesters was en altijd nog is om de actuele oorlog voor een goddelijke 'vuurproef' te verklaren, 'dat' – om met de woorden uit het herderlijk schrijven van Pasen 1942 van de katholieke weermachtsbisschop te velde *Franziskus Justus* te spreken – 'alles wat jullie voortaan opgedragen wordt, uiteindelijk een opdracht van God is..., beschikkingen..., die jullie gegeven zijn, opdat jullie met jullie wil en gedrag in dienst van het volk en het vaderland het heilige doel van de gehele schepping zouden benaderen', 'de huidige oorlog' als 'toets' waarvoor het geldt 'in trots vertrouwen op de Führer en de hoogste bevelhebbers van de weermacht als zijn beproefde soldaten' tot 'de eindoverwinning' 'naar eer' te 'doorstaan'..., daarom is er, parallel aan de *heiliging* van zelfs de ergste misdaden door de mond van de priester, ook steeds een *verklaring* nodig, zelfs van het afschuwelijkste, door de mond van de dichter. De machtigen te roemen en daardoor zelf tot roem te komen – dat vormt sinds mensenheugenis een hoofdopdracht van de lofdichters.

Laten we als voorbeeld het loflied bekijken dat een onbekende midden-Assyrische lofdichter op zijn koning, Tiglatpilezer I (1116-1078), gemaakt heeft na de verovering van Maruttas en we worden getuigen van deze oeroude, grenzeloze mogelijkheid tot misbruik van poëzie met als doel staatspropaganda, de instrumentalisering van menselijke gevoelens om enthousiast te worden voor het monsterlijke, voor de gelijkschakeling van het individuele in gehoorzaamheid aan de staatsgod Assur; het 'gedicht' luidt als volgt:

Een weg van drie dagen marcheerde hij voort.
Voor zonsopgang, was haar aarde vuurgloed,
Scheurde hij de buiken van zwangeren open,
Doorboorde hij het lijf van de zwakken.
De machtigen sneed hij de hals af,
De mannen stierven in de rook van hun land –
Een puinhoop wordt wie zondigt aan Assur!
Laat mij zingen van Assurs overwinning,
Van de machtige, die daar ten strijde trekt,
in de hele wereld de overwinning behaalt...

De 'dichter' is hier zelf de professionele verkondiger van de gruwelijke grootte van zijn God, een functie die dwars door de geschiedenis reikt tot aan Ernst Jüngers oorlogsverheerlijking *In Stahlgewittern* met daarbij alle overeenkomstige vereringen ter ere van zijn honderdste geboortedag in 1995 door politici die anders noch door een opvallende taalvaardigheid, noch door een bijzondere literatuurkennis opvallen.

Anders dan Kierkegaard ironisch veronderstelde is de behoefte van de staat tot 'bureaucratisering' van de auteurs niet minder groot dan de neiging zich van de 'diensten' van *theologen* en *priesters* te verzekeren. De motivatie daarvoor ligt voor de hand: literatuur bestaat evenmin als religie zonder een gevoel van de verregaande ontoereikendheid van deze wereld en het is slechts al te gemakkelijk voorstelbaar dat deze ontoereikendheid zich uit in onvriendelijke kritiek, zelfs in een norse weigering van burgerlijke loyaliteit ten opzichte van de gevestigde orde. Geen enkele dictatuur kan in leven blijven zonder literatuur en religie volledig in dienst te nemen. In het korset van het gedwongen bestuur degenereren beide van een vrij orgaan tot een spreekbuis van onderdrukking. Ze houden op om hun zowel actuele, als principiële *ontevredenheid* met *het* bestaande en *al het* bestaande in grote lijnen te formuleren tot een in ieder geval andere wereld, uiteindelijk geheel veranderde wereld.

Aristoteles stelde in de *Problemata Physica* al de vraag: 'Waarom blijken alle uitzonderlijke mannen in de filosofie, de politiek, de literatuur of de kunsten melancholiek te zijn?'

Voor de 'gewone' politici schijnt dit probleem allerminst te bestaan. Toen ex-bondskanselier Helmut Schmidt jaren geleden in naam van zijn partij *Carl Friedrich von Weizsäcker* vroeg of hij eventueel het ambt van bondspresident zou willen aanvaarden, antwoordde de filosoof en fysicus, dat hij niet over het optimisme beschikte dat nodig is om in de politiek te gaan. De wereld van het maakbare biedt geen antwoord op de basisvragen van het menselijke leven: – op ouderdom, ziekte, dood, op falen en schuld, op zinloosheid en vertwijfeling, op liefdeloosheid en eenzaamheid, op het verlangen naar gerechtigheid en vrede... Het 'maakbare' leven is een oneindige jacht van iedereen naar eiwit en suiker, naar bouw- en brandstoffen, naar vermeerdering en handhaving, naar aanzien en heerschappij...; hoe moet een levend wezen die in staat is te denken, ooit wennen aan deze aanblik?

Intussen ontwerpen de auteurs en beloven de profeten een *andere* wereld dan de 'bestaande' en beiden werken *aan* en *met* de gevoelens van onbehagen, van *melancholie*, vanuit het oogpunt van een wereld die principieel *nooit* voldoet. '*De hele wereld ligt verkrampt in scheidingsweeën*,' was de Bengaalse dichter Rabindranath Tagore van mening (R. Tagore, *Een fluitje in het riet: de psalmen van Tagore,* uit het Engels vertaald door W. Gepts, Sint-Baafs-Vijve 1984):

> waaruit ontelbare gestalten geboren worden
> in het grenzeloze heelal.
>
> Het is deze scheidingssmart die 's nachts
> weemoedig staart van ster naar ster,
> die in juli lyrisch tussen de bladeren ruist
> van schemerige regenbomen.
>
> Het is deze pijn die diep ligt uitgezaaid
> in liefde en lust, in lief en leed,
> overal waar mensen wonen.
> Het is ook de smart die altijd afsmelt
> en zingend verder vloeit
> in de poëzie van mijn hart.

Alleen al het lijden aan een bestaansvorm die voortdurend te eng is, roept verbeelding op; 'de gelukkige fantaseert nooit, alleen de onbevredigde' vond S. Freud en hij hield het erop dat voor de *dichter* in zekere zin alleen de achtergrond van de realiteit open staat: hij beeldt het neurotische ongeluk van het leven zo virtuoos en invoelend uit, dat hij tenslotte verkrijgt wat anderen op een directere wijze nastreven – de gunst van vrouwen en persoonlijke bevestiging door het publiek. Dit soort literatuur, dat Freud beschrijft als neurotisch lijden aan de realiteit, kan *ook* bestaan, maar er is zoveel reëel leed dat het voldoende aansporing biedt tot verlangend dromen, tot utopisch verlangen, tot kunstzinnige creativiteit. Hoe moet het dan als deze wereld de mens nooit zal 'voldoen', eenvoudig omdat hij als denkend en voelend wezen begrijpt dat hij in de val zit? Hoe moet het dan als voor de mens poëzie en religie, als voor hem de voorstelling van een andere wereld *noodzakelijk* is om in deze wereld het verstand niet te verliezen aan krankzinnigheid en aan een gevoel van cynisme? Dit staat in ieder geval vast: poëzie is *wezenlijk* een ontwerp van een *andere*, niet altijd direct troostrijker, maar wel altijd eerlijker *menselijke* wereld waar meer begrip is.

Niet ten onrechte staat de literatuur daarom onder verdenking iets te zijn wat de werkelijkheid verloochent, iets quasi anarchistisch te zijn. Zeker, alle verbeelding ontkent en overschrijdt de oppervlakkig lijkende 'realiteit'. Feitelijk echter betekent deze negatie, respectievelijk transcendentie van de aangetroffen realiteit niet een vlucht in het 'surreële' of irreële, maar integendeel: door een tegenontwerp van het hedendaagse ontstaat in de gedaante van poëzie een gebied dat in staat is de betekenis van de structuur van de feitelijke wereld bewust te maken en deze daardoor te veranderen. Alle literatuur laat de bestaande werkelijkheid uit elkaar vallen, om ze weer opnieuw in elkaar te zetten; maar doordat ze dat doet, legt ze tegelijkertijd de motieven en krachten bloot die het stramien van de werkelijkheid vormen. Ze rukt daarmee van tevoren al de mens uit de rol van passieve toeschouwer en geeft hem zelfs de waardigheid terug van een 'auteur', een initiatiefnemer en vormgever van zijn eigen bestaan. Alle literatuur is daarom de uitdrukking van vrijheid en het bewijs van vrijheid; en haar 'eigenlijke' werking bestaat daarom uit de kunstmatige scheiding van het 'kunstgebeuren' tussen beeldhouwer en kijker, tussen musicus en muzikaal begaafde concertbezoeker, tussen de romancier en zijn romantisch dromende lezer *te laten afnemen,* doordat het sculptuur, de symfonie, het boek alleen als proef, in een eerste benadering van een alternatief, daartoe mag aansporen zelf te tonen, te weerklinken, te zeggen wat als figuur, als lied en gedicht in ieder afzonderlijk, omdat hij mens is, er alleen maar op wacht om op zijn eigen unieke wijze gevormd, gezongen en uitgesproken te worden. Niet hoe men 'literatuur' produceert, maar hoe mensen dichters worden, is daarom de kernvraag van de 'literatuur'.

Een belangrijk inzicht van Freud bestond eruit dat mensen letterlijk *ziek* worden als men hen verbiedt om te dromen. In de nachtelijke uren wordt iedereen van ons de Shakespeare, de Cervantes, de Goethe van zijn leven, doordat hij in symbolische reeksen duidelijk maakt, met welke conflicten hij op dat moment bezig is; analytisch bekeken, tonen deze beelden hem – bij een adequate associatie – tegelijkertijd welke bepalende krachten hem sinds zijn kindertijd zo gevormd hebben dat hij zich juist deze conflicten eigen maakt; en voor zover de toekomst alleen uit de dynamiek van zijn persoonlijkheid gevormd wordt, deelden de droombeelden hem bovendien mee, hoe bestaande moeilijkheden hun oplossing vonden. Actualiteit, verleden en toekomst; diagnose, anamnese en prognose, kunnen in de tijdloze beelden van één enkele droom verborgen liggen. Het is daarom begrijpelijk dat mensen die chronisch de boodschap van symbooltaal niet willen horen, eens, vroeger of later door de symptoomtaal van psychische en lichamelijke ziekte bezocht worden.

Maar ook in het 'dagelijkse leven' is de taal van de 'poëzie' onontbeerlijk voor het behoud van de psychische gezondheid. Om elkaar iets mee te delen, niet wat het is, maar wat het voor het persoonlijke leven *betekent*, is stap voor stap een symbolische expressie nodig.

In deze zin is de *lichaamstaal* al 'dichterlijk', zoals wij die verregaand delen met de aan ons verwante dieren; met behulp van cultureel bepaalde tekens versterken wij alleen maar de symbolen die wij uit het dierenrijk overgenomen hebben als wij door gebaren, kleding, geschenken of door een arrangement van bepaalde scènes onze ogen, onze handen, de dingen uit de ons omringende wereld laten zeggen wat wij zelf niet durven zeggen. Wat we voelen kan vaak veel beter afgelezen worden aan de tekentaal van ons lichaam, dan aan de woorden die vaak slechts ter versluiering dienen; de symbooltaal in scènische of verbale beelden laat zich vooral gelden als wij elkaar de inhoud van onze beleving mee willen delen die wij zelf (nog) niet bewust kennen of die te kwetsbaar is, om die 'ongecodeerd' aan een ander toe te durven vertrouwen. Wat gebeurt er echter als de 'cultuur' waarin we leven, dit noodzakelijke netwerk van symbolische uitdrukkingsmogelijkheden steeds meer verscheurt? Wat gebeurt er als al het onderwijs dat wij onze kinderen opdringen de bronnen van de poëzie schijnbaar moedwillig eerder toesluit dan opent? Laten we de vraag anders stellen: hoe kunnen in een gebied waarvan het gevoel wordt verdrongen en de 'taal wordt vernietigd' de bronnen van poëzie herwonnen worden?

In zijn verhaal *Dead poets' society* heeft N.H. Kleinbaum in de figuur van de taalleraar *Keating* ergens precies deze vraag gesteld; – zijn roman werd vooral bekend door de congeniale verfilming van P. Weir, toch moesten de voor ons cruciale passages van de roman in de filmscript – natuurlijk – worden ingekort, daarom kunnen ze het beste weergegeven worden door het boek.

Het is ongetwijfeld mogelijk – en gebruikelijk – lyriek op de manier van *Dr. J. Evans Pritchard* te leren; – opzettelijk, als afschrikwekkend voorbeeld laat *Mr. Keating* de overeenkomstige passage voorlezen: 'Om tot het volle begrip van de dichtkunst te komen' staat er, 'moeten we ons eerst met versvormen, het rijm en de uitdrukkingswijze vertrouwd te maken. Daarna stellen wij ons twee vragen: ten eerste: hoe groot was de kunstvaardigheid waardoor het doel van dit gedicht bereikt werd? En ten tweede: hoe belangrijk is dit doel? Vraag één richt zich op de perfectie van het gedicht, vraag twee op zijn belang'. Beide vragen kunnen worden uitgezet op de assen x en y en het daardoor afgebakende gebied levert heel praktisch een maatstaf op voor de grootheid van het gedicht. – Voor een man als *Mr. Keating* is deze wijdverbreide en geliefde benaderingswijze afschuwelijke 'rotzooi' die in de prullenmand hoort. Om jonge mensen lyriek te leren komt het er volgens hem vooral op aan hen een besef te geven van de kostbaarheid van hun zo korte leven:

> pluk de knoppen zolang het nog gaat,
> en de bloesems als ze nog prijken.
> Want spoedig zijn de rozeblaadjes weggewaaid.
> Hoe snel komt de dood eraan.

Alleen degene die bereid is 'iets ongewoons' van zijn leven te maken, krijgt de kans 'aan de druk van de academische *hoi polloi*', aan de dwang van de 'al tc velen', aan de 'meerderheid' te ontkomen. 'Of', legt hij zijn leerlingen uit, 'jullie onderwerpen je... en de druiven zullen aan de wijnstok verdorren – of jullie zullen als persoonlijkheden triomferen'.

Tot persoonlijkheid behoort de individuele expressie. *Dichten* is het verdichten van het eigen bestaan. Dat is de reden waarom lyriek een *levensbehoefte* is. 'Men leest gedichten' is de overtuiging van *Mr. Keating*, 'omdat men tot het menselijke ras behoort en het menselijke ras vol hartstocht is! Medicijnen, rechten, het bankwezen – ze zijn allemaal noodzakelijk om ons in leven te houden. Maar dichtkunst, romantiek, liefde, schoonheid? Daarvoor leven we!

Ik citeer Whitman:

> O, ik! O, leven! Rond deze vragen die steeds weer terugkeren
> Over de eindeloze sporen van de trouwelozen,
> over de steden vol met dwazen
> over mijzelf die altijd mijzelf terecht wijst.
> (Want wie is er dwazer dan ik zelf en wie nog trouwelozer?)
> Over ogen die tevergeefs naar het licht snakken.
> Over de gewone dingen,
> over de zich steeds vernieuwende strijd.
> Over de uiteindelijk zo magere resultaten.
> Over al die ploeterende en onverkwikkelijke menigten die ik rond mij heen zie.
> Over de lege en nutteloze jaren van de anderen
> en met de anderen ben ook ik verstrengeld.
> De vraag, O, ik, zo droef? En steeds terugkerend,
> wat voor nut temidden van dit alles,
> O, ik, o, leven?
>
> Antwoord:
> dat jij hier bent, dat leven en identiteit bestaan, dat het machtige spel doorgaat en jij er een vers
> aan mag bijdragen.
>
> *(Behoor je werkelijk tot de volledige mensen?*, Vertaling van een selectie uit *Leaves of grass*, Futile, Rotterdam '76)

Hoe lukt het dus een mens de tred van de maat te ontlopen en een bepaald ritme in de eigen lichamelijkheid, in de schommelingen van het eigen organisme te vinden? Ook *Mr. Keating* geeft toe dat het 'moeilijk...

voor een ieder van ons is, in tegenwoordigheid van anderen naar onze eigen stem te luisteren en aan onze geloofsregels vast te houden... Ieder van ons wenst erkend te worden, maar jullie zelf moeten aan het eenmalige en afwijkende in jullie zelf geloven, ook als het vreemd en impopulair kan zijn. Zoals Frost ooit zei: "In het bos trof ik twee verschillende wegen aan en ik – ik nam de minst betreden weg en dat bepaalde mijn hele leven."'

Literatuur – dat is de radicale reclamatie van de realiteit van het individuele. Maar waar zal de kracht vandaan komen die aan de enkeling in de mensenmassa de moed verleent, zijn eigen ik met zo'n hartstocht aan te grijpen? Het antwoord ligt verborgen in het grondthema van alle literatuur: in het eeuwige contrast tussen liefde en dood. Oog in oog met een zee van vergankelijkheid ontrukt de literatuur het afzonderlijke leven – de afzonderlijke bron, de afzonderlijke steen – aan de vergetelheid en maakt zijn gestalte, plaatsvervangend voor ontelbare andere levenden, zelf *onsterfelijk*. Literatuur is onmogelijk zonder een voortdurende liefdevolle opmerkzaamheid van de vluchtige details van een voorbij glippend ogenblik: één enkele kersenbloesemtak, een eigenaardig gevormde kiezelsteen in een rivierbed, de kringeling van het water in de stroming, de glanzende ogen in het gerimpelde gezicht van een oude vrouw, de handbeweging terwijl iemand spreekt, de kleding die een passant op straat draagt, de inrichting van een woonkamer van een vriend bij een bezoek, zijn manier van praten, zijn woordkeus... niets is 'onbetekenend' ten aanzien van een mens waarvan men houdt. Alleen de liefde natuurlijk verleent de menselijke observatie de energie van zo'n tedere precisie en precieze detailvreugde; alleen *zij* schenkt ons de juiste woorden, om het lichaam van een vrouw of man zachter te strelen dan lippen en handen het ooit kunnen doen, alleen zij wekt en verwart alle zintuigen met een zacht gefluister, doordat ze de ziel oproept om te antwoorden. 'Dat', vindt in N.H. Kleinbaums *Dead poets' society* de jonge *Gloria*, 'is altijd beter dan seks... Dat is *romantiek*!'

Er is geen lyriek buiten het verlangen van de liefde, zoals er omgekeerd geen liefde is die de ziel geen vleugels zal schenken en haar de kracht zal verlenen, om de kooi van het door anderen bepaald worden te verlaten en het eigen ik de ruimte te geven. Alle totalitaire systemen zoals we die psychologisch in de voorstudie van de *oorlogsproblematiek* hebben leren kennen, bestaan eruit, dat zij zelf in plaats van afzonderlijke mensen *bemind* worden. Als belangrijkste les van alle massapsychologie geldt: de liefde tussen individuele mensen, in het bijzonder tussen een afzonderlijke vrouw en een afzonderlijke man *om te buigen* en ter vervanging het collectieve: de partij, de kerk, de staat 'libidineus' in te vullen (zie p.39). Literatuur daarentegen – dat is precies het tegenovergestelde daarvan. Hoezeer ze de *individuatie* van de auteur zelf eist en bevordert, heeft in deze eeuw vooral Hermann Hesse gezien: 'Het is niet iedereen gegeven', schreef hij, 'om een persoonlijkheid te worden, de meesten blijven exemplaren en kennen de noodzaak tot individualisering helemaal niet'. Maar wie het kent en beleeft, die ervaart onvermijdelijk ook dat deze strijd hem in conflict brengt met de middelmaat, met het gewone leven, met het traditionele en burgerlijke... De adolescent die volwassen wordt, komt, als hij een sterke drang tot individualisering heeft, als hij sterk afwijkt van het gemiddelde en alledaagse type, onvermijdelijk in de situatie terecht waarbij het de schijn aanneemt of hij gek geworden is ... Het komt er nu niet op aan zijn 'krankzinnigheid' aan de wereld op te dringen en de wereld te revolutioneren, maar het komt erop aan, de idealen en dromen van de eigen ziel zozeer tegen de wereld te beschermen, dat ze niet verdorren ... Het streven mensen gelijkvormig te maken en in hun persoonlijkheid te snoeien is overal aanwezig. Daartegen verweert zich onze ziel terecht...'

Men hoeft zich er alleen maar aan te herinneren hoe Boris Pasternak in 1957 met zijn roman '*Dokter Zivago*' op de 'index' van de sovjet-boekencensuur terecht kwam, alleen omdat hij in *Lara* en *Jurij* twee *mensen* afbeeldde, niet twee ideale confectie-uitgaven van het 'algemene'.

'Zij hadden niet van elkaar gehouden omdat zij niet anders konden', schreef Pasternak, 'niet "verzengd door hartstocht", zoals dat wel valselijk wordt afgeschilderd. Nee, zij hadden van elkaar gehouden omdat alles rondom hen dat zo had gewild: de aarde onder hun voeten, de hemel boven hun hoofd, de wolken en de bomen. Hun omgeving had misschien nog meer plezier in hun liefde gehad dan zijzelf: de onbekenden op straat, de verten die zich tijdens hun wandelingen aan hun oog ontrolden, en de kamers waarin zij woonden en elkaar plachten te ontmoeten. Dat was het geweest, dat was het voornaamste geweest dat hen had verenigd en zo aan elkander verwant had doen zijn!

Nooit, maar dan ook nooit, zelfs niet op de ogenblikken van hun zaligste en meest onvergetelijke geluk, had hen dat allerhoogste en allesomvattende gevoel verlaten: dat zij meehielpen de wereld te boetseren, dat zij betrokken waren bij het totale schilderij en toebehoorden aan de schoonheid van het gehele schouwspel, ja zelfs aan het gehele universum.' 'Denk je eens in! ... Het raadsel van het leven, het raadsel van de dood, de betovering van het genie, de betovering van het naakt zijn, dat alles begrepen wij. Wat de kleine onenigheden in de wereld betrof, zoals het veranderen van de snit van de aardbol, moet ik toegeven dat zij ons nauwelijks interesseerden.' (B.L. Pasternak, *Dokter Zjivago* vertaald door N. Scheepmaker, Utrecht 1961)

Uit deze regels wordt duidelijk, hoe liefde en poëzie een huwelijk met elkaar aangaan om *die* dimensie van het bestaan te vinden die het uitsluitend verdient 'religieus' genoemd te worden, een centrum van schoonheid waarin al het afzonderlijke rust, doordat het zijn rechtvaardiging ontleent aan die tedere verklaring van de poëzie, die de taal der liefde is. Individuatie door liefde, poëzie uit liefde, liefde als een soort poëtisch beleefde individualiteit – er is nauwelijks een hartstochtelijker en sterker tegenwicht voorstelbaar tegen de doodspraktijk van die collectieve 'orde' die toch niets anders is dan de verstoring van de elementen waaruit ze zich zelf in stand houdt.

'Ik ben van mening', schreef Pasternak (*Dokter Zjivago*) terugblikkend op de dwangmaatregels van *Lenin* in 1917, 'dat de collectivisatie een leugenachtige en mislukte maatregel was. De gemaakte blunder kon echter onmogelijk erkend worden, en daarom, om de mislukking te maskeren, moest het de mensen met behulp van alle mogelijke vormen van intimidatie afgeleerd worden zelfstandig te oordelen en te denken. Zij moesten gedwongen worden te zien wat er niet was en het tegendeel te bewijzen van wat evident was. Uit die tijd stamt ook de wreedheid van het regime ... En toen de oorlog uitbrak, waren zijn reële verschrikkingen, zijn reële gevaren en de bedreiging met een reële dood een weldaad in vergelijking met de onmenselijke heerschappij van de leugen. Zij veroorzaakten een gevoel van opluchting, omdat zij de toverkracht van de dode letter aan banden legden.' 'Er begonnen zich indirecte oorzaken te melden, de vruchten van de vruchten, de gevolgen van de gevolgen. Karakters, die in armoede gestaald en verre van verwend waren, heroïsme, en de bereidheid tot het grote, het wanhopige en het ongekende.'

Tegen de uitbuiting van ontelbare afzonderlijke mensen door de verabsolutering van een afzonderlijk collectief tot en met de oorlog is er geen werkzamer tegenwicht dan het bestaan van het individu, dan de inspanning van de individuatie. Er is daarom geen hedendaags feit dat treuriger stemt, dan dat over de gehele wereld nog altijd het leger, de kazerne, de 'militaire dienst' als de 'school van de natie' geldt. Traditioneel, al vanaf de 'mannenbonden' van de steentijd tot op heden, is het de school van het doden in dienst van stambelangen die 'mannen' van kinderen maakt. Maar waar zijn er 'scholen' die op de manier van *Mr. Keating* te werk gaan om adolescenten een eigen denken toe te staan en als er dan een eigen denken toegestaan wordt, dan ook een eigen gevoelsleven en als dat gevoelsleven toegestaan wordt, dan ook een eigen leven en daarbij tegelijkertijd een eigen liefdesleven, dan ook eigen dromen, een eigen gelukkig zijn dat zich ontoegankelijk kan en mag verklaren tegen de aanspraken van het algemene?

In *Dead poets' society* eindigt *Mr. Keatings* experiment dodelijk: het is levensgevaarlijk Shakespeare te 'spelen'; daartegen richten zich de dwang van de eigen ouders, de druk van de maatschappelijke verwachtingen, de traditionele voorstellingen, discipline en eergevoel; een 'leraar' die niet op wil voeden naar dit 'ideaal' moet vertrekken, dat is duidelijk. En toch wordt op deze wijze de onmenselijkheid van de kleinburgerlijke culturele bedoening slechts des te duidelijker. Shakespeare citeren – dat is gewild, dat verraadt charme en ontwikkeling: Shakespeare daarentegen *geloven*, Shakespeare *worden* – dat is gevaarlijk, daar dreigt anarchie, daar duiken aan de hemel de wintersterrenbeelden onder de horizon en laat de zomer van zich horen. Waar het individu belangrijker wordt dan het systeem dat hem beheerst, is het kordon verbroken dat mensen verandert in marcherende kolonnes.

Hermann Hesse, nogmaals, heeft wel het duidelijkst gewezen op deze kloof tussen het auteurschap en het soldaat-zijn. 'De oorlog', schreef hij, 'wordt ... in leven gehouden door zijn eeuwige neiging tot "totaliteit". Als het oorlog is, dan schieten niet alleen de soldaten, dragen de onderwijzers helmen en slijpen de bakkers bajonetten, maar ook elke kleine jongen streeft er dan naar een band om de arm te krijgen en geen jongen meer te zijn, maar een oorlogsfunctionaris.' Daarentegen geldt echter: 'Hoe meer de schrijver toegeeft aan deze tendens (van 'totalisering' op alle levensgebieden, E.D.), des te meer hij de oorlog toestaat over hem te beschikken, des te verder verwijdert hij zich van de literatuur, waar toch geen sprake mag zijn van actualiteitsbegrip.' 'De literator onderscheidt zich hoofdzakelijk van de gewone mensen doordat hij veel sterker geïndividualiseerd (is) ... dan een ander en zoals hij alleen maar een literator kon worden, doordat hij deze individualisering toepaste zonder rekening te houden met de normaliteit en haar eis tot aanpassing, zo kan hij als literator, als er ook nog iets gecreëerd moet worden, alleen zijn eigen thermometer volgen, die vaak afwijkt van het algemene.'

Natuurlijk steekt dan onmiddellijk het verwijt de kop op tegen de auteurs als de – ideaal-typische – geïndividualiseerde persoonlijkheden dat ze escapisten zijn, mensen die boven de werkelijkheid verheven zijn, niet geëngageerd, onverantwoordelijk zelfs. Maar wat, als juist het tegendeel het geval is? Als de vermenselijking van de eigen persoon, die zich niet door het dictaat van het algemene laat onderdrukken, de blik op het algemeen menselijke zou vestigen? Hoe 'groter' het werk van een dichter, des te dieper zijn menselijkheid, des te geldiger voor *alle* mensen zijn themakeuze en bewerking, des te verder *overschrijdt* het de grenzen van zijn tijd en zijn cultuur; zelfs de gebondenheid aan een bepaalde taal wordt dan iets toevalligs, iets wat zich aanpast om een medium te zijn voor een boodschap die alle mensen aangaat. Alleen omdat het zo ligt, is zoiets als *wereldliteratuur* mogelijk en nodig. De auteur is echter daarin 'groot' dat hij uit de schat van zijn persoonlijke onbewuste beelden, conflicten en lotgevallen tevoorschijn haalt die in de zielen van alle mensen klaar liggen en er alleen nog maar op wachten bewust gemaakt te worden in de vorm van een dichterlijke bewerking.

De noodzakelijke individualisering van de auteur voert dus juist niet tot vrijblijvend excentriek gedrag en nutteloze zelfbespiegeling, zij maakt integendeel in een exemplarisch voorbeeld een diepe menselijkheid van allen mogelijk; ze verleent stommen woorden, schenkt de lijdenden zeggingskracht en bekleedt de deemoedig gemaakten met zelfbewustzijn en waardigheid; ze zijn niet langer meer zo alleen als ze zich tot op dat moment moesten voelen, ze verkrijgen een rechtvaardiging zo te zijn als ze zijn, ze mogen op begrip rekenen, daar waar ze voorheen alleen maar afwijzing ervaarden. Door de literatuur worden ze zelf, de uitgestotenen en verachten, teruggegeven aan de menselijke samenleving: wat voordien totaal onbespreekbaar en zelfs ongehoord was, komt door de voorstelling van de schrijver binnen het bereik van het gerechtvaardigde, op z'n minst tot de menselijke mogelijkheden; het houdt op alleen maar potsierlijk te zijn, het wint aan acceptatie, op z'n minst op het gebied van het tragische, het wordt iets wat bejegend moet worden met respect en niet langer met verachting.

Nee, de sterkere ontwikkeling van de persoonlijkheid, zoals die behoort tot elk dichterlijk creatief werk, is geen enclave van het privé-leven, zij maakt in de eerste plaats een veelomvattender humaniteit mogelijk buiten de kunstmatige grenzen van de menselijke geschiedenis. Zo paradoxaal zit het in elkaar: de uniformering van de mensen die altijd maar weer aangeprezen wordt als 'saamhorigheid' en 'eenheid', voert juist niet tot eenheid en saamhorigheid van de mensen, maar particulariseert, fractioneert en instrumentaliseert het idee van menselijke verbondenheid om bepaalde groepsbelangen door te drukken. Terwijl het 'ego' van de literator als iets afzonderlijks tot het terrein van de waarachtigheid doordringt, wat niet langer scheidt, maar in het gezamenlijke ophelderen en het begrijpen van allen, verenigt en tot elkaar brengt.

Daartoe behoort in ieder geval in echte literatuur het noodzakelijke *afzien van het moraliseren en beoordelen* door de fictieve personages zelf. Hoeveel *minder* bijvoorbeeld is Leo Tolstoi's roman *Opstanding* met zijn strenge zedelijke moraalpropaganda, dan zijn *Anna Karenina* waarvan de beschrijving door haar tragiek direct alle moralistische betweterij in principe ondergraaft. In zekere zin verplicht de literatuur zich tot een *hogere* moraliteit als ze onder de voorwaarde van een bepaalde (maatschappelijke) kring of in het kader van een bepaalde religie geformuleerd zou kunnen worden. Alleen in de literatuur is het geoorloofd conflicten af te schilderen die binnen een bepaalde morele orde 'eigenlijk' helemaal niet voor zouden mogen komen en die met de middelen van de kunst slechts uitgelegd en verklaard kunnen worden. Millennia later kan het gebeuren dat psychologie en sociologie – of neurologie en genetica – begrijpelijk kunnen maken waarin de noodlottige liefde van *Lancelot* tot zijn koningin *Ginevra* zo ongeveer haar oorsprong vond; of wat er met de 'liefdesdrank' aan de hand was die *Tristan* dwong *Isolde* lief te hebben. Net zomin als de literatuur er voor deugt bepaalde politieke ideeën te verspreiden, deugt ze ervoor bepaalde morele principes te verkondigen. In plaats daarvan verbreedt ze echter het menselijk vlak door een dieper begrip, juist van de raadselachtige kanten van het menselijk bestaan; daarentegen heft ze het getto van vooroordelen op en maakt het mogelijk eerlijk te zijn.

Er blijven evenwel twee *bezwaren* bestaan waarmee iedereen die een roeping en een neiging tot literatuur voelt gedurende zijn leven klaar moet zien te komen: het *ene* bezwaar luidt: het schrijven over het leven betekent het niet-leven van de schrijver; het *andere*: de dichterlijke uitbeelding van menselijke gevoelens verhindert het ontstaan van echte gevoelens. Beide 'bezwaren' betekenen in feite hetzelfde: literatuur toont niet de werkelijkheid, ze simuleert haar door virtuoze manipulaties.

'Dit ... geloven alle dichters:', vond F. Nietzsche in *Aldus sprak Zarathoestra*, (vertaald door P. Endt et al., Amsterdam 1991), 'dat hij, die de oren spitst, liggende in het gras of tegen eenzame berghellingen op, iets ervaart van de dingen, die er zijn tussen hemel en aard. En gevoelen zij liefelijke prikkelingen, dan verbeelden de dichters zich altijd, dat de natuur zelf op hen verliefd is... Ach, er zijn zoveel dingen tussen hemel en aarde, waarover alleen de dichters zichzelf wat hebben voorgedroomd! En vooral *boven* de hemel: want alle goden zijn dichter-betovering, dichter-verovering! Voorwaar, altoos trekt het ons aan – het rijk der wolken namelijk: op de wolken zetten wij onze bonte poppen en noemen hen dan goden en Übermenschen... Ach, wat ben ik al dit ontoereikende moede, dat zo nodig gebeurtenis wezen moet! Ach, wat ben ik de dichters moede!' Maar men moet bij zulke woorden van Nietzsche weten hoe men Nietzsche moet lezen. 'Maar ook Zarathoestra is dichter' meldt hij in dezelfde passage. Het 'toereikende' – dat was voor Nietzsche, dat iemand de dichtersdroom van 'Übermenschen' ook echt leefde. Literatuur die niets anders is dan het vermijden van het bestaan is niets minder dan een *leugen*. In elk geval rijst de vraag of ze ooit iets anders geweest is.

'Wat moesten die knapen tevreden zijn, als ze zich goed ongelukkig voelden', schreef bijvoorbeeld J.P. Sartre, in zekere zin de Nietzsche van de twintigste eeuw, met zelfkritiek over zijn eigen werk in zijn autobiografie *De Woorden*, (vertaald door P.H. Dubois, Utrecht 1986). 'Dan zeiden ze: 'Wat een bof! Nu komt er een fraai poëem!' 'Maar als ik naar het begin... (nl. van mijn eigen leven) teruggrijp, vind ik een vlucht naar voren, een zelfmoord..., onverschillig waar, onverschillig hoe, en dat dit onduidelijk sterven niets anders zijn zou dan de weerspiegeling van mijn onduidelijke geboorte. Mijn roeping veranderde alles: zwaardgevechten verdwijnen, maar geschriften blijven, ik ontdekte dat de Gever in de Letteren zich veranderen kan in zijn eigen Gave, dat wil zeggen in zuiver object. Door toeval was ik mens geworden, door edelmoedigheid werd ik boek; ik zou mijn woorden en mijn geweten in letters van brons kunnen gieten, het gerucht van mijn leven kunnen vervangen door onuitwisbare inscripties, mijn vlees door een stijl, de krachteloze spiralen van de tijd door de eeuwigheid, ik zou voor de Heilige Geest kunnen verschijnen als een neerslag van de taal, een obsessie worden voor het mensdom, *anders* zijn tenslotte, anders dan ikzelf, anders dan anderen, anders dan alles.'

Hier wordt literatuur bewust gekozen als een middel om voor zichzelf een fictief 'niet-zijn wat men is' respectievelijk een 'zijn wat men niet is' te ontwerpen; literatuur betekent er precies evenveel als de relikwieën-verering van een gestorven leven, als de verandering van bestaan in cultus, van die onbekende soldaat van wie de daden overal herdacht worden, omdat zijn armzaligheid voor iedereen verborgen blijft, – een soort zelfvergoddelijking in het fantastische.

Om te begrijpen wat Sartre bedoelt, hoeft men zich alleen maar te verplaatsen in de positie van een auteur die van plan is een roman te schrijven en voor een leeg vel papier zit, evenals God op de ochtend van de schepping ligt het in zijn hand het menselijk lot te vormen, immers alles wat nu zal gebeuren is in principe afhankelijk van zijn willekeur. En net zoals hij de levenswegen van andere mensen bedenkt, zo vormt hij tegelijkertijd in zijn schrijven zijn eigen betekenis als auteur voor de ogen van de mensen. Waartoe *dient* het bestaan van de literator eigenlijk? – deze vraag wijst blijkbaar op een grote ambivalentie van alle literatuur: het vinden van de waarheid of een zelfportret; openbaring van de menselijkheid of verhulling van het zijn; groeiende identiteit of projectieve enscenering – al naar gelang de situatie kan literatuur een goddelijke of demonische, leidende of verleidende, voorbeeldige of verbeeldende uitwerking hebben.

In het bijzonder op *die* terreinen van het leven waar het er onvermijdelijk op aankomt het hele bestaan op het spel te zetten, kan literatuur als een bevrijding van de ernst – en van het geluk – van het leven werken. Als voorbeelden *daarvan* kunnen dienen S. Kierkegaard – wat betreft de *religie* – en R.M. Rilke – wat betreft de *liefde*. Vooral Sören Kierkegaard heeft altijd weer in zijn geschriften en dagboeken de *esthetisering* van het bestaan gebrandmerkt als een vorm van oneigenlijkheid, als het mijden van een zich bindend vastleggen, en daar tegenover het principe van het *ethische* gesteld. Het ergste scheen de Deense cultuurfilosoof echter de esthetisering van het *religieuze* door cultische viering en kunstige verbloeming. Hoewel hij zelf een geniale begaafdheid bezat om te dichten, heeft Kierkegaard zich poëzie en lyriek levenslang net zo verboden als Blaise Pascal, die misschien wel het grootste mathematische talent van de nieuwe tijd was, de wiskunde. Beiden wilden de kortheid van het leven oog in oog met de eeuwigheid niet verknoeien met bijzaken en nietigheden. Des te meer hekel bleef Sören Kierkegaard houden aan het opgaan van de religieuze dimensie in esthetisch gespeelde spelletjes; hij viel ze altijd weer aan, terwijl hij vooral de 'predikant' als tragikomische figuur aanpakte: 'Juist de geestelijke', schreef hij in zijn *Dagboek*, van wie het leven van de ochtend tot de avond uit wereldse wijsheid bestaat, juist die zal er ook de meeste behoefte aan hebben, tussendoor eens of één keer per week over die verheven deugden te wenen die hij in een rustig uurtje beschrijft. Het is misschien een moment een oprechte stemming in hem, maar het is dichterlijk of dichterlijk gedrag, het is alsof een losbol er behoefte aan krijgt idyllen te dichten of een verongelijkt subject er behoefte aan heeft in tranen uit te barsten bij de gedachte aan een deugdzaam type. – De toehoorders schatten de bewogenheid van zo'n redenaar hoog in en vergeten dat zo'n bewogenheid precies het tegendeel is, een indirect bewijs. Iemand die er echt om vecht het religieuze door te voeren in zijn leven kan nauwelijks zo vurig en meeslepend zijn; want hij is niet in bezit van een dichterlijke behoefte aan de tegenstelling. – En als zo'n tranenvergietende redenaar bijvoorbeeld lange tijd door ziekte of iets dergelijks verhinderd is geweest om te preken – dan vertelt zijn familie ontroerd dat hij naar de kansel verlangde. Dank je feestelijk, zo verlangt ook een toneelspeler in een dergelijk geval naar het toneel en een doorwinterd theaterbezoeker naar het theater. Als men een klein beetje fantasie heeft, een klein beetje begaafd is – en dan zijn dagelijkse leven in heel andere categorieën: dan kan het wel een behoefte zijn, als het ware een wellust, dat men naar voren treedt en die verhevenheid afschildert, dat men gefascineerd wordt en fascineert, dat men de verwisseling tot stand brengt dat men zelf zo iemand is, dat men de spanning van de gemeente ervaart, dat men de tranen van de vrouwelijke helft van de jeugd in ontvangst neemt etc. – o ja, het is erg aantrekkelijk.' – '...het christendom heeft het volgende gezwam bedacht: er is het geopenbaarde woord van God – maar dan is er onder ons mensen een traditie, op grond waarvan het een uitgemaakte zaak is, het volgt er eigenlijk vanzelf uit, dat wij het niet zo nauw hoeven te nemen, Gods woord is eigenlijk niet voor ons ... Men bevredigt zijn eigen fantasie en die van de gemeente op zondag – in een rustig uurtje; en 's maandags is de predikant de eerst die "kruisigt hem" roept over degene die het waagt daarnaar te leven, of als men niet "kruisigt hem" roept, dan vindt men het toch net zo belachelijk, alsof iemand na zou willen doen wat hij in het theater ziet of hoort.'

Kierkegaard hield het gehele 'christendom' voor louter een theaterrealiteit, voor een slechts 'verzonnen' leven dat zich uitgeeft voor het echte leven, bijgevolg voor een leugen. Doordat de literatuur de fantasie prikkelt, blijft ze existentieel dubbelzinnig. Ze is een verleiding tot iets wat haar slachtoffer met alle middelen zoekt na te jagen, het kan dan echter zo zijn dat men dat 'iets' tegelijkertijd vreest en dat het gevoel van 'verleiding' zelf al de troost wordt voor het onbereikbare. Het dichterlijke is voortaan niet langer de verwijzing naar een andere werkelijkheid, het stelt zichzelf als de hoogst bereikbare werkelijkheid; het vervangt het bestaan dat het uitbeeldt, in plaats van tot dit andere bestaan te komen. De 'religieuze' componenten die noodzakelijk eigen zijn aan het 'melancholieke' gedeelte van de literatuur, intensiveren zich voortaan zelfs tot vervanging van het bestaan. Men 'gelooft' nergens meer in, maar het is zo mooi, zo weemoedig, zich de religieuze betovering van vroeger nog te herinneren. Verdi's '*Othello*', het nachtgebed van *Desdemona*, – wat een gevoel kan de lyrische esthetiek van religieuze decorstukken op een operatoneel oproepen! Of Mozarts '*Kroningsmis*' – met het gruwelijke gebeuren op Goede Vrijdag heeft het absoluut niets meer te maken, veel meer met het Habsburgse machtsvertoon; maar de schone schijn lijkt de intellectuele burger gewoonweg hetzelfde als een verklaring, en als een bijzondere intensiteit van dat vrome gemoed dat hij bij zichzelf in ieder geval nog nauwelijks mist.

Hoe is een goede verhouding mogelijk tussen religie en leven, zodat de literatuur als vanzelfsprekend uit haar voortkomt, in plaats dat religie en literatuur in een verhouding tot elkaar staan die de plaats van het leven zelf inneemt? Deze vraag komt vooral naar voren met het oog op het *Nieuwe Testament*.

We weten dat Jezus een 'dichter' was, – het is een historisch geloofwaardig overgeleverd feit. Maar: *in welke betekenis* was hij een dichter, zodat zijn religiositeit daarin geloofwaardig getoond werd? Dat is de *existentiële* vraag die S. Kierkegaard stelde en alleen deze vraag gaat ons iets aan.

De *andere* mogelijkheid, dat literatuur eerst een plaats in het leven krijgt, daarna in plaats van het leven zelf gesteld wordt, wordt bijzonder duidelijk aangetoond door de houding ten opzichte van het grondthema van *alle* literatuur: de liefde. Het was R.M. Rilke die in *De Sonnetten aan Orpheus* (vertaling W. Blok en C.O. Jellema, Baarn, 1983), de *ondergang*, het *falen* van geliefden in de gestalte van de in stukken gebroken god, waarvan hij het afgevallen hoofd, dat volgens de mythe evenwel niet ophield met zingen, als zodanig als beeld van het dichterlijke bestaan beschouwde:

Wijzigt de wereld zich al
als de wolken, aanhoudend,
alle voltooiing is val
weer in 't oeroude.

Boven verandering uit,
vrijer en langer,
klinkt uw voor-beeldend geluid,
godlijke zanger.

Niet is het lijden verstaan,
niet is de liefde gedaan,
wat in de dood ons verbant,

blijft steeds onveilig.
Enkel het lied over 't land
huldigt en heiligt.

Hier is de klacht over het onvermogen van de liefde tenminste nog een herinnering aan een oorspronkelijk, hoewel nog steeds ontzegd, verlangen of anders beschouwd een aanwijzing voor iets wat ondanks alles toch mogelijk is voor latere geslachten. De klanken van de literatuur zijn voor Rilke zonder twijfel afkomstig van de liefhebbende lier van Orpheus; toch is deze Thrachische godheid zelf voor hem tegelijkertijd het summum van de tragische vergeefsheid van elke hoop op aardse vervulling. De buiten de tijd geplaatste weemoed van de liefde, niet haar tijdelijk geluk wordt in Rilkes lyriek in de letterlijke betekenis tot God. Wat in christelijk gewaad vroeger wel 'God' heette, wordt in zijn mond veranderd in een metafoor van oneindig verlangen, in een geheime code van de 'binnenwereld' van de ziel van de mens, die juist in het afzien een nog grotere roem produceert in de ongestoorde beschouwing van het schone, dat genoeg heeft aan zichzelf (R.M. Rilke, *De sonnetten aan Orpheus*, vertaald door W. Blok en C. O. Jellema, Baarn 1983):

Liefhebben, jongeling, heeft geen belang,
al dwingt de stem uw mond. – Leer te vergeten
dat gij te zingen aanhief. Dat verzwindt.
Een andere adem draagt de ware zang.
Adem om niets. Waaien in hem. Een wind.

Is dan, zo luidt de vraag die Rilke hier oproept, zoiets als religieuze literatuur nog mogelijk? Moet de literatuur zichzelf niet verheffen tot religie, omdat de liefde waaraan ze klagend stem geeft steeds onbereikbaarder blijft, om juist daardoor *goddelijk* te zijn?

Bewust heeft Rilke zijn eigen werk tegenover een 'literatuur' geplaatst, die alleen over 'God' en 'hemel' en 'ziel' sprak, om in de stijl van de 'verkondigingsliteratuur' vermeende zekerheden onder het 'volk' te verspreiden of die probeerde op een vrijblijvende manier met de woorden van het heilige te spelen. Het ging hem, na het duidelijk ineenstorten van alle dogmatisch bestuurde 'religie', om een nieuwe *beweging*, beginnend met het toegeven van volkomen armoede: 'God' als het medelijden dat een bedelaar nodig heeft om te leven, God als de verborgen weerschijn van de geschonden waardigheid bij de 'gewone' mensen, bij het 'personeel' dat men verhindert persoonlijk te leven, zodat het zich alleen uit kan leveren aan de persoon van zijn heer, 'God' als iets wat oplicht in de vanzelfsprekende aanwezigheid en eenheid waarmee een kind (nog) kan spelen, 'God' als de vluchtheuvel van al het verlangen en zoeken naar voltooiing van het eigen bestaan, 'God' als iets dat groeit, als een mens zich veroorlooft om zichzelf in een rijpende worsteling te realiseren – God als een geheim van de eenheid van het bestaan tussen ik en jij – zo schreef Rilke in *Stundenbuch*:

Die Dichter haben dich verstreut
(es ging ein Sturm durch alles Stammeln),
ich aber will dich wieder sammeln
in dem Gefäss, das dich erfreut.

Ich wanderte in vielem Winde;
da triebst du tausendmal darin.
Ich bringe alles was ich finde:
als Becher brauchte dich der Blinde,
sehr tief verbarg dich dat Gesinde,

der Bettler aber hielt dich hin;
und manchmal war bei einem Kinde
ein grosses Stück von einem Sinn.

Du siehst, dass ich ein Sucher bin.

Einer, der hinter sienen Händen
verborgen geht und wie ein Hirt;
(mögst du den Blick, der ihn beirrt,
den Blick der fremden von ihm wenden).

Einer der Träumt, dich zu vollenden
und: dass er sich vollenden wird.

β. *Bestaan in gelijkenissen of: 'Vertellingen over Onze Lieve Heer'*

In een werkje dat hij opgedragen heeft aan Ellen Key, *Vertellingen over Onze Lieve Heer,* heeft Rilke zelf een keer (R.M. Rilke, vertaald door J.C. Ebbingen-Wubben, Zeist 1984), een verhaal verteld dat zich laat lezen als een satire op de Worpsweder schilders, maar dat tegelijkertijd ook een provocatie bevat die is gericht aan alles wat zich 'religieuze kunst' noemt, zo mogelijk onder kerkelijk mecenaat. Het verhaal gaat erover dat drie schilders 'uit een zeer dringende behoefte' een 'vereniging' willen oprichten, die hun de 'stijl' zou geven, de 'bepaalde persoonlijke zekerheid, de blik, de hand en ... hoe al die dingen mogen heten, zonder welke een schilder wel leven, maar niet schilderen kan.' De maan in de nacht vinden deze schilders 'Grof effectbejag', een paartje aan de rand van een door het maanlicht beschenen pleintje vinden ze een 'vervloekt novellistisch element', maar als vereniging hopen ze op een ware toegang tot de 'natuur'. 'Onder "natuur",' merkt Rilke ironisch op, 'stellen de schilders zich alles voor, wat Onze Lieve Heer zelf gemaakt heeft of in bepaalde omstandigheden toch had kunnen maken. Een omheining, een huis, een put – al deze dingen zijn immers meestal door mensenhand ontstaan. Maar wanneer zij een tijdlang in het landschap staan, zodat zij bepaalde eigenschappen van bomen en struiken en van hun overige omgeving aangenomen hebben, dan gaan zij als het ware in het bezit van God over en worden daarmee ook het eigendom van de schilder. Want God en de kunstenaar hebben hetzelfde vermogen en dezelfde armoede, al naar gelang men het beschouwt.'

Beiden, dat wil zeggen, God en de schilders, zijn creatief en ze zijn juist daarom te misbruiken in al hun scheppingen. Maar er is een kunstzinnige aanmatiging die eruit bestaat het nietige fragment van de wereld als de gehele godheid te beschouwen en daarna dit nietige scherfje naar eigen smaak helemaal op te willen knappen. Die drie schilders zullen in elk geval al snel ruzie met elkaar krijgen, omdat ze ieder afzonderlijk het huis van de ander op zo'n manier schilderen dat men niet weet wat daarbij kwaadwillige karikatuur, wat welwillende kopie en wat moedwillige capriolen zijn. Zelfs als de boven de werkelijkheid verheven, aan de rand van het niets wonende God zelf in het midden van de hemel zou verschijnen, zou toch ieder afzonderlijk van mening zijn dat God alleen *voor hem* sprak. En zo schilderen ze 'altijd nog God en zullen hem wel blijven schilderen tot hun eigen einde'.

Deze hele geschiedenis wordt, welbeschouwd, verteld om een toevallig 'ontmoet' 'verenigingslid' op weg naar het station te verklaren waarom een man als Rilke, als dichter niet in aanmerking komt voor het toetreden tot zo'n vereniging. Een mens moet leren zijn onvermogen en armoede onder ogen te zien, hij heeft geen recht in een groep te vluchten die door de druk van velen uit het niets een nieuwe vaardigheid en onvermoede aantrekkelijkheid tevoorschijn kan toveren.

Hoe wordt een mens tot een eigen persoon? – Dat was en bleef het diep humane grondvraagstuk van Rilke. Literatuur is beeldende menselijkheid. Voor degene die in zichzelf geen 'natuur', geen 'God' bezit, wordt de hele wereld enkel decor en God enkel tot konterfeitsel van zijn eigen schijnleven. Niet uit het midden van de 'hemel', – uit het midden van het eigen bestaan ontspringt 'God' en met hem de bron van 'literatuur'.

Deze opvatting herinnert aan de geheel 'dichterlijke' legendarisch-mythische scène in de geschiedenis van de 'verheerlijking op de berg': hoe Jezus daar in het midden van de wereld, op het hoogtepunt van zijn leven stond en verenigd met zichzelf, 'Mozes' en 'Elia' tot zich hoorde spreken! Dit soort geschiedenissen zijn – zoals we al zeiden – niet historisch, omdat ze niet bedoeld zijn om waarheidsgetrouw over de feiten te informeren, maar ze willen wat vroeger gebeurd is in de huidige gebeurtenissen overbrengen. Het doel van *zo'n* 'geschied'schrijving met religieuze bedoelingen is veeleer zich iets voor te stellen dan zich te herinneren. Dat is de reden waarom wij bij een eerste benadering van de persoon van Jezus dan ook niet uitgegaan zijn van bepaalde meer of minder gegronde vermoedens van het onderzoek naar het leven van Jezus of de 'Redactionsgeschichte' van de evangeliën, maar waarom we drie grote mythische beelden in het begin geplaatst hebben die het openbare leven van de man uit Nazareth begeleiden en inkaderen. Deze beelden *zijn* natuurlijk een dichterlijke duiding van geschiedenis, maar ze duiden een historische figuur, die zelf ten diepste *dichterlijk* was en alleen daarom al dergelijke dichterlijke beelden in de harten van de mensen opriep.

Wat voor antwoord ligt er dus in de persoon van deze man op Kierkegaards kritiek op de esthetisering van het religieuze en op Rilkes literatuurgevoel? *Wat* Jezus historisch in detail gezegd heeft, zal wel tot het einde der tijden omstreden zijn en blijven; – een paar van zijn uitspraken, die hij waarschijnlijk gedaan zou kunnen hebben, willen we later nog behandelen. Belangrijker echter en op zich ook historisch boven alle twijfel verheven is bovenal *de manier waarop* hij gesproken heeft: dichterlijk! Want dit feit alleen zegt al veel, zo niet *alles*!

Men heeft exegetisch met meer of minder succes – op veel plaatsen van het evangelie – geprobeerd bepaalde woorden van Jezus in het Galilese dialect van het Aramees uit zijn tijd terug te vertalen. Daarbij kan zo nu en dan waargenomen worden hoe sterk ritmisch gevormd de taal van de Nazarener was. Men vindt in zijn uitspraken woordspelletjes, alliteraties, kunstige retorische figuren – er is geen twijfel mogelijk dat Jezus alleen al door zijn meesterlijk taalgebruik de mensen die naar hem luisterden fascineerde. Het moet onder andere ongetwijfeld *ook* een *esthetisch* genoegen geweest zijn om naar hem te luisteren.

Lees bijvoorbeeld om het verschil te verduidelijken alleen maar eens bepaalde gedeelten uit de brieven van Paulus door, bijvoorbeeld Romeinen 8: 26-30 en vergelijk daarmee dan het corresponderende gedeelte in de synoptische evangeliën:

'*Want wij weten niet eens hoe wij behoren te bidden, maar de Geest zelf pleit voor ons met onuitsprekelijke verzuchtingen. En Hij die de harten doorgrondt, weet wat de Geest bedoelt, want Hij pleit voor de heiligen naar Gods bedoeling. Intussen weten wij dat voor wie God liefhebben, alles zich ten goede keert, voor hen die volgens zijn raadsbesluit geroepen zijn. Want wie Hij tevoren heeft gekend, heeft Hij ook tevoren bestemd om gelijkvormig te zijn aan het beeld van zijn Zoon, opdat deze de eerstgeborene zou zijn onder vele broeders. Wie Hij heeft voorbestemd, heeft hij ook geroepen. Wie Hij riep, heeft Hij gerechtvaardigd, en wie Hij rechtvaardigde, heeft Hij verheerlijkt*'.

Dit gedeelte is één van de 'mooiste', in ieder geval troostrijkste uit alle brieven van Paulus en is toch zo doorspekt met 'theologie': met pneumatologie, met christologie, met ecclesiologie, met rechtvaardigingsleer, met predestinatieleer, met genadeleer – een ware goudmijn voor 'dogmatici' van alle tijden! –, dat men daardoor de eigenlijke bedoeling van het gedeelte bijna vergeet: mensen te leren wat 'bidden' betekent. Er is daarom nauwelijks een prediker op de preekstoel die zich in staat kan achten deze tekst aan zijn gemeente uit te leggen, zelfs al had hij voordat hij de kansel beklom over deze vijf bijbelteksten lang geleden misschien een semester lang driemaal per week exegetische colleges aan moeten horen en daarover zelfs een tentamen af moeten leggen.

Maar zet daarnaast eens Jezus met bijvoorbeeld de woorden van de bergrede:

'*En wanneer je bidt, wees dan niet als de schijnheiligen; zij staan graag in de synagogen en op de hoeken van de straten te bidden, om op te vallen bij de mensen. Ik verzeker jullie, ze hebben hun loon al. Maar als je bidt, ga dan je binnenkamer in, doe de deur dicht, bid* (Jes. 26-20) *tot je Vader, die in het verborgene is; en je Vader die in het verborgene ziet, zal het je lonen. Gebruik bij het bidden geen omhaal van woorden zoals de heidenen, want die menen dat ze vanwege hun talrijke woorden verhoord zullen worden. Neem daar geen voorbeeld aan, want jullie Vader weet wat je nodig hebt, voordat je het Hem vraagt. Jullie moeten zo bidden:*

Onze Vader in de hemel, uw naam worde geheiligd, uw koninkrijk kome uw wil geschiede, op aarde zoals in de hemel' (Matth. 6:5-10).

Ook in deze zes bijbelverzen gaat het om bidden. Maar hoe anders klinken deze woorden en ervaart men deze woorden dan de gedachten van Paulus! Alles is hier spreektaal, direct gericht aan de luisteraars, niet de schrijftaal van een brief aan een verre adressant. En dat hieraan geen zuiver toevallig verschil in de uiterlijke aanleiding om iets te zeggen ten grondslag ligt, maar een wezenlijk verschil in de totale manier van waarnemen, kan hieruit al opgemaakt worden dat ons van Jezus niet één enkele schriftelijke regel, van Paulus echter *alleen* maar brieven overgeleverd zijn. Anders dan de farizeeër Paulus, is Jezus nooit een geletterd mens geweest, hij was in de eerste plaats een fascinerend redenaar. Men moet daarom ook historisch geloven dat de mensen in drommen op hem afkwamen en zich erom verdrongen hem te *horen*. Wel wordt in het geciteerde gedeelte (bij wijze van uitzondering een keer!) de profeet *Jesaja* geciteerd, toch betekent die tekst daar heel iets anders dan in de rede van Jezus: volgens Jesaja moet Israël zich voor de toorn van God in een binnenkamer opsluiten, zoals in de nacht van het Pascha het volk bij de uittocht uit Egypte; in de mond van Jezus echter wordt dit schrikbeeld van God een uitspraak van onvoorwaardelijk vertrouwen: ieder persoonlijk, vindt hij, moet zonder publiek, zonder ritueel, zonder catechismusformulier tot zijn God komen en mag dat, kan dat doen, omdat deze God (als) zijn *vader* (als zijn '*moeder*') is. In de ogen van *Paulus* weten wij, de totale mensheid, helemaal niet waar we God om moeten bidden, zodat de Geest van God ons tegemoet moet komen om het ons te zeggen; voor Jezus daarentegen betekent een enkel woord van vertrouwen dat uit het hart komt, veel meer dan alle psalmen van Israël en alle profetenwoorden tezamen; niet Gods 'Geest', niet een 'pneumatologisch mysterie' is aan het werk als een mens zich tot zijn God keert, maar er spreekt een kinderlijk vertrouwen uit: dat God allang en altijd al weet waar we hem om bidden: *Paulus bedoelt* het ook niet zo heel anders, alleen: de woorden van *Jezus* dragen over wat bedoeld wordt: 'ga dan je binnenkamer in', 'op de hoeken van de straten staan' – dat is plastisch, dat is concreet uitgedrukt, daar ziet men zowel de ene als de andere bidder voor zich, daar wordt voor iedereen het maken van de contrastrijke 'keuze' tussen ijdele uiterlijkheid en eenvoudige ingekeerdheid zo gemakkelijk gemaakt. Alleen al de herhalingen van bepaalde woorden bewerken een indringendheid die lijkt op het hypnotisch refrein van een volkslied en ze zingen als het ware een bezwerende melodie van een ongeschonden vertrouwen dat net zo zegenrijk is over de angst in het eigen hart, als over de uiterlijke priesterleiding en theologische kennis; men hoort er woorden die vanzelf blijven leven als 'spreekwoorden' in de 'volksmond'.

Is het dan een wonder dat er inderdaad talrijke uitspraken uit Jezus' mond gekomen zijn die in het cultuurgoed van het Westen 'spreekwoordelijk' geworden zijn?

'Een kameel gaat makkelijker door het oog van een naald dan een rijke in het koninkrijk van God' (Marc.:10:25) Of 'Niemand kan twee heren dienen... Je kunt God en de Mammon niet tegelijk dienen' (Matth. 6:24). Of 'Gooi jullie parels niet voor de varkens' (Matth. 7:6). Of 'Pas op voor de valse profeten, die naar jullie toekomen in schaapskleren, maar van binnen roofzuchtige wolven zijn' (Matth. 7:15). Of: 'Aan hun vruchten zul je ze kennen' (Matth. 7:16). 'Men plukt toch geen druiven van doornstruiken en geen vijgen van distels?' (Matth. 7:16). Of 'Maar als het zout krachteloos wordt, waar moet je het dan mee zouten?' (Matth. 5:13). Of 'Je steekt een lamp niet aan om haar onder de korenmaat te zetten' (Matth. 5:15) Of: 'Maar als iemand jou een klap op je rechterwang geeft, houd hem dan ook de andere voor' (Matth. 5:39). Of: 'Want waar je schat is, daar zal ook je hart zijn' (Matth. 6:21) ... zo zou men door kunnen gaan en maar moeilijk kunnen stoppen.

Bij deze passages is het voor ons essentieel dat niemand zo intens kan spreken als hij bepaalde beelden en vergelijkingen nog met veel moeite moet bedenken wanneer hij begint te praten. Zo'n taalgebruik behoort beslist tot de '*geleidelijke vorming van de gedachten bij het spreken*', waarop Heinrich von Kleist al heeft gewezen: 'Ik geloof' schreef hij, 'dat veel grote redenaars op het moment dat ze de mond opendoen nog niet wisten wat ze zouden gaan zeggen. Maar de overtuiging dat hen de nodige ideeënrijkdom verschaft zou worden door de omstandigheden en de daaruit resulterende opgewondenheid van de geest, maakt ze overmoedig genoeg op goed geluk te beginnen.'

Iedereen die zich verplaatsen kan in de situatie van een *vrije voordracht* kent de ervaring: hij moet natuurlijk weten wat hij zeggen wil; hij moet zijn thema natuurlijk geestelijk overzien; hij moet vooral bij een langere voordracht behoorlijk nauwkeurig de opbouw, de innerlijke dramatiek van zijn betoog voor ogen hebben, hij moet er zo ongeveer een voorstelling van hebben hoe hij de wisselwerking van algemene uitspraken en concrete voorbeelden en afzonderlijke toepassingen vorm wil geven, hij moet van te voren de passages kennen die de toehoorders de mogelijkheid bieden zich uit eigen ervaring te identificeren met het gesprokene; hij moet over het algemeen zo spreken dat na een of twee uur bij de toehoorders niet een vreemde en eigenaardige indruk overheerst, maar dat in tegendeel ervaren wordt: 'wat hij gezegd heeft komt recht uit mijn hart!' 'Zoiets vond ik zelf ook altijd al, maar ik heb het niet onder woorden kunnen brengen.' 'Hij heeft mij de weg tot mijzelf getoond.' Daarbij zal – anders dan Kleist aannam – juist de *aanzet* aan het begin van een voordracht goed uitgekiend zijn, – juist de eerste zinnen zal men bij een 'vrije' voordracht net zomin aan het 'toeval' overlaten, als de operacomponist de ouverture. Voor de rest klopt het wel: alleen al de aanwezigheid van het publiek, de verwachtingsvolle blikken van velen, de plaatsverdeling in de ruimte, bepaalde personen die met hun glimlach, hun hoofdknik of hoofdschudden, met hun geeuwen of hun aandachtig luisteren de voordracht begeleiden, bepalen stuk voor stuk de spreekwijze, de dictie, de stijlfiguren mee. Een goede voordracht is nooit alleen maar een monoloog. Het is beslist mogelijk dat in de concentratie van het spreken de grote hoeveelheid gezichten vervaagt, het is mogelijk dat het licht in een conferentiezaal zelfs opzettelijk alleen op de katheder gericht wordt, zodat de spreker op een zwarte muur inpraat, desondanks 'voelt' hij echter de mensen, ondanks dat vibreert zijn publiek in hem, en aan het eind van zijn voordracht, zal hij, mits hij werkelijk aanwezig was in zijn woorden, stellig tijdens de meest intense passages zeker dingen gezegd hebben die hij zelf nog nooit op die manier gezien heeft. Dat alles wordt een goede spreker wel 'automatisch' geschonken, maar slechts onder *één* voorwaarde: hij moet spreken vanuit een diepe innerlijke concentratie; hij moet ter voorbereiding op zijn voordracht weliswaar 'alles in zijn hoofd' hebben wat hij zeggen wil, maar bovenal moet hij zijn hart helemaal leeg maken. Hij moet zich op één enkel punt concentreren, wat hem helpt aanwezig te zijn. Alleen dit moet hij zich afvragen: 'waarom wil ik nu eigenlijk met de mensen praten? Tegen wie wil ik werkelijk iets te zeggen hebben? Voor wie wil ik opkomen? Wat wil ik aanpakken?' *Dergelijke* vragen moeten van tevoren beantwoord zijn.

Opnieuw helpt het ons verder om bij dit gedeelte het *Marcus*-evangelie *als legende* voor te stellen, ook om in *historisch* perspectief beter vertrouwd te raken met het raadselachtige geheim van Jezus. Direct al in het eerste hoofdstuk van zijn evangelie schildert *Marcus* zoiets als een 'ideale' dagindeling in het leven van Jezus: die begint (Marc. 1:21-28) met een synagogebezoek in Kafarnaüm – Jezus leert en geneest (ondanks de tegenstand van de demonen) een bezetene, daarna gaat hij naar het huis van Simon en Andreas en geneest daar de schoonmoeder van Simon Petrus (Marc. 1: 29-31) en 's avonds tenslotte, wanneer men alle zieken en bezetenen tot hem brengt, geneest hij ook dezen (Marc. 1:32-34). Dan staat er echter: 'en in alle vroegte, het was nog nacht, stond hij op, ging naar buiten naar een eenzame plaats en bleef daar bidden.' (Marc. 1:35). Houdt men deze voorstelling niet *alleen* maar voor een legende in de betekenis van een geïdealiseerde beschouwing (misbezoek op zondag! Goede werken! Morgengebed!), dan verraadt ze ongetwijfeld iets van de achtergrond van de ingekeerdheid waaruit Jezus wezenlijk geleefd heeft. Ook op andere plaatsen bericht Marcus over het zoeken naar eenzaamheid, zoals toen Jezus na een dag, gevuld met gelijkenissen, zich door de discipelen 'in een boot naar de overkant' van het meer van Genesereth over wilde laten varen en hij midden in een opkomende storm in de achtersteven van vermoeidheid op een kussen in slaap valt (Marc. 4:35-38), of toen hij na de eerste 'wonderbare spijziging' afscheid nam van de menigte, om zich terug te trekken op een berg om daar te bidden (Marc. 6:46). Nogmaals: in al deze gevallen gaat het – opnieuw – om legendarische montages van de evangelist, waarbij al de parallellen tussen Marc. 4 en 6 op moeten vallen; historische feiten zijn in dergelijke scènes bepaald niet te vinden. En toch: juist in dergelijke legendarische beelden leeft kennelijk een juist vermoeden van de verscheurende spanning waarin Jezus tussen 'privé' en 'openbaar' leefde. Het 'openbare' – dat was voor hem de 'bezetenheid', de 'ziekte', de verlorenheid van de mensen, die hij, door de priesters en theologen in de steek gelaten, zag 'als schapen zonder herder' (Marc. 6:34 naar Num. 27:17); het 'privéleven' was echter voor hem niet alleen maar een 'eenzame plaats' om 'wat uit te rusten, want er kwamen en gingen zoveel mensen, dat ze niet eens de gelegenheid hadden om te eten', zoals Marc. 6:31 beschrijft; het 'privé-leven' was voor hem in wezen een moment van stilte, van innerlijke verwerking, een 'creatieve pauze' – in *harmonie* met hem die hij zijn 'vader' noemde.

Het leven van echt geniaal begaafde mensen verloopt altijd weer op een vergelijkbare wijze. Plotseling, zonder duidelijk zichtbare voorbereiding, betreden ze het wereldtoneel en vragen met een geheel eigen geluid het woord, zoals nog nooit tevoren gehoord werd. Wat ze zeggen en wat ze doen schijnt niet in verband te staan met de traditie, het is een uitdaging, een provocatie van de eerste orde. En dan gaat het razendsnel: – in de kortst mogelijke tijd explodeert er een zon aan de hemel en verbreidt een even schitterend als gevaarlijk licht. Pas latere generaties zullen *langzaam*: sorterend, catalogiserend en standaardiserend proberen te overzien wat er zo mateloos overdadig, zo onstuimig gebeurd is. Tussen 'privé' en 'openbaar', tussen 'ontspanning' en 'arbeid' te willen *onderscheiden*, juist dat is *onmogelijk* bij alle creatieve persoonlijkheden. Bij hen verandert elke ontmoeting en ieder voorval tot een productieve impuls tot nadenken, tot vergelijken, tot opgewekte dankbaarheid, tot vertwijfeld klagen... Het is alsof bij hen, *als dichters,* de gezichts- en de spraakcentra beter 'verbonden' zijn dan bij 'gewone' mensen, zodat al het zichtbare in hun mond verandert in taalbeelden en hun taalbeelden een nieuw soort zien openen. De eigenlijke basis voor hun bestaan is echter dat mensen zoals zij zich gevoeliger, kwetsbaarder, met meer risico en onbeschermder bloot geven dan anderen. Voor hen is de aanblik van het leed van een ander geen afweging om daaraan voorbij te gaan; om de eigen gemoedsrust te behouden, – ze zullen er in tegendeel juist op afgaan, voor hen is het ervaren van vreemd geluk geen afweging om zich daarin te begraven als een insekt in een stralende bloemkelk; ze zijn liever *onderweg*, steeds geestelijk, soms ook ruimtelijk. De *rondtrekkende prediker* Jezus – precies zo moet men zich zijn leven voorstellen.

En toch, als Jezus inderdaad een keer de wijsheidsspreuk 'De vossen hebben een hol, en de vogels van de hemel een nest, maar de Mensenzoon kan nergens het hoofd neerleggen,' (Matth. 8:20) in de mond neemt dat doet hij dat eigenlijk alleen om met de bewuste weigering van de aardse rust, des te duidelijker te verwijzen naar de plaats van zijn eigenlijke rust. 'Hij kwam van God', zal de latere christelijke overlevering over hem zeggen; vooral het *Johannes*-evangelie houdt van de zinsnede dat Jezus niets 'uit zichzelf' deed of sprak (vgl. Joh. 5:19–30, 7:17–18, 8:28, 14:10; 16:13 en bovenstaande); maar het mythische beeld van de (metafysische) herkomst van God laat zich makkelijk terugvertalen in de intensiteit van een persoonlijke ervaring die er in het bestaan van Jezus echt geweest is: in de uren van 'rust' zat hij echt op een 'berg' en hoorde 'Mozes' en 'Elia' innerlijk tot hem spreken (Marc. 9:4), hij zag er echt de 'geopende hemel' en 'de Geest als een duif op zich neer komen' (Marc. 1:10), hij hoorde er echt de stem die hem toesprak als 'Jij bent mijn geliefde zoon' (Marc.1:11, 9:7) hij trok zichzelf terug in de 'binnenkamer' om bij zijn 'lieve vader' te blijven (Matth. 6:6–9). Kan men het geen bidden noemen als iemand zo in de eenheid van het bestaan inkeert dat hij daaruit terugkeert in harmonie met zichzelf en de hele wereld voortaan als iets zal beleven waarover God zijn zon op laat gaan en waarover Hij het laat regenen zonder grenzen en zonder onderscheid (Matth. 5:45)? Hij heeft het zijn discipelen, zoals we daarnet nog hoorden, regelrecht verboden formuliergebeden te doen om zichzelf en de hemel te vervelen door het voorlezen van kant en klare zinswendingen.

Alle gevestigde godsdienst kan er niet gewichtig genoeg over doen de mensen zelfs tot in de intieme sfeer van hun gebeden, een officiële taak van het verplicht 'goede' voor te schrijven; – dan *kan* God alleen maar 'waardig' geëerd worden, als minstens drie keer per dag de klokken luiden en oproepen tot het 'Angelus' (waarvan vermoedelijk nog geen twee procent van de bevolking de woorden kent, laat staan bidt); daar wordt de kinderen het 'onzevader' al op zo'n ervaringsarme en dus onverantwoorde manier 'bijgebracht', dat ze hun leven lang een hekel aan bidden zullen houden. Maar nogmaals: wat Jezus als vanzelfsprekend voorleefde en leerde, dat was juist de 'mondigheid' van de mensen voor God. Ze zouden tenminste met hem mogen praten over wat hen werkelijk op het hart lag. Al hun nood, al hun angst, al hun vertwijfeling, al hun schuld zouden ze hem voor moeten leggen, – hij zou ze horen! Dat was zijn vertrouwen en daarvoor schiep hij vertrouwen. En zijn 'bewijs': '*Als jullie dan, slecht als je bent, goede gaven weet te geven aan je kinderen, hoeveel meer zal jullie Vader in de hemel het goede geven aan wie het Hem vragen.*'(Matth. 7:11). Dat God nog meer, veel meer vertrouwen verdient dan wij mensen, en dat het mogelijk is vandaar uit zelfs weer vertrouwen te krijgen in de mensen, dat was zijn overtuiging, daarnaar leefde hij. *Dat* was zijn manier van 'dichten', verlangen en dromen.

Alles waarover hij daarnaast tegen anderen sprak, was niets anders dan een echo van het dagelijks gesprek in zijn binnenste. A. Schweitzer heeft over J.S. Bach ooit gezegd dat zijn werk alleen begrepen kan worden vanuit het religieuze centrum van zijn muziek; Stefan Zweig heeft ooit geschreven dat de compositie van de *Messiah* van G.F. Händel alleen ontstaan is uit diepe dankbaarheid voor zijn 'opstanding' na een zware beroerte – voor altijd zouden de verdiensten van de uitvoeringen van dit werk gewijd worden aan de kinderen in de Londense weeshuizen; van *Jezus* moet men zeggen dat zijn woorden nooit iets anders waren dan 'vertellingen over onze lieve Heer' die zich afspeelden in zijn eigen leven.

Wat betekent het woord 'literatuur' dan in verband met de persoon van Jezus? De verdachtmaking is allang verdwenen dat zijn dichterlijke kracht alleen gelegen was in de virtuositeit in het gebruik van stijlfiguren in de taal of ontstaan kon zijn uit een door angst ingegeven levens- en mensenmijding die ter compensatie een surrogaatbevrediging van een groot publiek zoekt. Integendeel. *Zijn* 'publiek' *ontstond* allereerst uit het gevoel en het aanvoelen dat hier iets vernomen en meegenomen kon worden, dat uit een waarachtig en diepzinnig leven kwam en *uiteindelijk* tot zo'n leven zou leiden. Onder zijn woorden kwam het verbrokene weer bij elkaar, het had de eenheid voor ogen waaruit iedereen gekomen is. Zeker, het is mogelijk dat auteurs, zoals al geschetst, zich een hemel afschilderen, om de hel op aarde niet langer te zien en dat zij zich in een eeuwig leven wanen, om de onaangenaamheden van de tijd te vergeten – literatuur als een soort psychedelische drug. Maar in Jezus' geval schijnt de Lucas-mythe van de *hemelvaart* gelijk te hebben: daaruit kan men leren de blik van de hemel weer terug op de aarde te richten (Hand. 1:11) en dan de sporen van het goddelijke te volgen. Want juist daarin lag het hele dichterschap van de man uit Nazareth: in de nog zo gering lijkende glans van de hemel, naar een Egyptisch beeld, de kostbaarheid van *Chnum* terug te vinden. Omdat voor hem alles uit één punt leek voort te komen, zag hij overal een *gelijkenis* in van alleen dit ene en omgekeerd dompelde hij het bestaan van iedereen in deze stroom van eeuwigheid.

In een sprookje van Grimm in het verhaal van *IJzeren Hans* wordt ergens verteld, dat een koningszoon een wilde man, die jagers in het bos gevangen hadden, uit zijn kerker bevrijdde. Zijn gouden bal was namelijk in de cel gerold en 'IJzeren Hans' wilde hem alleen teruggeven als de jongen de deur voor hem opende – een beeld dat duidelijk staat voor het bevrijden en het zich bezig houden met de eigen 'schat', alleen door de integratie kan de totaliteit van het leven, de 'gouden bal' het 'zelf' gewonnen worden. De wilde man uit het sprookje nam de koningszoon echter mee naar een donker woud en maakte hem daar tot wachter van een goudbron, die kristalhelder was; de jongen moest erop letten dat er niets in de bron zou vallen. Maar op een keer doopte de jongen uit verdriet zijn vinger in het water, zodat deze helemaal verguld werd; en een andere keer toen hij om zijn hoofdpijn te verlichten met zijn hand door het haar streek, viel een haartje in het water en werd ter plekke eveneens van goud. Op de derde dag tenslotte, toen hem de tijd van het wachten erg lang ging duren, zag de jongen zijn eigen gezicht in het water en toen hij zich naar voren boog om het beter te bekijken, vielen zijn lange haren van zijn schouders en werden helemaal van goud, zodat ze straalden als de zon. De 'bron' had daarmee zijn kracht verloren, maar zijn 'energie' was overgegaan op de persoon, op de hand en het hoofd, op het doen en denken van de 'koningszoon', die er nu op uittrok om na allerlei avonturen de liefde van een mooie koningsdochter te verwerven.

Symbolisch gezien heeft Jezus alle mensen als zulke 'koningskinderen' beschouwd, die hij hun ik, hun 'bal' terug wilde geven; in zijn visie echter zouden ze de bron van het leven niet aan moeten raken als iets verbodens, iets wat zorgvuldig bewaakt wordt, als schijnbaar onopzettelijk en verstolen, ze zouden precies als hijzelf in de Jordaan, halsoverkop in het water onder moeten duiken om er verguld uit te komen.

Het is niet alleen zo dat Jezus zijn toehoorders soms werkelijk sprookjes verteld heeft, zoals bijvoorbeeld het *verhaal van de arme Lazarus en de rijke man* (Luc. 16:19-31) of het *verhaal van een feestmaal* (Luc. 14:15-24), twee verhalen die beide gemeenschappelijk teruggaan op een oud Egyptisch sprookje van *Sa Osire*; wat werkelijk van belang is, is dat Jezus in zekere zin *geleefd* heeft zoals in een sprookje, of beter nog: dat hij het mensheidssprookje van 'het rijk van God' eindelijk wilde verwezenlijken. Veel sprookjes gaan erover dat een koningszoon de wereld intrekt, nadat hij zoals in het verhaal van *De kristallen bol* het beeld van een prinses gezien heeft, die beeldschoon, maar door duistere machten betoverd is; onderweg denkt de prins gedurende zijn tocht alleen maar aan haar, zodat zelfs de dieren en geesten met hem over niets anders praten dan alleen over deze geliefde, deze onvergelijkbaar kostbare schat, deze prinses die zonder uitstel gered moet worden, geen gevaar is de held te groot, geen avontuur riskant genoeg, om voor deze prinses tot in het extreme te gaan. We hebben op een andere plaats (*Dieptepsychologie en exegese*) al aangetoond dat vooral de latere 'christologie' juist van dergelijke archetypische codes gebruik maakt, om de 'verlossing' van de menselijke 'ziel' uit het rijk van het 'kwaad' met de persoon van Jezus te verbinden; *hier* komt het erop aan, het leven van de man uit Nazareth daadwerkelijk te verstaan als zo'n 'fantastisch' ontwerp van een zich realiserend sprookje. Kennelijk sprak voor Jezus werkelijk de gehele wereld alleen van 'zijn vader' en hij leed nergens *meer* onder, dan tegelijkertijd aan te moeten zien hoe gekweld de mensen in de schaduwen van alle mogelijke angsten en dwangmatigheden erop los leefden. Hen tot *God* te brengen, zo nabij als hij hem zelf ervaarde, dat was de zin en bedoeling van alles wat hij te zeggen had, in zijn ogen was de hele wereld transparant tot aan de hemel; juist daarom *moest* het spreken in *gelijkenissen* voor hem wel de meest karakteristieke stijlfiguur worden, zozeer dat *Marcus* zelfs een keer beweerde: 'Zonder gelijkenis sprak Hij niet tegen hen' (Marc. 4:34).

Achter *deze* formulering steekt wat men genoemd heeft het 'Messiasgeheim' in de voorstelling van dit in de tijd vroegste (bewaard gebleven) evangelie. Overeenkomstig hiermee hadden de gelijkenissen van Jezus niet zozeer ter verduidelijking, maar rechtstreeks ter verhulling van een boodschap gediend die alleen aan enkele bijzonder ingewijden toegankelijk gemaakt zou moeten (en mogen) worden. In Jezus' denken kan een dergelijke opvatting nooit bestaan hebben. Men mag integendeel zelfs in het algemeen beweren dat altijd als een gelijkenis van Jezus in het Nieuwe Testament een speciale 'uitleg' nodig heeft om haar te kunnen begrijpen, men zeker *niet* meer met een oorspronkelijke gelijkenis te maken heeft, maar of met een allegorisering van een vroegere gelijkenis of gewoon met een allegorie die zichzelf in het leven geroepen heeft om bepaalde waarschuwingen voor een juiste levenswandel uit te spreken (zoals bijvoorbeeld in Marc. 4:13-20 in de uitleg van de gelijkenis van de 'zaaier' uit Marc. 4:3-9 of in Matth. 13:36-43 in de uitleg van de gelijkenis van 'het onkruid in de tarwe' uit Matth. 13:24-30) of om de geschiedenis van de mensheid onder invloed van het uitblijven van het einde van de wereld 'christologisch' uit te leggen, zoals in de allegorie van de 'koninklijke maaltijd' in Matth. 22:1-14, die duidelijk tweederangs is ten opzichte van de (eveneens verallegoriseerde, maar toch) 'eenvoudiger' vertelling uit Luc. 14:15-24 (die van haar kant ook zoals boven vermeld op een rabbijns, resp. Egyptisch sprookje teruggaat). Van oorsprong waren de gelijkenissen van Jezus beslist allesbehalve gecompliceerde geheimtaal die is doorspekt met verwijzingen naar geheime kennis van een esoterische gemeente; ze maken eerder duidelijk hoe Jezus in eenvoudige woorden probeerde te spreken tot eenvoudige mensen over wat voor hen het eenvoudigste en belangrijkste was: over God.

Tot ver in de twintigste eeuw werd de uitleg van de gelijkenissen beheerst door het willekeurige gefantaseer van kerkelijke uitleg (naar het voorbeeld van de Alexandrijnse exegese van de kerkvaders) die in deze verhalen beelden zag van wat men maar wilde; en toen eindelijk Adolf Jülicher aan het begin van deze eeuw door zijn grote gelijkeniscommentaar weer een 'eenvoudige' toegang tot deze prachtige teksten van het Nieuwe Testament geopend had, vergingen nog eens vele decennia waarin men de gelijkenissen van Jezus enkel en alleen als een zuiver didactisch middel wilde beschouwen, – de gelijkenissen als een verstandige manier om ook eens spannend, geestig, verrassend, beangstigend, troostend, kortom 'begrijpelijk' en 'toegankelijk' over 'religie' te spreken. Men heeft de overschilderingslagen van deze kostbare schilderijen godzijdank weggehaald, maar de betekenis van wat men bloot gelegd had zag men nog niet goed. Het 'stomme geblauwkous' beu, zoals Luther het uitdrukte, deze bizarre bouwsels van gemystificeerde diepzinnigheid en diepere betekenis, richtte men de aandacht nu als het ware opzettelijk vooralsnog slechts op de voorgrond; een bijzonder soort didactische redevoering, – uitsluitend *als zodanig* werden de gelijkenissen nu beschouwd. En nu stelde zich alleen de vraag, wat ze ooit betekend hadden; het vergelijkingspunt, het *tertium comparationis*, – *daarop* concentreerde zich voortaan alle aandacht.

Daarbij lag de sleutel tot de betekenis van de gelijkenissen al in deze verklaring zelf, alleen schijnt tot op heden in de bijbeluitleg van 'historisch-kritische' herkomst de poging de psychologie uit te breiden en de filologie minder ruimte te geven alleen al heiligschennis te zijn. Zeker, gelijkenissen *zijn* 'spannend' en 'begrijpelijk' en daarom alleen al een voortreffelijk 'leermiddel'. Maar hoe creëert men 'spanning' door een 'spannende' vertelling? Welke *gevoelens* moet men in de toehoorder aanspreken om zijn aandacht zo te boeien dat hij zich echt aangesproken voelt? Dit soort vragen zijn onvermijdelijk en hebben duidelijk een psychologisch uitgangspunt. Klaarblijkelijk is het niet genoeg om het 'vergelijkingspunt van een gelijkenis te bepalen, als men niet begrijpt wat zich in de verteller, in de toehoorder voordoet, als hij door zo'n vertelling op *een bepaald* waarnemingsniveau opeens vanuit een heel ander gezichtspunt naar de dingen kijkt. Wat gebeurt er *in de beleving* van de mens, als hij op het keerpunt van het verhaal plotseling van de rand van het 'eindige' in het 'oneindige' moet 'springen'?

We hebben op een andere plaats (*Dieptepsychologie en exegese*, 2e deel) uitvoerig aangetoond dat de gelijkenissen psychologisch gebaseerd zijn op *twee veronderstellingen*.

De eerste veronderstelling bestaat uit wat J.W. von Goethe bedoelde toen hij het '*polytheïsme*' tot 'de religie van dichters' verklaarde. Men kan alleen gelijkenissen vertellen als men *ziet*, voelt en beleeft dat de *hele wereld* in al haar geledingen niets anders is dan een gelijkenis en alle gelijkenissen als taal-(of literatuur)vorm in de eerste plaats het doel nastreven op deze gelijkenis-mogelijkheid van alle dingen te wijzen. De schoonheid van de lelies (Matth. 6:28), het onbekommerd gezang van de vogels (Matth. 6:26), een vrouw tijdens het bakken (Matth. 13:33), een zaaier op het veld (Marc. 4:3-9), een herder die een schaap verliest (Matth. 18:12-13), een man die een huis bouwt (Matth. 7:24-27), zelfs een koning die oorlog voert (Luc. 14:31-32), *alles* spreekt over de zoekende, gelovige mens van God. Op deze wijze beschouwd zijn gelijkenissen een methodisch procédé om de gewoonlijk zo dikke wanden van het aardse bestaan doorzichtig te maken als de hoge muren van een gotische kathedraal waar het licht door de ramen stroomt. Men kan eenvoudig niet op de oude Egyptische (beter nog: platonische) wijze de aardse werkelijkheid verklaren ofwel als louter een spiegelbeeld van die andere, echtere, *eigenlijke* wereld, maar het is binnen de gelijkeniswereld mogelijk overal geheime aanwijzingen, troostende tekens, hulpvaardige sporen te ontdekken die helpen dat totaal andere en toch zo verwante te vinden. Weliswaar geeft deze wereld alleen antwoord aan degenen die er verlangend naar zoeken; maar dan bevestigt ze toch ten minste indirect de rechtvaardiging van de vraag. Evenwel *is* – in tegenstelling tot Goethes 'polytheïsme' – voor de gelijkenisverteller de wereld *niet* identiek aan God, maar ze spreekt tot hem over niets anders dan haar oorsprong, hij ziet in haar niets anders dan het aangezicht van haar Schepper, zij bestaat voor hem alleen maar tot dit doel: in het zichtbare een brug te slaan naar het onzichtbare. Het gaat – nog eens als in een sprookje – in de gelijkenis net zoals een man die uit liefdesverlangen een blik op de sterren werpt: – dat zijn *haar* ogen! en overdag de bergen en heuvels ziet: die schetsen *haar* gestalte! En de weiden en velden – *haar* haren, *haar* lichaam! En de zon aan de hemel – ze geeft de warmte van *haar* nabijheid; en de vogels worden boodschappers van zijn geheimste gedachten en de wind fluistert zachtjes de woorden van zijn onhoorbare antwoord en alle rivieren dragen zijn wensen naar de zee van de eeuwigheid ... Gelijkenissen spelen zich altijd af in de wereld van *Laila en Madjnoen*. Ze zijn de liefdesbrieven van een verlangend hart, die niet op antwoord wachten, maar die het liefst gelezen willen worden alsof de godheid er zelf in sprak. De opwindende situatie van de verliefdheid die geen einde kent – dat is de eerste, de belangrijkste voorwaarde voor een religieuze gelijkenis.

De *tweede* voorwaarde, in zekere zin een conditie voor haar effectiviteit, bestaat uit het *omvormen van de impuls*. In *dit* opzicht vormen gelijkenissen zoiets als een 'sluis voor hartstocht': ze bundelen in hun 'verhalende gedeelte' schijnbaar vertrouwde motieven, 'normale interessen', 'alledaagse' behoeften maar alleen met het doel om daaruit onverhoeds op het 'keerpunt' heel paradoxale consequenties af te leiden. Aan het begin van een gelijkenis worden mensen aangesproken op ervaringen en intenties die hun bekend en zelfs vanzelfsprekend voorkomen, maar doordat de gelijkenis *wezenlijk dieper* ingaat op de motivatie van menselijk gedrag, verkrijgen ze plotseling een inhoud en een richting die ze van tevoren niet bezaten. De mensen in de gelijkenis zelf blijven zoals ze zijn, ze veranderen niet, en toch is alles in hen en om hen heen plotseling veranderd. Zoals droombeelden opstijgen uit het 'onderbewuste' om de bewuste ervaring uit te leggen, zo proberen omgekeerd de beelden uit een gelijkenis uit het bewustzijn invloed uit te oefenen op de impulsieve krachten in het onderbewuste; ze *nemen* de mens zoals hij is; maar vertrouwen hem in zekere zin *oneindig veel meer* toe dan hij tot nu toe vermocht te geloven.

Een paar voorbeelden ter verduidelijking van deze eigen psycho-*logica* van de gelijkenissen:

Eén van de belangrijkste behoeften van de mens is ongetwijfeld het streven naar 'zekerheid'. Hoeveel energie spenderen mensen er niet aan zich een 'bestaan' op te bouwen? Vele jaren van hun leven offeren ze eraan op om in een eindeloze tobberij zich maatschappelijk zo veilig te stellen, zodat hen 'niets meer gebeuren kan'. Juist *tegen* deze 'burgerlijkheid' richtte Jezus zijn gelijkenis uit Luc. 12:16-20. Daarin vertelt hij de gelijkenis van een rijke graanboer die in de oogsttijd speciaal zijn schuren laat vergroten om een bijzonder goede opbrengst onder te brengen, van plan om nu eindelijk zijn 'schaapjes op het droge te brengen'. Iedereen kan deze ervaring begrijpen, – dan zegt Jezus zomaar door zo'n schijnbaar goed geslaagde planning heen: 'Jij, dwaas, nog deze nacht wordt je leven opgeëist'. Juist wie 'zekerheid' nastreeft, die *moet* toch merken, vindt Jezus, dat er in het aardse leven niets zeker is. Alles wat *uiterlijk* blijft, deugt niet om de wezenlijke onzekerheid van het menselijk bestaan gerust te stellen. Geld, bezit, reserves, verzorging – ze zijn niets dan een heleboel valse beloften; ze verleiden en nodigen de mens ertoe uit zijn leven in dienst van een totaal illusionaire 'levensverzekering' te *verdoen*.

Een gelijkenis als deze is natuurlijk een shocktherapie: wat normaal gesproken doorgaat voor 'zekerheid', is niets anders dan ijdel zelfbedrog – dat *moet* erkend worden. En wat is de conclusie: dat de behoefte aan 'zekerheid' op zichzelf al verkeerd is? In geen geval! Alleen dat het 'dwaas' is het streven naar zekerheid in het aardse te willen funderen. In werkelijkheid is het van belang zijn leven *daaraan* vast te maken waar het werkelijk zin heeft. In het omgaan met 'bezit' ontstaat uit het streven naar veiligheid daarom precies het *tegendeel* van datgene waarop men gewoonlijk hoopt als men zoveel mogelijk geld *verzamelt*: niet steeds meer geld oppotten voor een fictieve zekerheid, maar het gebruiken voor anderen!

Dan begrijpt men plotseling de opdracht van de Bergrede: '*Verzamel geen schatten op aarde, waar mot of houtworm ze aantast, en waar dieven inbreken om ze te stelen. Maar verzamel schatten in de hemel, waar mot noch houtworm ze aantasten, en waar geen dieven inbreken om ze te stelen.*'(Matth. 6:19-20; vergelijk Matth. 19:21)! De enige zekerheid in het leven van de mens bestaat met andere woorden uit de menselijkheid zelf. Altijd als men zich afvraagt wanneer het leven eigenlijk de moeite waard is, zal men ontdekken dat het die ogenblikken zijn waarop men de angst voor de eigen veiligheid *overwon* door medelijden te hebben met en mildheid te hebben voor de onveiligheid van anderen.

We hebben in het verhaal van de graanboer welbeschouwd slechts een eerste voorbeeld om de denkwijze van de 'historische' Jezus uit Nazareth te begrijpen; en toch begrijpt men direct waarin de gezamenlijke 'magie' van alle gelijkenissen ligt: de wereld als een gelijkenis zien betekent de totale levenshouding ten opzichte van de ons omringende wereld te relativeren; het is nodig alle inspanningen die een mens instinctief aan de aarde verbinden te verabsoluteren, omdat ze pas daarin hun waarheid bezitten en hun vervulling vinden. De gelijkenissen willen juist ten dienste staan aan deze 'sluis voor hartstochten'.

Of een *ander* voorbeeld! Zoals men weet worden mensen niet ten onrechte voor eigengereide 'egoïsten' gehouden. Iedereen is bedacht op zijn eigen voordeel, iedereen spekt zijn eigen beurs, iedereen klaagt tegenover de ander over zijn 'goed recht' en datgene 'waar hij aanspraak op maakt'. Maar waarin bestaat het 'voordeel' van dit alles? Aan dit thema heeft Jezus zijn meest 'verwarrende' gelijkenis gewijd, het *verhaal van de 'onrechtvaardige rentmeester'* in Luc. 16:1-9. Ze is spoedig verteld: een man wordt door zijn bedrieglijke praktijken bij zijn heer aangeklaagd wegens kwade trouw. Hij kan makkelijk nagaan dat zijn heer hem na een onderzoek van de stand van zaken de laan uit zal sturen; in deze situatie ziet de rentmeester nog maar één uitkomst: de vlucht naar voren! Hij laat de *schuldenaars* van zijn heer komen en biedt hen een zeer royale verlaging van schulden aan, doordat hij de te betalen rekeningen gewoonweg gunstiger voor hen laat overschrijven. Al dit creatieve boekhouden is gebaseerd op zijn eigenlijke berekening: de schuldenaars zullen hem, als hij bij zijn heer in ongenade gevallen is, nog dankbaar zijn voor zijn late genade! Hij zal, nog precies op tijd 'goede' vrienden met hen worden! Het is zijn laatste mogelijkheid, dat is duidelijk voor hem; en des te onscrupuleuzer gebruikt hij haar.

Men ziet: Jezus geeft een bedriegerskomedie ten beste! En zelfs een oplichtersverhaal *als gelijkenis*! Hoe staat het ervoor, luidt de vraag van dit verhaal, als *wij* 'verantwoording' af moeten leggen van ons leven? Dit ogenblik is in ieders leven nabij; niemand weet, *wanneer* het komt, maar in elk geval spoedig. Wat zullen we dan zeggen? Er heeft zich altijd al een onbehaaglijk gevoel van ons meester gemaakt bij een dergelijke gedachte – het was absoluut niet allemaal kosjer wat we gedaan hebben. Maar dan dachten we toch, zoals 'men' denkt: 'het hemd is nader dan de rok!', en 'ieder is zichzelf nu eenmaal het meest nabij!' Maar wat nu?

De *paradox* van de gelijkenis van Jezus bestaat uit een nieuwe definitie van datgene wat over het algemeen het 'gezond eigenbelang' heet: een mens die zijn ware situatie inziet, zal heel spoedig merken dat het *geen* zin heeft de strijd van allen tegen allen voort te zetten! Juist omdat het leven tot nu toe zo'n fantastisch 'gebroddel' was, is het absurd nog langer begrippen te willen gebruiken als recht en orde, aansprakelijkheid en vergoeding. De enige uitweg uit een egoïstisch verprutst leven bestaat eruit niet langer de schuld van de één te verrekenen tegen de schuld van de ander, maar 'het door de vingers te zien'. *Kwijtschelding van schuld*, menselijkheid, vrienden maken door royaal te zijn – alleen dat is gunstig voor iedereen. Wie werkelijk 'egoïstisch' genoeg is om zijn eigen 'voordeel' te zoeken, moet *dat* begrijpen.

Weliswaar is een dergelijke handelwijze strijdig met het principe van gerechtigheid! Doordat de rentmeester de schulden van de anderen vermindert, benadeelt hij zijn heer voor de tweede keer! Maar dit 'bezwaar' geldt alleen zolang men zich de 'heer' van de rentmeester voorstelt als een gewone werkgever. Het ligt daarentegen heel anders als men zich afvraagt hoe *God* tegenover zo'n gedrag staat. Jezus eindigt dit verhaal met: 'De heer prees de gewiekste aanpak van de onrechtvaardige rentmeester.' God ondervindt er geen nadeel van, als mensen leren elke schuldeis tegenover elkaar te laten varen. Integendeel, dit soort nieuwe 'wijsheid' is de enige wijsheid die hij echt nastreeft. Dat vindt Jezus. – Opnieuw wordt in deze gelijkenis het grondmotief van het menselijk handelen op zich niet veranderd, maar in het absolute getrokken en daardoor wezenlijk veranderd in de consequentie ervan. 'En vergeef ook onze schulden, zoals ook wij hebben vergeven wie schulden heeft bij ons' (Matth. 6:12) – deze belangrijke bede uit het *onzevader* vindt hier haar 'motivatie'.

En nog een *derde* voorbeeld: in Matth. 25:14-30 vertelt Jezus de geschiedenis van een man aan wie bij het vertrek van zijn heer *één* talent toevertrouwd wordt. Met een dergelijke som geld kon wat opgezet worden, als deze man zich maar niet van meet af aan achtergesteld voelde bij twee medeknechten die de heer vijf en vier talenten toevertrouwd had. Terwijl dezen onmiddellijk aan het werk gingen en beiden hun 'kapitaal' verdubbelden, begroef deze derde knecht het talent van zijn heer vol angst, om aan het eind met lege handen te staan.

Ook in dit verhaal gaat het om een hoofdthema van menselijk gedrag: om de vraag hoe wij met angst en minderwaardigheidsgevoelens omgaan. Er zijn mensen die *louter uit angst* iets verkeerds te doen, uiteindelijk helemaal niets meer doen; het is mogelijk dat iemand zich ten opzichte van anderen zo *benadeeld* voelt, dat hij zich helemaal nergens meer toe in staat acht en moedeloos geworden in passieve resignatie vervalt; steeds hebben anderen het in zijn ogen beter, zodat hij ten opzichte van hen absoluut niet mee kan tellen. Men moet niet zeggen dat een dergelijk gevoel erg vergezocht en kunstmatig is; in werkelijkheid speelt deze gelijkenis in op een gevoel dat latent aanwezig is in de beleving van misschien wel iedereen: ze zijn in principe niet goed genoeg, men heeft ze vanaf de kindertijd benadeeld, de wereld is onrechtvaardig.

Maar waarop is zo'n minderwaardigheidsgevoel eigenlijk gebaseerd? In wezen toch alleen maar daarop dat een mens zich niet afmeet naar wat hij werkelijk is, maar naar hoe volgens hem de anderen zijn. Alle angst verleidt ertoe, gehypnotiseerd naar de anderen te staren, in plaats van naar zichzelf en in het voorbijgaan van de ander de eigen wereld te definiëren. Gebeurt dat, dan sluit inderdaad de valstrik van de angst en kan niet meer losgemaakt worden. Uiteindelijk, dat beeld schetst Jezus, zal men zich alleen maar verbitterder, laakbaarder en destructiever voelen. Er is maar *één* uitweg uit dat dilemma: men moet het erop wagen ondanks alle angst, het eigene, al is dat nog zo weinig, in het spel te brengen. Daarvoor moet men uit de wereld van de voortdurende concurrentiestrijd stappen; men moet de voortdurende vraag of *de ander* nu 'beter' of 'slechter' is dan zichzelf, opgeven. Wanneer vragen we ons nu eigenlijk af *wie we zelf zijn*? *Dat* is het 'punt' waar het Jezus in zijn gelijkenis in wezen om gaat: hoe zou het zijn als men niet langer overlegde: wat *ontbreekt* er aan mij, *in vergelijking met de ander*, maar: over welke gaven beschik ik? Men zal zich dan niet langer verliezen in schuld en minderwaardigheidsgevoelens, maar zich weer op zichzelf bezinnen. De blik richt zich dan niet meer angstvallig op de ander naast mij, maar concentreert zich op de macht waaraan wij ons bestaan danken. God zal nooit *meer* van ons verlangen, dan wat Hij ons gegeven heeft; hij wil helemaal niet dat wij zo zouden worden als de anderen, hij wil enkel en alleen dat wij ons ontplooien zoals we zelf zijn.

Er wordt hier weer een hoofdmotief van het menselijk gedrag serieus genomen tot op dat punt, waarop er een nieuwe, verrassende consequentie uit voortkomt. Ieder mens zoekt naar erkenning en bevestiging en hoe banger hij is, des te vertwijfelder dit verlangen in hem zal worden. Maar wie echt wil ontdekken wat hij waard is, moet zich *niet* naar de maatstaf van andere mensen meten; die moet zich *op zichzelf* bezinnen en *op* God als zijn echte partner.

Op deze wijze zouden we nog vele andere gelijkenissen door kunnen lopen, – stuk voor stuk zouden we altijd dezelfde 'immanente' psychologie ontmoeten. Het is alsof Jezus met zijn 'Vertellingen over Onze Lieve Heer' de vingers van de drenkelingen los wil maken, die zich uit alle macht proberen vast te klampen aan de ronddrijvende planken van een gezonken schip; en hij kan dat, hij moet dat doen, omdat hij hen in plaats van het dode hout ook iets te bieden heeft, wat ze *echt* kan redden: zijn eigen hand.

Het Mattheüs-evangelie vertelt ergens – zelf al erg dichterlijk en verwant aan de gelijkenissen –, dat Jezus in de storm over het meer van Gennesaret naar de boot van zijn discipelen was gegaan; en Petrus toen hij hem zag uit de boot klom om over het water tot hem te komen; maar de angst hem toen aangreep, zodat hij dreigde te zinken, Jezus hem echter greep en van de ondergang redde (Matth. 14:22-33). Dit verhaal is in feite een oude mythe die op een vergelijkbare wijze al door een leerling van *Boeddha* verteld werd, – ze bevat *historisch* gezien geen informatie over het leven van Jezus; maar toch, als het erom gaat te begrijpen wat er in de toehoorders gebeurde tijdens het vertellen van de gelijkenissen, dan is er geen betere 'gelijkenis' dan een dergelijk beeld: *alle* gelijkenissen van Jezus waren één enkele lange tocht over het water, pogingen om de angst van het aardse bestaan door een nieuw perspectief te helpen overwinnen en daar vrijheid, zin en ruimte te geven waar voorheen door overmatige inspanning, commercie, hebzucht of zelfhaat het hele leven te gronde dreigde te gaan.

Een geliefde tegenwerping tegen dergelijke *diepte-psychologische* uitleg van de bijbel (of liever het verwijt dat juist niet te doen) luidt van de kant van de 'historisch-kritische' exegese dat in de tijd van het ontstaan van het Nieuwe Testament helemaal nog geen 'psychologie' of 'diepte-psychologie' bestond. Dat is natuurlijk juist. De 'psychologie' zoals wij die nu kennen is onmiskenbaar een uitvinding van de negentiende eeuw in Europa en als er al voorlopers te vinden zijn, dan liggen die in ieder geval in de Esculaap-cultus van het antieke Griekenland of in de therapeutische methoden van de Pythagoreërs en zeker niet in de bijbelse traditie en het christendom. F. Nietzsches verwijt dat het christendom het hoge kennisniveau van de Griekse antropologie en natuurkunde meer dan vijftienhonderd jaar lang door een in feite archaïsch wereldbeeld teruggedrongen en weggedrukt heeft, is helaas maar al te gerechtvaardigd. Het klopt ook dat Jezus zelf totaal niet 'psychologisch' *gedacht* heeft, – in het apocalyptische wereldbeeld waarin hij deelde doken geestelijke complexen op als 'demonen' en 'duivels' en kon in een toestand van 'bezetenheid' een boze geest in mensen varen, werden zieken door goddelijke wonderdaden genezen en dergelijke meer. Maar volgt daaruit dat een man als Jezus 'onpsychologisch' op de mensen *gereageerd* heeft en dat alleen daarom al zijn woorden en daden *niet* 'psychologisch' uitgelegd kunnen worden? Juist niet. *Eén* argument dat een dergelijke tegenwerping al op voorhand tegenspreekt is de *dichterlijke* taal, vooral in de gelijkenissen van Jezus (een ander argument is de therapeutische kracht die van hem uitging, maar daarover pas in het volgende hoofdstuk).

Men kan over het algemeen wel zeggen dat er geen dichterlijke voorstelling van het menselijke leven is zonder een buitengewoon grote mate van kennis van de menselijke ziel. Of het nu de leerrijke fabels van Aesopus zijn of de humoristische komedies van Aristofanes of van Plautus, of de aangrijpende tragedies van Sofocles of Gottfried von Strassburgs aangrijpende dichtwerk over *Tristan en Isolde* – of verhalen, toneelstukken of 'romans' – *alle* literatuur bevat als *ver*dichte, exemplarisch omgevormde menselijke ervaring altijd tegelijkertijd ook vormgegeven 'psychologie'. Net zomin als men aan de ongehoorde veelvoud van levensvormen in *Burgess Shale* een immanente biologie ontzeggen kan, alleen omdat er vijfhonderddertig miljard jaar geleden in het midden Cambrium nog geen vak biologie bestond, kan men aan de literatuur 'psychologie' ontzeggen, alleen omdat deze op de Europese universiteiten pas sinds een eeuw gegeven wordt, omgekeerd: alles waarmee de biologie zich bezig moet houden is in de fauna van het vroegste tijdperk van de aarde al ontstaan en op precies dezelfde wijze is in de literatuur van alle tijden alles begrepen waarmee de psychologie zich bezig moet houden.

Wat de gelijkenissen van Jezus aangaat, daar komt nog bij dat ze als klein'kunst', als mondeling gevormde en overgeleverde 'korte verhalen' een bepaalde psychische gevoelssituatie of de specifiek menselijke vraagstelling van een bepaalde kring van luisteraars precies proberen te beantwoorden. Ze bevatten daarom geen methodisch gereflecteerde theoretisch geformuleerde 'psychologie', maar dat verhindert niet dat ze een enorme kennis van de menselijke beleving verraden. Van de gelijkenisuitleg van de 'historisch-kritische' methode krijgt men zonder meer de indruk, dat voor haar alleen het vergelijkingspunt, de 'theologische' 'leer' telt, alsof deze zich zonder enige schade uit het gelijkenisverhaal zelf laat abstraheren. In feite echter draagt het gelijkenisverhaal allereerst het 'keerpunt' en maakt dit mogelijk; het is om zo te zeggen het onontbeerlijke 'uitgangspunt' om de sprong in het oneindige ook werkelijk te wagen. Doordat het gelijkenisverhaal alle gevoelens van ontmoediging, vertwijfeling, hebzucht, levensangst, minderwaardigheid, onmacht, verlorenheid en zinloosheid oppakt, kortom: doordat ze relevante crisismomenten van het leven *meemaakt*, kan de hele 'argumentatie' van deze vertellingen eigenlijk alleen psychologisch opgevat worden, tot op het punt dat de 'oplossing' zelf niet meer met psychologische middelen bereikt wordt, maar alleen nog maar door de introductie van een nieuwe dimensie in het bestaan. *In zoverre* is het juist om over een '*psychologische dialectiek*' van de gelijkenissen te spreken: ze schilderen hoe uitzichtloos ons leven is *zonder* de reddende ruimte van het religieuze en ze tonen hoe alle gevoelens veranderd worden als deze oriëntatie van het menselijk bestaan gevonden is. Ze plaatsen het menselijk leven dus voor een abstracte 'beslissing': tussen angst of vertrouwen en ze tonen dan, hoe alle 'waarden' tussen de 'haakjes', alle gevoelens binnen een gegeven wereldbeeld, een betekenis krijgen die bepaald wordt door het 'teken' voor de haakjes.

Weliswaar moet er precies op dit punt een *nieuwe*, laatste twijfel opduiken en deze is maar al te zeer gerechtvaardigd: er is geen echte levenscrisis die zomaar verdwijnt door het aanhoren van een nog zo mooi en invoelend verteld verhaal; en bovendien: men kan dan wel *kiezen* of men koffie of cognac drinkt (en zelfs dat niet altijd!), maar of men *bang* is of niet, of men *vertrouwen* heeft of niet, die beslissing is weliswaar van levensbelang, maar juist daarom kan men daarover niet zelf beslissen. Angst en vertrouwen richten zich niet naar bepaalde besluiten of beslissingen, maar naar de vormen van menselijke ontmoeting. Het gelijkenisverhaal zelf kan wat dat betreft in de 'juiste' richting wijzen; maar ze kan haar doel alleen bereiken als ze opgevat wordt als uitdrukking van de verhouding die tussen de verteller en de toehoorders bij een voordracht tot stand komt.

Zeker, een gelijkenis is een *in zichzelf gesloten* vertelling: ze heeft een duidelijk herkenbaar begin, gaat doelgericht op de pointe af en breekt dan loodrecht af, ze bezit binnen haar verhaallogica haar eigen waarschijnlijkheid, – in zoverre kan men begrijpen dat in de overleveringsgeschiedenis van de evangeliën de gelijkenissen van Jezus geruime tijd 'geïsoleerd' overgeleverd zijn, – hun 'kader' is in ieder geval pas het latere werk van de overlevering of van de 'evangelisten'. Maar men moet juist bij deze historische bevindingen van het ontstaan van een aantal passages van het Nieuwe Testament niet vergeten, dat dit soort verhalen alleen maar leven, als men ze 'levendig' opneemt; om ze te begrijpen helpt het niet zo veel, als men met historische hypothesen van 'de oorspronkelijke adressanten' dus een bepaalde religieuze of sociale groep onder de tijdgenoten van Jezus als ontvangers van de gelijkenissen probeert op te sporen. Doorslaggevend is dat men zelf het betreffende verhaal *gelijktijdig* beleeft, doordat men zich afvraagt in welk referentiegebied van het eigen leven het 'probleem' speelt dat door een bepaalde gelijkenis opgelost zou kunnen worden.

Daarbij zal er iets merkwaardigs gebeuren: men leest opeens niet eenvoudig meer een stuk literatuur in de bijbel, er begint tussen de regels weer de stem te spreken die de betreffende gelijkenis voor de eerste keer verteld heeft. Elk wezenlijk begrip voert als vanzelf terug naar de oorsprong en hoe 'oorspronkelijker' de lezer of toehoorder de gelijkenis opvat, des te directer ontmoet hij de gelijkenisverteller zelf. Hoe 'logisch' een gelijkenis op zichzelf ook verteld kan worden, dat is allemaal te danken aan de visie van de auteur die het bedacht, of beter gezegd *gevonden* heeft; het is *zijn* geloof, zijn vertrouwen, zijn begrip, zijn goedheid, zijn ruimdenkendheid die in het verhaal uitgesproken wordt.

Ten diepste hangt de geloofwaardigheid van een gelijkenis helemaal samen met het geloof van de gelijkenisverteller zelf, en doordat het ons bewust maakt van de dwaalwegen van de angst, leidt de weg die het wijst ons ongemerkt tot de persoon van degene die het ons voordraagt. Hij alleen is de reden voor elk geloof; de gelijkenis is niets dan een middel om het absoluut onmiddellijke, de basis van het eigen geloof aan de hoorders mee te kunnen delen.

Iedereen kent de ervaring als hij – bijvoorbeeld – een roman van de Russische schrijver F.M. Dostojewski leest. Hij zal steeds weer even stoppen met lezen en het portret van de schrijver op de achterkant van de omslag bekijken. Men heeft aan één stuk door gelezen en het is alsof men hele stukken in zijn eigen dagboek gebladerd heeft: wat men ooit beleefd heeft is dus toch te begrijpen! Men is dus toch niet zo helemaal alleen meer met zijn hel en afgrond! Men kan dus toch op deze manier denken en voelen zonder op te houden een mens te zijn! Men beleeft deze grootheid van de schrijver die niet veroordeelt, niet moraliseert, niet dogmatiseert, niemand buitensluit, als een oneindige weldaad; deze schrijver die aan het eind van zijn leven het allesomvattend begrijpen uitriep tot het wezen van het 'Russische', alleen om aan zijn Russische toehoorders, naar aanleiding van een Poesjkin-herdenking, zijn en hun humane missie in schitterende kleuren af te schilderen. Nu, bij de aanblik van zijn afbeelding kijkt men in zijn doordringende, diep liggende ogen onder het hoge voorhoofd – en begrijpt men plotseling uit welk gevaar en welke strijd dergelijke romans ontstaan moeten zijn; dan glijdt de blik langs de foto en staart naar de verte: zelfs als de betreffende uitgave van '*Schuld en boete*' geen afbeelding van de auteur bevat, zullen wij ons bij het lezen toch in toenemende mate een 'beeld' van de schrijver vormen en zelfs als het beeld wat wij dan van hem gemaakt hebben nauwelijks overeenkomt met de foto die we onder ogen krijgen, blijft 'ons' beeld toch altijd 'beter' en 'geloofwaardiger' dan dat honderddertig jaar oude portret uit het tsaristische Rusland, die ons de 'historische' Dostojewski toont, want alleen door ons eigen beeld, dat voor ons ontstaat bij het lezen van zijn werk, spreekt deze verbazingwekkende auteur *ons* aan.

In zoverre is het geen nadeel dat wij van Jezus geen ander 'beeld' hebben dan die beelden waarin hij zelf zijn geloof aan die vaderlijke macht, die wij God noemen, afschilderde om in vertrouwen daarin ons in al onze onmacht, een eigen waardigheid en ruimte, ons eigen menselijk gezicht terug te geven. Alleen al het feit dat hij dichterlijk in plaats van theologisch, door levensechte verhalen in plaats van met kleinzielige gebaren, door open vertellingen in plaats van door dogmatische definities over God sprak, plaatst hem ten allen tijde torenhoog boven de kansels van kerkleraars en docenten die ons van hun katheders toespreken. Zijn gewoonte om in gelijkenissen te spreken maakt zijn persoon zelf tot een gelijkenis: hij begeleidde goedmoedig, hij verschafte ruimte, hij was wijs en begrijpend, mild aanwezig, vol spottende humor, vol zorg waarschuwend, hij riep nadrukkelijk op tot een beslissing – een stroom van menselijkheid, die zoals de Nijl door de woestijn aan de rand van de Sahara onderweg maar naar één ding streeft: de zee! en daarbij in zijn delta-armen een oase van rijk leven vormt.

Zoekt men dichterlijke woorden om de dichter in Jezus te beschrijven, dan kunnen er geen betere en juistere gevonden worden dan de regels van de Libanese dichter Kahlil Gibran over de *dichter,* (K. Gubran, *Mijn wereld en de jouwe,* vertaald door A. C. Swierenga, Katwijk 1984):

> Hij vormt de schakel tussen deze wereld en het hiernamaals, een heldere bron, waaraan de dorstigen zich kunnen laven.
> Hij is de boom, die vast geworteld staat aan de oever van de rivier der schoonheid en die de rijpe vruchten draagt, waarnaar de hongerige harten hunkeren.
> Hij is een kwinkelerende nachtegaal, die met zijn schone zangen degenen sust, die het droef te moede is.
> Hij is een witte wolk die 's avonds aan de einder oprijst en zich steeds uitbreidt, tot hij het ganse luchtruim vult,
> Om zich vervolgens uit te storten over de bloemen van de velden des levens, die hun kelken openen voor deze overvloed.
> Hij is de engel, door de goden gezonden om de mens te onderrichten in de wegen der goden.
> Hij is een stralend licht, dat door de duisternis niet is overmand, dat niet onder de korenmaat geplaatst is en door de wind niet wordt uitgedoofd.
> Astarte, de godin der liefde, heeft de lamp gevuld met olie en Apollo, de god van de muziek, heeft haar ontstoken.
> Hij is een eenzame figuur, gekleed in eenvoud en tederheid.
> Hij zit bij de natuur, waaraan hij zijn inspiratie ontleent, op schoot.
> In de stilte van de nacht is hij wakker en wacht op het neerdalen van de geest.
> Hij is een zaaier, die de zaden van zijn hart uitstrooit over de velden der genegenheid.
> En de mensheid haalt de oogst binnen om zich daarmee te voeden.

Dat is de dichter,
Die bij zijn leven door de mensen niet wordt opgemerkt
En die pas wordt erkend, als hij de wereld heeft verlaten om terug te keren naar zijn hemels thuis.
Hij vraagt niets anders van de wereld dan een glimlach.
Zijn geest stijgt op en vult het firmament met fraaie uitspraken en schone visioenen.
En toch ontzeggen de mensen hem toevlucht en onderhoud en zichzelf zijn stralende luister.
Tot wanneer zullen de mensen blijven slapen?
Tot hoelang zullen zij degenen blijven verheerlijken, die een grote naam verwierven, doordat zij bepaalde ogenblikken wisten uit te buiten?
Hoelang nog zullen zij diegenen schuwen, die hun schoonheid schenken, teken van liefde en rust?
Tot wanneer zullen de mensen de doden en degenen die doden, eren en diegenen hoog verheffen, die anderen de nek doen buigen onder het juk der verdrukking?
Tot hoelang zullen zij de levenden vergeten, die in de duisternis van de nacht het licht van hun ogen uitstorten om jullie de luister van de dag te tonen, degenen die hun leven doorbrengen in ellende en zichzelf als brandende kaarsen opteren om het pad te verlichten voor de onwetenden en hen op de weg des lichts te leiden, opdat geluk en verrukking hun deel mogen worden?
Dichter, jij bent het leven van dit leven en jij hebt over de eeuwen gezegevierd ondanks hun gestrengheid.
Dichter, eens zul jij de harten regeren en daarom kent jouw rijk geen einde.
Dichter, aanschouw je doornenkroon. Daarin besloten ligt een lauwerkrans.

b. Wondergenezingen – of: gekomen als 'dokter voor de zieken' (Marc. 2:17)

α. *Over poëzie en therapie – of: over de bevrijdende kracht van de waarheid*

Jezus had dus een *dichterlijke* natuur en alleen al daardoor was hij een wegwijzer naar het antwoord op beslist de grootste nood in onze tijd: de sprakeloosheid van het religieuze taalgebruik onder de stortvloed van woorden van ambtelijke rituelen en 'belijdenis'formules.

Wat zou het anders gesteld zijn met het religieuze bewustzijn in deze tijd, als de *openheid* en de *bereidheid tot begrip*, als de *menselijkheid* van al het *dichterlijke* taalgebruik niet sinds eeuwen en eeuwen onder het dictaat van voortdurende morele en dogmatische censuur afgeleerd was! Het huidige resultaat van kerkelijk vereiste officiële terminologie kan iedereen zelf beoordelen: wat woorden als 'verdrijving', 'vreemde' en 'gericht' betekenen, leren de mensen tegenwoordig, als het niet uit de politieke realiteit is, dan wel des te meer uit de anti-verhalen en romans van F. Kafka in plaats van uit de oertijd-mythen van het bijbelse Genesis; wat *'exodus'* betekent leert *Peer Gynt* van Henrik Ibsens aan de meeste mensen zelfs na honderd jaar nog veel indringender dan het gelijknamige bijbelboek; Ibsens *Nora* geeft over de positie van de vrouw aan de hedendaagse mens heel wat onschuldiger informatie dan de patriarchale denkwijze van het 'boek der boeken'; en we komen zeker op een boeiender manier iets te weten over de macht van het schuldgevoel uit Ibsens tragedie *'Rosmersholm'* of uit Theodor Fontanes roman *Unterm Birnbaum,* dan uit de gecompliceerde midrasj-achtige uiteenzettingen van de heilige Paulus in de *brief aan de Romeinen*. Kortom: *toneel* en literatuur hebben de kerk vervangen in het bewustzijn van grote delen van de bevolking; het *toneel* heeft het altaar verdrongen, de *bellettrie* de 'blijde boodschap', en dat niet omdat de mensen – in de betekenis die Kierkegaard daaraan geeft – de noodtoestand van het religieuze met esthetisch behagen willen ontwijken, maar integendeel: omdat in de taal van de dichter de fundamentele vragen van het bestaan oprechter, natuurlijker, waarachtiger en sympathieker verwoord worden, dan ooit mogelijk schijnt in de theatrale pathos van de 'godsdienstige' kerkelijke hoogwaardigheidsbekleders.

'Nee!', was de tegenwerping van Oskar Panizza al op de 30e april 1895, gericht aan het gerechtshof waarvoor hij zich vanwege zijn 'godslasterlijke' en 'onnatuurlijke' toneelstuk *'Liefdesconcilie'* rechtvaardigen moest. 'Het doel van de kunst is niet de natuur uit te beelden of er de dichtst benaderende illusie van te geven, maar door de subjectieve bewerking van de natuur in de opvatting van een creatieve kunstenaar, door overdrijving of minimalisering, door ontwikkeling of verjonging, zelfs door het scheeftrekken en de vervorming, ons, de toeschouwers, uit ons evenwicht te brengen, ons te schokken, te interesseren en te verblijden'.

Maar dat is precies wat men in de zelfingenomen en zelfverzekerde kerkelijke 'verkondigingsfrasologie' mist. Ze riskeert niets. Ze is de taal van zelfvoldane mensen, van hyper-voorzichtigen, mensen die het niet meer hoeven te zoeken, maar het allemaal al hebben, – de *administratief-bestuurlijke* ambtenaars van de religie bij uitstek, en alleen daarom al de on-dichters, de *om*dichters van elke menselijke nood in pose in plaats van poëzie, in frasen in plaats van fantasie, in theorieën in plaats van visioenen. Geen 'geestelijke' autoriteit kan zich de onrustbarende, onzeker-makende, schokkende, revolutionaire openheid van een echt *dichterlijke* visie op wereld en mensheid veroorloven. Om haar leden te bevestigen in de vereiste middelmaat van een maakbaar en beheersbaar gemiddelde, moet iedere 'onderwijzende instantie' proberen de 'scherpe kantjes' eraf te halen; alles wat ongewoon is, alles wat echt nieuw is, alles wat nog nooit zo gezegd is, wordt noodzakelijk ervaren als een bedreiging, een aanmatiging, als oproer en zo zal er alleen al uit 'pastorale' motieven (weer zo'n echte theologen-uitspraak!) naar gestreefd worden de 'kerkelijke leden' alle opwinding te *besparen,* die onlosmakelijk verbonden is met het lezen of zelfs met het creëren van echte literatuur, om nog maar te zwijgen over de reële emoties die Jezus van Nazareth losmaakt.

Maar heel opmerkelijk, terwijl *de literatuur* de moed heeft, juist de verborgen en verbogen, de verzwegen en ontbrekende gedachten en gevoelens van de mensen aan te spreken en bewust te maken, bereikt ze iets wat Aristoteles al goed gezien heeft. De tragedie, vond hij, mag de mensen aangrijpen en schokken, ze leidt daardoor tot een soort zelfreiniging van het gemoed. In het drama wordt plaatsvervangend en exemplarisch doorstreden en doorleden, wat ook, als conflict en complex, eigen is aan de toeschouwer. De fascinatie voor literaire materie en de dichterlijke bewerking daarvan ligt juist in de toespelingen, het intuïtieve, het dominante dat erom vecht het woord te krijgen tegen de hindernissen van de culturele, religieuze en maatschappelijke taboe-vorming en verboden in. Het was een leerling van Freud: Otto Rank, die als eerste in de twintigste eeuw, deze ten diepste therapeutische werking van de literatuur herontdekte en (in het kader van het Oedipus-complex) overeenkomstig naar waarde wist te schatten.

Vanuit dat standpunt is het niet moeilijk een *tweede* feit te begrijpen, wat op zich onomstreden is, ondanks de vele legendarische berichten daarover in de evangeliën: dat Jezus mensen *genezen* heeft, dat hij het 'wonder' van de genezing tot stand bracht. Beide feiten worden over het algemeen afzonderlijk van elkaar beschouwd: Jezus heeft gelijkenissen verteld en hij heeft zieken gezond gemaakt. Maar wat als het bij elkaar zou horen? Wat als Jezus in de eerste plaats *als dichter 'arts'* geworden is, doordat hij op zo'n manier over mensen en tegen mensen sprak dat het op de aangegeven manier genezend en heilzaam werd voor degenen die zo aangesproken werden en doordat hij omgekeerd zijn manier van spreken vormde naar de behoefte van de mensen die hij in hun ziekten en noden leerde kennen?

Laten we daarom *de voorwaarden* waaronder literatuur therapeutisch en therapie dichterlijk kan worden nader in beschouwing nemen.

Het is op voorhand duidelijk: het gaat er bij de therapeutische functie van literatuur niet om van de literatuur te verwachten dat ze de mensen van praktische adviezen dient voor hun moeilijkheden in alle levensomstandigheden, – dat zou juist geen poëzie noch therapie zijn, maar propaganda en hersenspoeling. En toch lukt het dichters, verhalen te bedenken waarin de mensen zichzelf weer terug kunnen vinden; en dit aanbod van bewustwording van het onbewuste, dit avontuur van ontmoeting met iets nieuws waarin toch iets oerouds weerspiegelt, verdrongen uit de kindertijd van de individuele mensen, uit de oertijd van de mensheid, vormt het aantrekkelijke van literatuur. Iedereen merkt het: hier wordt hij met iets geconfronteerd, wat hij maar al te lang uit de weg is gegaan; nu moet hij een standpunt innemen. Daarin ligt op zich beslist nog geen genezend effect. Maar zoals de klassieke freudiaanse psychoanalyse uit drie stappen bestaat: herinneren, herhalen en verwerken, kan het bezig zijn met literatuur ongetwijfeld de beide eerste stappen bevorderen en stimuleren. 'Zijn novellen en verhalen bevatten alles wat ik zelf ook zou willen zeggen', verklaarde hiermee corresponderend S. Freud over de werken van de arts en literator Arthur Schnitzler, 'alleen *beter*, het doet menselijker aan'. Terwijl de beste psychoanalytische verklaring nooit iets anders zal zijn dan een werk- en hulpmiddel op de weg naar begrip, geeft *literatuur* deze weg tot begrip vanzelf prijs en begeleidt de zoekende een heel eind verder op deze weg.

Het hoeft daarbij echt niet zo te zijn dat de literator persoonlijk in staat zou zijn de innerlijke dramatiek, het 'script' van zijn psychodrama analytisch te *motiveren*; het is voldoende dat het de hulpeloosheid van de acteurs ten opzichte van het gebeuren van hun eigen onderbewuste invoelend *afschildert*.

Nemen we als betrekkelijk triviaal, maar daardoor overzichtelijk en aangrijpend voorbeeld de zwartwit film *Der träumende Mund*, die Paul Czinner in 1932 met *Elisabeth Bergner* in de hoofdrol gemaakt heeft, – ondanks alles een meesterwerk van de Duitse filmgeschiedenis. Daarin worden de lotgevallen verteld van een vrouw, die door haar man, een musicus, op een uitermate goedwillige wijze met zorgen omringd wordt; *zij* blijft voor hem een eeuwige dochter: lief, bleek, gehoorzaam, hulpbehoevend en dankbaar, *hij* echter is voor haar zoiets als een geboren kelner: een bedreven organisator en compagnon, zeker, maar toch: geen kunstenaar, niet iemand waar ze tegen op kan kijken of waarvan ze zijn grootsheid zou kunnen bewonderen en vereren! Dit arrangement dat al lang bestaat en op grond van inertie ook nog wel geruime tijd van hun leven zou kunnen duren, valt uit elkaar als een oude studiegenoot van haar man, die intussen een beroemde vioolvirtuoos geworden is, een concert geeft en aansluitend bij hen thuis uitgenodigd wordt. De man weet in de verste verte niet hoe hevig verliefd de vrouw allang op deze vioolspeler geworden is, al op het eerste gezicht, verrukt door de muzikale voordracht, en hoe heftig ze met haar gevoelens strijdt; het helpt haar niet dat ze een zware migraine-aanval voorwendt, dat ze weigert deze gevaarlijk aantrekkelijke man te ontmoeten, – op bevel van haar echtgenoot moet ze naar beneden om zijn oude bekende en haar al geheime liefde te begroeten; deze herkent in haar echter ogenblikkelijk de vrouw die hem al gedurende het concert onafgebroken aankeek en hem zelfs in de garderobe achterna gelopen scheen te zijn. Herinneringen aan een ongelukkige liefde komen bij hem boven, die hem sinds jaren tot een verstokte vrijgezel en afkerig van het huwelijk gemaakt hebben. Oud zeer mengt zich met nieuwe hoop, terwijl zijn vriend er nietsvermoedend alles aan doet om hem nader kennis te laten maken met zijn vrouw.

Het voor de volgende dag nogmaals geplande bezoek aan haar geheime geliefde slaat ze nog wel af, met het bruuske excuus, dat ze dan op het enig mogelijke tijdstip bij haar kapper verwacht wordt; dan echter, zonder dat haar echtgenoot het in de gaten heeft, gaat zij toch naar hem toe; en die middag worden die twee, zich verwerend, beiden brandend van hartstocht, één met elkaar. In de daaropvolgende tijd blijft hun geluk een poosje verborgen. Dan echter, tijdens een bal, waarbij zij dronken van wanhopige uitgelatenheid, haar echtgenoot en zichzelf niet minder, voor de ogen van iedereen langzamerhand belachelijk maakt, begint hij te merken wat zich werkelijk afspeelt tussen zijn echtgenote en zijn vriend en, naar het zich laat aanzien, allang afgespeeld heeft. Hij wordt door een levensbedreigende raadselachtige ziekte overvallen, waarbij hij tijdens het ziekteverloop doof dreigt te worden. Gedurende al die tijd echter verblijft zij onafgebroken aan zijn bed. Ontzet hoort zij, die heimelijk op zijn dood wacht, hoe hij haar tijdens zijn genezingsproces in dankbare ontroering verzekert, zonder haar te willen noch te kunnen leven. Tegen haar gevoel van liefde in, maar in overeenstemming met haar geweten, spreekt ze hem moed in te geloven in genezing, doordat ze zijn verbeterde gehoor interpreteert als het aan de beterende hand zijn en inderdaad wordt de gezondheid van haar man steeds rooskleuriger. Dan ziet ze op een nacht in een droom, hoe ze onder invloed van haar geliefde het nauwkeurig te doseren medicijn in een dodelijke overdosis aan haar echtgenoot toedient. 'Waarom heb je dat gedaan?', vraagt hij haar in de droom op rustige toon. 'Om je niet te hoeven verlaten', geeft ze hem ten antwoord. In werkelijkheid waagt ze het nog maar nauwelijks haar geliefde zelfs vluchtig op te zoeken. De tegenstrijdigheid van gevoelens wordt haar te smartelijk; de tragedie ontknoopt zich. Op een nacht zal de politie een vrouwenlijk uit het water halen. 'Waar kan ik deze brief op de bus doen?', had ze als laatste nog aan iemand gevraagd, maar de dichtstbijzijnde brievenbus lag te ver weg. Op een vel papier in haar jaszak vindt men haar afscheidswoorden aan haar man. Die luiden dat ze aan zijn zijde, de zorgzame en uitermate liefdevolle gemaal, alleen maar onwaardig, lastig en vermoeiend was geweest. En zo nam ze vrijwillig afscheid van het leven om hem eindelijk zijn vrijheid terug te geven. Een jaar van rouw was hem geoorloofd; maar daarna moest hij zijn eigen leven leiden ... Geluk zoeken en vinden. – Al met al, zoals men ziet, een *Anna Karenina* verhaal, alleen van het formaat van een vijfstuiverroman, in de begintijd van de geluidsfilm, afgedaald tot het niveau van een massapubliek. Maar wat een geraffineerde psychologische behandeling van het thema!

Zo'n *film* is het vermelden waard, omdat het relatief gezien beslist maar een minderheid van de bevolking is, die in de stadsschouwburg Ibsens toneelstukken bezoekt of 's nachts Kafka's verhalen en romans leest. Miljoenen mensen zien echter avond aan avond *films* op de televisie en in deze verhalen leven toch, al is het dan zo veel mogelijk verkort en vulgairder, alle voorvallen van dergelijke 'Dromende monden' in de tijdloze tegenwoordigheid verder en wachten op een oplossing. Hoe is er echter een oplossing van dergelijke conflicten mogelijk zonder inzicht in de oorzaken en in de mechaniek van de probleemstelling zelf? Wat Tolstoi in zijn grote roman weliswaar realistisch afschildert, maar door zijn grote ethische enthousiasme zichzelf maar nauwelijks toe kan staan, verschijnt in zo'n 'eenvoudig' filmscript als een bijna vanzelfsprekende kennis, een *basishouding* ten opzichte van het leven: hoe gebroken, tweeslachtig en tegenstrijdig is alles wat mensen willen en doen!

Als men zich de afloop van dit filmverhaal voor ogen haalt, dan ontmoet men al vanaf het begin een volslagen *tragedie* van de goede wil, het *falen* van doelstellingen, hoe verheven ook. Er is een echtgenoot die meent het beste te doen als hij, tot en met zelfverloochening, de (vermeende!) interesses van anderen behartigt; hij merkt niet hoeveel minderwaardigheidsgevoelens hij tracht te verbergen in de rol van: 'Ik ben zo lief voor je'; hij merkt – als de afwijzingen zich opstapelen – nog veel te weinig hoezeer zijn zorg-terreur eraan bijdraagt zich in een bepaald opzicht onontbeerlijk te maken en de ander te beheersen; 'Een *verdrongen* gevoel van onmacht wordt hier *gecompenseerd* door een ontkend streven naar *dominantie*', zou men het in psychologisch taalgebruik zeggen. Maar hoeveel verdriet schuilt er niet achter dergelijk 'technisch' jargon! *Zij* daarentegen vermoedt steeds dat haar man echt niet zonder haar zou kunnen leven; hoe afhankelijk en hulpbehoevend ze zich uiterlijk ook voordoet, innerlijk weet ze dat zij in feite de sterkste is, die zelfs de krachtsinspanning op kan brengen de rol aan te nemen van ondergeschikte, van dienstbode, in plaats van vrouw des huizes. Aan de andere kant bezit zij feitelijk de moed niet haar leven in eigen hand te nemen; wat haar daarbij hindert is echter niet zozeer haar eigen onbekwaamheid, maar veel meer zoiets als een morele plicht tot onderdanigheid en onderworpenheid. Met geen enkel woord echter vermeldt de film welke indrukken *al in de vroege kinderjaren* een dergelijk gedragsschema vast hebben kunnen leggen; – als de betrokkenen het zelf niet weten, waarom zou de toeschouwer het dan moeten weten? Men vermoedt achter dit alles weliswaar een vadercomplex, maar *meer* dan een vermoeden is de kijker blijkbaar niet vergund; zijn positie mag niet beter zijn dan die van de desbetreffende personen zelf. Het is daarentegen *eenduidig* dat de genegenheid van de vioolvirtuoos een bepaald belevingspatroon uit het verleden herhaalt, maar ook hier vernemen we niet waardoor de eigenlijke *drang* tot 'herhaling' in hem gemotiveerd wordt. Des te meer tonen alle drie acteurs van deze film zich gevangenen van impulsen die ze zelf niet begrijpen, uitgeleverd aan motieven die hen ontgaan, als de marionetten van een stuk dat door hen uitgevoerd wordt, zonder dat ze ook maar kans maken op een eigen hoofdrol: *zij* vlucht vooral (op oedipale wijze) juist voor die gevoelens waardoor ze later noodlottig ingehaald zal worden. Met alle kracht die in haar is dwingt ze zich nee te zeggen, daar waar aan haar hele innerlijk een ja ontsnapt. Alleen om des te zekerder, bijna onscrupuleus, de meest netelige situatie te veroorzaken. Maar deze vrouw is juist niet 'onscrupuleus'; het is alleen zo dat alle gevoelens in het getto van eindeloze verdringingen in haar *als het ware vanzelf* hun eigen tegendeel provoceren: op die manier zit ze aan het bed van haar man en wenst hem heimelijk de dood toe, de dood, die ze met woord en daad onder ontzaglijk veel moeite uur na uur zorgzaam weerstand biedt; op die manier is haar onafgebroken verpleging weer een antwoord op een zwaar schuldgevoel over de onuitgesproken wens dat de ander maar zo snel mogelijk aan het lijden zal bezwijken. De doodswens zelf wordt echter gemotiveerd door het onvermogen de ander in zijn ziekte in de steek te laten en hem definitief te verlaten; en aan het eind vervangt en verzoent de zelfmoord de doodswens van de eigen echtgenoot.

Elk woord, vooral *in de afscheidsbrief*, zou men stuk voor stuk uiterst serieus moeten lezen, zoals het er staat en tegelijkertijd in zijn tegendeel! Nooit heeft deze vrouw haar man lastig willen vallen, – dat staat vast; tussen de regels door wijst de brief echter in de richting van het onuitgesproken verwijt dat hij die zo opofferend zijn best probeert te doen, die helemaal niet zonder zijn vrouw zou kunnen leven, haar zelf als onoverkomenlijke hindernis in de weg staat bij het zoeken naar geluk. Want werkelijk: toen hij na een lange ziekte eindelijk gezond dreigde te worden, had hij al een verblijf in Italië voor hen gepland; ze zouden allebei helemaal gelukkig zijn, dacht hij, vooral zij, die helemaal uitgeput was door de martelende verpleging, zou dan weer helemaal bijkomen; ze zou, schilderde hij haar voor ogen, uit overmoed kopje gaan duikelen en inderdaad begon ze, als in vooruitgrijpende gehoorzaamheid en tegelijkertijd in slecht verborgen hoon, er al mee voor zijn bed de ene na de andere koprol te maken. Zijn gezondheid, zijn niet-sterven werd identiek aan *haar* sterven. Maar juist daarop kon ze tegenover hem met geen lettergreep zelfs maar zinspelen. Had ze hem dan moeten zeggen, *mogen* zeggen dat zij die ander, zijn oude vriend, met verstikkende, want verstikte hartstocht liefhad? Maar ook tegenover haar vriend was zij verplicht zich te onthouden van elk afscheidswoord. *Zwijgend* vertrekt ze uit zijn leven, alleen om hem des te smekender te zeggen dat alleen hij haar leven had kunnen zijn, als hij niet, geshockeerd door zijn oude teleurstelling, de hele tijd zo terughoudend en aarzelend was gebleven.

Haar man zal haar brief lezen en niet begrijpen. Hij zou nooit begrijpen, dat zijn ziekte een laatste en uiterste poging was haar aan hem te binden, – als het dan niet door liefde was, dan tenminste door medelijden; hij zal er niet achter komen dat *zijn genezing* de eigenlijke reden was voor *haar heengaan*; hoe zou hij ook tegenover zichzelf kunnen toegeven dat haar 'vrijwillige' dood uiteindelijk aan de onvrijheid in zijn nabijheid een einde zou maken, waar hij zich toch altijd en voortdurend beijverde om al het mogelijke voor haar te doen?

In deze film over een klassieke driehoeksverhouding, *zegt* geen mens wat hij denkt, *doet* geen mens wat hij zou willen, *voelt* geen mens wat hij zou moeten voelen en *leeft* geen mens echt als degene die hij is. Maar wat moet er gebeuren als het hele leven tot en met ziekte en dood uitloopt op één complete leugen?

Let wel, noch de beste dichterlijke bewerking van een dergelijke stof, noch Goethes *Natuurlijke verwantschap,* evenmin als Jozeph Roths dromerige novelle over de *stationschef Fallmerayer*, is in staat voor een dergelijke probleemstelling een geldige, voor alle mensen bevredigende oplossing aan te dragen. En toch ligt er ten diepste al een therapeutisch moment in de menselijke geloofwaardigheid van het getoonde karakter zelf. Zoals een droom ertoe kan bijdragen dat men zichzelf beter begrijpt, zo kan een goed verteld verhaal erbij behulpzaam zijn zichzelf onverbloemder en oprechter waar te nemen. Zoals bij een slechts half begrepen droom, groeit ook bij wat belangrijk wordt gevonden in een novelle of toneelstuk *de behoefte* om over zichzelf *te praten* en tenminste aan *één* persoon op aarde de hele waarheid over zichzelf te vertellen.

Het is niet alleen zo dat men – naast een veelheid van persoonlijke dromen – in een *psychoanalytische therapie* altijd weer komt te spreken over wat men heeft gelezen of gezien in literatuur of bioscoop; niet zelden echter geven bepaalde romans of films moed om eindelijk over bepaalde thema's *te praten.* Stof als *Der traumende Mund* werkt door in het onderbewuste, het roept iets op, of men dat nu wil of niet, het roept op z'n minst op innerlijk alle dialogen te voeren die in de film niet tot stand kwamen.

Bovendien: de vraag naar de mogelijke '*schuld*' van de hoofdpersonen verschuift van het moralistische naar het *existentiële*, men komt toch heel snel tot de erkenning dat de kern van al hun tragische verwikkelingen ermee te maken heeft dat geen van hen in harmonie leeft met zichzelf; als *die echtgenoot* niet zo zijn uiterste best deed, *plaatsvervangend* in zijn vrouw of in zijn vriend te leven, in plaats van zelf te bestaan, dan zou een huwelijk aan zijn zijde niet zo'n kwelling zijn, dan was hij in geval van nood tenminste bestand tegen de openlijke mededeling van een scheiding van de kant van zijn echtgenote, dan vereiste de chantage door zijn ziekte niet zo'n beslissing van haar tussen ik of jij, tussen zijn of niet-zijn, tussen moord of zelfmoord. En aan de andere kant: als *zij* een beter ontwikkelde persoonlijkheid was geweest, – rijper, onafhankelijker, zelfbewuster, besluitvaardiger –, dan had ze allang de relatie tot haar echtgenoot in orde kunnen brengen en zou ze niet, als het ware gehypnotiseerd, in de ban van de beroemde violist gekomen zijn, van wie men vanuit psychoanalytisch gezichtspunt aan moet nemen dat hij met zijn overmacht haar vader vertegenwoordigt. Maar ook *hij*: als hij in staat was geweest zijn verhouding tot vrouwen (tot zijn *moeder*!) op te helderen, dan zou hij niet zo tweeslachtig geworden zijn om tegelijkertijd verlangend en afwijzend te reageren op de liefdesbetuiging van een vrouw die hem bewondert...

Als, als, als...! Doordat de gehele literatuur verhalen vertelt die zich in een irreële ruimte afspelen, daagt ze de lezer, de toeschouwer er regelrecht toe uit zelf het gebied van de bekende en vertrouwde werkelijkheid te overschrijden en in het eigen leven, ondanks alles, mogelijkheden om problemen te begrijpen evenals alternatieven voor de oplossing. En dit spel van mogelijkheden wordt plotseling serieus: kan men het nog langer bij zo'n 'als, als, als', laten wanneer stap voor stap aangetoond wordt hoe fataal het negeren van bepaalde conflicten kan zijn? Zowel in het besef: hier gaat het om *mijn* zaak, alsook in de daarmee samenhangende verhoging van de '*lijdensnood*' in de 'diagnose', evenals in de bereidheid nog energieker dan tevoren aan zichzelf *te werken*, pleegt de literatuur zo'n *therapeutisch effect* teweeg te brengen.

In deze eeuw heeft men geheel opnieuw de therapeutische mogelijkheden herontdekt die in *muziek en dans*, meer dan in andere therapeutische middelen verborgen liggen; en terecht. Vijfhonderd jaar *voor* Christus waren het al de *Pythagoreërs,* die in de muziek een uitdrukkingswijze zagen van de harmonie van de wereld; ze probeerden de pijnlijke disharmonie van een *ziektetoestand*, die ze zagen als een *wanverhouding tussen lichaam en ziel*, onder andere met *muzikale* middelen te behandelen. Men kan zich slechts met moeite voorstellen hoe radicaal *het christendom* de buitengewoon diepe inzichten van de 'heidense' antieke oudheid in de psychische verbanden onderdrukt heeft en bijna tweeduizend jaar lang in een archaïsch bijgeloof met veel duivels en demonen terug heeft doen vallen! Het was daarom wel onvermijdelijk dat tegelijkertijd met de genezing door dromen in de psychoanalyse, ook de genezing door de muziek herontdekt werd.

En eveneens de genezing door het *schilderen*: het is niet om het even welke schilderijen aan de muren bij een neuroloog of in een psychiatrische inrichting hangen. Voor veel patiënten is *schilderen* de enige manier om uitdrukking te geven aan hun nachtmerries, en hun schilderijen zijn niet zelden 'sprekender' dan alles wat ze in woorden uit kunnen drukken. Anderen daarentegen leren, misschien wel voor de eerste keer in hun leven, wat bepaalde kleuren, vormen en voorstellingen henzelf te zeggen hebben. Het bekijken van schilderijen is niet alleen een oefening om beter te leren kijken, maar ook een vorm om zichzelf beter te leren kennen.

Literatuur als therapeutisch middel te gebruiken, veronderstelt wel al een zekere vertrouwdheid met woorden en een dergelijke therapievorm vindt onder deze voorwaarden haar versterking of begrenzing, maar dan kan alleen al *het lezen* van literatuur een heilzame werking ten gevolge hebben.

Een docent filosofie leed er bijvoorbeeld tijdens het weekend onder, als hij niet meer bezig was in het academische wereldje, zich regelmatig voor een soort *horror vacui* geplaatst te zien. In deze situatie bleek het een uitermate nuttig voorstel zich eens aan niet-vakgerichte literatuur te wagen, met vertellers als Toergenjev of Tsjechov. Weliswaar vermeldde hij na de eerste paar keer nog met een absurde trots dat hij het 'gepresteerd' had in twee dagen meer dan tweehonderd bladzijden te lezen. Het werd hem echter steeds duidelijker, dat het geen zin heeft gevoelige natuurbeschrijvingen, liefdevolle karakterschetsen of de zich langzaam ontwikkelende plot in een novelle alleen als kwantitatieve 'prestatie' naar binnen te schrokken. Voor de eerste keer in zijn leven werd hem alleen door het soort lectuur schokkend duidelijk hoe hij gewoonlijk met zijn tijd, met de mensen om zich heen en met zichzelf omging. Het bleek voor hem bijzonder moeilijk zoiets 'volslagen nutteloos' als de eindeloze beschrijvingen van de Russische steppe of de modderige straten van de Siberische dorpen op zich in te laten werken. 'Wat een tijdverspilling'. Juist deze 'doelloosheid' echter, die toch tot het wezenlijke van de literatuur behoort, ontwikkelde zich voor hem al spoedig tot de eigenlijke 'debetpost' van zijn *leestherapie*. Tot op dat moment had hij soms zelfs college gegeven over 'vrije tijd' (in het Latijn: *otium*) in het kader van de epicurische en stoïcijnse ethiek; maar hij was nog nooit zover gekomen zichzelf zo'n tijd van louter inkeer en zuivere beschouwing te veroorloven. Natuurlijk werd hij gefascineerd door Toergenjevs *Verhalen* met hun zwaarmoedige filosofie; zeker bezorgde Tsjechovs *De steppe* ook hele nieuwe inzichten in de breekbare menselijke relaties en de menselijke inspanningen. Maar belangrijker dan dat alles was alleen al het feit dat hij zich sowieso met literatuur bezighield. De waarde van een afzonderlijk woord, de betekenis van een vluchtig gebaar, de kostbaarheid van een detail uit de natuur, het mislukken van een hele levensloop door een schijnbaar kleine toevalligheid – niets kon voortaan in zijn ogen meer zo blijven als het hem voorheen scheen. Eerst veranderde de literatuur zijn levensinstelling, daarna zijn hele leven. – Daarbij, maar dit terzijde, was het niet goed denkbaar op welke manier men anders bij zijn gesloten karakter had kunnen komen.

Alles pleit er derhalve voor de stadsbibliotheek, de muziekbibliotheek en videotheek ook eens samen te stellen vanuit *therapeutisch* oogpunt en in therapeutische inrichtingen individuele patiënten bepaalde boeken te laten lezen, om ze als het ware als een medicament in te nemen. Daartoe hebben we evenwel een vorm van *religie* nodig, die het effectiviteitsdenken van onze samenleving fundamenteel in twijfel trekt.

Deze gedachte is allesbehalve nieuw. Toen Hermann Hesse bijvoorbeeld boeken recenseerde, gebeurde dat nooit om in de stijl van het 'literaire kwartet' van de Duitse televisie het levenswerk van mensen ter vermaak van het publiek te beoordelen of te veroordelen. Als hij een boek 'besprak' was Hesse's wens erop gericht de lezer ergens op te wijzen dat hem zou kunnen helpen zijn leven beter te begrijpen en het gemakkelijker te doorstaan. Was het daarom verwonderlijk dat zijn eigen romans en verhalen door miljoenen mensen onthaald werden alsof ze voor hen persoonlijk geschreven waren? Vooral na de verschijning van het *Het kralenspel* kon Hesse zich de daarop volgende twintig jaar niet meer in veiligheid brengen tegen de stroom van brievenschrijvers en indieners van verzoeken; de beantwoording van post die dagelijks over hem heenstortte, vergde al zijn arbeidskracht; en de vier banden waarin tegenwoordig, al is het maar een fractie van zijn antwoordbrieven verzameld zijn, vormen een uniek document van hoe een literair werk openbloeit tot een directe vorm van levenshulp en levensbegeleiding.

Hierbij vormt wat Hesse overkwam weliswaar een uitzondering in de literaire wereld; toch is het over het algemeen niet mogelijk literatuur te lezen *zonder* in beide richtingen te zoeken naar de mens die voor het boek zit en naar de mens die *erachter* steekt: doordat de lezer zichzelf door het literaire werk aangesproken voelt, treedt hij onvermijdelijk in een innerlijk gesprek *met de auteur*. Toen we daarnet beweerden dat *de gelijkenissen* waarmee *Jezus* bij zijn toehoorders een bepaald religieus vertrouwen tot stand wilde brengen, alleen geloofwaardig waren door zijn eigen geloof als verteller van de betreffende geschiedenis, dan moeten we nu zeggen dat het in feite de persoonlijkheid van de auteur zelf is, wiens begrip, invoelingsvermogen en betrokkenheid bij de lezer zoiets uitstraalt als de toestemming om te leven.

De situatie is in zekere zin omgekeerd symmetrisch aan het uitgangspunt van een analytisch uitgevoerde psychotherapie: terwijl deze in werkelijkheid draait om de dromen van de cliënt, is het bij het lezen van literatuur het werk van de auteur dat de lezer interesseert. Zowel lezer als cliënt ontmoeten echter in de gestalte van de auteur, evenals in de persoon van de therapeut, een gesprekspartner die zich *onttrekt*: een analyticus onthoudt zich gedurende de therapie van elke raadgeving, elke censuur, elke manipulatie, hij spoort er alleen toe aan om verder te dromen, verder te zoeken, nog eerlijker te zijn. Datzelfde echter wil ook de auteur van een boek als hij een literator is; juist dat maakt ze *vergelijkbaar* met elkaar. Het verschil tussen auteur en therapeut ligt alleen in het uitgangspunt: *een literair werk* nodigt de lezer uit de collectieve 'dromen' van de auteur persoonlijk mee te maken en daarin zijn persoonlijkheid beter te leren kennen; in de *psychotherapie* nodigt de therapeut zijn cliënt uit om zelf als auteur zijn eigen verhalen te vertellen, met de belofte ze zo zorgvuldig, onbevooroordeeld en begripsvol te 'lezen' als maar enigermate mogelijk is. We zeggen niet teveel als we de psychotherapie karakteriseren als een omgekeerde vorm van literatuur, respectievelijk de literatuur als een omgekeerde vorm van de psychotherapie. Beide vormen de tegenpolen van één en dezelfde reeks van pogingen tot het terugwinnen en tot *genezing*, tot het bewaren en het waarmaken van het menselijke.

β. *'Hij... legde hem de handen op' (Marc. 8:23) – of: over de genezende kracht van het goede Drie voorbeelden: Gerasa (Marc. 5:1-20), Betsaïda (Marc. 8:22-26) en Kafarnaüm (Marc. 2:1-12)*

We beschreven al, wat voor 'magische kracht' er in de woorden en in het bijzonder in de *gelijkenissen* van Jezus lag; en als het Nieuwe Testament ons nu verder vertelt dat Jezus in staat is geweest *zieken* te *genezen*, dan zal dat ons nu niet langer verbazen. Eigenlijk gaat het toch, zoals we gezien hebben, alleen maar om de *logische uitwerking* van zijn totaal dichterlijke manier van spreken en omgang met mensen.

Natuurlijk, alleen al deze eenvoudige veronderstelling zal op heftige tegenspraak stuiten. De kerkelijke 'geloofsleer' heeft er niet alleen vanouds een natuurlijke interesse in gehad, ze heeft het echt voor elkaar gekregen, in het bewustzijn van het overgrote deel van haar gelovigen van de eenvoudigste dingen een goddelijk 'mysterie' in strikte 'zin' te maken. Daartoe staat de mededeling van de evangelisten centraal, dat Jezus mensen genezen en uit bepaalde noden bevrijd heeft. Dus, verklaart de kerk, Jezus heeft *wonderen* gedaan; en dan barst het los: een 'wonder' – dat is het doorbreken van het natuurlijke verband van oorzaak en gevolg; dat is een daad die alleen God als de almachtige schepper der dingen kan bewerken, dat bewijst bijgevolg dat Jezus zelf een goddelijke natuur had, dat God in hem als God de Zoon mens werd... De genezingswonderen van Jezus documenteren en demonstreren dus het *absolute verschil* tussen de daden van Jezus en de daden van mensen.

En dat is welbeschouwd nog maar de *'christologische'* kant van de 'verklaring'. Daarnaast is er nog de *'ecclesiologische'* (op de kerk betrokken) zienswijze. De *kerk* namelijk, moet men weten, *is* de 'voortlevende Christus zelf', wat daarom van 'Christus' geldt, geldt ook van de kerk. Ook zij moet 'delen' in het goddelijke mysterie *wonderen* te verrichten. Nu zijn echter, zoals iedereen weet 'wonderen' intussen uiterst zeldzaam geworden, – ons wereldbeeld is ingrijpend veranderd, men ziet in de 'natuur' niet langer de manifestatie van een opperste 'macht', maar eerder de werking van een hoogst merkwaardig samenspel van bepaalde wetten en een grote dosis toeval. En zo is de kerk ook 'veranderd'. Haar 'wonderbaarlijke' kant bestaat sindsdien uit haar bevoegdheid, – niet zozeer om *zieken te genezen*, als wel om *sacramenten* uit de delen, dus bijvoorbeeld door de woorden van een priester van de *roomse kerk* gedurende een 'misoffer' de 'gaven' van brood en wijn in de substantiële tegenwoordigheid van het 'vlees' en 'bloed' van Christus te 'veranderen' of door de woorden van de 'absolutie' uit de mond van een dergelijke priester 'zonden' 'kwijt te schelden' en dergelijke. Maar hoe bizar het roomse sacramenten-ritualisme daarbij ook uitvalt en hoe weinig 'wonderbaarlijk' de daarin verborgen aanspraak op macht ook mag lijken, men heeft evenwel op *dit* punt heel juist gezien, dat er in het optreden van Jezus feitelijk een *diepe analogie was tussen spreken en werken*, tussen de 'benoemende' en het 'benoemde', tussen 'woord' en 'sacrament' (in de oorspronkelijke betekenis).

We hebben er al in het eerste deel van *Geloven in vrijheid* op gewezen dat alle archetypische beelden die aan de 'sacramenten' van de (roomse) kerk ten grondslag liggen, hun eigenlijke effect pas sorteren als ze fungeren als levende uitdrukking van een persoonlijke, menselijke ontmoeting. Het gaat er niet om om bij het altaar het misoffer te vieren, het komt erop aan dat een mens de ander zo 'moederlijk' benadert dat hij zich van de schuldgevoelens van het bestaan bevrijden kan (*Geloven in vrijheid*, deel 1); het komt er niet op aan met een sacramentele formulering de ander te willen verzekeren van de 'vergeving' van zijn 'zonden' en evenmin van 'tijdelijke en eeuwige straffen voor zonden', maar hem daartoe te leiden dat hij zichzelf vergeven kan. Toen we zojuist beweerden, dat de therapeutische dimensie van de literatuur in haar *waarachtigheid* ligt, dan moeten we er nu aan toevoegen dat een mens alleen waarachtig ten opzichte van zichzelf en anderen kan zijn als hij een mens ontmoet die hem accepteert *in alles* wat hij gedaan heeft. Er kan zowel in de literatuur als in de psychotherapeutische behandeling (of in elke andere vorm van menselijke ontmoeting) geen waarachtigheid zijn die zonder goedheid is. Een waarachtigheid zonder goedheid heeft zo ongeveer dezelfde uitwerking als sectie op een lijk, niet als een operatie ter genezing van een ernstig verziekt lichaam. Een waarheid is alleen behulpzaam en genezend als ze tot stand komt in een sfeer van onbevooroordeelde *goedheid*. Ook de haat kan een scherp gezichtsvermogen hebben, maar haar doel is verwoesting; ook het intellect kan inzicht geven, maar het resultaat, eenzijdig geformuleerd, is niets dan een emotieloze constatering van feiten, geen motief voor 'verandering'; alleen een waarheid die uit goedheid en vertrouwen geboren wordt, is echt heilzaam en genezend.

Helaas voor het kerkelijk sacramentalisme en dogmatisme, maar gelukkig voor de mensen heeft Jezus zelf in de genezingen die hij bij zieken tot stand bracht, volstrekt niets 'wonderbaarlijks' tot stand willen brengen door goddelijke almacht die alleen aan hem voorbehouden was. Integendeel. Als hij in het zesde hoofdstuk van het *Marcus*-evangelie de discipelen naar de dorpen van Galilea uitzendt, draagt hij hen uitdrukkelijk op, dat ze, *net als hij* 'zieken' zouden 'genezen' en 'demonen uitdrijven' (Marc. 6:7 + 13).

Deze scène kan beschouwd worden als een algemene karakterisering van Jezus' hele manier van optreden, ze maakt *één ding* heel duidelijk: alles wat Jezus deed, gold nooit de huldiging van zijn persoon, het was te allen tijde als een voorbeeld dat vorm aanneemt in degenen die het begrijpen. Als het hier dus om de betuiging van zijn 'almacht' gaat, dan is het alleen de 'almacht' van de goedheid zelf. *Deze* 'maakte' het in de persoon van Jezus mogelijk dat bijvoorbeeld een vrouw als *Maria van Magdala* 'uit wie zeven demonen waren weggegaan' (Luc. 8:2) aan zijn zijde aan zichzelf teruggegeven werd.

'Zijn mond' laat K. Gibran, (*Jezus de zoon des mensen*, vertaald door C. Verhulst, Wassenaar, 1981) deze vrouw zeggen, om het wonder van haar zelfontdekking te beschrijven:

> was als het hart van een granaatappel en de schaduwen in zijn ogen waren diep.
>
> En hij was zacht als een man die zich bewust is van zijn eigen sterkte.
>
> In mijn dromen zag ik de koningen der aarde vol ontzag voor hem staan.
>
> Ik zou iets willen zeggen over zijn gelaat, maar hoe kan ik?

Het was als een nacht zonder duisternis, en als een dag zonder het rumoer van de dag.

Het was een droevig en toch ook een blij gelaat.

En ik herinner me heel goed, hoe hij eens zijn hand uitstrekte naar de hemel, en zijn uitgespreide vingers waren als de twijgen van een olm.

En ik herinner me hem, lopend door de avond. Hij wandelde niet. Zelf was hij een weg boven de weg, zoals een wolk boven de aarde, die neer wilde dalen om de aarde te verfrissen.

Maar toen ik voor hem stond en tot hem sprak, was hij een man, en zijn gelaat was krachtig. En hij zei tegen me: "Wat wil je, Miriam?"

Ik antwoordde hem niet, maar mijn vleugels omhulden mijn geheim, en ik werd warm.

En omdat ik zijn licht niet langer verdragen kon, keerde ik mij om, maar niet met schaamte. Ik was alleen maar verlegen, en wilde alleen zijn, met zijn vingers op de snaren van mijn hart.

Maria van Magdala was voordat ze Jezus ontmoette, volgens de bijbelse overlevering, innerlijk zo verscheurd dat wij het herkennen als een psychose: alle mogelijke stemmen spreken in de ziel van een mens door elkaar, er is geen 'ego' dat de verschillende complexen, dat wil zeggen de verschillende energetische voorstellings- en motivatiecentra, zou kunnen ordenen en zinvol op elkaar kunnen afstemmen en de onmacht van het eigen 'ego' slaat met een voortdurende angst terug op het innerlijk. Niemand die naar zo'n persoon luistert, weet wie er tegen hem praat – de vader, de moeder, de 'opvoeders', ze hebben allemaal al op de persoon van het kind ingepraat totdat het niets anders meer was dan de geluidsdrager van een geroezemoes van frasen die alle automatisch inspelen op bepaalde trefwoorden en situaties. *Maria van Magdala* moet zich door Jezus op zo'n wijze toegesproken en aangesproken hebben gevoeld, alsof het alleen haar gold. Noemt men het *liefde*, als iemand zich in zijn bestaan zo gekoesterd voelt als men het sinds de kindertijd nodig heeft gehad, maar nooit ervaren? K. Gibran had een goede intuïtie, toen hij de gestalte van Jezus in de ogen van Maria uit zag groeien tot een 'koning', tot een 'heerser' van het rijk van menselijkheid, niet van macht. Vader, vriend en metgezel – alles tegelijk werd Jezus voor haar, doordat hij haar ego vanuit de gebrokenheid samenvoegde, hij werd de harpspeler van haar ziel, de wind in haar haren, het licht in haar ogen. Hij was de plaats waarop ze het dichtst naderde tot het geheim van het leven zelf.

Dit waren het soort 'genezingswonderen' van Jezus. Hij vertrouwde dermate op God dat hij de angst van de mensen overwon; hij maakte zich transparant tot aan de hemel, zodat de mensen zich door hem uit het donker in het licht gesteld voelden, zijn manier om in God te 'geloven' was identiek met het geloven in mensen, in ieder individueel. Zijn 'wonderen' waren geen demonstraties van zijn goddelijkheid, maar als ze iets waren, dan waren het 'manifestaties' van God in de vorm van doorleefde menselijkheid.

Zeker, reeds de vroege evangelietraditie en bovenal de evangeliën zelf hebben er veel toe bijgedragen de persoon van Jezus naar de verwachting van de toenmalige geadresseerden samen te stellen en te standaardiseren. Om de betekenis van de man uit Nazareth *voor de joden* in het juiste licht te plaatsen, kende men hem wondermotieven toe uit de legenden rond Mozes, Elia of Elisa: ook Jezus zou brood vermeerderd hebben (2 Kon. 4:39-44; Marc. 6:30-44; Marc. 8:1-9), de zoon van een weduwe uit de dood opgewekt hebben (2 Kon. 4:8-37; Luc. 7:11-17), de golven van de zee gestild (Ex. 14: 1-31; Ps. 29:3; Ps 114:3; Marc. 4:35-41) en de dood overwonnen door de hemelvaart (2 Kon. 2:1-18; Hand. 1:1-14). Om de grootheid van de Nazareër voor de *hellenistische* kringen behoorlijk uit te laten komen, droeg men verhalen uit de Grieks-Romeinse cultuursfeer op hem over: ook hij zou dan, net als de goddelijke wonderdaden van de Grieken en Romeinen, blinden hebben genezen (Marc. 8:22-26) en doofstommen de spraak terug hebben gegeven (Marc. 7:31-37) en dat alles alleen, om met behulp van geleende legenden te zeggen dat Jezus hen allen, alsof ze zijn concurrenten waren, verre overtrof in kracht en wondermacht. En alsof de historische vervalsingen daarmee nog niet genoeg waren, toonden *Mattheüs* en *Lucas* bovendien hoe zorgvuldig ze de juiste bronnen gebruikt hadden. We zeiden al: de gezamenlijke bron van het *Marcus*-evangelie stond hen ter beschikking; maar juist in de literair-kritische vergelijking met de Marcus-tekst kan moeiteloos opgemerkt worden hoe onbekommerd bijvoorbeeld *Mattheüs* uit één enkele genezing van een blinde in Marc. 10:46-52 meteen vier genezenen opsomt (Matth. 9:27-29; 20:29-34) of hoe hij van de bezetene in Gerasa (Marc. 5:1-20) twee bezetenen maakt (Matth. 8:28-34); waar *Marcus* bijzonder lang kan uitweiden over 'wonder'genezingen (bijv. Marc. 5:25-34: de genezing van de bloedvloeiende vrouw) 'verkort' *Mattheüs* zijn voorstelling eenvoudig ten gunste van een des te majesteitelijker verschijning van 'zijn' Messias (vergelijk Matth. 9:20-22): en waar *Marcus* vrijmoedig verklaart dat Jezus in zijn geboortestad Nazareth geen 'wonderen' kan doen vanwege hun ongeloof (Marc. 6:5-6), beweert *Mattheüs* dat Jezus juist daarom geen wonderen gedaan heeft (Matth. 13:58), – een openbaar onvermogen wordt een machtsbetoning als straf .

Ook bij de lezing van de wonderverhalen van het Nieuwe Testament staan we dus voor een situatie zoals we die al zo ongeveer bij de 'legendarische' verhalen van de doop, de verheerlijking en hemelvaart van Jezus aangetroffen hebben: in historisch opzicht kunnen zulke verhalen onmogelijk de 'objectieve' feiten achter de vrome fictie reconstrueren; en toch zijn juist deze geschiedenissen, beter dan alle historische informatie, in staat de *persoon* van Jezus, zijn effect en zijn uitwerking te *duiden* en de betekenis daarvan duidelijk te maken. De veronderstelling daarbij is natuurlijk dat wij de 'wonder'verhalen van de evangeliën zelf opnieuw als *literair werk* over de literator en genezer Jezus uit Nazareth proberen te lezen.

Twee methodische hulpmiddelen die al uitvoerig gemotiveerd en ontwikkeld zijn in *Dieptepsychologie* en *exegese deel 1*:

1. de regel van de gecomprimeerde tijd
2. de overeenkomst van symptoom en symbool

Om te begrijpen welke menselijke en religieuze ervaringen in de wonderverhalen geïntensiveerd worden, moet men de uitgebeelde gebeurtenissen beschouwen als 'samengevatte tijdsopnamen' van processen die zich gewoonlijk veel langzamer afspelen, in verloop van maanden en jaren, maar die zich beslist ook 'spontaan' en plotseling, levendig 'geïntensiveerd' af kunnen spelen. In beslissende fasen van de psychische ontwikkeling kan het in ieder geval gebeuren dat onvermoed en plotseling iets tot doorbraak komt wat zich al sinds geruime tijd in het onderbewuste voorbereid heeft; zoals mensen zich op die momenten gedragen, wat ze zeggen of doen is in de regel als het ware een afspiegeling van hun leven; op zulke momenten zijn ze helemaal zichzelf. Alleen daarom al zou men bij het lezen van de wonderverhalen zeer zorgvuldig op de details moeten letten: het gedrag, de manier van spreken, de reactie van de omgeving en de concrete nood van de betroffen persoon.

Er bestaat een zekere moeilijkheid om – buiten de psychoanalyse om – weliswaar uit noodzaak, de toenmalige *ziekten* uit de nieuwtestamentische wonderverhalen te lezen als psycho-neurotische, respectievelijk psychosomatische *symptomen*. De theologische exegeten zien (intussen!) zeer goed in dat sommige ziekten in het Nieuwe Testament symbolisch opgevat moeten worden: als bijvoorbeeld Marcus vertelt over de genezing van de blinde bij Jericho (Marc. 10:46-52) en vervolgens de intocht van Jezus in Jeruzalem afschildert (Marc. 11:1-11), dan gaat het de evangelist ongetwijfeld om de vraag hoe de 'blindheid' van de mensen ten opzichte van de verborgen grootheid van Jezus 'genezen' kan worden, die juist in zijn onmacht God de 'macht' in het hart van de mens teruggeeft. Maar deze 'theologische' symboliek verwijdert zich al heel ver van het oorspronkelijke ziektebeeld. Voordat 'blindheid' bijvoorbeeld een symbool van gebrek aan 'inzicht' of 'verstoktheid' kan worden, moet ze in de eerste plaats opgevat worden als een symbool van een psychische aandoening. Hoe onmogelijk het anders ook is 'theologie' te bedrijven zonder de basis van een gedegen antropologie, het is net zo onmogelijk bijbelexegese te bedrijven zonder psychologie. Er moet geleerd worden dat de veelheid aan 'wondergenezingen' indertijd evenals tegenwoordig slechts een relatief smal spectrum van mogelijke ziekten bevat – de voorstelling van de 'almachtige' 'Zoon van God' in de gedaante van de mens die doet wat hij wil, wanneer hij het wil en hoe hij het wil, faalt alleen al door deze eenvoudige verzameling van feiten. Niet wat eigenlijk onmogelijk is, maar het verrassende, het onvermoede vormt de inhoud van de wonderverhalen.

Psychoanalytisch beschouwd zijn het in wezen de symptomen van *conversie-hysterische* aandoeningen die in de genezingsgeschiedenissen een rol spelen. Met dit begrip wordt een reeks ziekteverschijnselen aangeduid waarbij de motoriek of sensoriek onderhevig is aan eigenaardige storingen; de overeenkomstige zintuigen of spiergroepen vertonen op zich geen organische schade en toch is hun functie verregaand of helemaal belemmerd door een psychisch bepaalde deregulering. Een patiënt kan niet doen wat hij zou willen, of hij moet doen wat hij niet wil; zijn stem, zijn gehoor of zijn gezicht weigert; hij lijdt onder spierverkrampingen, verlammingsverschijnselen, jactaties, tics en dergelijke. Bij nadere beschouwing blijkt er een conflict te zijn tussen het superego en het 'id', dat verschoven ('geconverteerd') wordt in het lichamelijke. Krijgt het superego in de controverse de overhand, dan kunnen bepaalde instinctieve impulsen uit angst voor een ongecontroleerde doorbraak zo ver weggedrongen worden, dat delen van het waarnemings- en bewegingsvermogen aan hen onttrokken wordt. Behalen daarentegen de hartstochten van het 'id' de overwinning, dan kunnen ze voorbij het bewustzijn de toegang tot vooral de motoriek afdwingen en uitnodigen tot bepaalde bewegingen of lichaamshoudingen waarin de oorspronkelijk beoogde driftwens nog duidelijk genoeg zichtbaar wordt. Onbehandeld blijven zulke ziekten natuurlijk net zolang voortduren, als het eraan ten grondslag liggende conflict duurt. Het kan echter gebeuren dat de ontmoeting met een bepaalde, op zijn minst subjectief als erg belangrijk beleefde, persoon beweging brengt in de psychische 'positie-oorlog', doordat haar invloed de angstspanning opheft die aan de ziekte ten grondslag ligt. Tot verbazing van de patiënt (en van zijn omgeving) komt het tot een 'spontane afname' van zijn conversie-hysterische symptomatiek; in plaats van de neurotische compromisvorming tussen het 'id' en het superego wordt nu een nieuwe ontplooiingsmogelijkheid geopperd voor een bewuste stellingname van het 'ego'.

Doorslaggevend in deze benadering is het inzicht van S. Freud, dat dergelijke ziekten als *expressief gebeuren* opgevat moeten worden. De symptomen zelf moeten – in navolging van de droomuitleg – als *symbolen* geïnterpreteerd worden. Vanuit dat gezichtspunt is het voor de uitleg van de wonderverhalen heel belangrijk de geboden scenario's in hun totaliteit uit te leggen als overeenkomstige reeksen in een droom. Alle omstandigheden, ruimten, tijdsaanduidingen, verwikkelingen en constellaties van de handelende personen zouden als in de droomanalyse beschouwd moeten worden als psychische situaties, gebieden, stadia, processen en innerlijke verhoudingen. Het is daarbij in eerste instantie niet verkeerd om ook in de persoon van Jezus zelf zuiver 'subjectief' een deel van de eigen psyche te zien. Alle 'macht' die een therapeut bezit is toch afkomstig van zijn cliënt die hem (onbewust) macht verleent. Maar dan mag men niet vergeten, dat het niet mogelijk is de problematiek van de angst zuiver projectief op te lossen. De rol van de 'therapeut' is absoluut noodzakelijk, omdat hij door zijn persoon een vertrouwen katalyseert dat angst vermindert; hij zal evenwel zoveel vertrouwen kunnen schenken als hij zelf aan angst heeft leren overwinnen.

Zo beschouwd is het van grote betekenis in de wonderverhalen van de evangeliën te letten op de onderlinge verhouding tussen het symptomencomplex van de kant van de zieke en de symboliek van de kant van de 'therapeut'. 'Waarom zegt of doet Jezus dat, wat hij zegt of doet, juist op die plaats, juist op die manier?' Dat is de vraag die men altijd weer moet stellen om de tekst 'goed' te begrijpen. De 'interventies' van de ‘therapeut’ in de wonderverhalen vormen voor het merendeel een uiterst belangrijk *commentaar* voor het inzicht in de ziekteverschijnselen zelf en omgekeerd begrijpt men pas door het benoemen van de symptomen van de ziekte de zin van de afzonderlijke ‘genezingsmaatregelen’ van de kant van de therapeut.

De *belangrijkste* van alle ‘*behandelingsmaatregelen*’, sterker nog dan alle therapeutische elementen van muziek of schilderkunst, is zonder twijfel het *gesprek*. Als ‘verdringing’ (volgens de definitie van S. Freud) *identiek* is aan het onttrekken van de woordvoorstelling van bepaalde driftbehoeften, dan is de genezing van neurotische ziekten alleen mogelijk door het verwoorden van datgene waardoor angst verworven is; *vrijheid van spreken*, die uit vertrouwen groeit, – juist daaruit *bestaat* dat wat we tegenwoordig ‘psychotherapie’ noemen.

Ook dit is geen nieuw gezichtspunt. Het was Plato die in de vijfde eeuw voor Christus in de dialoog *Charmides* uit de traditie van de Thracische sjamanen en de Pythagorese wijsheid de leer afleidde dat men een lichamelijke ziekte alleen kon genezen als men de ziel betrok in een ‘goed gesprek’ want de oorzaken van zowel ziekte als gezondheid kwamen voort uit de ziel. De huidige psychotherapie is niet meer dan de herontdekking van ook deze waarheid nadat het ‘christendom’ de psyche tweeduizend jaar heeft verdrongen. Het is daarbij vanzelfsprekend dat er *vele* ‘talen’ zijn, waarin het onbewuste spreekt; – de ‘lichaamstaal’ bijvoorbeeld gaat ‘vooraf’ aan de ‘droomtaal’, de ‘droomtaal’ gaat ‘vooraf’ aan de ‘woordtaal’, de ‘woordtaal’ van het ‘dichterlijk taalgebruik’ gaat ‘vooraf’ aan de ‘wetenschappelijke vaktaal’. Het is in therapeutische betekenis echter ‘dichterlijk’ steeds *die* taal te ‘spreken’ die de ander in zijn nood het meest vertrouwd is. Een liefdevol strelen, een omarming kan in een paniektoestand en angstsituatie rustgevender werken dan alle nog zo goed bedoelde woorden – vooral T. Moser heeft ondanks het hevige verweer van de ‘orthodoxe’ psychoanalyse geprobeerd deze in feite zo vanzelfsprekende ervaring weer in de therapie te introduceren. Het *afreageren* van schokkende angstscènes kan vaak beter helpen dan de techniek van de ‘vrije’ associatie – vooral Moreno heeft in de ontwikkeling van het *psychodrama* deze kennis van elke moeder (en elke kindertherapeut) bruikbaar gemaakt voor de behandeling van neurotische stoornissen. Een behoedzame ‘bewerking’ in beeldend taalgebruik op de manier van de *katathyme amnesie* kan het onderbewuste van de patiënt onder bepaalde omstandigheden de enig mogelijke weg naar de bewustwording openen. Wat telkens de 'juiste' vorm van 'therapie' is, wordt vanzelfsprekend niet uitgemaakt door een nog zo goed opgezet therapieconcept, maar door de individuele situatie van de patiënt. Zoals het de kunst is voor de literator de juiste 'toon' te treffen voor de karakteruitbeelding van zijn 'held' en voor de uitbeelding van zijn lotgevallen, zo is het voor de psychotherapie de kunst om de 'toon', de toegangsmogelijkheid te vinden die het mogelijk maakt het karakter en het leven van een patiënt het grondigst te leren kennen. Het is weliswaar nodig verschillende therapeutische 'methoden' te kennen, maar het is nog veel belangrijker elk methodisch specialisme achter zich te laten en zich zo mogelijk in één en dezelfde zitting zo op de patiënt in te stellen, als het beste bij hem past.

In feite zijn we daarmee aangeland bij de vooronderstelling die therapeutisch over alles beslist: een mens kan zichzelf alleen tot zijn eigen persoon vormen in confrontatie met een andere persoon die hem onvoorwaardelijk accepteert en het echt meent – zo hebben we tot dusver beweerd; een mens kan een ander alleen accepteren in de mate waarin hij met zichzelf in harmonie gekomen is – moeten we hieraan toevoegen. De delen van de psyche die aansluiting moeten vinden bij een vreemd 'ego', – moeten eerst met elkaar verbonden zijn in het eigen 'ego', – anders kan men de ander niet echt helpen.

Hierdoor krijgen we een heel nieuw begrip van het mythische beeld uit *Marcus 1:13*: Jezus zou nooit in staat geweest zijn mensen uit hun verscheurdheid tussen drift en moraal, willen of moeten, natuur en cultuur te leiden, als hij zelf niet een 'verzoende' persoon geworden was tussen 'dieren' en 'engelen', tussen het 'id' en het 'superego'. Het was H. Thoreau, die er al rond 1850 tegen waarschuwde de mens op te splitsen in functionele specialismen van verschillende dienstbetrekkingen: 'Niet alleen de kleermaker is een deel van de mens', schreef hij, 'maar ook de dominee, de koopman en de boer. Waar moet deze werkverdeling stoppen?' Als het erom gaat mensen te *genezen*, dan is het onmogelijk de dichter van de therapeut te scheiden, de therapeut van de priester, de priester van de mens, de mens van God ... Maar juist daaruit, dat ze allen *één* zijn in de menselijke psyche, bestaat de hele genezing.

De genezings'wonderen' in de evangeliën kunnen derhalve gelezen worden als verdichte vormen van beleefde menselijkheid. Ze laten Jezus niet kennen als het (goddelijke) anders zijn van de mensen, maar als de belichaming van het menselijke. 'Hij was', volgens K. Gibran, (*Jezus de zoon des mensen*, vertaald door C. Verhulst, Wassenaar, 1981) 'geen God. Hij was een man als wij; maar in hem steeg de mirre der aarde op naar de wierook van de hemel; en in zijn woorden omhelsde ons gemurmel de fluistering van het ongeziene; en in zijn stem hoorden we een ondoorgrondelijk lied.' Ja, Jezus was een mens en geen God en dat is de bron van onze verwondering en verrassing.'

Een betere uitleg van de 'wonderverhalen' van het Nieuwe Testament is niet mogelijk. We zullen later nog een keer terug komen op de vraag in welke zin Jezus het *verdient* als 'Zoon van God' aangeduid en geloofd te worden; maar op *deze plaats in de sfeer van de wonderverhalen* kan men slechts zeggen: ze tonen ons niet de 'vleesgeworden logos', ze tonen ons een mens die gevoelig genoeg was om de taal te verdichten en te intensiveren die mensen nodig hebben om mens te worden, om te genezen van onleefbare onmenselijkheid en naar lichaam en ziel *gezond* te worden.

Laten we eens *drie voorbeelden* bekijken die ons aan kunnen tonen op welke manier Jezus de nood van zijn naasten probeerde te beantwoorden. We kiezen daarvoor *als eerste* het verhaal van de *genezing van de bezetene van Gerasa* (Marc. 5:1-20). De geschiedenis luidt als volgt:

Ze kwamen aan de overkant van het meer in het land van de Gerasenen. Zodra Hij van boord was gegaan, kwam vanuit de rotsgraven meteen iemand Hem tegemoet die in de greep was van een onreine geest. Hij had zijn verblijf in die graven. Zelfs met een ketting kon niemand hem meer vastbinden. Want hij was al vaak met voetboeien en kettingen vastgebonden, maar de kettingen had hij uit elkaar getrokken en de boeien had hij vernield; niemand kon hem bedwingen. Dag en nacht liep hij tussen de graven en op de bergen te brullen en zichzelf met stenen te beuken. Toen hij Jezus in de verte zag, rende hij op Hem af, viel voor hem op zijn knieën, en brulde met luide stem: 'Wat wilt U van mij, Jezus, Zoon van de allerhoogste God? Ik bezweer U bij God: doe mij geen pijn.' Want Hij had hem gezegd: 'Onreine geest, ga weg uit die man.' Jezus vroeg hem: 'Wat is uw naam?' En hij antwoordde: 'Mijn naam is Legio, want we zijn met velen.' En hij smeekte Hem, hen niet het land uit te sturen. Nu weidde daar tegen de berghelling een grote troep varkens. Ze smeekten Hem: 'Stuur ons naar die varkens om daarin te gaan.' Hij stond hun dat toe. De onreine geesten kwamen eruit en gingen de varkens in, en de troep stoof de helling af, het meer in, zo'n tweeduizend, en ze verdronken in het meer. En de varkenshoeders gingen ervandoor en vertelden het in de stad en op het land. De mensen kwamen kijken wat er nu precies gebeurd was. Ze kwamen bij Jezus en zagen toen de bezetene zitten, gekleed en bij zijn volle verstand, de man die in de macht van Legio was geweest, en ze werden met ontzag vervuld. Ooggetuigen vertelden hun hoe het met de bezetene was gegaan en ook over de varkens. Toen smeekten ze Hem uit hun gebied weg te gaan. Toen Hij in de boot stapte, smeekte de man die bezeten was geweest, of hij met Hem mee mocht. Hij vond het niet goed, maar zei hem: 'Ga naar huis, naar uw familie, en vertel hun wat de Heer voor u gedaan heeft en hoe Hij zich over u heeft ontfermd.' Hij ging weg en begon in de Dekapolis te verkondigen wat Jezus voor hem gedaan had, en allen stonden verbaasd.

Dit verhaal is voor ons in meerdere opzichten leerzaam bij de vraag naar de *genezende* werking die van de persoon van Jezus moet zijn uitgegaan. De vertelling is *niet historisch* – ze heeft zich nooit in het leven van Jezus afgespeeld. In het 'land van de heidenen', waar men varkens fokt, is geen plaats voor de jood uit Nazareth, die zijn missie nadrukkelijk beperkt wil zien tot 'de verloren schapen van het huis van Israël (Matth. 10:5-6). Naar alle waarschijnlijkheid heeft men een verhaal van een joodse wonder-rabbi op Jezus overgedragen. Als motief daarvoor wordt in de exegese graag gewezen op de zendingsdrang van de vroege gemeente bij de heidenen: om een legitimatie verlegen, kwamen deze verhalen hen juist goed van pas; alleen als Jezus zelf onder de 'heidenen' de 'nabijheid' van het 'koninkrijk van God' 'verkondigd' zou hebben, zou ook de kring van degenen die zich op hem beriepen iets dergelijks mogen doen. Dergelijke informatie, hoe goed gefundeerd ze exegetisch ook mag lijken, toont ons intussen veel meer over het dilemma van de huidige historisch-kritische uitlegmethode, dan over de betekenis van het bovenstaande verhaal: er wordt een 'probleem' opgelost dat 1950 jaar geleden weliswaar ooit bestaan heeft, maar wat heel zeker geen kwestie van onze tijd meer behandelt en het wordt 'opgelost' door een verhaal dat duidelijk historisch ongeloofwaardig is; alles wat we op deze wijze over de genezing van de bezetene bij Gerasa ervaren, veroorlooft op z'n best een zeker inzicht in het bewustzijn van de vroege kerkgeschiedenis in het Syrisch-Palestijnse gebied rond 50 na Christus, – niets meer en niets minder. Een 'exegese' die genoegen neemt met een dergelijk resultaat moet terecht haar plaats krijgen in de klassieke oriëntalistiek, niet meer in de godsdienstgeschiedenis, laat staan in de 'theologie'. Vooral als ons verzekerd wordt, dat het beklagenswaardige verlies van tweeduizend varkens in het verhaal verwijst naar de *materiële* schade die het christendom in het bijzonder de kunst- en de devotiehandel van het heidense polytheïsme heeft aangebracht, dan heeft men zich mijlenver verwijderd van het verhaal dat zich in Gerasa afspeelt; men 'interpreteert' dan heel duidelijk eerder de opstand van de goud- en zilversmid Demetrius in dienst van de godin Artemis van Efeze tegen de leer van de heilige Paulus (Hand. 19:23 – 40) dan het verhaal van de uitdrijving van de demonen in Marc. 5:1-20.

In deze situatie moet men zich af gaan vragen hoe het eigenlijk mogelijk is, dat een kerkelijk gesteunde bijbeluitleg totaal niet geïnteresseerd is in de concrete *psychische nood van een mens*, zoals *Marcus* die zo indrukwekkend uitbeeldt, men zich er zelfs niet voor *wil* interesseren, om des te energieker alleen maar vragen naar de eigen sociale geschiedenis 'methodisch toelaatbaar' te verklaren.

Heel anders spreekt dezelfde tekst tot ons als we ons *psychologisch* afvragen, waar de tekst dan eigenlijk over gaat. Het is dan niet zozeer van belang dat het verhaal waarschijnlijk in twee lagen ontstaan is: uit een verhaal dat zich ooit afspeelde bij Gerasa, zestig kilometer verwijderd van het Meer van Gennesareth, en uit een ander verhaal dat gewag maakte van de varkens aan de oever van het meer (Matth. 8:28 probeert de tegenstrijdigheid te harmoniseren doordat hij het over Gardara heeft, tien kilometer ten zuidoosten van het meer); nog minder moet het ons irriteren dat de varkenskudde van tweeduizend dieren zuiver gedragspsychologisch ondenkbaar is; het is ook niet langer belangrijk dat voor *Marcus* zelf in de Redaktionsgeschichte juist dit verhaal een belangrijk voorbeeld is om het apocalyptische gevecht van Jezus tegen de demonische krachten van de duisternis te belichten. Het enige wat ons psychologisch (en daarmee ook existentieel en religieus!) moet interesseren, is de lange beschrijving van de psychische toestand van de man zelf (Marc. 5:1-7). Elk detail, zeiden we zojuist al, heeft in dit soort verhalen een betekenis (vgl. *Dieptepsychologie en exegese, 2e deel*).

Zo vernemen we over een mens die zijn leven letterlijk helemaal doorbrengt op de plek van de dood; zijn thuis is enkel het thuisloos zijn, zijn 'vaderland' het zonder vaderland zijn; – hoeveel zielsverduistering en vertwijfeling ligt er alleen al in deze paar beelden! En veel meer nog de tegenstrijdigheid van zijn instelling tot andere mensen! Allen schijnen hem al van verre boeienbrengers en kettingdragers te zijn, waartegen hij zich moet verweren terwille van zijn vrijheid. Deze man dic aan de afgrond van het niets zijn tenten heeft opgeslagen, vecht duidelijk zichtbaar om de onafhankelijkheid van die eigenaardige bestemming; vrij te zijn van allen en alles, dat is de 'zin' van zijn leefwijze – een levensontwerp dat verrassend modern lijkt! Aan de andere kant zien we natuurlijk hoe onvrij deze man innerlijk in zijn radicale eenzaamheid en contactschuwheid in werkelijkheid is. Als een bang gemaakt dier ontvlucht hij al van verre de nabijheid van de mensen; in de bergen schreeuwt hij dan echter ongearticuleerd en ongeadresseerd om hulp en de haat tegen zichzelf is zo groot, dat hij als een onafgebroken boeteritueel met stenen op zichzelf inhakt.

Tot op dit moment hebben we slechts een paar zinnen van dit verhaal gelezen en toch ervaren we al hoe met slechts een paar treffende lijnen van een groot literair gehalte hier een heel mensenleven geportretteerd wordt in zijn uitzichtloosheid en tragiek. Er is sprake van angst en vluchtdistantie, van een in één woord paranoïde mensenvrees en sadistische zelfhaat, van een ongetemde vrijheidsdrang, die toch niets anders is dan de terugkeer tot de wildheid van een continu vijandsbeeld van alle beschaving en menselijkheid; en men begrijpt hoe al deze thema's met elkaar samenhangen en elkaar wederzijds beïnvloeden. Het gaat niet om een ontmoeting met een 'heiden' in de betekenis van de godsdienstgeschiedenis en de confessieleer. Maar wel om die onthutsende blik in een leven dat radicaal van God verwijderd is. Waarbij zelfs het begrip 'God' zich totaal niet in de formule van één of andere orthodoxe geloofsbelijdenis laat vangen. Bedoeld wordt alleen een leven dat helemaal bestempeld is door angst in plaats van vertrouwen, dat gedurig de dood voor ogen heeft als laatste en enig zekere lot en dat het contact met andere mensen alleen beziet vanuit de vraagstelling: wie is in staat wie te onderdrukken en tot slaaf te maken? Zo'n leven uit angst, zinloosheid en een evenzeer absolute als absurde vrijheidsdrang mag men met *Marcus* inderdaad 'demonisch' of beter nog 'hels' noemen. Maar de vraag dringt zich steeds meer op wat er dan aan zo'n ontzettend lijden gedaan kan worden.

Het antwoord dat daarop in de tekst gegeven wordt, doet allereerst, zoals alles tot dusver, hoogst paradoxaal aan. Deze 'bezetene' zou men denken, behield zijn 'rust' als hij op de komst van Jezus aan de 'andere' kant van het meer enigszins gelaten zou reageren – hij hoefde zich alleen maar te verstoppen of een gepaste afstand te bewaren, en hem zou niets zijn overkomen. In plaats daarvan zien we hem echter al 'van verre' op

Jezus toelopen en iedereen die de tekst niet goed genoeg kent, zou durven zweren dat het net zo verder zou gaan als in de talrijke andere wonderverhalen: hij zou zich voor Jezus neerwerpen en hem smekend om redding uit zijn helse kwelling vragen. In plaats daarvan echter schreeuwt de bezetene Jezus toe, dat hij moet *ophouden* hem te kwellen; zij, de demonen en hij, de Zoon van God, hebben niets gemeen. Voor *Marcus*, wel te verstaan, wordt hier getoond dat alleen de boze geesten in staat zijn om Jezus *voor* zijn dood als 'Gods Zoon' te erkennen – pas de Romeinse hoofdman op Golgotha zal deze belijdenis nazeggen (Marc. 15:39). In feite is er echter geen 'gebed' dat vertwijfelder en peilloos dieper kan zijn dan dit: temidden van alle rusteloze gedrevenheid en zelfvernietigende pijn met rust gelaten te willen worden!

Psychotherapeutisch is zo'n tegenspraak erg gangbaar: mensen komen en hebben dringend behoefte aan hulp, ze kunnen dag en nacht geen oog meer dicht doen en alles wat ze doen is een schuw zoeken naar redding, en toch zullen ze juist daarom iedereen afwijzen die zich in hun sfeer begeeft en zich met ze inlaat, en men kan ook wel goed begrijpen *waarom*; want juist als de 'therapeut' 'succesvol' begint te worden, zal hij het totale ziektesysteem van de tot dusver aanwezige zelfverzekerdheid in laten storten.

Wat zich intussen op *deze* plaats afspeelt, verraadt zo'n hevigheid van de anders gebruikelijke 'weerstand' tegen de behandeling en het is zo onvoorwaardelijk met goddelijke begrippen in het òf – òf getrokken, dat nauwelijks nog gezien kan worden hoe men er nog met therapeutische middelen tegenop zou kunnen.

Inderdaad heeft Jezus *zelf*, voegt *Marcus* nu toe, direct aan het begin geprobeerd door een machtsbevel de 'demonen' te verdrijven; maar hij heeft daarmee niets anders bereikt dan deze opstand van de hel. Zelfs hem, de 'Zoon van God', gehoorzamen de 'boze geesten' in geen geval vlot en direct! (*Mattheüs* zal dit moment van het verhaal later uit 'theologische' motieven zo pijnlijk vinden, dat hij het gauw in de dogmatisch 'juiste' formulering geeft: 'Hij zei tegen hen: "Ga maar"', Matth. 8:32). Is zo'n exorcistisch dictaat echt wel zo anders dan de manier van die 'kettingbrengers' en 'boeiendragers'? Ook Jezus wilde met zijn 'bevel' in feite niets anders dan al de anderen tot nu toe: dat de 'bezetene' zich eindelijk weer normaal zou gedragen, dat hij weer 'gebonden' wordt door de levensgewoonten van anderen en dat hij op zou houden als een 'gek' tekeer te gaan. Ook Jezus moet geloofd hebben met een bevel van buitenaf zoiets als een 'genezing' te kunnen bewerken. Des te belangrijker is het dat op deze plaats Jezus zelf uit zijn mislukking allereerst kan leren, wat de genezing van de ziel van een mens betekent! Nog een keer, dan weliswaar totaal anders, begint hij te spreken: 'Wat is je naam?' – met andere woorden: Wie ben je? (Marc. 5:9).

Op dit moment begint het eigenlijke *genezings*verhaal; pas deze verandering van de houding van een bevelgever in die van een vragende toehoorder, geeft de therapeutisch beslissende rolverwisseling van Jezus' instelling weer. Het is de nood van de zieke waar hij zijn taalgebruik op afstemt en alles komt er nu op aan de 'bezetene' tot spreken te brengen. 'Wat is je naam?' – dat betekent zoveel als: 'Vertel je levensverhaal eens; laat er niets uit waar je door gevormd bent, laten we de hele weg van je biografie eens doorlopen, om te begrijpen wie je geworden bent en hoe je dat geworden bent.' Het is niet overdreven om vast te stellen dat datgene wat we tegenwoordig 'psychotherapie' noemen, al die jaren juist in deze vraag bestaan heeft, in deze uitnodiging, in dit verzoek om langzaam rijpende waarachtigheid en openheid door middel van een 'goed gesprek'.

Het antwoord van de man uit Gerasa daarentegen is schokkend: 'mijn naam is Legio, want we zijn met velen'. Men heeft daarin, omdat hier sprake is van een Romeinse militaire afdeling, een verkapte anti-Romeinse toespeling willen zien – de 'varkens' zouden dan de Romeinse overheersers zijn die met behulp van de macht van God in het 'meer' (wat dan natuurlijk wel de *Middellandse Zee* zou moeten zijn!) zouden verdrinken. Echter, hoe wanhopig men ook op zoek is naar één of ander aanknopingspunt voor een *politieke theologie* in de boodschap van Jezus, – die is er niet in te vinden, omdat die er niet is. Als Jezus op de één of andere plaats zou hebben opgeroepen tot een Messiaanse strijd tegen de Romeinen, dan hoefden wij ons niet langer om de man uit Nazareth te bekommeren als we op zoek zijn naar een oplossing voor deze door crises en alle soorten van oorlog geschokte wereld; – hij zou uiteindelijk zoals alle anderen voor en na hem toch geen ander recept hebben geweten dan geweld met geweld te bestrijden, haat met haat, terreur met terreur, oog om oog... Hammurabi en Mozes, keizer Augustus en de *New world order* uit de tijd van de Golfoorlog zouden volkomen afdoende geweest zijn als 'oriëntatiehulpen'.

In werkelijkheid heeft F.M. Dostojewski een veel scherper blik gehad, toen hij aan zijn grote roman *Boze Geesten* juist deze geschiedenis van de genezing van de bezetene van Gerasa als motto meegaf. Dostojewski wist honderddertig jaar geleden al dat men het antwoord van de 'bezetene': 'Mijn naam is Legio, want we zijn met velen', niet 'politiek' maar *psychologisch* op moet vatten – als expressie van een mens die zelf geen eigen ik bezit en juist daarom in de collectiviteit van de massa vlucht, zoals de groep van de vroege socialisten rond de jonge *Werchowjenski*. 'Want we zijn met velen' – dat moet men psychologisch vertalen als de *bankroetverklaring* op de vraag: 'Wie ben je?' – 'Als je echt wilt weten wie ik ben', zo moet men zo'n antwoord weergeven: 'Neem dan in de eerste plaats ter harte, dat er geen ik bestaat waarmee je spreekt. Wat er wel is, is een verzameling tegenstrijdige bevelen, die ik niet begrijp, die niet uit mijzelf komen, maar daarentegen alleen ten doel hebben mij uit te buiten en te beheersen. In mij wordt met ijzeren laarzen gemarcheerd en in een vreemde taal tegen mij gesproken... Ik ben mezelf niet, maar iemand anders, maar die ander die ik zelf niet ben kan nooit gepakt worden; hij communiceert alleen door de verwoestingen van diegene die hij geronseld heeft tot mijn vernietiging...'.

Het is onmogelijk een situatie te bedenken die vertwijfelder, riskanter en hulpelozer zou kunnen zijn dan deze; maar juist daarom is het ongekend waardevol, dat Jezus deze verklaring van de 'bezetene' toestaat en zelfs uitlokt.

In een 'gewone' psychotherapie kan het vele jaren duren voordat de betekenis van Jezus' vraag: 'Wat is uw naam?' en het antwoord van de bezetene: 'Mijn naam is Legio' begrepen wordt.

Pas tegen deze achtergrond wordt echter de 'juiste' therapie gevormd! Iedereen die dit verhaal voor de eerste keer leest, zal zich erover verbazen, hoe de 'demonen' hier Jezus om 'toestemming' vragen in de varkens te mogen gaan. Zit daar niet weer een 'christologisch' schema achter? Voor *Marcus* in ieder geval; maar oorspronkelijk liggen de zaken eenvoudiger, *menselijker*. Oorspronkelijk wordt de vraag gesteld: hoe moet men vat krijgen op het totaal door anderen bepaald zijn en op de zelfvernietiging, anders dan door een compromis te sluiten? Men sluit dan in zekere zin een verbond met de duivel en voert het monstrueuze opgekropte agressieve potentieel op een symbolische manier naar buiten toe weg.

Hoe kan men zo omgaan met de menselijke destructiviteit, dat men haar integreert in plaats van projecteert? Zo luidt één van de belangrijkste vragen die de *oorlogsproblematiek* ons stelde. Het 'therapeutisch' antwoord van *deze scène* bestaat uit twee aanwijzingen: het is ten eerste nodig de *oorzaken* van de (verdrongen en op het eigen ik gerichte) agressies te laten vertellen en daardoor bewust te maken; alles, ook het verwoestende in de menselijke psyche heeft zijn begrijpelijke oorzaken, en in plaats van ze 'zwart te maken' is het absoluut noodzakelijk deze oorzaken te onderzoeken en ze nauwkeurig uit te werken. Daarna is het echter mogelijk en nodig, plaatsvervangend uitlaatkleppen te verschaffen om het verwoestende gedeelte *gecontroleerd* af te reageren en daarmee onschadelijk te maken. De (in de overleveringsgeschiedenis secundaire) vernietiging van de 'varkens' staat dan symbool voor alle tot dan toe nooit toegelaten driftneigingen, die nu naar buiten moeten komen om letterlijk 'vervuld' te worden. Pas daarna zit de voormalige 'bezetene' 'gekleed en bij zijn volle verstand', 'de man die in de macht van legio was geweest'!

Wat er daarna voorvalt is in dubbel opzicht verbazingwekkend: dan komen de mensen en zien de man *genezen* voor zich, maar betreuren het verlies van hun varkens! Is het mogelijk dat zij die tot op dat moment met ketens en boeien zozeer gericht waren op de 'resocialisatie' van deze 'bezetene', in werkelijkheid een onuitgesproken belang hadden in het behoud van zijn ziekte, misschien met het juiste vermoeden dat zijn genezing hen duur zou komen te staan? Wat voor beeld van alle 'verstandige' en 'ordentelijke' mensen geeft alleen al deze *reactie* op de gezondmaking van deze man! Ze *verzoeken* Jezus formeel hun gebied zo spoedig mogelijk te verlaten! We hebben nog steeds niet de vraag behandeld, waarom Jezus kort na zijn openbare optreden al de dood ingedreven werd; maar *één* aanwijzing vinden we hier al: wie mensen niet aan wil laten passen aan de verwachtingen van anderen, maar wie ze serieus tot zichzelf en hun vrijheid wil brengen, maakt zich ter plekke ongeliefd.

Deze onvoorwaardelijke wil om de ander zijn vrijheid te geven, geldt in dit gedeelte zelfs met betrekking tot Jezus zelf. Vaak genoeg eindigt een wonderverhaal in het evangelie ermee dat de genezen mensen zich bij Jezus aansluiten. Ook de 'bezetene' van Gerasa vraagt daarom; maar hij wordt afgewezen! Hij moet terug naar de zijnen om hen te zeggen wat God voor hem gedaan heeft!

Er kunnen mensen zijn die moeten leren om de hechte banden van het huiselijke leven te *verlaten* om vrij te worden; maar er zijn anderen die nooit een thuis gehad hebben, *zij* moeten leren met mensen overweg te kunnen, waarvan ze de gedaante geïnternaliseerd hebben als een legermacht van tweeduizend duivels. Pas doordat ze leren zich thuis te voelen bij zichzelf zijn ze in staat om de 'grote daden van God' te verkondigen; dat wil zeggen, ze zullen op geen andere manier meer over God kunnen spreken dan door aan *die* man te denken, in wiens nabijheid ze, zoals Maria van Magdala, zoals deze naamloze bezetene uit Gerasa, hun eigen ego terug hebben gevonden.

Een *onhistorische* geschiedenis – dit verhaal van de overzijde van het meer van Gennesareth – een *verdichtsel* over het leven van Jezus; en toch zal men moeten zeggen dat *hij* precies zo was: hij zocht de mensen op en leerde luisteren, doorvragen en hen uitspreken *vanuit hun nood*; hij leerde vervangende oplossingen te vinden en toe te staan waar anderen slechts direct te werk wisten te gaan, hij leerde tot in de hel af te dalen om de mensen te zoeken, die alles, maar vooral zichzelf verloren hadden. En doordat hij ertoe bijdroeg het verbroken, het gebarsten leven van een mens weer in elkaar te zetten, vond hij *zijn* manier om een dichterlijk en genezend bestaan te leiden, daarin werd hij, zoals een sjamaan, tegelijkertijd dichter en therapeut.

Niet zelden bewondert men in literaire werken dat een schrijver, zoals bijvoorbeeld Dostojewski, het klaarspeelt mensen overeenkomstig hun sociale afkomst, hun karakter, hun opvoeding, hun beroep en hun instelling te laten spreken in heel verschillende talen die hun eigen zijn. Het is ondertussen nog veel dichterlijker, telkens *die* taal te vinden die een mens nodig heeft om zichzelf in eigen woorden uit te kunnen drukken. Voor degene die het menselijk leven kan lezen als een roman (en een roman als leidraad om het menselijk leven te begrijpen), is er geen wezenlijk onderscheid meer tussen 'fictie' en 'waarheid', tussen poëzie en therapie, tussen een waarheidsgetrouwe uitbeelding van het leven en een levendige uitbeelding van de waarheid.

Daarbij is de correspondentie tussen het symptomencomplex van de ziekte en de symboliek van de genezing in de geschiedenis van de bezetene van Gerasa slechts te bemerken op twee plaatsen waarbij Jezus direct ingrijpt. De geschiedenis die we nu *als tweede* uit willen kiezen, is daarin al een stuk 'rijker' en 'sprekender'. Het gaat hier om het verhaal van de *genezing van een blinde in Betsaïda* (Marc. 8:22-26). De tekst luidt als volgt:

Ze kwamen in Betsaïda. Ze brachten een blinde bij Hem en vroegen Hem om die aan te raken. Hij nam de blinde bij de hand en bracht hem buiten het dorp. Hij spuwde op zijn ogen, legde hem de handen op, en vroeg hem: 'Ziet u al iets?' Hij keek op en zei: 'Ik zie mensen, ja, als bomen zie ik ze lopen.' Daarna legde Hij nog eens de handen op zijn ogen. Toen sperde hij zijn ogen open, werd beter en kon alles scherp zien. Hij stuurde hem naar huis met de woorden: 'Niet het dorp ingaan!'

Ook deze geschiedenis is, historisch gezien, ongeloofwaardig; zo'n soort 'wonder' heeft Jezus in Betsaïda nooit gedaan. Vermoedelijk werd het verhaal uit het *hellenistische* cultuurgoed op Jezus overgedragen om de gestalte van de man uit Nazareth als een 'goddelijke wonderdoener' onder de 'heidenen' voor te stellen. Voor de historisch-kritische exegese is dit verhaal hiermee al 'geplaatst': de missionaire bezigheid van de eerste gemeente... Voor elke dominee op de kansel, voor elke leraar op school, voor elke religieus geïnteresseerde ontstaat daaruit echter het historisch onoplosbare standaard probleem, hoe iets wat historisch niets van doen heeft met de man uit Nazareth, het geloof in de persoon van Jezus moet bevestigen. Hoe geheel anders staat het er voor als we opnieuw naar de *psychologische*, algemeen menselijke waarheid van deze geschiedenis vragen. Ze leert ons op haar manier iets kostbaars, wat naar alle waarschijnlijkheid *alleen* op zo'n onhistorische manier meegedeeld kan worden en de persoon van Jezus van een kant laat zien die niet alleen voor de 'hellenistische heidenen', maar voor de mensen van alle tijden en plaatsen hoogst aktueel is en blijft.

Dat de geschiedenis oorspronkelijk *niets* met Jezus zelf te maken heeft, blijkt daar al uit dat alles er hier behoorlijk anders aan toegaat dan wij gewoonlijk gewend zijn bij de wonderverhalen in de evangeliën. Als de 'wonderen' van Jezus werkelijk, zoals de kerk het leert, als doel hadden een bewijs te leveren voor de 'macht' van Jezus als 'Zoon van God', dan zou de genezing van de blinde vanzelfsprekend plaats vinden op het *marktplein* van Betsaïda en niet ergens aan de rand van de stad en natuurlijk zou de genezing achteraf aan de hele bevolking op gepaste wijze verkondigd worden, in plaats dat de genezene direkt naar huis moet gaan, terwijl hij de mensen uitdrukkelijk links moet laten liggen. Het is echter het meest bevreemdend dat Jezus met zijn *speeksel* probeert te genezen – in plaats door de macht van zijn woord en dat hij daarbij in eerste instantie maar een matig resultaat boekt! Men moet zich wel afvragen, wat dat te betekenen heeft; het antwoord ligt weer in de nauwkeurigheid waarmee wij de afzonderlijke details van deze eigenaardige geschiedenis moeten nagaan als een *proces* van innerlijke verandering en geleidelijke genezing.

Een zeer geliefde manier van kerkelijke bijbelverklaring is de 'gemeentelijke', de *anti*-individualistische inkadering van de 'blijde boodschap' van het 'geloof'. God 'komt' als Hij al komt, voor deze mensen steeds in de groep, in de gemeente, in de kerk. Alle 'wonderen' van Jezus worden omgesmolten tot een ideologie van de zelfbevestiging van een 'kerk' die totaal niets meer te maken heeft met alles waarin een 'genezing van een blinde' buiten het kerkelijk dogmatische keurslijf zou kunnen lijken op de werkelijke verlichting van de mensheid. Uitgerekend deze geschiedenis echter, vertelt ons iets totaal anders dan de inlijving van een mens in de 'gemeente'. Voor Jezus is hier juist *niet* de mensenmenigte belangrijk, maar alleen deze individuele persoon, die hij, dat wordt twee keer benadrukt, '*buiten* het dorp' voert: 'niet het dorp ingaan'. Kennelijk *kan* deze genezing van de blinde pas plaatsvinden als deze onbekende in de eerste plaats *afstand* neemt van al de anderen die hem omringen.

Ook dat – wat een geweldig beeld, om aan te tonen wat 'psychotherapie' zou kunnen, zou moeten zijn! Hoeveel jaren van een psychische 'behandeling' bestaan er heel letterlijk niet uit, de ander 'bij de hand te nemen' en hem *uit* de verstikkende mensenmassa *te leiden*! Men hoeft alleen maar eens de beginscène van het bovenstaande wonderverhaal te bekijken om al te stuiten op de eerste 'correspondentie' van het symptomencomplex en de symboliek, van ziekte en genezing: als de therapie van de blinde slechts begonnen kan worden met zijn *verwijdering* van de mensen, dan kan de oorzaak van zijn ziekte gevonden worden in een te grote *nabijheid* van de anderen! Zeker, alle psychotherapie bestaat eruit het individu op de lange duur serieuzer te nemen dan de belangen van alle anderen; hier gaat het er echter duidelijk om, een mens als eerste uit het cordon van alle anderen los te maken, zodat hij eindelijk kan leren zichzelf met eigen ogen te zien!

Hoe vaak komen er niet mensen in behandeling die schijnbaar best veel weten over zichzelf; maar als men nauwkeuriger luistert, merkt men heel spoedig dat al hun 'beschouwingen' over zichzelf niets meer zijn dan de reflecties van de zienswijze van anderen. Alles wat zulke mensen over zichzelf zeggen, ontspruit uit de vaststaande overtuiging, de objectivering, de waarderende waarneming van anderen; alles wat ze over zichzelf vertellen is een verzameling citaten, uitingen en gedachten van vreemden. Voor zichzelf zijn deze mensen letterlijk *blind* geworden. De weg om 'uit Betsaïda' te komen, kan daarom nog *lang* worden! Er wordt een mens tot zichzelf gebracht, doordat hij de sociale angst voor de oordelen van anderen definitief *achter* zich laat en zich helemaal toevertrouwt *in* de hand van degene die hem *bij* de hand neemt, niet om hem opnieuw te 'manipuleren', maar om hem over te geven aan het 'inzicht' en de competentie in zijn eigen leven.

Maar wat betekent dan het gênante, louter magisch aandoende *bespuwen* van de ogen? Wat daarmee bedoeld is, zal iedere moeder weten, die zich herinnert hoe haar kind van de speelplaats naar haar toe kwam omdat het zich had bezeerd, ze zal *speeksel* genomen hebben en de wond daarmee bestreken hebben met de verzekering dat alles nu weer in orde was. Bepalend hierbij is niet zozeer de medische werking van het speeksel, maar veel meer de psychische componenten: de warme, lichaamseigen vochtigheid roept een gevoel van geborgenheid op – zoals van voor de geboorte! En nog eens: als deze 'maatregel' van Jezus bijdraagt tot de genezing van de blinde, dan wordt door haar symboliek tegelijkertijd ook een groot gedeelte van de betekenis van het symptomencomplex duidelijk: als handoplegging en speeksel het gevoel van een prenatale geborgenheid over moeten brengen, dan ligt de 'betekenis' van de verblinding naar alle waarschijnlijkheid in de wens het 'levenslicht' liever helemaal niet gezien te hebben. De 'behandelingsmethode' van Jezus bestaat zo beschouwd uit het toestaan van een 'regressie' in de prenatale beleving.

Ook dat is ongetwijfeld een steen des aanstoots voor al degenen die in het kader van de 'bevrijdings-theologie' de oplossingen van maatschappelijke problemen hopen te vinden in vormen van 'direct engagement'. Voor hen is regressie een scheldwoord, nog erger dan 'individualisme' en 'zelfontdekking'; 'regressie' – dat is voor hen zoveel als 'de weigering tot actie en reactie'. In feite echter moet men zich afvragen hoe men dan ooit een mens denkt te kunnen helpen als men niet eerst begrijpt welke angst en welke wens in de symptomentaal van zijn (psychologisch bepaalde) ziekte uitgedrukt worden.

Deze man, dat staat in ieder geval vast, is *bang* om de andere mensen zelfs maar onder ogen te komen, hij *wil* het liefste geen van hen meer onder 'ogen' krijgen. Zijn blindheid is als een magische uitschakeling van het totale wereldgebeuren: geen mensen meer, geen angst meer! Men hoeft alleen maar de ogen te sluiten en alles zal goed worden! Dat is de aanbeveling van het 'luie' compromis van de symptomen. In werkelijkheid komt de blinde op deze manier natuurlijk niet van de mensen af, hij wordt enkel en alleen op grond van zijn hulpbehoevendheid des te afhankelijker van hen. Toch heeft het geen zin de zieke de absurditeit van zijn blindheid te verwijten. Hij leidt onder de volkomen 'uitzichtloosheid' en het 'gebrek aan perspectief' door zijn angst. Het geniale van Jezus – volgens deze geschiedenis – bestaat er echter uit, met de symbolen van handoplegging en speeksel, de geheime wens van de symptoomtaal van de blinde naar een *moederlijke* geborgenheid te bevestigen en toe te staan. Het is alleen mogelijk om een psychische ziekte te genezen als men in *het toegestane* ook en juist het verlangen begrijpt dat in de verwrongen 'akoestiek' van de 'taal' van de ziekte aan het woord komt en als men 'woorden' vindt in de vorm van symbolen en tekens, die daarop 'magisch' kunnen antwoorden.

Het succes dat Jezus met deze aanpak bereikt, mag in ieder geval in eerste instantie bedroevend lijken; juister beschouwd is het echter het beste wat er in eerste instantie bereikt kan worden. Tot op dat moment schijnt de 'blinde' heel goed begrepen te hebben, wat Jezus hem wilde zeggen; in ieder geval slaat hij zijn ogen op en ziet voor de eerste keer in zijn leven weer *mensen*, die echter rondwandelen als *bomen*. De betekenis van deze objectief *onjuiste* waarneming wordt pas duidelijk als men bedenkt dat 'bomen' vooral *vrouwelijke* symbolen zijn. In zekere zin volgt de 'projectie' van de blinde daarmee het suggestieve voorwendsel van Jezus: hij ziet de mensen, *geheel zonder angst;* niet langer meer als een gevaar waarvoor men slechts de ogen kan sluiten, hij ziet ze alsof ze door en door moederlijk beschermende geborgenheid geven, houvast bieden, voedsel verschaffen, 'boomachtig' zijn.

'Zo moet je de mensen toch niet zien?', zou men zo'n expressieve regressie van repliek kunnen dienen. 'De mensen zijn in geen enkel opzicht alleen maar "moederlijk", "goed", "ongevaarlijk", "beschermend"... Mensen kunnen ook roofdieren zijn. Je moet onderscheid kunnen maken! Je moet de realiteit onder ogen zien. Je mag niet altijd kind blijven.' Ook de psychoanalyse redt het niet zonder zo'n confrontatie met het 'realiteitsprincipe'. Een wens is één ding, de werkelijkheid iets anders... Maar het beslissende moment van deze hele scène bestaat uit de manier waarop Jezus ingaat op het 'wensdenken' van zijn 'patiënt' om alle mensen om zich heen als 'bomen' te zien: zou hij de gewezen blinde ter verantwoording roepen en hem verplichten tot, alsjeblieft, een grotere realiteitszin van zijn observaties, dan zou de oude angst zich slechts spoedig hernieuwen. In plaats daarvan hernieuwt Jezus *het vertrouwensgebaar*:

hij legt de 'blinde' nogmaals de handen op. Hij corrigeert de op zich 'onjuiste' observatie van de man met geen woord, hij lijkt wel te denken dat het beter is dat iemand de wereld objectief *verkeerd* ziet, als hij haar maar *zelf*, met eigen ogen ziet, dan dat hij haar 'correct' ziet, met de ogen van een ander. Liever een fout waar een mens iets van leert, dan een waarheid die hem niet raakt! De 'juiste' kijk op de zaak zal uit zichzelf wel komen, als eerst de angst maar verdwijnt, waaruit de perspectivische vervormingen en de waarnemingsstoornissen vandaan komen.

Wat zou het wat waard zijn, als er zo'n gemeenschap van mensen bestond, waarin een dergelijke *tolerantie* ten opzichte van de subjectieve misvatting mogelijk zou zijn! De kerk heeft er bijvoorbeeld slecht aan gedaan alle vermoedelijk onjuiste waarneming van de menselijke werkelijkheid met geweld te onderdrukken en met wortel en tak uit te roeien. Niet wat de mensen op grond van hun situatie aan 'waarheden' 'zagen', niet hoe zij het wel moesten zien, interesseerde de kerk van de goddelijke ambtsbediening; *hun* probleem bestond er alleen uit de mensen te belasten met de wijze waarop ze de op vooronderstellingen gebaseerde wereldopvatting van hun doctrinaire voorwendsels zouden moeten 'inleven'. Niet het recht om door vallen en opstaan het juiste te leren, vormt het uitgangspunt van de ambtelijk beheerde 'waarheid', maar de 'plicht' om zijn 'geweten' aan de 'leer' van de kerk te 'oriënteren' en te 'normeren'. Wat een vertrouwen stelt *Jezus* daarentegen in een mens als hij veronderstelt dat het voldoende is om zijn angst weg te nemen; dan zou hij al alles in grote mate 'goed' kunnen zien!

Het verschil is maar al te duidelijk: wie mensen in grote groepen wil organiseren en leiden, die kan de waarneming van de enkeling niet vroeg genoeg blokkeren. Niet het eigen beoordelingsvermogen is gewenst, maar integendeel: het zelfwantrouwen en de afhankelijkheid van de instructies van anderen. Maar wat is Jezus dan toch anders! Hij bekommert zich er heel erg om, een mens uit het getto van de voorgeschreven 'opvattingen' los te maken en hem de vaardigheid van zijn eigen 'inzicht' terug te geven.

Alleen op deze manier kan men vooral de *afsluiting* van dit verhaal begrijpen, waarin zogezegd het bewijs voor een geslaagde 'therapie' van de blinde geleverd wordt: tot geen enkele prijs moet hij zich ooit meer iets gelegen laten liggen aan de goedkeuring van anderen! Hoe hij terugkeert naar zijn eigen thuis – alleen dat is en was de betekenis van de hele genezing van de 'blinde' in en bij Betsaïda. Het is alleen maar logisch consequent als Jezus formeel gebiedt: 'Niet het dorp ingaan'.

Leest men de geschiedenis van de genezing van een blinde in Betsaïda op deze manier, dan vergeet men ter plekke alle 'problemen' die bij de 'historisch-kritische' benadering even onvermijdelijk als onoplosbaar zijn. Weer wordt duidelijk dat een 'volledig' 'onhistorisch', compleet 'novellistisch' verhaal heel goed ook historisch iets wezenlijks over Jezus mee kan delen, dat zich echter niet in de sfeer van de feiten bevindt, maar van het fictionele en juist daarom van de feitelijkheid: het gaat om beelden die het 'principe' van een goedheid opwekken die identiek is aan begrip, tolerantie, geduld en wachten. Geen verplichtingen, geen bevelen meer, alleen een altijd zuiver toezicht, totdat een mens zelf kan 'zien'! Het *Johannes*-evangelie zal Jezus later zelf als 'het Licht' aanduiden, dat van God in de wereld van de duisternis kwam (Joh. 4:1-9); maar diegene die de blinde het licht in de ogen schonk, wat was hij anders dan 'licht uit het licht'? Hij was, hij is de plaats waar mensen weer moed kunnen vatten om zelf te zien, zelf te oordelen en hun eigen inzicht te volgen, terwijl ze *vertrouwen* vinden voor hun eigen leven!

Zijn er dan, vraagt men zich misschien af, *alleen maar* 'fantastische' want 'gefantaseerde' verhalen over de genezingswonderen van Jezus? Nee, er zijn beslist ook verhalen die niet – naar een karakterisering van M. Dibelius – als zuiver verdichting, als '*novellen*' gedefinieerd kunnen worden, maar die als 'voorbeelden', als *paradigma's* gelezen kunnen worden. Daarom nemen we als *derde wondergeschiedenis* het verhaal van de *genezing van de verlamde* te Kafernaüm. (Marc. 2: 1–12). De geschiedenis gaat als volgt:

Toen Hij enkele dagen later weer in Kafarnaüm kwam, hoorde men dat Hij thuis was. Er liepen zoveel mensen te hoop dat ze zelfs niet meer bij de deur konden komen, en Hij sprak hen toe. Ze kwamen een verlamde bij Hem brengen, door vier man gedragen. Omdat ze de man niet bij Hem konden krijgen vanwege de menigte, haalden ze de dakbedekking weg boven zijn hoofd, en toen ze een opening gemaakt hadden, lieten ze het bed waar de verlamde op lag, zakken. Bij het zien van hun vertrouwen zei Jezus tegen de verlamde: 'Vriend, uw zonden worden u vergeven.' Nu zaten daar een paar schriftgeleerden die hun bedenkingen hadden: 'Hoe kan die man zoiets zeggen? Hij lastert God. Wie anders dan de enige God kan zonden vergeven?' Jezus doorzag meteen dat ze deze bezwaren hadden en zei tegen hen: 'Waarom hebt u eigenlijk bezwaren? Wat is eenvoudiger? Tegen de verlamde zeggen: "Uw zonden worden vergeven", of zeggen: "Sta op en pak uw bed en loop?" Maar opdat u weet dat de Mensenzoon bevoegd is om op aarde zonden te vergeven', zei Hij, nu tegen de verlamde: 'Ik zeg u, sta op, pak uw bed en ga naar huis.' En hij stond op, pakte meteen zijn bed en ging weg voor het oog van iedereen, zodat ze allemaal verrukt waren en God verheerlijkten. 'Zoiets hebben we nog nooit gezien', zeiden ze.

Van dit verhaal waarbij het slechts indirect aankomt op het wonder van de genezing, bestaat het vermoeden dat het 'historisch' geloofwaardig is; – zoiets als hier afgeschilderd wordt, zou zich werkelijk in het leven van Jezus afgespeeld kunnen hebben. Wat speelt zich hier anders af, dan dat een mens weer zijn eigen leven in mag *gaan*, omdat er een *ander* is die hem (in de naam van God!) de last van het schuldgevoel van de schouders neemt! *Verlamdheid* wordt in de psychoanalyse beschouwd als een klassiek conversie-hysterisch symptoom: de geschiedenis van *'Anna'* was Freuds eerste 'case study' in dit genre. Verlamming kan betekenen dat een mens in een tweespalt geraakt tussen zijn onbewuste 'willen' en zijn door het superego bevolen moeten; tussen beide elkaar tegensprekende instanties en tendenties kan het ego geen eigen beslissing maken. Het moet om er niet aan te bezwijken zijn wensen *verdringen*; maar ook datgene waar zijn superego op aandringt, wil het niet doen. Als het daarentegen *helemaal niets* doet, kan het ook niets verkeerd doen! Dus weer een 'gemakzuchtig' compromis, een 'beslissing' die er eigenlijk geen is, een *symptoom*-vorming waarbij uiteindelijk niemand meer weet welk probleem het eigenlijk zou moeten beantwoorden. Maar van belang is nu: precies zo 'ongedifferentieerd' of liever gezegd zo *totaal* als de probleemstelling, valt ook het antwoord uit van Jezus op deze verlammingsziekte.

In de 'kerkelijke' uitleg van dit gedeelte was het thema 'vergeving van zonden' gedurende lange tijd identiek met het roomse sacramentalisme van de 'biecht': Jezus als 'mensenzoon' kon en mocht 'zonden' vergeven, daarna heeft hij echter zijn 'volmacht' aan de 'apostelen' overgedragen, waarbij ambtshalve de bisschoppen, en door dezen weer ingesteld de plaatselijke pastoors, zo moet men geloven, gezien moeten worden als hun 'opvolgers'. Alles is er goed geregeld, institutioneel vastgelegd, kerkrechtelijk voor iedereen zwart op wit bekrachtigd. En toch is het duidelijk zichtbaar travestie van de scène van Kafernaüm! Als men let op wat hier in werkelijkheid gebeurt, dan zal men inderdaad getuige zijn van één van de grootste 'wonderen' die bij de mensen kunnen gebeuren. Er is een mens die verpletterd wordt onder zijn schuldgevoelens; en als we het symptomencomplex van de verlamming psychoanalytisch correct lezen, dan gaat het welbeschouwd niet om schuldgevoelens over daden die ooit echt begaan zijn, maar om schuldgevoelens over bepaalde wensgedachten die voor de prijs van een volledige blokkering van de motoriek, verre gehouden moeten worden van de toegang tot de werkelijkheid.

De katholieke 'moraaltheologie' heeft, doordat ze de problematiek van 'goed' en 'kwaad' gereduceerd heeft tot de *bewuste* 'beslissingen' van de mensen, voor haar 'biecht' een even 'praktisch' als 'onzinnig' reglement opgesteld: een mens, zo leert de roomse kerk, kan zijn 'zonde' alleen 'sacramenteel vergeven' worden, als hij deze in het 'gewetensonderzoek' erkent en in de biecht aan een priester van deze kerk bekent en daarbij verzekert dat hij er 'berouw' van heeft en ze nooit meer zal begaan. Het is de 'theologie' van de Reformatie geweest, die erkend heeft hoe onmogelijk deze hele constructie voor de mens is, die in feite niets meer beoogt dan de onderwerping van de gelovige aan de clericale autoriteit te versterken. Geen enkel echt levensprobleem laat zich beantwoorden door middel van een 'gewetensonderzoek' en het overeenkomstige 'goede voornemen'. Het is des te belangrijker om te zien wat zich in deze kleine geschiedenis aan het begin van het *Marcus*-evangelie afspeelt.

Niets scheidt een mens zozeer van de gemeenschap van anderen dan het gevoel *schuldig* te zijn. Als we deze scène in Kafernaüm goed begrijpen, dan gaat het er bij de *verlamming* van deze man juist om, de *mogelijke* schuld door een volledig passieve instelling voor te zijn om nog sterker in de afhankelijkheid van de anderen te vluchten. Maar juist deze afhankelijkheid versterkt slechts de groepsbinding, stabiliseert slechts de censuur van het superego en mobiliseert steeds weer opnieuw de oude angsten en inperkingen van het ego. Daarbij weten we niet eens, waarop de begeerten van de zieke uit Kafernaüm gericht waren; het is voldoende om te weten dat ze voor hem erger waren dan het chronisch ontbreken van elke stap in zijn eigen leven; het is voldoende om de *structuur* van dit conflict te kennen, om na te denken over de 'juiste' oplossing.

Het geldt in de psychoanalyse als een goede regel dat men een patiënt toestaat, slechts zoveel over zijn conflicten te vertellen als men als therapeut in zijn ogen verdient. Dit vertrouwen wil natuurlijk van uur tot uur opnieuw bevestigd en verdiept worden. 'Vertrouwen', – dat betekent in de regel *die* plaats innemen waarop vroeger de eigen vader, de eigen moeder gestaan hebben en hun rol ten opzichte van degene die nu volwassen is opnieuw na te gaan door overdracht.

Voor de patiënt is het van het allergrootste belang om via de persoon van de therapeut *bewust* die gevoelens boven tafel te krijgen, die vroeger in de kinderjaren de eigen vader, de eigen moeder gegolden hebben. Wat het 'superego' vandaag zegt, is niet eenvoudigweg de stem van de wereldrede, de wil van God, of het bevel van het 'geweten'; het is vooralsnog niets meer dan de echo van de kinderlijke angsten voor de dreigende veroordelingen van de schijnbaar almachtige ouderfiguren. Geen psychotherapie kan er daarom vanaf zien de invloed van de ouderfiguren op de achtergrond van alle mogelijke huidige schuldgevoelens in het bewustzijn te roepen; want alleen als de ouders in de voorstelling van de patiënt niet langer als onaantastbare, als niet ter verantwoording te roepen, als *absolute* wezens fungeren, pas als ze in hun oordeel gecontroleerd en in hun autoriteit bekritiseerd en in hun censuursysteem gerelativeerd kunnen worden, zal een mens ertoe komen zijn leven zelf in de hand te nemen; en pas dan kan er voor hem zoiets bestaan als zijn eigen 'geweten', waarin een goddelijk woord hem iets vermag mee te delen.

De belangrijkste passage van deze 'wonder'-geschiedenis ligt daarom niet in het schouwspel waarmee men de verlamde door het (op de Palestijnse wijze alleen met rijshout bedekte) dak van het huis naar beneden laat zakken, waarin Jezus zich dicht omringd door zijn toehoorders ophoudt, ook niet in het voorbehoud dat de schriftgeleerden innerlijk tegen Jezus' handelwijze inbrengen; – natuurlijk kan alleen God 'zonden vergeven'! Het eigenlijke kernpunt van deze scène bestaat eruit dat Jezus niet alleen gelooft, zoals alle rechtzinnige theologen uit zijn tijd, dat God zonden vergeven *kan*, maar dat hij er veel meer dan hen, juist anders dan hen, van overtuigd is dat God de zonden van de mensen vergeven *wil* en wel onvoorwaardelijk, zonder prestatie vooraf, zonder alle 'boete' en 'beterschap' van de mensen. Als God stil zou blijven staan om erop te wachten totdat de mensen zich zouden verheffen tot een 'deugdelijk leven', dan zou Hij voor hen niets anders dan een bron van eindeloze extra bedreigingen en angsten blijven. En het resultaat daarvan wordt onder andere getoond in deze verlamde! Geen mens kan de conflicten van zijn leven oplossen, zolang de angst voor straf zijn ego, zijn speelruimte om te beslissen, zijn vrijheid bezet houdt. Juist daarom is het volgens Jezus oneindig belangrijk om te zeggen wie God werkelijk is, *altijd al*, wat er ook moge gebeuren, *heeft* God de mensen, ieder van ons afzonderlijk, vergeven! God 'kan' niet vergeven, hij *is* vergeving!

Een groter *verschil* dan tussen al het kerkelijk-autoritairc en het absoluut persoonlijke van Jezus' boodschap laat zich op dit moment niet indenken. Elke vorm van geïnstitutionaliseerde religie zal de schuldvergeving verbinden aan voorwaarden. Ze zal tenminste willen weten om welke schuld het hier eigenlijk gaat. Voor Jezus daarentegen schijnt het volkomen om het even te zijn *wat* voor 'schuld' er nu ter discussie staat. Voor hem is het voldoende om te zien hoe deze mens zich kwelt tot en met verlamdheid toe. En het is een – ook historisch geloofwaardig! – teken van zijn absoluut ongebruikelijke sensibiliteit en scherpziendheid als hij vermoedt dat dit ziektesymptoom in verband staat met een verborgen schuldcomplex. In ieder geval *weet* hij dat het antwoord op een dergelijke ontzettende schuldangst alleen kan bestaan uit een onvoorwaardelijk vertrouwen, en het ondanks alles en met alles onvoorwaardelijk geaccepteerd zijn.

'Uw zonden worden u (door God) vergeven'. Daarmee wordt een situatie beschreven, zoals we die in onze maatschappij alleen nog maar op het psychotherapeutisch vlak beleven – in ieder geval niet in de kerkrechtelijk ommuurde klooster- en kerkconstructies. Psychologisch beschouwd weet men natuurlijk (en menselijk gezien zou men het moeten weten!), dat een man als deze *verlamde* zich weliswaar alleen lichamelijk niet meer bewegen kan, maar dat hij ook geestelijk op de vraag 'Wat heb je gedaan?' of 'Waar ben je bang voor om dat te doen?' zo goed als geen antwoord zou kunnen geven. 'Gewetensonderzoek' – als dat *meer* betekent dan het eenvoudig doorbladeren van de '*Catechismus voor volwassenen*', deel 2, de roomse kerk in Duitsland, als daarmee een proces van innerlijke zuivering en zelfconfrontatie in groeiende eerlijkheid bedoeld zou zijn, dan kan iets van dien aard toch alleen gebeuren als iedere angst van: 'men wordt toch alleen maar veroordeeld!', *van tevoren* door een verzekering gekalmeerd wordt: 'er zal je niets anders overkomen dan dat je jezelf onder begeleiding leert begrijpen'. Alleen waar zo'n vertrouwen mogelijk wordt gemaakt, is er hoop op een eerlijke en bewuste discussie met zichzelf.

Er is in de geschiedenis van de genezing van de verlamde in Kafarnaüm een detail dat in dit verband pas echt begrijpelijk wordt, terwijl het zelf de hele scène ook heel begrijpelijk maakt: – het is de bijzondere manier waarop Jezus de verlamde *aanspreekt*: 'mijn zoon' (Marc. 2:5). Men kan deze aanspreekvorm alleen begrijpen als men zich de (bij *Marcus* er vlak aan voorafgaande) doopscène aan de Jordaan in herinnering roept. Daar leerde Jezus zelf God als een 'macht' kennen, die de mensen volkomen en zonder enige reserve aanneemt. '*Vader*', 'lieve vader', 'Abba', was het woord dat hij – volgens de legende! – op dat ogenblik voelde en ervaarde. Daar werd hij de '*zoon*', de met God en zichzelf *verzoende*, daar *werd* God een liefhebbende vader voor hem. Wat bleef er in zijn ogen dan nog over, dan deze ervaring door te geven! *Iedereen* zou dat mee moeten kunnen maken. En precies zo spreekt Jezus *hier*. Hij spreekt zoals hij God met zichzelf hoorde spreken: 'Jij bent mijn geliefde Zoon' heette het toen (Marc. 1:11); 'mijn zoon' zegt Jezus nu tot de verlamde. Psychoanalytisch gezien, neemt Jezus hiermee de plaats van de vader in; hij neemt alle ambivalentie, schuldgevoelens en angsten op zich die vroeger in de biografie van de 'verlamde' met de 'vader' verweven waren; maar hij stelt daar het vaderbeeld van 'zijn' God tegenover – van een ingoede, *moederlijke*, vergevende God. Want alleen deze God richt ons op. Alleen deze God stelt ons in vrijheid. Alleen deze God maakt het mogelijk, *zelf* te gaan!

In *drie* geschiedenissen, twee 'novellistische' en één 'pragmatische', hebben wij daarmee een indruk gekregen van deze *andere* kant van Jezus, die ook *bij hem hoort*: hij was een 'dichter', maar zijn manier van 'poëzie' maken, bestond eruit mensen te *genezen*. De hele 'droom', de 'visie', de *poëzie* van Jezus bestond eruit de mensen een God af te schilderen die in staat is, hen van de ziekte van hun angst te bevrijden. Noemt men de 'ziekte van de angst' *boosheid en schuld*, dan moet daar tegenover de goedheid van een onvoorwaardelijke vergeving geplaatst worden, noemt men het 'uitzichtloosheid', '*blindheid*' en vertwijfeling, dan is het nodig daartegenover de ervaring van nabijheid te plaatsen, die alleen jou als individu wil en wel onvoorwaardelijk; noemt men het 'krankzinnigheid' of '*bezetenheid*', dan moet er geluisterd worden naar wie de ander eigenlijk is en hoe hij de mens wordt zoals God hem bedoeld heeft.

Was Jezus een dichter? Was Jezus een dokter? Hij was beide tegelijk. En in beide anders dan alle 'schriftgeleerden'! En, tenminste wat het laatste betreft, zelfs anders dan alle 'profeten'. 'De "mensenzoon" is bevoegd om op aarde zonde te vergeven', zegt hij (Marc. 2:10). Vertaalt men de apocalyptische uitdrukking '*mensenzoon*', zoals we nog zullen zien, heel legitiem met: 'vleesgeworden menselijkheid', dan geeft dat precies weer hoe Jezus was: een mens, die in dat wat hij 'God' noemde een ongelooflijk bevrijdende menselijkheid gevonden had en door wilde geven. Zijn 'poëzie' kan men de *droom* van God noemen; zijn manier om mensen te genezen echter, was voor hemzelf een duidelijke bevestiging voor de juistheid van zijn visie. God geneest, God begrijpt, God vergeeft, God is begaan met ieder afzonderlijk mens... zo is het goed. Maar als men het zo zegt, klinkt het meteen al weer 'pastoraal-theologisch'. Wat is het dan goed dat de evangeliën ons *geschiedenissen* vertellen die zelf, als fictie, geen 'historie' bieden, maar in plaats daarvan degenen die ze lezen en ervoor openstaan genezen! 'Vertellingen over Onze Lieve Heer' vertelde Jezus aan de mensen; genezingsverhalen van iemand die in deze liefde van een vaderlijke God geloofde, dat is het wat ons in de vroegste evangelie-traditie meegedeeld wordt. Woorden en daden, halacha en haggada, gelijkenissen en wonderen – doordat ze beide *samenkomen* ontstaat het *evangelie*, de verlossende boodschap van Jezus van Nazareth, zoals *Marcus* die als eerste aan ons overgeleverd heeft.

2. De wenteltrap met vijf wendingen – of: wat hij zei en wat hij deed

'Maar dat geldt toch allemaal op z'n hoogst voor de enkeling!', zal men nu sceptisch tegenwerpen. 'We hoopten op z'n minst een oplossing voor de oorlogsproblematiek gepresenteerd te krijgen, – iets dergelijks is ons tenslotte ook beloofd! En nu dit weer: literatuur en psychotherapie! Alsof men tanks zou kunnen bestrijden met vlinders! Alsof men eerst eens alle mensen in psychotherapie zou kunnen nemen om de wereld te redden!'

Vooral de laatste 'tegenwerping' wordt door 'bevrijdings'theologen met de regelmaat van de klok overluid te berde gebracht. 'Wij hebben niet zoveel tijd', zeggen ze, 'om de hele mensheid in therapie te nemen. Intussen sterven Servische vrouwen op de vlucht voor katholieke Kroaten, sterven moslimkinderen onder de beschieting van orthodoxe Serviërs, gaat de wereld ten onder aan verwoesting door mensen, verpauperen continenten onder de uitbuiting van een onrechtvaardig marktstelsel...' Dat allemaal is helaas maar al te waar. Het is ook waar dat psychotherapie geen wondermiddel is. Het is – in het gunstigste geval! – een begin. Maar wat men al lang heeft kunnen inzien (en door Jezus' voorbeeld *moet* erkennen!) is *de voorbeeldfunctie van het therapeutische*. In Jezus' manier van optreden waren poëzie en therapie, zoals we zagen, niet iets wat hij er zomaar bij deed, – het waren de algemene voorwaarden voor al het andere. Het *therapeutische* moment van zijn werkzaamheden vormde het centrum, het *model* voor al het andere. Niet de vereiste ethische gerechtigheid (of het eigengerechtigd moraliseren) was zijn streven, maar het nauwkeurig behandelen van de nood van de mensen op alle bestaansniveaus.

Maar, slechts één enkel persoon therapeutisch te behandelen – is dat niet zoiets als het genezen van een vis, die in het verzilte water van de Werra tot op de graat is aangetast? Teruggezet in hetzelfde zuurbad zal hij weer aan dezelfde ziekte ten prooi vallen; aan de toestand van het water waarin hij leefde, is niets veranderd. Wat betekent de genezing van de enkeling zolang de *maatschappij* waarin hij leeft niet verandert? Hoe kan de individualpsychologie een verband aangaan met de sociale psychologie, zodat de duidelijk zichtbare *kloof* overbrugd wordt, die bijvoorbeeld in nazi-Duitsland de *zogenaamd* 'goede Duitser' scheidde van de fascistische structuren van het systeem, terwijl hij in werkelijkheid zelf hierdoor leefde en gevormd werd, en anderzijds met al zijn ijver en al zijn gehoorzaamheid er tegelijkertijd wezenlijk aan bijdroeg juist deze structuren mogelijk te maken en te verdedigen?

Het individu heeft geen oorlog nodig, hij voert geen oorlog en toch is zijn lot altijd weer verbonden met mechanismen die hem tenslotte dwingen dienstbaar te zijn aan de maatschappij die altijd gevechtsklaar is en in noodgevallen bereid is om oorlog te voeren. De negatieve uitwerking van dergelijke mechanismen van de sociale psychologie hebben we al uitvoerig beschreven en gemotiveerd, maar hoe kan het individu immuun worden gemaakt tegen een maatschappij die positief staat tegenover de oorlog en hoe kan het regelsysteem van de sociale psychologie zo worden ingericht dat ze oorlog vermijdt in plaats dat ze latent of openbaar in dienst staat van de oorlog? Wat biedt, dat is onze voortdurende vraag, in dit verband vooral de persoon en de leer van Jezus ons hedendaagse mensen als oplossing of zelfs verlossing?

Maar zelfs als we ons een realiseerbare of zelfs gerealiseerde sociale psychologie in kunnen denken, waarin een militaire vorm van conflictoplossing definitief uitgesloten zou zijn, dan zijn de problemen van het *politieke bestuur* daarmee nog lang niet opgelost. Zolang de politiek in wezen niets anders is dan het primair claimen van het niet mis te verstane groepsegoïsme van de afzonderlijke staten, zullen oorlogen om macht te verkrijgen en macht te behouden de menselijke geschiedenis vormen en begeleiden. Kan een principe dat bepalend is geweest voor de hele geschiedenis tot nu toe, in de tijdsspanne van vijfduizend jaar, beginnend vanaf de staatsvormen aan de oevers van de grote delta's van de Nijl, de Eufraat en de Hoangho, een principe dat tot op heden van doorslaggevende betekenis geweest is, doorbroken worden? Is niet elke poging daartoe al van te voren gedoemd te mislukken – hoogstens een utopie, niet iets wat ontworpen kan worden als programma om de toekomst te verkrijgen?

Dat zijn precies de vragen die van de persoonlijkheid van de man uit Nazareth uitgaan. We moeten ze stellen, want afhankelijk van de wijze waarop we ze beantwoorden, kan en *mag* er geen wezenlijke verandering van de geschiedenis zijn – of het *moet* zijn ten gunste van de mensen, ten gunste van de toekomst, ten gunste van de hoop. Wat betekent het om macht over mensen te verkrijgen en uit te oefenen? – Daar zal het om gaan.

Maar klopt het dan, dat de 'machtigen' in de staten het lot van de volkeren sturen? Niemand, die niet de kant kiest van *het belang van kapitaal en economie,* heeft 'macht' in een modern staatswezen. Men hoeft maar om zich heen te kijken om te ontdekken dat zonder geld 'helemaal niets loopt'. Er is geen krant, geen televisie-omroep, geen voetbalvereniging die niet in feite letterlijk *leeft* van de *reclame* voor bepaalde industriële producten, verzekeringen of banken die op zich niet het minste of geringste met ze te maken hebben. Het schijnt de *wet* van het geld te zijn, dat het voor niets beters deugt dan daarmee nog meer geld te 'verdienen'. We zagen al dat *oorlogen* die vroeger gevoerd werden om *land* en *territorium* te verkrijgen, tegenwoordig uitgevochten worden om grondstoffen, afzetmarkten of informatie. De vraag hoe wij *tegenover* geld staan is op z'n minst vandaag de dag een kardinale vraag geworden die direct beslist over oorlog en vrede, verwoesting en opbouw, terugval en vooruitgang. Het is verbazingwekkend hoe gedecideerd Jezus tweeduizend jaar geleden al zijn mening gegeven heeft over de geldkwestie; alleen: hoe actueel en verplichtend is zijn opvatting nu nog? Wat voor gevolgen kunnen resulteren uit zijn instelling? En zijn die gevolgen eigenlijk wel gewenst?

Het is daarbij duidelijk dat de instelling ten opzichte van geld en winst afhangt van de definitie van datgene wat men als 'waarde' laat gelden. Uiteindelijk staat er niet een economisch systeem ter discussie, maar de vanzelfsprekendheid van een bepaalde cultuur. Naar men beweert is er zoiets geweest – en sommige historici zijn van mening dat er nog zoiets bestaat – als een West-Europese christelijke cultuur; om het even of zo'n definiëring geschiedfilosofisch of cultuurhistorisch terecht bestaat, de vraag blijft bestaan of er een cultuur van dien aard zou zijn die de naam 'christelijk' of beter nog 'jezuïsch' echt zou verdienen.

Aan het eind van dit betoog is de cirkel rond. Uitgaande van het individu geraken we uiteindelijk tot de vraag naar datgene wat 'menselijkheid' heet. Wat waren het voor denkbeelden, die wezenlijk waren voor de man uit Nazareth, en in hoeverre kunnen zijn denkbeelden ook vandaag nog van doorslaggevende betekenis zijn? Als elke oorlog, ook en vooral die oorlog die in naam van een bepaalde cultuur tegen een andere cultuur uitgevochten is, op zich niets anders is dan een terugval in barbaarsheid, welk begrip van 'waarde', 'religie' en 'cultuur' kan er dan uit de woorden van Jezus gereconstrueerd worden, om ons leven tegenwoordig vredelievender te maken en te laten verlopen?

Op *vijf* bestaansniveaus ontmoeten wij dus steeds dezelfde vraagstellingen, behalve dan dat hun hiërarchische ordening hen steeds verschillende bestaansgebieden toekent. Het beste beeld voor zo'n vijfvoudig gelede, steeds met elkaar vervlochten, totale werkelijkheid wordt gevormd door het beeld van een wenteltrap die spiraalsgewijze in vijf trapwendingen steeds boven hetzelfde uitgangsprobleem omhooggaat en daarbij verdieping na verdieping wint aan hoogte en waarbij de vraagstelling steeds dramatischer wordt. Trede voor trede moeten we ons daarbij afvragen welke antwoorden voor het oplossen van de huidige problemen dan *inhoudelijk* in de boodschap van Jezus gevat zijn. Tot nu toe zijn we op het poëtische en therapeutische karakter van Jezus' optreden ingegaan en daarmee hebben we de twee historisch onbestreden *formele* kanten van de boodschap van de man uit Nazareth benadrukt. Wat heeft echter de man wiens woorden en daden volgens de 'christelijke' 'belijdenis' de 'verlossing' van de 'wereld' betekenen de huidige mensheid fundamenteel te zeggen als antwoord op haar problemen, in het bijzonder wat betreft het probleemgebied rond oorlog en vrede? Daarom moet nu op de concrete *inhoud* ingegaan worden.

Daarbij bestaan evenwel aan de kant van de 'vraagstellingen' en aan de kant van de 'antwoorden' twee verschillende logische patronen. De '*problemen*' tonen een zekere consistentie, ze laten zich groeperen, categoriseren en systematiseren; de 'antwoorden' die we aan de bijbel ontlenen, hebben geen verband, ze zijn in de regel situatief en illustratief, over het algemeen niet te strak geformuleerd, ze resulteren niet in een leerzame, goed te bevatten eenheid, ze staan eerder open voor het leven. Dit verschil heeft ermee te maken dat alles wat het leven verwoest, begrensd is – een gesloten systeem; leven is echter naar zijn aard een open systeem. Dat is de reden dat een mes voldoende is om een mens te doden, maar wie de mens is die doodt of gedood wordt, kan nooit 'gedefinieerd worden'.

Zo bezien is het heel belangrijk zich er bij het volgende steeds bewust van te blijven dat de woorden van Jezus niet opgevat moeten worden als *re*cepten, maar eerder als *con*cepten: niet als instructies, maar eerder als visioenen, niet als voorschriften, maar eerder als voorstellingen, die de huichelarij van het leven met zicht op een andere werkelijkheid zouden overwinnen. Dat wil intussen niet zeggen dat Jezus' uitspraken geen innerlijke samenhang hebben, of 'onlogisch' en onsamenhangend zouden zijn; wie zich daarmee bezighoudt, zal heel spoedig ontdekken dat ze alle uit één en dezelfde fundamentele ervaring, in één en dezelfde lijn uitgesproken zijn. Dit fundament en deze lijn, laten zich echter niet – zoals Spinoza's *ethiek* – door logische afleidingen uit eerste beginselen en axioma's ontwikkelen, ze laten zich alleen vinden op de manier waarop een kogel vanaf de rand in het binnenste van een trechter rolt: door het eigen leven te richten op een bepaald centrum. Uiteindelijk wordt dat steeds meer benaderd, wordt het steeds rustiger en helderder...

a. 'En hij vroeg hem: Wat is uw naam?' (Marc. 5:9) – of: het individuele niveau

'Niet de staat, niet het volk, maar alleen het individu wordt verlost', zei A. von Harnack in 1900 nog in zijn college over *Het wezen van het Christendom*. De grote protestantse theoloog wilde waarschuwen tegen de illusie dat de zaak van Jezus in de grote menigte doorgegeven kon worden; als kerkhistoricus was hij maar al te goed op de hoogte van het gevaar, het 'koninkrijk van God' te verbinden aan de machtsuitoefening van landsvorsten en landsbisschoppen, in de veronderstelling met hun 'decreten' en 'besluiten' uiteindelijk het 'volk' 'gekerstend' te hebben. 'Verlossing' – dat betekende voor Harnack iets anders dan de vraag naar het officiële lidmaatschap van een religie of confessie; niet de '*belijdenis*', maar het persoonlijk verkregen *inzicht* zou bepalend moeten zijn voor de echtheid van het 'christen zijn'.

De inmiddels gebruikelijke *kritiek* tegen dit standpunt van Harnack schijnt meer dan gerechtvaardigd, als men het fatale falen voor ogen houdt van de liberale theologie in het keizerrijk, vooral gedurende de Eerste Wereldoorlog; 'verlossing' – dat kan *geen* zuiver geïndividualiseerde privé-zaak zijn. Anderzijds, als Harnack in plaats van '*alleen* het individu' gezegd had '*essentieel* het individu' dan kwam hem substantiële goedkeuring toe, – direct in de volgende paragraaf zullen we zien hoe de afkeer van het individu tegen 'massapsychologie' de doorslaggevende voorwaarde levert, om het samenleven van iedereen een nieuwe basis te geven. Er kan bij het individu begonnen worden, als wij de 'wenteltrap' van de bestudering van de geschiedenis van de mensheid op willen klimmen; vanzelfsprekend levert dat geen motief of toestemming om bij het eerste trapportaal te blijven staan, of zelfs weer om te keren.

α. Zelfbevestiging en zelfverzoening – de boodschap van Gerasa

De eerste stap die ieder individu zelf kan zetten, ja *moet* zetten, om zich met zichzelf te kunnen verzoenen en daardoor zelf vergevingsgezind ten opzichte van anderen te worden en in staat te zijn om anderen te vergeven, kan het beste beschreven worden wanneer we de psychologische consequenties van de 'demonen-uitdrijving' bij Gerasa (Marc. 5:1-20) nog eens nader bekijken. Tot de standaardtheorie van het psychoanalytisch conflictonderzoek behoren de drie fasen van het primair afgewezen zijn, verinnerlijkte zelfafwijzing en teruggekaatste vijandigheid ten opzichte van anderen. Ik wordt niet aardig gevonden – ik kan mijzelf niet aardig vinden – niemand kan mij aardig vinden – ik kan niemand aardig vinden – ik ben bang voor de straf van anderen voor mijn agressief gedrag – ik jaag iedereen angst aan, zodat ze bang worden voor mij en mijn straf; zo ongeveer kan het Kaïn-en-Abel-schema van dodelijke vijandigheid beschreven worden op het niveau van privé-ruzies (zie pag. 100 e.v.). De bereidheid om klaar te staan met geweld en gewelddadigheid wortelt al individueel in de ervaring van het kind dat het te inferieur, te minderwaardig is om te kunnen hopen op erkenning, waardering en liefde; en omgekeerd kunnen alle mogelijke motieven die leiden tot een gebrek aan persoonlijke genegenheid het beeld van de eigen minderwaardigheid aanvullend bevestigen en versterken. In de plaats van een natuurlijk vertrouwen komt een chronisch wantrouwen; waar oorspronkelijk een gevoel van geborgenheid had kunnen groeien, breidt zich nu een continu aanwezig angstgevoel en vijanddenken uit. Scènes die objectief gezien door mogen gaan voor niet-bedreigend, worden subjectief op grond van bepaalde oorzaken als gevaarlijk geïnterpreteerd en kunnen, tot verrassing van de anderen, aanzetten tot *vlucht* waar nabijheid gewenst is, of tot *verdediging*, mogelijk zelfs tot de *aanval* stimuleren, waar een rustig samenzijn of samenwerken raadzaam zou zijn. De irritaties van beide partijen lopen overeenkomstig hoog op; zoals gezegd wordt: er wordt steeds weer 'van een mug een olifant gemaakt'. Dergelijke toegenomen agressies zullen spoedig afgewezen worden als 'ontoereikend' en zo wordt het (tenminste subjectief) 'bedreigde' kind heel gemakkelijk een 'slecht' kind; de vicieuze cirkel van het bedreigd worden en het bedreigen is gesloten, exact de wereld van Kaïn en Abel. Al op deze plaats wordt het beeld steeds plausibeler van de ongetemde 'wilde' bij Gerasa, die iedereen bang maakt, omdat hij zelf bang is voor hun achtervolgingen en inperkingen. 'Wie ben je?' Kan iemand die zich zo voelt daarop een antwoord geven?

Het is natuurlijk mogelijk de wederzijdse conflicten op z'n minst gedeeltelijk te verdringen en tegen zichzelf te richten; in het voorafgaande lazen we over de 'bezetene' die zichzelf met stenen slaat (Marc. 5:5); dat komt precies overeen met dit beeld. Dan moeten de anderen lijden, doordat ze zien hoe iemand – van hen – aan zichzelf lijdt. Uit de oorspronkelijke agressies ontstaan schuldgevoelens en wederzijdse beschuldigingen; – de desbetreffende conflicten krijgen in plaats van een psychische, voortaan een *morele* motivatie.

De betekenis van dit proces moet niet onderschat worden; want dit *bemoeilijkt* in het vervolg elke terugkeer tot een eenvoudige menselijke verstandhouding. In plaats van over begrijpelijke gevoelens, redeneert men nu liever in naam van de moraal over rechtsstandpunten die de één ten opzichte van de ander laat gelden, en diegene die geen gehoor geeft aan de 'vanzelfsprekendheid' van het moralistische oordeel is bij voorbaat al *slecht*.

Nog een stap verder, en 'al dat gepraat' helpt niets meer – men moet iets 'doen'. De surrogaattaal van het geweld neemt de plaats in van de taal. Beide 'combattanten' verwachten serieus dat de (in hoge mate toevallige) afloop van een 'heftige agressie' het 'recht' vaststelt waar de één ten opzichte van de ander aanspraak op maakt, al naar gelang de omstandigheden; want allebei veronderstellen ze dat het recht aan hun kant staat! Als *hij* overwint, dan betekent dat (voor hem) alleen maar een overwinning van het recht. Ongetwijfeld – een echte 'oorlog', een 'oorlog' in het klein – het 'tweegevecht' van Clausewitz als basis voor de oorlog in het groot (zie pag. 46).

In deze situatie betekent het psychoanalytisch een ongelooflijke kans als het lukt het proces van een dergelijk typerend conflictsverloop stap voor stap *af te laten nemen*; – in de scène bij de steile helling bij het meer van Gennesareth hebben we dat nauwkeurig kunnen volgen: hoe er een ontzaglijk potentieel aan agressie, dat zich tot dusver hulpeloos en nutteloos tegen het eigen ik richtte, *naar buiten toe* afvloeide.

Waarschijnlijk is de psychotherapie in onze cultuur de enige, in ieder geval de belangrijkste plaats, waar men leren kan effectief agressies door (objectief ongevaarlijke) vervangende handelingen 'af te reageren'. Het is belangrijk dat men zo snel mogelijk het zinloze niveau van ideologisch gelijk willen hebben verlaat: 'Ik heb gelijk – de ander heeft ongelijk, *omdat* hij *toen en toen...*'. Men veronderstelt in de therapie gewoon dat de patiënt gelijk *heeft*. Of dat subjectief of objectief het geval is, is toch niet te onderkennen of te bepalen. De vraag is alleen, op welke plaats, op welke manier, in *welk opzicht* hij gelijk heeft, waar en wanneer hem *onrecht* gedaan werd; en deze verbanden, die hij in de regel zelf niet kan benoemen, moeten bekeken worden.

Het aanknopingspunt dat geboden wordt, is de neerslachtigheid, de geprikkeldheid, de ergernis van de patiënt zelf. Er is al veel gewonnen als hij ermee ophoudt te willen *bewijzen* dat hij in zijn recht staat, en eenvoudig zijn teleurstelling, zijn verbittering, zijn woede over het (subjectief) geleden onrecht begint te uiten. Hoe meer hij dat doet, hoe meer er verwacht kan worden dat zijn woorden en gevoelens identiek aan elkaar worden, hij gaat steeds meer praten zoals hij eerder nooit kon of zou durven. Heel belangrijk daarbij wordt zijn lichaamstaal: men zou zijn vroegere tegenstander – zijn gedachten, zijn woorden, zijn gegrijns, zijn onverstoorbaarheid, zijn ongenaakbaarheid, zijn haat, zijn psychisch geweld, zijn primitiviteit, zijn domheid, zijn hulpeloosheid – willen vertrappen, vermorzelen, verpletteren, stukslaan, kort en klein slaan, aan gruzelementen slaan... Op het kussen van de sofa in gesprek met de stoel tegenover hem, in het 'rollenspel' met de therapeut, of ook 'onaangekondigd' en 'uit eigen beweging' – eenvoudig door de dynamiek van het '*overdragen*' kunnen de scènes uitgebeeld worden waarin de 'demonen' indertijd in de 'zieke' voeren, lang voordat ze verlof kregen in de 'varkens' te gaan.

Pas op deze weg wordt laag voor laag duidelijk wat eigenlijk het 'inadequate' uitmaakt van de steeds onderdrukte agressies of agressies van buitensporige proporties: de woede '*nu*' werd weliswaar veroorzaakt toen de baas, de medewerker, de collega of de verkoopster zei dat..., maar daarachter steekt de vader, de broer, de vriend, de moeder... *aan hen* had men vroeger als kind, volkomen weerloos iets moeten zeggen, wat toen trouwens helemaal niet gezegd kon worden. Nu, tijdens het *afreageren* wordt men zich er eigenlijk pas voor het eerst van bewust welke motieven de huidige beleving mede bepalen; nu pas wordt duidelijk dat men op dit moment helemaal niet meer het zwakke weerloze kind van vroeger is of moet blijven. Doordat men *bewust* begint te scheiden tussen verleden en heden, groeit de invloed van het eigen ik op de persoonlijke beslissingen en de huidige manieren om te reageren. Een bepaalde *ik-sterkte* maakt de voortdurende staat van verdediging, het leven in een permanente oorlogssituatie uiteindelijk overbodig.

Wie ooit gezien heeft hoeveel moeite het kost op deze manier een 'legioen' van 'demonen' in tweeduizend 'varkens' te laten varen, die zal zeker de lust vergaan zich met zogenaamd 'theologische' argumenten over psychotherapie vrolijk te maken. Wat, moet men zich afvragen, blijft er over voor diegene die zich zelfs dit laagste niveau van de uitwerking van de concrete menselijke nood al ontzegt – door onkunde of ideologische barrières –, wat blijft er voor hem over, behalve de morele verontwaardiging, behalve het veroordelen, behalve voorschrijven van de wet – behalve, met een beeldspraak, de terugkeer naar de apocalyptische morele prediking van Johannes de Doper, dan de 'wonderen' van de menselijkheid van Jezus? Vooral als er op het *persoonlijke* vlak geen *symbolische* verlichtingsruimte voor de bewustwording en de nawerking van de agressieve verdringingen en fixaties uit de kindertijd gegeven mag of kan worden, wat blijft er dan anders over dan dat de symbolische ensceneringen van *de maatschappij* voor een bepaalde verlichting zorgen?

Het geweldddadige tweegevecht bijvoorbeeld! Hoeveel angsten en wraakfantasieën, hoeveel vervangende agressies kan een miljoenenpubliek nog altijd 'afreageren' tijdens een box'sport'wedstrijd? Zal de voormalige wereldkampioen zwaargewicht-boxen *Mike Tyson* na een gevangenschap van een aantal jaar wegens een poging tot verkrachting van een party-vriendin kunnen zorgen voor zijn come-back in de boxring? Deze vraag hield in augustus 1995 mensen over de gehele wereld bezig. Maar ook de tragedie van de vaak onderscheiden golfoorlogsveteraan en wapengek *Timothy McVeigh*! De militaire wereld 'past' verdacht goed bij de kinderlijke nachtmerries van een man wiens totale levenservaring eruit bestond dat in de keuze: jij of ik, alleen de sterkste, de snelste, de 'best' bewapende overleeft; in geen geval mag men doorgaan voor een 'zwakkeling' (een 'sissy'). Alle persoonlijke haat wordt in één klap nuttig als die maar in 'goede' banen geleid wordt: in de 'school der natie', in het leger leert men wie er *eigenlijk* gehaat moet worden, wie het kwaad belichaamt, wie *met alle middelen* bestreden moet worden; en men leert juist daardoor geaccepteerd en gehonoreerd te worden. Eindelijk is men iemand...

Op een heel legale manier kan zo het nog niet opgeloste sadistische conflict van het individu veranderd worden in een maatschappelijke 'taak' en als iets nuttigs 'gesocialiseerd' worden. Het voor het leger uiterst belangrijke 'overgangsgebied' ontstaat, doordat de burgerlijke maatschappij zowel haar 'rust' naar binnen als haar 'bescherming' naar buiten tot stand brengt met behulp van mensen die het onmenselijke beoefenen en daar een routinezaak van maken, om menselijk geaccepteerd te worden als nuttige leden van juist deze *dubbelzinnige maatschappij*, – als haar wapendragers, haar zwaard, haar slachtmes. Uiteindelijk zijn juist zij het aan wie de anderen die niet bereid waren te vechten ook nog eens dankbaarheid moeten betonen: de vrede, de orde, de vrijheid, de democratie, het recht, het recht zelfs zijn mening te uiten – is dat niet allemaal mogelijk door hen: de moedigen, de heroïschen, degenen die altijd klaarstaan om *zich op te offeren* in dienst van het algemeen belang?

Wie de militaire wereld psychologisch in twijfel trekt en zich daarbij op de psychoanalyse van het individu stort, zal ongetwijfeld het tegenargument voor worden gehouden van alle sociale structuren in kerk en maatschappij, er zijn overal betreurenswaardige, op zichzelf staande incidenten, zoiets mag men niet generaliseren, men moet zich verweren en protesteren tegen de totale en ongegronde bezoedeling van het aanzien van degenen die dagelijks 'alleen maar hun plicht' deden... In plaats van verbanden en structuren te zien, zal men zich er zo lang mogelijk uitpraten door een beroep te doen op het uitzonderingsgeval. De *Dreyfus-affaire* is vanzelfsprekend alleen maar een ontsporing, geen onthulling van het Franse militarisme rond 1900 en die nucleaire besmetting van het Bikini-atol, al vanaf juli 1946, door tweeëntwintig bovengrondse atoombommentests van de Amerikanen, tot 1958, was het gevolg van onwetendheid van hoge militaire instanties uit die tijd, en zeker geen bewijs voor het cynisme van het militaire denken; zelfs toen op 1 mei 1954 de '*Bravo*' tot ontploffing gebracht werd, een waterstofbom van vijftien megaton TNT met een uitstraling van meer dan duizend zonnen, die radio-actieve neerslag over enkele duizenden vierkante kilometers liet neerregenen, zou men alleen maar de beveiliging van de vrede en de vrijheid een grote voorsprong willen geven, en *niet* willen testen wat de werking van de bom was op het menselijk organisme van de inwoners van het honderd kilometer verder gelegen *Rongelap*, die tot op de dag van vandaag nog lijden aan kanker aan het strottehoofd, evenals de veertigduizend extra aangevlogen proefdieren en hun martelende lijden. Het bloedbad van *My Lai* was natuurlijk een misdaad van enkele criminelen, niet de dreigende waarschuwing van de hele manier waarop het US-army rond 1970 in Vietnam oorlog voerde...

Wij zijn hier niet geïnteresseerd in de vraag of het instituut leger 'goed' of 'slecht', 'afschuwwekkend' of 'politiek controleerbaar', 'misdadig' of 'verdienstelijk' is; ons houdt de vraag bezig hoeveel er in mensen *dood gemaakt* moet zijn, om ze 'bekwaam' te maken om te doden. Hoe wordt men een 'goed soldaat' of 'liever': onder welke voorwaarden is een mens *bereid* een goed soldaat van zich te laten maken?

Een *case-study* kan behulpzaam zijn ter verduidelijking, het laat vooral ook zien hoe zinloos het is Kurt Tucholski's zin 'alle soldaten zijn moordenaars' op de muren van de ondergrondse te spuiten: 'alle soldaten zijn moordenaars'; alleen wie begrijpt hoe een mens ertoe komt een 'soldaat' te worden, kan hem er misschien bij helpen zichzelf te begrijpen en opnieuw te beslissen. En alleen dat is, op individueel niveau beschouwd, van belang.

Als voorbeeld kan in dit verband de geschiedenis dienen van een jongeman die 'vrijwillig' voor twaalf jaar bijgetekend had bij het leger en door zijn intelligentie, zijn ijver, zijn betrouwbaarheid en zijn discipline relatief snel tot de officiersrang bevorderd was. Hij had er negen jaar van zijn contract opzitten toen zijn vrouw hem verliet. Ze had hem geen verwijten gemaakt. 'Je bent nu eenmaal zo', had ze gezegd en toen was ze gegaan. 'Ja, wie ben ik dan?' Met deze vraag kwam hij in therapie, rijzig, keurig in uniform, alleen zijn handen waren klam. 'Ik heb heel hard gereden', verklaarde hij. Het duurde meer dan een jaar voor we begrepen wat zwetende handen, punctualiteit tot elke prijs, snel autorijden, een militair uniform toen hij soldaat was en een verloren liefde allemaal konden betekenen.

Op geheel eigen wijze waren in zijn leven het persoonlijke en het algemene met elkaar vervlochten. Kort na zijn geboorte waren zijn ouders geëmigreerd, – de vader hoopte op betere promotiekansen in zijn werk en in deze verwachting werd hij niet bedrogen: 'een man die weet wat hij wil, komt altijd goed terecht', placht hij te zeggen, en hij kwam goed terecht. Hoe geheel anders zijn zoon. Tot de indrukken die hem vormden, behoorden niet alleen de onzekerheid van zijn moeder die vaak door haar man alleen gelaten werd, en uitgescholden werd als 'nerveus', maar samen met haar vooral het gevoel dat anderen hem vreemd vonden en hem op de één of andere manier er niet bij vonden horen. Vooral toen hij naar school ging begon voor hem een traumatische situatie: in zijn alleen voor blanken bestemde klas bevonden zich voornamelijk joodse kinderen waarvan de ouders voor de nazi's geëmigreerd waren en die in hem, de Duitse jongen, de personificatie zagen van al het kwaad van de wereld, – een dubbel racisme wat hem de 'nikker' onder de blanken en de paria onder de 'kleurlingen' maakte. 'Je moet er boven staan', verklaarde zijn vader, maar hij stond er niet boven. Hij werd gepest, verklikt, geslagen en toen hij een keer uit pure ergernis een ander kind van achteren een duw gegeven had, zodat het met het hoofd op de schoolbank viel en zich verwondde, gold hij definitief voor gemeen, achterbaks en leugenachtig. 'Je moet je op een eerlijke manier verdedigen', zei zijn vader en stuurde hem naar een cursus voor Aziatische vechtsporten. Hij leerde ze allemaal tot hij er een expert in was. Eindelijk was hij beter dan de anderen. Eindelijk won hij hun respect, maar alleen om slechts des te meer door te gaan voor 'een typische Duitser': dapper en strijdlustig, maar vreemd en gevaarlijk voor de gemeenschap. Toen hij, teruggekeerd naar Duitsland, zich uiteindelijk bij het leger aanmeldde, maakte hij zonder het eigenlijk te weten van zijn kindertijd zijn beroep.

De vrouw die hij vond en met wie hij zeer spoedig trouwde ('zodat alles goed zou komen') was voor hem in feite de belichaming van de wereld van zijn moeder. Hij hield oprecht van haar en zag in haar al het goede van deze wereld. Voor de eerste keer in zijn leven was er iemand die van hem hield – om zijn rijzige figuur, om zijn trouw en karaktervastheid, omdat hij zijn talen vloeiend sprak – het Engels was hem net zo vertrouwd als het Duits – om zijn bereidheid verantwoording op zich te nemen... *Zij* speelde graag toneel, schilderde bloemen, musiceerde 's avonds, – alles was goed, zolang hij haar kon 'beschermen' en 'leiden'. Waarom ze hem verlaten had, werd hem pas via een omweg duidelijk.

Behalve aan klamme handen leed hij ook aan andere psychosomatische tekenen van geprikkeldheid zoals migraine, misselijkheid en braakneigingen. 'Waarom doe ik dat toch', vroeg hij zich op een dag af, 'als ik rijd, *moet* ik de auto voor mij inhalen en ik mag zelf het hele stuk niet ingehaald worden. Mijn rijstijl is niet alleen riskant, maar zelfs gevaarlijk. Ik ben daarbij volkomen verkrampt en al heel snel vormt zich dat klamme zweet'. Onbewust leefde hij voortdurend in een wereld van jager en prooi, hij *moest* de snelste, de beste, de flinkste zijn, anders was hij een nul, een mislukkeling, een verliezer – een verlorene! Wanneer hij auto-reed, rende of raasde hij eigenlijk voor zijn leven. En op alle andere terreinen van zijn leven ging het precies zo. Als hij het met een vriend of een goede bekende over een probleem uit zijn vakgebied had, voelde hij zich gedwongen om het, zoals vroeger op school, het beste te weten. Alleen, anders dan vroeger, prees niemand hem er meer om; – hij zocht steeds de erkenning van een leraar die er al lang niet meer was en van zijn *vader* die onbewust achter het hele arrangement stond, zou hij zeker geen erkenning aangenomen hebben, als hij die al gekregen zou hebben. *Deze* man haatte en bestreed hij; *hij* was zijn eigenlijke vijand die hij op de achtergrond wilde en moest overwinnen. Dat *zijn vrouw* van hem hield, was in deze omstandigheden zijn enige houvast en troost, de belangrijkste bevestiging van zijn leven; toen ze hem verliet, stortte alles in elkaar wat hij was en wat hij 'opgebouwd' had.

Tot de heerlijkste en gelukkigste ervaringen in de psychotherapie behoren ongetwijfeld de uren waarin men mee mag maken hoe plotseling en onvermoed, eigenschappen en vaardigheden van de persoonlijkheid van een patiënt op beginnen te lichten die, hoewel ze menselijk de meest kostbare zijn, een leven lang bedolven moesten blijven. Zoals een archeoloog bij het graven in het zand opeens op de gouden voorkant van een faraograf stuit, zo komt op zo'n moment de eigenlijke grootheid van een mens tevoorschijn. Alles in het leven van *die* man zou ervoor pleiten dat hij zijn vrouw woedend en teleurgesteld naar het leven zou staan, zijn zinnen zou zetten op haar vernietiging, haar met verwensingen en dreigementen, als ze dan beslist wilde gaan, tenminste zelf het huis uit te schoppen; veel huwelijken eindigen zo. *Hij* deed echter niets van dat alles. Hij gaf zichzelf de schuld. Zijn vrouw was geen slecht mens, zei hij steeds weer, ze was alleen heel anders dan hij, en hij had iets heel belangrijks nagelaten, maar wat? Hij was eigenlijk in therapie gegaan om *dat* te zoeken, en toen hij 'het' gevonden had, begon er een uitermate stormachtige ontwikkeling. 'Hoe zou mijn vrouw dan ook ooit met me overweg kunnen,' overwoog hij nu, 'zij haalde 's zomers bloemen naar binnen. Ik was ertegen omdat dat insecten aan zou kunnen trekken die ziekten over zouden kunnen brengen. Zij zat graag in de zon, ik legde haar uit dat dat schadelijk was vanwege de ultraviolette straling. Zij liet kledingstukken gewoon maar rondslingeren. Ik liet haar zien hoe je ze in een waszak doet. Zij ging het liefst met een nachtlampje aan slapen. Ik wond me op over het zinloze stroomverbruik; ik verbood het niet rechtstreeks, maar ik kon dan zelf de hele nacht geen oog dicht doen en uiteindelijk moest zij rekening met mij houden, – tenslotte moest ik toch de volgende morgen weer fit zijn. Als ik er goed over nadenk, was er eigenlijk geen moment waarop ik haar niet op de één of andere manier bekritiseerde, corrigeerde of verbeterde'.

Dat was een ontdekking die hem erg moeilijk viel: dat al zijn inspanningen er uiteindelijk toe hadden geleid dat hij met zijn vrouw net zo'n verhouding had als zijn vader met zijn moeder. En niet alleen met zijn vrouw! Als iemand zijn werkkamer betrad, genoot hij van achter zijn bureau van de *afstand* die hem scheidde van de eenvoudige recruut, hij liet de ander eerst een poosje in onzekerheid, bestudeerde de onzekerheid van de ander, pas dan voelde hij zichzelf onaantastbaar, dan was het verschil in rang eenduidig. Hij bemerkte steeds meer dat het militaire reglement een valstrik voor hem was, hoeveel structurele angst in hem een vereiste was voor dit institutionele formalisme. Hij nam zich voor *anders* te worden – anders dan zijn vader, anders dan de opleiders aan zijn zijde, anders dan men van hem verwachtte. 'In werkelijkheid ben ik bang voor iedereen die naar me toekomt en ik intimideer hem tot hij bang voor me wordt. Terwijl hij niets tegen mij heeft en ik niets tegen hem. Ik zou alleen maar moeten luisteren naar wat hij echt wil'.

En werkelijk: hij deed zijn best een andere toon aan te slaan in de omgang met de ander, hij probeerde in een ondergeschikte een gelijkwaardig mens te zien, hij zag zijn omgeving in de letterlijke betekenis in een nieuw licht. Hij herinnerde zich dat zijn vrouw ooit tegen hem gezegd had: 'met jou kan niemand een spelletje spelen. Je kunt niet tegen je verlies'. Nu ervoer hij iets van het plezier van de rolverwisseling, juist bij het spel van jager en opgejaagde (vergelijk: *Geloven in vrijheid. Dieptepsychologie en dogmatiek*, Zoetermeer 1995, 268): een ander voor laten gaan, het ontspannend genieten van het niet bedreigd worden, de spanning voelen die van een spel uitgaat, de nabijheid voelen van ongevaarlijke kameraden...

Maar, hoe meer hij 'ontdooide', des te problematischer werd zijn soldatenbestaan voor hem. Hij was tot op dat moment alleen maar 'soldaat' geweest, en juist dat had hem verhinderd als mens te leven, lief te hebben en gelukkig te zijn. Anderen mochten in het leger hun 'job' doen, maar juist deze mensen begreep hij steeds minder. Voor hem was de voortdurende bereidheid om in de oorlog ingezet te worden, de continue waakzaamheid ten opzichte van een mogelijke vijand, de uitdrukking van zijn hele persoonlijkheid geweest, – en juist daarom had hij nooit getwijfeld aan het vriend-en-vijanddenken van de politieke en militaire oefeningen op de kaart. Nu kwamen er twijfels. Hij besloot zijn contract bij het leger niet te verlengen. Op grond van zijn behoorlijke talenkennis en zakelijk inzicht en kwalificaties hoopte hij terecht zonder problemen aangesteld te kunnen worden in een civiel beroep. 'Ik moet alleen nog maar leren beter samen te werken en minder te commanderen'. Hij hoopte, zeker niet ten onrechte, dat als hij *dat* eerst geleerd zou hebben, ook weer een vrouw te vinden...

In deze gesprekken hebben we nooit met één woord moralistisch of politiek gediscussieerd over het beroep van soldaat of over het leger. Wij zijn alleen zo zorgvuldig mogelijk zijn angsten en agressies nagegaan die vanuit de kindertijd tot op heden bewaard waren gebleven, zonder waardeoordeel, zonder verwijt, alleen erop gericht om te begrijpen, daar zo zorgvuldig mogelijk mee om te gaan; en juist daarom vervaagde het leven in een permanente oorlogssituatie langzamerhand, en 'hij die in de macht van Legio geweest was, zat gekleed en was bij zijn volle verstand...'

Door zo'n voorbeeld wordt het grote verschil duidelijk, of men naar kerkelijk voorbeeld een mens religieus wil 'kerstenen' en tot het ware 'geloof' wil bekeren, respectievelijk of men hem moralistisch wil 'verbeteren' en tot 'boete' en 'bekering' wil brengen, of dat men *naar het voorbeeld van Jezus* zonder boeien en touwen op een mens afgaat, en hem heel eenvoudig vraagt hoe hij 'heet', *wie hij is*, en de oorzaak van zijn 'bezettingssituatie', van zijn 'bezetenheid' nagaat.

'Maar', zal misschien iemand vanuit theologisch gezichtspunt tegenwerpen, 'nadat hij genezen was, heeft de bezetene van Gerasa God geprezen en de boodschap van Jezus verkondigd (Marc. 5:19), maar in dit voorbeeld is alles alleen maar 'psychologie'.

Zo'n 'tegenwerping' is juist en niet juist. Het is waar: wie een mens wil helpen, wie hem wil *genezen*, kan niets anders doen dan precies zo met hem om te gaan zoals hij is, en dat is precies wat men als 'psycholoog' moet doen: zelfs het 'bevel' dat Jezus in Gods naam de 'demonen' had gegeven, had zoals bekend geen resultaat, het maakte het probleem alleen maar groter (Marc. 5:7-8). Om een mens te *verlossen* uit de gevangenis van zijn nood, moet men hem als mens zien en niet anders. Wie beweert er dan dat psychologie 'alleen maar psychologie is', dat een mens 'alleen maar een mens' is? Aan het eind van een 'goed gesprek', als een mens ertoe komt zichzelf te vinden, verwerft hij een *vertrouwen* dat niemand kan verstoren, alleen al omdat niemand het kan doen ontstaan, het wordt ongetwijfeld gekatalyseerd door de persoon van de therapeut (of iemand anders); maar dan groeit het toe naar een onzichtbaar doel, dan blijkt dat het vertrouwen gegrond is in iets absoluuts, iets wat niet aangeleerd kan worden. Dit iets wat anders geen naam heeft, verdient wel *God* genoemd te worden. En de 'bezetene' van Gerasa heeft gelijk: men kan alleen over deze God van een hervonden vertrouwen spreken als men leert zijn eigen naam uit te spreken en doordat men tegelijkertijd naar diegene verwijst aan wiens zijde het mogelijk werd de oorlog in de eigen ziel te overwinnen en vrede te vinden: 'hij begon in de Decapolis te verkondigen wat *Jezus* voor hem gedaan had' (Marc. 5:20).

β. *Zelfstandigheid en vanzelfsprekendheid – de boodschap van Bethsaida*

Maar nog eens: 'men kan niet iedereen in therapie nemen'. Dat is waar. Toch staat ieder mens voor de opgave *zichzelf* te worden en 'psychotherapie' is niets anders dan een *kunstmatige* weg juist tot dit natuurlijke doel van de mens. Met andere woorden: niet alle mensen hebben een dokter nodig, maar alleen dan niet, als ze gezond zijn; niet allen hebben een psychotherapeut nodig, maar alleen dan niet, als ze er zelf in slagen waartoe de psychotherapie ze in geval van nood uitnodigt en in begeleidt: *zelfstandige mensen* te worden. Wie het politieke engagement *tegen* het therapeutische streven uitspeelt bij het vinden van de oplossing van dit fundamentele probleem van het menselijke bestaan, die verwisselt heel eenvoudig de logische niveaus van de betreffende opdracht: pacifistische propaganda mag een zeker nut hebben bij het proces van politieke wilsvorming, maar ze komt telkens te vroeg (of te laat) als het erom gaat ook maar één enkel mens echt vreedzaam te laten worden. *Hier* helpt het psychotherapeutische model het beste verder om te begrijpen hoe groot de kans en de opgave zijn die in de boodschap van Jezus liggen ter bevrijding van de mens.

Niemand minder dan Mahatma Gandhi heeft dat gezien en beschreven. Men moest, vond hij, de mensen geen 'vreedzaamheid' of 'geweldloosheid' preken; dergelijke doelstellingen zijn verheven en goed, maar, omdat het de voorwaarde voor alles is, is het verwerven van innerlijke waarheid nog belangrijker. Een mens moet en kan alleen maar leven in overeenstemming met zijn innerlijke wezen. *Satyagraha* (leven uit de waarheid van het bestaan) is de basis, *ahisma* (niet kwetsen, afzien van geweld) het gevolg. Dat is overtuigend. Een mens die nog geen innerlijke rust gevonden heeft, kan niet rustig zijn of rustgevend zijn. De vrede met de ander is een vrucht van de vrede met zichzelf...

Dit soort inzichten zijn niet bepaald nieuw. En toch bevatten ze een dimensie die door psychologen weliswaar altijd weer benadrukt wordt, maar die door theologen gemakkelijk over het hoofd gezien wordt, als het niet met een ideologisch oogmerk rechtstreeks geloochend wordt: dat is het *verband tussen zelfstandigheid en vreedzaamheid.*

Het moest daarnet toen we de geschiedenis van de blinde in Bethsaida lazen wel verbazen, hoe indringend Jezus hier één individu *isoleerde* uit de sociale context van zijn dorp, om in de eerste plaats ruimte te verkrijgen waarin een dergelijke genezing mogelijk was, en het kwam nog vreemder op ons over toen we hoorden hoe Jezus aan het eind van de geschiedenis zelfs de genezene een soort tijdelijk verbod op contact oplegde: hij stuurde hem naar huis met de woorden: 'niet het dorp ingaan' (Marc. 8:26). Is een dergelijke eenzijdige voorkeur voor het individu niet onverantwoordelijk ten opzichte van de menigte, moet men zich afvragen. Voert een dergelijke instelling niet opnieuw het gevaar van een apolitieke privatisering met zich mee? Integendeel, luidt het antwoord; maar ook nu weer heeft men wat geduld nodig om het te begrijpen.

Laten we beginnen met een *negatieve* constatering: met de *onmogelijkheid* in de status van persoonlijke afhankelijkheid de vrede te dienen. Zeker, wie uit is op de vrede van de mensheid, die staat ooit een keer voor de vraag hoe hij zoveel mogelijk mensen, in feite *allen*, in vreedzame structuren en organisatievormen samen kan brengen; en toch is de vrede in de eerste plaats een kracht die van binnenuit groeit. Men kan haar niet 'maken' of 'bevelen'; men kan alleen de bodem bereiden waarop ze vanzelf gedijt.

We kennen het dilemma al waarin de eerste stadstaten van Mesopotamië in de tijd van de *Sumeriërs* zich gemanoeuvreerd hadden, zo'n vijfduizend jaar geleden: intern werd hun bestuurlijke structuur in steeds grotere mate vrij van geweld doordat de staatsorganisatie zich het geweldsmonopolie toeëigende, maar daardoor nam de omvang van het uitgeoefende geweld geenszins af, maar nam het integendeel dramatisch toe! Pas toen de eerste staten werden gesticht verkreeg het doden van mensen door mensen zijn systematisch doordachte, mechanisch uitgevoerde gevechtsvorm. Op z'n laatst sinds die tijd staan we niet voor het probleem, hoe men het individu als 'onderdaan' nog gehoorzamer, nog aangepaster, nog meer 'beschikbaar' voor zijn bevelhebbers kan maken, maar hoe men ten bate van de vrede het individu *onafhankelijk* kan maken van de beslissingen van het 'algemene' (wat toch steeds alleen maar het bijzondere van dit volk, van deze religie, van deze natie is); hoe men het voor elkaar krijgt dat ze in geval van nood met *tegenspraak* en *recalcitrantie* partij trekken tegen het algemene. Deze vraag heeft haar ultieme toespitsing uiteraard gekregen in deze eeuw in de tijd van het nationaal-socialisme in Duitsland. Mensen die uit persoonlijke beweegredenen geen enkel motief hadden een misdaad te begaan of deel te nemen aan een criminele handeling konden op grond van hun bereidheid tot gehoorzaamheid met miljoenen tegelijk verstrikt worden in afschuwelijke daden en zelfs degenen bij wie dit niet het geval was, moesten eerder van gelukkige omstandigheden spreken dan van persoonlijke verdienste als hen het ergste bespaard bleef. 'Dat heb ik toch allemaal al beschreven', zou S. Freud rond 1936 al gezegd hebben. Hij bedoelt daarmee niet eenvoudig abstract zijn theorie over het surplus aan 'doodsdrift' boven de libidineuze neigingen, maar vooral zijn briljante analyse van de sociodynamiek van kerk en leger in *Massapsychologie* (zie p. 38): in 'archaïsche' totalitaire structuren leren mensen *niet* met elkaar te praten en elkaar naderbij te komen, maar ze worden ertoe opgevoed zich gezamenlijk *af te stemmen* op een bevelhebbende instantie (op de paus, op de generaal, op de 'Führer'); zij worden niet verenigd door een persoonlijk gevoel, niet door een individuele relatie, maar door de 'geest' van de kerk of van een volk; – wie van de theologen die het gereglementeerde systeem van vooral de *roomse* kerk zo graag wil motiveren met de 'werken van de (Heilige) Geest', heeft er ook maar een vermoeden van wat welke gevaarlijke stammentaliteit hij daarmee in feite ideologisch verdedigt! Het is vanzelfsprekend dat bij de gelijkschakeling van allen de ontplooiing van het persoonlijke geluk geen doel kan zijn, – een feit dat W. Reich al tot onderwerp gemaakt heeft van een uitvoerig psychoanalytisch onderzoek.

In de meest directe zin, ziet de *psychoanalyse* een hoofdmotief voor oorlogszuchtige gewelddadigheid in de onderdrukking van de seksualiteit: zoals bij een rivierencomplex dat gevormd wordt door twee hoofdstromen de afsluiting van de ene moet leiden tot de stijging van de andere, zo verkrijgt volgens deze theorie de agressieve, sadistisch getinte driftdynamiek haar sterkte wezenlijk uit de remming van de seksuele driftneigingen. Make love – not war, luidde zeer simplistisch weergegeven de '*toepassing*' van dit denken in de tijd van de jaren zestig-beweging. Intussen schijnen vergelijkende ethologische onderzoeken bij chimpansees en bonobos deze gedachtengang in zekere zin te bevestigen: terwijl bij groepen chimpansees oorlogsachtige handelingen, zoals het doden van kinderen en kannibalisme niet ongebruikelijk zijn, plegen in door *vrouwtjes* gedomineerde bonobo-groepen dreigende onenigheden bezworen te worden door seksuele aanbiedingen van derden. Deze oude freudiaanse theorie schijnt enige waarheid te bevatten. Evenwel zal er geen etholoog gevonden worden die uit het gedrag van primaten zonder meer menselijk gedrag af zou willen leiden. De verbanden zijn gecompliceerder en worden pas echt zichtbaar als men zich afvraagt wat het begrip 'seksuele onderdrukking' in de beleving van het individu dan werkelijk betekent. In plaats van het eenvoudige mechanistische model van stuwing en afvloeiing van drijfveren, verkrijgt men door deze vraagstelling vooral inzicht in de deformatie van de persoonlijkheid onder enorme schuldgevoelens en angsten.

Tot het geheim van iedere regering in de schaduw van een *Grote Broer*, zeiden we al, behoort niet zozeer de seksualiteit, maar veel meer de erotiek, de blijdschap, de gecultiveerde lust uit de beleving te verwijderen (zie p. 39). De seksualiteit wordt gebruikt en gewenst – vanwege de 'vruchtbaarheid', maar individuen moeten niet wederzijds in de liefde het uiteindelijke doel van hun wensen en hun geluk ontdekken; ze moeten steeds iets in het vooruitzicht hebben waarvoor ze *wezenlijk* bestaan: de uitbreiding van het christendom, de vermeerdering van het volk, het kind voor de Führer... En ze moeten zich ervoor *schamen* dat ze zich vrouwen en mannen voelen. 'Seksuele onderdrukking' – dat betekent dat een vrouw zich een 'verleidster' moet voelen, alleen omdat ze mooi is, dat een man zichzelf moet verachten, alleen omdat hij zich niet volkomen kan beheersen, dat het eigen denken alleen ten dienste van permanente zelfonderdrukking gesteld wordt doordat het 'ik' bang wordt zichzelf *recht* te doen en een gebied te verschaffen van eigen ontplooiing, persoonlijk geluk en zelfstandig oordeel. Uiteindelijk heeft men werkelijk een mens voor zich die *blind* geworden is voor zichzelf: hij mag niet voelen wat hij voelt, hij mag niet denken wat hij denkt, hij heeft geen recht iets zelf te beslissen, hij is als het ware afgericht op de overtuiging dat het zijn hoogste plicht is zich aan te passen aan de anderen, te worden als de anderen, zich op te offeren voor de anderen en niet 'uit de maat te lopen'...

In zoverre is er zeker sprake van de al genoemde samenhang tussen privé-burgerlijkheid en het collectief verleid kunnen worden (zie p. 56 e.v.). Vooral de *onrijpheid van het ik* is daarbij van doorslaggevende betekenis, de 'perversie' van de drift is minder van belang. Mensen die onder het dictaat van hun superego als kleine kinderen door niets anders bepaald worden dan door *sociale* angst en er niet toe durven, of zouden durven komen een eigen *geweten* met een eigen oordeelsvermogen te ontwikkelen, worden gemakkelijk een speelbal van de machthebbers. De fascistoïde grondregel dat wie de macht heeft altijd gelijk heeft, vormt voor zulke mensen de grondslag voor hun hele levensgevoel. Maar als *dat* juist is, dan is opnieuw duidelijk dat er aan dergelijke situaties niets veranderd kan worden met moralistische of politieke verwijten; het probleem wordt veel meer, hoe het mogelijk is iemand die in deze zin *'blind'* is, 'bij de hand te nemen en buiten het dorp te brengen' (Marc. 8:23). Wat kan er gedaan worden om het voorbeeld van Jezus om te zetten in een bevrijdend en bevredigend handelen?

Daarbij kan *een voorbeeld* nogmaals behulpzaam zijn. Het toont vooral aan dat 'seksuele onderdrukking' in geen geval als het enige of zelfs maar als het belangrijkste motief moet gelden wat de mens eraan herinnert *zelfstandig* te worden en *minder vatbaar voor misbruik* te zijn. Het voorbeeld gaat opnieuw over het lot van een jonge soldaat, maar niet om daarmee te zeggen dat 'ze allemaal zo zijn', maar om aan te tonen hoe de bevelstructuren van het leger (of een andere vergelijkbare archaïsche instelling) samen met haar inhoud ertoe neigen het aanwezige gebrek aan persoonlijkheid te gebruiken ten gunste van collectieve assimilatie.

Toen hij 'opgeroepen werd voor militaire dienst' was hij net negentien geworden. Hij had een behoorlijk beroep geleerd, hij had een meisje leren kennen, alles had in rustige banen kunnen lopen en wel voor het eerst in zijn leven. Naar buiten toe was er echter weinig te merken geweest van zijn turbulente ontwikkeling. Om het kort te houden: hij was het kind van een zware alcoholicus, met alles wat er 'typisch' bij hoort: vooral met een in-goede moeder die eraan gewend was haar zelfrespect te ontlenen aan het feit dat ze zich *opofferde*, dat ze begrip had, dat ze conflicten oploste door toegeeflijkheid, dat ze, zoals ze een keer in haar eigen woorden aan haar zoon uitlegde – 'zelfs met blote voeten door de hel zou gaan als het daardoor mogelijk zou zijn vader te redden'... De jongen hield zielsveel van deze vrouw. Hij zag in haar een engel, een heilige, maar hij *haatte* zijn vader des te meer. 'Ik zou hem wel met een mes dood hebben kunnen steken', zei hij al in de eerste uren van de therapie –'als hij op de bank lag, helemaal bezopen, wat een zatlap'. Als hij dronken thuiskwam, had zijn vader zijn moeder inderdaad altijd met gevloek en gewelddadigheden getiranniseerd en zijn misnoegen afgereageerd op het eerste beste meubelstuk. Het was voor deze jongen ontzettend geweest om zijn moeder te zien *lijden*, en hoe weerlozer ze zich opstelde, des te woedender en agressiever hij werd – tot zover een soort verhaal zoals John Knittel voor een miljoenenpubliek verteld heeft in zijn wereldberoemde roman *Via mala* over de zaagmolenaar *Jonas Laurentz* en zijn zoon *Niklas*.

Hier kwam nog bij dat de moeder van deze jongeman niet alleen maar zwak en hulpeloos was, ze *duldde* de aanvallen van haar man met een zekere geestelijke grootheid. Ze legde haar zoon uit dat de vader in wezen geen slecht mens was, allen maar vaak vertwijfeld en dat men hem heel vaak verkeerd begreep. Met zulke verklaringen probeerde ze de jongen de haatgevoelens jegens zijn vader te ontnemen, maar ze bereikte eigenlijk alleen maar dat de jongen het door het voorbeeld van de moeder *niet gerechtvaardigd* vond boos te zijn op zijn vader. Hij begon zijn ergernis voor zich te houden en *sterk* te zijn, zoals zijn moeder, doordat hij aan niemand ook maar het minste of geringste van zijn familietragedie verried en met al het idealisme waartoe een jongen in staat is, nam hij zich voor *niet* zo te worden als zijn vader.

In *analytische* thermen: hij richtte de agressies tegen zijn vader op zichzelf, hij ontwikkelde in tegenstelling tot zijn vader een antithetisch ideaalbeeld en hij presenteerde zich (op oedipale wijze) aan zijn moeder als de betere en betrouwbaardere geliefde in plaats van zijn vader.

Hij had echter vooral geleerd om zich *aan te passen*: om zijn familie niet te verraden durfde hij niet met anderen over zichzelf te spreken; en om desondanks op de één of andere manier toch bij hen te horen moest hij, zoals thuis, aan hun verwachtingen voldoen. Hij vermoedde niet hoezeer hij met dit gedrag op zijn vader ging lijken, doordat hij, net als zijn vader, probeerde zijn persoonlijke onzekerheid door 'kameraadschappelijke' aanwezigheid en meedoen te compenseren.

Het *in dienst gaan* bracht al deze tegenstrijdigheden heel spoedig tot een kookpunt. Aan de ene kant vond hij nu eindelijk een alibi om zijn agressies de vrije loop te laten: waar hij vroeger zijn moeder had willen verdedigen tegen zijn vader, daar werd hem nu *bevolen* zijn vaderland, het goede, de democratische waarden, de vrijheid te beschermen tegen bezetters, schenders van de mensenrechten en dictators. Wat in het burgerlijke leven als vergrijp gold, juist dat werd nu, in 'dienst' van de staat, een sociale plicht, waaraan hij zich niet mocht onttrekken. Hij werd tot vreugde van zijn opleiders een uitstekend soldaat, een behoorlijke killer en een verbeten en overtuigd vechter. Het voorbeeld van de moeder scheen definitief weerlegd. Men bereikt niets met goedheid...

De uitbarsting die hem in psychotherapie bracht, ontstond op een nacht toen hij en twee van zijn kameraden aan het eind van een lange kroegentocht in een dicht bij de kazerne gelegen bordeel 'ingerukt' waren. Nog voor er iets gebeurde had één van zijn kameraden bij de 'monstering' van de 'meisjes' zich bij het afdingen mee laten slepen tot beledigende scheldwoorden. Zonder te begrijpen wat er met hem gebeurde, had de jongeman op dat moment plotseling zijn mes getrokken en zijn kameraad gedreigd: 'ik steek je neer, hond'. Zijn opwinding was op dat moment zo groot, zijn woede zo heftig, dat het niet veel had gescheeld of hij had een moord begaan. Gelukkig zag zijn kameraad af van aangifte ook om zichzelf niet te blameren; maar voor deze jongeman was dit voorval aanleiding tot een diepe onzekerheid: wat was er mis met hem, als hij tot 'zoiets' in staat was? Het was natuurlijk niet moeilijk de situatie in het bordeel te vergelijken met de belevenissen in het eigen ouderlijke huis en de 'overdracht' in de opvliegendheid jegens de kameraad aan te tonen: hij had zijn moeder maar al te vaak zo vernederd gezien en toch niet willen zien: gedegradeerd tot hoer, uitgescholden en mishandeld...; *zij* was het geweest die hij in die jonge vrouw, niet tegen zijn kameraad, maar tegen zijn vader had willen beschermen. Toch begon de eigenlijke behandeling pas met dit inzicht. Was hij, als dat al mogelijk was, in plaats van zijn vader in een gevecht te *overwinnen* niet in feite precies zoals hij geworden, – opvliegend en onbeheerst, een zwijgzame stiekemerd met macho-allures, een mens vol minderwaardigheidsgevoelens en overtrokken verwachtingen van zichzelf en vooral: totaal niet in staat een eigen gedachte te ontwikkelen of te uiten? Steeds meer werd hij zich ervan bewust dat hij in feite steeds alleen maar voor of tegen iets kon zijn; hij had geleerd om te haten en erop los te slaan of gehoorzaam en gewillig te zijn; hij had nooit geleerd door eigen overleg iets af te wegen, tussentonen waar te nemen, tussen tegenstrijdige gevoelens een compromis te sluiten. Pas als hij *op zou houden* zijn vader te *bestrijden*, zou hij ophouden als zijn vader te *zijn*, pas als hij zou leren naar zichzelf te luisteren, zou hij ophouden in deze onzalige vermenging: gehoorzaam en rebels tegelijk, de eeuwige zoon van zijn moeder en het eeuwige kind van zijn vader te blijven. Misschien was het nog niet zo gek wat zijn moeder hem had willen leren: dat water sterker is dan steen; – als het 'water' dan maar niet uit tranen bestond, maar als een bron aan de eigen diepte ontsprong... De mensen zouden werkelijk 'als bomen' kunnen worden, juist als men begint, om 'alles scherp te zien' (Marc. 8:25).

Naar zichzelf te luisteren, zelf te beslissen, er was geen 'programma' dat in een grotesker contrast had kunnen staan tot het dagelijkse leven in de kazerne. Hoe meer deze man zichzelf ontdekte, des te minder werd hij gemotiveerd een 'goed soldaat' te zijn. Als het al verkeerd was, *zijn vader* te bestrijden, was het dan eigenlijk niet verkeerd 'mensen' te bestrijden?

Zijn 'meesterproef' legde deze jonge man af toen hij na een wedstrijd van de Westduitse divisie op straat in een vandalistische bende van de tegenpartij terecht was gekomen. 'Ik had slechts drie mogelijkheden', verklaarde hij zijn situatie; 'ik had weg kunnen lopen, dan waren ze als een meute honden achter mij aangekomen, of ik had het met ze aan de stok kunnen krijgen, – het waren er meer dan een dozijn, ze hadden me klein gekregen; ik deed het derde: ik deed helemaal niets en bleef rustig staan. Eén duwde tegen me aan, een ander maakte een flauwe opmerking, maar niemand heeft me wat gedaan'. In alle psychotherapeutische behandelingen hadden we met geen woord gesproken over Mahatma Gandhi's leer van het zelf-zijn (*satyagraha*) als reden voor vreedzaamheid en afwezigheid van geweld (*ahimsa*), maar Gandhi heeft het precies zo bedoeld: een mens houdt op 'blind' te zijn voor zichzelf, hij houdt op door anderen geleid en vertoond te worden, hij krijgt letterlijk *zicht* op wat andere mensen zijn en pas zo, als *genezene*, keert hij terug naar huis (Marc. 8:26).

Het is evenwel nu niet genoeg om te spreken van 'innerlijke inkeer' of 'verzoening'. In het wonder van de genezing van de blinde te Bethsaida ligt vooral de *weigering*, ja, de *onmogelijkheid* besloten om terug te keren naar het dorp.

'Men moet de kerk in het dorp laten staan', luidt een Duits spreekwoord, men bedoelt daarmee de zogenaamde noodzaak een bepaald (religieus, moralistisch) standpunt niet te overdrijven en niet teveel van de omgeving te vergen. Maar iemand die *ziende* geworden is door Jezus' handoplegging zal nooit meer de weg vinden naar zo'n 'dorpskerk', met haar bekrompen politiek. Hij zal de kracht bezitten door innerlijke zekerheid *nee* te zeggen. In geen geval zal zijn 'genezing' een 'zuivere privé-zaak' blijven; ze zal ogenblikkelijk scherpziend, kritisch en tegen conflicten opgewassen blijken te zijn.

Die jongeman zette bijvoorbeeld uiteindelijk een vraagteken bij het hele leger. De verantwoordelijke instantie vond dat hij teveel tijd had laten verstrijken voor zijn aanvraag om militaire dienst te weigeren, tenslotte had hij na de basisopleiding de eed op de vlag afgelegd. 'Ik moest alles eerst *leren kennen* – het schieten op kartonnen kameraden, de methoden voor lijf-aan-lijf-gevechten...' – 'Ik moest mijzelf eerst leren kennen', zou hij, als hij helemaal correct was geweest, hebben moeten zeggen; maar dat had vermoedelijk niemand van zijn superieuren begrepen. 'In geval van nood zal ik deserteren', dat werd, door alle reflectie over zijn neiging in zwart-wit te denken, zijn vaste besluit, hij was zich er volledig van bewust dat hij in het geval dat zijn aanvraag om dienst te weigeren afgewezen zou worden, onder de gegeven omstandigheden door zou gaan voor een meinedige, een zwakkeling, een verachte. Zoals nog vandaag de dag in 1996 in Duitsland de honderddertigduizend mannen die het Groot-Duitse leger meer dan vijftig jaar geleden de rug toegekeerd hebben: – honderdduizend van hen werden veroordeeld in processen van veertig minuten, twintigduizend van hen werden in de laatste oorlogsdagen geëxecuteerd, slechts ongeveer vierduizend van hen overleefden de oorlog, maar de Duitse regering weigert zelfs de honderddertig nog in leven zijnde Duitse deserteurs op de één of andere manier te erkennen als mensen die aan het 'Derde Rijk' weerstand geboden hebben.

Dat kan de prijs zijn om een zelfstandig, een *ziend* mens te worden buiten het 'dorp'! Maar: het *testament* van Wolfgang Borchert: 'Als ze terugkomen ... zeg nee!' – Wie zal daar gehoor aan geven behalve mensen die onafhankelijk en zelfstandig geworden zullen zijn? Zulke mensen komen echter niet uit de lucht vallen; ze worden alleen (weder)geboren in een menselijke relatie die sterk genoeg is, om hen de ogen te openen en hun ik te verlossen uit de (positieve of negatieve) identificatie met hun vader, met hun *superego*.

In de jaren zestig schreef Alexander Mitscherlich zijn indertijd belangrijkste werk over de psychoanalyse van het politieke gedrag in (West-)Duitsland onder de titel: *Het onvermogen om te rouwen.* Mitscherlich beschouwde het 'Derde Rijk' als een tijd van uitlevering van iedereen aan de oervader, aan de 'Führer' onder wiens leiding het kleine ik van de bang gemaakten de toevlucht en veiligheid hadden gevonden. Na het instorten van de bruine nachtmerrie had eigenlijk met het verdwijnen van de 'Führer' een uitgebreide treurperiode moeten beginnen, zoals bijvoorbeeld in Japan uitbrak in 1945 bij de capitulatieverklaring door de met goddelijke eer omgeven keizer of in Egypte bij het aftreden van *Gamal Abdul Nasser* na de zesdaagse oorlog, in dit verband kan ook gedacht worden aan de wanhoopsbetuigingen van honderdduizenden bij de dood van *Kim Il Sung* in Noord-Korea. In Duitsland gebeurde echter niets vergelijkbaars, in plaats daarvan kozen de Westduitsers in *K. Ade-*

nauer een vervangende leider die hen collectief het ontlastende gevoel bezorgde niet echt achter Adolf Hitler gestaan te hebben. De 'komplottheorie' verklaarde dat het Duitse volk het weerloze slachtoffer van de bruinhemden was. Er was geen schuld, er was geen rouw – beide werden noch toegegeven, noch verwerkt, het werd verdrongen, men leefde tijdloos, men voelde zich niet in staat tot verantwoording.

Mitscherlichs studie is onder andere daarom zo leerzaam, omdat ze een fundamenteel idee uit Freuds *Massapsychologie* volgt vanaf de tijd van de economische opbloei in Duitsland na 1871: een mens kan schuldig zijn aan het geheel, omdat hij in ieder afzonderlijk geval uit gebrek aan persoonlijke rijpheid ontoerekeningsvatbaar is; hij heeft zich binnen de politieke structuren zozeer geïdentificeerd met de toonaangevende vaderfiguur dat hij niet in staat is verantwoordelijkheid te dragen. Een cultuur van scepsis en verzet, een kritisch, waakzaam bewustzijn, een innerlijke *reserve* ten opzichte van de instructies van de 'verantwoordelijke instantie' is onder dergelijke voorwaarden onmogelijk. Maar ook omgekeerd: alleen wie zich *vrijgemaakt* heeft van de innerlijke vaderautoriteit zal in zichzelf de kracht vinden om onmenselijkheden te weigeren: mag men een vluchtelingenkamp beschieten omdat de commandant het bevolen heeft? Als de Servische artillerie dat in augustus 1995 in Zepa doet, is men ontzet en iedere buitenstaander weet: wat daar gebeurt is een misdaad tegen de menselijkheid. Maar hoeveel afstand tot het 'dorp' heeft het individu nodig om genoeg 'buitenstaander' te zijn om zich te handhaven tegen de druk van een bevel en van kameraadschappelijkheid? Hoe sterk moet het *ik* zijn om te *weigeren*?

En niet alleen in zo'n extreem geval, wat trouwens in een oorlogssituatie heel 'normaal' is! Ook en vooral in 'vredestijd' komt de vraag naar voren hoeveel moed iemand op kan brengen om bijvoorbeeld *als journalist* in het multimedia-tijdperk *niet* het verwachte rechtvaardigende commentaar te plaatsen bij een nieuwe wapenorder, bij een verdere escalatie van 'vrede-afdwingende maatregelen', bij een uitgebreide militaire oefening op de kaart, of als historicus *niet* het gewenste bewijs te leveren voor de noodzaak van het bombardement op Hiroshima en Nagasaki en in plaats daarvan te zeggen wat iedereen intussen weet: *Harry Truman* wilde 6 en 9 augustus 1945 in Potsdam indruk maken op Stalin en de Sovjets uit Oost-Azië houden; de eigenlijke geadresseerde van de atomaire machtsdemonstratie van de USA was niet Japan, dat allang bereid was te capituleren, maar de nieuwe tegenstander in de beginnende koude oorlog: *Moskou*. Maar kan men zoiets zeggen en schrijven als men een door de staat gecontroleerde dienstbetrekking heeft? Als het kantoor gefinancierd wordt door machtige, aan de partij gebonden geldschieters? Loont het om voor dergelijke vragen zijn betrekking te riskeren?

Het is duidelijk dat het niet om 'dapperheid' gaat, het gaat zelfs niet eens om 'vreedzaamheid', het gaat in de eerste plaats om de Gandhiaanse zelfstandigheid en om de vanzelfsprekendheid verantwoordelijk te zijn voor je eigen daden. – Daarom helpt de gebruikelijke uitvlucht niet meer: 'als ik het één of ander niet zou doen, dan zou direct iemand anders het doen. Het is ongetwijfeld heel goed mogelijk dat er in een handomdraai een 'vervanger' gevonden wordt die zonder aarzelen schrijft wat hij moet, denkt wat gewenst wordt – maar dat is niet van belang, daar komt het niet op aan! Aan de *blindheid* komt een einde door met eigen ogen te zien en overeenkomstig eigen inzicht te handelen.

Oppervlakkig bezien is het zeker riskant zoiets als de waarheid die men ooit zelf heeft gevonden onvoorwaardelijk te volgen; maar is er daarvoor een menselijk verdedigbaar alternatief? – Ook *dat* behoort tot de even grote als eenvoudige inzichten van de man uit Nazareth: *Want wie zijn leven wil redden, zal het verliezen. Wie zijn leven verliest vanwege Mij en de goede boodschap, zal het redden. Want wat baat het een mens heel de wereld te winnen maar zichzelf schade toe te brengen?* (Marc. 8:35-36).

Bij het lezen van de bijbel moet men tegenwoordig, zoals men een parel ontdoet van het slijk, elk woord van Jezus stap voor stap van de kerkgebonden misinterpretaties bevrijden. Zijn leven *verliezen* om wille van Jezus en het evangelie – daaronder schijnt men alleen te mogen verstaan het 'martelaarschap' in de 'belijdenis' van het 'christendom'. Maar wat als het eigenlijk helemaal niet gaat om de 'belijdenis' van een bepaalde groepsidentiteit, maar om het opkomen voor een bepaalde levenservaring? Men zou dan wat Jezus wil zeggen ongeveer als volgt weer moeten geven: 'er zijn zoveel mensen die geïnspireerd door mijn woorden of door mijn persoon, zichzelf weer ontdekt hebben. Ze hebben hun leven trouwens nu pas echt leren kennen. Wat "leven" betekent – ze weten het nu pas! En de reden daarvoor: ze voelen zich geborgen in de handen van een macht die ons allen omvat. Dit gevoel veroorlooft hen waarachtig te zijn en vrij te worden. Zij zijn niet bang meer dat men iets van ze af zou kunnen pakken. Zelfs als ze gedood zouden worden zou er niets veranderen. Ze hebben het enige waar het echt op aankomt gevonden: een leven in innerlijke standvastigheid en duidelijkheid. Anderen mogen intussen schijnbaar steeds succesvoller zijn geworden, ze mogen dan als verslaafden de hele wereld ingeslikt hebben om hun angst te sussen, ze zullen daarbij niet rustiger, niet tevredener, niet gelukkiger, maar steeds nerveuzer, steeds destructiever, steeds gekwelder zijn geworden. Uiteindelijk hebben ze alles veroverd, uiteindelijk bezitten ze alles, maar de prijs daarvoor is dat ze zelf totaal niet meer bestaan. O ja, men kan alle ambten bekleden – men kan procurator worden of hogepriester, men kan zich opwerpen als bezitter van de tempel, of net zolang handelen met kamelen en schapen tot men de rijkste man op de wegen van Arabië is. *Ik* kan jullie alleen maar bij de hand nemen en jullie uit dit alles leiden; en ik zou jullie graag de handen opleggen tot jullie een geborgenheid voelen die alleen God jullie kan schenken. En de warmte van mijn woorden en de adem van mijn mond zouden jullie graag aanraken en *ziende* maken voor de schoonheid van jullie leven en de grootheid van jullie wereld en voor de vrede die eruit bestaat je bij jezelf thuis te voelen'.

Er is een 'wonder' in Bethsaida gebeurd, – een legende in Marc. 8:22-26 vertelt ons er in ieder geval over; en al voor *Marcus* zelf geldt deze 'genezing van een blinde' als een *symbool* voor het erkennen van de werkelijkheid van Jezus. 'Wie zeggen de mensen dat ik ben?' laat hij onmiddellijk daarna zijn 'Christus' aan de discipelen vragen (Marc. 8:27-30); dan echter volgt deze uitspraak over de 'navolging', over het winnen van de 'zielen', over de belijdenis van de vleesgeworden menselijkheid (tot 'mensenzoon') Marc. 8:34-38; en het complete antwoord op *de vraag* van Jezus: 'Wie ben ik?', kan op deze plaats slechts luiden: 'U bent het die mij het licht in de ogen teruggegeven hebt. U bent voor mij de ultieme bemoediging, u ben de waarborg van mijn eigen waarheid geworden. U bent voor mij de belichaming van een andere werkelijkheid die ik in feite altijd vermoed heb, waar ik altijd naar verlangd heb, maar die ik nooit voor mogelijk heb gehouden. Ik ben mijzelf! Ik ben niet meer de zoon van mijn moeder, ik ben niet meer het kind van mijn vader, ik ben een "kind" van degene die u aanduidt als onze hemelse Vader. Daarom ben ik ermee gestopt bang te zijn voor datgene wat mensen elkaar kunnen aandoen' (vergelijk Marc. 8:31!).

γ. Vergeven in plaats van gelijk hebben – de boodschap van Kafarnaüm

De proef op de som hoeveel innerlijke vrijheid en daarmee vreedzaamheid een individu verworven heeft en hoeveel hij daarvan door kan geven aan anderen, bestaat ongetwijfeld uit de kracht en de bereidheid *om te vergeven.*

Hoe leert een mens zijn eigen persoonlijkheid te ontdekken en zijn agressies symbolisch af te leiden? – Dat was de vraag bij de genezing van de bezetene van Gerasa.

Hoe leert een mens de starre mechaniek in het samenleven met andere mensen te ontkomen en zelf 'ziende' te worden? – dat was de vraag bij de genezing van de blinde van Bethsaida.

Zelfbewustwording en zelfstandigheid – dat waren op het individuele vlak de beide eerste stappen op weg naar de vrede. Maar als dit eenmaal vaststaat: wat ik ben, mijn vrijheid, wordt niet bedreigd door de tegenwoordigheid van een ander; zoals ik zou willen leven, de beslissingen van mijn ik, worden niet 'uitgeschakeld' door de 'behandeling' van anderen, – dan blijft des te indringender de vraag staan hoe de schuld uit het verleden, zowel de eigen schuld als de schuld van anderen, geopend kan worden voor het leven, voor de toekomst. Verzoening met zichzelf, verzoening met anderen – beide verkrijgen concreet gestalte in de daad van *vergeving.*

Over het thema *vreedzaamheid* (ook theologen zouden dat eerlijk toe moeten geven) bestaat in de *boeddhistische* en *taoïstische wijsheid* een veel oudere en ruimere bezinning dan in de uitermate tot geweld geneigde en gewelddadige traditie van de bijbelse verhalen.

Een even waardevolle als kostelijke geschiedenis speelt zich af aan het Chinese hof: de keizer bezat een prachtige haan die hij bij een erkend meester af liet richten tot kemphaan. Na ettelijke weken vroeg hij nieuwsgierig hoever het dier al was. 'Het staat er nu zo voor', reageerde de meester, 'dat hij bij de aanblik van een andere haan zeer onrustig wordt; zijn nekveren gaan overeind staan, zijn kam zwelt op, hij spert de snavel open en wil op hem afstormen. Hij is nog geen goede vechthaan'. De keizer verbaasde zich, 'dat is toch precies wat goede kemphanen doen', dacht hij, maar hij vertrouwde op de vaardigheid van zijn meester. 'En hoe gaat het er nu mee?', vroeg hij enkele weken daarna. 'Nu staat het er zo voor' reageerde de meester, – 'als hij een andere haan ziet, beweegt hij niet, hij scharrelt en pikt eenvoudig verder, hij laat zich niet storen. Geen haan in de wereld zal het wagen hem aan te vallen. Nu is hij een goede kemphaan.'

Hoe men leert door *innerlijke gelijkmatigheid* het gevecht te 'overwinnen', – wat kan 'christelijke' vroomheid nog veel leren van zulke Oost-Aziatische inspiratiebronnen! 'En zagen toen de bezetene zitten, gekleed en bij zijn volle verstand, de man die in de macht van Legio geweest was' – Marc. 5:15! Wie heeft een dergelijke zin aan het eind van een 'legendarisch' (of 'novellistisch') wonderverhaal ooit zo mild en indringend betrokken op zijn eigen leven!

Of een ander zenboeddhistisch verhaal: over een Japanse monnik werd verteld dat hij tot een duel was uitgedaagd door een lichtgeraakte, bezeten vechtlustige samurai vanwege een vermeende belediging. 'Wat moet ik doen?' vroeg de monnik aan zijn meester; 'Als ik niet vecht, verlies ik mijn eer, maar als ik vecht, verlies ik mijn leven.' – 'Je hebt gelijk' zei zijn meester; 'je hebt maar één kans: je moet je op de dood voorbereiden. Ga heel rustig in het strijdperk staan en sluit je ogen. Houd het zwaard met je rechterhand boven je hoofd en wacht. De dood doet geen pijn. Je voelt hem maar een fractie van een seconde door het koude staal'. Al vroeg in de morgen, betrad de monnik als eerste van beiden het strijdperk en ging staan het zwaard boven het hoofd en wachtte. Spoedig daarna verscheen ook zijn tegenstander en was verbaasd hem al aan te treffen. Hij trok direct zijn zwaard en maakte een schijnbeweging – de monnik bewoog niet. Stampvoetend liep hij om hem heen – de monnik bewoog niet. Met een luide strijdkreet sprong hij op hem af, het zwaard opgeheven voor de beslissende slag – de monnik bewoog niet. Toen werd de samurai koud van schrik. 'Dit moet een zwaardvechter zijn, die heel zeker van zijn zaak is', dacht hij; 'het moet een zwaardvechter zijn die weet hoe hij elke aanval bliksemsnel kan pareren'! Met zo'n zwaardvechter heb ik nog nooit te maken gehad'. Bevend over zijn gehele lichaam wierp hij zich voor de monnik ter aarde en smeekte om zijn leven. – Wie in de 'christelijke' theologie heeft het 'terzijde' uit de legendarische geschiedenis van de 'genezing van de blinde': 'daarna legde Hij nog eens de handen op zijn ogen' (Marc. 8:25) ooit als zo'n *keerpunt* tussen doodsangst en onaantastbaarheid opgevat?

In beide geschiedenissen gaat het er natuurlijk nog om hoe men het gevaar van dodelijke verwondingen kan *ontwijken*. Maar wat moet er gebeuren als zo'n verwonding al binnengedrongen is als een giftige pijl in het organisme van zowel ziel als lichaam en daar haar verwoestende werking ontplooit? Juist voor *deze* problematiek heeft de boodschap van Jezus, juist omdat ze zich uit moest drukken in zo'n oorlogszuchtig cultuurgebied als het Nabije Oosten, zo mogelijk *meer* en *diepzinniger* dingen te zeggen dan de overleveringen van andere culturen en religies. In ieder geval kan het niet als toeval opgevat worden dat Jezus het thema '*vergeving' centraal* heeft gesteld in zijn hele 'verkondiging'.

Onvoorwaardelijke vergeving door God – dat was de ervaring die ook centraal stond in de legende van de *doop van Jezus in de Jordaan* als het grondthema voor alle 'volgende' uitspraken en daden van de man uit Nazareth. 'En vergeef ons onze schulden, zoals ook wij hebben vergeven wie schulden heeft bij ons' (Matth. 6:12), met deze woorden zal de man uit Nazareth zijn discipelen moeten leren 'bidden' en 'ter verduidelijking' zal hij hen een 'gelijkenis' vertellen zoals de geschiedenis van de 'dienaar' in Matth. 18:21-35: als iemand die bij de afrekening bij zijn koning geen enkele uitweg meer ziet, uit louter barmhartigheid alles wordt vergeven, mag men dan niet verwachten dat hij vol vreugde heengaat en ook zelf alle anderen alles vergeeft? Alleen wie deze 'logica' in het gedrag en de gedragscode van Jezus in de omgang met 'tollenaars' en 'hoeren' bijvoorbeeld, innerlijk helemaal mee kan maken, zal begrijpen waar Jezus eigenlijk over spreekt. Wie dit centrale punt *niet* begrijpt, wie het *niet* uit innerlijke beleving juist als *evident* meebeleeft, die kan zijn leven richten op Mozes en de tien geboden, – die zal de boodschap van Jezus niet echt nodig hebben, die zal haar zelfs als hij het ambt bekleed van predikant, bisschop of paus van de kerk, ja, juist dan (!), als een storende en lastige interventie verdelgen, bestrijden en op *moeten* lossen totdat de revolutie van de man uit Nazareth volledig verstikt is in de traditie en conventie van het burgerlijke bestaan. Voor diegene die haar daarentegen *begrijpt*, opent zich boven de afgrond van de hulpeloosheid van de mensen een volledig nieuw wereldbeeld, in absoluut contrast met alles wat tot dusver gold.

Hoe 'krijgt men het voor elkaar 'anderen te 'vergeven'? Het zijn vooral twee uitspraken van Jezus die in dit opzicht een heel leven kunnen veranderen.

De eerste uitspraak staat relatief aan het begin van de 'bergrede' van Jezus in Matth. 5:38 – 41 en luidt:

Jullie hebben gehoord dat er gezegd is: oog om oog en tand om tand (Ex. 21:24). Maar ik zeg jullie een zaak niet uit te vechten met iemand die je kwaad gedaan heeft. Maar als iemand jou een klap op je rechter-

wang geeft, houd hem dan ook de andere voor. Als iemand een geding tegen je aanspant om je hemd te krijgen, geef hem dan ook je jas. Als iemand je dwingt hem een mijl te begeleiden, ga er dan twee met hem mee.

Wat Jezus hier voorstelt is niets meer en niets minder dan het einde van alle gerechtelijke en juridisch 'geregelde' gelijkhebberij van de één ten opzichte van de ander; het is in zoverre ook het einde van de 'wetgeving' die vanaf de Sumerische reformatie onder *Urnammu* en *Shulgi* over *Hammoerabi's* Babylonische en *Mozes'* Israëlitische wet zich uitstrekt tot in het wetboek van 'moderne' staten en 'kerken', het is het gebruik maken van een ten diepste religieuze ervaring op de menselijke samenleving die daardoor wint aan humaniteit, zoals geen 'ethiek' vermocht te bewerkstelligen.

Het is al van belang dat Jezus zoals altijd, niet abstract over '*het* kwade' discussieert, maar scènes schildert waarin de ene mens een bedreiging voor de andere vormt. Wat moet er, ethisch gezien, gedaan worden als de één de ander ondubbelzinnig *onrecht* aandoet? Dan moet men degene die in zijn recht staat beschermen en die onrecht gedaan heeft bestraffen, luidt het 'moralistische' antwoord. Ten gevolge daarvan vormt het recht een groot en onaantastbaar bezit dat al door dit principe onder alle omstandigheden beschermd en verdedigd moet worden; want, zo gaat de gebruikelijke 'argumentatie' verder, als *dat* niet zou gebeuren, dan zou de rechtsbreuk zonder gevolgen blijven, dan zou de zwakke machteloos en hulpeloos prijsgegeven worden aan het geweld van de sterkere, dan zou alle orde instorten, dan dreigde na kortere of langere tijd onvermijdelijk alles op chaos uit te lopen. Dat standpunt schijnt onweerlegbaar en duidelijk. Ze vormt de logische grondslag voor elke 'rechtsstaat'; maar juist daarom kan men niet vaak en niet duidelijk genoeg voor ogen houden, wat het betekent als Jezus juist ten opzichte van dit uiterst belangrijke punt een diametraal tegengesteld standpunt inneemt.

Van tevoren moet men zich afvragen wat men wil: wil men de 'wereld' zoals ze is, blijven beheren, dan speelt de instandhouding en handhaving van het recht een grote rol; maar wat als juist deze bestaande 'wereld' zelf met haar 'instellingen' en 'structuren' iets ondraaglijks blijkt te zijn, – *wat verlossing nodig heeft*? Wat als men in het belang van de mensheid juist de *discontinuïteit*, de verwoesting van het bestaande direct moet *wensen*?

Natuurlijk heeft Jezus toen hij de hele 'rechtsorde' onder de mensen verwierp niet de deur willen openen voor het 'onrecht'. Wat hij bedoelde wordt duidelijk als we ons de vraag van de Franse filosoof Blaise Pascal herinneren: wie, als het tot een *oorlog* komt, dan voor alles in de wereld ooit zijn zaak onrechtvaardig zou vinden. Zolang het 'gelijk willen hebben' de mensen beheerst, zal er nooit vrede te vinden zijn, maar er zal permanent op alle niveaus *oorlog* gevoerd worden om 'gelijk' te krijgen. 'De vrede is het werk van de gerechtigheid' – *opus justitiae pax*, zo luidde het 'devies' van *paus Pius XII*. Maar wanneer in de geschiedenis van de mensheid is deze zin ooit anders gelezen dan: *opus belli justitia* – om gerechtigheid te krijgen moet je vaardig en bereid zijn om oorlog te voeren? Het wetboek en de revolver – pas als beide samenkomen, wordt zoals bekend de 'orde' gevestigd. Maar juist deze orde wilde Jezus niet accepteren. Uit motieven die wij al kennen, scheen hem dat onrecht toe jegens God en barbaarsheid jegens de mensen. Maar wat voor alternatief had hij te bieden?

We staan voor de vraag hoe er op het *individuele* vlak ook maar zoiets mogelijk kan zijn als verzoening en vrede en het belangrijkste antwoord van Jezus daarop werd al aangeduid in het voorbeeldverhaal van de *genezing van de verlamde in Kafarnaüm* (Marc. 3:1-12): er zijn mensen, zo stelt deze geschiedenis het voor, die uit louter angst voor de schuld die ze al hebben begaan, of die ze nog zouden kunnen begaan, zo bewegingloos zijn dat alleen wie hen *alle* schuld onvoorwaardelijk 'vergeeft', wie met andere woorden de *angst van het schuldig-zijn* eigenlijk van de schouders neemt, hen de kracht terug zal kunnen geven om over zichzelf te kunnen beschikken.

Maar kan dan niet iedereen maar doen en laten wat hem uitkomt als hij niet meer op straf hoeft te rekenen, zal zeker de meest voor de hand liggende tegenwerping luiden. – Maar juist *dat* is het cruciale punt: wie het 'goed-zijn' van de mensen verbindt aan hun angst voor een mogelijke straf, die verlangt het persoonlijke geweten en de persoonlijke beslissing niet; die houdt trouwens alleen maar rekening met de sociale angst van het individu voor het oordeel van anderen, die houdt de afhankelijkheid en de onzelfstandigheid van de mensen voor *geen al te groot* kwaad, als er maar 'rust en orde' in het land heersen; die houdt 'moraal' in wezen voor een vorm van innerlijk geweld, niet voor een uitdrukking van vrijheid en menselijke grootheid. Men moet mensen iets *beters* toevertrouwen, meende Jezus, dan angst en wantrouwen aan wetgevers te dicteren 'om realistisch te blijven', juist omdat 'de mens slecht is'. Hoe zou een mens die begrijpt wat *vergeving* betekent, nog in staat zijn 'slecht', dat wil zeggen kleinzielig, hatelijk te zijn – en 'gelijk te willen hebben'?

Dat was de vaste overtuiging van Jezus: met wetten en straffen kan men dan de mensen in toom houden als wilde dieren, maar zo kan men ze niet hun menselijkheid geven; dat kan men alleen als men hen leert in mensen te geloven, doordat men ieder afzonderlijk God voor ogen stelt die hem geschapen heeft. Net zomin als een moeder het er ooit mee eens zal zijn dat men haar kind, zelfs al heeft het nog zo'n erg 'vergrijp' gepleegd 'in naam van de wet' tot levenslang of ter dood veroordeelt, omdat ze nooit zal ophouden in hem, ook als hij schuldig geworden is, de mens te zien die verdient dat men van hem houdt en hem begrijpt en hem de kans geeft, zo wilde Jezus in naam van God de mensen een basis geven waarop ze zich van binnenuit altijd vrij zouden kunnen bewegen. Dat wilde hij aan de verlamde geven toen hij hem zei: 'uw zonden worden u vergeven' (Marc. 2:5).

Er is echter, juist als dat zo is, nog een ander soort *verlamdheid* die eruit bestaat *zelf* anderen *niet* te kunnen vergeven. Men maakt zichzelf bij zo'n onvermogen tot offer van het eigen verleden, men probeert nog steeds iets ongedaan te maken, wat toch ééns en voor altijd gebeurd is; men probeert in wezen altijd nog een 'oorlog' te winnen die allang verloren is. Hoe gaat men met onrecht om waarvan *men zelf* het slachtoffer is? Het antwoord dat Jezus met de woorden van de bergrede in *Matth. 3:38-41* daarop geeft, heeft in zichzelf al een volstrekt *politieke* achtergrond; hoewel het in eerste instantie het gedrag van *het individu* beoogt.

Geen kwestie werd in het Israël in de tijd van Jezus zo hartstochtelijk door de 'vromen' in den lande bediscussieerd als het juk van de Romeinse overheid. Als de 'Messias' komt, zal hij met Gods kracht de vijanden vermorzelen, zoals de stamper in de mortier het graan, hoopte men, in de bewoording van de *psalmen van Salomo*, in het bijzonder in de kringen van de *farizeeërs*. Des te opmerkelijker is het dat Jezus met de uitdrukking van het 'de andere wang voorhouden' in Matth. 5:39 met de oproep zich weerloos te laten slaan, teruggrijpt op een tekst uit de *Klaagliederen* (3:30); het gaat (opnieuw!) om gedachten die toegeschreven werden aan de profeet *Jeremia* en die uit een tijd stammen waarin eveneens 'de heidenen', vroeger de Babyloniërs onder koning Nebukadnezar (587 voor Chr.) Jeruzalem bezet hadden. In deze situatie die, met de complete verwoesting van de heilige stad en de deportatie in ballingschap van de bevolking, nog veel erger uitgevallen was dan de vernietiging van het Maccabeese koninkrijk door de bezetting van Palestina onder Pompeius in 63 v. Chr., had de profeet in zijn bittere klacht over het lot van zijn volk in plaats van tot wraak en geweld opgeroepen tot rustige aanvaarding van het lijden:

zonder einde is de genade van de Heer... Het is goed om in stilte op redding van de HEER te wachten. Het is goed om zijn juk van jongs af te dragen. Hij zit eenzaam en zwijgt als God het oplegt... Hij biedt zijn wang aan wie hem slaat; hij laat zich bespotten. Want hij weet dat de Heer niet voor altijd verstoot. (Klaagl. 3:22, 26-28, 30-31). Ja, naar de mening van de profeet moest Gods eigen wil gezien worden in alles wat het noodlot aan slagen berokkende en boetvaardig ondergaan worden:

Maar als in welk land dan ook de gevangenen vertrapt worden, voor het gezicht van de Allerhoogste het recht van mensen wordt verkracht en hun onrecht wordt aangedaan in hun zaak, ziet de Heer dat niet? Wie spreekt er, als het niet op bevel van de Heer is? Ontstaan niet het goed en het kwaad op het bevel van de Allerhoogste? Wat klaagt de mens, als hij leeft ondanks zijn zonden? (Klaagl. 3:34-39).

Jezus denkt in de bergrede precies zo, alleen versterkt hij de raad van Jeremia nog: 'ook de andere'. Daar gaat het heel duidelijk niet meer alleen om de aanvaarding en *vergeving* van het al geleden lijden; het gaat er eigenlijk om de *overwinning* van het 'kwaad'.

Om te begrijpen wat er bedoeld wordt is opnieuw de *psychotherapeutische* situatie het meest geschikt ter verduidelijking. Wat zal er gebeuren als een therapeut zich gedurende de behandeling 'ten onrechte' 'aangevallen' 'voelt'? In het 'gewone' leven ligt het in dit geval voor de hand de ander 'terecht' te wijzen, doordat men zichzelf adequaat verdedigt. Als men de ander uitgenodigd heeft om excuus aan te bieden en het weer goed te maken, kan men geloven zichzelf geholpen te hebben, maar voor de ander is een zo mogelijk nog precairdere situatie ontstaan: hij staat er nog slechter voor dan tevoren. 'Als je echt al heel goed weet', schijnt Jezus daarentegen te denken, 'dat je gelijk hebt en dat de ander ongelijk heeft, waarom moet je je dan nog verdedigen? Is het niet veel eenvoudiger om eens na te gaan waarom de ander je zo verkeerd kon begrijpen?'

Precies zo zal een goede therapeut handelen: hij zal het 'onrecht' dat hem aangedaan wordt, de 'slag in het gezicht' niet verwijtend afwijzen, hij zal zich afvragen in welke situatie van de patiënt het dan vroeger ooit zinvol is geweest op deze manier te reageren. De slag op de 'rechterwang' wordt met de '*linker*hand', dus *onbewust* uitgevoerd; dus moet men dezelfde slag nog een keer *bewust* met de *rechter*hand *herhalen* om op te kunnen maken wat er dan eigenlijk gebeurd is. Geen mens zal een ander leed aandoen zonder zelf geleden te hebben; meestal laat hij zijn pijn echter op de 'verkeerde' los; en hij die zelf onrecht is aangedaan, begaat daarmee zelf opnieuw onrecht en zo kan het altijd maar blijven doorgaan. Dat denken in termen van recht *verschuift* leed alleen maar, *het verlost nooit van leed*. Maar als men bekijkt wat de ander eigenlijk had willen zeggen, juist als hij objectief gezien een ander onrecht doet, dan wordt er een plaats gevormd waar de pijn tot stilstand kan komen.

'Vergeven' betekent zoveel als de eigen gekwetstheid als aanleiding gebruiken om in te gaan op het lijden van de ander, totdat deze zichzelf goed begrijpt. Alle 'wettelijke' en 'juridische' 'maatregels' vormen intussen zelfs niet eens het begin van datgene wat nodig zou zijn om een menselijk probleem echt op te lossen; in feite vergroten ze het alleen maar door de consequente weigering iemand te begrijpen.

Idem et item; het *tweede* voorbeeld van Jezus op deze plaats: '*als iemand een geding tegen je aanspant om je hemd te krijgen, geef hem dan ook je jas*'.

Het is natuurlijk mogelijk om te staan op '*welverdiend bezit*'; men kan echter ook kijken welke nood de ander ertoe drijft iets 'onrechtvaardigs' te eisen, de 'wereld' kan in ieder geval alleen maar warmer worden door mildheid en goedheid, nooit door kilheid en meedogenloosheid.

Het *derde* voorbeeld van Jezus' uitspraak in *Matth. 5:38-41* zou heel goed een toespeling kunnen zijn op de situatie van de *Romeinse bezetting*:

'*Als iemand je dwingt hem een mijl te begeleiden, ga er dan twee met hem mee*' (Matth. 5:41).

Men kan zich goed voorstellen hoe een Romeins legionair op een jood toestapt en met dreigende lans zijn bepakking wil laten dragen en de weg te wijzen. Zeker, als zelfbewuste jood kan men dan deze ongelovige duidelijk maken dat hij niets te zoeken heeft in het 'land der vaderen', dat hij eindelijk eens moet verdwijnen en Israël de vrijheid geven, dat men weigert een onbesnedene ook nog eens bij de uitbuiting van Gods volk te helpen... 'Maar, als je al zeker weet', schijnt Jezus daarentegen te zeggen, 'dat je als jood iets voor hebt op zo'n Romeinse "heiden"; geloof dan maar in je eigen grootheid en voel je niet gekwetst door iets wat je helemaal niet in gevaar brengt. Is het belangrijkste dat ons joodse geloof ons leert niet dat God de Schepper van *alle* mensen is? Als een *Romein* het over God heeft, bedoelt hij in feite de macht van zijn keizer, die van hem verlangt de hele wereld te veroveren. Maar de wereld met al haar mensen behoort aan niemand toe, ze is alleen van God die haar geschapen heeft. Maar dan is het zinloos om te zeggen: ik ben een jood en jij bent een Romein, dan zijn we in de eerste plaats gezamenlijk schepselen van één en dezelfde God. Het hoort over de gehele wereld bij zulke schepsels dat ze *moe* kunnen zijn, dat ze zich *slap* voelen, dat ze *niet* weten hoe het *verder* moet... Juist omdat je *een jood* bent, kun je je het veroorloven in de ander eenvoudig een *mens* te zien. Je kunt er heel zeker van zijn: hij heeft je alleen maar *nodig*, omdat hijzelf *in nood* is en dat wat hij echt nodig heeft zal in de regel twee keer zo veel zijn dan wat hij je durft vragen. Geef de ander *vrijwillig* wat hij nodig heeft, dan zal je op de avond van zo'n dag een vriend van een vijand gemaakt hebben'.

Zo opgevat, bevat deze uitspraak uit Matth. 5: 41 één van de duidelijkste uitspraken van Jezus over de 'strategie' van het '*niet*-verzetten' *tegen de Romeinen*; het staat daarmee in complete tegenspraak met de bovengenoemde exegetische hypothese dat de Romeinen Jezus terecht hebben gesteld, omdat hij opgeroepen had tot een Messiaans-politieke opstand tegen hen. Evenwel kan de gedachte die Jezus in deze uitspraak doet *buiten* elk 'politiek' verband plausibel gemaakt worden en tot illustratie dienen voor een begripvollere omgang met elkaar in het dagelijkse privé-leven.

Als iemand ooit door een ander 'verzocht' wordt om iets te doen, dan lijkt het voor de hand te liggen dat hij zich alleen al verzet tegen de *toon* waarop het bevel en het voorschrift worden gegeven: 'je hebt me niets te commanderen...' Zo zal de 'normale' reactie zijn op een ongerechtvaardigd verzoek. Hoeveel zou er alleen al in de onderlinge betrekkingen gewonnen zijn als iemand zou kunnen denken: 'de ander zou mij niet zo onder druk zetten, als hij niet zelf onder grote druk zou staan. Waar is het hem werkelijk om te doen?' Men zal dan heel spoedig merken hoe zwaar het een mens kan vallen z'n eigen hulpbehoevendheid toe te geven. Men *schaamt* zich als men de ander iets echt belangrijks moet vragen. Als men hem *beveelt*, dan kan men tenminste in z'n manier van spreken de rol van superieur verder spelen; maar juist daarom zal men de ander op zo'n moment nog niet de helft verraden van wat men werkelijk nodig heeft. 'Als iemand anders je ooit dwingt iets voor hem te doen, krijg dan geen uitbarsting om je uiterlijke vrijheid te bewaren, gebruik je innerlijke vrijheid door uit te zoeken in welke mate de ander je hulp werkelijk nodig heeft.' Dat is Jezus' voorstel. Het valt niet mee een levensregel uit te vinden die beter geschikt zou kunnen zijn om twisten en misstanden te vermijden of uit de weg te ruimen dan dit woord van Jezus uit de bergrede.

Eén voorwaarde daarvoor is echter, dat iemand zich psychisch *onafhankelijk* genoeg voelt om niet in dezelfde vorm en op dezelfde manier te *reageren* op de inbreuk van de ander. Al Jezus' opmerkingen over 'vergeving' in deze betekenis veronderstellen al de beide eerste stappen van *zelfontdekking* en *zelfstandigheid.* Altijd als iemand zich door een ander bedreigd voelt zal hij louter uit angst terugvallen in de starre mechaniek van het 'kwaad met kwaad vergelden', van het 'oog om oog, tand om tand'.

Datzelfde geldt voor de *tweede* uitspraak van Jezus, die niet alleen 'vergeving' van 'schuld' aanbiedt, maar het hele denken in categorieën van 'goed' en 'kwaad' ter discussie stelt; het staat zo centraal in de boodschap van Jezus, dat men, zoals aan het begin vermeld, het idee van een 'verlossing' van leed van de mensen alleen maar in dit perspectief kan begrijpen. Het staat dan ook niet toevallig *aan het eind van de bergrede*, als een soort samenvatting van alles wat er gezegd is. Het luidt (Matth. 7:1-5):

Werp je niet op als rechter, opdat je niet onder het oordeel valt. Want onder het oordeel dat jullie vellen, zul je vallen, en met de maat waarmee jullie meten, zul je gemeten worden. Wat kijk je naar de splinter in het oog van een ander, terwijl je de balk in je eigen oog niet opmerkt? Of hoe kun je tegen een ander zeggen: Laat me de splinter uit je oog halen, en kijk, de balk zit in je eigen oog? Schijnheilige, haal eerst de balk uit je eigen oog, en pas dan zie je scherp genoeg om de splinter uit het oog van de ander te halen.

In deze uitspraak gaat het niet alleen om het afzien van het gelijk hebben ten opzichte van elkaar, het gaat om het volledig afschaffen van het denken in termen van rechtsgronden; en weer kan men Jezus' houding op deze plaats niet anders begrijpen dan vanuit een *therapeutisch uitgangspunt.* Vooral psychoanalytisch is het volkomen duidelijk dat iemand geen kans heeft zich te ontplooien tot een welwillende vrije persoonlijkheid zolang hij gevangen blijft in de starre waardeoordelen en beoordelingsschema's van zijn superego. Het 'voordeel' van zo'n gebondenheid aan het superego mag wel liggen in de enorme vereenvoudiging van de beschouwingswijze: wie altijd al van tevoren weet hoe men de dingen moet zien, die zal zich nooit onzeker voelen of het gevaar lopen persoonlijk iets verkeerds te doen. Daarentegen zullen de andere mensen hem beslist alleen maar toepassingen lijken van zijn kant-en-klare schema's en als *dat* bij hem geen twijfels op zou roepen, dan misschien het feit dat hij onbewust tot diep in de nacht ook zichzelf zal meten naar dergelijke maatstaven. Dezelfde hardheid en gevoelloosheid waarmee hij over anderen recht spreekt, zal hij noodgedwongen ook hanteren in de omgang met zichzelf. Naar joods gebruik omschrijft Jezus op deze plaats door de passieve constructie 'en met de maat waarmee jullie meten, *zul je gemeten worden*' eigenlijk het *handelen van God*; toch hebben we hier een goed voorbeeld hoe ook in Jezus' mond sprake kan zijn van 'God', waar volgens psychoanalytische inzichten in feite alleen maar de mechaniek van het *superego* bedoeld is, waarvan Jezus de mensen in naam van God mocht *bevrijden*! 'God' als psychologische code!

Nog verrassender doet het feit aan, dat men de 'gedachtensprong' naar de schitterend geformuleerde beeldspraak over *de splinter en de balk in het eigen oog* en in dat van de ander psychoanalytisch als 'volstrekt consequent' moet zien; want er is altijd wel een *manier* om *niet* op te merken hoe onverbiddelijk de normen van het superego bij het beoordelen van anderen terugvallen op de persoon zelf – dat is het klassieke afweermechanisme van alle angsten die uit het eigen innerlijk opstijgen: *de projectie*. Om zichzelf naar eigen maatstaven niet steeds als een veroordeelde te beschouwen, zal men de eigen fouten des te scherper *terugvinden bij anderen* en ze *daar* met voorliefde onverbiddelijk bestrijden, altijd in de waan dat men zelf toch een goed mens moet zijn als men zo hartstochtelijk het kwaad op aarde vervolgt. Het is psychoanalytisch gezien *geniaal* hoe vanzelfsprekend Jezus hier het hele moraliserende beoordelingssysteem dat bestaat uit rigide superego-normen, ontlastende projectieve zondebok-jachten en innerlijke leugenachtigheid doorziet en op de korrel neemt.

Het *alternatief* echter dat Jezus voor de geest stond, toont hem opnieuw in een quasi medisch streven: zoals *een dokter* aan het ziekbed *niet* vraagt of en in welke mate een patiënt morele schuld draagt voor zijn ziekte, maar alleen zal proberen hem te helpen, zoals *een psychothe-*

rapeut het hele zwart-wit denken *overboord zal zetten* om de oorzaak en de consequenties van de mededelingen van zijn patiënt beter te begrijpen, zo concentreerde *ook Jezus* zich alleen maar op de vraag hoe er voor de 'schuldige' *zorg moet worden gedragen*, niet hoe men hem 'schuldig' zou moeten verklaren. De man uit Nazareth wist: als men eerst maar zou beginnen de verbanden in mensen en tussen mensen te begrijpen, dan verliest men het 'recht' om te 'oordelen' over mensen. Dan kan het altijd nog nodig zijn tussen misdaad en waanzin mensen af en toe voor andere mensen, en niet minder vaak tegen zichzelf, te beschermen; maar een 'goed recht' mensen '*schuldig*' te verklaren en een rechtssysteem te verzinnen dat vastlegt hoe ze *gestraft* moeten worden, – *dat* bestaat niet.

Precies op dit moment begint natuurlijk weer het inmiddels overbekende protest: dit, zal men zeggen, geldt misschien allemaal in de persoonlijke omgang met mensen. Mogelijk is het gerechtvaardigd in de uitzonderingssituatie van de psychotherapie; maar men moet er voor uitkijken het individuele geval te veralgemeniseren en daarmee alle orde te ontbinden; de staat, de maatschappij en de internationale politiek kunnen zich *daar* niet naar richten.

Hoe men als belangrijk 'hoogwaardigheidsbekleder' van de roomse kerk de bergrede als oud papier kan bestempelen, toonde bijvoorbeeld bisschop Michael Faulhaber in het begin van de Eerste Wereldoorlog in een ongelooflijke tirade in zijn ophitsende redevoering *De wapens van het licht*. Faulhaber, naar wie tegenwoordig nog in Beieren straten en pleinen vernoemd worden, wist natuurlijk dat Jezus een absolute hang naar vrede had; maar hoe hadden de Duitse soldaten de kunst van het doden kunnen leren, zolang ze nog geplaagd werden door 'christelijke' schuldgevoelens, zolang ze nog, zij het ironisch, op het lange kanon van de keizerlijke weermacht, de dikke Bertha, konden schrijven: 'Bertha, u zult niet doden'? De bisschop *bewees* uit de 'Heilige Schrift' dat ze geen gelijk hadden, hij bewees dat ze 'een *plicht* hadden om te doden'. Want 'onze Heer en Heiland' zegt wel dat men zelfs de mantel moet geven als iemand het hemd wil hebben, maar verklaarde de bisschoppelijke deelgenoot van de onfeilbare leer van de roomse kerk, dat was alleen maar van toepassing op de enkeling. De enkeling heeft namelijk een onsterfelijke ziel, als hij sterft houdt hij niet op te leven; staten van volken daarentegen zijn sterfelijk, ze moeten worstelen en strijden om hun plaats in de geschiedenis; en daarom *mag* Duitsland Elzas-Lotharingen niet afstaan, daarom bestaat er helemaal geen recht om afstand te doen, daarom moet de Duitse soldaat zijn leven geven in deze worsteling van de volkeren, waarbij God zeker de beste, de vroomste, de dapperste zal verhoren...!

Men moet deze nooit herroepen rede van deze later in de waardigheid van kardinaal verheven geestelijke eens lezen (bijvoorbeeld in vergelijking met de werken van S. Zweig of R. Rolland uit dezelfde tijd!) en het misbruik van de woorden van Jezus, de cynische vervalsing van de platonische zielsleer, – het gevolg van het *rechtsstandpunt* met als doel morele 'bewapening' worden tastbaar. Oorlog, we hebben het al vaak genoeg gezegd, wordt onder andere gevoerd omdat het 'rechtsstandpunt' *omstreden* is en men het niet met vreedzame middelen eens kan worden over wie gelijk heeft; het denken in rechtsgronden *beëindigt* de oorlog niet, het vormt één van de sterkste motieven; – *dat* kan men van de bergrede leren! Niet de handhaving van het eigen 'recht', maar het *afzien* daarvan, het *omkijken* naar de nood van anderen verschaft in de betekenis die Jezus daaraan geeft de voorwaarde voor de vrede!

Zeker, we staan op deze plaats slechts op het allerlaagste niveau van de oplossing van het probleem: *op het individuele niveau*; het is ook zeker niet mogelijk regels ter verzoening van het samenleven van individuen zonder meer toe te passen op het samenleven van grote groepen, die 'functioneren' volgens hiërarchisch andere regels; en toch is het mogelijk en nodig hier al de vraag te stellen hoe dan iets wat op het allerlaagste niveau duidelijk het leven dient, door kan dringen tot de veranderde voorwaarden van de bovenste lagen.

Wat, om het maar eens onlogisch te zeggen, *betekent* dan Matth. 5:38-41 bijvoorbeeld nu in de tragedie in *Bosnië*? – Een paar jaar geleden draaide er in de Duitse bioscopen een Amerikaanse thriller onder de naam *The silence of the lambs*. De film toonde de jacht van een jonge politieagente op een veelvoudige moordenaar, die met een superieure intelligentie en psychologisch raffinement zijn vervolgster tegelijkertijd in spanning en voor de gek hield, – een mythische strijd, nogmaals tussen het absoluut goede en het absoluut kwade die voor deze agente nog dramatisch versterkt werd door een trauma uit haar jeugd: als kind hield ze ervan een kudde schapen te observeren; op een dag, toen ze de dieren op wilde zoeken, hoorde ze geen enkel geluid, ze waren zinloos vermoord. Dat *zoiets* nooit meer zou gebeuren was de reden dat ze politieagente geworden was...

H.P. Schwartz publiceerde onder de titel '*Das Schweigen der Lämmern* in *die Welt* van 24 augustus 1995 een commentaar op de situatie in ex-Joegoslavië en de nieuwe opgaven die daaruit naar zijn mening ontstaan voor de Europese politiek, evenals voor de UNO en de NATO; hij klaagde daarin de 'uitgesproken onwil' aan, 'uit de zichtbare volkerenmoord harde consequenties ... met operatieve gevolgen' te trekken, met andere woorden: oorlog voeren tegen de oorlog. – Laat er een keer afgezien worden van het feit dat de 'volkerenmoord' op de Balkan door alle politieke partijen begaan werd en het niet duidelijk is, hoe men 'volkeren' (beter nog: religieuze groeperingen!) een gedwongen vrede op kan leggen, volkeren die elkaar sinds eeuwen zo haten en wantrouwen als Serven, Kroaten en moslims in deze regio. Het artikel van H.P. Schwartz eindigde echter met een uitleg van een uitspaak van Jezus die ons op deze plaats moet interesseren; hij schreef: 'misschien komt in de burgerlijke acceptatie van het onacceptabele ook allerlei gezonken christendom tot uitdrukking. Evenals de barmhartige Samaritaan in de gelijkenis van de Heiland is men graag bereid de in rovershanden gevallen man te verbinden, te eten en te drinken te geven. Maar geen enkele gedachte om het roversgespuis met wapengekletter tegemoet te treden. In de omstandigheden in Bosnië onderscheiden zulke Samaritanen zich in het geheel niet van die vromen uit het bijbelse verhaal die stom en met afgewend gelaat de overvallers voorbij gelopen zijn.

Zo'n 'herinterpretatie' of 'actualisering' van Jezus' woorden is hard, want ze veronderstelt dat Jezus in de gegeven omstandigheden niet (alleen) de barmhartige, maar vastberaden de 'politionele' of ronduit de *militaire* 'conflictoplossing' gewild had. En juist daarvan kan geen sprake zijn! Tot nu toe hebben we al eens gewezen op de eenheid tussen poëzie en therapie van gelijkenissen en psychische genezing, nu moeten we nog het letterlijk *bevrijdende* element, niet alleen van de vorm van de gelijkenisrede op zich, maar in het bijzonder van de inhoud van het verhaal van de 'barmhartige Samaritaan' (Luc. 10:30-37) naar voren halen. Het is juist dat door de gelijkenis van Jezus de gestalte van de 'Samaritaan' identiek geworden is aan een modeluitgave van 'milddadige barmhartigheid', maar hoe provocerend dit verhaal oorspronkelijk was, toont de tijdsgeschiedenis eenduidig aan: in Jezus' tijd verhielden Joden en Samaritanen zich precies zo ten opzichte van elkaar als tegenwoordig Serviërs en Kroaten: beiden beleden dezelfde godsdienst, maar beiden haatten elkaar vanwege bepaalde dogmatische verschillen, waaraan de theologen van beide partijen, zoals altijd het geval is, een oneindige en alles bepalende betekenis toekenden. Jezus vertelt zijn gelijkenis aan *joodse* toehoorders en zo probeerde hij het standpunt van beide partijen niet 'evenwichtig' te vereffenen, maar hij pakt *dat* milieu aan, dat in *Judea* met een beroep op orthodoxie een menselijke oplossing verhindert: het priesterdom in de tempel van Jeruzalem; want het was juist de tempel die de Samaritanen, samen met haar cultus en de bijbehorende priestercultus afwezen. – Wie op deze plaats juist daarom zou willen zeggen, dat de gelijkenis van Jezus '*anti-Judaïsch*' is, heeft met zo'n constatering evenmin gelijk als diegenen die de *vredesbeweging* in West-Europa vanouds '*anti-amerikanisme*' verwijten – ze onderkennen een belangrijk feit niet: wie iets wil veranderen, kan alleen maar beginnen met de kritiek *op de eigen situatie*! Hij heeft geen andere keus, want met kritiek op de 'tegenpartij' zou hij onvermijdelijk alleen maar het vijandbeeld versterken. Wat Jezus daarom in de gelijkenis van de 'barmhartige Samaritaan' van zijn toehoorders vereist, bevat in feite een ongelooflijke provocatie: ze moeten begrijpen dat de Jeruzalemse clerus met zijn ideefixe van God en de mensen systematisch verhindert te doen wat God eigenlijk wil. '*Ga heen*', zegt Jezus op een andere plaats, '*u moet eerst maar eens leren wat dit zeggen wil: Barmhartigheid wil ik en geen offer*' – een vers uit de profeet Hosea (6:6) dat *Mattheüs* maar liefst twee keer citeert (9:13 en 12:7). Maar in dit milieu zal men het *nooit* leren, – anders moesten ze zichzelf afschaffen! Een *Samaritaan* daarentegen heeft tenminste *één* motief minder om onmenselijk te zijn: hij hoeft *niet* punctueel en koosjer in de tempel te verschijnen! Hij kan onbevooroordeeld door de 'godsdienstige' voorschriften van religieuze 'superieuren' met vrijmoedigheid het gevoel van medelijden en menselijkheid volgen!

In *deze* betekenis spreekt de gelijkenis van Jezus ten gunste van verzoening tussen vijandelijke religieuze groeperingen (of het nu in Ierland is tussen katholieken en protestanten, of in Bosnië tussen roomse en orthodoxe katholieken, of in Israël tussen joden en moslims) over het enige wat God werkelijk wil: over (daadwerkelijke) menselijkheid; het gaat er echter niet over dat de Romeinen als regelende macht (want dat waren ze in die tijd, – ze waren de UNO en NATO van de klassieke oudheid) de vijandige joden en Samaritanen met draconische middelen als bijterige honden aan de ketting moesten leggen. – De 'boodschap' van Amerikaanse thrillers is precies het tegendeel van de bergrede! Het 'Heer, God der vergelding' uit psalm 94 is nooit het gebed van Jezus geweest!

En wat moet er nu in Bosnië gebeuren, zal men niet ten onrechte steeds weer vragen. – *Een* belangrijk probleem van de Bosnische tragedie bestaat eruit dat haar conflicten weliswaar religieus geformuleerd worden, maar dat geen enkele religieuze 'leider' van de conflictpartijen, noch een patriarch, noch een imam, noch de paus het waagt het populisme van zijn eigen partijgenoten te doorbreken en te zeggen wat zich in de *koran* en de *bijbel*, naast al het oorlogszuchtige wat er gevonden word, toch *ook* staat: 'wie een mens het leven ontneemt, is als iemand die alle mensen het leven ontneemt, maar wie het leven van een mens redt, die is als iemand die het leven van alle mensen redt', – *zo* sprak de profeet uit Mekka. En de profeet uit Nazareth?

Hoe *hij gehandeld* zou hebben, kan een man als *Franciscus* ons tonen. Toen drie struikrovers de 'broeders' van de Poverello, van de 'kleine arme' van Assisi tevergeefs om eten gevraagd hadden, beval hij hen die drie te zoeken en te vragen of ze nog iets nodig hadden. – *Dat* was letterlijk *Matth. 5:39-40*! Toen ridders door hun geweldsdemonstratie de verkondiging van het evangelie een keer verhinderden, riep hij hen op om de mensen mild en humaan te behandelen en voorspelde hij hun oproer en ondergang. En een *legende* vertelt ons het verhaal van de wolf in Gubbio: toen gedurende een strenge winter de sneeuw heel hoog lag in de bergen van Averne, drong een wolf de schaapskooi van de herders binnen en hield hij huis in hun kudden. Toen togen de mannen uit met zeisen en dorsvlegels om het ondier de aftocht te laten blazen. Franciscus echter trok voor hen uit en ging recht op het beest af en toen de wolf kwispelstaartend als een hond hem de hand begon te likken, omhelsde hij het dier en zei: 'Je hebt het alleen gedaan omdat je honger had hè, broeder wolf'. Dat was letterlijk *Matth. 5:39-40*!

'Maar moeten we dan werkeloos toezien hoe de wolven onder ons de schapen vermoorden?' – De paradox bestaat eruit dat Jezus eigenlijk alleen maar tot de mensen sprak alsof zij 'schapen' waren. Hij formuleerde nooit een 'oplossing' van buitenaf: hij sprak steeds alleen maar tegen de betrokkenen! Zijn vraag was nooit wat de joodse hogepriester gesteund door de thora tegen de Romeinse procureur zou moeten zeggen, maar wat in Gods naam tegen de noodlijdende zelf gezegd moest worden.

Het verschil is evident: 23 juli 1995, kort na de verovering van de moslimenclave Sebrenica door de Serviërs, met circa veertigduizend moslimvluchtelingen, enkele dagen voor de verovering van de Krajina door de Kroaten met ongeveer honderdtwintigduizend Servische vluchtelingen, riep paus Johannus Paulus II op het Pietersplein op tot een rechtvaardige oorlog, zoals de katholieke kerk hem altijd al geleerd had, – een verlegenheidsoplossing ten aanzien van het nooit-eindigende lijden, zeker; maar een *christelijke* uitspraak? Niet bepaald.

Laten we ons eens indenken, wat niet Jezus, maar wat een man als *Mahathma Gandhi* als 'leider' van de zwaksten in Bosnië, tegen de moslims gezegd zou hebben, hij die van zichzelf zei: 'ik ben hindoe, moslim en christen'. Hij zou zeker het centrale probleem van alle pogingen tot vrede ter sprake hebben gebracht: het afzien van 'recht' ten gunste van de menselijkheid! 'Ik hoor', zou hij wel gezegd kunnen hebben, 'dat er oorlog gevoerd moet worden om de vraag, wie van ons het juiste geloof bezit. Nou, wij hadden als moslims niet het geluk als kinderen al de woorden van de bergrede te vernemen en opgevoed te worden in de geest van Jezus; wij lazen als kinderen slechts uit de koran; maar ons heilige boek bevat in de Arabische taal alleen wat God alle mensen ten alle tijden te zeggen heeft: alleen hij *bestaat* en hij beoordeelt alle daden van de mensen op de jongste dag... Laten we dan om de waarheid van de religie strijden met de middelen van de religie: in gebed, opdat Allah ons verlichte met gaven en ondersteuning voor allen die deze ellendige oorlog achter heeft gelaten zonder ouders, zonder kinderen, zonder thuis, zonder vrienden, gekwetst en vernietigd naar lichaam en ziel... Maar als het helemaal niet gaat om religie, maar als "God" alleen als voorwendsel gebruikt wordt voor mateloze begeerte naar haat en wraak, als "religie" alleen de rechtvaardiging moet leveren om huizen en akkers en fabrieken te roven, dan verklaren wij hierbij welwillend en plechtig voor de gehele wereld: wij zouden ons nooit thuis kunnen voelen in huizen waaraan bloed kleeft van degenen die wij moesten doden om ze te weerhouden ons huis binnen te dringen; wij zouden nooit meer kunnen aarden op grond die zijn mond moest openen om het bloed te drinken van degenen die wij moesten doden om ze ervan te weerhouden onze grond in te nemen. Wij zullen nooit meer kunnen werken in fabrieken waarin dag en nacht instrumenten vervaardigd worden om al degenen te doden die onze industrie in hun eigen voordeel gebruiken. Daarom vragen wij onze moslim-broeders na zevenhonderd jaar ongastvrijheid en vijandschap in een door 'christenen' bezet land niet langer meer om wapens en geld, maar om asiel en vrede... Jullie christenen echter, – Kroaten en Serviërs –, mogen aan de hele wereld laten zien wat tweeduizend jaar na de woorden van je meester je geloof je waard is'.

Op een dergelijke manier zou Gandhi gesproken hebben, als hindoe tot hindoes, als moslim tot moslims, als christen tot christenen; nooit tegen de anderen, steeds tegen de eigen groep; en hij was liever in hongerstaking voor de vrede gegaan, dan in de dood op het 'veld der eer' zijn woorden kracht bij te zetten.

Zeker, zulke gedachten zijn *niet politiek*. Wie 'politiek' wil bedrijven zal nu al de op handen zijnde coalitie tussen *Tudjman* en de roomse *paus*, tussen de katholieke Kroatenstaat en het Vaticaan goed moeten keuren, ongeacht de offers die de tegenpartij daarvoor moet brengen; en hij zal opgelucht vaststellen dat eind 1995 in het verdrag van Dayton ten minste zoiets tot stand gekomen is als een militair bewaakte wapenstilstand. Wij zijn echter, God zij dank, nog lang *niet* bij *politieke* vragen, wij zijn bij het directe en het onvoorwaardelijke van de religieuze eisen die aan *de enkeling* gesteld worden. En daaraan kan men zien hoe fataal het is als zich temidden van een politieke catastrofe geen stem verheft die in staat is de vicieuze cirkel van het politieke principe te doorbreken. Het is het *ontbreken* van de religieuze dimensie op het individuele niveau die al het gepraat over 'verlossing' in het 'christendom' verandert in een 'gewoon zo door blijven gaan'.

Daarbij toont de Bosnische tragedie heel duidelijk dat er alleen vrede kan zijn door *vergeving*, niet door militaire macht, door verzoening, niet door het doordrijven van verondersteld recht. En dat geldt overal op de wereld. – Misschien is *de boodschap van Kafarnaüm* anno 1995 nergens indringender – en louter volgens politieke voorwaarden uitzichtlozer! – dan op het ogenblik in *Rwanda*. Het zal voor een aantal lezers al moeilijk zijn zich het nog te herinneren: in Rwanda woedt een burgeroorlog tussen de – voornamelijk christelijke, dat betekent hier: katholieke minderheid van de *Tutsi's* en de meerderheid van de *Hutu's* die na een tijdelijke machtsovername hun wraakgevoelens botvierden op hun pijnigers voor de jarenlange racistische, sociale en religieuze onderdrukking en belastering; toen echter, niet in de laatste plaats door Franse ondersteuning, 'overwonnen' de *Tutsi's* en verdreven de impopulaire kleine *Hutu's* met honderdduizenden naar Burundi, naar Zaïre, om het even waarheen. In augustus '95 begon de Zaïrese president *Mobutu* met de 'repatriëring' van de vluchtelingen; duizenden Rwandezen werden over de oostgrenzen 'verwijderd' (zoals de nieuwe uitdrukking luidt), – zonder noodzaak, want het oosten van Zaïre behoort tot de vruchtbaarste regio van Afrika; men hoeft slechts de bevolkingsdichtheid te vergelijken: 'in Rwanda leefden voor de burgeroorlog op één vierkante kilometer 278 mensen, in Burundi 209; in Zaïre, op twaalf na de staat met het grootste grondgebied, slechts 17'. Het gevolg van de 'repatriëring' was dat honderddertigduizend Hutu's uit angst voor de Tutsi's liever in het niets vluchtten, dat wil zeggen in de omliggende bergen van Goma; ze vreesden de wraak van het toen overheersende 'superieure ras'.

Dit soort situaties dwingen tot *alternatieven*: ofwel men denkt 'politiek' verder, bestuurt (verder) met de heersende machtsverhoudingen en gooit men het op een accoordje met de huidige machthebbers, dan spelen een paar honderdduizend *Hutu's* in de maalstroom van de geschiedenis geen rol, dan worden ze gemarginaliseerd en ondergeschikt, zonder herinnering, zonder spijt, zo vanzelfsprekend als de natuur over de soorten heenwandelt die ze veroordeelt tot uitsterven: *of* het wordt een nieuwe factor in de berekening van 'overwinning' en 'verlies'. Tegen alle verwachting in begint men op het laatste moment toch nog menselijk te denken. Dan is *vergeving* van de gruwelen *van beide partijen* de *voorwaarde* voor *samenleven*!

Zeker, deze dimensie van vergeving wordt in de eerste plaats ontdekt en bewaarheid op het individuele niveau, maar wat een politieke kracht bezit het als men het niet tot het individu beperkt!

Kahlil Gibran heeft, toen hij mediteerde over de betekenis van Jezus in zijn boek *Jezus de zoon des mensen*, vanuit het standpunt van Maria uit Magdala (die hij historisch onjuist, maar overeenkomstig de christelijke legende identificeert met de zondige vrouw uit Lukas 7:37) eens een scène verzonnen die 'poëtisch' en 'therapeutisch' genoeg is om aan te duiden wat 'zelfontdekking', 'zelfstandigheid' en 'vergeving' (of 'verzoening') in het leven van een individu kunnen betekenen. 'Het was', laat hij zijn Maria Magdalena zeggen, 'in de maand juni dat ik hem voor de eerste maal zag. Hij wandelde door het tarweveld, toen ik met mijn dienstmaagden voorbijkwam, en hij was alleen. Het ritme van zijn stap was anders dan dat van andere mannen, en de beweging van zijn lichaam was als ik nog nooit had gezien... En ik keek naar hem en mijn ziel trilde in mij, want hij was mooi. Zijn lichaam was een eenheid... Was het een honger in mijn ogen die naar bevalligheid hunkerde, of was het zijn schoonheid die het licht van mijn ogen zocht? Zelfs nu weet ik het nog niet... En toen ik bij hem kwam, zei ik: 'Goede morgen.' En hij zei 'Goede morgen, Miriam.' En hij keek mij aan en zijn nacht-ogen zagen mij, zoals geen man mij ooit had gezien. En plotseling voelde ik mij als naakt, en ik werd verlegen... Toen zei ik tot hem: 'Wilt ge niet in mijn huis komen?' En hij antwoordde: 'Ben ik al niet in je huis?' Toen wist ik niet wat hij bedoelde, maar nu weet ik het... Toen keek hij mij aan, en de middagtijd van zijn ogen lag op mij, en hij zei: 'Je hebt vele minnaars, maar ik alleen heb je lief. Andere mannen hebben zichzelf lief als ze bij je zijn. Ik heb je lief in jezelf. Andere mannen zien een schoonheid in je die sneller verwelken zal dan hun eigen jaren. Maar ik zie een schoonheid in je die niet zal verwelken, en in de herfst van je dagen zal die schoonheid zonder angst naar zichzelf kijken in de spiegel, en zal zich niet gekwetst voelen. Ik heb alleen het ongeziene in je lief.'... Maar geen man wandelde ooit als hij. Was het een ademtocht in mijn tuin die naar het Oosten trok? Of was het een storm die alle dingen tot in hun grondvesten zou doen schudden? Ik weet het niet, maar op die dag doodde de zonsondergang van zijn ogen de draak in mij, en ik werd een vrouw, ik werd Miriam, Miriam van Mijdel.' (K. Gibran, *Jezus de zoon des mensen*, vertaald uit het Engels door C. Verhulst, Wassenaar, 1981.)

b. 'Maar zo is het onder jullie zeker niet' (Marc. 10:43) – of: het sociaal-psychologische niveau

'Nu ja', zal men zeggen,' Maria Magdalena' – dat is een legende, dat is Libanese poëzie, dat is en dat blijft slechts een enkeling'.

Ja zeker, een enkeling. Maar deze enkeling kan ons nu, zoals zij het (volgens de legende van Joh. 20:8) op paasmorgen al een keer gedaan heeft, met haar leven verklaren hoe alles kan veranderen, – hoe '*verlossing*' mogelijk is en *waaruit ze bestaat*. Een tegenwerping die uiterst serieus genomen moet worden tegen alle ideeën om de wereld te verbeteren en alle programma's om de wereld te veranderen is afkomstig uit de *systeem-theorie* en luidt dat men alleen veranderingen in een systeem door kan voeren als men het goed functioneren van het systeem niet in gevaar brengt; met andere woorden: men kan met enige inspanning een veelheid aan structureel onbelangrijke bijzaken in een handomdraai veranderen; – men kan in een paar weken een vakwerkhuis zo renoveren dat het er als nieuw uitziet; wie echter het gebouw, de structurele opzet, het geraamte van het vakwerk zelf wil veranderen, moet heel behoedzaam in kleine stappen voortgaan, anders riskeert hij dat alles instort.

Nu hebben we steeds weer gezegd, dat Jezus in een wereldbeeld leefde en dacht, waarbinnen hij een instorting van alles juist wilde en wenste – de *Apocalyps* als de eerste fase van een werkelijk nieuw begin en nieuwe opbouw, de *catastrofe* als voorwaarde voor elke hoop. Het is duidelijk dat alle energie die inherent is aan een systeem zich *daartegen* zal verweren.

Maar als we luisteren naar het zachte gefluister van de jodin uit Magdala aan de noordwestelijke oever van het meer van Gennesareth, dan ligt het voor de hand dat de gedaante van het nieuwe begin weliswaar niet minder radicaal, maar echter *therapeutisch tot stand wordt gebracht*. Wij hebben nog altijd te maken met de 'verdringing' of liever: met de ontbinding van een 'demonische' godverlaten wereld; maar alles wat wij daarnet verteld hebben over zelfontdekking, zelfstandigheid en verzoening laat ons zien waarom deze 'strijd' eigenlijk gevoerd wordt: het gaat niet om de vernietiging, maar om de bevrijding van het ik; natuurlijk zijn daarbij alle krachten, die het zichzelf-worden, de zelferkenning, de identiteit van de mensen *in de weg* staan, onze vijanden; onze bondgenoot daarentegen is vanaf het begin het eigen ik, ook al is het bangelijk, ook al is het vooralsnog machteloos en vaak onjuist geïdentificeerd; en als de krachten van de depersonalisatie (in bijbels taalgebruik: van de 'duivel') des te meer erkend en bewust gemaakt worden, en steeds meer mechanisch *verslijten*, groeit, als alles goed gaat, het ik gedurende een psychotherapie steeds meer, wint het aan persoonlijkheid, wordt het wat het is.

Deze *therapeutische* aanzet tot begrip is zo wezenlijk dat elke andere theologische constructie van 'verlossing' zonder dit inzicht geen 'aanknopingspunt' heeft en zichzelf noodgedwongen veroordeelt tot een zuiver moraliserende bijkomstigheid. Doordat wij uitgaan *van het individu*, beschikken wij niet alleen over een voorlopig zeker nog sterk gereduceerd, maar daardoor *overzichtelijke uitgangssituatie*; wij verkrijgen met behulp van het therapeutische interpretatiemodel een *paradigma* dat voor de uitwerking van alle verdere niveaus geldig en maatgevend is.

Dit paradigma toont ons, dat met 'verlossing' *niet* de afbraak, de totale vernietiging van iets ten gunste van een volledig nieuwe constructie bedoeld kan worden, maar dat het juist gaat om het *herstel*, om de 'archeologische restauratie' zeiden we al eerder, om de *genezing van ziekte*, kunnen we *nu* zeggen.

De psychotherapie verandert de mens niet volledig; integendeel, ze spant er zich tot het uiterste toe in om ieder afzonderlijk naar zijn eigen aard te begrijpen, hem te aanvaarden, hem recht van spreken te geven en juist daardoor de genezende kracht van zijn psyche op te roepen, nieuwe mogelijkheden in hem op te wekken en vooral: de *richting* van zijn impulsdynamiek en levensinstelling te veranderen. Uiteindelijk schijnt dit individu weliswaar naar buiten toe 'totaal veranderd', maar in werkelijkheid is hij nu eindelijk *zichzelf* geworden; al zijn biografische ervaringen, zijn persoonlijkheidsstructuur, zijn talenten, zijn vaardigheden zijn onveranderd dezelfde gebleven, maar hij maakt er op een andere manier *gebruik* van. Hij richt zich niet langer tegen zichzelf, hij is geen wapen meer waarmee hij zichzelf 'kastijdt', hij gunt zichzelf eerder iets, zodat hij in zijn daden zich echt kan uiten en geven. In de terminologie van de *idealistische filosofie* zouden we moeten zeggen: *psychotherapie* – dat is de erkenning van het ware wezen van een mens, totdat het doordringt in de gestalten van de zichtbare wereld en daarin zelf zichtbaar wordt. Helaas – of gelukkig! – is het intussen juist deze psychoanalyse die ons getoond heeft dat het niet zo eenvoudig is.

Want in de *eerste plaats*: wat wij het 'wezen' van de 'persoonlijkheid' van een mens noemen, is niet simpel een star 'programma' dat er slechts op wacht zichzelf uit te voeren, maar het vormt zich in voortdurende relatie met de sociale omgeving; het bevat de neerslag van alle 'internaliseringen' van de personen die zijn ontwikkeling gevormd en begeleid hebben vanaf zijn jeugd; en in antwoord daarop heeft zich een hoeveelheid van inmiddels geijkte reacties ontwikkeld op de vormende krachten van het psychosociale milieu, die in het 'karakter' van een mens – relatief – sterk zijn. – Wij zullen de kwestie van 'persoon' en 'vrijheid' ooit in het derde deel van *Geloven in vrijheid* nog eens uitvoerig behandelen; maar op deze plaats wordt al duidelijk, dat het woord 'persoon' niets stars beschrijft, maar een levendig proces met een specifieke dynamiek kenmerkt.

En wat *nog belangrijker* is: de psychotherapie toont het ongenoegen van de totale 'idealistische' aanzet; ze maakt het absolute *verschil* tussen, om met Kierkegaard te spreken, de 'Socratische' 'zelferkenning', en de christelijke verlossing aannemelijk. Wat een mens *verhindert* zichzelf te erkennen is psychisch beschouwd geen momentane, intellectuele desinteresse of gemakzuchtig denken – wat het natuurlijk, *als symptoom*, ook kan zijn –, maar een fundamentele angst, waar niet met rationele, maar met persoonlijke middelen grip op gekregen kan worden. Alle 'inzichten' die psychoanalytisch verkregen kunnen worden, worden pas mogelijk door een persoonsgebonden vertrouwen dat sterker blijkt te zijn dan de oude angst. Juist daarom *biedt niet* de filosoof, *niet* de ethicus, *niet* de theologiedocent de categorie om de gestalte van de 'verlosser' te beschrijven, maar juist de dichter, de therapeut – de *mens*(enzoon) die zich *in*zet voor de ander, doordat hij zich boven al zijn angsten, herhalingsdwang en overdracht plaatst; pas zo kan het verouderde, dat onnodig geworden en verkeerd geïnterpreteerd is, vervangen worden door een verwerking die nieuw, vrijer en meer eigen is. Dan ontstaat een *breuk* die eigenlijk een *door*braak is, dan komt er iets nieuws tevoorschijn wat de '*wedergeboorte*' betekent van wat ten diepste bedoeld werd, dan wordt de *continuïteit* van het voorafgaande doorbroken ter wille van een dieper gelegen *aanknopingspunt*. Dan wordt '*Delphi*' mogelijk gemaakt door '*Golgotha*', wat dit symbool op dit moment dan ook moge betekenen.

Deze 'randvoorwaarden' van het therapeutische uitgangspunt veranderen niet als wij van psychotherapie overgaan op 'sociale therapie', inhoudelijk kan deze stap intussen toch al vanzelf gemaakt worden. Want als de persoonlijkheid van mensen alleen opgevat kan worden als resultaat van alle ervaringen tot op dit moment plus de verwerkingsmethoden, dan is het praktisch gezien in veel gevallen veel gemakkelijker de verschillende personen van de vroege kinderjaren en jeugd niet te concentreren in een individuele relatie tot een individuele therapeut die tijdelijk *alles* moet zijn voor de patiënt: vader en moeder, broer en vriend, leraar en pastor..., maar de verschillende aspecten van het verleden kunnen veel beter verdeeld worden over verscheidene personen in verschillende rollen van het heden.

In individuele gevallen verhindert de angst voor de ander zo'n stap naar *groepstherapie* direct te maken. Zoals in het genezingsverhaal aan het meer van Gennesareth is er altijd weer in de eerste plaats een gesprek onder vier ogen nodig over de vraag: 'hoe heet je?' (Marc. 5:9) en we zeiden al: zo'n gesprek vergt vaak genoeg *jaren*!

Maar ooit komt er toch een moment waarop het goed is een mens terug te sturen 'naar de zijnen' en hem in een therapeutisch 'rollenspel', zoals in de werkelijkheid, voor te bereiden op de directe confrontatie met juist die mensen die tot die tijd wel de eigenlijke bevelhebbers leken te zijn van dat 'legioen' van 'demonen' of die zich plaatsvervangend in hun parade-uniform gehuld hadden. Zoals de psychotherapie in het (analytische) individuele gesprek op het individuele vlak zou kunnen gelden als *model* voor de 'verlossing' van de enkeling uit zijn verlorenheid en 'godverlatenheid', zo kunnen we nu de (analytisch gevoerde) *groepstherapie* erbij halen als model van de vermenselijking van een individu in zijn betrekking tot anderen en omgekeerd: een groep van 'anderen' in hun omgangsmethode met individuen.

Zoals de meeste volkssprookjes en -legenden breken ook de 'wonderverhalen' van de evangelieën helaas bij voorkeur precies daar af waar het eigenlijk 'spannend' wordt; ze vertellen van de genezing van ziekte, ze zwelgen in de triomf over het leed, maar met hun fixatie op het ongewone, op de onverwachte redding verleiden ze er uiteindelijk toe om God te zoeken *in de uitzonderingssituatie*, in plaats van in het alledaagse leven. Wat, moeten wij ons daarom des te meer afvragen, zal de 'bezetene' van Gerasa doen als hij teruggekeerd is naar de zijnen (Marc. 5:19)? Wat zal de blinde doen als hij het dorp links laat liggen en thuiskomt (Marc. 8:26)? Wat zal de verlamde doen als Jezus hem na de vergeving van al zijn schuld uit de morrende menigte *ontslaat* om 'naar huis' te gaan (Marc. 2:11)? Daarover staat in de 'novellen' van het Nieuwe Testament niet het minste of geringste woord, maar juist daar hangt het vanaf of de 'genezing' slechts een voorbijgaande suggestie van een ogenblik was of dat ze een duurzame, diep ingrijpende verandering tot stand gebracht heeft. Het is de *sociale component* van de 'verlossing' die hier ter discussie staat.

Daarbij kan het in wat nu volgt niet gaan om de beschrijving van sociale psychologie en groepstherapie in het algemeen. Wat *wij* moeten beschrijven zijn de *mogelijkheden* die de sociale psychologie heeft, *als* deze therapeutisch gebruikt wordt. Want wat er geschiedt als dat *niet* gebeurt, hebben we bij *de drie invalshoeken van de oorlogsproblematiek* al aangeduid als gevaren die op de loer blijven liggen (zie p. 34-67): *elke* groep organiseert zich:

tegen de vijand van buiten: – om zich te verenigen dwingt ze een overeenstemming van mening van haar leden af, die identiek is aan de opbouw van een positief beeld van zichzelf (een positief auto-stereotype) en een corresponderend negatief beeld van de groep van de 'tegenstander' (een negatief hetero-stereotype), beide kunnen dienen als ethisch, juridisch of religieus argument om de 'tegenstander' te definiëren en zich tegen hem verzetten;

tegen de vijand van binnen: – elke groep vormt een rangorde waarbij diegene die het doel van de (agressieve) activiteiten bepaalt aan de top staat, de 'alfa'; tegenover hem staan de omega's die als representanten gelden van de 'vijand' binnen de groep: vreemden, randgroeperingen, minderheden, alles wat afwijkt van het gewone... Dictatuur en terreur zijn de voortdurende begeleidingsverschijnselen van elke *oorlogszuchtige* sociale psychologie in een angstsituatie.

tegen het gevaar van uiteenvallen: – elke groep vormt conventies en tradities die de verbondenheid van allen in geval van nood door verdragen en eedverplichtingen moeten ondersteunen om de groepsidentiteit van allen te bevestigen en een betrouwbare verzekering te hebben van de speciale vaardigheden van de individuele mannen en vrouwen.

Het heeft – om het nog maar een keer te zeggen – geen zin om erover te klagen dat mensen zo zijn en groepsvormingen tot stand komen op deze en geen andere wijze; – er bestaat niets waarvan wij nu vinden dat het dringend zou moeten veranderen, zoals de verwoestende neiging van mensen tot oorlog, zonder dat het gedurende duizenden eeuwen in de geschiedenis van de *homogenisering* voldeed en *humanisering* zal alleen lukken als men dat erkent en op een eigen manier constructief probeert te gebruiken. Met een beeldspraak: men kan de motor, het aandrijfmechanisme van de menselijke psyche, niet wezenlijk veranderen, maar men kan wel de 'rijstijl' en de doelstelling tijdens het rijden aanzienlijk verbeteren. Waar het tegenwoordig psychisch om gaat is een soort *functieverandering* van oeroude evolutionaire omstandigheden. Bijvoorbeeld: ongeveer zeventig miljoen jaar geleden, tegen het einde van het Mesozoïcum gebeurde het dat een orde in de klasse van de zoogdieren die geleerd had de lichaamstemperatuur door middel van veren te reguleren, op jacht naar insecten het luchtruim veroverde en leerde vliegen; de veren bleven wat ze waren, maar hun toepassingscontext veranderde doordat ze volledig nieuwe vaardigheden mogelijk maakten en nooit gekende opgaven dienden. Iets dergelijks wordt tegenwoordig cultureel van ons mensen verlangd; iets dergelijks *moeten* we van onszelf verlangen. We hebben er tot nu toe veel aan gedaan om het in groepen 'gezellig' en 'warm' te hebben; wat ons nu te wachten staat is het gericht zijn op een nieuwe dimensie, is het doorbreken van de vicieuze cirkels die ontstaan als er geen perspectief is dat boven het denken in 'niveaus' uitstijgt. In deze 'gerichtheid' van de geest ligt de opdracht die elke religie tegenwoordig te bieden heeft. Wat heeft, luidt daarom opnieuw onze vraag, in het bijzonder *de man uit Nazareth* daarover te zeggen? Deze vraag is uitermate dringend, want terwijl de evolutie van de vogels miljoenen jaren in beslag kon nemen, staat ons buitengewoon weinig tijd ter beschikking voor de vermenselijking van de mensen.

α. 'Want die laat zijn zon opgaan over slechten en goeden' (Matth. 5:45) – groepsvorming zonder vijanden van buitenaf – of: het individu, niet de groep is het doel
Twee consequenties voor het inzicht in de rol van man en vrouw, en voor het ontstaan van groepswaarheden

Volgens R. Battegay vormt een groep zich onder vier voorwaarden; ze heeft nodig:
- een gemeenschappelijke tegenstander
- een gemeenschappelijk doel
- een gemeenschappelijk voordeel
- een gemeenschappelijke vreugde.

Alle vier de voorwaarden moeten in de beginstadia van de antropogenese al op klassieke wijze vervuld zijn als we de voorstelling volgen die sommige *ethologen* zich maken over de beginstadia van menselijke of mensachtige groepsvormingen.

Er is tegenwoordig geen levend dier dat zoveel op de mens lijkt als de *chimpansee*: 98,4 % van het totale genetische materiaal heeft hij met de mens gemeen; niemand die een genetisch verschil van slechts 1,6 % tussen verschillende diersoorten vindt, zou concluderen dat het om meer zou gaan dan een verschilletje binnen dezelfde soort; mens en chimpansee behoren daarentegen taxonomisch niet slechts tot verschillende soorten, maar tot verschillende *families*. In het *kleine* verschil dat hen van elkaar scheidt, ligt de hele reikwijdte van de ontwikkeling van de cultuur, – en zelfs deze heeft zich pas beslissend laten gelden in het afgelopen tijdperk van slechts vijfendertigduizend jaar, terwijl de wegen van de gemeenschappelijke 'familie'vaders van chimpansee en mens zich ongeveer zes miljoen jaar van elkaar gescheiden hebben. Het is tegen deze achtergrond geen vermoeden meer, maar een goed gestaafd feit dat buiten het fenomenale verschil in levenswijze van de huidige mensen en chimpansees, beiden over bijna identieke instinctieve aandriften beschikken. Het lijkt daarom geen verkeerde hypothese te zijn dat wij bij de observatie van in het wild levende chimpansees in zekere zin direct een blik achterwaarts mogen werpen naar het begin van de mensheid. Zolang we de laatste in het wild levende chimpansees niet definitief uitroeien uit hun stamgebied, kan daarom de vraag waartoe de *coöperatie in groepen* in de geschiedenis van de mensheid ooit diende, met een goed camerateam zonder problemen in het Afrikaanse oerwoud *ad oculos* gedemonstreerd worden.

Net zo graag als chimpansees zich namelijk tegoed doen aan vruchten (de *vaardigheid om kleuren te zien* schijnt zich ontwikkeld te hebben uit deze voorliefde van de primaten!), zijn ze verzot op dierlijk eiwit. In plaats van nu moeizaam met een stokje in verrotte boomstronken naar mieren te peuteren, grijpen de mannetjes van een groep steeds weer de gelegenheid aan jacht te maken op de begeerde *slankapen*. Deze dieren zijn veel lichter van gewicht en ook beduidend behendiger dan de logge, onbeholpen chimpansees; de slankapen kunnen zich daarom veilig terugtrekken op de dunnere takken van de hoge boomtoppen, en geen chimpansee is meer in staat ze iets aan te doen. Ongelukkig genoeg voor de slankapen echter, hebben de mannelijke chimpansees een list verzonnen die altijd weer tot bepaalde gevolgen leidt: ze vormen *jachtgroepen*, waarvan de leden verschillende gespecialiseerde opdrachten op zich nemen: een gedeelte houdt zich ermee bezig aan de bomen te *schudden* waarin de slankapen zitten; als het gelukt is de dieren onrustig te maken en ze ertoe aan te zetten om te vluchten, begint het werk van de *drijver*; zonder dat ze elkaar zien, verhinderen twee afdelingen van bijzonder betrouwbare chimpansees dat de slankapen aan de zijkanten uitbreken en kanaliseren hun vlucht hiermee in een bepaalde van tevoren vastgestelde richting. Alles wacht er nu op dat de val dichtklapt; daarvoor zorgen de vangers: een team van de meest ervaren chimpansees staat dan aan het einde van de jachtweg klaar om zich vanuit de handigste plek op de vluchtende slankapen te storten. Weliswaar wordt er zelden meer dan één enkel dier gevangen, als er al één gevangen wordt bij deze actie waarvoor een behoorlijke inspanning geleverd moet worden, maar met des te meer welbehagen wordt, als het succes heeft gehad, de buit uitgedeeld en gemeenschappelijk verdeeld; ook de vrouwtjes wachten dan ongeduldig op de beloning voor hun luidruchtige ondersteuning van de jacht, die ze met grote opwinding vanaf de grond gevolgd hebben.

In deze *oerscène* vinden we moeiteloos de vier voorwaarden terug die ook gelden voor de groepsvorming van mensen: er is een '*tegenstander*' – het jachtobject; er is een gemeenschappelijk '*doel*' – de buit te verkrijgen; er is een gemeenschappelijk '*voordeel*' – geen enkele chimpansee zou in z'n eentje ooit kans maken aan een slankaap te komen; en er is een gemeenschappelijke '*vreugde*' – de *maaltijd* die de succesvolle apen onder elkaar verdelen.

Naast de jacht bestaat echter sinds lange tijd nog een andere gelegenheid op een dergelijk hoog niveau in *mannelijke groepen* te coöpereren, – dat is in de strijd tussen *vijandelijke* groepen, die om een bepaald territorium twisten. Tot schrik van de ethologen zijn zelfs chimpansees al vaardig en bereid om *oorlog* met elkaar te voeren tot en met de uitroeiing van de tegenpartij. Het ontbreekt de chimpansees zeker aan veel wat het woord 'oorlog' naar menselijke maatstaven 'betekent': ze beschikken nergens over dan over een eenvoudige knuppel om elkaar te slaan, maar *dat* doen ze in die mengeling van angst en woede, dreiging en triomf die ook de menselijke beleving in zulke gevallen kenmerkt. Wat ons onderscheidt van onze naaste verwanten uit het dierenrijk is duidelijk niet onze instinctieve aandrift, maar alleen onze veel grotere vaardigheid om planmatig, systematisch te handelen gedurende een grote tijdsspanne. – Het is de 'sequencer' aan de mediale onderkant van de voorhoofdskwab die wij hersenorganisch voorhebben op de chimpansees en die voor onszelf tegenwoordig de grootste bedreiging vormt.

Maar wat moet er gebeuren als zelfs de voorwaarden voor het menselijk handelen in groepen dermate diep verstrikt zitten in de problematiek van oorlog en geweld?

Er zijn in de omgeving van het tot dusver geformuleerde probleem steeds *twee* uitgangspunten geweest om het oorlogsgevaar al vanaf het begin te blokkeren. *Het eerste punt* bestaat uit de genoemde 'functieverwisseling'. Het is mogelijk groepen van mannen te vormen, ook *zonder* op jacht te gaan of ten strijde te trekken. Men kan in plaats van het buurland te verwoesten en te veroveren, ook gemeenschappelijk erop uittrekken om de woestijn vruchtbaar te maken of Mars te koloniseren. Men kan, in plaats van gemeenschappelijke plannen te bedenken hoe men een concurrerende firma in een faillissement drijft, er ook over nadenken welke gemeenschappelijke doelen coöperatief opgelost kunnen worden. Dergelijke functieveranderingen worden tot en met sportmanifestaties ook zo voorgesteld (zie p. 47). Evenwel blijft in zulke veranderde doelstellingen de primaire krijgs- en jachtorganisatie van de groepsvorming onmiskenbaar behouden en gaat als een dreigende schaduw mee: de kolonisatie van Mars kan verbonden zijn met de opbouw van nieuwe bases in het kader van een nieuw star-wars-programma; de irrigatie van woestijngebieden kan ook ten doel hebben een systeem van bondgenootschappen te maken tegen een alliantie van 'vijanden'. Het is waar, men kan geen mes vervaardigen zonder daarmee de mogelijkheid tot dodelijk misbruik te riskeren ofschoon het, anders dan bij kanonnen en tanks, mogelijk is snij-instrumenten te produceren *zonder* daarmee 'wapens' voor een mogelijke oorlog beschikbaar te *willen* stellen. Als we ons daarentegen afvragen onder welke *geïdealiseerde voorwaarde* een menselijke groep samen zou kunnen komen, *zonder* direct of indirect gebruikt of misbruikt te kunnen worden voor oorlog, dan zou ze dat zeker het beste redden *zonder* gemeenschappelijke 'vijand', en het gemeenschappelijke 'doel' zou *niet* uit een 'strijdopdracht' moeten bestaan.

Nu ontstaat er echter een probleem. Onder dergelijke omstandigheden: zonder gemeenschappelijke vijand en zonder gemeenschappelijk strijddoel heeft een groep slechts twee mogelijkheden volgens de psychologen: of ze wordt ontbonden omdat ze geen functie heeft of ze maakt zichzelf tot thema.

Het laatste geval kan bijvoorbeeld negatief geobserveerd worden aan de situatie van de *huidige roomse kerk*: niemand van de bevolking schijnt meer duidelijk te weten waarvoor ze eigenlijk bestaat en zijzelf vermag daarvan blijkbaar geen duidelijke voorstellingen meer te ontwikkelen, – de 'God' waarvan ze wil 'getuigen' schijnt eerder te verworden tot een folkloristische spookgestalte, waarvan de enige 'legalisering' hoogstens nog in de traditie gevonden wordt. Het gevolg: dezelfde kerk, die zich tot dusverre aan de mensen presenteerde als een absolute en onontbeerlijke grootheid op de weg naar God, is als godsinstituut zelf *onfunctioneel* geworden – ze representeert alleen nog maar zichzelf, met als resultaat dat ze sindsdien gestraft wordt met het schijnprobleem dat uit haar eigen schijnbestaan voortkomt: heeft de paus in Rome het recht bisschoppen in te stellen, ook tegen de wil van de gelovigen ter plaatse? Mogen ook vrouwen het ambt van priester uitvoeren? Moet het celibaat afgeschaft worden? Al deze en dergelijke lachwekkende zaken schijnen in 1995 wezenlijk 'vragen' te zijn die men in deze kerk stelt en die men aan deze kerk stelt. Zelfs als de roomse kerk verklaart dat ze wezenlijk en uitsluitend voor God staat en dat een groep mensen alleen de innerlijke en uitwendige vrede kan vinden, als ze door 'God' gedragen wordt, dan blijft een dergelijke uitspraak zo formeel en de God waarvan sprake is verschijnt zo schimmig, dat niet duidelijk wordt wat voor 'actieopdracht' daaruit dan voort moet vloeien, de obligatoire aanmaning: 'laat ons bidden', heeft in verband met deze kerk de uitwerking van een dodenritueel. Er is geen duidelijker indicatie voor de fase van de *ontbinding* van een groep, dan dat ze onontkoombaar alleen nog maar met zichzelf over zichzelf spreekt. Precies deze toestand echter heeft de bijna een half millennium durende gedachtencensuur van de roomse kerk met haar verbod op elke vrije discussie van de belangrijkste geestelijke impulsen sinds de tijd van de reformatie en de verlichting bewust gewild en zelf opgeroepen.

Er is evenwel nog *een andere mogelijkheid* de dreigende zelfontbinding door functieverlies te ontkomen; ze bestaat eruit dat de groep niet als een absolute instantie alle interesse op zichzelf richt, maar dat ze een ruimte vormt waarin de leden over zichzelf kunnen spreken. Zo'n groep die geen doel meer hoeft na te jagen, geen tegenstanders die men moet bestrijden, geen gevaar wat men moet weerstaan, geen doel dat men moet handhaven – kan er een gemeenschappelijk voordeel en beloning in zien dat *de afzonderlijke leden zichzelf tot doel* van hun groepsverblijf maken en er met elkaar over in gesprek raken hoe *de gevaren die in hen-*

zelf liggen en die de groepsband versterkt beter onderkend en opgelost kunnen worden. En dat is precies de definitie en opvatting van een *psychotherapiegroep* over zichzelf: ze wil niets anders bereiken dan de vermenselijking en het geluk van haar eigen leden.

Bestaat er een doelstelling die dichter bij datgene komt wat een 'kerk' zou moeten zijn? In plaats dat de kerk zich definieert als groep van diegenen die (door de doop in Christus) 'verlost' *zijn*, zou zij haar laatste overgebleven kans in de tegenwoordige tijd moeten zien in de 'therapeutische' constitutie: als een gemeenschap waarin een methode wordt beoefend en verkregen die het de leden mogelijk maakt zichzelf in gesprek met elkaar beter te begrijpen en met meer begrip met elkaar om te gaan. Let wel: een kerk zou nog veel meer moeten kunnen betekenen dan een grote 'therapiegroep'; maar als de kerk er in theologische termen aanspraak op maakt als 'contrasterende samenleving' ten opzichte van de bestaande samenleving de 'genade van God' te 'verschaffen', dan zou een sociaal-psychologisch model van een *therapiegroep* een eerste praktische vertaling van haar oude, verouderde zelfbeeld betekenen, namelijk een plaats om menselijk te worden, een plaats van bevrijding, ja van 'verlossing'.

Als we echter de mogelijkheden bekijken die in psychotherapiegroepen bestaan voor praktisch 'vredeswerk', dan wordt het verschil met de bestaande kerk op een verschrikkelijke manier duidelijk en wel des te meer als stap voor stap aangetoond kan worden, dat Jezus zelf juist zo'n *therapeutisch* en daardoor zelfs – zoals de zaken er nu voorstaan – *niet* kerkelijk type van 'socialisatie' bedoeld en gewild heeft.

Het hele engagement van de man uit Nazareth wijst vanaf het begin op een typisch 'therapeutische' accentuering van zijn manier van gemeentevorming: het individu heeft zonder twijfel voorrang boven het algemene!

De klassieke uitspraak waarmee Jezus zijn overtuiging uit, is een gedeelte uit de 'redevoeringenbron' (Matth. 18:12-14; Luc. 15:4-7; 19:10) waarin Jezus zich poogt te verweren tegen het *verwijt* uit de gelederen van de 'vromen' dat hij het zou houden met 'zondaars' – met 'tollenaars' en hoeren, met zowel politiek als sociaal 'amorele mensen'. Zijn antwoord: '*zo zal er in de hemel meer blijdschap zijn over één "zondaar" die zich "bekeert", dan over negenennegentig "rechtvaardigen" die geen bekering nodig hebben*'. Men moet deze zin met Hebreeuwse oren horen. Dan klinkt het nog veel shockerender dan in de door de theologen doodgeredeneerde vertaling. 'God is alleen maar geïnteresseerd in de enkeling die zich geen raad meer weet, – hij moet weer terecht komen!' Zo zou deze zin weergegeven moeten worden: 'de rest kan God niets schelen',– 'ze hebben hem toch niet echt nodig', en men zou eigenlijk nog moeten aanvullen en toevoegen: 'ze hebben hun surrogaatgod toch al klaar staan: hun 'deugden', hun wetten, hun rechtschapenheid, hun schijnheiligheid... ach, ze mogen blijven zoals ze zijn! Maar wat God betreft – *Hij* is de barmhartigheid, *Hij* is het medelijden, *Hij* is het begrip...' En zo vertelt Jezus om zich te *rechtvaardigen* het verhaal van de herder, die 's avonds op zoek gaat naar een schaap dat in het bergland afgedwaald is van de kudde...

Wat we tegenwoordig een *therapiegroep* noemen, is in wezen niets anders dan een gemeenschap van mensen die zich geen ander doel gesteld hebben dan ieder groepslid afzonderlijk zo serieus te nemen als hij op dat moment nodig heeft.

Maar al vanaf dat punt ontstaat er dadelijk een tegenspraak met andere gevestigde vormen van 'programmatische' groepen: terwijl deze voorwaarden en eisen aan hun leden moeten stellen om de groep goed te laten functioneren voor het gemeenschappelijke externe doel, voor de gemeenschappelijke 'actie', moet het er in de therapiegroep juist omgekeerd aan toegaan: de groep 'functioneert' in die mate waarin ze het individu ontplooiingsmogelijkheden geeft; een 'programmatische' groep moet leden werven om haar doel te bereiken; de individuen betekenen voor haar precies zoveel als ze bijdragen aan dit doel; een therapiegroep daarentegen wordt door individuen bezocht en gevormd om daarin zichzelf te vinden – de waarde, de 'efficiëntie' van de groepsarbeid is afhankelijk van de tevredenheid van het individu over zijn behandelingsresultaat.

Pas tegen deze achtergrond kan men de radicaliteit begrijpen waarmee een man als Jezus de religieuze en politieke groepsvormingen van zijn tijd (en van alle tijden) provoceerde. Zeker, we zeiden al: als alle menselijke activiteiten in de bestaande groepsvormen direct of indirect uitlopen op de voorbereiding en uitvoering van een oorlog, dan is het onafwendbaar om een dergelijk soort groepsvorming zelf ter discussie te stellen; toch bleef deze uitspraak toen niet meer dan een abstracte hypothese; nu zien we het al een heel stuk duidelijker – de hypothese dat de eerste 'fout' van menselijke bijeenkomsten al ligt in het 'stellen van een doel' zelf begint werkelijkheid te worden: 'men' organiseert zich doordat individuen tot een bepaald doel eenvormig en functioneel gemaakt worden. De eerste menselijke slachtoffers die aan de oorlog tegen de externe vijand ten deel vallen, zijn degenen die hem moeten uitvoeren (zie p. 62); – ze verliezen het recht om zichzelf te mogen blijven. Een *therapiegroep* die speciaal opgezet wordt om de psychische *schade* van de sociale samenleving zo goed mogelijk te *genezen*, kan natuurlijk uitsluitend een structureel *tegenbeeld* van de gebruikelijke vorm van socialisatie vormen.

Maar juist dat voert noodzakelijk tot een zogenaamd 'socratisch' effect: voor de wijzen van Athene was het vanzelfsprekend dat men de waarheid en het zoeken naar waarheid niet over kon laten aan de grote massa. Socrates wist dat de waarheid, die menselijk iets te betekenen had, de kennis van goed en kwaad bijvoorbeeld, alleen in het bestaan van het individu gevonden kan worden, al is ze ook (in de uitleg van zijn leerling Plato) wezenlijk gemeengoed van allen. Wie wil weten hoe men een paard fokt en dresseert – naar wie zou hij anders gaan dan naar die paar mensen die verstand van paarden hebben? Hij zal en mag niet op 'iedereen' afgaan. Wie wil weten hoe men een ziekte behandelt, zal zijn vraag niet voorleggen aan de menigte op de markt, hij zal zich richten op die paar mensen die dokter zijn.

Wat voor Socrates al *filosofisch* gold, bezit religieus een nog veel grotere gerechtvaardigdheid. *Religieus* gezien is er geen enkele 'waarheid', die niet een beslissende verandering in het bestaan van een individu teweeg kan en (symbolisch beschouwd) moet brengen. Vooral in een 'verlossingsreligie' zoals het christendom vormt het *ter discussie stellen* van de bestaande groepsvormen het absoluut noodzakelijke uitgangspunt voor al het overige: de menigte, de activiteiten van velen, de oude, vertrouwde gebruiken – ze zijn allemaal *juist geen* waarborg van de menselijke waarheid zoals God die wil! Dat kan allemaal fundamenteel verkeerd zijn! Met deze 'aanvankelijke' argwaan *begint* een religie, zoals de boodschap van Jezus, die hooguit ontworpen is met het 'einde' van de 'wereld' als uitgangspunt! Ze *moet* in de eerste plaats de gevestigde orde, in plaats van haar priesterlijk te 'wijden' en te zegenen als Gode welgevallig, onderwerpen aan radicale kritiek en proberen het individu *eruit los te weken*; ze *mag* zich in de eerste plaats niet sociaal 'integrerend' gedragen, maar ze moet zich dissociërend gedragen!

In de kerkelijke exegese, waarin, ondanks Jezus' genezingswonderen, een therapeutisch georiënteerde theologie sinds de strijd tegen de gnostiek botweg verboden werd en wordt (vergelijk *Geloven in vrijheid*, 1e deel, p. 227-244), heeft men vanouds de grootste problemen om duidelijk te maken, waarom Jezus op belangrijke plaatsen (Marc. 10:28-31) ertoe oproept zo'n eerbiedwaardige instelling als bijvoorbeeld het burgerlijke huwelijk *op te blazen*. Vader en moeder *te verlaten*, akkers en grond *op te geven*, zelfs (vrouw en) kinderen *te verwaarlozen* – *dat* zijn serieus de 'eisen', die Jezus 'omwille van het koninkrijk' stelt. De man uit Nazareth heeft, als woorden iets betekenen, duidelijk iets totaal anders gedaan dan in de betekenis van de roomse kerk het huwelijk 'te verheffen tot de waardigheid van een sacrament'. Hij heeft er integendeel vastberaden voor gepleit, *uit te stijgen* boven de gebondenheid aan burgerlijke betrekkingen. Om nog enigszins uit de voeten te kunnen met dit klaarblijkelijke feit, dat zelfs de roomse kerk niet uit de wereld kan helpen, heeft de kerkelijke theologie het 'evangelisch advies' voor een 'ongehuwd leven' aan monniken en nonnen toegedacht, maar ze heeft zichzelf daarbij niets anders op de hals gehaald dan een onheilzame kloof die voortaan de kerk zelf in tweeën spalt in 'wereldse mensen' ('de leken') en de 'bijzondere uitverkorenen' (de 'clerici'), die ieder individu psychisch kwelt: als 'wereldling' met een slecht geweten voor zijn 'normaliteit' en als monnik met een 'abnormale' en ongezonde verdringingsmoraal. Bovenal blijft Jezus' boodschap steeds gevangen in het veeleisende, ongrijpbare, 'mystiek-bovennatuurlijke', het *angstaanjagende*, in plaats dat het een bevrijdende uitwerking heeft.

En kennelijk *moet* ze dat ook! – Volgt men in 1995 een kerkelijk zeer gewaardeerd, maar tegelijkertijd ook 'politiek' theoloog als bijvoorbeeld Johann Baptist Metz, dan is het vanaf het begin principieel verkeerd Jezus af te schilderen als een 'menselijke therapeut', juist omdat hij zulke dingen gezegd heeft over het verlaten van vader en moeder en het afstand doen van alle bezit, omwille van het evangelie (Marc. 10:29-38). Het resultaat van zo'n psychische vijandigheid kan niet anders uitvallen dan bizar ascetisch: *bizar*, omdat ook J.B. Metz er natuurlijk niet echt aan denkt echtparen het orde-ideaal van de roomse kerk te preken; *ascetisch* echter omdat er toch nog altijd de pretentie van het 'bijzondere', het 'bovenaardse' het verkrampt-betere, – het *Johanneïsche* in plaats van het jezuïsche geprezen wordt.

Hoe anders zouden daarentegen de theologische discussies eruit zien als theologen van deze snit ook maar eens een keertje, bijvoorbeeld tijdens een weekend voor groepspsychodynamica, mee zouden maken wat het *psychisch* kan betekenen 'vader en moeder' te verlaten...! Ze zouden dan heel snel begrijpen dat het geen zin heeft om Jezus' levenswijze *uiterlijk* met de lippen te belijden, in plaats van het *psychisch* mee te beleven en daarmee *geestelijk* verplicht te maken!

Ongehuwdheid, afzien van een gezin – dat eindigt in de 'theologie' van J.B. Metz voor de leden van de orde voornamelijk in de troost dat ze (toch) solidair kunnen zijn met allen die ongehuwd zijn gebleven of die vroeg weduwe of weduwnaar geworden zijn – alsof er ook maar *één* soort psychisch leed bestaat dat af zou nemen als men het vermenigvuldigt! Het is echter heel wat anders, als men in een psychotherapie soms mee mag maken hoe iemand zich *innerlijk* steeds meer los gaat maken van de gestalten van zijn ouders. Niemand zou een individuele- of groepstherapie bezoeken, als hij het schijnbaar zo vanzelfsprekende, het al in de gedragspsychologie van de primaten gewortelde instituut van de 'familie' op de manier zoals hij het al in zijn jeugd beleefd had, niet als iets *heel* bedenkelijks had ervaren. Dat hij *ophoudt identiek* te zijn aan de 'groepsdoelen' van zijn familie, dat hij zich geleidelijk *losmaakt* van de maatstaven van zijn vader en zijn moeder, dat is nu precies het enige doel van een 'groepstherapie'. Let wel: de groep kan zich niet arrangeren tot een (regressieve) surrogaatfamilie, tot een plaats die geborgenheid biedt, maar zij kan vervangend het projectiescherm van alle conflicten vormen, die nu met heel veel pijn en moeite doorworsteld moeten worden.

Men begrijpt overigens op dit punt bij benadering de betekenis die Jezus' latere gang in het *lijden* heeft (buiten de kerkelijk pragmatische sadomasochistische 'toepassingen'): het gaat om een 'lijden' dat psychisch echt *bevrijdt* en dat van de kant van het individu op de koop toe genomen dient te worden, omdat het de *zelfontplooiing* van de *persoonlijkheid* dient; en het gaat daarbij om een 'leed' dat van de kant van Jezus daarom al onvermijdelijk is omdat *iedereen* ruzie zou krijgen met de gevestigde groepen en instanties, iedereen die zoals de man uit Nazareth dermate *therapeutisch* partij trekt voor het recht van het individu tegen het gemeenschappelijke. Wat zo praktisch is voor een kerkelijke theologie die afhankelijk is van ascese: de vermeende 'radicaliteit' van een 'eis' die uiteindelijk toch nog het kerkelijk apparaat ten goede komt', is *on*verenigbaar met de duidelijke confrontatie van Jezus. Men kan niet alles tegelijk hebben: Jezus *en* de hogepriester, de 'verlossing' *en* het pausdom; de vrijheid van mensen en de vergoddelijking van kerkelijke instanties.

Het *tweede belangrijke aanknopingspunt* voor de humanisering van sociale betrekkingen wordt verkregen door de *inhoud* waar de concrete individuele therapiegesprekken regelmatig om draaien: vooral om de verhouding tussen man en vrouw (de seksualiteit) en om de omgang met ongewone opvattingen (met agressies): *beide* vragen moeten beantwoord worden, wil er ooit een vreedzaam leven in groepen mogelijk zijn.

Eén belangrijke factor van de oorlogsproblematiek ligt na wat tot nu toe gezegd is ongetwijfeld in de rol die vanouds *mannen* ten deel valt; *zij* zijn het die zich als bekwame jagers en krijgers door buit en trofee (ordes en rangkenmerken) aan te voeren de vrouwen moeten bewijzen dat ze 'beminnelijke' mensen of in ieder geval een voordelige partij zijn. Graag zou men daarom uit Jezus' mond iets verhelderends willen vernemen over *de verhouding tussen man en vrouw*, en natuurlijk heeft het niet aan pogingen ontbroken Jezus ook te introduceren als voorvechter van een *nieuwe rolverdeling tussen man en vrouw*. Eerlijkheidshalve is zoiets echter niet mogelijk. De historische Jezus *heeft* zich niet geuit over het 'vrouwenvraagstuk' (of het 'mannenvraagstuk'!), hij *kon* zich daarover ook helemaal niet uiten omdat het ver buiten het blikveld van zijn tijd en cultuur lag. Zelfs een 'revolutie' die zo groot beschouwd wordt als die van de man uit Nazareth kan op geen andere manier begrepen worden dan als antwoord op door de tijd bepaalde vervormingen van een religieus of ethisch voor authentiek gehouden situatie! Het moet daarom geen verwondering oproepen, dat het 'patriarchaat' van zijn cultuur voor Jezus net zo min een probleem was als het instituut van de slavernij, dat vierhonderd jaar later terecht in zijn naam bestreden werd. Vooral wat betreft de 'patriarchale' grondtrek van de Israëlitische cultuur is het waarschijnlijk dat Jezus zich in veel kwesties juist te precies aan de mannelijke gebruiken van zijn omgeving gehouden heeft: zo heeft hij bijvoorbeeld als zijn 'zendbodes' alleen mannen naar de Galileese dorpen gestuurd – een 'argument' tot op de dag van vandaag voor de roomse kerk, dat alleen mannen 'geroepen' kunnen worden tot het 'priesterambt'. Wat, moet men zich daarentegen afvragen, had Jezus dan in hemelsnaam anders moeten doen dan *mannen* uitzenden – in een cultuurgebied dat een 'alleenstaande' vrouw zelfs vandaag nog niet als toerist bezoeken zal – en in een wereld, waarin een vrouw 's avonds na tienen zal aarzelen alleen de ondergrondse van München of Berlijn te nemen? Dan legt het feit veel meer gewicht in de schaal dat Jezus – tenminste volgens de legende – in de avondmaalzaal het Pascha *alleen met zijn discipelen* gevierd heeft, dus met buitensluiting van vrouwen, die hij naar de opsomming in Lucas 8:2-3 genezen had van 'demonen' en 'ziekten' en die hem sindsdien 'uit eigen middelen onderhielden' en hem begeleidden, waaronder ook Johanna, de vrouw van Chusas, een hoge beambte van Herodes, dus een maatschappelijk hooggeplaatst persoon. Alleen in de *Esseense* gemeenschap in Qumran vierde men het Pascha uitsluitend in een mannengemeenschap (in plaats van als een familiefeest); als Jezus *echt* zo gehandeld heeft, dan bevestigt dat alleen nog maar de indruk die men al vanaf het begin van de man uit Nazareth moest krijgen, vanaf de (legendarische) doopervaring tot en met zijn terechtstelling: dat hij uit de uiterst *rechter*flank van het Jodendom kwam en *daarin*, doordat hij de gehele inhoud op radicale wijze serieus nam, steeds meer, *tot en met tegenstrijdigheid*, in leven en sterven *gelouterd* werd.

Als men dus iets van Jezus wil leren over het 'vrouwenvraagstuk' of over de cliché-rol van 'mannen', dan niet door zijn woorden – *daarin* vindt men niets! Daarentegen wel door zijn gedrag, door de manier waarop hij met vrouwen omging; – dan kan er inderdaad iets buitengewoon menselijks gezien worden aan de persoon van Jezus, iets wat echter opnieuw niet te begrijpen is zonder *therapeutische* component. Dat de zojuist genoemde 'opsomming van vrouwen' uit Luc. 8:2-3 de vrouwen aan de zijde van Jezus nadrukkelijk in verband brengt met *genezingen* pleit al voor zo'n verband.

Als men zich er een concrete voorstelling van wil maken hoe Jezus op de *vrouwen* die naar hem toekwamen reageerde, dan is er in de synoptische traditie alleen maar *de legende van de zondige vrouw* die Lucas (7:36-50) direct er aan voorafgaand vertelt: tijdens een gastmaal bij een farizeeër, Simon genaamd, ging er in de stad een bekende 'zondige vrouw' met een fles balsem 'achter hem staan' en begon huilend zijn voeten te zalven en te kussen. Het is duidelijk dat deze vrouw zich als een vertwijfelde aan Jezus vastgeklampt had; – dat *hij* haar zou begrijpen en niet veroordelen, daarop was al haar hoop en verwachting gevestigd. In feite is dit dan ook de meest 'vrouwelijke' kant aan de persoon en boodschap van Jezus – dit vertrouwen in een acceptatie zonder vooroordelen en voorwaarden en *juist van daaruit* moet wel de sterkste aantrekkingskracht in het bijzonder op *vrouwen* uitgegaan zijn: bij hem voelden zij zich begrepen in hun nood! Alleen al dat een vrouw als deze 'zondares' van Jezus verwacht dat hij haar niet, zoals alle anderen, zoals de farizeeërs meteen al doen, met weerzin en afschuw als 'schandalig' af zal straffen, toont, meer dan alle woorden zouden kunnen doen, hoe groot het *aura* van vertrouwen was dat Jezus omgeven heeft. Men mag vermoeden dat de 'zondige vrouw' zich aanvankelijk had voorgesteld, niet beschaamd slechts de voeten, maar majestueus en trots, zoals bij een koning, het hoofd van Jezus te kunnen zalven, – pas de angst voor de ogen van degenen die daar aan tafel aanliggen (Lucas 8:49) zal haar optreden tot een dergelijk hulpeloos snikken verwrongen hebben. Het conflict dat zich dan aandient, wordt door Lucas (8:49) met dezelfde woorden weergegeven als de scène van de genezing van de verlamde (!) (Luc.5:21 = Marc. 2:7!): 'wie anders dan God alleen kan zonden vergeven?' Dan echter laat *Lucas* zijn Jezus tegen de vrouw zeggen, wat hij nog op drie andere plaatsen van zijn 'evangelie' zal zeggen: 'uw vertrouwen is uw redding. Ga in vrede' (Luc. 7:5 = 8:48, bij de dochter van Jaïrus; 17:19 tot één van de tien Samaritaanse melaatsen; 18:42 tot de blinde bij Jericho). – Men kan op grond hiervan niet zeggen dat Jezus in een *bijzondere* verhouding met een eigen maatschappij-hervormende visie tot vrouwen stond; hij vermeed ze niet als ze in nood waren en hij wees ze niet af als ze tot hem kwamen – dat was alles! Toch is dit weinige bij nadere beschouwing opmerkelijk veel.

Er is – buiten de synoptische evangeliën, maar ongetwijfeld uit de synoptische traditie stammend – een kleine, kostelijke vertelling die tegenwoordig, verbannen in het *Johannes*-evangelie een plaats gevonden heeft: de aan het begin vermelde *geschiedenis van de overspelige vrouw (Joh. 7:51-8:11): Op een morgen op het tempelplein* brengen schriftgeleerden en farizeeërs een (vermoedelijk pas twaalf jaar oud) meisje naar Jezus, dat ze als echtbreekster 'op heterdaad' betrapt hebben en overeenkomstig het voorschrift uit Lev. 20:10 willen stenigen. Het antwoord dat Jezus geeft is typerend voor hem: men moet rustig overeenkomstig de wet handelen, op voorwaarde dat er iemand gevonden wordt op wie het oordeel niet zelf dodelijk terugslaat! 'Wie van u zonder zonde is, moet dan maar als eerste een steen op haar werpen' (Joh. 8:7). De 'wet' wordt er, zoals al bij de doopbeleving, zo rigoureus beleefd in zijn geldigheid, dat de enige consequentie daaruit alleen nog maar kan liggen in begrip en vergeving. Het was *deze* instelling die het voor Jezus blijkbaar mogelijk maakte de gemeenschappelijke taboes en de religieus-moralistische vooroordelen van zijn omgeving te *doorbreken* en dan niet anders dan zoals tot melaatsen, tollenaars en bedelaars, zoals tot elk soort hulpzoekenden, *ook tot vrouwen* een onbevangen, genezende toegang te vinden.

In feite *vindt* hier dus een buitengewone verandering in de verhouding tussen man en vrouw plaats. Toch komt deze verandering eerder onbedoeld tot stand, *als bijproduct* van een veel omvattender houding van acceptatie en vertrouwen; ze komt als het ware vanzelfsprekend tot stand uit een fundamenteel *therapeutische grondhouding*; en juist *dat* is het punt waar de 'sociale dimensie' van de boodschap van Jezus overeenkomt met een belangrijk ervaringsmoment van psychoanalytische therapiegroepen.

Er bestaat misschien wel geen therapiegroep waarin niet heel snel en onafwendbaar *de belevenissen van vrouwen met mannen* en omgekeerd ter sprake komen. Daarbij zal het niet (evenmin als in de boodschap van Jezus) gaan om een project tot het verwijderen van het patriarchaat in de maatschappij – hoe begerenswaardig en zinvol zoiets dan ook mag zijn. Het is veel belangrijker dat de verhouding tussen de geslachten zich *de facto* zonder eigenlijke 'opzet', als vanzelf in het verloop van de groepszittingen verschoven wordt, doordat stap voor stap de oude rolidentificaties verdwijnen ten gunste van meningen die passen bij jezelf en die 'volwassen' zijn. Mannen zullen het mogelijk eerst als bedreigend, daarna echter steeds meer als een weldaad ervaren, dat zij niet zoals tot dusverre bevestiging en erkenning voor hun 'kracht' krijgen, maar voor hun eerlijkheid, niet voor hun 'verantwoordelijkheid', maar voor hun identiteit, niet voor hun 'intelligentie', maar voor hun begrip; en alleen al de verandering die voortkomt uit deze beleving kan nauwelijks onderschat worden.

Alles in de cultuurgeschiedenis tot nu toe heeft mannen geleerd, dat een vrouw hem mag zien als productief, opofferingsgezind, bekwaam en betrouwbaar, – allemaal machismo, dat, als het niet alleen maar de gewelddadige kant van zichzelf uitleeft, zal pogen zich te rechtvaardigen en in stand te houden door een 'positief' zelfbeeld als beschermer en redder: uiteindelijk is het nog steeds de man die op zijn vrouw en zijn kinderen moet 'passen' en in geval van nood voor hen *door* het vuur en *in* het vuur moet gaan. Het blijkt in een therapiegroep voor veel mannen iets buitengewoon onthutsends te zijn dat ze absoluut niet om kunnen gaan en zich geen raad weten met hun gevoelens en met conflicten en *desondanks* van een vrouw, in plaats van kritiek en afwijzing, eerder genegenheid en waardering ervaren. Nadat ze hun halve leven ermee doorgebracht hebben aan de zijde van hun vrouw een rots in de branding te zijn, ontdekken ze nu, dat zij die tot dusverre zo schitterend en geroutineerd alle mogelijke problemen op konden lossen, op de vraag wie ze zelf zijn geen antwoord weten. Opeens moeten ze ontdekken dat alleen al hun taalgebruik veel te 'objectief' en te 'praktisch' is om gevoelens en indrukken te verwoorden, – het is het *poëtische* element van het therapeutisch taalgebruik dat nu in de prijzen valt, niet 'logica' en 'begripsduidelijkheid'. De vrouwen daarentegen, ontdekken, eerst tot hun bevreemding, dan meer en meer tot hun bevestiging hoeveel 'verstand' en wijsheid *zij* in te brengen hebben. Niet meer wat iemand *doet*, maar wie hij *is*, begint nu belangrijk te worden. – Door dit soort ervaringen assimileren de rollen van mannen en vrouwen steeds meer richting wederzijds partnerschap.

Aan het *eind van Jezus' leven*, vertelt *Marcus* (14:3-9) ons in een legende, die in de overleveringsgeschiedenis ooit samengehangen moet hebben met de geschiedenis van de zondige vrouw bij *Lucas*, over zo'n gebeurtenis waarin evenwicht en wederzijdse uitwisseling tot stand komt: in deze legende werd Jezus in het huis van Simon *de melaatse* door een vrouw gezalfd en hij heeft dit tedere gebaar opgevat met het oog op de definitieve en onontkoombare zekerheid van zijn lijden. De tot dusverre in de voorstelling van het evangelie altijd gevende en genezende Jezus wordt hier zelf de begiftigde, de ontvangende... *Daartussen* ligt de hele weg van een *therapeutische bewerking van de rolverdeling van vrouwen en mannen* in onze maatschappij. Komt dit proces tot stand, dan betekent het het einde van alle 'mannenverbintenissen' inclusief al hun krijgshaftige attitudes.

Nog een *andere* ervaring zal in elke groepstherapie altijd weer opgedaan worden, – dat is de mogelijkheid dat je je, zelfs al ben je ergens nog zo van overtuigd, kunt vergissen, – er wordt geleerd op een nieuwe manier met agressies om te gaan. – We lazen al, hoe groot de groepsconserverende, maar ook hoe groot de vernietigende macht van de oorlog is die de constellatie van beelden, respectievelijk *vooroordelen* toekomt, die een groep van zichzelf (auto-stereotype) of van een andere groep (hetero-stereotype) ontwerpt (zie p. 50); letterlijk bewijst het slechtste en ergste louter de keerzijde te zijn van het beste, tenminste het best bedoelde.

Al in de *individuele* therapie is het absoluut noodzakelijk de *rationaliseringen* te onderzoeken met behulp waarvan het 'ik' zijn eigen beperkingen door verdringing, angst en allerlei soorten schuldgevoel voor zichzelf probeert te rechtvaardigen, steeds naar het voorbeeld van de fabel waarin de vos de druiven die onbereikbaar hoog voor hem hangen, zuur noemt, zodat hij ze niet echt wilde hebben. In het bijzonder meningen en instellingen die zich principieel onttrekken aan empirische controle, het brede vlak van wereldbeschouwelijke religieuze, maar ook filosofische, politieke, ethische en esthetische oordelen en meningen bieden vanzelfsprekend een ideaal strijdtoneel voor zulke schijnbaar onweerlegbaar ware, voor ieder 'verstandig' mens 'evidente' oordelen en meningen. Des te belangrijker is het om in groepstherapeutische zittingen te leren hoe men omgaat met de 'evidenties' van anderen, hoe men ze *niet* ideologisch bediscussieert, maar psychologisch interpreteert, niet hoe men ze moet weerleggen, maar hoe men ze vanuit het oogpunt van een ander kan begrijpen, daarmee echter ook probeert te relativeren, hoe men tussen gelijk-willen-hebben en onverschilligheid een warme menselijke manier van acceptatie en tolerantie vindt.

Wat geldt voor de omgang met het individu in de groep, heeft net zo goed waarde en betekenis in de omgang tussen verschillende groepen. Iemand zal de 'zekerheden' van zijn eigen religieuze, politieke, nationale, sociale, door klasse of ras bepaalde referentiegroep nooit zonder meer blindelings vertrouwen, als hij ooit in een groepstherapie ervaren heeft hoe eenvoudig vaststaande overtuigingen sociaal-psychologisch gevormd kunnen worden.

Een simpel en alleen daarom al heel geliefd experiment kan daarover nuttig uitsluitsel geven, doordat het de hang naar groepsvormende illusies toelicht aan de hand van het imaginaire karakter ervan.

Men plaatst een groep die getalsmatig groot genoeg is in een volledig verduisterde ruimte; slechts een kleine lichtvlek op de vloer of tegen de muur biedt het oog wat licht. De groepsleden wordt nu opgedragen om uit te vinden in welke horizontale richting zich de lichtvlek beweegt en tenslotte de experimentleider het gezamenlijk gevonden resultaat mee te delen. Al heel spoedig zal blijken dat door de afzonderlijke deelnemers alle mogelijke waarden tussen enkele centimeters tot en met een halve meter genoemd kunnen worden; er komt een discussie op gang en de groep zal het er uiteindelijk over eens worden dat de waarheid op een (geometrisch!) gemiddelde waarde ligt, en zelfs van mening zijn dat deze waarde ongetwijfeld met het oog geconstateerd kan worden. Hoe groot is dan echter de verbazing als de betreffende groep meegedeeld wordt, dat het lichtpunt zich *helemaal niet* bewogen heeft! Wat men meende vast te stellen als zo'n vaststaand feit, was een zuiver subjectief fenomeen, dat bepaald werd door een fysiologisch veroorzaakte oogtrilling: het netvlies functioneert alleen maar zolang het in beweging is, anders stelt het bliksemsnel zijn functie in; juister gezegd, verrichten onze ogen fijne trilbewegingen, ongeveer vijftig per seconde met een uitslag van ongeveer een zestigste deel van een graad om het onderscheidend vermogen van het oog te verhogen; dit (onjuist!) 'nystagmus' genoemde 'trillen' vormt de reden van het vermeende 'bewegen' van het lichtpunt.

Maar wat nu zo belangrijk is: regelmatig wordt in *elke* groep (waarvan de leden het experiment niet kennen) vastgesteld dat de gemiddelde waarde van de *meningsconvergentie* uiteindelijk de 'waarheid' van allen is! Niemand zal ook maar op het idee komen, dat *alle* groepsleden zich zouden kunnen vergissen! Zelfs niet het feit dat iedere deelnemer iets anders meent te zien dan zijn buurman zal een soort kennis-kritische scepsis laten ontstaan! Zelfs al zou iedereen iets anders zeggen, – om in de groep gezamenlijk de gestelde opgaven op te kunnen lossen, moet men nu eenmaal aannemen, dat iedereen toch 'ergens' iets 'goeds' ziet en de onzekerheid van ieder individu wordt uiteindelijk vervangen door de veronderstelde zekerheid van allen. – Daarbij gaat het, welbeschouwd, bij het 'nystagmus-experiment' om een emotioneel en existentieel absoluut waardevrije observatie-opdracht! Wat dan, zodra een sterke *groepsinteresse* zich doet gelden door juist zo'n voor iedereen verplichte waarheid te *stellen*, op een terrein waar geen sprake kan zijn van een 'objectieve' 'waarheid'!

Op *deze* plaats heeft Jezus' inzicht inderdaad revolutionaire kracht. Tot zijn echt grote, alles veranderende uitspraken behoort het overbrengen van die mogelijkheid die de man uit Nazareth voor ogen had en die wij niet vaak genoeg kunnen oppakken: '*... heb je vijanden lief... dan zullen jullie kinderen worden van je Vader in de hemel. Want die laat zijn zon opgaan over slechten en goeden (= alle mensen), en Hij laat het regenen over rechtvaardigen en onrechtvaardigen (= zonder onderscheid).* Het is deze tekst uit de bergrede (Matth. 5:44-45) die alle morele en religieuze differentiaties en tegenstellingen onder de mensen degradeert tot zuiver groepsgebonden illusies. Hoe zou het zijn, luidt daarentegen het 'voorstel' van Jezus, als er groepen mensen gevormd werden die niet meer geconstitueerd zouden worden door een definitie van een externe 'vijand', waartegen ze zich 'af moeten zetten' en die ze moeten bestrijden, zodat hun leden geïdentificeerd kunnen worden als 'goede' joden (als 'goede' katholieken, als 'goede' moslims, als 'goede'

Duitsers etc.), maar die zich alleen definiëren *ten opzichte van God*? Zulke groepen zouden *open* zijn, niet gesloten; hun doel en inhoud, hun '*waarheden*' zouden niet bestaan in de handhaving van bepaalde 'belijdenissen' en geloofsformuleringen, maar in het erkennen van een universele menselijkheid en een overeenkomstige vorm van omgang met elkaar, hun '*godgelijkvormigheid*' zou niet bewezen worden uit bepaalde doctrines en dogma's, maar zou zich bewijzen door hun grote bekwaamheid tot integratie, respectievelijk door hun onbekwaamheid mensen in naam van 'recht en orde', in naam van 'God' en zijn 'openbaring' of in de naam van 'oude traditionele dogma's' definitief buiten te sluiten... Als de bestaande kerken verklaren dat alleen 'in God' 'ware vrede' mogelijk is, dan is dat zoals we zagen in deze vorm zuiver apodictisch-doctrinaire informatie, als er groepen zijn die zoals de psychotherapiegroepen alleen de vermenselijking van de mensen, niet de 'strijd' tegen de ander zouden willen dienen, dan zouden zij zeker datgene het dichtst benaderen, wat in Jezus' betekenis de naam van een 'kerk' allereerst verdiende en wat zonder twijfel een heel belangrijke bijdrage aan de vredeszaak van de mens zou kunnen leveren.

Er is *tegen* zo'n concept eigenlijk maar *één* bezwaar dat uit de sociale psychologie zelf stamt, die luidt dat 'meningsconvergentie' alleen in *gesloten*, nooit in open groepen mogelijk is; met andere woorden: het is onmogelijk dat een groep het eens kan worden over bepaalde waardeoordelen of religieuze overtuigingen, zonder zich niet tegelijkertijd naar buiten toe *af te sluiten*.

Een bewijs ervoor hoe serieus dit bezwaar genomen moet worden, levert in feite elk kamerdebat dat op TV *uitgezonden* wordt: in plaats van met elkaar te praten, praat elke partijbons straal langs zijn 'geëerde vorige spreker' heen; de 'discussie' in het parlement *moet* zelfs, anders dan in de commissies, geen meningen bij elkaar brengen, maar voor de toeschouwers concurrerende standpunten profileren. – Daarin ligt overigens een belangrijk argument tegen televisie-uitzendingen van gerechtelijke processen! Omgekeerd kan men de *ernst* van diplomatieke contacten er wezenlijk aan herkennen dat zij *achter gesloten deuren* gevoerd worden: de verhandelingen in Dayton konden eind 1995 slechts tot een tamelijk bevredigend resultaat komen, omdat de drie belangrijkste vertegenwoordigers van de Bosnische conflictspartijen onder dwang tot verzoening, geïsoleerd van de media, in beperkte tijd en met een laatste eigen beslissingsvolmacht rond de tafel genodigd werden. Isolement is een belangrijke voorwaarde voor meningsassimilatie: een *open* groep dus – hoe kan die stabiel zijn? Dit bezwaar blijft gelden.

Maar juist dan wordt des te duidelijker wat Jezus 'socio-dynamisch' eigenlijk voor ogen stond. Wat hij wilde was niet meer en niet minder, dan dat *de gehele mensheid* zich als een eenheid, een in zichzelf besloten groep beschouwde, waarvan de enige en wezenlijke 'toeschouwer' (of 'rechter') God, als hun 'schepper', was. Het idee van de God van Israël breidt zich in de ergernis van de profetische traditie bij monde van Jezus uit tot een wereldomvattend eenheidsdenken dat het egocentrisme van de 'groepsmentaliteit' (bijvoorbeeld die van het ideaal van een 'uitverkoren volk' of een door God ingestelde enig ware kerk) ver achter zich laat ten gunste van een universele menselijkheid.

Tussen twee haakjes, ook op deze plaats is er weer de noodzaak juist de 'onhistorische' verhalen van de bijbel met bijzondere nadruk te beschouwen als *beelden* die ons vaak *meer* te zeggen hebben over de persoon en het verlangen – ook van de historische Jezus, dan alle uiterlijk correcte 'informatie'. Zo geven inmiddels verscheidene docenten in de nieuwtestamentische exegese en de kerkelijke dogmatiek toe dat de geschiedenis van de 'instelling' van het 'avondmaal' in Marc. 14:22-14 en Luc. 22:19-20 een 'cultuslegende' vormt die historisch moeilijk hard te maken is; vooral de sacramentele uitleg van het 'eten' en 'drinken' van het 'vlees' en het 'bloed' van de 'godenzoon', die voor de kerkelijke geloofsleer fundamenteel geworden is, heeft naar alle waarschijnlijkheid veel meer te maken met het gedachtengoed van de hellenistische mysteriecultus dan met de voorstellingswereld van de jood uit Nazareth. Maar zelfs dan is er nog een zekere rechtvaardiging om *het symbool van een heilige maaltijd* (vergelijk *Geloven in vrijheid,* 1e deel, p. 443-454) met de boodschap van Jezus in verband te brengen, mits men dit zinnebeeld echt zou erkennen in zijn betekenis om de mensheid één te maken, in plaats van als een schibbolet dat schisma's veroorzaakt. In feite heeft Jezus zich er door zijn maaltijden met 'tollenaars' en 'zondaars' op een *provocatieve* manier voor ingezet, de religieuze groeperingen van zijn volk in naam van God te *openen* in plaats van te sluiten. De rite van het 'eten van een god', hoe on-joods het ook mag zijn, kan niettemin als een *archetypisch* motief het oorspronkelijke verlangen van de man uit Nazareth nader verklaren.

Als de psychodynamiek van menselijke groepen onder mannelijke hegemonie zich werkelijk gevormd heeft door jacht en oorlog, dan bestaat er feitelijk geen andere overwinning op ons evolutionaire erfgoed, dan dat we de '*basis*' van menselijke groepsvorming op de spits drijven. We leven nog altijd in een wereld waarin elke groep (als volk, als bedrijf, als kerk) 'jacht' maakt op *haar* 'buit', doordat ze de buurgroep alle mogelijke invloedssferen, afzetmarkten, kiezersstemmen of 'gelovigen' frontaal af wil vangen in laterale of frontale concurrentie. Maar hoe zou het zijn als hetzelfde mechanisme ingezet zou worden, niet meer om de ene groep uit te spelen tegen de andere groep, maar om alle mensen met elkaar te verenigen? De 'prooi' zou dan geen 'iets' meer zijn, geen 'object' waarop men 'jacht' zou kunnen maken, het zou in feite zoiets moeten zijn als 'God' zelf, een 'fetisj', een symbool, waaraan het menselijk bewustzijn zich tot in het oneindige zou kunnen wijden. De 'buit' God *met allen te delen* – dat is net zo archaïsch als 'modern', en juist deze structuur is nodig om de hypotheek van de oorlog uit de begintijd van de mensheid midden in het atoomtijdperk op z'n minst als zinnebeeld en voorbeeld in stand te houden. Het motief van groepssolidariteit, van overeenstemming; van een rudimentaire verdelingsgerechtigheid zou daarbij niet aan betekenis verliezen, maar zou eigenlijk pas echt tot zijn vervulling komen – een 'logica', zoals we deze in de *gelijkenissen* van Jezus altijd weer op kunnen merken. De enorme opofferingsgezindheid van mensen, hun hoge mate aan verantwoordelijkheidsgevoel, hun vaardigheid zich met hun hele hebben en houden voor het welzijn van *allen* in te zetten, zou dan niet langer meer misbruikt en ingezet worden in deze paradox die altijd tot oorlog leidt: dat uiteindelijk 'allen' hoewel de eigen groep relatief *minder* leden heeft, iedereen *buitensluit*, zelfs *tegenstander* van iedereen is. De 'droom' van een 'rijk van God' op aarde is identiek aan de sociale psychologie van een *open* groep die zich pas 'sluit' als ze allen insluit van een groep die haar 'voordeel', haar 'vreugde' en haar 'opdracht' erin ziet geen externe 'vijand' meer te aanvaarden.

β. *'Wie daarentegen groot wil worden onder jullie, moet jullie dienaar zijn' (Marc. 10:43) – groepsvorming zonder interne vijand – of: tussen alfa en omega*
Over hiërarchie, stijlen van leiding geven en de omgang met minderheden

Maar ook geen *interne* 'vijand' meer.

Toen in 1924 de etholoog Th. Schjelderup-Ebbe door de observatie van de samenleving van kippen de '*pikorde*' ontdekte, gaf dat een zekere sensatie, maar het bracht ook de mogelijkheid dichterbij iets vergelijkbaars bij menselijke groepsvormen aan te treffen. A. Brehm heeft de kippen nog uitgemaakt voor uitgesproken domme dieren, waarvan het 'intellect' niet uitging boven eten, het verzorgen van de veren en het grootbrengen van de kuikens, – en nu zou de *homo sapiens* juist bij deze dieren in de leer moeten gaan!

Al bij de discussie over Jungs archetype-leer hebben we op de pogingen van E. von Holst gewezen, die het complexe aangeboren gedragsschema van een *haan* vast kon leggen in de situatie van een wezelachtige aanvaller *(Geloven in vrijheid*, 1[e] deel, p. 162-173); zulke resultaten bewijzen ongetwijfeld dat in kippensamenlevingen niet alleen een model bestaat van agressieverdeling overeenkomstig een bepaalde rangorde, maar dat afzonderlijke dieren ook een gedifferentieerde functie ten deel valt, bijvoorbeeld bij de verdediging en waarschuwing van de groep voor soortspecifieke prooivangers.

Het is overduidelijk dat dergelijk inzichten ook voor de groepspsychologie niet onbesproken kunnen blijven. In '*Grundprinzipien der Psychodynamik in der Gruppe*' formuleerde Raoul Schindler al in 1958 het 'sociodynamische basisprincipe' met de al genoemde posities van de leider (alfa), de raadgever (bèta), de uitvoerende (gamma) en de zondebok (omega). Hij weerlegde daarmee tegelijkertijd het vooroordeel van de *massapsychologie* van G. le Bon, waar ook S. Freud in zijn gelijknamige publicatie uit 1922 in sterke mate door beïnvloed was, dat het voldoende was de rijk vertakte structuur van een groep te beschrijven naar een model van een 'massa'; doordat men de 'leider' alleen maar tegenover de 'grote massa' stelt, het is eigen aan een *massa* dat er een 'leider' bestaat, die als iemand die tussen God en mens zweeft, die als een held die alle verantwoordelijkheid draagt, vereerd wordt, terwijl intussen alle anderen alleen nog ingedeeld worden in de categorie van geleide of verleide, in ieder geval ontoerekeningsvatbare mensen; deze situatie markeert intussen het einde van een *groep*, ze is niet geschikt om de *psychodynamiek* van een groep te begrijpen. Voor de *groepstherapie* is in ieder geval juist de observatie van de wisselwerking tussen de afzonderlijke posities bijzonder belangrijk, omdat ze toont dat we niet te maken hebben met een eenvoudig hiërarchisch schema, maar met de kristallisatievormen van een dynamisch proces, dat steeds nieuwe constellaties toelaat binnen de groep.

Bijzonder belangrijk is in dit verband het onderzoek geworden dat G.C. Homans al in 1950 gewijd heeft aan het ontstaan en functioneren van groepen. Het was Homans verdienste dat hij zag dat *alle* groepen, ongeacht of het een clan inboorlingen was, een straatbandje of een ploeg arbeiders in een electrobedrijf, steeds dezelfde wetten volgen: het doel van *elke* groep is onder de voorwaarden van een bepaalde omgeving te overleven; het '*interne systeem*' van acties en interacties, met de gevoelens die ze begeleiden, de standaards en normen van een groep moet opgevat worden als *antwoord* op de *eisen* van het '*externe systeem*' – een stelling die al door A.J. Toynbee geformuleerd werd in *Der gang der Weltgeschichte* om de opkomst en het verval van culturen en religies van de mensheid te begrijpen. Homans volgde in zijn werk niet simpel een cultuurfilosofisch plausibele hypothese, hij ontwikkelde eerder een sociologische methode met behulp waarvan geobserveerd kon worden hoe groepen tot stand komen en met welke wetmatigheden in hun gedrag men rekening moet houden.

Zo toonde Homans bijvoorbeeld aan dat de normen van sociaal gedrag voortkomen uit *feitelijk* sociaal gedrag; zodra bepaalde normen echter eenmaal vastgesteld zijn, hebben ze de neiging langzamer te veranderen dan het echte sociale gedrag. Dit verschil tussen motivatie en consolidatie geeft speelruimte aan *rationalisaties* en allerlei soort *ideologievormingen*: theologen bijvoorbeeld die de oorsprong van de zedelijke of wereldbeschouwelijke overtuigingen zien in de 'openbaring' of wilsbepaling van een God, kunnen nog altijd doodgemoedereerd verklaren dat bepaalde geloofs- en gedragsvoorschriften helemaal niet meer mogen veranderen, maar eeuwigheidswaarde bezitten en gewoonweg boven elke verandering verheven zijn. Evenwel kan 'geen normenstelsel zich compleet losmaken van de mogelijkheden van de reële wereld, want als dat gebeurt, verliezen de normen hun waarde, zowel als stimulans als beoordelingsmaat'. Een groep die in de tijdstroom wil overleven moet alle ideologische verharding ten spijt, haar interne systeem ooit een keer aanpassen aan de veranderde culturele, economische, politieke, sociale en geografische omstandigheden van het milieu waarin het leeft, want zoals het interne systeem veranderend inwerkt op het externe systeem, hebben veranderingen in het externe systeem hun weerslag op de vorm van het interne systeem van een groep.

Homans kon nog nader aantonen dat de normen van een groep gedragen worden door sterke gevoelens en deze omgekeerd weer hun uitwerking hebben op de gevoelens van groepsleden. Nauwkeuriger geformuleerd: wat zich als 'norm' kan ontwikkelen, hangt af van gevoelens van voorkeur of afkeer die het gedrag van groepsleden toegekend wordt. Deze gevoelens leggen de sociale inschatting, dus de rangwaardering vast die het individu van de andere groepsleden ontvangt. De *controle* van sociale normen beschrijft daarom geen gescheiden activiteit (van lof, berisping, beloning en straf), maar ze komt voort uit de bestaande betrekkingen zelf. Een norm is daarom precies zo sterk als de mate aan kwaad die iemand, als hij er van afwijkt, aantrekt. Het gaat daarbij niet om 'gerechtigheid' – de 'straf is niet evenredig met het misdrijf, maar staat in geen verhouding tot deze', – het gaat eerder om een zelfregulatie van het bestaande sociale systeem: 'de interactie', schrijft Homans, '*is* de controle; ze veroorzaakt haar niet, zoals men helaas regelmatig in boeken over politicologie en bedrijfskunde kan lezen... Controle wordt bereikt door effectieve integratie en de autoriteit moet in dit verenigingsproces zelf ontstaan.'

Alleen vanuit dat standpunt begrijpt men dat het opleggen van *straf* bij voorkeur plechtig voltrokken wordt als een sociaal *ritueel*. Elke afwijking van de groepsnorm kwetst bepaalde gevoelens, die zich in een gemeenschappelijke actie pogen te ontladen. In zoverre dient de straf paradoxaal genoeg niet zozeer de bestraffing van de 'daders', maar de bevestiging van de gekwetste norm in het bewustzijn van de groepsleden. De groep stelt zich in de straf als een absolute grootheid tegenover het individu, zodat Homans kon zeggen: 'de majesteit van de wet is een religieuze majesteit en onze rechtszalen zijn kerken'. Men hoeft slechts een Duitse of Amerikaanse rechtszaal te betreden om op te kunnen merken hoezeer Homans gelijk heeft met deze opmerking.

Het belangrijkste is echter het inzicht dat als het ware automatisch voortkomt uit Homans' methode en die in zekere zin een eenzijdigheid vermijdt waarvoor vooral Emile Durkheim de basis gelegd heeft. Op Durkheim beroepen zich ook nu nog bijzonder graag diegenen die de voorrang van de maatschappij op het individu (of de kerk op de individuele gelovige) ideologisch pogen te rechtvaardigen. Inderdaad heeft Durkheim in *Les règles de la méthode sociologique* (2e druk 1927) de maatschappij beschouwd als een eigen soort wezen, dat weliswaar te herleiden is tot een aantal individuen, maar ten opzichte van hen toch iets nieuws vormt, dat onafhankelijk is van de onderlinge betrekkingen. Vooral Durkheims begrip 'sociale feiten' is beroemd geworden, dat hij definieerde naar de 'volgende, zeer speciale kenmerken': 'ze bestaan uit... buiten het individu liggende manieren van handelen, denken en voelen, die een bevoegdheid tot uitoefenen van geweld bezitten op grond waarvan zij zich aan hem opleggen'. En verder: 'omdat hun meest wezenlijke kenmerk eruit bestaat, dat zij het geweld bezitten om een externe druk op de individuele geest te leggen, moet ook gelden dat ze niet af te leiden zijn uit de geest van de individuen en daarom niet gezien moeten worden als verschijningsvormen ten gevolge van de psychologie'. Als deze uitspraak geldig is, dan is de *kloof* tussen psychologie en sociologie natuurlijk niet meer te overbruggen; dan heeft de sociologie integendeel steeds voorrang boven alle psychologische beschouwingen; dan kunnen de 'sociale feiten' wel verklaren wat er omgaat in het hoofd van individuen, maar dan blijft het onmogelijk de 'sociale feiten' af te leiden uit de behoeften, gevoelens of gedachten van individuen. Rangschikking, onderwerping, dwang en geweld zijn dan ook de begrippen waarin volgens Durkheims voorstelling gedacht moet worden over de verhouding tussen individu en maatschappij. Het individu moet *afzien* van zichzelf, hij moet zijn individualiteit *opofferen* als hij er van wil genieten bij een bepaalde gemeenschap te behoren. 'Zelfverwerkelijking' en persoonlijk geluk moeten onder dergelijke omstandigheden geïnterpreteerd worden als logische tegenstelling tot de 'waarden' van 'verantwoordelijkheid' en 'algemeen belang'. Homans daarentegen vond de alternatieve scheiding tussen psychische en sociale verschijnselen al niet gerechtvaardigd en verweet Durkheim bovendien dat hij 'in begrippen van oorzaak en gevolg, en niet in termen van wederzijdse afhankelijkheid' dacht.

Met deze voorstelling vervalt tegelijkertijd echter ook de voorstelling uit Thomas Hobbes' *Leviathan*, volgens welke de *staat* (of de maatschappij) '*een persoon' moet zijn 'waarvan de handelingen van een grote menigte mensen krachtens het wederzijds verdrag met elkaar als hun eigen handelingen gezien worden, opdat die naar hun goeddunken de macht van allen aan zou wenden tot vrede en gemeenschappelijke verdediging*. Over de plaatsvervanger van de staat zegt men: hij heeft het *hoogste gezag*. De overigen heten onderdanen en burgers.' Volgens Hobbes' opvatting moet de maatschappij voortvloeien uit de vereniging van individuen, die ieder voor zich maatschappij-onafhankelijk zijn, omdat ze primair tegenover de maatschappij staan. In feite dacht ook Hobbes in zijn maatschappijtheorie evenals Durkheim niet anders dan in het kader van een lineaire causaliteit: als a afhangt van b, dan kan b niet afhangen van a... Het begrip *feedback*, de veranderende terugwerkende kracht van de uitwerking op de eigen oorzaken bestond voor Hobbes in de achtiende eeuw natuurlijk nog niet; het blijft intussen moeilijk te begrijpen dat het ook voor Durkheim aan het einde van de negentiende eeuw nog niet bestond; dat zijn aanhangers dit begrip bovendien aan het einde van de twintigste eeuw nog altijd ontkennen is meer dan een fout; want het begrip is *absoluut noodzakelijk* om de sociale psychologische dynamiek van een groep echt te begrijpen.

Typerend genoeg eindigen zowel Hobbes als Durkheim onafhankelijk van elkaar met hun lineaire causale denken in de verheerlijking van de 'leider', het 'staatshoofd', in die *éne* die het 'gezag' van de groep zelf lijkt te belichamen. Zowel het 'individualistische' als het 'collectivistische' uitgangspunt van een groepstheorie voeren in dezelfde mate tot een niet aan regels gebonden uitzonderingspositie van de *alfa*'s ten opzichte van de *gamma's*. Dat is anders als men met G.C. Homans de *autoriteit*, de normcontrole, respectievelijk het straffende gezag uit het groepsproces zelf afleidt. De 'leider' verschijnt dan niet langer in het aura van een absolutistisch heerser, zoals Machiavelli hem beschreven heeft in zijn klassieke 'vorstenspiegel' *Il Principe*, maar als het regulatieve moment van het groepsproces zelf. De 'leider' heeft, in deze opvatting essentieel *twee* opdrachten: hij moet *de doelen* definiëren die de groep moet bereiken en hij moet *een evenwicht* waarborgen van de drijfveren door een overeenkomstige verdeling *van loon en straf*.

Daaruit komen volgens Homans de volgende *elf regels* voort waarop het leiderschap gebaseerd is en zich in stand houdt:

1. 'Een leider moet zijn eigen positie bewaren'; veel van zijn opdrachten zullen ongecontroleerd uitgevoerd worden; zijn *rang* wordt hoofdzakelijk door bepaalde titels en ambten kenbaar gemaakt.
2. 'Een leider moet zich aan de normen van zijn groep houden.' In het bijzonder in *kleine* groepen zal dan diegene de hoogste rang toegewezen worden, die in zijn handelwijze het dichtst bij de vervulling komt van de *feitelijke* groepsnormen. Het kan zijn dat het nominale leiderschap in grotere groepen niet identiek is aan de werkelijk uitgevoerde autoriteit; de normen op grond waarvan de rang vastgelegd wordt, zijn niet dezelfde waarvan een leider *gelooft* dat ze gehouden moeten worden, maar de normen die gebaseerd zijn op de *echte handelwijze* van de groepsleden. Wie een groep wil leiden,

staat niet boven alle normen, maar integendeel: hij moet de feitelijke normen van zijn groep beter kennen en navolgen dan ieder van zijn aanhangers.

3. 'Een leider moet leiding geven'. Altijd als een leider nalaat het initiatief te nemen, zal dat afbreuk doen aan zijn positie; wat hij moet beslissen, moet hij ook beslissen om zijn rol uit te oefenen en zijn rang te bevestigen.
4. 'Een leider mag geen bevelen geven die niet opgevolgd worden'. Door niets wordt de autoriteit van een leider blijvender geruïneerd dan wanneer hij met het hoogste gezag aanwijzingen geeft die onuitvoerbaar of irreëel blijken te zijn.
5. 'Bij het uitdelen van zijn bevelen moet een leider de bestaande kanalen gebruiken.' Een leider heeft het nauwst contact met dìe groepsleden die in sociale rang het dichtst bij hem staan. Bevelen die de eigen adjudanten passeren, moeten wel twijfel oproepen aan de competentie en ondergraven daarmee uiteindelijk de autoriteit van de leider zelf. Deze regel is evenwel niet star; het *kan zijn* dat een leider alle functies van zijn adjudanten, zijn bèta's in toenemende mate naar zich toetrekt, hij heeft er op deze manier in ieder geval zichzelf mee dat hij niet meer kan rekenen op de stem van zijn adjudanten en dat er dus niemand meer is die zijn mogelijke vergissingen zou kunnen corrigeren.
6. 'Een leider mag zich bij sociale gelegenheden niet aan zijn mensen opdringen.' Personen van gelijke rang treden bij voorkeur met elkaar in contact. Als een leider daarentegen een groepslid van een lagere rang vaak ontmoet in plaats van zijn adjudant die direct door '*lineaire autoriteit*' naast hem geplaatst is, verzwakt hij zijn autoriteit – hij 'verlaagt zich'.
7. 'Een leider mag een groepslid niet bestraffen in het bijzijn van andere leden en over het algemeen ook niet prijzen.' Elke officiële berisping door de leider vermindert niet alleen de sociale rang van de betroffen persoon, maar staat mogelijk ook op gespannen voet met de inschatting van andere groepsleden in wie eventuele twijfel opgeroepen wordt aan het beoordelingsvermogen van de leider. Prijzen is belangrijk, maar kan het best ongemerkt gebeuren.
8. 'Een leider moet de gehele situatie in beschouwing nemen.' Hij moet zijn bevelen zo geven dat de afzonderlijk motieven voor samenwerking een bevredigend resultaat opleveren. Niets versterkt de positie

van een leider meer dan succes bij het behalen van de, door hem en de groep, gestelde doelen. Noch een 'mystieke' instelling, noch alleen maar 'sociale vaardigheden' zijn voldoende voor het leiderschap.

9. 'Om discipline te behouden moet een leider zich niet zozeer bezighouden met het instellen van straffen, als wel met het scheppen van voorwaarden waaronder de groep zichzelf discipline op kan leggen.' Als er in de groep iets mislukt, is het het beste de verantwoordelijke persoon niet officieel ter verantwoording te roepen, maar hem apart te nemen en om een verklaring te vragen – men vermijdt op deze wijze niet alleen een onjuist oordeel, maar leert ook iets van de echte problemen in de groep kennen. 'Straf zonder onderzoek naar het onderliggende probleem, dat is symptoombestrijding'.
10. 'Een leider moet kunnen luisteren' Dit is de allerbelangrijkste, de *gouden* regel van elk leiderschap. De leider moet interesse tonen voor de belangen van zijn medewerkers en ondergeschikten; hij moet hen *niet* onderbreken zolang ze nog iets zouden willen zeggen; en zonder moreel waardeoordeel moet hij wat er gezegd wordt accepteren doordat hij een atmosfeer van goedkeuring schept. Aan een leider wordt alleen datgene verteld, waarvan men denkt dat hij het graag zou willen horen; daarom moet hij de indruk wekken dat hij *alles* wil horen. En hij mag alleen maar actief worden in het belang van een groepslid als het groepslid dat uitdrukkelijk wenst. Alleen zo kan de leider de tegenstrijdigheid overwinnen die eruit bestaat dat hij enerzijds met zijn autoriteit bevelen moet geven en de normen handhaven, terwijl hij aan de andere kant voor de leden van de groep die hij vertegenwoordigt toegankelijk en beschikbaar moet blijven.
11. 'Een leider moet zelfkennis hebben.' Een leider die zichzelf niet kent, zal onbeheerst optreden op die momenten waarop een bijzondere zelfbeheersing op zijn plaats zou zijn geweest. Hij zal zich met zijn activiteit naar de voorgrond dringen waar hij terughoudendheid zou moeten tonen, hij zal anderen schuldig verklaren voor zijn eigen misstappen, hij zal zijn sterke en zwakke punten verkeerd inschatten – hij zal daarmee 'de grootste bedreiging voor het wankele evenwicht van zijn groep' vormen.

Als men deze regels leest, dan schijnt het dat men zich er maar aan hoeft te houden en voor de menselijkheid binnen groepen zou naar ieders tevredenheid op de beste manier gezorgd worden. Maar zo eenvoudig ligt het natuurlijk niet. Evenwel droeg zo'n visie op groepsprocessen zoals Homans ze voorstelde al in grote mate bij aan de vermenselijking van het menselijk samenleven doordat de 'leider' hier *niet* (in Durkheims betekenis) als een grootheid *op zich* geïntroduceerd wordt; een reeks ideologische overdrijvingen wordt daarmee bij voorbaat onmogelijk gemaakt of toch duidelijk herkenbaar in hun afhankelijkheid van historische voorwaarden van het 'externe systeem'.

Het idee van een koninkrijk van 'Gods genade' bijvoorbeeld, of zelfs de voorstelling van een plaatsvervanger van God op aarde in de figuur van een heerser kan zo beschouwd geïnterpreteerd worden als het antwoord van een naar stamvoorbeeld georganiseerde gemeenschap op een provocatie die een snelle vereniging van een aantal mensen onder een centrale autoriteit vereist; – daarbij kan er een model van leiderschap ontstaan dat net zo succesvol kan zijn als de figuur van de farao in het oude Egypte, waarvan de titel en het machtsbetoon tot in de tijd van Lodewijk de Veertiende stand kon houden en zelfs tot op de dag van vandaag nog de zelfstilering van het roomse pausdom beslissend bepaalt.

Laten we daarom een eerste toepassing maken van Homans' stelling bij de situatiebeschrijving van de katholieke kerk. Het kernprobleem dat de katholieke kerk in de moderne tijd noodzakelijk met zich meedraagt, verschijnt onder de gegeven voorwaarden niet langer als een conflict tussen goddelijke taak en wereldse 'ongelovigheid', maar als een *aanpassingsconflict* tussen een uit de Middeleeuwen stammende structuur van het interne systeem en de overlevingsvoorwaarden van een democratisch denkend milieu als extern systeem. Tegelijkertijd begrijpt men waarom de roomse opvatting over 'kerk' zich elke serieus bedoelde hervorming van het interne systeem moet ontzeggen: de absolute positie van de alfa's (en hun bèta's) zou ogenblikkelijk verloren gaan, als men zou erkennen dat de wetten die overal gelden voor het menselijke samenleven in groepen, onbeperkt overgedragen kunnen worden op de kerk. Na de afsplitsing van de protestantse hervormingsaanzetten in de zestiende eeuw beleeft de roomse kerk aan het eind van de twintigste eeuw tegenwoordig een sluipende, maar onvermijdelijke *horizontale* splitsing, doordat inmiddels twee principieel verschillende modellen van kerk met elkaar concurreren: het denken 'van bovenaf' (= het primaat van het instituut boven de persoon) en het denken 'van onderaf' (= het primaat van de persoon boven het instituut); beide modellen kunnen goed met elkaar verenigd worden, als men toe zou staan 'synergisch' te denken in een logica van feedbacklussen in door netwerken verbonden structuren. Het kan er niet om gaan een groep te construeren die *zonder* hiërarchisch model haar eigen organisatie voor elkaar zou kunnen krijgen; maar het moet erom gaan de instellingen en sociale rangen in de kerk, ja, het instituut kerk zelf vanuit de interacties van de 'gelovigen' zelf te begrijpen; de God waarin ze geloven spreekt in de 'gelovigen' zelf of helemaal niet. In zoverre zou socio-dynamisch ook voor de kerk het motief van de Franse revolutie moeten gelden: 'alle macht gaat uit van het volk'.

Maar juist daartegen richt zich de weerstand van het 'episcopaat' met de paus voorop. Toen in september 1995 – naar het voorbeeld van de katholieke kerk in Oostenrijk – ook in Duitsland het zogenaamde *kerkvolkpetitionnement* startte, werd in Keulen, Fulda en Paderborn de priesters, geestelijken, gemeentereferenten en kloosters in een eigenhandig schrijven de ondersteuning van deze actie domweg verboden. De motivatie daarvoor zette de Paderbornse geestelijke leider *J.J. Degenhardt* uiteen in een preek voor vijftienhonderd pelgrims in het 'Mariabedevaartsoord' te Werl: 'een kerk die berust op meerderheidsbesluiten', verklaarde de aartsbisschop, 'wordt alleen maar een mensenkerk. Ze is net zo maakbaar als al het andere op deze wereld.' In zo'n kerk moet door 'discussie, compromis en besluit' vastgelegd worden wat 'tegenwoordig redelijk' is en het schriftwoord zou 'zo uitgekozen en bijgeschaafd ' worden, 'dat het ongestoord zou passen in de zelfverwerkelijking'. Alsof in de roomse kerk niet al het mogelijke gedaan is door mensen met inzet van meestal veel geld en macht. Wat betreft het *Opus Dei* bijvoorbeeld, waarvan de inmiddels 'zalig' verklaarde grondlegger zijn 'werk' uitdrukkelijk aanprees als 'een instrument van de redding' van de verzwakte en verziekte kerk, 'dat uitdrukkelijk door God gewild' zou zijn 'als bewijs van de onbegrensde genade van God, als een mateloze weldaad voor de gehele mensheid', wordt van alles ondernomen om de roomse kerk te beknotten tot een situatie als die in 1936 in het Spanje van Franco. Wat daar 'van God' is of 'van de mensen' richt zich heel eenvoudig naar twee criteria: in hoeverre het de bevestiging van de traditie dient en in samenhang daarmee: in hoeverre het de episcopale en pauselijke aanspraak op macht ondersteunt. 'Zelfverwerkelijking' in plaats van 'offer' – dat is inderdaad, de aartsbisschop heeft gelijk, de correcte vertaling van het concept van een 'kerk van onderaf' en haar streven naar een vernieuwde kerk.

Gelukkig heeft Jezus zelf er niet de minste of geringste twijfel over laten bestaan hoe hij zich de 'leiding' van zijn aanhangers voorstelde. Het maakt, zoals de ervaring leert, niets uit als men een bisschop van het soort van de Paderbornse geestelijk leidsman voor wil houden, dat zijn kerkbeeld, naar streng dogmatische invulling in feite gelijkstaat aan een 'monofysitische' dwaalleer: het is zelfs volgens de kerkelijke leer niet mogelijk het 'goddelijke' en 'menselijke' alternatief met elkaar te laten concurreren. Maar een duidelijke uitspraak van Jezus zou hem toch onder de indruk moeten brengen; en zo'n uitspraak staat ondubbelzinnig in *Matth. 23:9*; 'Noem ook niemand van u op aarde vader, want één is uw vader, die in de hemel'. Zo'n uitspraak ontkent niet alleen het kerkelijk patriarchalisme, het verbiedt rechtstreeks de instelling van een kerkelijk instituut dat haar macht van God zelf afleidt, in plaats van God in de harten van de mensen aan de macht te laten komen. Daarmee wordt de truc onmogelijk gemaakt dat alle kerkelijke (en staatkundige) 'hoogwaardigheidsbekleders' zich in hun machtsontplooiing voordoen als 'hoogste dienaar', voor de 'dienaar van alle dienaren' en daarbij nog de klucht op te voeren waarbij, naar Jezus' voorbeeld uit Joh. 13:4-7 op de avond van *witte donderdag*, elke plaatselijke bisschop zijn 'clericale' 'medebroeders' uit het 'domkapittel' evenals enige 'uitgenodigde gasten' in een daad van 'oneindige deemoed' – *de voeten wast*! Wat Jezus zich voorstelde was iets anders dan een voornaam gebaar van 'deemoed'; omdat het zo belangrijk is, citeert Marcus het zelfs twee keer achter elkaar (Marc. 9:35; 10:43 e.v.): '*Als iemand de eerste wil zijn, zal hij de laatste van allen zijn en de dienaar van allen*'.

In geen geval beschrijft deze uitspraak alleen maar de vanzelfsprekende eis aan de 'eersten' in een groep met hun aanwijzingen en instructies het algemeen belang te steunen of te willen steunen; zeker, er zou al veel gewonnen zijn als deze uitspraak tenminste in kerkelijke kring de onverdraaglijke uitwas aan zelfpresentatie en zelfbedrog, aan arrogantie en onwetendheid hielp afbreken, maar de eigenlijke confrontatie van deze uitspraak ligt niet *daarin*. Veel belangrijker is dit: in elke willekeurige groep worden de leden uitgenodigd zich de bevelen van hun leider eigen te maken en zich daardoor te *identificeren* met hun alfa. De *herwaardering* die Jezus juist op deze plaats uitvoert is *radicaal*, – in alles revolutionair; wat hij voorstelt – en dat niet als één van de gezichtspunten, maar als kern van zijn boodschap –, loopt erop uit het perspectief totaal om te keren; er moet niet omhoog gekeken worden naar de 'alfa', maar naar onderen, naar de 'omega'; het 'bevel' tot handelen mag niet weerklinken uit de mond van de machtigste; het moet gegeven worden uit de – uitgesproken of onuitgesproken – roep om hulp uit de mond van degenen die de minste macht hebben; de 'identificatie moet *niet* plaats vinden met de man aan de top, maar met degene die helemaal onderin de hiërarchische structuur staat'.

We zagen al eerder, dat Jezus zelf zo handelde, bijvoorbeeld doordat hij de 'toonaangevende kringen' in de religie van zijn tijd en zijn volk tot het uiterste provoceerde doordat hij de meest verachte, want als minderwaardig beschouwde mensen, de hoeren en tollenaars, bij hem uitnodigde en samen met hen aan tafel ging zitten (of historisch juister: met hen aan tafel ging *liggen*). Hij ondermijnde daarmee, of hij het uitdrukkelijk wilde of niet, de totale rangorde in de samenleving van alle 'fatsoenlijke', dus goed functionerende mensen; hij maakte zichzelf tot advocaat van de 'omega's' en lokte daarmee de 'straf' van de 'alfa's' in kerk en staat juist uit. Dat het optreden van de man uit Nazareth *historisch* zo heeft plaatsgevonden, staat opnieuw buiten kijf; de vraag luidt nu echter, wat dat voor *betekenis* heeft en wat dat voor ons hedendaagse mensen voor consequenties heeft.

Er zijn twee simpele manieren om Jezus' uitspraak te ontdoen van zijn sociale expressieve kracht en beide zijn in de kerkelijke praktijk erg geliefd: men kan de uitspraak in plaats van deze op te vatten vanuit zijn sociale dynamiek, veranderen in een voorschrift tot 'deemoed' voor enkelingen; de revolutionaire kracht van dit standpunt dooft dan uit in een neurotiserende vorm van zelfonderdrukking; uit de 'opstand' van de omega's ontstond een nieuwe vorm voor de stabilisering van de bestaande macht met als prijs de vervreemding van het individu. Of men verandert het retrograde van de 'eerste' en de 'laatste' in een charitatieve welwillendheid om de 'armen' te helpen en zich voor hen in te zetten; maar om dat te kunnen doen, moet men natuurlijk zelf eerst een bepaalde welstand en een bepaalde invloed bezitten, – ook zo wordt de sociale positie van de machtigen niet bedreigd, maar versterkt. Het is in wezen weer de *therapeutische* grondtrek van het optreden van Jezus die ook en juist de scherpzinnigheid van zijn sociale herwaardering doet begrijpen. Zeker, het ging hem ook om de *hulp* van de buitenstaanders, maar doordat hij deze probeerde te *integreren* in de 'gemeente van God' zoals hij die opvatte, streefde en verlangde hij impliciet naar een fundamentele *therapie* van alle vormen van de menselijke samenleving; en daarmee is tegelijkertijd ook de grens van de methode bereikt, zoals die gemotiveerd werd in de sociodynamiek van G.C. Homans.

Wat hier thematisch op het spel staat wordt wel het meest indrukwekkend duidelijk als men zich voor ogen stelt dat alle regels die bij G.C. Homans gevonden worden voor het gedrag van een 'leider', helemaal niet verhinderen dat een groep *ontaardt* in een oorlogszuchtige krijgsgemeenschap onder dictatoriale leiding, maar dat onder bepaalde voorwaarden juist onvermijdelijk oproepen. Wie de vorm van de menselijke samenleving wil *genezen* van dit gevaar van verzieking, wie de mensen ervoor zou willen *behoeden* om steeds weer met de beste bedoelingen en motieven in de gruwel van barbaarsheid meegesleurd te worden, die moet op het *sociale* vlak de betrekking tussen alfa en omega anders ordenen dan het 'natuurlijkerwijze' het geval schijnt te zijn. Laten we de vraag zelfs nog toespitsen; laten we haar formuleren op de manier die voor de twintigste eeuw het meest urgent geworden is; laten we recht op de man af vragen: hoe voorkomt men *Adolf Hitler*? En weer: wat voor nuttigs biedt Jezus' boodschap *daarvoor*?

Het schijnt nagenoeg onmogelijk te zijn zich een persoon voor te stellen die *verder* af zou kunnen staan van de menslievende beschrijving van een 'leider' die G.C. Homans bood, dan de *leider* van meer dan zestig miljoen Duitsers in de twaalf jaren van het zogenaamde Derde Rijk. 'Een leider moet beschikken over zelfkennis... hij moet kunnen luisteren... hij mag niet in het openbaar kritiek uitoefenen op zijn medewerkers.' – Elke filmopname van één van de vele 'demonstraties' van de 'Führer' documenteert het schrille tegendeel van deze regels; en toch behield Hitler tot op het laatste moment een bijna onaantastbare autoriteit, begeleid door een bijna blinde aanhangerstrouw van de kant van zijn 'onderdanen', deze horde van op mieren lijkende 'gamma's'. Zelfs de openlijke gruweldaden, pesterijen en het geknoei van zijn ondergeschikten beantwoordde het gelovige volk in die dagen met de troostrijke verzuchting: 'als de Führer dat eens wist!' Maar hoe kon zo'n uiterst neurotisch mens als de man uit Braunau am Inn er dan toch in slagen de 'Führer' van alle 'Duitsers' te worden?

Eén motief daarvoor bestaat uit *collectieve angst*, dat kan men nooit genoeg benadrukken. Elke groep zal zich op een gevaarlijk moment nauwer aaneensluiten; de regels van hun samenleven treden dan duidelijker aan de dag: de normen worden strenger geformuleerd, de straffen worden verscherpt in geval van overtreding, de afwijzing van de 'omega's' kan regelrecht escaleren tot vijandigheid en vervolging en in dat alles wordt de roep sterk om de reddende leider, die de groepsleden verenigt en hen de weg uit de crisis wijst. Hoe groter de collectieve angst, des te gevaarlijker glijdt de rol van de 'leider' af naar een vorm van dictatuur. Alle spelregels waarmee de leider zijn macht behoudt, worden samengeperst in de eis aan deze ene en van deze ene die zich geen zorgen hoeft te maken om zijn positie, omdat hij immers al 'almachtig' is. Juist op dit moment echter treedt *één* van Homans regels in werking die verklaart *aan wie* de rol van de leider toevalt: dat zal aan diegene zijn die het *meest nauwkeurig* de feitelijke normen van de 'groep' bewaart! *Dat* – en niet één of ander verleidings- of samenzweringscomplot – schijnt het eigenlijke motief te vormen voor de onheilzame ontwikkeling van Duitsland voor en na 1933.

De juistheid van deze stelling kan relatief eenvoudig aangetoond worden, als men de stereotypie van de thema's en vooral de toonzetting van de talloze redevoeringen in herinnering roept die Adolf Hitler aan de macht gebracht hebben en aan de macht hielden. Alles waardoor deze man omhoog kwam, dankte hij volgens zijn eigen verklaring aan zijn redes. Daarin bezwoer hij de gevoelens die ten diepste inherent waren aan de Duitsers na de verloren Eerste Wereldoorlog en het ineenstorten van de autoritair-militaristische stijl van leiding geven van het keizerrijk met zijn imperialistische aanspraak een grote mogendheid te zijn: de Duitse soldaat had de oorlog helemaal niet verloren, het leger was onoverwonnen in de veldslag gebleven; een 'dolkstoot' in de rug, uitgevoerd door de 'novembermisdadigers' (pacifisten, communisten, intellectuelen en de kliek van het 'internationale jodendom'), had het verraderlijk ter val gebracht – men had de oorlog 'vijf minuten voor twaalf' afgebroken; maar hij, Hitler, was de man die steeds pas 'vijf minuten na twaalf' wilde stoppen. Het verdrag van Versailles dat de oorlogsschuld en de daaraan verbonden enorme eisen tot herstelbetaling eenzijdig op de Duitse schouders legde, was een smaad die niet alleen volkomen inacceptabel was, maar tegelijkertijd aantoonde dat 'recht' internationaal (en privé) niets anders was dan het 'recht' van de sterkste; en weer was het Adolf Hitler die er in al zijn redevoeringen bij de Duitsers inhamerde wat ze toch al geloofden, maar wat ze in deze radicaliteit noch waagden uit te spreken, noch waagden helemaal uit te denken: dat geweld pas 'recht' verschaft. Duitsland was helemaal *alleen*, omringd door een wereld van vijanden, het kon niet rekenen op iemands hulp, maar het kon zijn kracht herwinnen als het zich alleen op zichzelf verliet, als het onvoorwaardelijk in zichzelf geloofde, als het bereid was ondanks alle tegenstand er zich 'onverbiddelijk' en 'fanatiek' door te slaan. En alleen een man als Hitler zou de daarvoor noodzakelijke eenheid van allen kunnen verschaffen en afdwingen! De democratie, het meerpartijenstelsel, de vrijheid van meningsuiting, het recht om zijn kiezersstemmen dan eens zus en dan weer zo te verdelen, het 'kletscollege' van de volkenbond, dat alles moest als schadelijk en hinderlijk aan de kant geveegd worden. De complete vorming van elke jongen van dreumes tot en met Hitlerjongen, tot en met SA- of SS-man, tot en met arbeidsdienst of militair in 'dienst' van één enkele opdracht was, men moet het toegeven, niet iets afschrikwekkends, maar juist in tegendeel: onder de sociaalpsychologische voorwaarden van zijn optreden het meest verleidelijke doel van deze demagoog. De *terreur* tegen dissidenten en minderheden, de *vernietiging* van de 'omega's' behoorde vanaf het begin tot de houding waarmee Hitler zijn positie als 'Führer' opbouwde en bevestigde.

En tegelijkertijd naar buiten toe de oorlogsverklaring aan de rest van de wereld! 'Hoe meerder vijand, hoe groter zegepraal' – na dit valdood bon-mot was er voor deze man nog maar één manier om een conflict op te lossen, die evenwel het meest overeenkwam met het grondgevoel van de Duitsers uit die tijd. Men kon de bestaande crisis vermoedelijk alleen te boven komen door de omstandigheden waardoor ze ontstaan was *te versterken* en *te vergroten*! In plaats van de keizer – de Führer. In plaats van hegemonie in Europa – wereldheerschappij. In plaats van oorlogsschuld – het recht op revanche! In plaats van bedachtzaamheid, voorzichtigheid en terughoudendheid – blinde gehoorzaamheid, roekeloosheid en grenzeloos chauvinisme. Men had niets verkeerds gedaan, men moest de oude fouten alleen maar consequenter, gewetenlozer en meedogenlozer herhalen.

Precies zo dachten 'de' Duitsers in de 'volksmassa', en precies zo trad nu Adolf Hitler op. – Hij werd '*Führer*', doordat hij de ergste vooroordelen van het Duitsland in zijn tijd formuleerde, concentreerde en configureerde. En hij had succes! 'Een leider moet leiding geven.' 'Niets is zo succesvol als resultaat.' Zelfs dit mengsel bestaande uit interne terreur en een *succesvol* extern gerichte brute krijgshaftigheid was het onweerlegbaar recept van de 'onstuitbare furore' van die man die in de huidige schoolboekjes als de incarnatie van al het kwaad voorgesteld wordt en waarover de theologen graag spreken als ze de rechtvaardiging van hun voorstelling van de helse straf plausibel willen maken. Intussen is de waarheid waar we nu op stuiten veel gecompliceerder en onrustbarender; ze luidt dat 'Hitler' niet buiten de speling van de geschiedenis, het malheur van een even onverantwoordelijke als onvergelijkbare gangster was, maar dat 'Hitler' een bestaande mogelijkheid in ons allen is, echter niet abstract in de zin van de gebruikelijk geworden moralistisch-politieke waarschuwing tegen de 'brandstichters' samen met de belofte van de jaarlijkse 'herdenkingsplechtigheid' van 20 juli 1944 dat 'zoiets' zich 'nooit meer' zal herhalen, maar zeer concreet: onder de voorwaarde van de collectieve angst van een volk en een systeem van overeenkomstige *feitelijke* normen zal het naar alle waarschijnlijkheid steeds weer tot vergelijkbare processen in de geschiedenis komen.

Het inzicht dat we daaruit verwerven kan in haar methodische en zakelijke betekenis alleen maar zwaar onderschat worden. Wat we in feite aan de hand van de laatste twee pagina's meebeleefd hebben, mondt uit in de constatering dat de regels van de sociale psychologie de mogelijkheid van dictatuur, oorlog en fascisme niet uitsluiten, maar insluiten; ze verhinderen niet dat er afschuwelijke dingen gebeuren, ze helpen het te verklaren! Iets anders kan in alle redelijkheid niet verwacht worden van de sociale psychologie, maar de vraag die eruit voortkomt, wordt nog radicaler aan de orde gesteld dan daarvoor, en *deze* maakt de *noodzakelijkheid* en de *eigenlijke betekenis* van Jezus' poging tot revolutie in *Marc. 10:43* met de herwaardering van de 'eerste' en de 'laatste' in een groep voor ons pas echt begrijpelijk: het gaat om niets meer en niets minder dan heel letterlijk om de 'verlossing' van de risicofactoren die in elke sociale psychologie latent of manifest besloten zijn! Het gaat om een *therapie* van de psychologie van het menselijk samenleven zelf en wel met de ernst en de pretentie van het enige reëel bestaande alternatief van de op ieder moment mogelijke catastrofe!

In de contemporaine politieke commentaren, welbeschouwd, wordt door de bank genomen een *ander* standpunt ingenomen. Daarin is *de dictatuur* het kwaad als zodanig, een kwaad dat met alle militaire, economische en propagandistische middelen van de westerse wereld bestreden moet worden, iets dat absoluut wezensvreemd is aan onze eigen politieke cultuur en waartegen wij principieel gevrijwaard zijn, iets waarmee we dan ook 'niets, maar dan ook helemaal niets' gemeen hebben. Hoe voordelig deze 'diagnose' voor onszelf ook is, ze is gemakkelijk te doorzien als datgene wat ze in werkelijkheid is: een zelfstilering, een *auto-stereotype* van onze eigen politieke 'cultuur' die zich, in de schaduw van het Amerikaanse voorbeeld opwerpt als maatstaf voor de wereld, alsof het model van de Westminster-democratie het laatste en definitieve antwoord zou zijn op alle politieke raadsels van de menselijke geschiedenis. Dat dit standpunt zelf volkomen onhistorisch is, behoeft geen nadere uitleg; maar het is heel belangrijk ongedaan te maken dat het *bijgeloof* dat *oorlog* in 'democratische' maatschappijen, behalve om zichzelf te verdedigen, principieel onmogelijk is, dat oorlog daarentegen voor *dictatoriale* regimes noodzakelijk is om zelf in leven te blijven.

Gesteld moet worden dat bijvoorbeeld de farao in het oude Egyptische rijk dat naar moderne maatstaven voor het *toppunt* van een dictator bij uitstek moet gelden, maar dat de politiek in die tijd echter relatief vreedzaam was – pas met het begin van het Nieuwe Rijk, als reactie op de eeuwendurende bezetting van een deel van Onder-Egypte door de Hyksos, begint een eigenlijke 'imperialistische' fase in het Oude Egypte. Of, hoe groot is het verschil tussen de absolutistische, maar verstandige heerschappij van Lodewijk de Veertiende en de oorlogszuchtige politiek van de 'verlicht-absolutistische' koning *Frederik de Grote*! Niet de staatsvormen, maar de persoonlijkheden die ze vervullen en de tijdsomstandigheden waarin ze tot uitdrukking komen, beslissen blijkbaar over de voor oorlog of vrede relevante componenten van de sociale psychologie.

Helemaal een illusie echter wordt de opvatting, dat *democratie* identiek is aan *vrede*. Het VS-Amerikaanse voorbeeld dat voor deze bewering het liefst gebruikt wordt, geraakt bij nadere beschouwing direct alleen maar tot weerlegging van zijn pretentie: alleen al de afgelopen vijfendertig jaar zou geen enkele president van de Verenigde Staten het gered hebben zonder één of twee moedwillig geïmproviseerde oorlogen gedurende één enkele zittingsperiode van vier jaar! Men moest zich in de catastrofe van de 'zwijnestal' van de communistische dictator in *Cuba* storten en het suikereiland heroveren voor de vrijheid; alleen al het kleine neutrale Laos moest tussen 1965-1971 in de Vietnam-oorlog met meer dan tweeënhalf miljoen ton bommen totaal omgeploegd worden en het oerwoud met kankerverwekkend gifgas over reusachtige oppervlakten 'ontbladerd' worden, het kleine eiland *Grenada* moest als een 'vliegdekschip' van communistische dreiging door Amerikaanse soldaten bezet worden; enzovoorts: de bezetting van *Panama* en de afzetting van

Noriega, die aan ongeveer tweeduizend mensen het leven kostte, de *Golfoorlog*, de high-tech landing in Somalië; maar vooral het permanent opgevoerde *oorlogspotentieel* met steeds 'nauwkeuriger' en steeds verwoestender 'wapens' van de fragmentatiebom tot en met de atoombom, van zenuwgas tot en met 'biologische' oorlogvoering, van 'intelligente geleide wapens' tot en met 'onzichtbare bommen', vormen kennelijk geen evident bezwaar tegen het politieke oordeelsvermogen en de menselijke grootheid van de president, maar ze bevestigen eigenlijk zijn aanzien in de ogen van de nationalistische gezinde menigte. 'Wie onder jullie de grootste wil zijn, die stelt zich in staat zo snel en zo gruwelijk doeltreffend en massaal mogelijk mensen te kunnen doden', zo luidt tot op de dag van vandaag niet beperkt door enige 'democratie' heel duidelijk het politieke devies van de machtsuitoefening in het voorbeeldland van westerse vrijheid. De 'democratie' weerlegt de oorlog niet, ze levert in de gegeven omstandigheden slechts een nieuwe spelvorm om een oorlog te motiveren onder overeenkomstige omstandigheden!

Tot dusver leren we niets nieuws. Maar *des te noodzakelijker* lijkt juist daarom het project van de *therapie* van sociale psychologie, zoals we dat in de – aanvankelijk paradoxaal aandoende! – boodschap van Jezus aantreffen. We moeten nu eenmaal daadwerkelijk de methoden van de groepspsychotherapie in de omgang met 'leiders' en 'buitenstaanders', met 'alfa's' en 'omega's' doorwerken om te zien wat eigenlijk de actualiteit en de betekenis van de *identificatie* van Jezus met de '*minsten*' van zijn tijd en van alle tijden uitmaakt. De methodes van de groepspsychotherapiën kunnen en willen de regels van de sociale psychologie niet veranderen, ze stellen ze eerder als voorwaarde ermee te werken; maar ze voegen aan deze regels een belangrijke vraagstelling toe, doordat ze het groepsproces niet zuiver socio-dynamisch beschouwen, maar terugkoppelen aan concrete mensen: wat voor mensen zijn het eigenlijk die in een groep verkozen worden tot omega's, tot 'zondebokken'? Of die vanzelfsprekend de rol van de alfa's op zich nemen? Of de bèta's? Of de gamma's? Wat voor familiegeschiedenis, welke rolverdelingen en modellen van sociaal gedrag die alleen aan hen eigen zijn, staan achter de 'rolkeuze' die een individu in een therapiegroep uitvoert? Dat is nu de vraag. Wat zich tijdens een zitting afspeelt, wordt in de groepstherapie in zekere zin gezien als een momentopname waardoor men de individuele personen beter kan begrijpen in hun gevoelens, instelling, houding en gedrag. Het groepsproces dient hier als spiegel waarin ieder afzonderlijk wel eens zijn eigen familieontwikkeling zou kunnen beschouwen om eventueel de daaruit ontstane gedragsgewoonten te corrigeren door betere gedragingen. Het is daarbij vooral de opdracht van de *therapeut* steeds weer het individu en de andere groepsdeelnemers er bewust van te maken dat de 'momentopnamen' van de groepsprocessen zulke 'spiegelingen' van vroegere familie-indrukken zijn.

Er bestaat dus een groep waarin diegene geldt als 'leider', die de belangstelling van allen: zichzelf te vinden en zichzelf te leren kennen het hulpvaardigst tegemoet komt. Als deze 'leider' een 'tegenstander' formuleert, dat zal het in de eerste plaats diegene zijn die om principiële redenen weigert begrip te hebben door anderen, maar er in plaats daarvan de voorkeur aan geeft met moralistische, religieuze of praktische aanwijzingen en adviezen de anderen te commanderen en te domineren. Wie op zo'n manier de 'eerste' wil zijn, die zal in de ogen van alle anderen heel spoedig de 'laatste' zijn. Zodra de groep zich over de rug van de 'omega's' opnieuw begint te formeren, zal het in het belang zijn van de 'alfa's', om de *achtergrond* van deze omega-rol door te spreken en bij de anderen om begrip te vragen voor een *lot* dat hoogstens afwijkt van hun eigen lot.

Met andere woorden: de rolverdeling in de groep ligt niet vast, ze veroorlooft geen persoonsgebonden institutionaliseringen of een soort levenslange 'bureaucratisering', maar geheel integendeel: in plaats dat de groep zich settelt doordat ze de levensweg van het individu objectiveert tot iets uiterlijks, tot iets wat af is en wat ze afhankelijk van de gebruikswaarde in haar voordeel gebruikt, behouden de groepsleden de mogelijkheid nog eenmaal hun standpunt te bepalen ten opzichte van hun biografie, *anders* te worden dan ze tot dusverre hun leven lang gedwongen waren te zijn, zichzelf ten opzichte van anderen *opnieuw* te definiëren, alternatieve handelwijzen spelenderwijs uit te proberen en vooral: door te acteren bepaalde situaties waaruit vele jaren geleden het 'draaiboek' van hun leven, hun '*script*' ontstaan is, eens bij te stellen en *recht* te hebben op een echte *nieuwe start*, om echt een *nieuw* mens te worden. – Als er een groep mensen zou zijn die (volgens de kerkelijke 'geloofsleer') door het teken van een 'wedergeboorte' (van een 'doop') bevestigd wordt, dan moet ze zonder twijfel zulke karaktertrekken hebben.

Dan kan iemand die zich er in zijn hele psychodynamiek gewoonweg toe aangspoord voelt in de groep de buitenstaander, de omega te 'spelen', opeens het middelpunt van gesprek worden; hij valt buiten het automatisme van agressie-overdracht en doordat anderen hem beginnen te begrijpen, wordt hij tegemoet gekomen met zoiets als welwillendheid, hoogachting zelfs, in plaats van de vroegere veroordeling. De anderen worden er plotseling getuigen van hoe ze zelf veranderd kunnen worden tot figuranten van een 'masochistisch' programma van zelfsabotage; ze leren hoe een mens ertoe komt zichzelf steeds het 'offer' te voelen en zich aan te bieden, zodat de anderen gewoon wel over hem heen *moeten* vallen en hem 'bestraffen', het wordt ook duidelijk dat er ooit eens een situatie op kan treden die sterk lijkt op de situatie van een boxer die aan het eind van zijn krachten is, die zijn pijn niet meer voelt en het risico dat hij loopt als hij de strijd voortzet totaal niet meer in kan schatten.

Laten we alleen dit aspect maar eens toepassen op de oorlogsproblematiek! Wat zouden we er niet voor over hebben als in de internationale betrekkingen de omgang met de 'verliezer' zich in geval van oorlog aan de hand van zulke inzichten vorm zou kunnen geven! In elke oorlog sterven de meeste mensen steeds in de *laatste* fase, als de overwinning van één van de strijdende partijen in feite al vaststaat en de overwonnene roerloos alleen nog maar de 'strategie' volgt van het 'volhouden', het opofferen', het vrijwillige lijden tot en met de catastrofe; *dan* pas, als het ware om ten volle van hun triomf te genieten, slaan de overwinnaars, om de voorwaarden voor de 'vrede' te kunnen dicteren, in de volle hardheid van hun superioriteit toe: Dresden, Hiroshima, Baghdad... honderdduizenden doden die nog zinlozer sterven dan in de oorlog toch al het geval was! De toepassingsmogelijkheden worden tot op de dag van vandaag geboden: in 1995 waren het kennelijk de *Serviërs* in ex-Joegoslavië die zich door eeuwenlange historische ervaringen beschouwden als eeuwig vervolgd, verkeerd begrepen en mishandeld, als de *omega's* van de wereldpolitiek en zich door de minachting van de besluiten van de wereldveiligheidsraad tot schietschijf maakten van intensieve militaire coups van de *NATO*, die van haar kant weer ten aanzien van de ontstane ontspanning tussen Oost en West haar bestaansrecht als ordestichtend zwaard van de UNO met de Bosnische tragedie probeerde te demonstreren. Hoe anders daarentegen zou het dagelijkse politieke leven eruit zien, als men zou begrijpen dat het 'groepsdynamische spel' niet alleen in therapiegroepen plaatsvindt, maar precies zo gespeeld wordt tussen verschillende volken en religieuze groeperingen – dat het dus zaak is, afzonderlijke volken of volksgroepen uit de impasse te halen waarin ze zichzelf gemanoeuvreerd hebben, doordat men ze toestaat over hun angsten, verwondingen en obsessies te spreken, in plaats van de surrogaattaal van het geweld op het slagveld te hanteren. Het was de Amerikaanse minister van buitenlandse zaken *Henry Kissinger* die nog begin jaren zeventig uitdrukkelijk protesteerde *tegen* zo'n 'psychiatrisering van de politiek', en het standpunt verdedigde om zo duidelijk mogelijk te zijn over de eigen belangen en deze te verdedigen. Maar naar alle waarschijnlijkheid zal er nooit vrede zijn zolang 'politiek' definitief niets meer hoeft te zijn dan de kunst om tussen de belangen van concurrerende staten een compromis te sluiten.

Wat we dringend nodig hebben, is een politieke cultuur waarin men bereid is tot begrip en tot het komen van een vergelijk, zoals dit in *therapiegroepen* prototypisch ontwikkeld en gehanteerd wordt. Er kan iets geleerd worden wat volledig overeenkomt met de *bergrede*: wie de omega bestrijdt, maakt zichzelf tot een agent van een overdrachtsschema waarvan hij de mechaniek nog niet voldoende beseft. 'Maar ik zeg jullie een zaak *niet* uit te vechten met iemand die je kwaad heeft gedaan' (Matth. 5:39). Met deze uitspraak wilde Jezus dat we eindelijk uit de waanzinnige vicieuze cirkel van geweld en tegengeweld zouden kunnen treden. In plaats van te 'reageren' zouden we moeten *begrijpen*! We zouden echt het initiatief nemen en door af te zien van macht en geweld 'leiders' in een vreedzamere wereld worden.

En bovendien: het komt in het verloop van een groepstherapie niet zelden voor dat de therapeut (of een ander), doordat hij de belangen van de omega behartigt, plaatsvervangend de agressies op zich neemt die oorspronkelijk voor deze persoon golden; – we zullen later nog zien dat juist hierin een hoofdmotief gelegen zou kunnen zijn voor de snelle terechtstelling van Jezus! Daar wordt de 'eerste' vrijwillig de 'laatste', maar hij houdt zich daarmee juist aan de regels die ontstaan uit een therapeutische grondhouding. Jezus heeft de achtergrond van zijn streven naar begripvolle goedheid gekenschetst als zijn 'vader', als '*God*'; hij wilde dat in zijn naam een gemeenschap van mensen zou ontstaan die zich in de ervaring en de mogelijkheid van zo'n *genade* opnieuw zou organiseren en juist daarom de manier van haar 'interacties' radicaal zou wijzigen.

Dan moeten en zullen de '*bèta's*' zich opeens afvragen wiens pretenties en voorwendsels ze eigenlijk rationaliseren. Wat zijn dat voor mensen, moeten we ons in alle openheid afvragen, die steeds hun eigen verantwoordelijkheid ontlopen, doordat ze fungeren als 'raadgevers' van de machtigen? Hoe komen wetenschappers ertoe mee te werken aan het *Manhattan-project* en de bouw van de eerste atoombom te bespoedigen? Welke rol spelen mensen als *Edward Teller* en zijn medewerkers die in 1952 'een begin maakten' met de bouw van een waterstofbom en wier voorstellen om de wereldproblemen op te lossen zelfs vijfenveertig jaar daarna, op de leeftijd van tachtig jaar, zich beperken tot het gebruik van militair geweld? Hoe corrupt door macht en eer is de clan van degenen die menen dat ze *alles* weten, maar de beslissing van wat nu gedaan moet worden steeds bijschaven naar de wil van hun opdrachtgever? Hoeveel angst verbergt de reactiewijze van de 'intellectuelen', die als het ware het cartesiaanse 'ik denk, dus ik besta' ten spot, er de voorkeur aan geven te 'denken', *in plaats van* te zijn?

En dan de *gamma's*! Ze zoeken hun 'vrede' als meelopers, maar ze zullen haar nooit vinden zolang ze zichzelf niet *zijn*. Ze mogen zich dan sociaal op klassieke wijze definiëren als 'burgers', maar ze kunnen er niet omheen de *verantwoordelijkheid* voor hun eigen leven op zich te nemen! Het volstaat dat bij de 'bèta's' verkeerde 'adviezen' uitgebroed worden, het volstaat dat een alfa ieders vooroordelen in zijn persoon samenvat, en alleen al het feit dat hij het meemaakt, alleen al dat hij mee*loopt* maakt de gamma tot schuldige!

Men zal er als leek steeds weer van onder de indruk raken als men in *hypnose-experimenten* (of in terecht dubieuze demonstratievoorstellingen van hypnotische technieken) meemaakt hoe wilsbekwame mensen onder de suggestieve beïnvloeding van een 'bevelhebber' kunnen raken. Niet ten onrechte beschouwde Freud een belangrijk deel van de totale massapsychologie als zo'n hypnose-fenomeen: het individu houdt in de hypnose niet op zelf te denken, maar alles wat hij denkt is ondergeschikt aan het doel, om het aan hem gesuggereerde standpunt voor zichzelf en anderen te motiveren en te rechtvaardigen; de eigen *wil* is hier vervangen door een inhoudelijk onbekend dictaat, de eigen persoonlijkheid lijkt wel verwisseld te zijn met een ander ik. Om zulke gebeurtenissen te kunnen begrijpen, zou de *individual-psychologie* ons al kunnen tonen hoe het ik van een mens zich kan identificeren met het superego: het is voortaan alleen nog maar 'goed', 'prijzenswaardig' en 'capabel' als het overeenkomt met de voorbeeldfiguren, wier invloed in het superego verinnerlijkt wordt. In de *groepstherapie* wordt nu wel merkbaar dat mensen zeer bereid zijn het eigen 'ik' op te heffen in de warmte van een collectief wij-gevoel; het vertoont de neiging de identificatie met het superego sociaal uit te breiden tot de identificatie met de leider van de groep, en daarmee de zwakheid van het 'ik' dat als machteloos wordt ervaren door de gewaande sterkte en grootheid van de leider aan het hoofd van een groep speciaal uitgekozen mensen te compenseren. Pas uit schrik voor het inzicht in zulke mechanismen ontstaat de wil tot verandering, tot nee-zeggen, tot *het stellen van grenzen*.

De groepstherapie is vanuit dat opzicht juist niet wat haar critici haar vaak verwijten: een kalmerend middel van zelfgenoegzaamheid. De psychotherapie veroorlooft niemand zich zonder alternatief in een bepaalde rol te schikken: de *omega* verschijnt dan niet langer als het depressieve masochistische offerlam van iedereen, maar als een mogelijk aandeel van zelfhaat en zelfafwijzing in allen; de *alfa* is niet langer de dwangneurotische leider van allen, maar hij is voorlopig niet meer dan een aanleiding zichzelf als eigen superieur te kiezen, een *bèta* is niet langer een schizoïde-gedistantieerde 'raadgever', maar de illustratie van de mogelijkheid van iedereen om *na te denken* wanneer hijzelf verantwoordelijk en autonoom is; en een *gamma* is uiteindelijk niet langer een hysterisch suggestief schuimvlokje op de golven van de medemensen, maar een mogelijkheid om te functioneren en verplichtingen op zich te nemen *mits* de gestelde doelen werkelijk overeenkomen met de eigen persoonlijkheid. Doordat de psychoanalyse ieder afzonderlijk mens beschouwt als het resultaat van een bijzondere geschiedenis, vermijdt ze in de groepstherapie mensen op voorhand vast te pinnen op een bepaalde positie in een groep; ze vermijdt daarmee tegelijkertijd dat ze een groep als doel op zichzelf aan haar eigen leden voorhoudt, overeenkomstig het barbaarse, ons al vertrouwde fascistoïde devies: 'Jij bent niets, je volk (je groep) is alles'. In een groep waarin ieder afzonderlijk in het kader van zijn mogelijkheden 'alles' kan zijn doordat hij de kans krijgt zichzelf te ontwikkelen, kan de groep zelf nooit iets anders zijn dan een middel tot dit doel. De therapeutische, diep Jezuïsche *identificatie met de 'minste'* vereist en laat een volledig nieuwe toepassing van sociaal psychologische regels toe.

Dat *één* mens zich terugvindt in allen, doordat hij de eigenheid van eigenschappen van anderen in zichzelf herkent, is het doel en het uitgangspunt van een analytisch begeleide groepstherapie. Voor ons wordt nu echter nog veel duidelijker hoe de verschillende aspecten van de *per-*

soon van Jezus in de uitbeelding van het Nieuwe Testament met elkaar vervlochten zijn. We vernamen al hoe Jezus (volgens de mythische legende uit Marc. 1:13) nog voor zijn openbare optreden door de 'duivel' verzocht werd, totdat de 'engelen' hem dienden en de 'dieren' met hem waren, en we zeiden toen dat men de boodschap van Jezus alleen kon begrijpen vanuit een persoonlijkheid die met zichzelf is samengevallen. We zien nu dat het deze psychische integratie in het eigen ik is, die zich sociaal-therapeutisch verbreedt tot integratievermogen ook en juist van de buitenstaanders, de verachten, de vreemden, de 'anderen'. Alleen iemand die zichzelf genoeg kent, kan tegen anderen zeggen: 'dat ben ik ook', en: 'wat er in mij leeft, leeft ook in jullie'.

γ. *'Maar Ik zeg jullie helemaal niet te zweren.' (Matt. 5:34) – over groepen die zichzelf niet vijandig gezind zijn – of: vertrouwen in plaats van eed, verandering in plaats van verstening*

Een groep die voortdurend in *beweging* is – daarin ligt al *een* aanzet voor de oplossing van misschien wel het moeilijkste en gevaarlijkste probleem binnen de sociale psychologie: de latente neiging van iedere groep om zichzelf te ontbinden. Ook over dit probleem heeft Jezus uitspraken gedaan die in eerste instantie niets met elkaar te maken lijken te hebben, maar een innerlijke samenhang vertonen, omdat ze vanuit één en dezelfde grondhouding konden ontstaan en begrepen moeten worden.

Overal kan gezien worden, dat tijden waarin bepaalde groepen (volken, staten, culturen, religies) zich in hun samenhang bedreigd voelen, de gevaren van revoluties, burgeroorlogen of chaotische anarchie met zich meebrengen. In dergelijke fasen van 'fluctuatie' dreigt de geldigheid van de groepsnorm uiteen te vallen, de centrale leiding ziet zich geplaatst voor een zware legitimatiecrisis, de rangverdeling in de groep wordt aanleiding tot een hevige concurrentiestrijd – er treedt precies *die* situatie op die de groep door haar institutionele stabilisatie wilde *verhinderen*. Een belangrijke paradox van alle groepsprocessen ligt er echter in, dat de ontbinding van het groepsverband des te zekerder en des te onvermijdelijker op zal treden, naarmate er meer gerelateerd wordt aan de *angst* voor het ontbinden van het eigen instituut.

Een manier om het lidmaatschap van het eigen groepsleven vermeend *veilig* te stellen is het *'contrat social'*: al bij zijn toetreding tot een bepaalde gemeenschap wordt het groepslid genoodzaakt een soort trouwbelofte, een *eed* af te leggen van zijn onverbrekelijke loyaliteit ten opzichte van de groeps'geest'. Om bijvoorbeeld in de *kerkelijke* betekenis een 'christen' te worden, moet een zuigeling, vertegenwoordigd door zijn 'peetouders', al een 'doopbelofte' afleggen: dat hij levenslang de duivel zal weerstaan en de kerk zal gehoorzamen; om soldaat te worden bij de *weermacht*, moet de rekruut de eed op de vlag afleggen; om het ambt van een *bisschop* te verkrijgen in Paderborn, Essen of Keulen, moet een eed gezworen worden bij de grondwet van de staat Noordrijn-Westfalen; om *professor* in de nieuwtestamentische theologie te worden aan een katholieke faculteit, moet een geloofsbelijdenis afgelegd worden, benevens een eed van trouw aan de pauselijke leer... en zo voorts. In al deze gevallen bezweert de betreffende referentiegroep de angst voor de eigen ontbinding *door een rituele, verplichte verzekering* van al haar afzonderlijke leden, in het bijzonder van haar ambtsdragers, tot onverbrekelijke verbondenheid met de groep; maar doordat ze op deze wijze de angst voor de vrijheid van de groepsleden stop zet door vaststaande rolvoorschriften, ontneemt de groep zichzelf haar eigen speelruimte om te veranderen.

Op dit punt *vergiste* J.J. Rousseau zich: zijn idee van *contrat social* beschreef niet de prehistorische ontstaansgeschiedenis van de menselijke maatschappij, van een stabilisatiemaatregel van de gemeenschap ten opzichte van haar leden maakte ze alleen maar een *mythe* over de herkomst van haar samenhang; ze deelde en versterkte daarmee *de illusie* van het soort zekerheid die groepen zichzelf graag door middel van een eed verschaffen, terwijl ze in werkelijkheid juist aan deze illusie onvermijdelijk te gronde zullen gaan. Want hoe sterker de instellingen bevestigd worden door de druk van de angst, des te taaier wordt het verzet tegen elke aanzet tot hervorming, des te groter wordt de hardnekkigheid van de traditie ten opzichte van elke vernieuwing, des te dikker worden de muren waarmee het interne systeem afgeschermd wordt tegen de condities van het externe systeem. Uiteindelijk verschijnt er als het ware nog een restje overgebleven *levendigheid* als in een quasi *revolutionaire* daad de oude structuren opgeblazen worden en een *nieuw* contact met de werkelijkheid gelegd wordt. De fluctuatie-fase dient dan de poging nieuwe samenlevingsvormen mogelijk te maken, die beter aansluiten op de essentiële voorwaarden van het 'externe systeem'; het gevaar is evenwel groot, dat de ontbinding van het oude identiek wordt aan de ontbinding van de groep zelf, in ieder geval als deze zich al te lang geïdentificeerd heeft met een bepaalde vorm van haar eigen traditie.

Wat geldt op het niveau van de individualpsychologie, geldt niet minder op het niveau van de sociale psychologie: er bestaan angstreacties, waaruit juist die effecten moeten blijken, die men oorspronkelijk het meest gevreesd heeft! *Revolutie in plaats van evolutie* – daarop zal de geschiedenis van elke menselijke groep uitlopen, die wezenlijk aan de angst voor ontbinding probeert te ontkomen door de institutionele druk op haar leden te versterken.

Maar wat kan er *in het belang van het groepsbehoud* dan beter gedaan worden, dan in de *veiligheidsval* te trappen van alle groepsvorming: in het 'contrat social' van de gedwongen beëdiging van haar leden?

Jezus geeft daarop *twee* antwoorden, die pas tegen de achtergrond van deze vraagstelling hun eigenlijke sociaal-therapeutische dimensie krijgen.

De eerste uitspaak staat in Matt. 5:33–37 en luidt: '*Verder hebben jullie gehoord dat tot de ouden gezegd is: U zult de eed niet breken, maar u houden aan uw eed voor de Heer. Maar Ik zeg jullie helemaal niet te zweren. ... Maar je ja zij ja en je nee zij nee. Wat daar nog bij komt is uit de boze.*' Hier heeft Jezus niet alleen de moed de wet van Mozes (Lev. 19:12; Num. 30:3) te corrigeren, hij verbiedt vooral dat de angst van de groep voor haar leden nog langer gekalmeerd zou worden door de procedure van de *eed*. De motivatie voor dit energieke verbod op elke eed (vgl. Jac. 5:12!) kan weer het gemakkelijkste afgeleid worden uit de behoeften van therapiegroepen; men hoeft zich alleen maar af te vragen wat de eedaflegging *betekent*.

Zolang groepen hun leden ertoe noodzaken hun groepsbinding als iets heiligs voor God te belijden, plaatst de groep zichzelf tegenover het individu als iets goddelijks, iets absoluuts. Er is geen instrument dat de afhankelijkheid van het individu van zijn groep sterker bevestigt, dan de eedaflegging met een beroep op God. Het groepsdoel dat de eed definieert en markeert, is niet dat de groep de vermenselijking van het individu dient, maar het is het in gebruik nemen van het individu door de vergoddelijkte groepspraktijk. En juist *daartegen* is het *veto* van de man uit Nazareth gericht!

Maar het gaat nog verder: nauwkeuriger beschouwd, verzekert de groep zich met behulp van de eed in wezen niet van de *persoon* van het individu, maar van zijn *bezigheden*, van zijn gedrag! In de eed stelt de groep niet het individu ter discussie, wie hij is, wat hij zou kunnen zijn, ze vraagt er enkel en alleen naar, hoe ze zich kan verzekeren van de individuele *bezigheden* van de enkeling; niet de binnenkant, maar de *buitenkant* van ieder afzonderlijk mens wordt hier onderworpen aan onderzoek en controle. De eed als instituut *bestaat* uit deze veruiterlijking van het individu onder de gedwongen aanpassing van iedereen. In een eedsituatie doet het er niet toe wat een officier in het leger zelf denkt of voelt – hij moet zich zo gedragen, zoals hij gezworen heeft – alleen dat telt. Het doet er niet toe, wat een individuele bisschop *persoonlijk* denkt, gelooft of voelt; als beëdigd *ambtenaar* heeft hij gezworen zich nooit tegen pauselijke instructies te verzetten.

Bovendien is de eed, juist omdat hij het gedrag van mensen *voor altijd* vastlegt, het veiligste middel om toekomstige *veranderingen* te blokkeren. Het individu dat een eed aflegt, verpandt zijn gehele speelruimte voor toekomstige ontwikkeling aan de groep, – hij moet in eeuwigheid, ongeacht hoe zeer hij persoonlijk door nieuwe ervaringen en inzichten ook kan veranderen, voor de anderen zo blijven, zoals hij op het ogenblik van de eed geloofde te kunnen beloven. In de eed verlangt de groep niets meer en niets minder, dan dat het individu zijn gehele leven als iets beschouwt waarover hij voor altijd, voor nu en later, zou kunnen beslissen, al is het doel daarvan dat anderen er naar *hun* goeddunken over beschikken.

Ook tegen een dergelijke *vermetelheid* richt zich Jezus' verbod op de eed en wel in overeenstemming met een reeks ervaringen waarvan de bijbel zelf gewag maakt: als de God van Israël de mens *verbiedt*, een gesneden beeld te maken van het goddelijke (Ex. 20:4), en op de vraag van Mozes: 'Hoe is zijn naam?' slechts ten antwoord krijgt: 'Ik ben die is.' (Ex. 3:14), – hoe kan een mens dan menen dat hij zichzelf zo goed kent, dat hij voor altijd aan anderen zou kunnen beloven in de toekomst *een bepaalde persoon* te zijn? Abram – wie was hij, voordat hij *Abraham* werd (Gen. 17:5)? Jakob – wie werd hij, toen hij kreupel bij de Jabbok *Israël* werd (Gen. 32:23-33)?

Een eed *weigeren* vereist in dit opzicht al inzicht in de eigen beperktheid en in de onzekerheid van de toekomstige ontwikkeling. Men kan alleen hopen dat deze ontwikkeling, hoe ze ook verloopt, in Gods hand mag liggen; maar *beloven* – nooit!

Maar vooral: met behulp van een eed neemt de groep het op zich de *leugen* tussen de mensen in die mate in te dammen waarin het voor henzelf verdraaglijk is; op z'n minst op plaatsen die van belang zijn voor het samenleven van allen, moet de eed zoiets als de betrouwbaarheid en eenduidigheid in het gedrag van individuen waarborgen; niet de innerlijke waarachtigheid, maar uiterlijk goed gedrag moet op deze wijze gereglementeerd worden. In de *straf* die op *meineed* staat, moet de angst van de groep voor haar ontbinding weerspiegeld worden in de angst van het individu om door de groep uitgestoten te worden; als straffende instantie echter claimt de groep in de eed God zelf; en *dat* schijnt één van de belangrijkste redenen van Jezus te zijn geweest om vastberaden op te treden tegen de eedpraktijk van zijn tijd en van alle tijden: God mag niet misbruikt worden in naam van de heersende macht om mensen te intimideren; God is het belangrijkste oriëntatiepunt van het menselijke bestaan om de afgrond van de angst en de dubbelzinnigheid te *overwinnen*, maar Hij is niet de bevordering van bepaalde groepsrechten ten koste van afzonderlijke groepsleden, God is *niet* de belichaming van het groepsegoïsme (zie p. 43 e.v.), Hij is *niet* de voodoo-geest van de stam; hij is de kracht die individuen in staat stelt zichzelf te vinden en *waar* te worden.

Doordat Jezus de eed afwees als instrument van een geïnstitutionaliseerde waarheidsdwang, heeft hij tegelijkertijd de vraag hoe een mens 'zeker' kan zijn van de ander opnieuw opgevat als een therapeutische vraag die in de eerste plaats in het leven van een individu gesteld wordt.

In de *individuele therapie* blijkt al dat de 'leugen' eerder een kwestie van karakter is dan van gedrag. Het is de *onbewuste* tegenstrijdigheid tussen geremdheid en zelfbeheersing, tussen verdringing en compensatie, tussen superego en aandriften, tussen persoon en anima, die in werkelijkheid tot allerlei soorten bedrog en zelfbedrog moet leiden. Niet de bewuste list, maar de afleidingsmanoeuvres van *onbewuste* angsten vormen het probleem van de 'leugen'. Geen mens kan zeggen: 'mijn ja is ja en mijn nee is nee', zolang hij zich niet met zichzelf vereenzelvigd heeft. Om zich echter met zichzelf te vereenzelvigen is een *vertrouwen* nodig dat de vanaf de kindertijd opgeslagen angst voor veroordeling op grond van alle mogelijke onaardige eigenschappen, gedachten en neigingen steeds meer beperkt en vervangt door een zich langzaam ontplooiende eerlijkheid, door een steeds sterker wordende moed ten opzichte van zichzelf en door een geduldig werken aan zichzelf.

In de *groepstherapie* is het niet anders.

Terwijl de *eed* de angst van een individu voor straf alleen maar *vergroot*, begaat een therapiegroep om de angst van de groep voor haar eigen leden te sussen, precies de tegenovergestelde weg om datzelfde probleem op te lossen: door het individu te *vertrouwen* probeert ze zo'n vertrouwen in hemzelf te kweken, dat hij de 'leugen' van zijn kindertijd, de voortdurende *karaktermimicry*, niet langer nodig heeft. Therapeutisch (of gewoon met menselijke welwillendheid) beschouwd, vormen de 'leugens' slechts het ensemble van alle waarheden die uit angst nog niet aan het daglicht toevertrouwd durven worden; wordt intussen aangetoond hoe achterhaald en overbodig deze angsten *tegenwoordig* zijn, dan valt de basis weg die vroeger temidden van een wereld vol dreigend gevaar de leugen als een soort intelligent wapen ooit onontbeerlijk maakte.

Het is daarom menselijk gezien zinloos een ander te verwijten dat hij de waarheid *niet* zegt; – met hetzelfde 'recht' zou men hem kunnen verwijten, dat hij niet het nodige vertrouwen op kan brengen dat hij in geval van waarheid *niet* veroordeeld of afgewezen wordt. De ander zal precies zoveel over zich meedelen, hij zal precies zoveel *waarheid* toelaten, als hij aan vertrouwen bezit; daarom zal in zekere zin ieder van de anderen juist zoveel 'waarheid' te horen krijgen als hij *verdient*. De mate aan waarheid die men een mens schenkt, is dezelfde als de mate aan vertrouwen die hij uitstraalt. De *waarheid*, met andere woorden, is een bloem die bloeit als de sneeuw begint te smelten; de *eed* is een gevangenis van ijs van een slechts broze duurzaamheid, een noodhuisvesting in de koude.

Alleen al dit soort beschouwingen werpen een schril licht op de kwestie van *oorlog en vrede*. In de internationale *diplomatie* geldt het sluiten van bindende verdragen als belangrijkste middel om verzekerd te zijn van de vrede; *pacta sunt servanda* – verdragen zijn heilig! Volgens dit Romeinse devies verkrijgt de *eed*, in de vorm van een verplichtende overeenkomst tussen staten en volken, juist de betekenis van een vredesgarantie. Een systeem van niet-aanvalsverdragen, bijstandsverdragen, vriendschapsverdragen, handelsverdragen en vredesverdragen formuleert daarom de politieke en economische betrekkingen tussen de belangengebieden en machtsblokken. En toch leert de geschiedenis steeds weer dat verdragen slechts zolang stand kunnen houden als het vertrouwen duurt waarvan ze leven. Immanuel Kant nota bene waarschuwde ertegen, zodanig oorlog te voeren, dat het zonder onderscheid uitroeien van strijdenden en niet-strijdenden een beoogd doel vormt van de 'krijgshandelingen'; zijn argument luidde typerend genoeg dat het na een 'vernietigingsoorlog' niet meer mogelijk zou zijn elkaar de mate aan vertrouwen te schenken die voor het sluiten van een verdrag nodig is; een tegenstander die in het verleden met voorbijgaan aan alle morele regels *alles* gedaan had wat hem aan vernietigingsmiddelen ter beschikking stond, zo iemand is ook in de toekomst tot *alles* in staat.

Kant kon niet vermoeden, hoezeer de menselijke geschiedenis kan 'verkillen'! Wij leven tegenwoordig in een tijd waarin de militairen hun 'vertrouwen' niet langer stellen in de betrouwbaarheid van zichzelf of hun 'tegenstander', maar alleen in de doodscapaciteit van hun massavernietigings'wapens' en in de angst die zij ieder ander daarmee kunnen bereiden. Een 'angstevenwicht' – er zal wel nooit een cynischer omschrijving gevonden worden voor het woord 'vrede'; en toch geldt de 'filosofie' van de 'koude oorlog', de dreiging met de totale vernietiging van hele landstreken, voor enkel 'realistisch', 'politiek verantwoord' en 'een waarborg voor vrede', – ze heeft 'gefunctioneerd'. Want inderdaad, als een bepaalde persoon 'alles' kan doordat hij zich moreel bereid toont altijd tot het uiterste te gaan, kan geen van de anderen meer 'iets' doen.

Deze georganiseerde paranoia schijnt tot op heden de enige manier van 'vrede' die kan worden ingesteld in 'de wereld' van angst, van wantrouwen en een door de staat op hoog niveau gehouden bereidheid tot buitensporig geweld. Het is het *Johannes*-evangelie dat dan de, naar zijn mening, ware 'koning' van de wereld *antithetisch* in de 'afscheidsrede' laat zeggen: '*Vrede laat ik jullie na, mijn eigen vrede geef ik jullie, een andere dan de wereld te bieden heeft.*' En hieraan wordt de voorwaarde toegevoegd, die deze vrede mogelijk maakt en waarop al het 'therapeutisch' streven zich richt: '*je moet je dus niet zo laten verontrusten en de moed niet verliezen.*' (Joh. 14:27).

Tussen beide vormen van 'vrede' moet *gekozen* worden. Ze kunnen niet *naast elkaar* bestaan. *Ofwel* de eed, de verdragsverbintenis in en uit angst, *of* een waarachtigheid, die in en uit vertrouwen van binnenuit groeit– één van beiden! Eén enkele uitspraak van Jezus uit de bergrede in de herinterpretatie van de *Johanneïsche* Christus, beschikt over de macht de instelling van letterlijk een hele 'wereld' open te leggen en *af* te leggen.

Nog een andere uitspraak van Jezus, die Marcus al citeert, is geschikt om de sociale psychologie van de menselijke samenleving fundamenteel te veranderen, doordat deze de angst voor veranderingen in alle opzichten uit de wereld probeert te helpen. Aangevallen vanwege zijn 'liberale' houding ten opzichte van de 'tollenaars' en 'zondaars', ter verantwoording geroepen vanwege zijn 'vrije' opvatting van het vastengebod, verklaart Jezus aan de discipelen van Johannes de Doper en tegelijkertijd aan de farizeeërs: '*Niemand naait een lap van ongekrompen stof op een oude jas. Anders trekt het opgezette stuk eraan, nieuw aan oud, en wordt de scheur nog erger. Ook doet niemand jonge wijn in oude zakken. Anders doet de wijn de zakken barsten, en gaat de wijn verloren met de zakken. Nee, jonge wijn moet in nieuwe zakken*' (Marc. 2:21-22).

Men kan het gebeuren in groepen niet echt begrijpen, als men niet ziet tot in welke absoluut ondergeschikt lijkende details *angst* beetje bij beetje gebonden wordt door vaststaande (rituele) handelingen. We nemen bijvoorbeeld een aantal van slechts acht mensen, die twee keer per week samenkomen voor een gesprek met de psychotherapeut; met een aan zekerheid grenzende waarschijnlijkheid kan verwacht worden dat alle deelnemers al tijdens de tweede zitting precies dezelfde stoelen zullen bezetten als de eerste keer; wat aanvankelijk door louter toeval ontstond, zal al heel snel op den duur een vaste regel in de omgang blijken te zijn. Het motief daarvoor kan gemakkelijk verklaard worden: steeds opnieuw in discussie te moeten gaan over de 'juiste' plaats, zo mogelijk erom te moeten strijden, is simpelweg ondermijnend en zenuwslopend. *Daarom* is het spreekwoord zo waar: 'wie het eerst (bij de molen) komt, het eerst maalt' en 'zoals de boom valt, blijft ze liggen'. Als daarentegen de groepsleider op een dag voorstelt om eens van plaats te *wisselen*, dan breekt geregeld onzekerheid en angst uit. Alleen daarom al behoren dergelijke 'stuivertje-wisselen' spelletjes tot het repertoire van de zelfervaring van alle therapiegroepen. Maar: als alleen al de angst voor zuiver ruimtelijke veranderingen een groep zo onbeweeglijk kan maken, hoe zal het er dan aan toegaan als het gaat om veel belangrijker thema's als de 'positieverdedigingen' van sociale 'functies' of het doorvoeren van geestelijke 'standpunten'?

De woorden van Jezus bevatten een duidelijke *waarschuwing* tegen elk streven naar 'zekerheid', dat niets anders wil dan 'rust' en 'orde', doordat het zijn toevlucht zoekt in de 'oplossingen' en antwoorden van het *verleden*. Dat er iets nieuws bestaat, dat er veranderingen optreden, dat men gaten moet dichten is onontkoombaar; maar als men alles bij het oude houdt en alleen maar hier en daar een dringend noodzakelijke reparatie uitvoert, dan stort uiteindelijk alles in elkaar – zelfs de hervorming breidt zich dan uit tot een revolutie. En niet alleen bij het dichten van gaten, niet alleen in *nood*situaties, – ook de 'wijn', ook de levensenergie van de vreugde verlangt naar een 'context' die *nieuw* genoeg is om de 'gisting' van het leven te verdragen.

Jezus' instelling was op dit punt heel eenduidig: menselijke waarheid laat zich niet vastleggen door overeenkomst noch door overlevering! Net zomin als men zich met behulp van de eed 'veilig' kan stellen voor de toekomst, net zomin kan men zich met behulp van traditie veilig stellen tegen het verleden. Wat waar is aan mensen wordt *nu* beslist, en alleen vanuit datgene wat mensen echt nodig hebben, worden de structuren van hun samenleving gevormd. Natuurlijk, men kan met behulp van dogmatische pretenties en machtspolitieke berekening gedurende lange tijd elke verandering en elke aanpassing aan de behoeften van de eigen groepsleden in de weg staan, men kan de laag van de alfa's en de bèta's steeds verder van de gamma's en de omega's vervreemden, maar men verbruikt daarmee geruisloos het laatste krediet dat de autoriteit misschien nog bezit of men degenereert zo'n groep uiteindelijk tot zijn eigen museum (de enkele 'Samaritanen' tegenwoordig aan de voet van de berg Garizim, in de buurt van Nablus, vormen een voorbeeld van zo'n vorm van geloofsovertuiging die zichzelf door starheid overleefd heeft), of het geweld van al te lange onderdrukking keert zich ooit een keer tegen de onderdrukkers zelf.

Hoe deze omkering van het geweld tegen het 'oude', tegen het *al te* oude 'regime' in een revolutionaire daad ook gemotiveerd kan worden als een recht om zonder pardon te doden, zelfs als de plicht om oorlog te voeren tegen de heersende macht, heeft in de geschiedenis nooit iemand duidelijker en afschuwelijker aangetoond dan *Saint Just* in het pleidooi waarmee hij voor de Nationale Conventie van de Franse Revolutie de terechtstelling van *Danton* verdedigde: 'Er schijnen in deze vergadering', verklaarde hij, 'enkele overgevoelige oren te zijn die het woord bloed niet goed kunnen verdragen. Enige algemene beschouwingen mogen hen overtuigen dat wij niet gruwelijker zijn dan de natuur en de tijd. De natuur volgt rustig en onweerstaanbaar haar wetten, de mens wordt vernietigd waar hij met haar in conflict komt. Een verandering in de bestanddelen van lucht, een oplaaien van het tellurische vuur, een schommeling in het evenwicht van een watermassa en een epidemie, een vulkaanuitbarsting, een overstroming begraven duizenden. Wat is het resultaat? Een onbetekenende, op het grote geheel nauwelijks merkbare verandering van de fysieke natuur, die bijna ongemerkt voorbij zou zijn gegaan als er geen lijken op haar weg zouden liggen. – Ik vraag nu: moet de zedelijke natuur meer consideratie hebben dan de fysieke? Moet een idee niet net zo goed als een fysieke wet kunnen vernietigen wat zich tegen haar verzet? Moet trouwens een gebeurtenis die de hele vormgeving van de zedelijke natuur, dat wil zeggen de mensheid verandert, niet over lijken mogen gaan? De wereldgeest bedient zich in de geestelijke sfeer van onze handen net zoals hij in de fysieke sfeer de vulkanen of overstromingen gebruikt. Wat maakt het nu uit of ze aan een epidemie of aan een revolutie sterven ... Is het niet eenvoudig zo dat in een tijd waarin de gang van de geschiedenis sneller gaat, ook meer mensen buiten adem raken? ... Is het ... zo vreemd, dat de stroom van de revolutie bij elke onderbreking, bij elke nieuwe kromming zijn lijken uitstoot ... moeten een paar honderd lijken ons verhinderen ze te maken? – Mozes leidde zijn volk door de Rode Zee en de woestijn tot de oude verdorven generatie vernietigd was, voordat hij een nieuwe staat stichtte. Wetgever! Wij hebben noch de Rode Zee noch de woestijn, maar wij hebben de oorlog en de guillotine. – De revolutie is als de dochters van Pelias: ze snijdt de mensheid aan stukken, om ze te verjongen. Zoals de aarde uit de bron van de zondvloed, zal de mensheid uit het bloedbad opstijgen met oersterke leden, als was ze voor de eerste keer geschapen.'

Alle opstanden, burgeroorlogen, revoluties en vrijheidsbewegingen hebben na jaren van gedwongen 'rust' gedacht als *Saint Just*: als iedere poging tot hervorming altijd maar weer ongehoord wegsterft, blijft er uiteindelijk schijnbaar alleen nog maar de surrogaattaal van het geweld over; dan wordt het afslachten van mensen alleen al gerechtvaardigd door de beweging die ze dient en voorthelpt, toch schijnt de hardnekkigheid van het bestaande alleen al dodelijk genoeg. De uitspraken van Jezus daarentegen roepen het bestaande er juist toe op om zijn eigen instorting op het laatste moment misschien nog te voorkomen door zich tijdig in te stellen op het onvermijdelijk *nieuwe*. Evenwel: juist daarom trok de man uit Nazareth, zoals een boom, die alleenstaand, al te hoog de lucht in gaat, de bliksem aan met alle kracht uit de drukkende wolken. De vonk sprong over, het onweer ontlaadde zich, de lucht klaarde op, maar de prijs die hij daarvoor betaalde was de vernietiging van zichzelf. Hij die wilde doorbreken dat de menselijke samenleving zichzelf fossiliseerde ten gunste van recht op leven en het geluk van de mensen, riep als het ware opzettelijk de weerstand op van degenen die hopeloos ouderwets waren; maar hij wilde niet 'wachten'; hij *ver*wachtte eenvoudig dat de anderen meekwamen; hij was niet 'geduldig'; hij leefde zoals het hem goed leek, *nu*, zonder uitstel, zonder het vooruit te schuiven. *Dat* was de reden van zijn zeer vroegtijdige dood; *dat* werd een reden voor zijn eeuwige toekomst.

δ. *'Als je niet verandert en wordt als kinderen...' (Matth. 18:3) – of: bestaat er een vredesopvoeding? Over de verhouding tussen psychotherapie en pedagogiek met 'christelijk' oogmerk*

Jezus' boodschap werd in zijn tijd een dodelijke provocatie voor hemzelf en dat zal ze zeker ook vandaag nog worden voor iedereen die haar serieus probeert na te streven. Maar valt er ook nog iets goeds te leren uit het steeds terugkerende onheil van de menselijke geschiedenis? Wel, elke generatie moet haar menselijkheid zelf aanleren, oefenen en verwerven, – cultuur laat zich niet door de tijden heen overleveren zoals biologisch erfgoed; maar is er dan niet op z'n minst voor ons volwassenen en voor onze kinderen een leermethode die op een *vredesopvoeding* zou kunnen lijken? Het antwoord daarop bevat, in vergelijking met het voorbeeld van Jezus, weer een nieuwe provocatie, maar het kan gemakkelijk aangetoond worden dat alleen in deze controverse een sfeer van vrede zich in de ziel van de mens kan verspreiden.

'Christelijke opvoeding' – dat betekent in het huidige Duitsland vooral 'godsdienst' als verplicht vak in alle schoolklassen laten doceren onder toezicht van de overheid en met bisschoppelijke goedkeuring; 'christelijke opvoeding' – dat betekent, dat men het 'christendom' kan *leren* zoals ieder ander 'prestatievak' met afsluitend een proefwerk en een cijfer; 'christelijke opvoeding' – dat veronderstelt, als het er zo voorstaat, dat het 'christendom' in wezen gezien moet worden als een *leer*, waarvan men de inhoud niet vroeg genoeg aan kinderen door kan geven. Evenwel verhoudt deze hele constructie zich tot het voorbeeld van Jezus als water tot vuur; wat de man uit Nazareth wilde was *geen* nieuwe *leer*vorm, maar een nieuwe *levens*vorm; hij wilde geen goddelijk bekrachtigd doceren, maar hij wilde een menselijker bestaan mogelijk maken door diep vertrouwen te hebben in God. Elke poging uit zoiets hoogstpersoonlijks weer iets institutioneels te maken dat gebonden is aan katheder en kansel, valt onder de bittere, toornige vervloeking van Jezus in Matth. 23:13 'Wee u, schriftgeleerden...' Meer nog: door de boodschap van Jezus schools te maken tot een dogmatisch te formuleren en voorgekauwd leerstelsel, verwordt de 'christelijke' opvoeding tot louter een zelfreproductie van kerkelijke dwang in de hoofden van minderjarigen. Niet de vrede, maar het fanatisme wordt op deze wijze bevorderd; – alle betuigingen van tolerantie en van bereidheid tot leren ten spijt moet uiteindelijk God de Heer op de knieën ervoor gedankt worden, dat Hij de totaliteit en grootsheid van zijn wijsheid in juist deze confessie, bijvoorbeeld in de katholieke kerk, te kennen heeft gegeven; uiteindelijk gaat het er dan om van harte te wensen en met alle kracht eraan te werken, dat ook alle andere mensen zich zullen 'bekeren' om in dezelfde mate deel te hebben aan deze enig ware en goddelijke *leer*. Het is tenslotte niet het therapeutische filter van de boodschap en het optreden van Jezus, het is zijn grondhouding van een onvoorwaardelijke acceptatie van ieder afzonderlijk waarmee Jezus de God van een open hemel dichter bij alle mensen wilde brengen, mensen die beslist onverenigbaar zijn met het gebruikelijke soort inperking tot de één of andere kerkelijke aanspraak op exclusiviteit, samen met de geïnstitutionaliseerde dogma's en riten die daarvan de basis vormen.

Steeds weer stuiten we op het verschil van de figuur van Jezus en de figuur van bijvoorbeeld een *Socrates*. Te *leren* wat Jezus wilde, dat is alleen mogelijk doordat men het waagt meer vertrouwen te hebben, onbevangener te leven, intensiever lief te hebben en moediger te hopen. Zou het 'geloof' in God in Jezus' betekenis een intellectuele, in plaats van een existentiële toestand zijn, dan bevonden de (in kerkelijk opzicht) 'ontwikkelden' zich ten opzichte van de 'onontwikkelden' direct in een onvergelijkbaar bevoorrechte positie. Maar juist dat was voor de man uit Nazareth ondenkbaar. Hij *prees* God er letterlijk voor dat Hij alles wat hij te zeggen had, voor de wijzen en verstandigen *verborgen*, maar voor de 'eenvoudigen', de *kinderlijken,* had 'geopenbaard' (Matth. 11:25).

Vooral echter: het hele kaliber van Jezus' optreden veroorlooft geen *adresoplichterij*, iets wat Sören Kierkegaard de kerkelijke ambtenarij van zijn tijd al voorhield. Zolang het 'christendom' geldt als iets wat verkregen kan worden door intellectuele scholing, bestaat de 'christelijke opvoeding' er in wezen uit aan de *anderen* iets te vertellen wat men zelf helemaal niet hoeft te doorleven om het *door te geven*. – Zo laten ouders hun kinderen in 1995 in de bondsrepubliek Duitsland 'religieus' opvoeden, door er fel tegen te protesteren dat, naar uitspraak van het federaal constitutioneel gerechtshof, het kruis uit de klaslokalen van de Beierse scholen verwijderd moet worden. Het *kruis,* zeggen zelfs bisschoppen als *Walter Kasper* uit Rottenburg, is een teken van de christelijke traditie, waarin ook de Duitse staat geworteld is. De bisschop schijnt niet eens te merken wat hij hier zegt! Het *kruis*, dat riskeerde de man uit Nazareth doordat hij de verplichte traditie van een rabbinaal gecontroleerde religie in een vurig profetisch protest overboord gooide: 'Hij is geen God van doden maar van levenden' (Marc. 12:27); met dit soort uitspraken sprak hij over zichzelf het doodvonnis uit. Naar het *kruis* ging de man uit Nazareth, omdat hij, zoals niemand voor hem en niemand na hem troon en altaar *provoceerde*; juist het *samenspel* van staat en religie, van hogepriester en Romeinse procurator, van Kajafas en Pilatus, was voor hem iets dat op leven en dood *onverdraaglijk* was. Hoe kan men dit teken van ultiem verzet tegen 'tradities' verenigen met de burgerlijke conventie, hoe kan men daarmee een 'coöperatieverdrag' tussen staat en kerk rechtvaardigen! Het kruis aan de muur *geldt* als een teken van het 'belijden' van de man uit Nazareth, maar *in werkelijkheid* geldt deze 'belijdenis' niet het voorbeeld van Jezus, maar juist die denkwijze en die instanties die hem vernietigd hebben en vernietigen moesten. Dan verwordt het kruis van Jezus tot de fetisj van een 'opvoeding van kinderen', waaraan de volwassenen vasthouden om zichzelf de uitdaging te besparen, om ook maar iets na te leven van hetgeen waarvoor Jezus opgekomen is – als *afzonderlijk individu*, in tegenstelling tot de massa. Alle 'christelijke' opvoeding begint ermee en bestaat eruit een *individu* te worden. En dat is het punt waar hetgeen tot dusver 'psychologie' heette zich moet verbreden tot *pedagogiek*.

Welk voordeel kan de pedagogiek eigenlijk van de dieptepsychologie hebben? Het gebruikelijke tegenargument luidt: de dieptepsychologie is hoogstens een bruikbare theorievorming voor de behandeling van psychisch zieken; pedagogiek heeft echter te maken met de opvoeding van 'normale', gezonde kinderen. De school, zegt men, is geen ziekenhuis of sanatorium, eerder een oefenruimte voor onze maatschappij. Natuurlijk is dat juist, tenminste, *zo*lang men geen reden ziet de grondslagen van 'onze maatschappij' ter discussie te stellen. Maar juist dat is echter het geval zodra men de wereld begint te zien met de ogen van Jezus! Juist dat is het geval zodra men zich afvraagt wat verwacht kan worden van een maatschappij, waarvan de samenlevingsregels *oorlog* niet uitsluiten, maar mogelijk maken, en onder bepaalde omstandigheden zelfs vereisen.

Het is duidelijk noodzakelijk om onze kinderen *anders* op te voeden dan wijzelf opgevoed zijn, om te worden wat wij zijn: 'volwassenen'! Hoe kan, met andere woorden, zo'n 'opvoeding' tot stand gebracht worden die het kinderen mogelijk maakt *kinderen* te blijven?

Deze vraag kan niet anders beantwoord worden dan met behulp van de dieptepsychologie, waarvan het streven juist de 'wedergeboorte' of het 'herstel' van het kind geldt, dat wij ooit waren of hadden willen zijn.

Een antwoord dat graag gegeven wordt, als het om 'vredesopvoeding' gaat, luidt: vredesopvoeding moet in het gezin beginnen. Men meent daarmee zeer terecht dat kinderen door het voorbeeld van hun ouders op de één of andere manier gewelddadigheid of vredelievendheid zullen aanleren. 'Zolang kinderen geslagen worden, zullen er oorlogen zijn', was de Zwitserse psychoanalyticus Hans Zulliger van mening, die voor de eerste keer de gedachten van S. Freud probeerde toe te passen op het schoolleven. Een kind dat geslagen wordt, leert natuurlijk niet dat het fout is, het leert dat zijn wil door een sterkere macht gebroken kan worden en dat het voortaan onder alle omstandigheden moet erkennen dat deze sterkere macht in zijn recht staat. De angst voor het ouderlijk pak slaag leert het kind niet in recht, maar in *macht* te geloven; macht te verkrijgen en daardoor 'recht' op alles te hebben, wordt daarom al snel zijn droomwens. De vernedering, het overgeleverd-zijn, de weerloosheid ten opzichte van de sterkere, wat tot het ceremonieel van het pak slaag behoort, laat nauwelijks een andere verwerking toe dan het streven om later anderen zelf een keer iets dergelijks aan te kunnen doen. Toen men eind 1990 mee moest maken hoe de president van de Verenigde Staten opzettelijk aanstuurde op de Golfoorlog en daarbij verklaarde dat hij niet met Saddam *Hussein* wilde praten, maar hem 'een schop onder zijn gat zou geven', vroegen Amerikaanse psychoanalytici zich niet geheel ten onrechte af hoe *George Bush* in zijn kindertijd eigenlijk behandeld was...

Anderen geven ouders ieder jaar voor kerst weer het advies in hemelsnaam geen *oorlogsspeelgoed* te kopen voor hun kinderen, of ze maken zich zorgen over de gruwelijkheden in veel sprookjes, ook in uitgaven voor kinderen. Maar juist in de omgang van kinderen blijkt hoe noodzakelijk het is 'therapeutisch' in plaats van op een mechanische manier 'leertheoretisch' te denken. Het is onmogelijk een kind in een omgeving zonder agressie op te voeden; het is echter wel belangrijk om te leren hoe men zo met agressie omgaat, dat men zichzelf en anderen geen schade toebrengt.

Een belangrijk deel van de psychotherapie zowel met kinderen als met volwassenen komt daarom, evenals in het verhaal van de bezetene uit Gerasa (zie p. 185 e.v.) , neer op het *symbolisch* afreageren van opgekropte agressies. Alle gevoelens, ook en vooral de agressieve, bezitten therapeutisch beschouwd hun rechtvaardiging en hun betekenis. Het 'ik' kan alleen een bepaalde kracht en een gevoel van onaantastbaarheid verkrijgen, als het geleerd heeft zijn agressies noch ongecontroleerd op anderen te richten, noch op een zelfvernietigende manier op zichzelf te richten. Een kind dat bijvoorbeeld in het sprookje van Grimm over de 'twee broers' hoort hoe een zevenkoppige vuurspuwende draak overwonnen wordt door een dappere jager met een toverzwaard, vindt in zo'n verhaal gelegenheid te over zijn ergernis over een driftige vader in zijn fantasie af te reageren, tot een dergelijk doel kan desnoods ook oorlogsspeelgoed dienen. Het is in elk geval altijd nog beter om op de *keukentafel* tanks te beschieten en vliegtuigen uit de lucht te halen, dan katten te plagen en kikkers op te blazen. Dit soort spelletjes worden pas bedenkelijk als een bepaalde militaire context ze verandert tot vooroefeningen van het kind voor de noodsituatie van de toekomstige soldaat.

Veel belangrijker intussen dan zulke relatief specifieke vragen over een 'vredesopvoeding' zijn enkele grondbeginselen, die in zekere zin zuiver logisch afgeleid kunnen worden uit de gegeven symptoomanalyse. We geven de volgende *zeven* grondbeginselen:

1. Als de fixatie op de bevelhebbende autoriteit behoort tot de sociaalpsychologische structuur van alle militaire acties, dan vormt het ervaren van *autoriteit* in de kindertijd al duidelijk een beslissende factor tot krijgshaftigheid en oorlogszuchtigheid. Er zijn twee extremen mogelijk. Het is mogelijk dat een kind *te weinig* autoriteit ervaart van de zijde van zijn ouders en opvoeders, dan zal het op het gebrek aan leiding reageren met angst en onevenwichtigheid, het zal het tekort aan autoriteit opvatten als zwakheid of onverschilligheid van zijn opvoeders en door gerichte agressies een 'sterke' reactie proberen te provoceren. Met andere woorden: een tekort aan autoriteit kan niet alleen een reactionaire ge-

welddadigheid oproepen, maar, daaraan gepaard, een uitgesproken verlangen naar een quasi militaristische leiding. Zelfs het gecommandeerd worden op het kazerneplein kan uiteindelijk ervaren worden als een verlossing van een gevoel van waardeloosheid en gedesoriënteerd zijn: eindelijk weet 'men' wie 'men' is! Eindelijk kent 'men' 'het klappen van de zweep'!

Het omgekeerde is natuurlijk ook mogelijk: een autoriteit die door haar strengheid weliswaar wrijving en weerstand oproept, maar toch sterk genoeg is om onvoorwaardelijke onderwerping af te dwingen. Ook in dit geval zal het 'ik' van een kind zich zelfs al ervaren als misplaatst en ongeliefd, maar zich uiteindelijk bereidwillig, zo niet domweg enthousiast, onderwerpen aan het bevel van buitenaf, om op die manier tenminste een gevoel van saamhorigheid en erkenning te verkrijgen. Het arrangement met de onderdrukkende autoriteit komt des te gemakkelijker tot stand, naarmate de opgekropte woede op bevel afgeschoven kan worden op een 'vijand'; de oorspronkelijke tegenstand tussen de onderwerper en de onderworpene verenigt zich dan, naar men meent in beider voordeel, tot een krijgsverband tegen een derde.

Als voorbeeld daarvoor nog eens de kindertijd van Adolf Hitler: na de dood van drie van haar kinderen door zijn moeder als afgod vereerd, werd de opgroeiende jongen, zoals men weet, vaak des te harder geraakt door de vaak brute kastijding van zijn vader en dat kweekte bij hem een uitgesproken gevoel dat hem een zwaar *onrecht* aangedaan werd; het chronische *onvermogen* van de latere dictator om ooit een fout in te zien of zelfs te erkennen, zijn neiging om steeds *anderen* voor zijn eigen falen verantwoordelijk te stellen, werd er bij hem als kind al letterlijk ingeslagen; onder de fatale 'autoriteit' van zijn vader, nog versterkt door het contrast met zijn toegeeflijke moeder, leerde *Adolf Hitler* in deze omstandigheden twee dingen tegelijk: dat hij ten opzichte van de woede van zijn vader *altijd* in zijn recht zou staan en dat alleen het bezit van macht hem uit zou kunnen tillen boven de erkenning van elke aanspraak op recht! Reactieve fantasieën over zijn genialiteit, voortgekomen uit de overschatting door de moeder, evenals uit overcompensatie van de voortdurende vernedering door de vader, konden zich zo verenigen met een instinctieve verering van de macht uitgerekend in haar bruutste vorm, en in het kind al de geheime wens opwekken zich ofwel onvoorwaardelijk aan zo'n macht te onderwerpen, zoals een hond aan zijn heer – ofwel zo mogelijk zelf de belichaming van deze macht te zijn! De angst voor de vader liet slechts deze beide uitwegen toe: of de onderwerping, het dienen, de zelfopoffering, zoals *Hitler* het in de Eerste Wereldoorlog *enthousiast* opnam voor de Duitse keizer, of de promotie tot surrogaatkeizer, tot Führer, tot dictator.

Hitler en het Duitse volk – psychoanalytisch beschouwd, beeldde dit twaalfjarige pact bestaande uit blinde verering en brute geweldpleging bijgevolg een in het sociale getrokken portret uit van de verhouding van Alois Hitler en zijn vrouw Klara, waarbij haar zoon Adolf later als de 'Führer' in de rol van zijn vader kroop, doordat hij in de plaats van zijn moeder de liefde tot 'zijn' vernederde, onteerde, verraden, maar tot grootse daden geroepen 'volk' stelde. Men mag bij dit portret intussen nooit vergeten, wat er in Adolf Hitler allemaal ook nog leefde: een eenzame, schuchtere, mensenschuwe jongen, die nauwelijks een meisje in de buurt aan durfde spreken, die van kinderen en dieren 'hield', omdat ze zo gewillig en meegaand waren, die zijn dagen vreugdeloos en ascetisch doorbracht in steeds dezelfde routine en in wezen verlangde naar een kleinburgerlijk geluk voor de coulissen van het Alpenmassief aan de zijde van een veel jonger, blondharig meisje dat hij gevangen hield als een vogel in de kooi, een romanticus vol wagneriaanse dromen over een verheven lot, heilige schuld en heroïsch falen, een jongeman die innerlijk bijna bezweek aan de dood van zijn aan kanker lijdende moeder in 1907 en die bovendien na de zelfmoord van zijn nicht *Geli Raubal*, die hij met zijn voortdurende marteling van aantrekken en afstoten zelf de dood in gedreven had, gedurende lange tijd als verlamd was, – deze mens *Adolf Hitler* lijkt, terugblikkend na een halve eeuw, het slachtoffer te zijn van autoriteitswaan, die alle zachtere gevoelens, waartoe hij zeer goed in staat zou zijn geweest, gewelddadig verstikte. Het zal moeilijk worden van de *schade* en het gevaar van een extreem autoritaire opvoeding een tweede voorbeeld te vinden dat zo duidelijk is als de biografie van deze man, die, als een steeds onbegrepen kind 'volwassen' geworden naar het voorbeeld van zijn vader, er zolang op los brulde en schreeuwde, totdat alle anderen hem weliswaar nog maar nauwelijks verstonden, maar hem wel onvoorwaardelijk gehoorzaamden.

Wie veel gelegen is aan een opvoeding tot *vrede*, die kan, met dit beeld voor ogen, slechts een vorm van autoriteit wensen die *niet* 'autoritair' is en die het kind toch voldoende houvast geeft om redelijk de weg te vinden in een voor hem nog onbekende wereld. Zo'n autoriteit ontneemt het kind de beslissingen die het zelf nog niet kan nemen, ze grijpt echter elke gelegenheid aan om de eigen besluitvaardigheid te versterken; ze vermijdt het verkrijgen van zelfwaardering ten koste van het vernederen van zwakkeren; ze vernedert niet, ze verheft; ze eist geen identificatie, ze eist identiteit, zelfstandigheid en zelfbewustzijn. Ze stelt *vertrouwen* in de geestelijke en persoonlijke krachten van het opgroeiende kind en vertrouwt hem graag die gebieden toe, waarin zijn competentie al toereikend ontwikkeld is. Een dergelijke autoriteit biedt oriëntatie, maar ze dicteert niet de keuze van de eigen levensinrichting; ze koestert een heilig ontzag voor de unieke eigenheid van ieder afzonderlijk mens, en deze wacht er juist op hierdoor geleerd en verrijkt te worden. Zo'n autoriteit loopt uit op een mondige relatie. Vooral R. Tausch heeft in zijn '*Opvoedingspsychologie*' aangetoond, hoe de methoden van het 'nietdirectieve advies' uit de psychotherapie ook toegepast kunnen worden op het schoolonderwijs. Dezelfde constanten die in een therapeutisch gesprek de absoluut noodzakelijke componenten van een goed 'gesprek' blijken te zijn: emotionele warmte en positieve waardering, invoelend begrip, oprechtheid en 'zichzelf-zijn', blijken voor het slagen van een 'goed' lesuur veel belangrijker te zijn dan de 'informatievoorsprong', dan de 'vakkundigheid' van de leraar, die er natuurlijk ook moet zijn. Tausch demonstreerde in zijn eigen lesuren voor leraars hoe *vroeg* en vooral met hoeveel *plezier* en *nieuwsgierigheid* kinderen in groepen hun leermiddelen zelf kunnen organiseren en onder elkaar kunnen uitwisselen.

Een autoriteit die aanspoort en vrijlaat, in plaats van te commanderen en neer te halen, is de voornaamste en meest effectieve preventie tegen elk soort kazerneplein-'autoriteit' van toekomstig 'volwassenen'.

2. Hoe meer uiterlijk geweld op de bodem van het ik verinnerlijkt en in het superego versterkt wordt, des te minder eigen persoonlijkheid zal zich kunnen ontwikkelen, des te ruimer zullen de zones van schuldgevoelens en verdringing uitvallen, en des te sterker zal de neiging zijn zich ofwel gedwongen te voelen zelf de rol van 'zondebok' op zich te nemen, of projectief anderen tot zondebok te verklaren. Dit gevaar bestaat psychodynamisch gezien structureel. Daarbij komt nog het gevaar van de verkeerde identificatie en de *verkeerde* voorbeelden. Als belangrijkste medicament *daartegen* deugt alles wat de *zelfwaardering* en *eigen kracht* van een opgroeiend kind helpt versterken.

Steeds weer heeft men, met enig recht, de samenhang in het daglicht gesteld die bestaat tussen een *repressieve seksuele* moraal, zoals ze *par excellence* vertegenwoordigd wordt door de roomse kerk en een quasi sadistische bereidheid tot oorlog; maar we zagen al: veel groter dan de uitwerking van de onderdrukking van bepaalde driftgebieden is de uitwerking van de beperking van het 'ik' (zie p. 229). Een jeugdige die zich alleen al vanwege het feit dat hij een jongen is, moet beschouwen als 'uiterst schuldig', als 'onbeheerst', als een 'morele mislukkeling', zal niet alleen op grond van zijn eigen minderwaardigheidsgevoelens gemakkelijk boetseermateriaal zijn in de handen van de altijd en eeuwig 'goede', hij zal ook geneigd zijn alle 'heil' te verwachten van instanties van buitenaf. Hoe zwakker hij zichzelf voelt, des te afhankelijker zal hij worden van autoriteit.

Maar nu het omgekeerde: een uiterst belangrijke stap op weg naar de vrede bestaat uit de vorming van zelfstandige karakters! Het postulaat van Hermann Hesse als kunstenaar (zie p. 126) vindt zijn *pedagogische* consequentie in alle aandacht die men een kind in zijn eigenheid reeds schenkt. Moeders die naar hun kinderen luisteren en proberen zich in te leven in hun gevoelens en gedachten dienen de vrede; en vaders die hun kinderen niet treiteren door te bespotten en te honen voor elk gebrek of tekortkoming, maar hen helpen van hun fouten te leren en hun vergissingen door betere inzichten te corrigeren, dienen de vrede. Een heel belangrijk element van elke psychotherapeutische behandeling bestaat eruit de 'patiënt' in alles wat hij wil uiten te volgen en hem onder alle omstandigheden serieus te nemen. Datzelfde geldt zonder beperkingen ook voor de pedagogiek: alleen een kind dat merkt dat men van hem houdt en hem liefheeft om wie hij is, zal de moed hebben zichzelf te ontplooien. Zelfontplooiing (therapeutisch: jezelf *vinden*) vormt echter een absoluut noodzakelijke voorwaarde om de basis onder de massificatie vandaan te halen, die hoort bij het oorlog voeren.

3. Voor elke moeder die kinderen opvoedt, is meteen vanaf de geboorte duidelijk, dat elk kind *anders* is dan het andere en dat zij ruimte moet scheppen om deze eigenheid te laten ontplooien. Bij het ene kind zal ze rekening *moeten* houden met veel bewegingsdrang, bij het andere moet ze rekening houden met een grotere opmerkingsgave en nieuwsgierigheid, bij een derde met meer behoefte aan genegenheid. Natuurlijk moet elk kind leren zich aan te passen in de groep van broertjes en zusjes of van de andere kinderen op het speelplein of de speelzaal; maar geen en-

kele opvoeding die het kind serieus neemt, wenst een pedagogiek van 'frontaalonderwijs', 'prestatiegerichtheid' en 'iedereen moet naar mijn bevel luisteren'. Als de massificatie van mensen, als de verandering van het individu in beschikbaar 'mensenmateriaal' tot de kern behoort van alle oorlogsproblematiek, inclusief alle mogelijke rampspoed, dan is het van belang met volle overtuiging een opvoeding te bevorderen die de onafhankelijkheid en de eigenheid van de persoonlijkheid wezenlijk dient.

In de psychotherapie speelt de vraag naar het *ideale ik* een grote rol: hoe ziet het individu zichzelf? In hoeverre vormen neurotische delen van het zelfbeeld de oorzaak van een voortdurend mislukken? Hoe kunnen de eisen die iemand aan zichzelf stelt in overeenstemming gebracht worden met de werkelijkheid? Aan de kunstacademie van Wenen, waar hij zich toe wendde voor een toelating, om zijn leven te ordenen na de dood van zijn vader moest Adolf Hitler bijvoorbeeld wel mislukken; maar hoe maakt men het voor een mens mogelijk op grond van kritiek en afwijzing zijn eigen maatstaf te vinden en te handhaven?

Het was de grote Amerikaans filosoof en cultuurcriticus Ralph Waldo Emerson, die in zijn essay over *zelfvertrouwen* schreef: 'Wat ik moet doen, is alles wat mij aangaat en niet datgene wat de mensen denken. Deze regel, die zowel in het dagelijkse leven als tegelijkertijd in het intellectuele leven moeilijk na te leven is, kan dienen om ware grootheid te onderscheiden. Het wordt nog bemoeilijkt, omdat men altijd mensen tegen zal komen, die menen beter te weten wat je moet doen dan jezelf. Het is gemakkelijk om volgens de opvattingen van de wereld in de wereld te leven, het is ook gemakkelijk om volledig naar eigen inzichten in afzondering te leven; diegene is echter groot, die temidden van de massa op volkomen duidelijke manier de onafhankelijkheid van de afgescheidenheid bewaart.'

Deze innerlijke zelfstandigheid te bevorderen, deze moed om te leren jezelf te zijn tegenover de menigte, –wat zou er 'christelijker' kunnen zijn en tegelijkertijd beter de vrede kunnen dienen dan zo'n *pedagogiek* van *individuatie*? 'En (hij) bracht hem buiten het dorp' (Marc. 8:23), – dit gezichtspunt uit de legende van de genezing van de blinde in Bethsaïda vormt niet slechts een therapeutisch, maar tegelijkertijd een heel beslissend pedagogisch motief van de vermenselijking, de *verlossing* van de mensen. Het vormt het enige antwoord op de *begeerte* tot massificatie, op de delegatie van het ik naar de menigte.

4. Een leraar die echt let op de gevoelsnuances in de reacties van zijn kinderen, op de details van de gedachten en de argumentatievormen van zijn leerlingen, zal, zoals in de psychotherapie, zich niet alleen stap voor stap afvragen *wat* een leerling precies zegt, maar waarom hij dat juist op dit moment en op deze manier zegt; en hij zal proberen deze instelling, dat in eerste instantie alle uitingen van mensen onder elkaar *gerechtvaardigd* en *begrijpelijk* zijn, ook over te dragen aan zijn leerlingen in de omgang met elkaar.

In *deze* betekenis is '*democratie*', als houding en uitdrukking van menselijke betrekkingen, inderdaad een werkzaam middel tegen de bereidheid om oorlog te voeren, al is ze slechts de keerzijde van een persoonsgebonden *tolerantie*. Men kan geen 'democratie' verschaffen door louter kennis van de juridische modaliteiten van de wetgeving in de bondsrepubliek; men kan 'democratie' als *omgangsvorm* alleen doorgeven door de wijze van omgaan met elkaar. Maar dan zal blijken dat 'tolerantie' meer is dan het abstracte recht van de ander op zijn eigen mening; ze bestaat uit de bereidheid, achter de meningsuiting naar de mens te kijken die deze mening vertegenwoordigt. Tolerantie en democratie *bestaan* uit de opvatting dat er geen 'waarheid' buiten mensen kan zijn en dat het bijgevolg onmogelijk is ten opzichte van andere mensen aanspraak te maken op speciale kennis; tolerantie en democratie *bestaan* uit de overtuiging dat wij geen 'waarheid' bezitten, maar deze slechts gezamenlijk kunnen zoeken.

Een pedagogiek die zo'n instelling zou willen kweken, kan slechts stap voor stap aantonen dat de *afhankelijkheid* van een bepaalde mening bepaald wordt door het perspectief van de betreffende waarneming. Een eenvoudig denkniveau meent de waarheid steeds direct te kunnen vatten; een belangrijke vooruitgang van geestelijke ontwikkeling bestaat eruit over de voorwaarden en methoden na te denken die een bepaalde uitspraak motiveren, maar ook begrenzen; zo'n manier van nadenken tot stand te brengen vormt dus een belangrijke pedagogische taak.

Aanvullend daarop zou de overgedragen wetenschap zelf moeten dienen tot een instrument van begrip en tolerantie. *Wis-* of *natuurkunde* leren betekent bijvoorbeeld meer dan de scholing van het voorstellings- en abstractievermogen; het helpt ook te ontdekken dat de menselijke rede gemeenschappelijk is aan *alle* culturen en dat het een barbaars misbruik is als men de resultaten van het natuurwetenschappelijk onderzoek inzet voor de oorlog van het ene tegen het andere volk. *Geschiedenis* leren betekent veel meer dan de achtergrond van de eigen herkomst beter te leren begrijpen; het helpt ook bruggen te slaan tussen de verschillende tijdperken en zones van de mensheid. *Muziek- en kunstonderwijs* kan een introductie vormen om het gemeenschappelijke in het horen en zien van *alle* mensen aan te tonen. *Godsdienstonderwijs* moet *meer* overdragen dan de ideologie van een bepaalde 'christelijke' confessie; het *moet*, als het de vrede en het begrip wil dienen, ertoe oproepen te leren van de wijsheid en de grootheid van *alle* vormen van religie in de wereld. Er is geen 'lesvak' dat niet als een deel van de menselijke cultuur dienstig zou kunnen zijn voor de 'cultivering' van opgroeiende mensen in de zin van een opvoeding tot tolerantie en begrip.

5. Opvoeding tot vrede – dat betekent vooral, *psychische eenzijdigheden* in de opvoeding te vermijden.

Een hoofdprobleem van de moderne oorlog bestaat, zoals we zagen, uit de verregaande uitschakeling van alle gevoelens van medelijden en meegevoel. Des te sterker moet de pedagogiek zich ertegen verzetten, misbruikt te worden als alleen maar een vormingsorgaan ten gunste van bepaalde maatschappelijke verwachtingen. Het oude idee van Humboldt over de opvoedende kracht van een inhoudelijke opleiding geldt slechts zolang de ontplooiing van het intellect niet eenzijdig ten koste van het gevoel gaat. Intussen zijn de gevolgen van de eenzijdigheid waarmee ons huidige 'scholingssysteem' bijna uitsluitend het gebruik van het verstand traint en beloont, niet meer te overzien. Het is in onze maatschappij zonder enige moeilijkheden mogelijk, zelfs bijna gebruikelijk om hooggeplaatste politieke, maatschappelijke en sociale functies te bekleden, doordat en nadat men alle gevoelens in zich gedood en verdrongen heeft. Dan beslissen en handelen er mensen die in feite gedegenereerd zijn tot gevoelscretins, die hun motieven en aandriften nauwelijks hebben leren kennen en die nooit geleerd hebben iets *niet* te doen uit motieven van consideratie en medelijden; om daar te komen waar ze zich heden bevinden, *moesten* ze juist integendeel leren met blote voeten eerst door gloeiende magma en vervolgens door sneeuwvelden te gaan. Mensen echter wier gedachten niet meer gecontroleerd worden door gevoelens, zijn als ware psychopaten veel gevaarlijker dan iemand die door zijn gevoelens in zoiets als een psychose gedreven wordt. Om bijvoorbeeld koudbloedig de bomaanval op Hiroshima en Nagasaki te plannen en niet eens scrupules te ervaren bij de aanblik van de gruwelbeelden ter plaatse, nee, zelfs deze beelden al enkele weken daarna *op* te laten *nemen* alleen vanuit de vraagstelling hoe men zich in een *toekomstige* atoomoorlog als opperbevelhebber van de strijdmachten in de Stille Oceaan moet gedragen, en ogenblikkelijk de volgende testseries voor nog 'grotere', voor nog 'betere' atoomwapens voor te bereiden..., met wat voor mensen heeft men dan eigenlijk te maken onder het decor van sterren, orden en kruisen, verkregen voor zo vele 'verdiensten' tot welzijn van volk en vaderland, voor vrijheid en gerechtigheid, voor het behoud van het christelijke avondland? En wat moet er niet allemaal *mis* zijn in een maatschappij waarvan de leiders en de leidende figuren triomferend *lachen* als men hun meedeelt dat hun soldaten kortgeleden vele honderdduizenden mensen in één keer de dood ingesleurd hebben en ongeveer vier keer zoveel mensen veranderd hebben in ongeneeslijk zieken, in invaliden, in vlees dat niets anders meer ervaart dan pijn, dat het sterven rochelend verwelkomt? 'Gelukkig die nog kunnen huilen, want ze zullen getroost worden', zo zou men de tweede *zaligspreking* van Jezus in de bergrede (Matth. 5:4 = Luc. 6:22) kunnen omschrijven. De wereld zou er anders uitzien als we ons en onze *leiders* de genade van de tranen, de zegen van ware gevoelens veroorloofden!

Laten we daarbij niet vergeten hoe *vroeg* juist gevoelens gevormd worden in het leven van een kind en hoe tegenstrijdig de '*Opvoeding van de gevoelens*' (Flaubert) in het individu kan worden. Gevoelsarmoede *kan* ontstaan in een klimaat van emotionele kilheid, ze kan echter ook ontstaan uit angst voor een *verstikkende* nabijheid van vooral de moeder. De levenslange angst van Adolf Hitler voor volwassen vrouwen bijvoorbeeld, zou het directe gevolg kunnen zijn van zijn te grote moederbinding; om niet door te gaan voor 'moederszoontje', kan het 'mannelijke protest' (A. Adler) uiteindelijk alle zachtere en warmere gevoelens verdringen. Hoe banaal het ook is, het blijft waar: de beste voorwaarde voor de 'vredesopvoeding' van een kind zijn ouders die met elkaar en ieder afzonderlijk in hun eigen leven gelukkig genoeg zijn, om een 'juiste' mate van distantie en nabijheid ten opzichte van hun kind op te bouwen en te bestendigen; om over de gevolgen van een regelrechte 'huwelijksoorlog' maar helemaal te zwijgen! Het is alleen een feit dat geluk zich niet laat commanderen!

6. Daarmee hangt natuurlijk de vraag naar de rol van man en vrouw in onze samenleving samen en naar de aard van de betrekkingen tussen

hen. Er is een rolverdeling die duidelijk ontspruit aan het oerdenkbeeld uit de wordingsgeschiedenis van de mensheid en die luidt dat overal op aarde jongens liever vechtspelletjes en werpoefeningen doen, terwijl meisjes liever moeder en kind spelen. Dat *is* gewoon zo; de vraag is echter hoe wij cultureel met deze gegevenheden omgaan. 'Een Duitse jongen huilt niet' – alle mannen in Duitsland die dit boek lezen en ouder zijn dan 55 jaar, zullen deze uitspraak in hun kindertijd wel gehoord hebben. 'Een Duitse jongen moet flink zijn als een windhond, taai als leer en hard als Kruppstaal.' Dat verlangde de 'eerste' onder de 'mannen' in het 'Derde Rijk'. De gestalte van de *heros* speelt nog altijd een grote rol als ideaal ego in de fantasie van veel mannen en in de liefdesverwachting van niet minder vrouwen. Er ligt een grote pedagogische kans in de – behalve op de katholieke privé-scholen – overal vanzelfsprekend geworden *coëducatie* van meisjes en jongens om de eenzijdigheden van verkeerde doelstellingen in de definitie van de rol van vrouwen en mannen te verminderen en elkaar te helpen om elkaar wederzijds beter te begrijpen in de eigen aard en verschillen, meer als partners met elkaar om te gaan, in plaats van met elkaar te concurreren en elkaar wederzijds te bevechten.

Met het oog op de *seksuele spanning* tussen meisjes en jongens moet de pedagogiek ertoe verplicht worden gesteld niet alleen de biologie van de liefde, maar vooral de taal, de *poëzie* van de liefde te onderwijzen en te bevorderen.

Het blijkt echter weer, dat de vroegste en belangrijkste instelling tot de eigen rol van meisje of jongen al door de identificatie met de moeder en met de vader in de eerste vijf levensjaren gevormd wordt en onderhevig is aan de eigenaardigste vormen van dialectiek. Om geen 'slapjanus' en 'doetje' te zijn, kan een jongen die zich eigenlijk identificeert met zijn moeder of latent homoseksuele neigingen in zich ontdekt, naar buiten toe des te meer hardheid en robuustheid demonstreren, hij kan zich in alle mogelijke waaghalzerige avonturen storten en een bepaalde vorm van militante mannenverbonden in straatbendes, jeugdgroepen of uiteindelijk in de militaire kazerne als een bevrijding van zijn latente 'onmannelijkheid' ervaren.

Steeds weer behoort het tot de doelstellingen van de conservatieve maatschappijpolitiek om de militaire dienst aan te sporen, homoseksuele minderheden te onderdrukken en seksualiteit te begrenzen tot huwelijk en kinderen krijgen; men vermoedt blijkbaar niet, dat deze drie zo verschillend aandoende thema's in feite uit één en dezelfde bron ontspruiten, namelijk uit de kwestie wat wij als het 'ideaal' van een man en van een vrouw beschouwen. De man als jager, de vrouw als moeder (F. Nietzsche, zie p. 66) – zo kan het uiteindelijk niet langer meer.

7. Wat zich afspeelt tussen man en vrouw, is – vooral in de interpretatie van Jungs dieptepsychologie – steeds weer een uitdrukking van de verhouding tussen het bewustzijn en het onbewuste, tussen ik en *anima* (animus), tussen *'persoon' zijn* en *zelf zijn*. Een pedagogiek die het onbewuste geen ruimte laat of het – overeenkomstig een bepaalde eenzijdig verstandelijk moraal en mensbeeld – zonder meer ontkent, heeft zelf, of ze het wil of niet, een neurotiserende uitwerking en levert de mens weerloos uit aan de krachten in de diepere regionen van zijn ziel.

Het is pijnlijk om te zien hoe weinig de huidige schoolopleiding de vaardigheid van kinderen om te dromen, in beelden te zien en hun visioenen serieuzer te nemen dan de zogenaamde 'werkelijkheid', ondersteunt of ten minste erkent. De twaalfjarigen zullen we misschien wel de fraaie legende van de heilige *Franciscus* en de wolf van Gubbio (zie p. 249) vertellen: maar als ze dan eenmaal achttien zijn, dan zullen we tegen ze zeggen: beste mensen, dat van de heilige Frans, dat was vroeger, *nu* is het zaak de wolven niet te omarmen, maar neer te schieten, waar men ze ook vindt.'

Hoe waar zijn beelden, visioenen en dromen? Hoeveel realiteit kennen wij werkelijk toe aan de voorstelling van een *andere* wereld?

Het antwoord op deze vraag is niet alleen beslissend voor ons begrip voor de grootste van alle dromen, het visioen van Jezus over de mogelijkheid, ja van de zekere en spoedige komst van een *rijk van God* op aarde, ze is in z'n geheel beslissend over de manier hoe wij onszelf zien als mensen.

De beslissing daarover nemen wij echter niet eenvoudig 'bewust' en 'willens en wetens'; ze wordt gevormd in de kindertijd en richt zich geheel naar de rol die fantasie en poëzie in het leven van de ouders al spelen of juist *niet* spelen. Het is mogelijk dat een kind het al te benauwde 'realisme' van zijn ouders alleen nog maar kan verdragen door een fantasiewereld te creëren; het kan ook zo gesteld zijn, dat alleen al *de moeder* alleen nog maar kon leven met de dagelijks opnieuw gedroomde droom, dat haar in de oorlog vermiste man tegen alle verwachting in misschien toch nog naar huis zou komen; het is mogelijk dat *de vader* de droom van een totaal andere beroeps- en sociale identiteit nooit op kon geven. Al het 'onbewuste' moet in de eerste plaats doorgenomen worden en bekeken vanuit zijn psychische achtergrond, – net zoals al het 'bewuste' onderzocht moet worden op zijn psychische herkomst en reële doelstelling. Maar dan geldt echter, dat wij oorlogen alleen kunnen vermijden als we onze projecties, zowel individueel als collectief, binnen het bereik van de zelfervaring terughalen, als we onszelf toestaan meer van onszelf te erkennen dan wat we in het kader van onze beroepsrol mogen leren kennen, en als we een begin zouden maken om milder en met meer begrip om te gaan met zowel onszelf, alsook met anderen.

Het was C.G. Jung die heel terecht de bestaande ideaalbeelden van het kerkgebonden christendom voorhield, dat ze niet de volledigheid, maar de 'volmaaktheid' van de mens nastreefden en hij pleitte ervoor dat alleen een '*heel*' mens het in de toekomst verdiende om als 'heilig' beschouwd te worden. Heel mooi heeft – opnieuw – Kahlil Gibran in zijn bundel gelijkenissen *De voorloper* zijn beeld van de 'heilige' op zo'n manier afgebeeld dat het de 'misdadiger' met zichzelf verzoent en de 'rover' helpt bij het terugvinden van zijn ziel. Hij schrijft:

> In mijn jeugd bracht ik eens een bezoek aan een heilige in diens stille bos voorbij de heuvels; en terwijl wij spraken over de aard van de deugd, kwam er een struikrover moeizaam hinkend de heuvelrug op. Toen hij het kleine bos had bereikt knielde hij voor de heilige neer en zei, 'O heilige, ik wil getroost worden! Mijn zonden drukken zwaar op mij'.
>
> En de heilige antwoordde, 'Mijn zonden drukken ook zwaar op mij'.
>
> En de rover zei, 'Maar ik ben een dief en een plunderaar'.
>
> En de heilige antwoordde, 'Ook ik ben een dief en een plunderaar'.
>
> En de struikrover zei, 'Maar ik ben een moordenaar, en het bloed van vele mensen schreeuwt in mijn oren'.
>
> En de heilige antwoordde, 'Ook ik ben een moordenaar, en in mijn oren schreeuwt het bloed van vele mensen'.
>
> En de rover zei, 'Ik heb ontelbare misdaden begaan'. En de heilige antwoordde, 'Ook ik heb ontelbare misdaden begaan'.
>
> Toen stond de struikrover op en staarde de heilige aan, en er was een vreemde blik in zijn ogen. En toen hij ons verliet ging hij met sprongen de heuvel af.

> En ik wendde mij tot de heilige en zei, 'Waarvoor beschuldigde u zichzelf van onbegane misdaden? Ziet u niet dat die man wegging zonder nog langer in u te geloven'?
> En de heilige antwoordde, 'Het is waar dat hij niet langer in mij gelooft. Maar hij ging zeer getroost hier vandaan'.
> Op dat moment hoorden wij de struikrover in de verte zingen, en de echo van zijn lied vervulde de vallei met blijdschap.'
> (K. Gibran, *De voorloper*; vertaald uit het Engels door J.W. Bakker, Den Haag 1988).

Hoe geeft men dus een 'vredesopvoeding'? Mahatma Gandhi was van mening: 'voordat een kind belast wordt met het alfabet en alle andere kennis van de wereld, moet het leren wat de ziel is, wat waarheid en liefde is, welke krachten er in de ziel sluimeren. Een wezenlijk deel van de opvoeding moet eruit bestaan dat een kind onderwezen wordt hoe men in de levensstrijd haat overwint door liefde, onwaarheid door waarheid en geweld door het eigen lijden.'

c. 'Geef aan de keizer wat van de keizer is en aan God wat van God is' (Marc. 12:17) – of: het politieke niveau

'Maar dat geldt altijd nog steeds alleen maar voor het individu, misschien ook nog voor kleine overzichtelijke groepen, waarin iedereen elkaar kent. In grote groepen gelden echter andere wetten. De politiek als de kunst om grote groepen – hele volken – te leiden, zal niet onder de indruk zijn van zulke overwegingen, dat is ze *verplicht* om niet in handen te vallen van de irrationaliteiten en fantasterijen van christelijke ayatollah's.' Een dergelijke tegenwerping die ons op elk niveau zal begeleiden is gerechtvaardigd, omdat elk hiërarchisch nieuw niveau in de problematiek van oorlog en vrede nieuwe wetten van interne organisatie zal bezitten. Een dergelijke tegenwerping is tegelijkertijd niet gerechtvaardigd, omdat deze 'nieuwe' wetten berusten op de 'oude' structuren van de lagere niveaus en bepaalde inzichten van het ene niveau en bepaalde consequenties van het andere niveau naar zich toe moeten trekken. Laten we ons daarom afvragen wat de boodschap en het voorbeeld van de persoon van Jezus te zeggen heeft wat betreft orde en genezing op het politieke vlak – en wat niet!

α. 'Jullie weten dat de erkende leiders van de volken heerschappij voeren over hen' (Marc. 10:42) – of: het absolute verschil tussen het religieuze en het politieke

Tegen de voorkeur en verwachting van de vertegenwoordigers van de *bevrijdingstheologie* in, bevindt zich in de uitspraken van Jezus die het Nieuwe Testament ons overlevert geen enkele uitspraak die in de eigenlijke betekenis 'politiek' genoemd kan worden. Over de nood van de slaven in de mijnen en de oorlogsgaleien van de Romeinen geen woord. Geen woord om de zelotische vrijheidsbeweging te steunen in de strijd tegen de Romeinse koloniale macht. Over de kwestie van de werklozen en de dagloners in handen van de Galileese grootgrondbezitters geen woord. Over de ondergeschiktheid van de vrouw in de patriarchale cultuur van de bijbel geen woord. In plaats daarvan lovende woorden over een Romeinse hoofdman, wiens knecht Jezus geneest (Matth. 8:5-13); in plaats daarvan een volledig onkritische vermelding van een wijngaardbezitter op zoek naar goedkope arbeidskrachten (Matth. 20:1-16); in plaats daarvan zelfs een provocatief goede verstandhouding met de verachte tollenaars, die het uitbuitende belastingssysteem van de Romeinen in stand hielden (Marc. 2:16; Matth. 9:9-13); in plaats daarvan werden uitsluitend mannen tot de 'twaalf discipelen' gekozen. Op geen enkel sociaal en politiek relevant punt heeft de man uit Nazareth door woord of daad zich duidelijk tegen de misstanden van zijn tijd gekeerd. Wel bestaat er buiten de evangelietraditie een gelijkenis van Jezus over een man die voor een tirannenmoord (?) zijn kracht uitprobeerde, doordat hij een zwaard in de huismuur stootte, maar dat is een parabel over de ernst van de keuze voor God, net zoals het verhaal van een koning die ten strijde wil trekken (Luc. 14:31-32), of over een man die van plan is een toren te bouwen (Luc. 14:28-30) en van tevoren zijn mogelijkheden moet berekenen. Deze gelijkenissen hebben niet het minste of geringste te maken met één of andere oproep tot geweld. Blijft nog over Jezus' uitspraak over het *zwaard* dat hij is komen brengen (Matth. 10:34-36); ook in deze 'masjaal', in deze raadselspreuk, gaat het geenszins om een oproep tot bewapende opstand en revolutionair geweld, maar alleen om de crisis waarin iedereen zal raken die de boodschap van Jezus als zijn redding aangrijpt: hij zal door zijn nauwste verwanten veracht en gemeden worden, men zal hem heel spoedig, zoals Jezus zelf (Marc. 3:21-22), voor 'ziek' of 'door de demonen bezeten' verklaren, hij zal aan zijn eigen lijf voelen wat het betekent het bestaan van een 'profeet' te leiden (vgl. Jer. 20:4). De uitspraak over het zwaard in de avondmaalszaal (Luc. 22:35-38) moet net zo opgevat worden. Verder bestaat er niet één enkel 'politiek verdachte' uitspraak van Jezus! Dit complete stilzwijgen van Jezus over de dringende politieke vragen van zijn tijd is des te verbazingwekkender, omdat juist de jaren tussen zeventig voor en zeventig na 'Christus' tot de spannendste van de geschiedenis van Israël behoren. De heilige oorlog van de Makkabeeën tegen de Syrische heerschappij van koning *Antiochus Epifanes* (175-164), verheerlijkt in twee (voor katholieken) bijbelse boeken, is nog steeds een lichtend voorbeeld in aller mond. Van messiaanse verwachtingen, hoe God uiteindelijk op zal staan om recht te spreken en wraak te nemen op de goddeloze heidenen zijn niet alleen de farizeïsche *psalmen van Salomon* doortrokken die al in hun fictieve auteur met religieuze pretentie aansluiten bij de voormalige grootheid van het Israëlische koningsdom, ze doen zich evenzeer gelden in de apocalyptische literatuur uit die tijd en zullen nog tot en met de *Bar*

Kochba-opstand (132-135) naast de Messiaanse verklaringen van de grote rabbi Aqiba tot de uiteindelijke nederlaag onder *Hadrianus* (117-138) het joodse volk als in een ijlkoorts tussen hoop en vertwijfeling heen en weer schudden. En in dat alles, daardoor kennelijk totaal onberoerd, op een wonderlijke wijze de rust zelve, staat Jezus daar en spreekt over God en over hoe het leven van iedereen veranderd kan worden, als God eerst maar eens meester zou worden van het menselijke hart!

In dit *contrast* ligt ongetwijfeld een eerste antwoord van Jezus op de vraag naar de verhouding tussen geloof en macht. Wat hij wil is een *innerlijke* revolutie, niet iets wat men uiterlijk kan 'bevestigen'; maar men moet zeggen: een grotere revolutie als deze is er in de geschiedenis van de mensheid nooit geweest! Wat Jezus als het ware vanzelfsprekend voorleeft, doorbreekt de *eenheid* van menselijke macht en goddelijke macht, zoals ze het hele oude oosten, het hele 'Oude' Testament (hier klopt het woord een keer!), en tegenwoordig nog het wezen van het roomse pausdom en het *instituut van de staatskerk* in al haar verschijningsvormen gevormd heeft en nog altijd vormt. Het is de extreme *innerlijkheid* van de religieuze grondhouding van Jezus, waarmee hij het *politieke principe* radicaal ontdoet van haar goddelijkheid, van de tot dusver absolute pretenties en het reduceert tot een zuiver pragmatisch-functionele buitenkant.

Er zijn *drie* plaatsen in het Nieuwe Testament die dat op klassieke wijze aantonen.

In *Luc. 13:1-3* komen er mensen naar Jezus die hem meedelen dat Pilatus Galileese pelgrims terechtgesteld heeft – hij heeft 'het bloed met dat van hun offerdieren ... gemengd' – ze dus als dom vee bruut af laten slachten. Wij kunnen historisch de gebeurtenissen zo ongeveer reconstrueren waarop in dit bericht gezinspeeld wordt; – reden te over om gezamenlijk op te staan en *in naam van God* het gewapend verzet tegen de vreemde overheersing van de 'heidenen' in Jeruzalem uit te roepen! Nu of nooit! De maat is vol! Zo luidt het oordeel van velen in die tijd. In plaats daarvan gaat Jezus' antwoord precies de tegengestelde richting op: *'Hij zei daarop: 'denkt u dat deze Galileeërs grotere zondaars zijn geweest dan alle andere Galileeërs, omdat hun dit is overkomen? Geen sprake van. Maar als u zich niet bekeert, zult u allemaal, net als zij, omkomen.'* De standpunten kunnen niet extremer tegenover elkaar staan. Er wordt verlangd de druk van vastberaden verzet nu eindelijk eens tegen het cynisme van politieke onderdrukking en geweld te plaatsen; Jezus ziet echter in de slachting van de vermeend onschuldigen, vrome Pascha-pelgrims zoiets als een godsoordeel, dat uitnodigt tot totaal andere consequenties dan tot bewapende opstand en nieuwe bloedbaden. Zeker, de terechtstelling van deze Galileeërs was onrechtvaardig, maar alleen omdat 'billijkheidshalve' niet alleen dezen, maar *allen* terechtgesteld hadden moeten worden, weliswaar niet door Pilatus, maar door God! Jezus' vraag is niet hoe men klaarkomt met de Romeinse stadhouder, maar hoe men klaarkomt met *God*!

Steeds weer stuiten wij op deze ene centrale gedachte van Jezus, waar sinds zijn 'doop'ervaring al zijn uitspraken van zijn doortrokken en juist de meest paradoxale uitingen van de man uit Nazareth begrijpelijk maakt: *voor God* bezitten wij mensen geen 'rechten'; want als God 'rechtvaardig' tegen ons zou zijn en (naar de woorden van Ps. 130:3-4): 'de zonden in gedachte houdt, blijft niemand overeind'. Dat wij nog altijd bestaan, toont dat God ons vergeeft, en zo moeten wij leven: wij, de ten dode opgeschrevenen, moeten solidair zijn ten leven –, *dat* zou een 'godsdienst' zijn, zoals God die zich zou wensen, maar niet het orthodoxe fanatisme, de 'tempel' te willen redden van de Romeinen.

De gehele problematiek van zijn tijd: hoe verhoudt zich het gelovige uitverkoren volk ten opzichte van de heidenen, wordt door Jezus radicaal in het persoonlijke getrokken; van een politieke vraag maakt hij een existentiële, een machtsvraag wordt voor hem een religieuze vraag, en ondertussen leert hij zijn joodse toehoorders daarmee de fouten van de Romeinen niet zelf te herhalen en God niet met Zijn 'tegenstanders' op dezelfde lijn te stellen, doordat men Hem met aardse machtsmiddelen probeert te 'verdedigen' tegen aardse machthebbers. Pilatus of Tiberius of Antiochus of Alexander of Nebukadnezar of Salmanasser... ze zijn geen van allen een bedreiging voor *God*, en ze vormen geen serieuze bedreiging voor de mensen, die hun houvast in Hem zoeken. *Jeremia* heeft dat ingezien, toen hij er zelfs om bad dat de koning van Babylon maar snel zou komen om Jeruzalem te verwoesten (Jer. 7:26).

Jezus leeft vanuit eenzelfde instelling in *zijn* tijd. Met andere woorden: de vraag wat we aanmoeten met Pilatus, respectievelijk met al zijn voorgangers en opvolgers, is *geen* religieuze vraag; de *religieuze* vraag luidt: wat ben ik voor mens voor God? Ten opzichte van *deze* vraag worden 'Pilatus' en 'Rome' en de 'keizer' gerelativeerd, ten opzichte van deze vraag worden ze allemaal zuiver functionele, pragmatische grootheden, die niets belichamen wat af zou kunnen of mogen leiden van de vraag wat voor mensen wij zijn. Het is mogelijk dat de Romeinen zichzelf inbeelden dat hun keizer (tenminste *na* zijn dood!) een 'God' zou zijn of hij zou alleen al door zijn wereldomvattende machtsvolkomenheid een goddelijke gestalte zijn, maar juist bij het volk van de 'openbaring', bij mensen die als goede joden weten wie God werkelijk is, zou zo'n dwaling er niet in mogen sluipen. Juist doordat zij weten dat alle aardse macht maar al te menselijk is, verkrijgen ze kracht, ondanks onderdrukking en uitbuiting menselijk te blijven.

Men kan in feite niet duidelijker zeggen dan Jezus het hier doet, dat de vraag van het menselijk bestaan *kwalitatief verschilt* van de vraag van de politieke leiding van mensen. Er wordt voor mensen een ruimte geopend die onbereikbaar is voor alle politieke doelstellingen, doordat het het individu direct tegenover zijn God plaatst. Een oneindige *afstand* scheidt niet alleen tussen goddelijke macht en menselijke macht, maar tegelijkertijd tussen institutie en persoon, tussen staat en individu.

Dezelfde houding verraadt Jezus in een andere uitspraak uit het *Lucas*-evangelie: *Luc. 13:31-33*: *'Op dat ogenblik kwamen enkele farizeeërs naar Hem toe. 'Gaat U maar liever hiervandaan', zeiden ze, 'want Herodes wil U doden.' Hij zei tegen hen: 'Ga het die vos maar vertellen: vandaag en morgen drijf ik demonen uit, en verricht Ik genezingen; de derde dag is de dag van mijn voltooiing. Maar vandaag, morgen en overmorgen moet ik nog verder trekken, want het past niet dat een profeet omkomt buiten Jeruzalem.'* Het is in dit gedeelte al opvallend dat het hier de *farizeeërs* zijn die Jezus voor de aanslagen van Herodes waarschuwen en proberen zijn leven te redden; anders dan in de anti-farizeïstische polemiek van de rest van de evangeliën, maakt deze passage daarom nog kenbaar hoe dicht Jezus oorspronkelijk juist bij deze groep van vromen in Israël stond – en hoe ver hij met hen verwijderd was van de priesterheerschappij van de *Sadduceeërs* aan de tempel samen met hun politieke intriges aan het hof. Gods 'koninkrijk' *of* het koninkrijk van de mensen – deze noodzakelijkheid van een absolute *keuze* drukte niet alleen een stempel op het denken van Jezus, maar werd op een bepaalde manier ook door de Farizeeërs gedeeld: koning Herodes, dat stond in ieder geval voor hen vast, was niet de verwachte Messias. In dat geval is echter kenmerkend hoe Jezus reageert op de bedreiging door de politieke machthebber. *Herodes Antipas*, die als zoon van Herodes 'de Grote' van 4 tot 39 na Christus over Galilea en Perea heerste, had Johannes de Doper al laten vermoorden (Marc. 6:14-29), en het kon historisch wel eens niet helemaal onjuist zijn, als *Marcus* (6:14-16) vertelt dat de koning later in de persoon van de man uit Nazareth de opgestane Johannes de Doper gezien had; in ieder geval moest Jezus uiterlijk vanaf dit tijdstip weten aan welk gevaar hij zich blootstelde met zijn religieuze redevoeringen aan het hele volk; Matth. 14:13 is zelfs van mening dat Jezus zich na dit bericht van terechtstelling vanwege zijn leer teruggetrokken had 'in een eenzame streek', maar dat is niets meer dan een redactionele overgang zonder historische waarde.

Feitelijk schijnt het iets anders te zijn wat in de verwoording bij *Lucas* duidelijk wordt: hoe *weinig* Jezus zich namelijk door de achtervolgingen van deze 'vos' (eigenlijk juister: '*deze jakhals*') in het gewaad van een koning van zijn daden af laat brengen, hoe hij innerlijk onberoerd, alle bezorgde raadgevingen ten spijt, letterlijk zijn 'weg' voortzette en hoe weinig zelfs de doodsdreiging ook maar enige indruk op hem maakte. Integendeel, geen 'profeet' zal wijken voor mensen, als het erom gaat de zaak van God voor te staan – dat was zijn mening; het typerend profetische is juist de onverschrokkenheid tegenover de 'politieke' consequenties van het eigen handelen. Liever sterven in 'Jeruzalem', dan overleven in volgzaamheid en beschikbaarheid, zo dacht Jezus en zo dachten allen die men in de eigenlijke betekenis *profeten* noemt.

Het meest indrukwekkende aan het antwoord van Jezus is intussen de ongelooflijke gelatenheid waarmee hij zich vastbesloten toont verder te gaan met wat hij tot dusver deed: boze geesten uitdrijven en mensen gezond maken, met andere woorden, psychische en lichamelijke gebreken *genezen*. *Profetie* en *therapie* – deze beide bij elkaar horende kanten van Jezus' werkzaamheden formeren en bevestigen zich hier in een uitdrukkelijke tegenstelling tot het politieke, en zo moet het ook zijn. Jezus zou geen mensen *kunnen* helpen en hij zou God niet *kunnen* verkondigen als hij zich liet beïnvloeden door de maatregels van de machthebbers; alleen de *vrijheid* die hem buitensluit *buiten* het dictaat van de menselijke machtsuitoefening van God, veroorlooft hem mensen te bevrijden van de *angst* die hen, hetzij in ziekte, waanzin of misdaad drijft. De mensen onder de ogen van God aan zichzelf terug te geven – dat betekent *in wezen* hen *onafhankelijk* te maken van politieke bepalingen; een mens is *meer* dan datgene waarover de burgerlijke stand beschikt. Dat alleen al is één van de manieren om mensen te genezen van de 'bezetenheid' door boze geesten.

Voor *Lucas* heeft deze *afstand* van het religieuze tot het politieke in de boodschap van Jezus bovendien nog een verdere directe consequentie; bij het trefwoord 'Jeruzalem' voegt hij namelijk een uitspraak toe uit de logia-bron *(Luc. 13:34-35)*, dat *Mattheüs* opneemt in de apocalyptische rede van *Matth. 23:37-39*: *'Jeruzalem, Jeruzalem, dat de profeten doodt en hen stenigt die tot haar gezonden zijn! Hoe vaak heb ik uw kinderen niet onder mijn hoede willen nemen, zoals een kip haar kuikens onder haar vleugels. Maar u hebt niet gewild. Uw huis wordt aan u overgelaten.'* (Jer. 22:5). Hier wordt al 'profetisch' geanticipeerd op de ondergang van Jeruzalem in het jaar zeventig en (geheel in de lijn van de theologie van *Jeremia*) opgevat als straf van God voor het afwijzen van de vrede die Jezus had kunnen brengen, als men hem had erkend als bode van God. Niet alleen de enkeling wordt pas dan van zijn ziekten en nachtmerries genezen, wanneer hij in een ruimte van geborgenheid buiten de beoefende mensenangst treedt, ook 'Israël', ook een hele staatsvorm zal pas vrede vinden als het zich door *meer* laat leiden dan door de politieke mechaniek van macht, angst en groepsegoïsme!

Alleen vanuit deze religieuze *relativering* van het politieke begrijpt men in het bijzonder de *derde* uitspraak die Jezus in *Marc. 12:13-17* aan de farizeeërs evenals aan de aanhangers van Herodes richt: door één van hen gevraagd of het *geoorloofd* kan zijn de keizer belasting te betalen, door de ander gevraagd of het geen *plicht* is de keizerlijke belasting te voldoen, laat hij zich door hen een zilverstuk, een *denarie*, tonen en als de vragers toe moeten geven dat de munt het opschrift en het beeld van de keizer draagt, antwoordt hij met de beroemde sententie : '*Geef aan de keizer wat van de keizer is en aan God wat van God is*'. Dit is een ongelooflijk briljante uitspraak.

Want achter de tweeledige vraag die men hier aan Jezus stelt, staat een problematiek die men onder de joden steeds weer bediscussieerd heeft. Het Romeinse belastingrecht was ideologisch gegrond op de fameuze 'theorie, dat de grond en het land van de provinciebewoners door de veroveringstocht van de Romeinse legioenen overgegaan is in het bezit van het Romeinse volk'.

Het Romeinse volk laat de onderworpen eigenaars grootmoedig hun voormalige bezit bewerken, maar ze zijn nu geen bezitters meer, maar slechts nog een soort pachters en daarom al verplicht tot het betalen van grondbelasting, opbrengstbelasting en andere aangiften. Daarbij kwamen de gevreesde liturgieën, dat wil zeggen spandiensten, werkverschaffing voor werklozen, dwangprestaties en allerlei soorten officiële verplichtingen, vaste en buitengewone. Het gevolg van deze macabere uitbuiting was een epidemische ontvolking van het platteland. De boeren verlieten huis en hof om de voortdurende overvraging en overbelasting door de Romeinse bureaucratie te ontvluchten.'

In het bijzonder koning *Herodes de 'Grote'* (37 – 4 v. Chr.), die in naam van *Augustus* (30 v. Chr. – 14 n. Chr.) de belastingen inde, maakte naar Rome alleen maar een totaalbedrag over, terwijl hij zichzelf aan het 'overschot' mateloos verrijkte. 'Twee maal nodigde de rijksregering de koning uit om zijn belastingeisen te verlagen. Uiteindelijk verscheen *Sulpicius Quirinius* met uitgebreide volmachten in het Oosten, om het belastingwezen van de oostelijke provincies door zijn censuswerk op een solide basis te zetten.' Deze voorvallen staan in het verhaal van Jezus' jeugd bij *Lucas* (Luc. 1:1-3) onder de (onjuiste) vermelding van de 'registratie' van de 'gehele wereld'. *Lucas'* mededeling dat Jezus' ouders zich in de schattingsactie *schikten* schijnt echter juist te zijn; *Jozef* moet dientengevolge overigens *grondbezitter* geweest zijn om door de belastingaanslag geregistreerd te worden; heel beslist was Jezus het kind van een middenstander, niet een soort armeluiskind waartoe veel theologen hem stileren. Anders dan de ouders van Jezus daarentegen gedroeg zich een man als *Judas Galileus*: die, schrijft Flavius Jozephus, 'verleidde ... de inwoners tot afvalligheid; hij beweerde namelijk dat het een misdaad zou zijn als ze de Romeinen geduldig schatting zouden betalen en zich naast God nog sterfelijke mensen als meesters lieten welgevallen.' *Judas* stierf met allen die hem volgden (Hand. 5:37); maar het religieuze protest tegen de keizer als heer bleef in stand. Daarbij kwam de hardheid van de economische belasting. Hoewel *Tiberius* (14-37) naar de woorden van Suetonius zichzelf zag als een 'goede herder' die zijn schapen alleen scheerde en hen het vel niet afstroopte, was de instelling van de eerste procurator die hij in het jaar 15 over Judea aanstelde, *Valerius Gratus*, van dien aard, dat al twee jaar later een aanvraag tot belastingmatiging naar Rome gestuurd werd. Maar *Tiberius* was van mening, dat zijn vertegenwoordigers zich in de provincies eerst als bromvliegen vol moesten zuigen, dan zouden ze wel uit zichzelf matig worden; hij liet *Valerius Gratus* tot het jaar 26 in dienst. In dat jaar ontstond er een belangrijke koerswijziging in Rome: de keizer trok zich terug op Capri en de chef van de pretorianengarde *Sejanus*, een jodenhater, stuurde *Pontius Pilatus* als zijn rechterhand, als procurator, naar Judea; zoals men weet deed deze man alles wat hij kon om de joden met eigen muntslagen en eigenzinnige maatregels tot het uiterste te irriteren. Onder de ambtstijd van deze man echter trad Jezus op en in zijn tijd vindt de vraag naar de keizerlijke belasting plaats – een gespannener situatie is nauwelijks denkbaar.

Het kan historisch nauwelijks waarheidsgetrouw zijn dat Marcus het gesprek over de belasting, zoals alle scènes in het twaalfde hoofdstuk van zijn evangelie uitgerekend plaatst in de tempel van Jeruzalem, het schijnt onmogelijk dat men juist daar, onder de ogen van de Sadduceeërs en de Romeinen over de vraag had kunnen debatteren in hoeverre men de keizer wel of geen gehoorzaamheid verschuldigd is. Tegelijkertijd is de plaats *symbolisch* beschouwd de beste keus, omdat het juist hier gaat om de beslissing over de verhouding tussen religie en politiek. En Jezus weet wat hij doet! Terwijl hij, als het ware verbaasd, zich een *denarius* laat overhandigen en zich het opschrift van de munt laat voorlezen, bevindt hij de vragenstellers schuldig aan het feit van hun eigen gedrag: zij hebben zelf het geld van de keizer in de zak! Het maakte hen tot dusver niet uit dat het randschrift van de keizerlijke munt, die het borstbeeld van Tiberius in olympische naaktheid toont, de afkortingen draagt: Ti(berius) Caesar Divi Aug(usti) F(ilius) Augustus, wat zoveel betekent als: keizer Tiberius, de aanbiddelijke zoon van de aanbiddelijke God. De keerzijde van de munt biedt het slot van deze titulatuur: Pontif(ex) Maxim(us): hogepriester. Bovendien toont de keerzijde de keizerinmoeder *Julia Augusta* (=Livia), zoals ze op een godentroon zit, de lange olympische scepter in de rechterhand, in de linkerhand de olijftak, die haar kwalificeert als de aardse incarnatie van de hemelse vredesgodin. Deze denarius is de concrete vorm waarin religie en politiek *één en hetzelfde* zijn! En het zijn de vragers zelf die naar alle waarschijnlijkheid geen enkele bedenking hebben dit soort munten met zich mee te dragen! Hier in het gesprek is dit feit het beslissende.

Want men kan er natuurlijk eindeloos over verder speculeren of men zich als jood kan toestaan dit soort munten *op zich* bij zich te hebben, – er waren werkelijk rabbijnen zoals *Nahum de allerheiligste*, die hun leven lang weigerden dergelijke munten ook maar te bekijken; maar dit soort mensen zijn niet de mensen die hier aan Jezus vragen stellen; *zij* dragen keizerlijk geld in hun zakken en alleen dat is in Jezus' ogen van belang: wie met keizerlijk geld handelt, die zal er wel niet omheen kunnen de verplichtingen te accepteren die de keizer verbindt aan het gebruik van zijn geld, – die *moet* belasting betalen. Niet omdat God dat zo wil, maar omdat het door het eigen gedrag opgeroepen wordt!

De belastingverplichting van de keizer is in de ogen van Jezus niets meer dan een *eis tot teruggave*, en precies zo formuleert hij het hier: 'Geef aan de keizer wat van de keizer is en aan God wat van God is'! 'Jezus kent en deelt hier het antieke basisprincipe dat de belastingheffing een zaak van de onderworpen volken is. Hij ziet hoe de overwinnaars met zijn volk omgaan. Maar hij stelt vast dat zijn interpellanten de rijksdenarii ter betaling accepteren en hij maakt duidelijk dat daarmee de zelfonderwerping van het volk van God onder het keizerrijk al voltrokken is. Zij nemen het rijksgeld aan en behoren daarmee tot degenen die de voordelen genieten van het rijk, zijn geweldige munt-, economische en rechtsstelsel... Wie zo handelt heeft ondanks alle misstanden van de belastingpraktijk geen recht om de rijksbelasting uit economische motieven af te wijzen... De tegenstanders van Jezus hebben de rijksdenarius op zak, hoewel deze het waardigheidssymbool van de keizer draagt. Ze hebben daarom geen recht om het rijkshoofd uit politieke motieven de belastingheffing te onthouden.'

Deze hele 'redenering' volgt welbeschouwd *geen* principiële ethische of thora-juridische overwegingen, maar ze ontstaat helemaal vanuit het feitelijke gedrag. 'Dat is geen kleinburgerlijke loyaliteitsverklaring aan de op één na beste overheid. Het is het wereldpolitieke 'ja' tegen het Romeinse rijk, het totaal onromantische 'ja' van Jezus van Nazareth tegen het imperium van een vreemd overheersersvolk met een polytheïstische keizer aan het hoofd. Hier is geen plaats voor nationale geldingsdrang en nationale utopieën.'

Alles lijkt dus op de gebruikelijke vorm van 'reële politieke' resignatie, capitulatie en corruptie; maar dat is juist *niet* wat Jezus hier zegt. Wat aan zijn 'realisme' vleugels verleent, dat is de ontdekking van de *religieuze* dimensie ten opzichte van de feitelijkheid van politieke situatie! Jezus erkent de Romeinse overheersing volledig, niet anders dan zoals *Jeremia* de joden in de ballingschap aanraadde de macht van de Babyloniëers te erkennen (Jer. 29:4-7); maar hij doet dat niet, om zich te buigen voor het machtsfeit, respectievelijk voor de macht van het feitelijke, maar omdat hij de vraag naar het wezen van de mensen ergens anders aan vasthecht dan aan politieke machtsverhoudingen. Het 'geef aan de keizer wat van de keizer is', kan Jezus alleen zeggen, omdat hij *de* zin toevoegt waarnaar blijkbaar niemand hem gevraagd heeft en die toch de voorwaarde is voor alles: 'en aan God wat van God is'.

Er is in de ziel van de mens een beeld dat God daar onzichtbaar ingestempeld heeft, met het opschrift van *zijn* naam, die het omgeeft; en zoals de munt aan de keizer behoort, omdat ze zijn portret en titel draagt, behoort het leven van ieder van ons alleen aan God. Alleen wie *dat* niet vergeet, kan de keizer erkennen als politieke disciplinaire macht: hij *erkent* dat hij *niet* God is! Hij relativeert de absolute aanspraak van de staatsmacht door het zelfbewustzijn van het eigen ik. Caesar mag bevel voeren over het dode metaal, alsof hij God is; maar over levende mensen mag hij dat nooit! Henrik Ibsen heeft gelijk, wanneer hij schrijft: 'Jezus Christus is (met deze uitspraak, E.D.) de grootse rebel die ooit geleefd heeft. Wat was Brutus – wat was Cassius in vergelijking met hem? Zij vermoordden alleen maar die ene Julius Caesar; maar hij vermoordt Caesar en Augustus in alle opzichten... Nooit heeft een mensenmond zo iets arglistigs gezegd als dit 'Geef aan de keizer wat van de keizer is en aan God wat van God is'... Deze uitspraak is als een strijdknots die de kroon van het hoofd van de keizer afslaat.'

Inderdaad, met deze uitspraak *breekt* Jezus eens en voor altijd met het principe van de oudtestamentische staatsvroomheid; met deze uitspraak verklaart hij *waarom* hij niet één enkel begrip van de 'politieke' moraal of van de Romeinse staatsfilosofie in de mond neemt: vrijheid, gerechtigheid, veiligheid, orde, vrede... alle 'idealen', die zelfs tweeduizend jaar daarna de huidige theologen nog altijd hulpeloos aan de machtigen op deze wereld proberen te richten; met deze uitspraak scheidt hij zich principieel af van al de Messiaans theologische, apocalyptische programma's, om met aardse machtsmiddelen aardse machtsuitoefening te bestrijden. Men kan de zelfvergoddelijking van de macht niet weerleggen, terwijl men zelf de macht vergoddelijkt, – men zou nooit uit de waanzinnige machtsstrijd komen tussen de eigen, dus 'goede', dus 'goddelijke' machtshandhaving en de vijandelijke, dus slechte, dus antigoddelijke machtshandhaving. God staat *buiten* de politieke instanties; de mens is onafhankelijk van de aanspraak op heerschappij van de machtigen; politiek is niets meer dan een instrument waarmee grote mensenmenigten pragmatisch kunnen worden geleid.

Pas deze *absolute devaluatie* van het opschrift van de keizer op de belastingmunt, pas deze absolute *waardering* van de inscriptie van God in de ziel van ieder individueel, opent een *geweldloze* weg naar de bevrijding van de mens. Deze uitspraak te begrijpen, betekent een *tijd-*

sprong naar voren, een wereld in, zoals die er volgens alle kerkelijke en staatkundige verklaringen tot op heden niet zijn kan, noch zijn mag.

Want in plaats van Jezus' uitspraak over het beeld van God in het hart van de mensen op te vatten in zijn allesveranderende energie, gedroeg het 'christendom' zich in de vierde eeuw in de vorm van de staatsgodsdienst alsof Jezus zijn uitspraak over het absolute *verschil* tussen staatsmacht en goddelijke macht, tussen keizerrijk en Godsrijk nooit uitgesproken had. Bovendien: toen het Romeinse Rijk in de onlusten van de volksverhuizingen in de vijfde eeuw verviel, groeide de roomse kerk met de bisschop van Rome aan het hoofd zelf uit tot cesaropapistische grootheid: de *paus* werd geboren en met hem de aanspraak van een nieuwe 'pontifex maximus', die voorgeeft in de ambten en waardigheden God zelf op aarde te vertegenwoordigen. En deze titel, deze anti-christelijke aanmatiging te midden van het christendom, begon na de stichting van een nieuw, nu '*Heilig* Rooms Rijk' vanaf de elfde eeuw gedurende een half millennium lang zelfs met de hevigste *concurrentie* om elke vorm van aardse machtsuitoefening – de 'investituurstrijd', de strijd tussen keizer en paus om de vestiging van aardse heerschappij maakte het spreken over 'God' tot een loutere ideologie van de absolutistische aanspraak van de roomse kerk op de heerschappij.

Maar de keizer en de vorsten leerden heel spoedig hun les: als 'God' in de mond van de kerk niets meer mag zijn dan een machtstitel, dan is het naar alle waarschijnlijkheid aan de macht zelf gegeven te beslissen aan wie de titel van 'God' verleend wordt! Al in de zestiende eeuw was *Hendrik IV* in Frankrijk tijdens de twisten tussen hugenoten en katholieken in het nauw gebracht door het Spanje van *Philips II* en door het Engeland van *Elisabeth*, politiek verstandig genoeg de vraag naar het juiste geloof niet langer door de 'kerken' te laten beantwoorden, maar door het staatsbelang: als het voor Frankrijks vrede van belang was katholiek te zijn, dan was het goed om katholiek te worden. God sprak voortaan niet meer door 'zijn' kerk in de geschiedenis, maar door het menselijke verstand van aardse heersers. Deze ervaring *moest* ooit opgedaan worden in de tegenstrijdigheden van het 'christelijke' avondland.

De zeventiende eeuw beleefde in de tijd van de *Dertigjarige Oorlog* voor de laatste keer de koortsstuipen van 'religieuze' machtsaanspraak – geheel Europa werd indertijd verwoest door de intolerantie en het intransigente van het 'confessionele tijdperk'! Als sinds de 'Westfaalse Vrede' van 1648 daarom *iets* vaststaat in de cultuurgeschiedenis van *Eu-*

ropa, dan is het de eis dat het politieke verstand de vraag van het religieuze geloof moet *controleren* en haar in geen geval meer over mag laten aan de vertegenwoordigers van de religie: de bisschoppen en de theologen. Vanaf de zeventiende eeuw was het de soevereiniteit van de landsvorst die de onderdanen ter plaatse voorschreef welk geloof ze aan moesten hangen; de landsheren waren bij machte te bepalen welk soort 'religie' 'beoefend' moest worden; de kerkelijke ambtsdragers werden in meerdere of mindere mate louter staatsambtenaren.

Maar ook daarbij verging het de kerken niet slecht. Weliswaar bezaten ze zelf geen politieke macht meer, maar toch werd hen, als ze gehoorzaam waren, de macht van de regeerders graag ter beschikking gesteld.

In dit alles heeft het 'roomse' principe eens en voor altijd gezegevierd over de 'Christus'. 'Keizer' en 'God' waren opnieuw één en hetzelfde geworden. Zelfs de scheiding tussen kerk en staat in de secularisatie aan het eind van de negentiende eeuw legde alleen de onderdanigheid van het religieuze aan het politieke schriftelijk vast: het scheen inderdaad eerlijker en praktischer als onder de gegeven omstandigheden de staatsmacht haar soevereiniteit niet langer verhulde in religieuze formules, maar zichzelf opnieuw fundeerde en legitimeerde: niet van 'God', maar van het volk moest voortaan de macht van de machtigen uitgaan – een geweldige vooruitgang van de politieke cultuur en een nieuwe kans voor de religieuze. Alleen de roomse kerk geloofde ook toen nog en gelooft nog steeds goddelijke macht te kunnen uitoefenen; zeker, ook zij – en juist zij – heeft geleerd zich te schikken naar de politieke omstandigheden. Daar zij als *kerkstaat* zoals voorheen in Gods naam aanspraak maakt op aardse macht, *moet* zij met de machtigen 'samenwerken' en pogen zichzelf daarbij als dragende zuil van de burgerlijke waarden en normen zo onontbeerlijk mogelijk te maken.

'Geef aan de keizer wat van de keizer is', deze spreuk citeerden bijvoorbeeld de Oostenrijkse bisschoppen onder verantwoordelijkheid van de Weense kardinaal *Theodor Innitzer* op 18 maart 1938, toen ze in een eigen preambule een herderlijk schrijven aan alle katholieken richtten, die de gelovigen ertoe opriep in de door de nazi's georganiseerde volksstemming uitdrukking te geven aan het duizendjarige verlangen naar het 'rijk' en voor de aansluiting van Oostenrijk aan *Hitler-Duitsland* te stemmen. Men moet, als het er zo voorstaat, echt wel in de eerste plaats een goed staatsburger zijn om een goed kerklid te zijn, want alleen als goed kerklid kan men, bij zo'n kerkopvatting, in de juiste gemeenschap tot God komen. Het is dan niet verwonderlijk dat men de religieuze volmacht om in geval van nood in *verzet* te gaan tegen de staatsmacht, in de betekenis van Jezus woorden: 'Geef aan God wat van God is', wel eerder *buiten* zo'n statutaire kerkorde zal vinden.

Als men wil weten wat het *tegenwoordig* kan betekenen overeenkomstig Jezus' uitspraak te leven en alleen aan de 'keizer' over te laten, waarop hij aanspraak mag maken, dan zal men moeilijk een geschrift met dit thema kunnen noemen die een roomse paus of een theoloog van de roomse kerk tegenwoordig geschreven heeft; de laatste fundamentele teksten van de roomse kerk over de verhouding van God en keizer stammen uit de tijd van de 'cultuurstrijd' in Duitsland en dat zijn slechts documenten die blijk geven van een anachronistische machtsverdediging van de pauselijke kerkstaat. Daarentegen is een klein essay van een man die in kerkelijke betekenis eigenlijk helemaal geen gelovige was, in staat om ons aan te tonen waar het om gaat.

'*Burgerlijke ongehoorzaamheid als plicht*' – onder deze titel schreef de Amerikaanse dichter, filosoof en cultuurcriticus Henry D. Thoreau in 1848 één van zijn beroemdste artikelen, dat niet alleen het geweldloze verzet van Mahatma Gandhi tegen de Britse koloniale overheersing in Indië beïnvloedde, maar ook de Amerikaanse beweging voor de burgerrechten onder Martin Luther King, evenals de demonstraties van talloze dienstplichtigen tegen de oorlog van de USA in Vietnam. 'Ik vind', schrijft Thoreau in een essay, 'dat we in de eerste plaats mensen moeten zijn, en daarna pas onderdanen. Men moet geen respect voor de wet hebben, maar voor de gerechtigheid. Ik ben slechts gerechtvaardigd één enkele verplichting aan te gaan en dat is altijd te doen wat mij juist lijkt. Men zegt dat een menigte geen geweten heeft – en dat is maar al te waar; gewetensgetrouwe mensen echter verplichten zich tot een vereniging met het geweten. De wet heeft de mensen geen jota rechtvaardiger gemaakt; juist door het respect voor haar worden ook de welwillenden tegenwoordig handlangers van het onrecht. – Een algemeen en natuurlijk resultaat van dit ongepaste respect voor de wet ziet men bijvoorbeeld in een colonne soldaten: overste, hoofdman, korporaal, gewoon soldaat, kruitdrager en alles zoals zij in bewonderenswaardige orde over dal en heuvel in de oorlog marcheren, tegen hun wil, tegen hun gezonde verstand en hun geweten in... Ze twijfelen er niet aan dat ze zich inlaten met een vervloekte zaak; ze zouden liever vrede willen. Maar wat zijn ze dan eigenlijk? Zijn ze wel mannen, of zijn ze kleine beweegbare verschansingen en wapendepots in dienst van één of ander gewetenloos mens, die toevallig aan de macht is. Ga eens naar een krijgsmachtonderdeel en kijk eens naar een marinier, een soort mens zoals alleen de Amerikaanse staat ze tot stand brengt, een ding wat ze met haar boze kunsten van een mens maakt – het is nog slechts een schaduw en een zwakke herinnering aan het mensdom, een man, levend gebaard en rechtop, maar zogezegd al onder de wapens begraven en vergezeld van een lijkstoet... De meerderheid van de mensen dient de staat met hun lichamen niet als mensen, maar als machines. Ze vormen het bestaande leger en de militie, de gevangenisbewakers, de politieagenten, de marechaussees enzovoorts. In de meeste gevallen blijft er geen ruimte meer over voor oordeel of moreel gevoel; ze staan op hetzelfde niveau als hout en steen, misschien zou men houten poppen kunnen maken die net zo doelmatig zouden zijn. Zulke wezens stralen niet meer respect uit dan stropoppen of een vuile doek. Ze zijn niet meer waard dan paarden of honden. En toch houdt men juist zulke mensen gewoonlijk voor goede burgers. Anderen, zoals de meeste wetgevers, politici, advocaten, dominees en hoogwaardigheidsbekleders, dienen de staat vooral met hun hoofd; maar omdat ze zelden moreel onderscheid maken, kunnen ze – zonder het te willen – evengoed de duivel dienen als God. Slechts enkele helden, patriotten, martelaren, echte hervormers en mannen, dienen de staat ook met hun geweten, *zij* worden door haar gewoonlijk als vijanden behandeld.' 'Duizenden mensen zijn in *principe* tegen oorlog en slavernij maar zij ondernemen toch niets praktisch, om ze af te schaffen; ... mensen voor wie de vrijheidskwestie wijkt voor die van vrije handel.' '... de gevangenis ... is het enige huis in een slavenstaat, dat een vrije man met ere kan bewonen.'

Thoreau interpreteerde de scène van de belastingmunten als volgt: 'de rijke heeft zich... aan het instituut verkocht dat hem rijk maakt...; hoe meer geld, des te minder fatsoen; want het geld staat tussen de mensen en de gewenste objecten... Het beste dat een rijke kan doen voor de menselijkheid, is de wensen verwerkelijken die hij als arm mens gekoesterd heeft. Christus wees de gerechtsdienaars van Herodes terecht... als *jullie mensen van deze staat zijn* en graag de voordelen genieten van de regering van de keizer, dan moet je hem ook iets van zijn eigendom terugbetalen.' Maar 'zolang ik er niet op uit ben, ... een vermogen te verwerven, kan ik het mij veroorloven de staat mijn loyaliteit ... te weigeren. Het kost mij in ieder geval minder de straf op ongehoorzaamheid van de staat te aanvaarden, dan als ik zou gehoorzamen. In het tweede geval zou ik mij armer voelen' 'Wat ik wil, is de staat gevolg weigeren. Het interesseert mij niet waar mijn dollar naar toegaat, zolang hij geen man en een geweer koopt om iemand neer te schieten. De dollar is onschuldig, mij houdt veel meer het gevolg van mijn trouw als onderdaan bezig.' ... 'De vooruitgang van een absolute naar een beperkte monarchie, van een beperkte monarchie naar een democratie, is een vooruitgang in de richting van de ware achting voor het individu... Nooit zal er een werkelijk vrije en verlichte staat zijn, zolang de staat zich niet verwaardigt het individu te erkennen als een grotere en onafhankelijker macht, waarvan al zijn macht en geweld afgeleid worden en zolang hij de individuele mens niet overeenkomstig behandelt.'

Aan de uiteenzettingen van H. D. Thoreau is vooral opmerkelijk dat elke in kerkelijke betekenis 'religieuze' motivatie afwezig is. Voor de eerste keer articuleert zich hier zoiets als een theorie van civiele ongehoorzaamheid en Thoreau citeert daarbij uitdrukkelijk het beslissende gedeelte van *Marc. 12:17*; maar na tweeduizend jaar van vervlechting van staatsmacht en kerkelijke macht is het duidelijk onmogelijk zich op God te beroepen om de aanspraak van de 'keizer' op het geweten van het individu te begrenzen. Thoreau zegt zelfs uitdrukkelijk: 'Het is juist zo: degenen die geen zuivere bron van wijsheid kennen, die hun sporen niet verder stroomopwaarts vervolgd hebben, blijven bij hun bijbel en grondwet (!) en nemen ze in zich op met eerbied en deemoed; diegenen echter die zien hoe de waarheid als een smal stroompje in dit meer of deze plas uitmondt, schorten hun kleren nog één keer op en wandelen verder naar haar oorsprong'. Zolang men met andere woorden 'zijn bijbel' uit handen van de 'kerk' ontvangt, zal men met meer of minder lange omwegen uiteindelijk onvermijdelijk uitkomen bij de 'schrijver'; de 'religie' in (het roomse! staats-) bestuur van de kerk *kan* niets anders zijn dan het 'rustig houden' van de burgers, die het de staat veroorlooft, de 'schapen' te allen tijden, wanneer het haar uitkomt in 'wolven' te veranderen.

Wie wil begrijpen, wat Jezus wilde, kan daarom niet eenvoudig de bijbel citeren; hij moet in zijn eigen ik, in zijn actuele situatie de motieven, de 'bron' vinden die hem erbij behulpzaam is 'aan God te geven wat van God is'! Niet de door de kerk aangestelde bijbelexegeten, maar wel de beweging voor de burgerrechten, wel de vredesbeweging, wel Amnesty International of vergelijkbare alternatieve bewegingen kunnen tonen wat het betekent de 'keizer' *alleen maar* te geven 'wat van de keizer is' en hem in ieder geval *niet* te geven wat *niet* van hem is. Het *geweten van het individu*, deze uiterst sensibele grondslag van alle 'zedelijkheid', is ook de basis van het goede begrip van een uitspraak van Jezus! Wie op grond van menselijke motieven niet weet wanneer hij de *plicht* heeft tegen te spreken, die zal het uit de 'bijbel' niet leren; en omgekeerd! Pas degene die weet wat hij zichzelf en andere mensen schuldig is op het 'politieke' vlak, zal ook in de uitspraken van Jezus een bondgenoot in zijn eenzaamheid vinden. Niet 'omdat Christus het gezegd heeft', maar omdat het *menselijk* evident is, ontstaat er een situatie van verzet. Maar dan geldt het! Dan heeft het een 'christelijke' volmacht! Dan is het goddelijk, *omdat* het menselijk is!

Daarnaast is er een innerlijke *consequentie*, die vooral Mahatma Gandhi in het kleine propagandawerkje van Thoreau gezien heeft: wie de staatkundige wetgeving tegenspreekt, kan dat alleen doen als, en doordat hij ook de *straffen* van de wetgeving bereidwillig op zich neemt. 'Burgerlijke ongehoorzaamheid plegen', meende Gandhi, 'kunnen alleen degenen die bereid zijn gehoorzaamheid aan vervelende wetten van de staat te betonen, in zoverre deze hun geweten niet kwetsen. Men moet ook bereid zijn de straf voor de ongehoorzaamheid op zich te nemen. Burgerlijke ongehoorzaamheid moet zich karakteriseren door totale geweldloosheid, want ze is gebaseerd op het principe de tegenstander te overwinnen door lijden, door liefde.'

Op deze plaats scheiden zich evenwel de wegen van de Amerikaan H. D. Thoreau, waarbij onder bepaalde omstandigheden ook het bewapende geweld een woordje meesprak, en die van de Indiër Mahatma Gandhi, die in de geweldloosheid de basis respectievelijk de uitdrukking zag van vrijheid zonder angst in z'n algemeenheid: 'Het wapen van de geweldloosheid', schreef hij, 'keert het geweld in haar tegendeel. Geweldsverhoudingen treden op waar iemand zijn wil oplegt, en waar de ander die aanneemt. De weigering zich te buigen onder de wil van een tiran, verbreekt het geweld... Het onrecht gaat niet alleen uit van de onderdrukker, maar ook van de onderdrukte. De tiran kan alleen datgene afdwingen, waartegen het slachtoffer uit gebrek aan kracht geen weerstand biedt. Onze eigen zwakheid en boosheid af te leggen, is daarom al de halve overwinning; want dat is de overwinning van het lijden en de zelf-loutering. Deze kan niet tot stand komen zonder dat men steunt op de aangeboren goedheid van de menselijke natuur, op de eenheid van de mensheid en op de allesomvattende macht van de liefde.' De vrede in de betekenis van Ghandi komt niet uit de kracht van de ontkenning, hoe belangrijk die ook mag zijn, maar alleen uit de kracht van de *bevestiging*.

'De politieke moraal van Jezus is militant noch conservatief, is quiëtistisch noch utopisch. Ze is realistisch en tegelijkertijd creatief. Want Jezus neemt in geen geval genoegen met een kritische uitspraak over God en keizer, en ook niet met de vernietigende polemiek tegen de heersers van deze wereld. Jezus proclameert integendeel een heel positief programma. Het is een politiek toekomstprogramma' was E. Stauffer van mening, en hij voegde daar nog aan toe: 'maar deze toekomst is al begonnen, deze toekomstpolitiek kan altijd gerealiseerd worden, op elke plaats, in elke kring, in elke probleemsituatie.'

Dat is juist. Maar alleen voor degene die zijn hele leven baseert op deze mogelijkheid.

β. *Nogmaals: 'want Hij laat zijn zon opgaan over slechten en goeden, en Hij laat het regenen over rechtvaardigen en onrechtvaardigen.' (Matth. 5:45) – of: naar grenzeloos uitgebreide verantwoordelijkheid Over 'buitenlandse politiek' en 'milieubescherming'*

Maar zijn we daarmee niet weer teruggekeerd tot een zuiver individualistisch standpunt, op z'n minst tot een louter negatieve betrekking van het individu tot de politiek? Ja en nee!

Ja, omdat het onvermijdelijk is het recht van de politiek te *begrenzen* aan het recht van de religie: het is *niet* meer de landsvorst, het is *niet* meer de bisschop, die de mensen heeft te zeggen wat ze moeten geloven; wat een mens gelooft, wordt alleen in het hart van het individu gevormd voor het aangezicht van zijn God. Alleen zo kan de religie de beslissingsintensiteit herwinnen van de woorden en de persoon van Jezus. Wat er in de cultuurgeschiedenis van Europa vooralsnog uitziet als een stapsgewijs, in twee millennia langzaam voortschrijdend verraad van de religie aan de politieke macht, biedt nu, aan het *eind* van dit soort 'religiositeit' die nergens op gebaseerd was dan op de afleiding van de overgeleverde 'reglementaire macht' van de overheid, met de bijbehorende angsten, pressies, onzelfstandigheden en onmenselijkheden, verrassend genoeg de kans om een nieuw begin te maken in vrijheid, innerlijkheid en waarachtigheid.

Dit nieuwe begin kan evenwel niet verwacht worden op het terrein van de geïnstitutionaliseerde kerkelijke 'religiositeit'. De kerkelijke instituties zijn ontstaan door de politieke macht die zij zich wederrechtelijk aangemeten en gewelddadig toegeëigend hebben en ze zullen aan deze macht en met deze macht te gronde gaan. Het individu is echter juist daardoor in staat een directe relatie aan te gaan met de persoon en het voorbeeld van de man uit Nazareth, zoals dat sinds de vroege christenen niet meer is voorgekomen en zich hoogstens in enkele, door de kerkelijke tucht steeds verdachte *mystieke* gestalten, geconcretiseerd heeft. Dit is de ene, de 'individualistische' kant van de consequentie die volgt uit de geschiedenis van de 'belastingmunten'.

De *andere* kant bestaat eruit, dat de wijze waarop Jezus het religieuze 'individualisme' voorgeleefd heeft, helemaal *niet* 'apolitiek' is. Integendeel. We zagen al aan de persoon van de *dichter* als de meest uitgesproken vorm van een geïndividualiseerd bestaan dat het juist de *onafhankelijkheid* van elk soort groepsreglement is dat het individu, als hij zichzelf in zijn menselijkheid echt begrijpt, tot een *kosmopoliet*, tot een natuurlijke voorvechter verheft van een *alle* culturen, religies en volkeren omvattende geestelijke verbondenheid (zie p. 130).

Vanzelfsprekend is de bijbelse bevinding van de gestalte van Jezus, zoals gebruikelijk, ook hier in de eerste plaats paradoxaal. 'Universaliteit' van de geest, 'kosmopolitisme', een bereidheid om van elkaar te leren en tolerantie die volken verzoent – dat *is* het juist niet en *kan* het ook niet zijn, wat direct zichtbaar is aan de gestalte van Jezus van Nazareth. Een echte wereldburger in zijn tijd had beslist de 'universiteit' in Alexandrië *moeten* bezoeken, hij had Grieks, Latijn en koptisch *moeten* studeren, hij had, als hij van plan zou zijn geweest de loop van de wereld te veranderen, *moeten* streven naar invloed op de beslissingen van de respectievelijke organen en persoonlijkheden van zijn tijd, en als hij dan niet streefde naar geld, aanzien en macht, dan had hij toch wel *moeten* streven naar vakkennis, deskundigheid van zaken en een daardoor bepaalde hoge functie. In plaats daarvan is bij Jezus juist het tegendeel het geval! Het absolute provincialisme van zijn optreden hebben we al vermeld (zie p. 328); hetzelfde geldt voor zijn gebrek aan 'academische' vorming – alles, wat deze man deed, was in elk opzicht 'autodidactisch', zelfs letterlijk 'dilettantisch', '*onprofessioneel*'. Vooral bezwaarlijk is de *engheid* van het hele concept waarmee Jezus historisch optrad.

Er wordt bijvoorbeeld de scène uit Marc. 7:24-30 overgeleverd, waar Jezus zich ophoudt in het gebied van Tyrus en Sidon en een vrouw hem verzoekt haar dochter die door de demonen bezeten is te genezen. Maar hij wijst haar af, omdat het niet goed is het brood in plaats van aan de kinderen aan de hondjes onder de tafel te geven. Pas als de vrouw blijft smeken en verklaart dat de hondjes toch ook iets krijgen van het broodafval aan tafel, erkent Jezus haar 'geloof' en doet hij wat ze vraagt. Men kan zich historisch-kritisch bij deze passage natuurlijk ook afvragen of een dergelijke scène in het leven van Jezus eigenlijk plaats had kunnen vinden: – is Jezus ooit in het Fenicische heidenland geweest? Is deze geschiedenis mogelijk niet alleen maar louter legendevorming van de vroege gemeente, die daarmee de praktijk van haar 'heidenmissie' (net als in Marc. 5:1-20) wilde legitimeren door een gefingeerd uitzonderingsspel van haar meester? Zoals altijd, schijnen ook dan twee dingen vast te staan: Jezus zelf heeft zijn boodschap oorspronkelijk helemaal op 'Israël' willen concentreren, (dat wil zeggen, op datgene wat daar nog van over was), zozeer dat hij in Matth. 10:5 zijn discipelen bij de uitzending nadrukkelijk beval, *niet* naar de plaatsen van de Samaritanen en niet naar de 'heidenen' te gaan, maar alleen naar de verloren schapen van het huis van Israël; en aan deze aanwijzing schijnt hij zich in ieder geval zelf streng gehouden te hebben; om het even of het uit zijn mond stamt, of dat het hem slechts in de mond gelegd is, een verachtelijker woord voor de 'volkeren' dan de 'hondsgemene' benaming 'honden' is in het Joodse taalgebruik niet mogelijk.

Hierbij komt nog, dat de 'heiden-vriendelijke' woorden, die zich *ook* in de overlevering over Jezus bevinden, zonder uitzondering ontspruiten aan de ergernis over de starre afwijzing van de heersende kringen in Israël; veel daarvan kan zeker teruggevoerd worden op rekening van de vroege gemeente, die vooral een aantal gelijkenissen van Jezus zo uitlegde, dat God zijn 'uitnodiging', die oorspronkelijk voor Israël gold, voortaan, nadat ze steeds weer afgewezen werd, aan 'hen uit de volkeren' gericht zou hebben (vergelijk bijvoorbeeld Matth. 22:1-14 – de gelijkenis van het koninklijke bruiloftsfeest, of Marc. 12:1-12 – de gelijkenis van de slechte wijnpachters). 'Die uit de volken' – dat zijn naar een uitspraak van Jezus in de bergrede al diegenen, die God helemaal niet echt kennen, maar Hem in angstige magie met lange gebeden genadig proberen te stemmen (Matth. 6:7). Maar zijn er ook in Israël zelf niet genoeg mensen met een dergelijke instelling? Uiteindelijk worden het verdriet en de verontwaardiging van Jezus over de afwijzende houding van ettelijke Galileese steden geprojecteerd in de contrasterende hoop en dreiging, dat de 'heidense' steden Tyrus en Sidon, zelfs de door God vervloekte steden Sodom en Gomorra, als ze net zo veel 'aanbiedingen' gekregen hadden als Israël, zich verstandiger en vromer gedragen zouden hebben dan de halsstarrige mensen van Bethsaïda en Chorazin (Matth. 11:20-24). De *toekering* naar de 'heidenen', naar de '*wereld*', geeft dan heel duidelijk blijk van een rancuneuze *afkering* van 'de' joden, wier houding – tenminste in de voorstelling van *alle* evangelisten – uiteindelijk uitmondde in de *wens* dat de Nazarener terecht zou worden gesteld (Marc. 15:13 – 14!). Al met al een beeld, dat diegenen gelijk lijkt te geven die in de man uit Nazareth in feite alleen maar een bekrompen, fanatiek, enghartig mens met slechts provinciale betekenis zouden willen zien.

Maar zo zit het juist niet in elkaar!

Wil men de – beslist tijdgebonden – aanzet van Jezus goed begrijpen, dan moet men zich *de exemplarische betekenis* voor ogen stellen, die 'Israël' overeenkomstig de 'Sionstraditie' van de profetische beloften in de dagen van de 'eindtijd', waarin Jezus geloofde, beslissend toeviel: de Sionsberg zou ooit een plek blijken te zijn waarnaar alle volken op bedevaart gingen naar het licht, en wat Jezus wilde, was eigenlijk niets meer dan een poging om de 'lamp' te reinigen die de volkeren in hun duisternis, in het beslissende uur, met licht naar huis zou kunnen geleiden. Dit *licht* (Matth. 5:14) was in de ogen van Jezus Israël; en zo ging hij aan de slag om dit 'Israël' allereerst uit zijn 'verstrooiing' bij elkaar te brengen en te vernieuwen; en hier wordt opnieuw het *fundamentele verschil* duidelijk dat de boodschap van Jezus in een extreme *conflictsituatie* zou plaatsen en te allen tijde zal plaatsen.

'Het bijeenbrengen van Israël', de 'vernieuwing' van de 'twaalf stammen' – wat kon dat voor Jezus' tijdgenoten nog anders betekenen dan het herstel van het grote Davidische rijk? Zelfs vandaag schijnt dit nog de enige doelstelling te zijn die door de zionistische wetten in *Eretz Israël* als 'wil van God' erkend wordt, ook al loopt deze religieus gemotiveerde machtshonger ook uit op eindeloos veel nieuwe oorlogen, op eindeloos nieuw leed en op eindeloze nieuwe haat! Hoe anders is juist Jezus' instelling op dit centrale punt! 'Bijeenbrengen' van Israël – dat betekende voor hem de integratie van de psychisch en sociaal 'verlorenen'. 'De verloren schapen van het huis van Israël' (Matth. 10:6) – dat was voor hem *heel* Israël, zolang de 'gemeente van God' (de *qahal Jhwh*) mensen als 'zondaren', als 'dat volk dat de wet niet kent'(Joh. 7:49!), als 'onreinen' en rechtelozen uit haar midden *buitensloot*. Jezus hield dit gedachtengoed het beeld van *zijn* God voor. God was voor hem geen principe waarmee hij de mensen aan de hand van 'werkbare' onderscheidingscriteria kon scheiden, maar de basis van alle verzoening.

Men kan deze kostbare uitspraak van Jezus niet vaak genoeg citeren – over de God van *alle* mensen, die 'zijn zon op laat gaan over slechten en goeden en het laat regenen over rechtvaardigen en onrechtvaardigen'. In *zijn* naam waagde Jezus het de bekrompen getrokken grenzen van de orthodoxe thora-uitleg te overschrijden in de richting van de hulpeloosheid en de kwetsbaarheid van de mensen. En *dit* in zichzelf verenigde, dit in zichzelf *verzoende* Israël zou het model, het *voorbeeld*, de voorwaarde van de mogelijkheid van een verenigd mensdom in z'n totaliteit uit moeten stralen! Het was geen zinloos chauvinisme dat Jezus dwong tot een absolute concentratie op de belangen van zijn volk, maar de overtuiging dat het in zekere zin absoluut noodzakelijk was, binnen de eigen vier muren met de vernieuwing, met de redding van de wereld, te beginnen. Pas als Israël zijn bestemming voor God zou vervullen, zou de hele wereld er als vanzelf anders uitzien. Zo dacht Jezus helemaal *als jood*; maar juist doordat hij de stoutste verwachtingen en beloftes van de profeten van Israël tot in het extreme serieus nam, kende hij zijn volk en daarmee zijn eigen daden van tevoren een wereldpolitieke betekenis toe in geestelijk-religieuze betekenis. Zoals hij (volgens de legende) zichzelf in de woestijn met zijn eigen wezen moest verenigen, totdat 'engel' en 'dier', geest en drift, superego en 'id' zich, voor hij erop uittrok en zijn boodschap aan de mensen verkondigde, niet langer bestreden, maar elkaar vonden op de bodem van het ik (Marc. 1:13), zo moest Israël zich in zijn ogen verenigen, voordat het, één in zichzelf, dienstbaar zou mogen zijn aan de eenheid van de volken.

Wanneer men deze instelling van Jezus naar onze politieke actualiteit vertaalt, dan bevat ze twee even eenvoudige als beslissende inzichten. In de eerste plaats: de wereld, gezien met Gods ogen, *is één*. En in de tweede plaats: de weg naar de eenheid van de wereld kan alleen beginnen *bij het eigen volk*.

De wereld, beschouwd met Gods ogen, is één. Deze visie vol politieke consequenties ontwikkelde Jezus welbeschouwd niet als politieke doelstelling, maar als een religieus feit, dat erop wacht politiek uitgewerkt te worden. Het verschil is opzienbarend. Eenheid van de wereld – dat was tot dan, vanaf *Alexander de 'Grote'* tot en met *Napoleon* en *Adolf Hitler*, het gemeenschappelijke programma van alle imperators: 'eenheid' als dwangvereniging van iedereen onder hun dictaat. Zelfs de 'eenheid' van de religie kan dan alleen opgevat worden als het toch doordrijven van één enkele religie ten opzichte van alle anderen, – 'Christus' als wereldheerser na de voltooiing van het kruistocht-idee van middeleeuwse pausen. Zo fungeert de 'eenheid' van de mensheid als direct *politiek* concept! De uitbreiding van de eigen macht op steeds grotere gebieden van de wereld en op steeds grotere mensenmenigten – dat is de weg van de geschiedenis van de mensheid, zolang ze zich alleen een politieke 'God' voor kan stellen als projectiebeeld van eigen machtsaanspraken.

In *deze* perspectieven vormde ongetwijfeld *het antieke Rome* de eerste grote opeenhoping van een rijksgedachte, die de 'gehele wereld' (Luc. 2:1) onder de godgelijke heerschappij van een imperialistisch centraal gezag bijeen probeerde te voegen. Alle pauselijk-theologische heilsverwachtingen van de roomse kerk vinden hier op dezelfde manier hun voorbeeld als de ideeën van een 'verenigd Europa' op de manier van *Karel de 'Grote'*. Men kan echter de gedachten van *Jezus* over de eenheid van de mensen *bezien vanuit Gods ogen* niet sterk genoeg contrasteren met deze 'eenheidspolitiek'. Voor *hem* moest de eenheid van alle mensen niet 'geschapen' worden, ze moest zich *geestelijk* 'realiseren'; ze *bestond* voor hem, als ze tenminste niet *verhinderd* werd door de territoriale twisten van politieke machthebbers! De mensen *waren* in zijn ogen één, als men hen maar niet dwong zich in de eerste plaats te zien als staatsburgers en aanhangers van een religie, maar als mensen! Het is van het grootste belang om dit verschil te begrijpen.

De 'eenheid van de mensen', *politiek* gezien, is een historisch onomkeerbare gegevenheid van de hele geschiedenis van de mensen op deze aardbol, op z'n laatst vanaf de tijd van de 'ontdekkingen' in de zestiende eeuw. Op zoek naar specerijen, naar goud en naar slaven doorkruisten indertijd Spaanse, Engelse, Portugese, Italiaanse, Franse en Nederlandse karvelen en koggen de zeeën en doorzochten gebieden van de aardbol die een 'blanke' daarvoor nooit gezien had; maar waar zo'n 'blanke' dan de vlag van zijn heerser hees, claimde hij het 'ontdekte' land samen met zijn bodemschatten, inwoners en natuurproducten als eigendom van de kroon van zijn land van herkomst – een volkomen absurde gedachte, zou men denken, maar juist in deze vorm werd het door theologen en juristen serieus bekrachtigd als goddelijk en menselijk recht, en door de heersers gehandhaafd. De 'eenheid' van alle mensen is sindsdien onloochenbaar het lot van alle mensen op deze aarde – toch ziet men deze 'eenheid' zoals tevoren zuiver machtspolitiek als het resultaat van de machtsuitbreiding van de eigen levensvorm: – de eigen economische en bestuurlijke systemen, de eigen wereldbeschouwing en religie, de eigen machtsbelangen en pretenties van een grote mogendheid. De verenigde staten van Europa bijvoorbeeld, zijn in dit opzicht in de eerste plaats een door opgeheven douanebarrières verenigd handelsgebied, dat zich naar buiten toe steeds meer moet afschermen tegen de toeloop van 'economische vluchtelingen' en 'vluchtelingen uit de burgeroorlogen' uit de derde wereld, omdat de economische welstand van dit deel van de aarde duidelijk gebaseerd is op de meedogenloze uitbuiting juist van de herkomstlanden van de emigranten uit de ellende. De 'eenheid van de mensheid' – dat betekent hier zo veel als de eenheid van Babylon, niet iets wat men op zou kunnen vatten en verdedigen als de *eenheid in menselijkheid*.

Maar probeer het nu eens met de ideeën van Jezus! Daar zou de basis van de vereniging van de mensen juist niet de belangenvereniging zijn van steeds grotere eenheden van economische en politieke macht, maar overeenkomstig de geschilderde 'onopzettelijkheid' van psychotherapiegroepen, de ontdekking van een gezamenlijke solidariteit op basis van één en dezelfde menselijke natuur! En deze gedachte moet nu beleefd worden *buiten* de politieke of religieus-politieke berekeningen in de directe omgeving van de eigen staat, het eigen volk, de eigen cultuur, de eigen religie...!

Dan zouden wij Duitsers bijvoorbeeld vijftig jaar na de instorting van het Derde Rijk verklaren, dat wij, denkend aan de afschuwelijkste excessen van rassenwaan in de geschiedenis van de mensheid, het onverdraaglijk vinden om mensen die op de vlucht voor honger, oorlog en politieke vervolging hun vaderland moesten verlaten, aan de grenzen van West-Europa asiel te weigeren; – we zouden ons niet verstoppen achter multilaterale verdragen in de welvaartsburcht van de 'Europese Unie', maar de eigen regering aansporen op te komen voor de wereldwijd groeiende nood van de mensen!

Dan zouden wij Duitsers vijftig jaar na de instorting verklaren dat wij denkend aan de afschuwelijkste militaristische excessen in de geschiedenis van de mensheid het onverdraaglijk vinden nog steeds met miljarden-uitgaven een 'veiligheidspolitiek' te bedrijven met pantsers en raketten; – we zouden ons niet achter het NATO-lidmaatschap verschuilen, maar de strijd tegen honger, sociale ellende en milieuverontreiniging met alle energie aangaan om het goede voorbeeld te geven: dat *jaarlijks* zeventien miljard dollar geïnvesteerd wordt in deze doelen!

Dan zouden de Franse christenen bijvoorbeeld de kant kiezen van de door het Vaticaan afgezette bisschop van Evreux, *Jacques Gaillot*, en denkend aan de tientallen jaren gruwelijke koloniale oorlogen van hun regering in Vietnam, in Algerije, weigeren de atoomproeven in de Stille Oceaan ter 'verbetering' van de 'gevechtskoppen' in de onderzeeërs van de Franse marine goed te keuren; – ze zouden verlangen dat de 'Grande Nation' haar grootheid niet langer demonstreert in de omvang van de nucleaire horrorscenario's van haar militairen, maar in de ruimdenkendheid van haar humaniteit vooral in de omgang met de mensen uit de herkomstlanden van hun eigen koloniale uitbuiting in Azië, Afrika en Oceanië!

Dan zouden de blanke US-burgers, denkend aan de eeuwenlange slavernij van de 'negers' en de systematische uitroeiing en rechteloosheid van de indianen, verklaren dat ze van haar regering niet langer de verdediging van de privileges van de (te) rijken in het land verwachten, maar eindelijk een energieke politiek om de rassenbarrières en de sociale ongelijkheid te overwinnen; – ze zouden 'wereldverantwoordelijkheid' niet langer verwisselen met wereldwijd economisch imperialisme, maar serieus een begin maken met de vragen van de reusachtige schuldenlast van het eigen land en de daardoor bepaalde schuldenmisère van de landen in de derde wereld... !

In dit alles zouden zich twee dingen tegelijkertijd manifesteren: in de eerste plaats dat 'kosmopolitiek' denken en handelen eigenlijk alleen maar mogelijk is, als er mensen zijn die zich als *individuen* ver genoeg *ontworsteld* hebben aan de 'staatsburgerlijke' handicaps van hun desbetreffende land, waardoor ze dat wat aan de 'keizer' gegeven moet worden, direct definiëren als dat 'wat van God is'. En in de tweede plaats zou het duidelijk worden dat het niet mogelijk is, vragen met een *politiek* karakter vanuit het niveau van het individu te beantwoorden. Evenwel kan de structuur van een 'individueel verdicht leven' (zie p. 123 e.v.) ook en juist staande gehouden worden op het politieke niveau; onmiddellijk worden dan de perspectieven zichtbaar waarin de vrede alleen *politiek* verwezenlijkt kan worden. De regels van een nieuw begrip en van een nieuwe manier van menselijke samenleving, zoals wij die *sociaal-psychologisch* in de voorgaande passage af konden leiden uit de boodschap van Jezus, verbreden zich nu tot de randvoorwaarden van een nieuwe opvatting van staatkundige macht en een nieuwe manier van politiek handelen.

Wat hier op het spel staat, is ondertussen, tweeduizend jaar na Christus, een beslissing geworden over het al dan niet bestaan van de mensheid. Eeuwenlang heeft men in het 'christelijke avondland' zichzelf en de hele wereld verzekerd dat de 'bergrede' *politiek* niet zou kunnen functioneren. Maar het tegendeel blijkt: na tweeduizend jaar aarzelen en treuzelen bewijst de 'bergrede' het enig realistisch politieke alternatief te zijn tegen de catastrofe van de 'business as usual'. Want als het op individueel niveau *psychotherapeutisch* geldt, dat men de ander alleen lief kan hebben als en doordat men leert zichzelf lief te hebben, dan wordt de grondregel van Jezus in Marc. 12:31 *politiek* omgedraaid: 'U zult uw *naaste* liefhebben als uzelf', – dat wil zeggen, vertaald naar het vlechtwerk van nationale en internationale betrekkingen: je kunt alleen goed voor jezelf zijn, als je een goede verstandhouding hebt met je buren. Het tijdstip is al lang gekomen, zelfs al overschreden, waarop er geen scheiding meer is tussen 'egoïsme' en 'altruïsme'; want we leven in deze ene wereld, en we leren ofwel gemeenschappelijk te overleven, of we gaan gemeenschappelijk ten gronde. Het is niet mogelijk politiek de 'mondialisering van de productie- en afzetgebieden' te constateren, zonder tegelijkertijd te begrijpen dat de koopkracht van de consumenten de voorwaarde biedt voor de economische prestatie van de producenten; het is niet mogelijk politiek de 'internationalisering van de productie en het productieprocédé' te constateren, zonder tegelijkertijd te begrijpen dat het niet opgaat, om nog steeds en steeds verbitterder regionale standplaatsconcurrentie door te voeren voor arbeids- en productieplaatsen ten gunste van de 'lagelonenlanden', dus ten laste van de 'werknemers' aldaar met zo min mogelijk sociale kosten. Als allang aangetoond is dat alle 'buitenlandse politiek' in een steeds nauwer door netwerken verbonden wereld niets meer kan zijn dan een vorm van binnenwereldse politiek, demonstreert het gedrag van de gewone politieke praktijk zoals altijd een archaïsch, onverlicht, groepsegoïstisch optreden. Er wordt in oktober 1995 in Parijs door de ambtenaren en in november 1995 door van de spoorwegmedewerkers niet bepaald 'gestaakt' tegen de atoomproeven van de regering van *Jacques Chirac* op Moruroa en Fataufa, maar om een loonsverhoging van drie procent; in oktober 1995 werd in Ankara door van de arbeiders bepaald niet gestaakt tegen de grove inzet van militairen van de *Tansu Ciller*-regering tegen de Koerden in Oost-Anatolië, maar tegen de bezuinigingspolitiek van een staatshuishouding met een schuld die allang veel te groot was. Het hemd staat ons nog altijd nader dan de rok en we maken het ons heel moeilijk om te geloven dat bij bepaalde temperaturen de rok veel belangrijker zou kunnen zijn dan het hemd.

Politiek handelen vanuit het gezichtspunt van een in voor- en tegenspoed bij elkaar horende mensheid, – dat veronderstelt en heeft als consequentie *het postulaat van de eenheid van de mensen met de hun omringende natuur*; en ook daarbij is het beslissend, of deze 'eenheid' opgevat wordt als het resultaat van steeds verdergaande machtspretenties of als een samenwerking om vreedzaam belangen met elkaar in overeenstemming te brengen.

Vanaf de eerste bladzijden van de bijbel beconcurreren twee totaal verschillende religieuze concepten elkaar hier over de houding van de mens tot de wereld. Uit de *priesterlijke* overlevering van het scheppingsverhaal is de 'opdracht' van God aan de mensen bekend: *'Wees vruchtbaar en wordt talrijk; bevolk de aarde en onderwerp haar; heers over de vissen van de zee, over de vogels van de lucht, en over al het gedierte dat over de grond kruipt' (Gen. 1:28).* Zeker, de bijbel bedoelt niet het onbeperkte recht van mensen tot een willekeurige uitbuiting en verwoesting van de natuur; de mens wordt hier eerder opgeroepen door zijn gedrag tegenover de dieren de heerschappij van God over de wereld uit te beelden en te verwerkelijken; maar er kan niet ontkend worden, dat het begrip 'onderwerp haar' van de houding afgeleid is waarmee de Egyptische farao zijn voet op de nek van een overwonnen vijand plaatste – het Hebreeuwse woord *rdd* 'druiven treden' is hieraan verwant en overeenkomstig moet de 'machtsverhouding' van de mensen over de natuur in deze tekst feitelijk opgevat worden.

In feite heeft de religie van de Bijbel, geheel in tegenstelling tot de mythische natuurreligies *de wereld* pas zeer laat als een eigen theologisch thema ontdekt, en alleen om het land niet over te laten aan de vruchtbaarheidsgoden van Kanaän, eisten profeten als Hosea (2:8) uiteindelijk de macht van *Jaweh* op, door te claimen dat *Hij* het is die 'koren bezorgt, en wijn en olie' en 'een verbond sluit met de dieren op het veld, met de vogels in de lucht en met de kruipende dieren op de grond' en 'boog en zwaard en oorlog slaat' (Hos. 2). Het rechtsgebied van de Israëlitische stamgod moest zich in deze visie ook uitbreiden naar de schepping en de vormgeving van de wereld; en de verhouding van mens en natuur in de bijbel bleef verbonden aan deze machtsperspectieven, met uitzondering van enkele overnamen van dichterlijke Egyptische of Kanaänitische voorstellingen in de psalmen en de wijsheidsliteratuur. Alleen al vanwege de eindeloze afweerstrijd tegen de 'heidense' natuur*religies* ervoer de bijbelse religie de natuur als door en door vreemd, verleidelijk, ambivalent.

Een belangrijke, maar in de wordingsgeschiedenis nauwelijks opgemerkte uitzondering biedt alleen het *jahwistische paradijsverhaal*, dat door de redacteur van de *'vijf boeken van Mozes'* duidelijk als een bewuste aanvulling, als een verbetering in het priesterlijke origineel ingevoegd werd, dan staat er in *Gen. 2:15: 'Toen bracht de heer God de mens in de tuin van Eden, om die te bewerken en te beheren'*. Als hoeder en opziener, niet als heerser en handelaar van de natuur wordt de mens hier in de wereld ingevoerd, zolang ze een 'lusthof' in Gods ogen blijft. Schenkt men gehoor aan *deze* scheppingsopdracht, dan zal men spoedig begrijpen dat er alleen eenheid onder de mensen kan zijn, als de mensen één zijn met de natuur die ze voortgebracht heeft en draagt.

Kijkt men dan naar *het voorbeeld van Jezus*, dan kan men wel vermoeden dat hem van de beide scheppingsberichten van de bijbel het tweede het meest na aan het hart heeft gelegen. Uit de paradijsgeschiedenis citeert hij, als hem gevraagd wordt of het geoorloofd is dat een man zijn vrouw verlaat, in elk geval Gen. 2:24, de uitspraak van de jahwistische scheppingsgeschiedenis over de eenheid van man en vrouw (Marc. 10: 6-8). De man uit Nazareth streefde er heel sterk naar, om de mensen bij de hand te nemen en ze terug te voeren naar het verloren paradijs van de wereld. Maar er is typisch genoeg geen enkele uitspraak uit de mond van Jezus die vanuit het oogpunt van milieu-ethiek of milieupolitiek enige relevantie bezit. Weliswaar refereert men om het tegendeel te bewijzen graag aan de tekst uit Matth. 6:26-28 over de vogels van de hemel en de lelies van het veld, maar deze uitspraken van Jezus betreffen geen dieper inzicht in de natuur, het gaat duidelijk om een beeldspraak van een vertrouwende, gelaten zorgeloosheid van de mens tot God. Natuurlijk, als de mensen niet uit louter bestaansangst zich mateloos in de schatten van de natuur 'begroeven', dan zou dat direct ook de planten en dieren in onze nabijheid alleen maar goeddoen; maar dat is niet het gezichtspunt waar het Jezus hier om gaat. De mens voor God, niet het dier tegenover de mens, vormt, in de typisch bijbelse accentuering, *zijn* thema. Het is daarom tevergeefs om in Jezus' boodschap 'milieuvriendelijke' aspecten te willen ontdekken! Anders dan bijvoorbeeld voor de oude Egyptenaren, de Zoroastrische Perzen, de Indische boeddhisten of de Griekse Pythagoreërs vormde voor Jezus in het kader van *zijn* cultuurkring het doden en eten van bijvoorbeeld schapen en vissen geen probleem. – Een kleine vergelijking kan dat aantonen.

In Lucas 5:1-11 geeft *Lucas* de overlevering van de legende (uit het Nabije Oosten) van de 'wonderlijke' visvangst, – hoe de discipelen 's nachts de netten uitwierpen, maar niets konden vangen; Jezus echter maakte op klaarlichte dag, toen hij hen gebood nog eens met de boot uit te varen op het meer, een overweldigende vangst mogelijk. Wat er verder met de vissen gebeurt, is de evangelist geen letter waard; de bijbelse religie heeft nooit scrupules ontwikkeld bij het 'verwerven' van dierlijk voedsel. Des te duidelijker is daarom het verschil met de religie van *Pythagoras*! Ook van hem werd overgeleverd dat hij zijn leerlingen een rijke visvangst ten deel liet vallen, maar alleen om hen een leer te verstrekken: in plaats van de vissen te eten, gebood hij de leerlingen de gevangen dieren allemaal tegelijk en onmiddellijk in de zee terug te gooien. De natuur is genereus genoeg om mensen te voorzien van voedsel; zou de mens zich dan niet erkentelijk betonen en in eigen grootmoedigheid leven vermeerderen, in plaats van leven te doden?

Voor het hele politieke handelen in onze tijd ontstaat hier een uiterst belangrijke vraag: welk 'gebruiksrecht' bezit de mens ten opzichte van de natuur? Alles pleit ervoor dat wij op deze plaats de boodschap van Jezus *aan moeten vullen* met het erfgoed van de wijsheid van andere religies en culturen, in plaats van haar in haar cultureel bepaalde grenzen dogmatisch als onveranderlijk te beschouwen. Want zolang we overeenkomstig het bijbelse wereldbeeld er bij blijven de mens met ontwijfelbare zekerheid in het middelpunt van de wereldbeschouwing te plaatsen en hem tot exclusieve maatstaf van zedelijke 'verantwoording' te verklaren, heeft geen dier- of plantensoort alleen al ten opzichte van de bevolkingsdruk van de huidige bevolkingsgroei van de mensheid ook maar een schijn van kans te overleven, ware het niet dat ze met haar eiwit- en suikergehalte het menselijk ras nuttig lijkt in de strijd om te overleven. Onder zulke voorwaarden lijkt het absurd dat Kattas, Pottos en Koboldmakis in de oerwouden van Madagascar en Borneo een serieus recht op verzet kunnen hebben tegen de snel voortschrijdende brandrooiing voor verdere voedselteelt voor steeds meer mensen op een steeds kleiner gebied; integendeel: onder de voorwaarden van het bijbelse antropocentrisme *moet* degene die serieus zou willen dat er *minder* mensen zouden zijn, opdat chimpansees en bonobo's diep in Afrika zelfs in geologisch tijdsbestek een toekomst zouden behouden wel een nar lijken. In het kader van een bijbels gefundeerde ethiek kan er in traditionele betekenis alleen maar zoiets als 'milieubescherming' zijn, als aangetoond kan worden dat bepaalde ingrepen in de natuur het overleven van de mensen zelf in groot gevaar brengen.

Neem de *tropische regenwouden* maar eens als voorbeeld: – zij zijn, 'christelijk' beschouwd, niet het beschermen waard vanwege de duizenden grotendeels onbekende dier- en plantensoorten, maar hoogstens vanwege het besef dat haar vernietiging kan leiden tot een verschuiving van de planetaire windzone's met onafzienbare gevolgen voor de landbouw op het noordelijk halfrond en voor de klimaatontwikkeling in z'n geheel. Of *Antarctica*: niet de visrijkdom die ze herbergt, niet het grote aantal zeedieren die hier hun thuis hebben, maakt ze het behouden waard, alleen als aangetoond kan worden dat een verder afsmelten van de poolkap door een stijgende verwarming van de atmosfeer ten gevolge van het 'broeikaseffect' overstromingen van grote omvang en bijgevolg catastrofen voor miljoenen mensen ten gevolge moet hebben, zou daarin (misschien!) een motief liggen toch nog serieus na te denken over de vermindering van de CO_2-uitstoot en het verbruik van fossiele energie. In een alleen op de mens betrokken wereldverklaring kan beslist afgezien worden van de bescherming van ijsvogels, wielewalen of ooievaars; van datgene wat tegenwoordig 'natuur' heet, zullen door zo'n type mens hoogstens nog het gazon in het stadspark en de zwanen in het stuwmeer 'verzorgd' worden.

'Ethiek', schreef Albert Schweitzer eens, 'is grenzeloos uitgebreide verantwoordelijkheid'. Maar daarvoor hebben we een wereldbeeld nodig dat open genoeg is om de eenheid en de gezamenlijkheid van mens en natuur te benadrukken. De boodschap van Jezus komt eerder overeen met zo'n wereldbeeld dan dat ze dat tegenspreekt, maar men moet toegeven dat dit er niet expliciet in vervat is of ontplooid wordt.

In plaats daarvan wordt uit de woorden van Jezus, schijnbaar dwangmatig een op veel punten verwarrende consequentie gevormd. Steeds weer heeft Jezus God als de oorsprong van elk vertrouwen, als de betrouwbare basis van alle geborgenheid geschilderd en daarbij zelfs Gods voorzorgsmaatregels voor de vogels van de hemel bezworen (Matth. 6:26; 10:29). In de 'christelijke' theologie is daaruit het dogma van de 'voorzienigheid' van God ontstaan, waarin al het gebeuren op aarde in de handen van een almachtig, alwetend en alwijs wezen ligt; de houding van een kinderlijk vertrouwen in de boodschap van Jezus werd al in de interpretatie van de 'kerkvaders' veranderd in een metafysisch bewijsbaar inzicht in de natuur van het goddelijke. Men veronderstelde daarbij stilzwijgend dat 'verstand' bij God hetzelfde moest betekenen als datgene wat wij mensen ons daarbij voorstellen, en dat juist dit menselijk-goddelijk 'verstand' in de natuur als de schepping van God objectief verwezenlijkt zou zijn. Toevalligheid, zinloosheid, doelloosheid, fouten, chaos – dat alles past tot op heden niet in het beeld van de kerkelijke theologie. Nu wordt echter *natuurwetenschappelijk* aangetoond dat alleen al het lineaire denken, waarmee wij *onze* wereld in de natuur proberen in te dringen, de levende wezens in onze nabijheid ernstige schade berokkent. De wetten van de natuur werken veel complexer dan we tot nu toe konden of wilden zien. Chaos en orde, toeval en noodzakelijkheid vormen daarin geen onoverkomelijke tegenstelling, maar ze treffen elkaar in een 'spel' met een open einde. Maar nu: terwijl in toenemende mate het godsbeeld van de overgeleverde theologie in de moderne tijd onjuist is, verbreidt het atheïsme zich sinds eeuwen in de schaduw van de kerkelijke dogmatiek; de *teleurstelling* in een God die naar men meende alles kan en weet en ons dan *deze* wereld bezorgt, leidde er echter tot nu toe niet toe een wereldvroomheid te ontwikkelen die de verhouding tussen mens en natuur juister en wijzer definieert, maar ze stimuleerde daarentegen voortaan nog fanatieker met technische middelen de machtsaanspraak van de mensen over de natuur die ooit door de bijbel gesteund werd. In plaats van welwillender te worden, werden wij onder een godloos geworden hemel slechts steeds gruwelijker. Aan deze ontwikkeling draagt de milde boodschap van de man uit Nazareth zeker zelf geen schuld, maar dat was haar effect. – In het derde deel van *Geloven in vrijheid* zullen we dit *verschil* van religieuze werelduiding en religieuze zelf-verzekering nog uitvoerig ter sprake brengen.

Een *andere* factor die niet bepaald gunstig is voor de bescherming van dieren en planten, ligt paradoxaal genoeg in de *hoop* die Jezus zelf voedde: – hiermee wordt bedoeld dat de reproductie van alle religieuze hiernamaals-verwachting uitsluitend van toepassing was op de mensen. Volgens de farizeïsche opvatting, die Jezus deelde, worden alleen de mensen opgeroepen om 'op te staan'. In de 'christelijke' theologie ontstond daaruit – met Plato's argumenten – de leer van de *onsterfelijkheid* van de menselijke ziel. Volgens deze opvatting beschikt ieder mens over een oneindige toekomstige horizon, terwijl de dieren daarentegen niets anders kunnen zijn dan kort levende overgangswezens zonder eigen betekenis, waarover hoogstens in het kader van eigendomsrecht rekenschap afgelegd moet worden. De *oud-Egyptische* religie daarentegen, die als eerste de voorstelling van een 'opstanding' (bij het ritueel van de 'mondopening') ontwikkeld heeft, kende nog de gedachte dat ooit in het 'dodengericht' zelfs aan de farao gevraagd moest worden, of tegen hem niet een aanklacht ingediend was door één of andere gans of één of andere ezel. Mogelijk is de hemel nog geen hemel zolang ook de dieren daarin niet delen; naar het zich laat aanzien komt het erop aan, zelf de kern van de christelijke hoop te *verbreden* en los te maken uit het traditionele antropocentrisme van het bijbelse wereldbeeld. Want pas vanuit de achtergrond van een religie die het lot van de dieren als een eigen thema ontdekt, zal er een maatstaf van zedelijk handelen zijn die zich in politiek opzicht kan laten gelden.

Evenwel, voor zo'n 'claim' zijn niet slechts individuele mensen nodig die doordrongen zijn van de boodschap van Jezus in deze uitgebreide vorm, hier is een georganiseerde, politiek effectieve groep mensen voor nodig die zich de overeenkomstige vraagstellingen programmatisch eigen maakt. *Hier* op deze plaats ontstaat voor de eerste keer zoiets als de noodzakelijkheid van een 'kerk'. Als een groep mensen die kosmopolitisch-pacifistisch en ecologisch de interesse van hun desbetreffende verantwoordelijkheid ter plaatse kenbaar maakt aan de regeerders van hun land, bezit ze als 'gemeenschap van gelovigen' haar functie en opdracht.

Tot nu toe hebben wij ons afgevraagd, hoe een 'kerk' van dien aard moet zijn om de *profetische* en *therapeutische* dimensie van de boodschap van Jezus aan de mensen door te geven – maar we waren met het concept van een 'therapiegroep' toch steeds indirect op het niveau van het individu gebleven; nu echter in het politieke kader, op het niveau van het collectieve, doelgerichte handelen, zou 'kerk' zoiets moeten zijn als een 'belangenvereniging' van universele menselijkheid en universele wereldverantwoordelijkheid, een politieke correctie ten opzichte van alle nationale of egoïstische bondgenootschapsintriges, die direct of indirect uiteindelijk nog steeds geen oorlogen uitsluiten of zelfs oorlogen begunstigen. In plaats daarvan zien we dat wat zich tegenwoordig 'kerk' noemt, haar macht wezenlijk gebruikt voor het vasthouden en de onderdrukking van individuen, met tegelijkertijd grote bereidheid om zo vaak mogelijk samen te werken met de machtigen in staat en maatschappij.

Men begrijpt: alleen een 'kerk' die de individuen haar vrijheid schenkt, verkrijgt ook voor zichzelf de vrijheid ten opzichte van de politieke bepalingen; alleen een dergelijke 'kerk' zou het wagen op te staan en onder de ogen van de 'keizer' aan God terug te geven wat van God is. Al het 'politieke' kan veranderd worden als het lukt temidden van het krijgsgewoel de *hemel* weer te aanschouwen, zoals L. Tolstoi het in *Oorlog en vrede* in de persoon van de zwaargewonde vorst Andrej ergens beschreven heeft: 'Hij opende zijn ogen, in de hoop te zien hoe de worsteling van de beide Fransen en de kanonnier zou aflopen, of de roodharige kanonnier gedood was of niet, en of het stuk veroverd was of gered. Maar hij zag niets. Boven hem was niets dan de hemel – de hoge hemel, niet helder maar toch onmetelijk hoog, met grijze wolken die traag voorbij zeilden. "Hoe rustig, hoe vreedzaam en plechtig", heel anders dan de kanonnier en de Fransman die met hun verschrikte en woedende gezichten worstelden om die loopwisser... Hoe heel anders glijden die wolken langs die hoge, eindeloze hemel! Hoe komt het dat ik die hoge hemel niet eerder heb gezien? En hoe goed dat ik hem ten langen leste ontdekt heb! Ja! Alles is ijdelheid, alles is onrecht, alles, behalve die oneindige hemel. Er is niets, niets, dan dat. En zelfs die hoge hemel bestaat niet, er is niets wezenlijks buiten vrede en rust. Goddank...' (L. Tolstoi, *Oorlog en vrede*; vertaald door R. de Vries; Baarn 1987; p. 237.)

'Maar wat is de oorlog?', zal dezelfde *Andrej* later vragen. 'Wat is er voor nodig om succes bij het oorlogvoeren te hebben? Wat zijn de gebruiken van de militaire kaste? Het doel van de oorlog is moord; de methoden van de oorlog zijn spionage, verraad, en het aanmoedigen daarvan, het ruïneren van de inwoners van een land, roof en diefstal om het leger te provianderen, leugen en bedrog die men het militaire handwerk noemt. De gewoonten der militaire kaste zijn de afwezigheid van vrijheid, kadaverdiscipline dus, ledigheid, onwetendheid, wreedheid, liederlijkheid en drankzucht. En ondanks dit alles is het de hoogste kaste, door iedereen gerespecteerd. Alle koningen, met uitzondering van de Chinese, dragen militaire uniformen, en hij die de meeste mensen afmaakt ontvangt de hoogste onderscheidingen. Zij treden elkaar tegemoet ... om elkaar te vermoorden; zij slachten en verminken tientallen duizenden en houden daarop dankdiensten omdat zij zoveel mensen hebben vermoord (zij overdrijven het aantal zelfs) en verkonden een overwinning in de veronderstelling dat hun prestatie des te groter is naarmate zij meer mensen gedood hebben. Hoe kan God daarboven naar hen kijken en hen aanhoren?' (*Oorlog en vrede*, p. 655).

Jezus' hele streven was erop gericht de mensen de *hemel* terug te geven en ze God te leren zien die onder de baan van de zon alles wat leeft in zijn goedheid omvat. De hele 'politiek' zal alleen dan menselijk zijn, in zoverre ze deze eigen relativering en daarmee tegelijkertijd zichzelf innerlijk ruimte geeft.

d. ‘Je kunt God en de geldduivel niet tegelijk dienen’ (Matth. 6:24) – of: op het niveau van het geld

‘Ja, dat kan best’, zal men tegenwerpen; ‘maar zelfs al zou Jezus de grootste staatstheoreticus en politicoloog aller tijden zijn geweest – wat hij niet was! –, dan zijn zijn voorstellingen van een vreedzame samenleving onder de mensen niets dan louter utopieën, niet minder dan de ontwerpen van Thomas Moore of Tomasio Campanella. Zelfs als wij toe zouden willen geven – wat wij nauwelijks kunnen! –, dat de mensen subjectief gestopt zijn voor de ander een wolf te zijn, dat ze werkelijk onder de zachte leiding van de Nazarener schapen geworden zijn, dan blijft dat altijd alleen maar het buiten de waard rekenen, en wel heel letterlijk: wie over de ‘staat’ spreekt, spreekt over *geld*. Wie over oorlog spreekt, spreekt over *geld*. Wie over uitbuiting spreekt, spreekt over *geld*. Wie echter gelooft dat de mens de vrijheid heeft met zijn geld altijd te doen wat hij wil, die begrijpt niet waarover hij het heeft, hij begrijpt de wetmatigheid niet, de *logica* van het geld, hij reduceert opnieuw een collectief probleem tot het gedrag van een individu, hij verwisselt de niveaus... Eén enkel mens heeft geen geld nodig, één enkel mens voert geen oorlog. Maar het geld zal oorlog voeren, zolang het geld is, en elke staat blijft zijn slaaf, zolang hij een staat is...’

Wat kan daar tegen ingebracht worden? ‘De bergrede functioneert niet’, dat wil concreet zoveel zeggen als ‘ze faalt wat betreft geldkwesties! Geen mens kan van lucht leven. De zuivere armoede, de communistische gemeenschap van goederen, een geldloze economie – dat gaat allemaal niet, zo is de wereld niet, het vervult alleen de paar eerlijke “christenen” met zinloze schuldgevoelens, het maakt de rest echter alleen maar cynisch en gewetenloos... Zolang het geld... Zolang de oorlog...’

Er bestaat feitelijk geen ‘ervaring’ in de geschiedenis van de mensheid die in de loop van de laatste vijfduizend jaar meer gevolgen heeft gehad dan de opkomst van het geld. ‘Naar goud verlangt,/ Aan ’t goud daar hangt/ Toch alles. Ach wij armen!’ zegt Goethes *Gretchen* in de *Faust*-tragedie (*Faust één en twee*, vertaald door C.S. Adema van Scheltema; Amsterdam 1990, p.116, vs. 2802 – 2804). Dat is wel waar. De mensen schijnen vervlochten te zijn met de geldomloop, die ze zelf in gang houden doordat ze zich ervoor opofferen, – een systeem dat zo effectief is als de wet van eten en gegeten worden in de voedselkringloop van de natuur, zelfs nog effectiever, doordat er op natuurlijke wijze geen soort is onder de dieren, die zich op kosten van alle andere soorten *grenzeloos* zou kunnen uitbreiden; het geld draagt naar het schijnt een wet in zich, die bepaalt dat het zich ongebreideld uit kan breiden, een vervangende werkelijkheid die alles verslindt, een moloch, een vampier – en juist zo zag Jezus het! Anders dan menige cynicus voor hem, anders dan menige vroeg-socialistische en marxistische maatschappijtheoreticus na hem, wilde Jezus het geld niet afschaffen, net zo min als de Romeinse staat, net zo min als de keizerlijke denarius; maar als men goed naar zijn woorden luistert, dan halen ze de basis onder de geldcultus uit, dan veroorloven ze vrijheid waar die niet was, dan stimuleren ze tot zeer briljante overwegingen.

α. 'Maak je dus niet bezorgd over de dag van morgen' (Matth. 6:34) – of: tegen de valse zekerheid

Wat heeft Jezus eigenlijk tegen geld? Meer dan tegen de duivel preekt de man uit Nazareth tegen de 'mammon', meer dan tegen de hel, waarschuwt hij tegen de verslaving aan geld. Daarbij gaat het hem niet om kloosterlijke ascese of om het opheffen van het privé-bezit ten gunste van de goede verzorging van ieder afzonderlijk in een vermogende monnikengemeenschap; – Jezus heeft nooit een 'orde' gevestigd, nooit wilde hij met de woorden van de bergrede een Benedictijner of Franciscaner gemeenschap in het leven roepen. Hij wilde, zoals altijd, het leven van mensen naar zichzelf leiden; hij wilde bevrijden, hij wilde genezen; Geld echter – dat was voor hem een keten, een gif; daartegen moesten mensen beschermd worden, daarvan moesten ze gered worden...

Men hoeft slechts de eerste woorden te horen die Jezus in de *bergrede* over het geld uitspreekt en men begrijpt meteen welk gevaar hij meent te herkennen in deze anti-god, in de *afgod* geld: 'niemand', sprak hij volgens Mattheüs tot allen die er slecht aan toe waren (Matth. 4:24) 'kan twee heren dienen... Je kunt God en de geldduivel niet tegelijk dienen' (Matth. 6:24).

Geld, zo beschouwt Jezus het, claimt de mens die zich er mee inlaat en zich erop verlaat *volledig*; het alternatief is slechts God *of* geld; want geld maakt er aanspraak op dezelfde vraag te beantwoorden die ook de religie zou willen beantwoorden, alleen anders, alleen tegengesteld; en daarom moet men *kiezen*.

De beslissing waar het om gaat, is eenvoudiger gezegd: hoe wil je je van de *angst* bevrijden, waarvan je leven ieder moment doortrokken is? Je leeft nog – maar voor hoe lang? Je bent nog gezond – maar voor hoelang? Je voelt je nog jong – maar voor hoelang? Je hebt nog genoeg te eten – maar voor hoelang? Alleen geld schijnt op al deze vragen een direct rustgevend, een praktisch antwoord te weten. Zolang je geld hebt, kun je voedsel kopen zoveel als je wilt. Zolang je geld hebt, kun je je verzorgen en je laten bedienen, naar de dokter gaan, je leven *verlengen*, gelukkig en rijk zijn tot op hoge leeftijd. Zolang je geld hebt, kun je je beschermen tegen ongevallen, tegen overvallen, tegen toeval, tegen allerlei onheil. *Als* je geld hebt...

De hele magie van het geld bestaat eruit dat het *zekerheid* belooft, en wel een reële, tastbare, voor iedereen zichtbare zekerheid. Het lijkt wel of er niets op kan tegen deze bestaansbeveiliging die geld biedt. Juist daarom stijgen in onze dagen, naast de banken, de *verzekeringsmaatschappijen* met hun glazen torenflats de hemel in. En werkelijk, wat ze beloven is fabuleus, een 'verbond voor het leven' in alle noodsituaties: tegen vuur, diefstal, inbraak en werkloosheid, voor de oudedagsvoorziening, voor hulp in geval van ziekte, in geval van plotseling 'overlijden' – van de wieg tot het graf kan men alles verzekeren – een voetbalspeler zijn benen, een toneelspeelster haar borsten, er is geen lichaamsdeel, er is geen levenssituatie, er is geen mogelijk gevaar waartegen men zich niet kan verzekeren *als men genoeg geld heeft*. Maar juist daarom vindt Jezus dit hele denken volkomen onbeduidend, illusionair, gevaarlijk, ja, belachelijk.

Moet dan echt, vraagt hij in dezelfde passage van de bergrede (Matth. 6:25-34), je hele leven verstrijken, terwijl je je met alle inspanning alleen bekommert om en zorgt voor datgene *waarvan* je leeft? 'De mens zal niet leven van brood alleen', zei Jezus volgens de legende nog twee hoofdstukken daarvoor, toen hij in de woestijn door de 'duivel' 'verzocht' werd (Matth. 4:4); *nu* verklaart hij de 'zorgeloosheid' als voorwaarde voor het geluk: wie zijn leven ermee doorbrengt zich te verzekeren tegen de lotgevallen van de toekomst, die vindt nooit het ogenblik in het heden, die raakt nooit het ogenblik in de tijd dat hem eigenlijk echt toekomt. En de reden daarvoor: hij kent *God* niet echt! Hij leeft als een 'heiden', voor wie God in feite niet bestaat.

Ziekte bijvoorbeeld! Wat is daar echt erg aan, dan dat ze het resultaat vormt van het eigen wangedrag, dan dat ze de 'straf' belichaamt voor al te veel eenzijdigheid en overmatige inspanning, dan dat ze het gevoel bezorgt zinloos en waardeloos te zijn, dan dat ze begeleid wordt door troosteloze eenzaamheid? In plaats van zich tegen ziekte te 'verzekeren', zou men moeten leren 'juist' met haar om te gaan!

Of de *ouderdom*! Hoe wil men zich daar anders tegen 'verzekeren', dan doordat men in iedere levensfase zo intensief en zo 'passend' mogelijk probeert te leven, waardoor het 'verouderen' uiteindelijk één en hetzelfde wordt als 'rijpen' en 'leren' en 'dankbaar zijn'? Het is slechts de angst voor de onbekendheid van de toekomst met al haar mogelijkheden die ons bepaalde tijden van de jeugd onveranderbaar laat vasthouden, alsof de herinnering aan het verleden de angst voor de vergankelijkheid van het heden kan overwinnen.

Of de *dood*! Uit angst om te sterven zijn mensen letterlijk tot alles in staat, maar de dood verliest zijn verschrikking zodra men zich echt verbonden begint te voelen met iets levends. *Geld* kan dat niet. Het *is* dood en het *maakt* dood. Het schenkt geen geruststellend gevoel. Het belooft iets wat het niet na kan komen: een virtuele onsterfelijkheid. Daarom verlangt het onverzadigbaar naar steeds meer. Geld is een verslavend middel, een surrogaat, een drug, een fetisj – niet iets echts!

Maar nu daartegenover de schijnbare 'onwerkelijkheid' van Gods nabijheid waaruit Jezus probeerde te leven en de werkelijkheid probeerde te doorstaan! In de woorden van de 'bergrede', die, tenminste in de huidige samenstelling bij Mattheüs, zijn instelling tot geld becommentariëren, komt Jezus als terloops te spreken over de kern van alle angsten die de mensen naar geld laten gijpen als een drenkeling naar een strohalm. Het is vooral het *gevoel voor eigenwaarde*, dat zich bedreigd voelt door de wederwaardigheden van het leven. Ouderdom, ziekte, eenzaamheid, dood – dat komt voor ons zo dichtbij, omdat het dreigt ons te *vernietigen*, omdat het ons onze verborgen nietigheid *bewijst*. In het laatste geval dient het geld ertoe om zichzelf waarde te verschaffen ten opzichte van de absolute ongeldigheid van alle aanspraak die wij proberen te laten gelden ten opzichte van een onverschillige natuur. Maar wat hebben wij echt nodig? vraagt Jezus.

Als men maar eens de onvergelijkelijke *schoonheid* ziet van al het leven dat ons omringt, ontmoet men dan niet als vanzelf een kostbaarheid en een waarde, waartegen al het goud en geld van de wereld niet opweegt? Zeker, het vergaat allemaal, de lelies niet minder dan de mussen, maar zijn ze daarom 'waardeloos' en 'nietig'? Leven ze daarom tevergeefs? Zo zou men kunnen denken als men niet door hun gratie en schoonheid er als vanzelf toe verleid werd ze lief te hebben. Als men ze eerst eens met de ogen van de liefde beschouwt, dan ontstaat ogenblikkelijk deze magische betovering van een poëtische idealisering, die alles wat bestaat omvat met het aura van een betekenis die geheel eenmalig en onvergelijkelijk is. En als wij mensen al ieder onderdeel van de natuur kunnen zien met de blik der liefde, waarom dan ook niet ons*zelf*! Wie zegt dan dat wij alleen maar nietig en onbelangrijk zijn? *Iedereen*, daarvan is Jezus overtuigd, draagt een eigen soort rijkdom en grootheid in zich; hij kan daarmee een rijk en vervuld leven leiden, als hij maar ophoudt zich te meten aan valse maatstaven – zoals de *gelijkenis van de verschillende talenten* (Matth. 25:14-30) waarschuwend beschrijft. In plaats van gefixeerd te zijn op het dreigende 'verlies' en daartegen zinloos 'schatten' te verzamelen, bestaat de hele levenskunst eruit, oog te krijgen voor de onschatbare waarde van het bestaan en erop te vertrouwen dat ons leven, zelfs als niemand het zou zien, geborgen is in Gods hand. *'Vijf mussen kosten maar twee stuivers, niet waar'*, zegt Jezus eens, *'Toch wordt niet één daarvan door God vergeten... Jullie moeten niet bang meer zijn. Er is nogal een verschil tussen jullie en een zwerm mussen.'* (Luc. 12:6-7).

Daarom moet er *gekozen* worden: of men de angst voor de waardeloosheid van het eigen bestaan door materiële 'toegevoegde waarde' weg wil werken en daarmee zijn bestaan alleen maar steeds meer tot slavernij wil maken of dat men probeert de waarde te ontdekken die de ogen van de liefde in alles vinden wat bestaat. Al naar gelang zal het leven steeds sneller afslijten en steeds nuttelozer voorbij ijlen, of wordt het vervuld met het geluk van het huidige ogenblik. Het is de vraag hoe wij de vaardigheden van ons denken gebruiken, of wij onszelf verdoen als krijgers, kooplui en consumenten of dat wij de levenshouding aanleren van een langzaam rijpende, langzaam tot zichzelf inkerende vreugde. Geld verschaft geen zekerheid en het verleent geen waarde. Alle 'zekerheid', menselijk beschouwd, ligt alleen in de persoonlijke overeenstemming met zichzelf, en zij is het die de echte waarde van een mens bepaalt.

Jezus kan daarom niet scherp genoeg waarschuwen tegen de *illusie* van de 'eigendomsvorming'. We noemden (p. 152) al de gelijkenis van de *hebzuchtige boer* (Luc. 12:13-21), die de dood juist op dat ogenblik bereikt waarop hij meent na al zijn moeiten en inspanningen eindelijk in rust te kunnen genieten van zijn rijkdom. Maar *Lucas* leidt deze geschiedenis zelfs nog in met een anekdote: *'Iemand uit de menigte zei tegen Hem: Meester, zeg tegen mijn broer dat hij de erfenis met mij moet delen.'* (Luc. 12:13). *Dat* is nu eindelijk het soort vraag dat elke kerkelijke moraaltheoloog het hart sneller moet laten slaan: een erfeniskwestie! Daar heeft de moraal en het kerkrecht in ieder geval nog wat in te brengen! Daar geldt het toch 'gerechtigheid' te doen aan degene die door onrecht is benadeeld! Des te leerzamer is *Jezus'* antwoord hier: *'Hij zei tegen hem: "Wie heeft mij als scheidsrechter tussen u beiden aangesteld?"'* (Luc. 12:14).

Er zijn geen 'rechten' die men tegenover elkaar kan laten gelden om op die manier 'gerechtigheid' te verschaffen – waar men het evangelie ook opslaat, steeds weer stuit men op deze innerlijke consequentie van alles wat Jezus zegt en doet. 'Betweterij', dat is voor hem alleen maar de omschrijving van een 'egoïsme' dat zichzelf nog niet gevonden heeft. *'Pas op voor iedere vorm van hebzucht!'*, vervolgt Lucas dan ook en vult nog eens vermanend aan: *'Ook al heeft een mens nog zo veel, zijn leven bezit hij niet.'* (Luc. 12:15).

Als men cultureel- en sociaal-historisch naar een beweging zou zoeken die net zo dacht over het 'eigendom', dan vindt men haar zeker *niet* in de Qumranse monnikskringen, die wel graag aangehaald worden voor een vergelijking, alleen al omdat ze verwant zijn aan de latere *kerkelijke* kloosters. 'De Essenen hebben geen privé-bezit. Hun hele vermogen, hun arbeidskracht, hun arbeidsopbrengst behoort tot de orde. Ze wonen en eten gezamenlijk, halen hun witte gewaden uit de kleedkamer en worden in ouderdom of ziekte verzorgd uit de gemeenschappelijke kas. De orde is een productiegemeenschap van economische pioniers die de woestijngrond door grootse irrigatie-installaties veranderen in vruchtbaar akkerland... In deze gemeenschap zijn geen armen, geen slaven en is er geen slavenarbeid... De broederschap... voert met de middelen uit de ordekas ook een genereuze armenverzorging buiten de gemeenschap.' (E. Stauffer, *Die Botschaft Jesu damals und heute*, Bern 1959). Alles, wat met andere woorden in *kerkelijk* opzicht uit de woorden van Jezus tegen geld en ten gunste van de 'armoede' ontwikkeld werd, vindt volle steun bij de Essenen aan de Dode Zee; maar toch: het vindt *geen* steun in de houding van Jezus! 'De godsdiensthistoricus...

kan slechts constateren, dat Jezus geen economisch pionier en agrarisch-politieke heilsprofeet geworden is.' Tegen de gedachte 'stenen in brood te veranderen' heeft Jezus zich volgens de belangrijke mythische scène van de 'verzoeking' in de woestijn verzet als tegen de duivel zelf (Matth. 4:3-4).

Zoals altijd, dient Jezus' houding ook ten opzichte van geld niet uit sociale of 'politieke' motieven, maar alleen *religieus* begrepen te worden, echter juist niet in de zin van de 'onthoudingsverklaring' van het 'aardse', maar als een concentratie op het wezenlijke, als het afwerpen van het hinderlijke en bijkomstige.

De *cynici* van het antieke Griekenland met hun *humane protest* tegen de luxe van het verstedelijkte leven staan in dit opzicht dichter bij Jezus dan de monniken van de Judeese woestijn. Heeft men bij de mensen met geld nog wel te maken met 'mensen', vroeg Diogenes zich af, en provoceerde zijn tijdgenoten doordat hij op klaarlichte dag met een lantaarn naar het marktplein ging om hen in het gezicht te schijnen. De *innerlijke vrijheid* te bewaren – dat is het eigenlijke motief voor Jezus' afwijzing van geld. In plaats van het gevoel van persoonlijke overbodigheid ermee te verdoven, doordat men steeds meer overbodigs verwerft en oppot, zou Jezus veel liever bereiken dat de mensen leven uit het gevoel van hun *waarde*, die ze in de ogen van God bezitten en die ieder die zich genoeg met hen bemoeit aan hen kan ontdekken.

Op deze plaats zijn de gedachten die de Amerikaanse H.D. Thoreau gemaakt heeft in zijn misschien wel belangrijkste boek *Walden* nogmaals behulpzaam: 'Ik ging', schreef hij, 'naar de bossen omdat ik weloverdacht wou leven; om mij tegenover de essentiële feiten van het leven te plaatsen; om te zien of ik niet kon leren wat er te leren was; en om niet op mijn stervensuur te ontdekken dat ik niet geleefd had. Ik wenste niet verder te gaan met wat geen leven mocht heten; leven is kostbaar. Ook was het niet mijn bedoeling de teruggetrokkenheid in praktijk te brengen, behalve waar die noodzakelijk was. Ik wou diep leven en al het merg er uit zuigen, sterk en Spartaans, en in mijzelf alles wat geen leven was uitroeien.' 'Nog altijd leven we laag bij de grond als mieren, ofschoon wij volgens het verhaal al lang geleden in mensen veranderd werden. Als pigmeeën worstelen we met kraanvogels. Het is dwaling op dwaling, lap op lap, en onze beste deugd heeft een overbodige en onnodige armzaligheid als aanleiding. Ons leven wordt verkwist aan details... Eenvoud, eenvoud, eenvoud! Ik zeg: houdt u met twee of drie zaken bezig en niet met honderd of duizend. Tel geen miljoen maar een half dozijn en maak uw berekeningen op uw duimnagel. Temidden van de woelige zee der civilisatie zijn dit en nog duizend andere dingen de wolken en stormen... Vereenvoudig, vereenvoudig. In plaats van drie maaltijden per dag, neem er desnoods maar één; in plaats van honderd schotels vijf en verminder andere dingen net zo... De natie leeft te snel. De mensen denken dat het voor een Natie essentieel is handel te drijven, ijs te exporteren, via een telegraaf te praten en zestig kilometer per uur te rijden...Maar of wij moeten leven als bavianen of als mensen schijnt nogal onzeker.' 'Waarom moeten we in zo'n haast leven en met zo'n verspilling van leven? We zijn veroordeeld om te verhongeren nog voordat we trek krijgen... Wat *werk* betreft: we schieten er niets mee op. We hebben de Sint Vitusdans en kunnen het hoofd niet meer stil houden.' (H.D. Thoreau, Walden; vertaald uit het Amerikaans door K. Sanders, Amsterdam 1979, p.85-86).

Jezus drukte zich in de 'bergrede' niet zo cynisch uit als Thoreau als stijlmiddel graag deed; maar zijn manier om het voortdurende geblèr van het gebruikelijke *'gepraat'*: 'wat zullen we eten, wat zullen we drinken, en waarmee zullen we ons kleden?' (Matth. 6:25), te ironiseren, is niet minder sarcastisch en heeft in ieder geval dezelfde intentie: de mensen op dit moment *rustig* te laten worden, in plaats dat ze door louter angst en zorgen steeds '*onderweg*' zijn.

Pas als deze *niet*-moralistische, maar volledig '*existentieel*'-religieuze aanzet in Jezus' houding tegenover geldelijk vermogen en eigendom duidelijk is, leidt dat tot een *nevenaspect*, dat weliswaar heel belangrijk, maar niet *direct* bedoeld is: wie vrij is van geld, kan het gebruiken om anderen daarmee te *helpen*, – een gedachte, die vooral *Lucas* in zijn evangelie heeft benadrukt.

β. *'Ga verkopen wat u hebt en geef het aan de armen' (Marc. 10:21) – of: goed doen in plaats van goederen verzamelen*

De kerkelijke uitleg van de woorden van Jezus is erg schadelijk door de stap voor stap zichtbare moraliserende oppervlakkigheid. Men neemt eenvoudig niet de moeite, de psychische voorwaarden duidelijk te maken en door te nemen, waardoor een bepaalde uitspraak van Jezus behulpzaam en genezend kan zijn; in plaats daarvan neemt men een bepaalde uitspraak en interpreteert die als 'Gods' 'eis', en als men dan moet toegeven dat deze eis, opgevat als appèl aan de wil, niet ingewilligd kan worden, dan praat men zich met theologische schijnverklaringen uit het dilemma; dan ligt het aan de 'genade van God', de mens te 'helpen', zodat hij zo zou kunnen leven als Jezus wilde; maar hoewel God zijn genade op zich aan *alle* mensen schenkt, zo verleent Hij ze blijkbaar steeds weer 'op bijzondere wijze', en alleen deze 'speciaal uitverkorenen' zijn het in feite die werkelijk zo kunnen leven als de '*bergrede*' beschrijft; deze enkelen gelden als de heiligen, als de groten der kerk, die alle anderen, de gewone mensen van de kerk, verplicht zijn te eren en te achten.

Moralistische overvraging aan de ene kant en geritualiseerde uiterlijkheid (om niet te zeggen: zuiver huichelarij) aan de andere kant, vormen het noodzakelijke resultaat van een bijbeluitleg die zich gewoonweg niet bekommert om de gevoelens van mensen. In werkelijkheid ontstaan alle 'moralistische' aspecten van Jezus' boodschap alleen uit de nieuw verkregen overeenstemming van de menselijke persoon met zichzelf. Geen 'onthouding', maar *identiteit* is het eigenlijke thema, ook en juist bij de vraag naar de omgang met bezit en geldelijk vermogen. Alleen wie achter zijn *wezenlijke armoede* staat, zonder zichzelf daarom te verachten of te haten, kan de vlucht in de materiële 'rijkdom' staken; en de vrijheid die hij daardoor verkrijgt, maakt tegelijkertijd een nieuwe openheid en vrijheid tegenover de armoede van anderen mogelijk.

De klassieke passage die deze samenhang duidelijk maakt, is het *gesprek van Jezus met de rijke jongeman* (Marc. 10:17-27). Een jongeman komt naar Jezus en vraagt hem knielend: 'Goede Meester, wat moet ik doen om deel te krijgen aan het eeuwig leven? Maar Jezus zei tegen hem: "Waarom noemt u Mij goed. Niemand is goed, alleen God."' Dit antwoord van Jezus heeft de kerkelijke dogmatici steeds moeilijkheden gegeven: Matth. 19:17 heeft het gedeelte al veranderd en laat Jezus zeggen: 'Waarom stelt u mij die vraag over het goede? Eén is er goed... ' De tekst van de *Marcus*-tekst benadrukt maar al te duidelijk dat Jezus als Jood er in de verste verte niet aan gedacht heeft zich in de zin van de hellenistische leden van de latere gemeente aan te laten spreken of te laten vereren als 'zoon van God'; zelfs de aanspraak 'goede meester' accepteerde hij niet voor zichzelf – die behoort, vindt hij, uitsluitend God toe. Het is hier belangrijk de samenhang van deze inleidende woorden met de vraag van de jongeman over goed leven te begrijpen.

Het hele gesprek dat volgt draait om de 'geboden' van Israël; ze leggen naar de heersende mening schriftelijk vast wat het betekent om 'goed' te zijn en natuurlijk is daarbij de voorwaarde gegeven dat een mens 'goed' kan zijn, doordat hij zijn leven richt naar de geboden. Juist deze lievelingsgedachte van alle 'ethiek' spreekt Jezus hier bij voorbaat tegen: *geen* mens is 'goed' en wat er 'goed' aan hem is, is alleen van God afkomstig.

Steeds weer stuiten we in het denken van Jezus op deze alles beslissende eenheid van nietigheid en grootheid van het menselijk bestaan ten opzichte van God. *Op zichzelf* beschouwd is de mens werkelijk, zoals de *Qumran*teksten hem afschilderen: onmachtig, onbekwaam, nietig, vergankelijk – juist daarom is het gevaar zo groot in de *rijkdom* te vluchten, om de overduidelijke armzaligheid van het bestaan te omkleden met zichtbare pracht!

Er bestaat echter nog een ander gevaar dat negatieve gevolgen heeft voor het hart van de religie: dat is de neiging het gevoel van de eigen minderwaardigheid te bestrijden met *moralistische* middelen en door zedelijk correct gedrag te bewijzen dat men toch niet zo zwak is als het lijkt. Wie 'goed' is in de betekenis van de wet, die kan geen verwijten gemaakt worden, die leeft correct en onberispelijk, zo iemand is een achtenswaardig persoon die men voorkomend moet respecteren. Op deze wijze heeft deze jongeman absoluut vanaf zijn kindertijd geleefd. Hij was natuurlijk niet alleen maar materieel, hij was vooral moreel 'rijk'. Het is nu echter de vraag die Jezus steeds weer stelt: wie er eigenlijk nut heeft gehad van het correcte gedrag van deze religieuze en morele deugdheld.

Al in de *gelijkenis van de barmhartige Samaritaan* (Luc. 10:25-37) heeft Jezus de priesterstand verweten dat ze op de weg naar de tempel letterlijk voorbij gegaan is aan de mens in nood; cultische reinheid en rituele exactheid is voor de priesters beslist belangrijker dan medelijden en menselijkheid; wat ze 'God' noemen, is, met andere woorden, niet meer dan een idee-fixe, dan een afgod – psychoanalytisch uitgedrukt: niet meer dan een *narcistische bevrediging* in het superego. Deze hele religieus-moralistische maskerade heeft duidelijk geen enkel menselijk nut. Maar om te ontkomen aan de boeien van zo'n *superego religie*, is een soort instorting nodig, zoals Jezus die zelf vermoedelijk beleefd heeft op het moment van de 'doop' in de Jordaan: het is voor de mens *onmogelijk* de geboden te vervullen en toch vergeeft God hem en neemt hem aan! Daaruit te leven – dat betekent dat het niet langer belangrijk is 'goed' te zijn volgens de aanwijzingen van de wet, maar wel zachtaardig te worden volgens de gevoelens van de menselijkheid.

Zoals Jezus in de 'zaligsprekingen' van de 'bergrede' (Matth. 5:3-7) de *armoede* en het *erbarmen* vergelijkbaar maakt, doet hij dat ook hier in het gesprek met de rijke jongeling. Wat aanvankelijk moeilijk begrepen kan worden, deze onbegrijpelijke uitspraak van Jezus over de grenzeloze *armoede* van de mens, zijn diepzinnige: 'Niemand is goed, alleen God', dat blijkt nu de eigenlijke basis van het hele erop volgende gesprek te zijn. Want zolang de jongeman hieraan vasthoudt: 'aan dat alles heb ik mij van jongs af gehouden', zolang zal hij noch zijn eigen armoede inzien, noch het nodige erbarmen opbrengen met de noodlijdende mensen, zolang heeft hij de fetisj 'rijkdom' *nodig* voor zijn zelfbevestiging, ongeacht of het materieel of moreel is.

In het leven van Jezus schijnt zich dit conflict steeds weer afgespeeld te hebben: steeds als mensen nog geloven klaar te komen met zichzelf, zullen ze hun vlucht in de moralistische of materiële overcompensatie proberen te verdedigen als hun goed recht, zelfs als *het beste* aan hen en ze zullen *diegene*, die zelfs dat van hen nog in twijfel trekt gewoonweg haten; ze zullen niet merken dat ze hun eigen persoon, hun *ik* daarmee ontwijken en zich door hun *superego* (door de dwang van de religieuze, culturele, maatschappelijke en morele standaards) laten dicteren, met welke vorm en met welke mate aan 'rijkdom' ze zich moeten verhullen om zich niet te hoeven *schamen* voor de geringheid van hun ik. Ze *verweren* zich tegen het inzicht dat ze op deze wijze hun eigen ik alleen maar steeds meer vernederen, dat ze zelf helemaal niet leven, dat ze persoonlijk niet bestaan; – ze doen alles goed en daarom staan ze in hun recht, en wie niet zo is of zijn kan als zij, die is daar nu eenmaal zelf schuldig aan. Alleen wie aan dit gedwongen schema van uiterlijkheid volledig kapot gaat, wie een 'gebroken hart' heeft, zoals Psalm 34:19 zegt, die vindt ineens de armoede en de onbeschermdheid van zijn ik en de barmhartigheid terug met al de weerlozen van deze aarde. Die 'bezit' niets meer, maar juist zo is hij vrij genoeg om vrijgevig te zijn.

Wat we vroeger al zeiden, vindt nu zijn bevestiging: terwijl de 'moraalsystemen' van de ethiek de mens vastpinnen op datgene wat hij heeft en wat hij kan, veroorlooft de houding van Jezus het eigen onvermogen en datgene wat hij niet bezit aan te nemen en daarin solidair te worden met alle anderen die niets kunnen en niets hebben in de hele omgeving (zie p. 95 e.v.); en juist daarin ligt hun menselijkheid. Want terwijl de moraal van het kunnen en het hebben de mensen van elkaar scheidt, *verenigt* de houding van Jezus alle mensen in de ontdekking en in de eerlijke bekentenis van dezelfde armoede en armzaligheid.

Het is juist die *drempel* van de wets- resp. superego-religie naar de religie van een persoonsgebonden menselijkheid, waar de jongeman in de bovenstaande geschiedenis niet overheen kan stappen. 'Aan één ding ontbreekt het u nog', zegt Jezus hem. Dat 'ene' waaraan het hem nog ontbreekt, is intussen geen nieuw moreel surplus, nog een 'schepje' er bovenop, het is alles wat erover beslist of hij de weg vindt tot zijn eigen ik en daarmee tot het jij van de ander, of dat hij zich verder terugtrekt in de bolwerken van zijn uiterlijke 'credit' en zijn innerlijke onvrijheid. Geef alles wat je hebt aan de 'armen', dat kan alleen degene die zich met alles wat hij 'heeft' herkent in hen die niets hebben. Hier moet niet 'gepresteerd' worden, hier moet uitgeleefd worden wat men ervaart – of niet ervaart!

Pas tegen deze achtergrond begrijpt men de eigenlijke 'argumentatie' van Jezus vooral in de afsluitende *gelijkenis van het oordeel van de Mensenzoon* (Matth. 25:31-46): *'Ik'* zegt de 'Mensenzoon' (als de *'koning'*!) daar, *'had honger, dorst, was een vreemdeling, was naakt, was ziek of zat in de gevangenis...'*, en afhankelijk van hoe men zich tegenover deze mens in ellende gedragen heeft, was het Jezus zelf, die hij daarin ontmoette of waaraan hij voorbij ging. Deze *identificatie* van Jezus met alle armen op grond van het vermogen om de eigen armoede te ontdekken en voor zichzelf toe te geven, vormt de eigenlijke *maatstaf* voor datgene wat Jezus aanduidt met '*hemel*' en '*hel*' in het 'oordeel' van de 'mensenzoon'.

In de dogmatische exegese van dit gedeelte wordt met behulp van juist deze begrippen de oppervlakkigheid van het kerkelijk moralisme ondersteund en bovendien nog verbonden met een overstelpende mate aan straf- en schuldangst. Maar in plaats van de tijdgebonden manier van uitdrukken van Jezus in de voorstellingen van de laat-joodse apocalyptiek metafysisch als onveranderlijk te beschouwen, kan men niet vaak genoeg benadrukken, dat men er liever op moet letten, welke *inhoud* Jezus de 'dreiging met de hel' geeft, waaraan hij ze in werkelijkheid verbindt, en dan is de uitslag heel eenduidig: 'hel' – dat is voor Jezus juist deze toestand van koude liefdeloosheid, die het mogelijk maakt de armoede bij de ander, mogelijk bij alle vroom gepraat over God en bij alle moralistisch-juridische correctheid, eenvoudig te negeren; dat is een toestand die mensen voor zichzelf bewerkstelligd hebben, zonder dat hen nog iets schijnt te ontbreken; en toch missen ze alles: menselijkheid, warmte, barmhartigheid. Zulke mensen '*komen*' niet in de 'hel, ze *leven* in de hel, zonder het te merken'.

Dat wordt het duidelijkst geïllustreerd door een gelijkenis van Jezus die al in het oude Egypte verteld werd over de 'zoon van Osiris' (*Sa Usir*) en die de beoordeling van het 'eenvoudige' volk volgt, waarbij een rijk mens steeds een slechte man is en alleen een arme man een goede man kan zijn – de geschiedenis van *de rijke man en de arme Lazarus* (Luc. 16:19-31). Deze rijke man, van wie men de naam niet kent, 'komt' na zijn dood in de 'hel', en terwijl hij zelf lijdt in de kwelling van het eeuwige vuur, ziet hij de arme Lazarus in de gelukzaligheid van de hemel, in 'de schoot van Abraham' zitten, hij die als bedelaar voor zijn deur zat en wiens wonden door de honden worden gelikt. Wat hier in het *beeld* van de 'hel' in een buitenwereldse situatie geprojecteerd wordt, verkrijgt zijn zeggingskracht pas als men het opvat als *de verborgen waarheid* van het leven van deze rijke. Niet dat hij *later* door God, in het 'hiernamaals' 'bestraft' wordt, is de eigenlijk boodschap in de gelijkenis van Jezus, – als God 'straft', dan gebeurt dat in de bijbel steeds alleen omdat Hij datgene wat allang werkelijkheid is, in zijn onvermijdelijke consequenties openbaart. De eigenlijke waarheid in het leven van zo'n 'rijke' zegt de gelijkenis van Jezus, is een eindeloos 'branden', een eindeloos willen drinken, maar er is niets wat zijn 'dorst' zou kunnen lessen; hij is een verslaafde, in wiens handen alles wat hij aanraakt in vuur verandert, in zekere zin een koning *Midas*, die de goden *bestraften* door zijn wens te vervullen dat alles waar hij zijn hand naar uitstrekte vanzelf in goud zou veranderen. Koning *Midas* werd op deze manier de rijkste man van de hele aarde, maar hij kon niet leven van al zijn rijkdom, hij *verhongerde* en *kwam om van de dorst* door zijn begeerte naar steeds meer goud.

Wat zijn daarom de 'schatten' die 'verzadigen'? Hoe gaat men zo om met 'goud' dat men erdoor verzadigd wordt? Jezus heeft daarover uitspraken gedaan, die onder het omhulsel van de kerkelijke exegese-geschiedenis extreem moraliserend en ascetisch aandoen, terwijl ze toch niets meer zijn dan de vruchten van een wijs geworden levensinzicht. 'Maak je', zegt Jezus daar, 'vrienden met behulp van de *(onrechtvaardige)* geldduivel' (Luc. 16:9). Men heeft exegetisch het harde woord 'onrechtvaardig' graag milder willen uitdrukken als 'onbruikbaar' of 'onnuttig'; dat is niet verkeerd zolang men de oorspronkelijke samenhang niet uit het oog verliest: geld is niet optioneel 'onrechtvaardig' omdat zijn betreffende bezitter er 'onrechtvaardig' mee omging, geld is een *onrecht* op zich, omdat het, zo moet men aanvullen, niet waarmaakt wat het belooft, omdat het iedereen bedriegt die afgaat op zijn beloften; pas van daaruit zet het 'onrecht' door, doordat de bedrogen geldbezitter zijn teleurstelling over het gemiste geluk alleen maar probeert op te heffen door steeds meer geld – een hel voor de *verslaafde*, een inferno voor louter *arme* drommels, die de hel voor zichzelf en anderen heet maken, doordat de één zich ten koste van de ander steeds meer probeert te verrijken, iedereen een vijand van zijn naaste, ieder de concurrent en angstaanjager van allen... Als er dan al een verstandige omgang met de 'onrechtvaardige' mammon bestaat, dan alleen doordat men zijn beloften *niet* gelooft. Geld maakt niet gelukkig, en het geeft ook geen rust, zolang men zich eraan vastklampt om er rust en geluk voor te kopen. Maar er is een andere mogelijkheid om met behulp van geld gelukkig en rustig te worden, dat is: andere mensen gelukkig te maken, hen in hun nood te helpen en vrienden met hen te worden.

Hoe kan men dat? Heel eenvoudig, vindt Jezus. Bijvoorbeeld *Luc. 14:12-14*: als je mensen uitnodigt, doe dat dan niet door erop te speculeren dat zij ook jou zullen uitnodigen op hun feestje. Natuurlijk kun je alle mogelijke uitnodigingen doen zoals bij de gebruikelijke feestjes: men wil elkaar daar niet als mensen leren kennen, maar men wil elkaar wederzijds gebruiken, om zich met behulp (of door de vernietiging!) van de ander omhoog te werken; al deze 'vriendschappen', die op die manier gesloten worden, zijn niets anders dan bedekte vijandschappen, kortdurende coalities van een kapitaalintensieve berekening, niet iets wat menselijk waardevol is. Je kan echter ook mensen uitnodigen die anders nooit vreugde in hun leven hebben – Jezus noemt ze hier *allemaal* op: armen, kreupelen, lammen, blinden...

Op precies dezelfde wijze heeft hij daarin zelf het voorbeeld gegeven in zijn 'gemeenschapsmaaltijden' met de asocialen en buitenstaanders, met de 'zondaars' en 'hoeren'... Bij *zulke* 'uitnodigingen' kan materieel niets terug verwacht worden, financieel, sociaal, vanuit het oogpunt van machtspolitiek 'loont' zoiets helemaal niet; in plaats daarvan merkt men in het geluk van de ander een geluk dat anders niet verkregen kan worden, een eensgezindheid zonder grenzen, een nieuw saamhorigheidsgevoel, dat nooit vergaat: 'Wat een geluk voor u', zegt Jezus (Luc. 14:14), 'dat zij er niets tegenover kunnen stellen'.

Het is het *onopzettelijke* van deze manier van omgang met geld, die haar loon in zichzelf draagt: 'Want het zal u teruggegeven worden bij de opstanding van de rechtvaardigen', zegt de Jezus van het *Lucas*-evangelie met de wijze van spreken van de apocalyptiek in zijn tijd; er is een geluk, dat onbetaalbaar waardevol is, een doorbreken van de muren van maatschappelijke barrières; wie *met behulp van geld* de grenzen *overwint* die het geld tussen de bezitters en de bezitlozen trekt, die heeft het voor elkaar; die heeft weerklank gevonden bij zichzelf; die weet eens en voor altijd wie hij is en 'hoe hij ervoor' staat.

Het enige 'tegenargument' bij deze gedachte schijnt in de wereldliteratuur op het eerste gezicht W. Shakespeare's tragedie *Timon van Athene* te leveren – de geschiedenis van een rijke man die in een vrolijk leventje maaltijden gaf, geld leende en royaal leefde en door allerlei vreemden omgeven werd als honing door de bijen, – totdat hij failliet was! Van *die* dag af verlieten allen hem, en zijn geloof in het goede van de mens veranderde in bitterheid en misnoegen. Maar wat Shakespeare daar vertelt, is eigenlijk niet het verhaal van het illusionaire karakter van goedheid, maar het verhaal van een utopistische bon-vivant, die menselijkheid verwarde met luxe zonder arbeid.

Wil men *daarentegen* een geschiedenis vertellen die de mening van Jezus min of meer aanschouwelijk maakt, dan wordt het beste voorbeeld wel gegeven door een anekdote die *Vincent van Paul* over zichzelf ten beste gaf. Deze echte weldoener van de armen in de zeventiende eeuw in Parijs, wist te zeggen dat hij bij zijn intrede in het pastoorschap door bandieten ontvoerd werd, en lange tijd door hen gevangen gehouden werd. De biografen gissen ernaar wanneer een dergelijke gebeurtenis in het leven van de heilige dan plaatsgevonden zou kunnen hebben en het valt hen moeilijk te begrijpen, dat *Vincent van Paul* hier duidelijk *zinnebeeldig* over zichzelf spreekt: hij die later in dienst van de daklozen, gevangenen, bedelaars en weeskinderen zuinig met geld om zou gaan en erom zou twisten, was van huis uit eerder geneigd tot welstand en hebzucht, en naar alle waarschijnlijkheid dacht hij zelfs zijn 'geestelijke ambt' te kunnen 'bekleden' om van zijn leven te genieten op de manier waarop de eerste stand dat deed. Hij had daarbij aan alle geboden van de kerk en van de staat en alle spelregels van de maatschappij vast kunnen houden – zijn leven zelf zou zuiver oplichterij gebleven zijn, een piratennummer van innerlijke zelfonderdrukking, waarbij hij, als hij daarvan in de ban was, nooit had kunnen zien wie hij zelf was en wat hij voor anderen kon betekenen. Zo echter werd en deed hij iets van tijdloze betekenis.

'*Zorg*', vindt Jezus (Luc. 12:33), '*voor beurzen die niet verslijten, een onuitputtelijke schat in de hemel, waar geen dief bij kan komen en die geen mot aan kan tasten.*' De 'zekerheid' die geld zou kunnen verlenen, mogelijk zelfs tegen de dood, kan alleen bestaan doordat men het weggeeft aan anderen. Maar zoals gezegd: dat is niet iets dat moralistisch 'gemaakt' kan worden; de identificatie met de armen kan alleen groeien door de identiteit met de *eigen* armoede. En daartoe behoort goedheid en geduld, zelfkennis en rijpheid – het tegendeel van de 'kloosterlijke ordegelofte' en gedwongen onthoudingsprestaties.

γ. *'Maar u hebt er een rovershol van gemaakt' (Marc. 11:17) – de tempelreiniging – of: het einde van het geduld*

En toch, berichten alle vier de evangelies, is er in het leven van Jezus een ogenblik geweest waarop hij in de omgang met geld iets deed dat leek op een gewelddaad: hij greep, zegt *Johannes* (2:15) naar de zweep en joeg de handelaars en wisselaars uit de tempel te Jeruzalem. Hij, voor wie de tempel zo weinig betekenis had als hij het in de *geschiedenis van de barmhartige Samaritaan* (Luc. 10:25-37) tot uitdrukking bracht, gaat volstrekt over de rooie als hij de handel van de priesterlijke leiding in het heiligdom van God gewaar wordt. En men kan wel begrijpen waarom, als men bedenkt wat de historische achtergrond van de scène is.

Een *tempel* – daaronder verstaat men gewoonlijk een godsdienstige plaats, maar men vergeet bij deze definitie het beslissende verschil dat een 'tempel' karakteriseert ten opzichte van een heilige grot of een heilige berg: een tempel is een plaats waar aan de godheid *offers* gebracht worden door de handen van *priesters*. De eerste 'tempel' is de 'plaats' waar Kaïn en Abel de godheid voor de eerste keer een opbrengst van het veld en van het vee *opofferden* (Gen. 4:1- 6); zij voelden zich *schuldig*, want reeds hun 'ouders' hadden 'gezondigd' en waren uit het 'paradijs' van de wereld *verdreven*. Alle 'offers' hebben de betekenis de godheid de *schuld* terug te betalen waarin men als *schuldenaar* verwikkeld is. Zonder een dergelijk oorspronkelijk schuldgevoel, zou er noch een tempel zijn als plaats waar de schuld terug kan worden betaald, noch priesters, die in plaats van de godheid de offergaven ontvangen.

Het schijnt historisch zelfs zo te zijn, dat de tempels de plaatsen zijn waar voor de eerste keer zoiets als *geld* 'uitgevonden' werd. Terwijl in alle handboeken van economie 'geld' beschouwd wordt als officieel *ruilmiddel* op de markt evenals maatstaf voor goederen en diensten, bestond zijn oorspronkelijke functie eruit de schulden van de 'gelovigen' symbolisch voor te stellen: de priesters wilden niet langer de offerschuld in de vorm van een hoeveelheid licht bederfelijke etenswaren tot zich nemen, maar ze wilden de 'schuld' op een beter moment kunnen opvragen; daarvoor hadden ze echter een symbolische voorstelling van schuld nodig. Zo bevinden zich op de kleitabletten in het paleis van Knossos afbeeldingen van dierpelzen, die beslist geïnterpreteerd moeten worden als betalingseisen voor de gevormde schuld; ze moeten daarom in oorspronkelijke betekenis als 'geld' opgevat worden. Wie dus in de priesters sacrale zakenlieden zou willen zien die leven van de schulden van de gelovigen, die zou historisch evenzeer de kern van de religieuze ontwikkeling van de tempelcultus raken – als van die van het geld!

Geld, dus de ten allen tijde opvraagbare voorstelling van een betalingsbelofte, biedt dan direct twee voordelen ten opzichte van de vervulling van de schulden in natura: de betalingseis zelf is *onvergankelijk* – men zal later edelmetaal gebruiken om geld, in tegenstelling tot alle bederfelijke waren, onbederfelijk en daarmee onafhankelijk van de tijd te maken; en men kan de schuldeis *doorgeven*; geld is een betalingsbelofte die *in omloop* gebracht kan worden.

De geld-historicus Bernard Laum schrijft: 'Evenals de koning, had ook de god zijn schat; de schatkamer was een geïntegreerd deel van de tempel. Niet alleen in de vorm, maar ook met betrekking tot de inhoud kwamen de koninklijke en sacrale thesaurieën (namelijk schatkamers, E.D.) overeen. ... Ook de tempel verzamelde metaalvoorraden. ... Eerst is het brons, dan zilver en goud.' Daarbij zou men kunnen verwachten dat het geld dat de god gegeven werd, voortaan in de tempel bleef als sacrosanct eigendom; maar dat is niet zo. 'Wij weten in ieder geval dat in de zesde en de daaropvolgende eeuwen (nam. van het antieke Griekenland, E.D.) de heiligdommen de goederen die hen als gewijde gaven toevloeiden economisch gebruikten... De roerende goederen werden geïnvesteerd. Wij weten uit inscripties dat de tempel van Delos enige staten leningen ter beschikking stelde. ... Uit dit economisch gebruik van de tempelgoederen ontstond een soort bankbedrijf. Men heeft de tempel het eerste bankinstituut genoemd.' Lang voordat er munten waren die het beeld van een vergoddelijkte keizer droegen, waren er munten die het beeld van de god droegen die in de betreffende tempel vereerd werd en waarmee het priesterdom zich onontbeerlijk maakte met de cultus.

Deze geringe informatie is al voldoende om, wat betreft de houding van Jezus, een verrassende ontdekking te doen. We hoorden al van zijn polemische instelling ten opzichte van de priesters en we zagen daarin het gebruikelijke *profetische* protest tegen alle cultische 'heilsverschaffing' tussen God en mens; we hoorden daarnet ook van de vastberaden afwijzing van Jezus ten opzichte van de afgod geld; maar deze beide thema's schenen niets met elkaar te maken te hebben. Nu zien we echter dat beide één en hetzelfde zijn: kritiek tegen de priesterreligie is identiek aan het protest tegen de uitbuiting van de mens door het kapitaal, en andersom: wie de logica van het geld aangrijpt als een eindeloze uitbuiting van menselijke schuld, die geraakt ooit onvermijdelijk in de situatie waarin God onder de handen van de priester *identiek* wordt aan de grondslag van al het geld, aan de verrekening van schuld. Pas wie begrijpt hoe geld uit religieuze schuld ontstaat, kan begrijpen waarom Jezus twee van zijn beste gelijkenissen aan geld wijdt: om *zijn* God *uit* de sfeer van offermentaliteit en menselijke uitbuiting te *halen!*

In Matth. 18:23-25 vertelt Jezus *de geschiedenis van de milde koning en van zijn onbarmhartige knecht*: terwijl hij afrekent, ontdekt een koning dat één van zijn beambten hem het enorme bedrag van tienduizend talenten schuldig is; knielend belooft de hoveling alles te betalen, als de koning maar geduld met hem heeft; maar die weet natuurlijk dat zo'n som door een individu privé nooit op te brengen is, en dus *ontslaat* hij hem van zijn hele schuld.

Dat is de God die Jezus verkondigde!

Het is een God voor wie alle offers en daarom ook alle *priesters* volkomen overbodig, zelfs schadelijk zijn; want zij belichamen juist die voorstelling van God, die als eerste *overwonnen* moet worden, opdat de mensen uit de vervreemding zichzelf en tegelijkertijd God terugvinden!

Een andere gelijkenis, die eveneens te maken heeft met afrekening en schulddelging, is te vinden in Luc. 16:1-9 en staat bekend als *de geschiedenis van de onrechtvaardige rentmeester*: omdat hij hoort dat zijn rentmeester zijn vermogen verduistert, roept een rijke man hem ter verantwoording; die maakt zich echter, in het besef welk fiasco hij bij de afrekening tegemoet ziet, 'vrienden met behulp van de geldduivel' en ontslaat de schuldenaren van zijn heer verregaand van hun schuld. Deze geschiedenis kennen we al (zie p. 153 e.v.); maar nu wordt ons duidelijk, dat de klassieke scheiding van de gelijkenis-exegese tussen zaakhelft en beeldhelft nauwelijks zo strikt getrokken kan worden als algemeen aangenomen wordt: de wijze waarop Jezus over geld spreekt, dat is in ieder geval duidelijk, bezit tegen de achtergrond van de uiteenzetting over priesterdienst en tempelcultus een eigen betekenis: – nadat de priesters het voor elkaar hebben gekregen God te gelde te maken, betekent Jezus' overtuiging van een God die schulden kwijtscheldt, in plaats van ze in rekening te brengen, een complete ruïneuze aantasting van de handel. En in die situatie houdt het plezier op. Op z'n laatst daar wordt het ook voor de geringste van de ambtelijke religiedienaars serieus.

Want alleen al dat Jezus de offerbijdragen voor God beschouwt als onrecht ten opzichte van de mensen, kunnen de priesters en theologen hem slechts kwalijk nemen. *Marc. 7:9-12* geeft daarvoor het startschot: *'Ook zei Hij hun: "Het is fraai, hoe u het gebod van God opzij zet om uw traditie overeind te houden. Zo heeft Mozes gezegd: Eer uw vader en uw moeder... (Ex. 20:12;21:17). Maar u beweert: Als iemand tegen zijn vader of moeder zegt: "Waar ik u mee had kunnen ondersteunen is korban" – dat wil zeggen: offergave –, dan hoeft hij niets meer voor zijn vader of moeder te doen; zo ontkracht u het woord van God ten gunste van de traditie die u zelf overgeleverd hebt".'* Daar gaat het natuurlijk thematisch om de verhouding van de oorspronkelijke intentie en theologische traditie bij de woorden van goddelijk openbaring, maar het voorbeeld waar Jezus het thema aan vastmaakt, is typerend voor zijn denken: de God waarin de 'schriftgeleerden' geloven, is geen garantie, maar een concurrent van eenvoudige menselijkheid; de reden daarvoor is echter het idee van de *schuld* van mensen. Onder het principe van de '*gerechtigheid*' (zie p. 54 e.v.) hebben de theologen en de priesters God veranderd in een onverzadigbare schuldeiser, die met de mateloosheid van zijn oneindige eisen aan de mensen hinderlijk en verwoestend tussen mens en mens treedt.

Aan deze perversie van het religieuze zal nooit iets veranderd worden, zolang men de *schuld*beleving niet diametraal *anders* beantwoordt dan de geïnstitutionaliseerde religie het doet: alleen als men in plaats van in de eindeloze schuldincassering à la de priesterlijke offerdienst een vertrouwen stelt in de onvoorwaardelijke vergevingsbereidheid van een *vaderlijke* (moederlijke) God, valt de angst, valt de ambivalentie van het godsbeeld, valt de *vervreemding* van het religieuze weg; pas dan zal de uitbuiting van de mens door de mens in naam van de priestergod haar einde vinden. In Jezus' betekenis *is* daarom geen andere eredienst denkbaar dan dat mensen goed zijn voor mensen – kinderen voor hun ouders, rijken voor armen, de sterken voor de zwakken; zo is het in zijn ogen alleen maar normaal en natuurlijk. Een 'eredienst' echter, die van de eigen leden wegneemt wat hen toekomt, alleen om het aan de priesters te geven die onverzadigbaar zijn, maakt alle vroomheid kapot; dat is het einde van de religie; dat is religieus verbloemd roofridderschap. Daarbij heeft Jezus met nog geen woord gerept over de *tempel* en toch is de hele tempelcultus ten diepste al geestelijk uitgeschakeld.

Wat de tempel van Jeruzalem in de tijd van Jezus aangaat, moet men weten dat deze na de Babylonische ballingschap tussen 520-516 voor Christus herbouwd is en dat zijn opbouw slechts mogelijk was door een schuldenlast van de hele bevolking. Jezus kende zeker het gedeelte uit het boek *Nehemia* (5:1-5), die bericht over de gevolgen van de met hoge schulden bezwaarde bouwwerkzaamheden van de stadhouder in samenhang met de *bouw van de muur* rond 440 voor Christus: *Maar onder vrouwen rezen ernstige klachten tegen mede Judeeërs. Sommigen zeiden: "We hebben veel zonen en dochters. We hebben graan nodig om in leven te blijven." Anderen zeiden: "We moeten onze velden, onze wijngaarden en huizen verpanden om graan te kunnen kopen tegen de honger." Weer anderen zeiden: "We hebben geld moeten lenen om de koninklijke belasting op onze velden en wijngaarden te kunnen betalen. Is ons vlees en bloed niet evenveel waard als dat van onze broeders? Zijn onze zonen soms minder dan hun zonen? Waarom moeten wij dan onze zonen en dochters als slaven verkopen? Verschillende van onze dochters hebben wij al als slavinnen verkocht. Maar wij kunnen er niets tegen doen, zolang anderen in het bezit zijn van onze velden en wijngaarden."* Nehemia toont zich zo verbijsterd door deze klacht, maar ook zo woedend over de *woeker*, dat hij de notabelen en magistraten in het bijzijn van de priesters een eed afneemt om de schuldenlast van geld, graan, olie en wijn kwijt te schelden aan de schuldenaars en niets meer van hen te vorderen – uit vrees voor de Heer!

Wie kan, met dit voorbeeld voor ogen, van God zelf een in de tempel residerende schuldeiser maken? Dat is de vraag die te allen tijde actueel is. *Nehemia* heeft begrepen wat het betekent God te respecteren; hij heeft begrepen wie God werkelijk is: iemand die vergeving wil, geen slavernij aan de schuld!

Om die situatie rondom de Jeruzalemse tempel *in de dagen van Jezus* te begrijpen, zijn twee feiten van belang: ten eerste de economische situatie waarin het Romeinse rijk zich indertijd bevond, ten tweede de priesterlijke wetgeving, die de tempel tot het centrum van het religieuze leven verklaarde.

'In het Romeinse Rijk', schrijft P.C. Martin, 'woedt de gebruikelijke deflatoire *depressie*, zoals die op grond van de op de vleugels van het samengestelde interest-effect voortdrijvende *syngrafen*-economie (namelijk het uitschrijven van schuldbrieven) regelmatig voorkomt, zodra de tijdelijk verschafte "betalingsmiddelen" op zijn. Tijdens de laatste jaren van *Tiberius* waren de door de goddelijke *Augustus* in Egypte snel vergaarde goudbestanden verkwist. De historicus Tacitus bejammert de "ondermijning van het vermogen", dat "velen hun gehele bezit verloren", kortom de algehele "geldschaarste".'

Daar werden natuurlijk ook de joden door getroffen, die indertijd zeven tot negen procent van de bevolking van het Romeinse Rijk vormden. Doorslaggevend was echter de eis van de priesters, dat iedere jood, arm of rijk, een didrachme, een halve sjekel, als hoofdgeld aan de tempel moest betalen, anders werd hij niet toegelaten in de tempel en kon hij daardoor zijn religieuze plichten niet vervullen.

Hoe Jezus zelf over de betaling van de dubbeldrachme dacht, toont een *legende* die *Matth. 17: 24-27* overlevert: terwijl Petrus zich principieel bereid verklaart om de tempelbelasting te betalen, leert Jezus zijn discipelen daar, dat tol en 'belasting' door de koningen van de aarde alleen geïncasseerd worden van *vreemden*, maar niet van de 'zonen' (van het land); jegens *God* moeten de mensen zich echter niet als 'vreemden', maar als '*zonen*' voelen! In naam van God belasting voor de tempel te incasseren, dat is naar Jezus' mening dus niets anders dan de religie te laten vervallen tot de ideologie en de werking van de *vervreemding* van mensen. 'De zonen zijn vrij', zegt Jezus, en zo moet de hele religie een uitdrukking zijn van vrijheid, niet van onderwerping. Als de tempelbelasting dan toch nog geïncasseerd moet worden, dan moet God haar in zekere zin door een *wonder* zelf incasseren: een *vier*drachmenstuk dat een vis in de mond draagt, zal daarvoor heel geschikt zijn!

Dus niet uit gebrek en nood, maar alleen uit een onverdiende overvloed moet de verhouding van de mensen tot God vorm aannemen!

Maar juist het tegendeel van deze instelling werd door de priesters in de tempel te Jeruzalem gepraktiseerd. Om het vereiste offer voor alle mogelijke 'zonden' of voor door God bewezen weldaden te kunnen brengen, moest men zich naar het centrale heiligdom te Jeruzalem begeven, en omdat men de offerdieren natuurlijk niet de hele reisafstand mee kon nemen, moest men ze in de tempel kopen – een aanvullende bron van inkomsten voor de priesters. De betaling van de tempelbelasting werd echter door de 'geldwisselaars', door de *schulchanim*, bewaakt, die de munten moesten controleren en omwisselen.

'De tempel moet ongetwijfeld een eersteklas boekhouding bezeten hebben, de rekeningen die de tempelbezoeker gepresenteerd kreeg, waren op papyrus geschreven of op met was overtrokken houttabletten (in het Hebreeuws "pinkas", in het Grieks "pinax") ... De lijsten van de belasting*schuld* waren zo omvangrijk dat de gebruikelijke ezelskaravanen niet voldoende waren om ze naar Jeruzalem te sturen. – Nu waren er in de oudheid wat betreft belasting helemaal geen plichtplegingen: wie zijn belasting niet betaalde of niet kon betalen, kwam er niet zo ongeveer 'belastingvrij' vanaf. Hij *moest* integendeel het voor de belastingbetaling vereiste geld van bekende woekeraars lenen.... Kortom: de grote joodse tempel zelf was in eerste instantie een schathuis – *Pompejus* liet het nog eerbiedig met rust, terwijl de met herfinancierings-problemen kampende *Crassus* krachtig toesloeg en *Titus* daarna, in opdracht van zijn vader keizer Vespasianus, geheel en al schoon schip maakte. – Rond de tempel ging het echter nog door: er werd om offerdieren gesjacherd, er werden rammen en schapenpaartjes op wissels gekocht. Er was tempelbelasting opeisbaar, er werd achterstallige geïnd, er waren een heleboel syngrafen (schuldbrieven, E.D.) en "pinkassen" in omloop. Op bescheiden wijze werden ook munten gewisseld, maar dat waren de kleine zaakjes. – Abstract en concreet heerste *druk*, er moesten betalingen gedaan worden, er werden schuldbrieven verdisconteerd, er werden wissels niet gehonoreerd. En dat, waarvoor de tempel "eigenlijk" bedoeld was, een godshuis te zijn, waar een arme drommel zijn oerschuld jegens de hemelse vader mag aflossen – daarvan was nog nauwelijks iets te zien.'

Nu is het één ding om dit soort toestanden in het algemeen te kennen, en iets heel anders om ze in realiteit mee te maken. Toen Jezus met de groep van degenen die zich in Galilea rond hem verzameld hadden, voor het Pascha naar Jeruzalem ging, moet hij wel net zo geschrokken en verontwaardigd zijn geweest over de 'verbanking' van God onder de handen van de priesters als daarvoor over de 'verbunkering' van God in de hoofden van de 'schriftgeleerden'. Het is zeer te betwijfelen hoe en in welke mate Jezus echt de wijze van zaken doen van de '*schulchanim*' en van de dierhandelaars in verwarring heeft kunnen brengen, – vermoedelijk ging het bij de 'tempelreiniging' om een provocatief berekenende op zichzelf staande actie, waarvan de uitwerking minder in het optreden dan in de betekenis van het optreden gelegen was. Daarvoor pleit vooral het citaat uit Jer. 7:11, waarmee Jezus zijn gedrag rechtvaardigt. 'Want mijn huis zal heten: huis van gebed voor alle volken', had *Jesaja* (56:7) al gezegd; de profeet Jeremia (3-11) had echter in zijn beroemde *tempelrede* het instituut van het Jeruzalemse priesterdom in z'n geheel in twijfel getrokken: *'Dit zegt de Heer van de machten'*, heeft hij aan de tempelpoort uitgeroepen: *'Vertrouw niet op de valse leus: "Dit is de tempel van de Heer, de tempel van de Heer, de tempel van de Heer! Maar verbeter uw leven, behandel elkaar rechtvaardig, onderdruk geen vreemdeling, weduwe of wees, vergiet geen onschuldig bloed op deze plaats en loop niet achter andere goden aan. Dan laat Ik u wonen op deze plaats... Maar... U steelt, u moordt... En dan durft u in dit huis dat mijn naam draagt nog voor Mij te verschijnen en te zeggen: "We zijn veilig"... Is het huis dat mijn naam draagt in uw ogen soms een rovershol?'*

Dat is precies de indruk die Jezus bij de aanblik van de tempel moet hebben gehad. Hij 'citeert' *Jeremia* niet, hij voert hem opnieuw ten tonele! Want alles is blijkbaar precies zoals vroeger. Men heeft niets begrepen bij de ondergang van de eerste tempel. Men heeft integendeel de oude fouten gesystematiseerd en geperfectioneerd; men heeft ze eigenlijk pas goed in praktijk gebracht. Daarom is er geen andere weg, dan, zoals eertijds Jeremia, bij de tempelpoort te gaan staan en een heilig nee het onheilige handelen in te slingeren.

Wat zich indertijd dan mag hebben afgespeeld, dit schijnt in ieder geval vast te staan: dat Jezus, zoals de jodin Salcia Landmann van mening is, het Jeruzalemse priesterdom het recht van handel drijven betwist heeft. En juist *daarmee* heeft hij over zichzelf het doodvonnis uitgesproken.

Want de 'heer' van de tempel was indertijd *Annas*, de hogepriester in de jaren 6-15 na Christus, 'de machtige leider van de "kinderen van Annas", de schoonvader van Kajafas', de man dus die het proces tegen Jezus voerde (Luc. 3:2; Joh. 18:13). Deze man 'schijnt zich na zijn afzetting vooral op economisch gebied beziggehouden te hebben, want de rabbijnse overlevering vertelt over de Annas-hallen op de tempelberg, hoogstwaarschijnlijk warenhuizen en wisselkantoren, die daar voor de wereldberoemde Jeruzalemsc tempelbank werkten en de vrome tempelgangers verzorgden van tempelgeld, offerdieren en de gebruikelijke religieuze voorwerpen.' Ook de evangeliën berichten over deze vrome en lucratieve groothandel (Marc. 11:15-17; Joh. 2:14-17). – Behalve Kajafas en Annas zitten in het grote Sanhedrin: Eleazar, de zoon van Annas en hogepriester in het jaar 16/17; Jonathan, de zoon van Annas en later opvolger van Kajafas; Theofilos, Matthias, Annas, allemaal zonen van Annas, later allemaal hogepriester; Elionaios, zoon van Kajafas, hogepriester rond van 43-44; tenslotte Johannes en Alexander, die weliswaar eveneens zonen (of schoonzonen) van Annas waren, maar het blijkbaar niet tot het hogepriesterambt gebracht hebben (Hand. 4:6). Dat zijn minstens tien "hogepriesters" uit de clan van de kinderen van Annas. Het leidt geen twijfel dat Kajafas zich in alle situaties en crises verlaten kon op deze familiefractie in het grote Sanhedrin.'

Als Jezus zich tot nu toe door zijn liberale wetsuitleg de toorn op de hals had gehaald van de 'farizeeërs en schriftgeleerden', dan uiteindelijk met zijn 'tempelreiniging' ook de haat van de leidende politieke groepering van de Sadduceërs en hogepriesters bij de tempel, in de eerste plaats van *de* man die zowel aan de tempelbelasting als aan de offercultus het meeste verdienen kon: de hogepriester met emeritaat Annas en van zijn schoonzoon Kajafas.

En toch heeft Jezus de controverse geriskeerd en zelf de keus gemaakt tussen God en de mammon. En daarmee heeft hij de religie van alle tijden voor de vraag gesteld wat in haar tijd *haar* mening belieft te zijn.

Om zich voor te stellen hoe de 'tempelreiniging' er in *onze* tijd uit zou zien, moet men het centrale *profetische* motief, dat Jezus zo liet handelen, bevrijden van alle andere denkbare 'consideraties'. We zeiden al: Jezus was geen sociale hervormer; ook de 'tempelreiniging' diende zeker niet als protest van de 'armen' tegen de 'rijke' clerus; integendeel, doordat Jezus de handel met God fundamenteel ter discussie stelde, zette hij ook een streep door de rekening van vele kleine 'middenstanders'; hij bracht het centrale bestand van alle 'burgerlijke' vroomheid onder de zegen van de priesters in gevaar: de 'converteerbaarheid' van God en geld! De *uitbuiting* van de mensen in naam van een offers eisende God heeft dan ook steeds als keerzijde de *rentabiliteit* van het 'geven' en 'nemen': uiteindelijk is 'God' in letterlijke betekenis een 'berekenbare' grootheid geworden, een rechtsgrond van de 'geldmacht kerk', een betalingsopdracht zogezegd, die iedere monetaire crisis doorstaat.

Neem bijvoorbeeld het Duitsland van 1995. Alleen al de *katholieke* kerk incasseert per jaar naar schatting vijftien miljard mark uit handen van de burgers, ongeacht of ze gelovig of ongelovig zijn, bij de 8,4 miljard inkomsten uit kerkbelasting komen nog alle mogelijke bijdragen van de bondsregering, de deelstaten en gemeentes. Alleen al voor het militaire pastoraat wordt door de bondsregering vijfentwintig miljoen mark uitgegeven, daarvan rond driehonderdvijftigduizend mark voor de geliefde bedevaarten, waarmee men de recruten naar Lourdes pleegt te lokken, en niet te vergeten de zevenendertigduizend mark voor de miswijn van de vrome priesters. Vooral het *grondbezit* van de katholieke kerk geldt als een kapitaalreserve voor de toekomst: driehonderdvijftigduizend hectaren akkers, bossen en weiden, kerken en administratiekantoren op de beste locaties, evenals een paar ondernemingen belast met de binnenlandse kolonisatie, die in 1993 meer dan zevenentwintigduizend wooneenheden bouwden en daarbij vijfhonderdvijftig miljoen mark in huurhuizen, eengezinswoningen en bejaardenhuizen investeerden; alleen al het Stuttgartse vestigingswerk behaalde daarbij een winst van 21,6 miljoen Mark. Zeven banken staan de katholieke bisschoppen ter beschikking om hun gelden te vermeerderen, de bekendste is wel de Pax-bank in Keulen, die bij een balanswaarde van 1,6 miljard mark in 1993 een winst van 3,7 miljoen mark te zien gaf. De continue 'pastorale' uitvlucht van de kerkvertegenwoordigers, dat het geld in sociale diensten zou vloeien zoals ziekenhuizen, bejaardenhuizen en kleuterscholen is zichtbaar onwaar: meer dan negentig procent van de begroting van de 'caritas' met haar vierhonderdachtduizend werknemers wordt door staatsinstanties opgebracht, dus door *alle* delen van de bevolking (!), terwijl slechts negen procent van de kerkbelasting voor de vermelde doelen gebruikt wordt...

'Tempelreiniging' vandaag de dag: dat moet het *einde* zijn van het samenspel van Annas, Herodes en Kajafas, van bank, hof en heiligdom; het zou identiek moeten zijn aan het einde van de 'burgerlijke' religie, het traditionele christendom, de folklore-vroomheid, het zou identiek moeten zijn aan het begin van een persoonlijk beleefde, profetisch bepaalde vorm van godsrelatie. Alle culturele en sociaal-psychologische tekens wijzen erop dat de tijd van de 'volksreligie' en het 'staatschristendom' eens en voorgoed voorbij is; maar of de gevestigde kerk zich van binnenuit door een geestelijke vernieuwing opnieuw bezint op de boodschap van de profeet uit Nazareth of dat ze het verval van haar uiterlijke macht alleen als gevolg van de ongunstige tijdgeest betreurt, en bezorgd om haar prebende, verklaart tot 'godscrisis', dat beslist erover of de kerk degenereert tot een rijke grote sekte met verdwijnende geestelijke invloed, of dat ze de kracht herwint om te doen wat ze moet doen: de vrede dienen, doordat ze God en geld *gescheiden houdt*.

e. 'Leer van de lelies op het veld' (Matth. 6:28) – of: over een vredescultuur

De 'tempel' zou 'gereinigd' zijn, de banken en de beurzen zouden als berg en heuvel 'geslecht' zijn (Luc. 3:5 = Jes. 40:3-5), een grote drijfveer van bewapening en oorlog zou definitief uitgeschakeld zijn – alleen: om zo'n verandering echt te willen, moet dat wat we nu 'cultuur' noemen, fundamenteel veranderd worden! Wat we met het betoog over politiek en geld in elk geval echt bereikt hebben, is de *mogelijkheid* om er op een heel andere manier over te denken. Dat alleen al mag niet gering geacht worden. Want een belangrijk bezwaar tegen de dringend vereiste cultuurhervorming luidt telkens dat we haar ons – nu – nog niet kunnen veroorloven, dat ze, ondanks alle waardering misschien voor haar ideëele doelstelling, toch nog een utopie moet blijven, dat 'de wereld' helaas (nog) niet zo is als wij haar zouden wensen. 'De wereld' echter, zo zien we nu, is niet 'de' wereld, maar een verzelfstandigde 'wereld' van een geldsysteem vol innerlijke tegenstrijdigheden en vol catastrofale consequenties voor de echte wereld. Pas door deze kennis is het ons toegestaan, zijn we zelfs *verplicht* om er direct anders over te gaan denken. Er zijn minstens drie aanknopingspunten voor de noodzakelijke gedaanteverwisseling van de bestaande cultuur zoals Jezus die in zijn boodschap bedoelt, dat zijn:

in de eerste plaats de vraag, wat een *waarde* is;
daarna de vraag naar een maatschappij die *niet* gebaseerd is op het principe van de *schuld*, maar van de *schulddelging*;
en uiteindelijk de vraag naar de *ethiek* van zo'n cultuur.

α. 'Zijn jullie niet meer waard?' (Matth. 6:26) – of: de vanzelfsprekendheid van het heilige

In discussie met economisch deskundigen zal een leek al heel spoedig verbaasd zijn, hoe vaak er begrippen worden gebruikt die stammen uit een lange filosofische traditie, terwijl de manier waarop ze gebezigd worden bepaald niet filosofisch genoemd kan worden; het lijkt er zelfs op dat de hele inhoud van de 'christelijk'-westerse geestesgeschiedenis opgaat in de beschrijving van economische verbanden, ja, alsof ze met deze toepassingswijze pas tot haar ware gedaante komt. Er wordt over 'waarden' gesproken, die 'gerealiseerd' moeten worden, en men begrijpt als 'niet-deskundige' pas langzamerhand dat een stuk kool of een stuk krijt pas dan 'waarde' krijgt, als het door menselijke arbeid uit de berg gehaald wordt en vanaf dat moment door de hand van een koper in geld veranderd kan worden. Wordt iets echt pas 'waardevol' door de 'toegevoegde waarde' van menselijke arbeid en door de 'prijsstelling' van de marktwerking van 'vraag' en 'aanbod'?

Het lijkt een rare vraag; en toch moeten wij ons kennelijk *ook in ons denken* van de 'markt'dwang bevrijden, voor we de wereld weer kunnen ontdekken in haar eigenlijke waarde, om bepaalde maatstaven voor ons handelen te herwinnen.

'Laten we ons leerproces in de loop van de geschiedenis van de mensheid eens bekijken', vindt Margrit Kennedy, 'dan hebben we in de laatste tweeënhalf duizend jaar in intellectueel en technisch-wetenschappelijk opzicht ongekend grote vooruitgang geboekt, – wat ons veel stompzinnige handarbeid bespaart –, maar daarbij het moreel-ethische of religieuze gebied bijna geheel verwaarloosd. – Overal stelt de snelle technische vooruitgang ons tegenwoordig voor vragen, die alleen beantwoord kunnen worden door een groei in ethisch opzicht: van gentechnologie tot het gebruik van het heelal, de zeeën en de poolzones; van gegevensverwerking tot het omgaan met geld. Zo kunnen we toch niet doorgaan. We moeten iets principieel nieuws bedenken... Nadat we sinds de invoering van ons rente opleverende geldsysteem drieduizend jaar geleden materieel en technisch-wetenschappelijk exponentieel moesten groeien en ons ethisch-religieus weinig verder ontwikkeld hebben, is het nu tijd dat allemaal de rug toe te keren en met een nieuwe geldorde de expansie op het materiële vlak te begrenzen en daarmee een exponentiële groei in ethisch, sociaal en cultureel opzicht mogelijk te maken. – Wie gelooft dat de afschaffing van de rente en de invoering van een "gezondere" manier om de circulatie veilig te stellen maar een klein technisch probleempje is, dat opgelost kan worden door de benodigde uitleg en informatie van alle betrokkenen, zij gewaarschuwd. Zo eenvoudig is het niet. Een geldsysteem dat de grondregel "de naaste liefhebben als jezelf" serieus neemt, kan slechts opgezet worden door mensen die op de een of andere manier ervaren hebben dat deze grondregel juist is.'

Het is dus in de eerste plaats van belang om nieuwe ervaringen op te doen en over te dragen, die ons tonen hoeveel aan waarde er om ons heen is, al lang voordat wij mensen het ons door 'werkzaamheden' met 'toegevoegde waarde' eigen maken en gebruiken. *Filosofisch* was het een belangrijke gedachte van Max Schleger, dat het niet mogelijk is, ethisch handelen te motiveren met het formalisme van de categorische imperatief van Immanuel Kant; hij vond dat er in de mens een *waardegevoel* bestaat, waarin hem het gegeven van een bepaalde waarde (in het jargon van de fenomenologie van E. Husserl) evident schijnt; dit waardegevoel schrijft hij toe aan het *eeuwige in de mens*, en hij zag er zelfs de basis in van de hele ethiek; alle 'geboden' ontstonden voor hem in de eerste plaats uit het eisende karakter van de waardebeleving zelf.

Als dat zo is, dan staan we nu voor de opdracht zo'n 'waardegevoel' opnieuw te beleven, want het kan niet ontkend worden dat wij het grotendeels verloren hebben. Hoe kan het ook anders? In een economisch systeem dat altijd achter de voortdurende drang tot groei aan holt vanwege de eigen te grote schuldenlast – we hebben in de Bondsrepubliek nu al vijfentwintig jaar een economische groei nodig van circa zes procent zonder financieringstekorten, om aan de oude schulden te voldoen! – vormt natuurlijk, zoals elk economisch debat in de Bondsdag aantoont, een steeds grotere groei een waarde op zich. Maar het is duidelijk een verkeerde 'waarde'. Overal in het leven wordt aangetoond dat groei slechts tot een bepaalde grens 'waardevol' is. Geen organisme kan 'steeds meer' eiwit, 'steeds meer' vet, 'steeds meer' vitamine C of 'steeds meer' calcium 'verwerken', het kan alleen steeds weer de juiste hoeveelheid van de benodigde stof op het juiste moment opnemen. Ook de binnenlandse markt kan niet meer 'verzadigd' worden door 'steeds meer' goederen; ook de natuur kan niet belast worden met 'steeds meer' toegevoegde waarde door menselijke arbeid; ook de tropische regenwouden en de zeeën van onze planeet verdragen niet 'steeds meer' mensen met 'steeds meer' eisen aan de natuurlijke bronnen. Dat verhindert intussen vooral de conservatieve partijen niet, de desolate toestand van ons economische- en financiële stelsel te versieren met 'steeds meer' euforische leuzen met de strekking 'ga zo door'.

Al in 1959 formuleerde E. Fromm in een klein werkje over '*Psychologie und Werte*' datgene wat hij beschouwde als het belangrijkste gebrek van de moderne maatschappij: 'dat de mens van zijn troon gestoten is'. De negentiende eeuw formuleerde: "God is dood!" Voor de twintigste eeuw zou kunnen gelden: “de mens is dood!” Middelen worden veranderd in doelen, productie en consumptie zijn levensdoelen geworden waaraan het leven ondergeschikt is. Wij produceren dingen die zich als mensen gedragen en mensen die zich als dingen gedragen. De mens is veranderd in een ding en aanbidt het resultaat van zijn eigen handen. Hij is een vreemde geworden voor zichzelf en heeft zich tot de afgodendienst gewend, hoewel hij de naam van God in de mond neemt.’

Het gevolg van deze situatie is dat letterlijk niets meer waarde bezit, omdat alles verworden is tot het nietszeggend plastic van kapitaal en markt.

Is het Pasen? Dan zullen we goed getimed honderd miljoen eieren extra uit de lijven van honderd miljoen kippen in duizenden legbatterijen ‘produceren’, en het leed van de dieren, de *tegenstrijdigheid* tussen de waarde van levende wezens en de ‘realiteit’ van de economische ‘noodzaak’ zal geen bezwaar zijn.

Is het in München Oktoberfeest? Dan zullen we ongeveer één miljoen braadkippen ‘produceren’, uit dieren die nooit mochten leven – gekerkerd, gekweld, nergens anders voor bestemd dan de ‘inkomsten op de slachtveemarkt’ te vermeerderen.

En dat geldt in alles.

We zullen miljoenen ton vis ‘aan wal brengen’, we zullen aan het bos wild en hout ‘onttrekken’ in elke gewenste hoeveelheid, en we zijn al zover gekomen dat we echt trots zijn op de prestatie dat we het met de gevoelsarmoede en meedogenloosheid in de omgang met levende ‘waarden’ aan onze kant zover gebracht hebben, dat we marktleider zijn geworden in de slachtveefokkerij. We huldigen deze wijze van economische groei als een echt beschavingsresultaat, waarmee we al klaar staan om het bij wijze van voorbeeld te exporteren naar de landen van de derde wereld en het met behulp van de gentechnologie nog lucratiever te organiseren. Ja, we zouden vandaag zelfs de achterkant van de maan en van Mars willen verkopen aan iedereen die door de overeenkomstige ‘exploitatierechten’ een herfinanciering zou willen toezeggen van de immense, op voorhand gemaakte kosten van de betreffende ‘ruimte’-vluchtopdrachten. Er is al lang geen kuststrook, geen koraalrif, geen alpentop, geen meer en geen stuk bos meer dat we niet altijd aan de meestbiedende zouden verpatsen als zijn ‘eigendom’, steeds in de waan dat alleen datgene waarde bezit wat in de vorm van geld op de markt ‘geproduceerd’ en ‘gerealiseerd’ wordt.

Het is een diepgaand conflict dat onze maatschappij doortrekt, doordat dat we aan de ene kant het hele waardebegrip in mensen als het ware moedwillig verstoren en aan de andere kant over het 'waardeverlies' van vooral de 'opgroeiende jeugd' klagen. Het zijn daarbij typisch genoeg dezelfde kringen die zonder voorbehoud de marktexpansie verdedigen en *tegelijkertijd* aanzetten tot een 'waardediscussie', om met behulp van veel propaganda aan te sporen tot de traditionele gedragsregels: plicht, offer, onthouding, prestatie, trouw, gehoorzaamheid enzovoorts; beiden gaan natuurlijk alleen gelijk op, zolang niet de ontplooiing van de mens, maar zijn 'integratie' in de marktmechanismen het overheersende doel is. Men *wil* gewoon niet serieus ingaan op het risico dat er waarden ontdekt worden die in staat zouden kunnen zijn de huidige vorm van onze samenleving ter discussie te stellen. Maar juist daaruit bestaat elke eerlijke nieuwe start.

'De les die het geld ons geeft over waarde, en die de Schepper van het universum ons zo moeizaam probeert bij te brengen, zouden we het liefst helemaal vergeten', schreef H.D. Thoreau al honderdvijftig jaar geleden in zijn essay *Leben ohne Principien.* 'Het woord "wijs" wordt meestal verkeerd gebruikt. Hoe kan iemand een wijs mens zijn, als hij niet beter begrijpt hoe hij moet leven dan andere mensen? Als hij alleen maar slimmer en geraffineerder is? Werkt de wijsheid in een tredmolen? Of leert ze hoe men door haar na te volgen succes heeft? Bestaat er eigenlijk zoiets als wijsheid die praktisch toegepast wordt? Is ze alleen maar de molenaar, die de fijnste logica maalt? Heeft het zin om te vragen of Plato zijn levensonderhoud op een betere manier of meer succesvol verdiende dan zijn tijdgenoten – of moest hij zich net als de andere mensen onderwerpen aan de levensproblemen? Leek hij beter dan de anderen door zijn gevoelloosheid of doordat hij zich op de voorgrond drong? Of was zijn leven gemakkelijker, omdat hij een erfenis van zijn tante had gekregen? De manieren waarop de meeste mensen in hun levensonderhoud voorzien, dat wil zeggen hoe ze leven, zijn noodoplossingen, het is een zich "onttrekken" aan de echte levenszaak – hoofdzakelijk, omdat ze het niet beter weten, maar ten dele ook omdat ze het niet beter willen.'
'Dat zovelen in hun leven alleen het geluk vertrouwen en daardoor de middelen verkrijgen om over de arbeid van anderen, minder gelukkigen te beschikken, zonder de maatschappij één of andere waarde op te leveren! En zoiets noemt men handelsondernemingen! Ik ken geen ontstellender ontwikkeling dan de immoraliteit van de handel en alle overige

manieren van levensonderhoud. De filosofie en de poëzie en de religies van zo'n mensheid zijn niet zoveel waard als de spore van een paddestoel. Het wilde zwijn dat zich in leven houdt door te wroeten en de aarde om te woelen, zou zich schamen in zo'n gezelschap. En al zou ik door een vingerknip over alle rijkdom van de wereld kunnen beschikken – *zo'n* prijs zou ik daar niet voor betalen. Zelfs Mohammed wist dat God de wereld niet voor de grap geschapen heeft. Hier wordt God echter een vermogend heer, die een handvol pennies rondstrooit om eens te kijken hoe de mensen erom vechten. De wereld een loterij!... En alle geboden van de bijbel zouden de mens slechts dit geleerd hebben? Ook de laatste bewonderenswaardige uitvinding van het menselijke ras zou niet meer zijn dan een verbeterde hooivork? Moet dit de basis zijn waarop het Oosten en het Westen elkaar ontmoeten? Heeft God tegen ons gezegd dat we op zo'n manier ons brood moesten verdienen, doordat we graven waar we niet geplant hebben – en zou Hij ons daarvoor – misschien – belonen met goudklompjes?'

Hoeveel zou er al gewonnen zijn, als we er echt eens voor gingen zitten om de lelies op het veld te leren '*zien*' (Matth. 6:28)? Niet alleen zou ons daardoor de schoonheid van de wereld zelf teruggegeven worden, we zouden ook leren wat vooral in de Aziatische religies als *meditatie* en in de islamitische vroomheid als *mystieke* ervaring beoefend wordt, terwijl het in het 'christelijke' Westen hoofdzakelijk als een kloosterlijke specialiteit geïnstitutionaliseerd werd en daardoor geïsoleerd werd van het dagelijkse leven. 'Men kan wel zeggen', vindt Thomas Merton, 'dat de contemplatief vaak niet zozeer een beroepsvisionair is die geestelijk inzicht in de dingen heeft, maar eerder iemand die uit eigen ervaring weet heeft van de crises en beproevingen van de geest. Zijn ervaring leidt hem niet tot een beter begrip van God, maar tot een dieper vertrouwen, een zuiverder liefde en een totale toewijding aan de Ene, waarvan hij weet dat Hij elk begrip te boven gaat.'

In plaats van *angst* treedt er dan stilte op, in plaats van haast, bereidheid tot luisteren, in plaats van tijdverlies in de steeds sneller rondtollende vicieuze cirkel van krediet, productie, belasting, verkoop van goederen, terugbetaling van oude schulden en vermeerderde nieuwe schulden zou er letterlijk *rust* optreden, zoals de (gedeeltelijk mythische) geschiedenis van de storm op zee *(Marc. 4:35-41)* ons schildert.

Kijk eens, als een vorm van natuurlijke meditatie, naar de toverachtige beelden die het echtpaar Joan en Allan Root in hun weergaloze Afrikaanse dierfilms na vele jaren met moeite hebben vastgelegd en het is onmogelijk om niet tegelijkertijd net zo enthousiast en gefascineerd te zijn over de wereld die ons omringt, als er verontwaardigd over te worden dat al deze onvervangbare kostbaarheden in enkele jaren, juist in de tijd waarin wij op deze aarde zijn, door een ziek en verwoestend economisch systeem ter dood veroordeeld zouden zijn.

Het was opnieuw Henry D. Thoreau, die in zijn cultuurkritiek terecht klaagde dat het type religie dat wij beoefenen de vrijheid en de openheid van de man uit Nazareth met zijn vermaning om zich heen te kijken en de schoonheid van de wereld in zich op te nemen, onder de dekmantel van uiterlijkheid verraadt en te gronde richt; het komt overeen met de manier waarop hij de *tempel reinigde*, als Thoreau zich in zijn belangrijkste werk *Walden* vooral tegen de illusie keert, dat er dure kerken en kathedralen voor nodig zijn om de godheid waardig en 'gepast' te vereren: 'torens en tempels', zegt hij, 'zijn de luxevoorwerpen van vorsten. Een eenvoudig en zelfstandig karakter slooft zich niet uit op het verzoek van één of andere vorst. Het genie staat niet in dienst van een keizer, en zijn materiaal bestaat niet uit zilver, goud of marmer... De volkeren zijn gegrepen door het waanidee zich te vereeuwigen door een hoop gehouwen stenen. – En als ze zich nu eens dezelfde moeite getroostten om hun zeden te verfijnen en te polijsten? Een beetje gezond verstand is gedenkwaardiger dan een monument dat zo hoog is als de maan. Ik zie liever een steen in zijn natuurlijke omgeving... Barbaarse en heidense religie en beschaving, maar wat men het ware christendom zou kunnen noemen, bouwt geen prachtige tempels... Wat de religie en kunstliefde van de architekt betreft, maakt het over de hele wereld niet uit of het gebouw een Egyptische tempel is of de bank van de Verenigde Staten. Het kost meer dan het waard is... Velen houden zich bezig met het onderzoek van de monumenten van het Oosten en Westen en met de vraag wie ze bouwde. Ik van mijn kant zou graag weten wie ze toen niet bouwde – wie er boven zulke dwaasheden verheven was.'

Wat zou er gebeuren als we, zoals we beschreven hebben in het eerste deel van *Geloven in vrijheid* (p. 439-443; 446-452), de *heiligheid*, de *nabijheid* van het goddelijke weer zouden ervaren in de watervallen en bergen, in de grotten en bomen, in de sterren en in de zon? Het zien van een zonsondergang boven zee, een rustige wandeling langs een rivier waarover de ochtendnevel zich uitstrekt, de weerschijn van de maan over een besneeuwd veld in de late herfst en de paringsdans van de ooievaar in het voorjaar zouden de zuilen en vensters van de tempel zijn die God zelf voor ons gebouwd heeft, om ervaring te krijgen om dankbaar, fijngevoelig en tevreden te worden?

Het is daarvoor natuurlijk van belang dat we in onze cultuur de *tegenstelling* tussen verstand en gevoel overwinnen, die wij kunstmatig tot stand gebracht hebben. We zeiden al dat geen mens (zie p. 322 e.v.) tot innerlijk evenwicht en vreedzaamheid kan komen, zolang hij door religieuze en moralistische ideaalbeelden, door schoolse opleiding en de eisen van het beroep, er systematisch toe gedrongen wordt zijn gevoelens te verdringen, te onderdrukken, te controleren en te *vrezen*, in plaats van ze te beleven. Terecht noemde E. Fromm in zijn essay over '*Psychologie und Werte*' als behorend tot het voornaamste kwaad van onze cultuur 'de kloof tussen intellect en affect, die vanaf Descartes tot Freud steeds weer bevorderd wordt. Degenen die dit denkbeeld aanhangen, veronderstellen dat alleen het intellect rationeel is, terwijl het affect in wezen irrationeel is... Maar deze dogmatische scheiding tussen affecten en denken komt niet overeen met de werkelijkheid van het menselijke bestaan en verhindert groei. Wij kunnen èn de mens niet helemaal begrijpen èn niet tot welzijn komen, als we dit denkbeeld niet overwinnen. Het gaat erom, de mens zijn oorspronkelijke eenheid terug te geven en te erkennen dat de kloof tussen affecten en denken, tussen lichaam en geest niets anders is dan het product van ons eigen denken, dat niet overeenkomt met de werkelijkheid van de mens.'

Met een nieuwe cultuur, respectievelijk cultivering van de gevoelens, wordt niet alleen de basis hervonden van de vanzelfsprekendheid en verplichting van waarden, het zal vooral een nieuwe maatstaf geven voor datgene wat op veel terreinen doorgaat voor 'waardevol'. 'Rijkdom' wordt bijvoorbeeld in onze cultuur wezenlijk bepaald door het bezitten van geld; zelfs veel theologen wijzen ieder af als 'spiritualist' of simpel als 'reactionair', die aan het anti-begrip '*armoede*' ook een psychische betekenis toe wil kennen. 'Rijk' of 'vermogend' is volgens zulke uiterlijke maatstaven, als je de redenering omkeert, iemand alleen als hij een eigen huis, een vakantiehuis aan het water, een auto, een motorboot en een zwembad in de tuin heeft, als hij zich minstens vier weken vakantie in het buitenland kan veroorloven en als zijn energieverbruik gemiddeld hoger ligt dan dat van vijfentwintig Indiërs of vijftig Afrikanen. Maar wat als M. Kennedy eens gelijk zou hebben en 'rijkdom afgemeten wordt aan de mate van bevredigende sociale relaties of hechte vriendschappen en de mogelijkheid om individueel en als groep te groeien door conflicten op te lossen, in plaats zich ervoor te verstoppen; aan het aantal talenten, wat in steeds nieuwe variaties aangevuld en bevrucht wordt; aan de vrijheid om de mogelijkheden die zich aanbieden al dan niet te gebruiken'? En omgekeerd: 'Als men de bevrediging van menselijke basisbehoeften in een "economie met menselijke maatstaf" erbij betrekt, bestaat er een armoede aan zekerheid, een armoede aan identiteit, een armoede aan vrijheid, een armoede aan begrip, een armoede aan vriendschappelijke betrekkingen en dergelijke meer, waarvan het voor de kwaliteit van het leven minstens net zo belangrijk is om ze te overwinnen als financiële armoede. Juist in de armste gebieden vindt men vaak een solidariteit en menselijke hulpvaardigheid, die in hoge mate de basisbehoeften aan bescherming, genegenheid en geborgenheid bevredigen. In sterk concurrentiegerichte samenlevingsgebieden worden juist deze eisen verwaarloosd, en de arme rijke, die uiteindelijk zelfmoord pleegt omdat niemand van hem houdt, is geen zeldzaamheid.'

β. *'Barmhartigheid wil ik en geen offer' (Matth. 9:13) – of: aan straf, vaderlijke autoriteit en prestatiegebonden acceptatie voorbij*

Het allerbelangrijkste is voorlopig dat wij het '*gevoel van onmacht*' overwinnen, dat E. Fromm zestig jaar geleden al beschreven heeft: 'In de huidige maatschappij is een speciale wetenschap nodig om andere vormen van economie te onderscheiden, namelijk: de politieke economie, om te begrijpen hoe de maatschappij functioneert. Er is natuurlijk psychoanalyse voor nodig om het functioneren van de individuele persoonlijkheid, dat wil zeggen om zichzelf te begrijpen. Het gevoel van onmacht wordt buitengewoon versterkt door het feit, dat zowel de gecompliceerde ontwikkelingsfasen van economische en politieke aard alsook de psychische ontwikkelingsfasen ondoorzichtig zijn.'

Over beide gebieden: zowel over de *psychologie* als over de *economie* hebben we geprobeerd genoeg licht te werpen, om de *schijnbare* dwangmatigheid van de processen die altijd weer opkomen uit de diepte van de normaliteit en die leiden tot de catastrofe van oorlog en verwoesting, inzichtelijk te maken en daarmee op z'n minst de mogelijkheid aan te wijzen van vrijheid en zelfbepaling, van alternatieven voor zowel gedrag als omstandigheden. Wij hebben ons ervoor ingespannen bepaalde, vaak aanvankelijk raadselachtige, soms rechtstreeks bizar aandoende antwoorden van Jezus zo op te vatten, dat ze in hun tegenstrijdigheid voor ons van groot nut zijn om bepaalde vanzelfsprekendheden van de menselijkheid ten aanzien van de absurde vervormingen van de zogenaamde 'realiteit' te herwinnen. Vooral de uitwerking van concrete conflicten, knelpunten en tragedies had daarbij een grote prioriteit. Wij wilden en mochten Jezus' uitspraken niet lezen als nieuwe 'geboden' met als gevolg steeds hernieuwde, veel te hoge eisen, verwijten, angsten en schuldgevoelens; wij wilden en moesten integendeel Jezus' uitspraken uitleggen als mogelijke *antwoorden* op bepaalde onhoudbare situaties en dwangmatigheden van het menselijk bestaan en haar sociale voorwaarden, als *perspectieven* aan de andere kant van muren, als instrumenten van bewustwording en ontsnapping, als concepten van hoop tegenover de recepten van louter symptoombestrijding.

Ook nu, als we ertoe komen de structuren van een maatschappelijke orde die gebaseerd is op vrede en vertrouwen, in plaats van op angst en dreiging *positief* te beschrijven, kan het er niet om gaan (naar het voorbeeld van Plato's *staat*) de (utopische) constitutie van een verondersteld 'ideale' cultuur op te stellen; wel kunnen er bepaalde voorwaarden geformuleerd worden waardoor de vrijheid tot vrede groeien kan. Oorlog kan men 'maken'; vrede kan men echter niet 'maken', er zelfs niet toe *be*sluiten, men kan haar in ieder geval *sluiten*; men kan haar slechts bevorderen, maar niet vereisen, – net als gezondheid, geluk en harmonie helemaal vanzelf tot stand *komen*, als men eerst eens ophoudt haar tot stand te willen *brengen*.

Laten we dus proberen ons een cultuur voor te stellen die doordrongen is van de basiskennis van *al* Jezus' uitspraken: het is eerlijkheidshalve niet mogelijk dat een mens recht spreekt over een ander mens en met goddelijke of morele pretentie beweert rechten ten opzichte van hem te hebben; *alle* mensen zonder uitzondering, kunnen slechts leven uit een fundamentele *vrijspraak*, die hen in de eerste plaats de vrijheid verleent tot menselijkheid en goedheid, tot zelfontplooiing en waarheid, tot ruimte en wijsheid.

In zo'n cultuur is om te beginnen de *doodstraf* net zo ondenkbaar als de *oorlog*, die toch steeds ingesteld wordt als een internationaal uitgevoerd *jus gladii*, als een recht op terechtstelling (zie p. 54). In zo'n cultuur zal altijd nog de noodzaak bestaan om de regels van haar samenleving door immanente controle-mechanismen te versterken en te beschermen (zie p. 280), toch zou zo'n cultuur ontheven zijn van de noodzaak 'rechtvaardige' 'straffen' op te leggen; ze *zou weten* dat zoiets onmogelijk is.

Al in 1905 heeft de juridische wetenschapper Franz von Liszt erop gewezen, dat *straffen* ten opzichte van criminelen nog altijd ingesteld worden met de motivatie dat ze dienen ter afschrikking, ter gedragsverbetering en voor de veiligheid, terwijl allang vaststaat dat ze noch een gedragsverbeterende, noch een afschrikwekkende uitwerking hebben; ze bezaten eigenlijk helemaal geen preventieve, van de misdaad afhoudende werking, maar dienden 'juist ter versterking van de impulsen tot misdaad'. E. Fromm heeft daaruit al in zijn vroege geschriften de zeer gerechtvaardigde conclusie getrokken dat het totale strafrecht noch de 'gerechtigheid', noch de gedragsverbetering van de dader, nog de bescherming van maatschappij dient (het laatste zou in elk geval kunnen geschieden door een tijdelijke of levenslange internering), ze voorziet alleen in de functie 'de massa in een situatie van psychische binding en afhankelijkheid van de heersende klasse, respectievelijk van haar representanten te brengen, zodat ze zich ook zonder geweld te gebruiken zou voegen en onderwerpen'. In feite zou het instituut van de straf de 'infantiele houding van het kind ten opzichte van de vader ... overdragen op de massa ten opzichte van de heersende klasse'. 'Het strafrecht lijkt op de stok aan de muur, die ook aan het gehoorzame kind toont dat de vader een vader en het kind een kind is.' Daarenboven vormt de bestraffing van de misdadiger 'een bevrediging van de agressieve en sadistische driften van de massa, die zich schadeloos stelt voor het vele wat haar gedwongen ontzegd is'; het 'rechtvaardigheidsgevoel' van het volk is 'voor een wezenlijk deel niets anders dan de uitdrukking van de onbewuste wraak- en vergeldingsbehoeften', iets dat direct tegemoet komt aan de onbewuste behoefte aan straf van vele delinquenten en zodoende juist een uitwerking zou kunnen hebben die tot daden stimuleert.

Maar hoe leeft een cultuur die haar groepssamenhang *niet langer* tot stand brengt door angst voor straf, maar door bevestiging en begrip? Zo'n cultuur zou het inzicht volgen dat Jezus (overeenkomstig het *Mattheüs*-evangelie) zijn theologische tegenstanders twee keer nadrukkelijk kenbaar gemaakt heeft: hij wilde tot de mensen niet over God spreken als tot 'rechtvaardigen' en 'gezonden', maar als tot 'zondaars', als tot 'zieken', – met de bereidheid dus om te begrijpen in plaats van te veroordelen, om te omhelzen in plaats van te vangen, om te begeleiden in plaats van te bestraffen (Matth. 9:13-14; 12:7): 'Barmhartigheid wil Ik en geen offer.' Zo'n cultuur zou ervan afzien haar normen door de verinnerlijking van het geweld dat ze uitoefent in de vorm van een strenge censuur van het superego in de psyche van ieder afzonderlijk lid in te prenten; ze zou haar noodzakelijke opvoedingsarbeid niet op angst, maar op acceptatie funderen. Zo'n cultuur zou geen 'patriarchaal', maar *matriarchaal* stempel dragen.

Het is op deze plek niet mogelijk, noch nodig, om erover te discussiëren in hoeverre een 'moederrecht' in de betekenis van J.J. Bachoven en zijn volgelingen in de cultuurgeschiedenis van de mensheid *historisch* bestaan heeft of niet; – naar alle waarschijnlijkheid gaat het om een *mythe* die als een realiteit in het verleden geprojecteerd is, die men, in contrast met het droevige heden, met des te meer recht verwacht voor de *toekomst*: het paradijs, de klassenloze maatschappij, de 'terugkeer' van de 'mensenzoon' enzovoorts; in ons verband is het voldoende de karakteristieke kenmerken te benadrukken die op klassieke wijze verbonden zijn met de voorstelling van de maatschappij als matriarchaat en die steeds gezien kunnen worden in tegenstelling tot de bestaande patriarchale cultuur.

Volgen we daarbij nog een keer E. Fromm, wiens gehele levenswerk gewijd was aan een hartstochtelijke zoektocht naar een meer menselijke vorm van maatschappij en religie; Fromm kenmerkte het '*patricentrische*' gevoelscomplex door: 'affectieve afhankelijkheid van de vaderlijke autoriteit in de zin van een mengsel van angst, liefde en haat, identificatie met de vaderlijke autoriteit ten opzichte van de zwakkere, een streng superego, de plicht belangrijker te laten zijn dan het geluk, en een uit de discrepantie tussen eisen van het superego en de realiteit steeds opnieuw geproduceerd schuldgevoel, dat opnieuw werkzaam is in de zin van volgzaamheid jegens de autoriteit.'

De *matriarchale* maatschappij wordt daarentegen (volgens het stereotype) niet bepaald door angst en onderworpenheid, maar door liefde en medelijden. Bachoven zelf schreef al: 'De relatie waardoor de mensheid zich voor het eerst ontwikkelt tot een beschaving, die het uitgangspunt vormt van de ontwikkeling van elke deugd, van de vorming van de betere kant van het bestaan, is de betovering van het moederschap, die temidden van een met geweld vervuld leven als het goddelijke principe van de liefde, de verzoening, de vrede werkzaam is. In de verzorging van het ongeboren kind leert de vrouw eerder dan de man haar liefdevolle zorg over de grenzen van het eigen ik uit te strekken naar het andere wezen en alle vindingrijkheid die haar geest bezit, te richten op het behoud en het verfraaien van het andere bestaan... Zoals in het vaderlijke principe de beperktheid ligt, ligt in het moederlijke de algemeenheid; zoals het ene de beperking tot nauwere kringen met zich meebrengt, zo kent dit geen grenzen, net zo min als het natuurleven. Uit het barende moederschap stamt de algemene broederschap van alle mensen, waarvan bewustzijn en erkenning teloor gaan door de vorming van het paternalisme.'

In deze woorden van de 'ontdekker' van het matriarchaat blijkt duidelijk het projectieve contrast, die de visie vertoont van een *betere* wereld (die in elk geval verondersteld wordt in het verleden bestaan te hebben) ten opzichte van de 'met geweld vervulde' karaktertrekken van het heden; tegelijkertijd wordt echter ook duidelijk dat deze visie in belangrijke mate juist het beeld van een *niet-ambivalente godsvoorstelling* volgt, die wij steeds weer benadrukt hebben als de hoofdinhoud van de boodschap van Jezus: God als de (*moederlijke*!) basis van een allesomvattende, niemand buitensluitende *liefde*!

Het lijkt volledig in de lijn van deze voornaamste wens van Jezus, als wij E. Fromm in zijn belangrijke essay over '*The Sane society*' (1955) over *religie* horen zeggen: 'De doelen van christendom en jodendom zijn de waardigheid van de mensen als doel op zichzelf, de naastenliefde, het verstand en het overwicht van het geestelijke op de materiële krachten... (Maar) discussies over God (betekenen), zelfs vanuit een streng monotheïstisch standpunt, dat men de naam van God misbruikt... Is het niet tijd, dat we eindelijk ophouden over God te strijden en dat we ons in plaats daarvan gezamenlijk inspannen die huidige vormen van godsdienst te ontmaskeren? Tegenwoordig zijn het niet Baäl en Astarte, maar de verafgoding van de staat en de macht in de autoritaire landen en de verafgoding van de machine en het succes van de eigen (nl. westerse, E.D.) cultuur. Het is de alles doordringende vervreemding die de geestelijke kwaliteiten van de mens bedreigt. Of we nu aanhangers van een bepaalde religie zijn of niet, of we geloven in de noodzaak van een nieuwe religie of in de voortzetting van de joods-christelijke traditie, in zoverre het ons gaat om de pit en niet om de schil, om de beleving en niet om het woord, om de mens en niet om het instituut, kunnen we elkaar vinden in onze vastberaden afwijzing van de afgodendienst en we zullen in deze afwijzing misschien meer van een bepaald geloof ontdekken dan in alle positieve beweringen over God. Heel beslist zullen we daarin meer ootmoed en naastenliefde vinden.'

Alleen een dergelijke religie van de 'moederlijke' tolerantie, van de onafhankelijkheid en de onbevreesde tegenstand tegen alle vormen van 'vaderlijke' beperking en van autoritarisme en dogmatisme past bij de fundamentele instelling van de man uit Nazareth; ze is de vanzelfsprekende uitdrukking van een 'matriarchaal' bepaalde cultuur. Overeenkomstig het '*patriarchale*' model is een mens precies zoveel waard als hij aan 'waarde' verzamelt in de zin van materieel bezit, macht en succes; niet wat hij *is*, – wat hij *heeft*, is van belang; en zo is de hele opvoeding gericht op het aanmoedigen van de prestatiedrang; de *ethiek* verheft de 'deugden' van zelfbeheersing en driftbeheersing tot plicht; en *de religie* verlangt een zo letterlijk mogelijke overeenstemming met haar geloofsleer. Een *matriarchale* cultuur en religie daarentegen zal erop gericht zijn het wezen en de eigen aard van de afzonderlijke mens te bevorderen, zijn persoonlijke ontplooiing te ondersteunen en zijn geluk te beschouwen als een belangrijk onderdeel van het maatschappelijke leven.

In het taalgebruik van E. Fromm kan men in plaats van patriarchale en matriarchale culturen ook spreken over een cultuur van het '*hebben*' en over een cultuur van het '*zijn*'. Fromm definieerde: 'De bestaanswijze van het "hebben", de op eigendom en profijt gerichte oriëntatie brengt dwangmatig het verlangen naar macht, de afhankelijkheid van macht voort. Er is geweld voor nodig om de weerstand van een levend wezen dat men zou willen beheersen, te breken. Het bezit van privé-eigendom vereist macht, om het te beschermen tegen degene die het ons af zou willen nemen, want net als wij hebben ook zij niet gauw genoeg. De wens om privé-eigendom te bezitten wekt in ons de wens om geweld te gebruiken, om anderen openlijk of heimelijk te beroven. In de bestaanswijze van het "hebben" vindt de mens zijn geluk in de superioriteit ten opzichte van anderen, in zijn machtsbewustzijn en in uiterste consequentie in zijn vaardigheid te veroveren, te roven en te doden. In de bestaanswijze van het 'zijn' ligt dat in het liefhebben, delen, geven.'

Naderhand heeft Fromm het contrast tussen de principes van 'zijn' en 'hebben' verdeeld naar de aspecten: *zekerheid* (innerlijke geborgenheid) *en onzekerheid* (mij kan alles ontnomen worden wat ik door mijn bezit verondersteld werd te zijn); *solidariteit en antagonisme*: 'de verhouding tussen de mensen wordt in de bestaanswijze van het "hebben" gekenmerkt door rivaliteit, antagonisme en angst... Als "hebben" de basis van mijn identiteitsgevoel is, omdat "ik ben wat ik heb", dan moet de wens om te hebben tot het verlangen voeren om veel, meer en het meeste te hebben.' 'Vrede als de toestand van aanhoudende harmonische betrekkingen tussen volkeren is alleen mogelijk als de "hebben"-structuur vervangen wordt door de structuur van het "zijn". De voorstelling dat er vrede kan zijn terwijl men het streven naar bezit en winst steunt, is een illusie en een gevaarlijke illusie, want ze verhindert de mensen te erkennen dat ze zich een duidelijk alternatief moeten stellen: of een radicale verandering van het karakter of de eeuwige oorlog. Feitelijk is dit alternatief oud; de leiders hebben de oorlog gekozen en de mensen zijn hen gevolgd.'

Verdere karakteristieken van de principes van '*zijn*' of '*hebben*' bestaan uit: het contrast tussen *vreugde en plezier*, tussen een leven in het 'hier en nu', of een leven verdeeld tussen verleden en toekomst, en bestaan uit: de instemming met het leven of de angst voor het sterven en, wezenlijk, de polariteit van een leven uit vergeving of een leven in zonde: zolang de voorstelling van God overeenkwam met de rol van een oud oosters vorst, stond de mens in een *gehoorzaamheids*verhouding tot deze God als een opperste autoriteit en het was zijn *zonde*, als hij *ongehoorzaam* was aan de geboden van deze God, waaruit ze dan ook ieder afzonderlijk bestaan mochten hebben – de kerkelijke leer van de 'zonde' als het ongehoorzamen wordt tot op heden nadrukkelijk gepreekt, omdat juist zij de patriarchale machtsverhouding als goddelijk geldig beschouwt en het inzicht belemmert dat dit godsbeeld in het geheel niets meer is dan een herhaling van de patriarchale maatschappijstructuren die in het absolute worden getrokken. Maar de verabsolutering van de ongehoorzaamheid als de 'zonde' bij uitstek gaat noodzakelijk voorbij aan een voortdurend schuldgevoel in de zin van een voortdurende dreiging van straf van de kant van de vaderautoriteit en uiteindelijk, als het gewenste resultaat, de onderwerping onder de wil van de autoriteit tot en met zelfvervreemding; dan moet de wil van een kind als 'eigen wil' gebroken worden, nog steeds volgens de oude opvoedingsregel: 'kinderen die vragen, worden overgeslagen', of in goed Hebreeuws, maar niet minder verschrikkelijk: 'want wie Hij liefheeft wijst de Heer terecht, zoals een vader dat doet met zijn geliefde zoon' (Spr. 3:12), en 'Wie de roede spaart, is zijn zoon slecht gezind; als hij hem liefheeft, berispt hij hem vroegtijdig' (Spr. 13:24).

Alle *ethiek* in zo'n cultuur is een uitdrukking van macht en angst. In een op '*zijn*', in plaats van op '*hebben*' georiënteerde cultuur heeft 'zonde' veel meer de betekenis die het woord etymologisch verdient: het is een *oerscheiding*. Als een mens hele delen van zichzelf afsplitst, als hij zichzelf vol schaamtegevoel van dc ander terugtrekt en zich steeds meer verstopt, zoals Adam in het paradijs (Gen. 3:8), dan leeft hij volgens deze opvatting zoals of *als* een 'zondaar'.

Afhankelijk van hoe men het begrip van zonde en schuld opvat, zal natuurlijk ook de manier om het 'goed te maken' verschillend uitvallen. 'In de bestaanswijze van het "hebben" en dus in de autoritaire structuur, is zonde ongehoorzaamheid en wordt uitgeband door wraak, bestraffing en hernieuwde onderwerping. In de bestaanswijze van het "zijn", de niet-autoritaire structuur, is zonde onopgeloste vervreemding en wordt door de volle ontplooiing van verstand en liefde, door *eenwording* overwonnen.' Gewetensonderzoek, bekentenis, rouw en boete – dat zijn ook tegenwoordig nog de klassieke voorwaarden tot vergeving in een *katholieke 'biecht'*. Het was de boodschap van *Jezus* dat God vergeeft zonder enige tegenprestatie, eenvoudig doordat hij de mensen aanneemt. En de beste manier om oude schuld te boven te komen is in zijn ogen de volle ontplooiing van het eigen leven, een angstloze moed tot persoonlijk bestaan, een rijkdom van geluk die zich verspreidt en uitgespreid wordt – zoals de *lelies* als ze bloeien in de gloed van de zon. Tegenover de autoritaire structuur van een ambtelijke en geïnstitutionaliseerde vorm van het religieuze wilde Jezus bewust de cultuur van het 'zijn' plaatsen, gebaseerd op het vertrouwen in een niet langer tweeslachtige, in deze zin *moederlijke* (niet-'vaderlijke') God, in wiens nabijheid het mogelijk is uit vergeving te leven, of beter gezegd, uit instemming en waardering, in plaats van uit zelfvernedering en onderwerping. Juister gezegd, we zouden in Jezus' betekenis zelfs helemaal niet over een ethiek van het 'zijn' ten opzichte van een ethiek van het 'hebben' moeten spreken, maar over een ethiek van het 'niet-hebben' en het 'niet-zijn'. Want ook in hetgeen iemand 'is' kunnen de oude concurrentie-ideeën en machtsaanmatigingen geprojecteerd worden. Maar wat E. Fromm met de 'matriarchale' cultuur van het 'zijn' bedoelde, was juist de vaardigheid om de ander en zichzelf te accepteren zoals men is, inclusief alles wat men *niet* is, ook en juist met inbegrip van alle onbekwaamheden, gebrek, hulpbehoevendheid en fouten. In wezen was het Jezus om zo'n cultuur te doen.

γ. *'Wees barmhartig, zoals jullie Vader barmhartig is' (Luc. 6:36) – of: de nieuwe ethiek van het medelijden*

'Maar is onder dergelijke omstandigheden een ethiek eigenlijk nog wel mogelijk? Vallen dan niet alle waarden en waardemaatstaven weg? Volgt de chaos dan niet op de voet?' Dit soort vragen zijn zo oud als de *Galaten*-brief van de heilige apostel Paulus; maar de antwoorden hierop kunnen tegenwoordig niet simpel bijbel-theologisch gedoceerd worden, ze hebben een eigen begrip nodig van de bronnen van de menselijkheid.

De 'moraaltheologie' van de 'christelijke' kerken bevindt zich ten aanzien van Jezus' boodschap tot op heden in een nagenoeg onoplosbaar dilemma: om 'ethiek' te zijn, moet en wil ze met filosofische middelen uitgaan van *mensen* – in deze beschouwing geldt het al voor een teken van 'bewustwording', dat tweehonderd jaar na de Verlichting zelfs katholieke theologen zich de gedachten van Immanuel Kant over de *autonomie* van de mens eigen maken als de eigenlijke basis van de zedelijkheid (in tegenstelling tot alle heteronomie als het principe van onredelijkheid en onzedelijkheid). Hier tegenover echter staat echter de ervaring die vooral Paulus beschreven heeft in *Rom. 5-7*: het inzicht in het onvermogen van de mens tot het goede. Deze ervaring heeft niets te maken met 'regressie' tot een 'archaïsch determinisme', met de poging terug te keren tot een toestand van pre-individualisme of animalistische onverantwoordelijkheid, zoals E. Fromm deze gekarakteriseerd heeft in zijn werk over '*The heart of man*' als dreigend gevaar van alle ethiek; integendeel: Paulus bracht de problematiek van het menselijk bestaan niet onder in het 'dierlijke', maar hij had het over een *geestelijke* tragiek die eruit bestaat dat een mens de geboden van God kent en zich er uit alle macht aan probeert te houden en dan toch moet erkennen dat hij er niet toe in staat is; hij voelt zich juist door de 'wet' van God weggedrukt – 'de wet doodt', zegt Paulus (Rom. 7:10) zelfs; want in plaats van Gods geboden met discipline, zelfbeheersing en goede wil tenminste steeds stapje voor stapje nader te komen, ervoer hij telkens weer dat hij uiteindelijk, na alle inspanningen, als door innerlijke dwang, juist het tegendeel deed van hetgeen hij oorspronkelijk wilde. De mens heeft de *verlossing* nodig, om in de eerste plaats tot ethische zelfbeschikking te kunnen komen! Dat was de beslissende ontdekking van Paulus.

Tussen beide standpunten: het *ethische* en het *existentiële*, het '*ontologische*' en het '*soteriologische*' aarzelt tot op heden de kerkelijke moraal, zonder daarmee met zichzelf in het reine te komen. Voor de autonomie-gedachte van I. Kant is ze steeds huiverig geweest: – die vormt een moraalfilosofie waarbij precies zoveel van de 'openbaring van God' overblijft, als de mens volgens zijn rede zelf zeggen kan, zelf zeggen *moet*; want een God die iets anders zou willen zeggen dan wat de menselijke rede zelf zegt, kan zijn voorschriften alleen door de macht van zijn autoriteit doordrijven; macht alleen kan echter wel een bron van angst en uiterlijk goed gedrag vormen, maar niet van ethiek. Ofwel de tien geboden, deze hele trots van de kerkelijke moraaltheologie, zijn gebaseerd op de mensen zelf, en de 'openbaring' van God betekent niets meer dan dat de rede zich aan zichzelf openbaart; òf het was, zoals de bijbel het schildert, op grond van de 'onredelijkheid' en de ethische gebrokenheid van de mensen noodzakelijk, dat God zelfs zijn weggelopen schepsel nog één keer aannam en onder donder en bliksem door de man Mozes duidelijk liet maken wat voortaan als wet en orde moest gelden.

Wanneer we de ethiek van vooral de *roomse* kerk eens bekijken, zoals ze in de zogenaamde '*volwassenencatechismus*' deel 2, in 1995 door de Duitse bisschoppen aan het kerkvolk 'gepresenteerd' werd, dan wordt het duidelijk dat men het sinds tweehonderd jaar onbesliste alternatief probeert te omzeilen door *historiserende mythologie*: de mens is door de 'erfzonde' van Adam en Eva, een historische daad, zoals ons verzekerd wordt, in zijn ethisch besef en in zijn wil 'verduisterd' en beperkt en juist daarom was het absoluut noodzakelijk, dat God door zijn 'verkondiging' bij de Sinaï de mensen weliswaar niets nieuws verkondigde, maar wel hetgeen in feite al bekend was nog eens inprentte en bewust maakte. Maar ook dat was blijkbaar niet voldoende. God zelf moest ontdekken dat de mens met de tien geboden alleen niet te verbeteren was, – de mens bewees onbekwaam te zijn om zelfs wat hij als waar en goed erkende *en wat hem geboden* werd, echt te doen; de mens had de *verlossing* door Jezus Christus nodig. Waaruit deze nu eigenlijk moet bestaan, is ondanks vele woorden ook in de 'volwassenencatechismus' niet echt duidelijk. Jezus stierf 'voor de verzoening voor onze zonden' in 'gehoorzaamheid aan de vader', aan het kruis, zeker, dat vernemen wij altijd weer, maar wat heeft dat te maken met de verbetering van onze gebrekkige ethische vaardigheden? We zouden (als kinderen vaak al) door het sacrament van de doop in de 'offerdood' van Jezus opgenomen worden, we zouden daardoor 'leden' van de kerk worden, horen we tot onze opluchting, maar waarom zijn we daardoor in staat dingen te doen waar we anders absoluut niets van terecht zouden brengen? Kennelijk weet ook de kerkelijke moraaltheologie dat niet; in ieder geval is de 'volwassenencatechismus' deel twee zichtbaar opgelucht het ellendige thema 'verlossingsleer' kort en bondig met voorbijgaan aan Luther 'afgehandeld' te hebben, want nu pas bereikt hij het thema waarbij hij zich al sinds jaar en dag thuis voelt: de *tien geboden*. Zij zijn de alfa en de omega van de kerkelijke leer. Weliswaar heeft Jezus ook de *bergrede* verkondigd, maar dat neemt de kerkelijke leer net zo weinig serieus als de hele 'verlossingsleer'.

Al deze ongerijmdheden vinden hun enige verklaring hierin, dat dit soort theologische informatie alleen maar een onwezelijke vorm van theoretiseren en doceren voorstelt, waarbinnen het niet mogelijk is zich zelfs maar af te vragen wat woorden als 'verlorenheid', 'het van God verwijderd zijn', 'hulpeloosheid', 'onvrijheid' enzovoorts echt betekenen voor de desbetreffende mensen. Het was een belangrijke eerste stap dat de 'vader' van de existentiële filosofie, Sören Kierkegaard, voor de interpretatie van de menselijke situatie in een 'wereld' van 'genadeloosheid' de begrippen 'angst' en 'vertwijfeling' introduceerde, om daarmee de christelijke erfzondeleer haar ernst en ervaringsrelevantie terug te geven. Met deze begrippen kon evenwel (nog) niet de dynamiek van het *onbewuste* begrepen worden; om het aan zichzelf overgeleverd zijn van de mens in het fundamentele gevoel van het afgewezen worden en het verstoten zijn echt te begrijpen, is een *verdieping van de existentiële analyse* door de *psychoanalyse* absoluut noodzakelijk; – het is dringend noodzakelijk de in de theologische '*erfzondeleer*' aangeduide fenomenen met behulp van de psychoanalytische *neurosenleer* te concretiseren, en eveneens: de *verlossingsleer* van het christendom vanuit de ervaringen van de *psychotherapie* te belichten. Pas dan wordt duidelijk, waarom de mens niet verbeterd wordt door een nieuwe 'wet' of een verbeterde vorm van ethisch besef, maar alleen door een vorm van persoonlijke ontmoeting, die een nieuw *vertrouwen* in het *recht* ('rechtvaardiging') van het eigen bestaan over de afgrond van angst en zelfafwijzing heen mogelijk maakt. De *bergrede* wordt dan niet langer gezien als een morele extra eis, maar als de vanzelfsprekende uitdrukking van een levenswijze, die al degenen nodig hebben, die, zoals Mattheüs in de inleiding tot deze 'orde van het hemelrijk' zegt, 'gekweld werden'(Matth. 4:24).

Vooral echter wordt tegen deze achtergrond duidelijk, welke betekenis de radicaal *theocentrische* instelling van Jezus in het Nieuwe Testament heeft. Zeer terecht heeft R. Bultmann er al op gewezen, dat men Jezus' uitspraken niet op de 'Griekse' manier als een soort filosofische wijsheidsleer kan begrijpen; alles wat Jezus uit, is niet gebaseerd op mensen, maar op de 'gehoorzaamheid' aan zijn 'Vader'; een nieuwtestamentische 'ethiek' kan, als het daarbij blijft, eigenlijk alleen maar 'gehoorzaamheidsethiek' zijn. Maar de zaken staan er slechts zolang voor als men (onder de beperkte voorwaarden van de 'dialectische theologie') niet doordenkt wat het 'theocentrisme' of de 'gehoorzaamheid aan God' in het leven van Jezus aan veranderingen kon en moest bewerken in de mensen die hem ontmoetten.

Als we over '*gehoorzaamheid*' horen praten, verschijnen in onze cultuurkring ogenblikkelijk de genoemde patriarchale associaties met autoritarisme, afhankelijkheid en heteronomie; ook de religie die Jezus aantrof en waarin hij opgroeide, was doordrenkt van dergelijke patriarchale componenten – al in dat opzicht was er voor hem geen enkele andere keuze, dan zich in het kader van een dergelijke 'gehoorzaamheidsvroomheid' uit te drukken. Het is dan echter van belang dat Jezus de patriarchale gehoorzaamheidseis *overwonnen* heeft, doordat hij vertrouwen, vrijspraak en onvoorwaardelijke acceptatie stelde in de plaats van de oeroude angsten, schuldgevoelens en ambivalenties. In plaats van over *gehoorzaamheids*ethiek zou men daarom beter over een in *vertrouwen* gerijpte vorm van menselijkheid kunnen spreken; en het woord 'verlossing' dat in de kerkelijke leer zo omslachtig duidelijk wordt, zou men op moeten vatten als een uitwerking van alle psychische en sociale processen die de mens verhinderen zo te zijn als hij eigenlijk zou willen zijn en in ethisch opzicht moet zijn. Hoe zo'n 'uitwerking' er op de verschillende niveaus van de werkelijkheid uit kan zien, hebben we in de voorgaande hoofdstukken pogen voor te stellen; maar hoe kan een 'ethiek' geformuleerd worden die de gedachte van zo'n 'verlossing tot menselijkheid' respectievelijk zo'n 'bevrijding tot vrede' echt serieus neemt?

In zijn essay '*Psychoanalysis and religion*' heeft E. Fromm, die als enige psychoanalyticus van naam dieper nagedacht heeft over de moraalfilosofische gevolgen van de psychoanalyse, met nadruk gewezen op de samenhang van psychische gezondheid en ethisch handelen en daarbij niet zelden de noodlottige invloed van bepaalde kerkelijke dogma's geaccentueerd. Hij schreef: 'Men kan zeggen dat een mens, die (sc. volgens de leer van Calvijn, E.D.) doordrongen is van zijn gevoel van machtloosheid en waardeloosheid en van de voortdurende twijfel of hij verlost is of tot de eeuwige verdoemenis veroordeeld wordt, die nauwelijks in staat is tot echte vreugde en zich een radertje van een machine maakt, – dat zo'n mens in feite een zware beschadiging heeft.' 'Van zo'n mens kunnen twee dingen geconstateerd worden: hij leidt aan een gebrek aan spontaneïteit en individualiteit... De *meesten* worden dankzij de culturele verhoudingen, die de beschadiging verbergen (en aanrichten, E.D.), behoed voor een uitbrekende neurose.' Maar wie probeert, moet men doorgaan, een dergelijke neurose te *genezen*, die zal zich juist daarom niet alleen bezig houden met de ziekmakende structuren in het leven en de beleving van het individu, maar die zal plaatsvervangend tegelijkertijd de onmenselijke patronen in kerk en maatschappij erbij betrekken. Daarbij, is E. Fromm van mening, 'ontmoet de psychoanalyticus aanvankelijk de macht van de krachten die de zelfverwezenlijking en het geluk van de mens tegenwerken. Indien hij echter in staat is de macht van de – vooral in de kindertijd voorhanden – invloeden, die leiden tot een achteruitgang in productiviteit te overzien, dan is hij er altijd weer van onder de indruk dat de meeste van zijn patiënten de strijd al lang op hadden moeten geven, als ze niet door een impuls gedreven werden om psychische gezondheid en geluk te verlangen. Deze impuls is de noodzakelijke voorwaarde voor een behandeling van de neurose.'

Daarmee wordt nog eens een antwoord gegeven op het belangrijke probleem van het 'aanknopingspunt' voor de 'verlossing' in de mens, van het samengaan van theologie en antropologie, dat in de 'dialectische' theologie, als het al opgelost wordt, alleen *op negatieve wijze* opgelost kan worden: God spreekt de mens erop aan dat hij *schuldig* is en er is een uitspraak van God voor nodig om de totaliteit van zijn schuldig zijn pas echt op te merken... Wij zijn al eerder ingegaan op het bezwaar van de *systeemtheorie* tegen de 'apocalyptische' conceptie van een verlossend, alles veranderend nieuw begin. Men zou veranderingen van een systeem nooit 'helemaal', maar alleen stapsgewijs kunnen doorvoeren (zie p. 254); we kunnen nu zeggen: in een goed verlopende psychotherapie verandert een mens daadwerkelijk zijn *hele* leven, dat wil zeggen, hij verandert zijn totale levens*instelling*: van angst naar vertrouwen, van zelfafwijzing naar zelfacceptatie, van voortdurende scrupules en schuldgevoelens tot een nieuwe moed om door vallen en opstaan te *leren*; want er bestaat, zo wordt hier aangetoond, nog iets ergers dan hier en daar een bepaald 'gebod' te overtreden; het is mogelijk *schuldig in al-*

les te worden, doordat men uit louter angst voor zichzelf en voor de ander er niet toe komt een eigen bestaan te ontwikkelen. Maar wanneer 'een heel leven' verandert, komt in werkelijkheid het eigen leven pas echt tevoorschijn! In plaats van het apocalyptische beeld van een 'nieuwe schepping' schijnt daarom het cliché van de *wedergeboorte* beter geschikt te zijn om dergelijke ervaringen van een nieuw begin en innerlijke continuïteit te beschrijven: het gaat erom een ander te zijn, om dezelfde te worden, – een tegenstrijdigheid die toch mogelijk is, omdat er in mensen iets is wat ondanks dat het vervormd en overwoekerd is, niet opgeeft en er slechts op wacht in een onvoorwaardelijke acceptatie hervonden en vrijgemaakt te worden.

Deze 'herontdekking' of weder*geboorte* van het eigen wezen heeft niets te maken met een intellectueel inzicht; zoiets kan belangrijk zijn om bepaalde verbanden van de eigen biografie duidelijker te onderscheiden, maar het zou van meet af aan een ernstige fout zijn de existentiële problemen van de controverse met zichzelf op de één of andere manier te reduceren tot vragen van de kennisleer. Niet het gebrek aan logica bij de deducties van de categorische imperatief van Kant vormt het voornaamste probleem van de ethiek, maar wel de onbekwaamheid om bepaalde waarden als zodanig te kunnen 'voelen', zoals we daarnet al zeiden. In plaats echter van met M. Schelers *'Het eeuwige in de mens'* een filosofische waardeverklaring in fenomenologische zelfverzekerdheid op te voeren, komt het er voor ieder individueel in de eerste plaats op aan, door *nieuwe persoonlijke ervaringen* de *affectieve* en *emotionele* mentaliteit die hem tot dusver geleid heeft opnieuw in overweging te nemen en te corrigeren. Persoon en bestaan, niet principes en doctrines vormen het niveau van een behandeling die een echte verandering van het leven moet bewerken. Alleen zo begrijpt men ook in *religieus* opzicht waarom *de persoon* van de man uit Nazareth zelf veel belangrijker is dan al zijn uitspraken, omdat alleen hij door zijn voorbeeld aan kan tonen wat het te betekenen heeft een mens in zijn eigen verlorenheid een weg te wijzen, waardoor hij zichzelf herwint en daarmee ook in ethisch opzicht bekwaam wordt om goed te doen. Pas in de verwerking van de *psychotherapeutische* dimensie van de christelijke 'verlossingsleer' kan een bodem bereid worden voor een 'ethiek' die de naam van moraal*theologie* echt verdient.

Om te beginnen is het daarbij van belang het probleem van de psychische gezondheid en neurose in elke geval als een ethisch probleem op te vatten. 'Men kan zeggen', vond E. Fromm, 'dat elke neurose een ethisch probleem vormt. Geen rijpheid en integratie van de gehele persoonlijkheid te bereiken, is in de zin van de humanistische ethiek een ethisch probleem.' Maar: de oplossing van dit probleem wordt niet bereikt met morele middelen; ze ligt alleen in de ervaring van een menselijkheid accepterende, open, emotioneel gedragen waardering. Zoekt men naar een *ethiek* die zich in deze betekenis legitiem kan beroepen op Jezus' instelling en tegelijkertijd de noodzakelijke *therapeutische* dimensie bevat, dan heeft het geen zin om de bergrede zelf in een legalistische uitleg in een nieuwe gebodencatalogus te veranderen; het is eerder van belang de menselijke hulpeloosheid en 'verlossingsbehoefte' zelf tot uitgangspunt te nemen. De vraag luidt dan niet, wat men in de mens aan kwaliteiten van 'hebben' en 'vermogen' kan vereisen, om daaruit bepaalde rechten en plichten af te leiden; de vraag is enkel en alleen, wat er gedaan moet worden om de mens met zichzelf te verzoenen. Het *was* Jezus' ervaring, het *is* de ervaring van elke psychotherapie dat alleen een grenzeloos begrip een adequaat antwoord heeft op de grenzeloze nood van de mensen. Het centrum van zo'n begrip noemde Jezus zijn en onze 'vader'; – *dat* was de basis van zijn '*theocentrisme*'; hij ging *vanuit God* naar de mensen, om hen in deze sfeer van onvoorwaardelijk vertrouwen terug te dragen en het was zijn hoop, dat zij ook zelf de ervaring waaruit ze een nieuw leven begonnen waren, als vanzelfsprekend aan anderen door zouden geven.

De basis van een ethiek die zich uit zo'n instelling ontwikkelt, kan niet bestaan uit de terugkeer naar de tien geboden, ze kan echter ook geen nieuw moraalfilosofisch theorema bieden, ze kan slechts uitdrukking geven aan *universeel medeleven* door een onbeperkte bereidheid *vanuit de nood* van de ander de *noodzakelijke* stappen te overwegen die hem zouden kunnen helpen. Zo'n instelling is in de eerste plaats een strikte weigering van alle pretenties van het 'hebben' en 'kunnen'; het hele fundament van zo'n *nieuwe* ethiek berust daarom op de eerste zin van de bergrede: 'gelukkig die *arm* ... zijn' (Matth. 5:3), begint dus met een complete kritiek aan de *cultus* en de *cultuur* van het '*hebben*'.

Een man die zich op grond van de boodschap van Jezus zijn hele leven ingezet heeft voor zo'n *ethiek van de armoede* was Albert Schweitzer. Ook hij bekeek vanuit de radicaliteit van zijn ethische en religieuze uitgangspunt een ten einde gekomen beschaving, die onder 'vrede' in feite niets anders verstaat dan de 'wapenstilstand' van de permanente dreiging van de nucleaire overkill. 'Het is nu voor iedereen duidelijk', vond Schweitzer ten aanzien van de bereidheid van het leger de atoomproeven in de jaren vijftig al onbelemmerd voort te zetten, 'dat de zelfvernietiging van de cultuur in gang gebracht is. Ook wat er nog van haar bestaat, is niet zeker meer' ... 'De bekwaamheid van de moderne mens om cultuur voort te brengen is verminderd, omdat de omstandigheden waarin hij zich bevindt, hem kleineren en psychisch beschadigen.' A. Schweitzer was noch een sociaal-econoom, noch een psychotherapeut; hij becritiseerde het dictaat van de industriële maatschappij niet, doordat hij de pressie van het monetaire systeem onder de last van voortdurend stijgende rente over de schuld analyseerde of deze pressie vergeleek met de psychologie van het vervreemde subject in het kapitalisme; hij stelde heel eenvoudig de eisen van de menselijkheid *tegenover* het systeem dat hij aantrof: tegen de stompzinnigheid van de gemechaniseerde fabrieksarbeid, tegen de druk van het collectieve bestuur van buitenaf van de massamaatschappij, tegen de inperking tot de zinloze en verwoestende kringloop van een 'economische groei', die nergens anders op gericht is dan op de productie van overtollige goederen voor een oververzadigde markt ten bate van een absurde consumptieterreur. Schweitzer hoopte op een humane *renaissance*, die ons kon leiden uit de opnieuw ingestelde politieke Middeleeuwen temidden van het atoomtijdperk; en hij koesterde hoge verwachtingen van de rationele krachten van inzicht en zelfstandig denken; veel belangrijker dan dit allemaal was voor hem de *kritiek* op alle ethische systemen die de mens *niet* vanuit bepaalde gevoelsmatige evidenties, maar louter vanuit denkbeelden probeerden te vernieuwen. Een moraal die de mensen duurzaam tot het goede zou kunnen bepalen, daarvan was hij overtuigd, zou zijn *gevoel* aan moeten spreken; ze zou bovendien de enkeling aan moeten spreken; en ze zou niet alleen de relatie tot de mens moeten beschrijven, maar door de hele natuur gedragen moeten worden; deze drie inzichten vormden de innerlijke spil van alle gedachten van Albert Schweitzer.

Stefan Zweig heeft eens beschreven, hoe hijzelf in de tijd na de Eerste Wereldoorlog de toenmalige 'priester en theoloog', die 'midden in het gesprek' 'religieuze teksten van Chinese filosofen' uitlegde, in zijn vaderstad, in het door Fransen en Duitsers indertijd hard bevochten Grinsbach ontmoette en hoe hij aan het eind van die 'volmaakte dag' in de trein de thuisreis aanving: de 'trein rijdt verder en verder over de aarde van de Elzas, en plotseling schrikt men op, want de stations die buiten omgeroepen worden, wekken deprimerende herinneringen op: Schlettstadt, Mühlhausen, Thann; aan de hand van deze namen herinnert men zich nog de legerberichten: daar tienduizend doden, daar vijftienduizend en daar in de Vogezen, die zilverig door de nevels rondwaren, honderdduizend of honderdvijftigduizend, gevallen door bajonetten, door kogels, vergast, vergiftigd in een broederoorlog, in broedermoorddadige haat. En men wordt weer moedeloos en begrijpt niet hoe juist deze mensheid die de onvoorstelbaarste en onbegrijpelijkste geestelijke meesterwerken voortbrengt, sinds duizenden en duizenden jaren niet leert het eenvoudigste geheim meester te worden: tussen mensen en mensen, die anders onvergankelijke goederen gemeen hebben, een goede verstandhouding te bewaren.'

Het antwoord van Schweitzer zelf op deze 'onbegrijpelijkheid' lag al in de verandering van de vraagstelling, respectievelijk in het verschil tussen een maatschappelijke en een persoonlijke ethiek. Wie de 'mensheid' raadpleegt zal nooit ethiek vinden; ethiek is een capaciteit van het *individu*, niet van de maatschappij, niet van het collectief. 'De ethiek van de ethische persoonlijkheid', zei hij, 'is persoonlijk, onreglementair en absoluut, de ethiek die door de maatschappij ingesteld is voor haar voorspoedige bestaan, is bovenpersoonlijk, gereglementeerd en relatief.' 'Humaniteit bestaat eruit, dat er nooit een mens opgeofferd wordt aan een doel. De ethiek van de ethische persoonlijkheid wil de humaniteit verdedigen. De ethiek die door de maatschappij geformuleerd is, is daartoe niet in staat.' 'De maatschappij..., bovenpersoonlijk denkend, en bovenpersoonlijke doelen nastrevend, houdt niet in deze mate rekening met het geluk en het bestaan van het individu. Haar ethiek is in principe zonder humaniteit. Steeds meer ... geraken individuele mensen in de situatie op de een of andere manier uitvoerende organen van de maatschappij te zijn. Het conflict tussen beide ethische beschouwingswijzen treedt in werking. Om ervoor te zorgen dat hij altijd keuzes maakt in haar voordeel, probeert de maatschappij de autoriteit van de ethiek van de ethische persoonlijkheid zoveel mogelijk te beperken, hoewel ze innerlijk overtuigd is van haar superioriteit. Ze wil dienaars hebben die niet in opstand komen.'

Daar hebben we dus het *eerste* antwoord op de vraag van S. Zweig, hoe alle gebeurtenissen in de 'legerberichten' mogelijk waren: ze waren mogelijk en zullen altijd weer mogelijk zijn, zolang men de mensen laat geloven dat ze het goede, dat ze God alleen kunnen vinden door zich door maatschappij en kerk te laten dicteren welke 'plichten' ze moeten vervullen. Zolang de macht van het collectief ten opzichte van het individu zich hult in het purper van ethiek en religie, zolang zal de *oorlog* als de grofste vorm van de onderwerping van het individu in het algemeen belang de beste krachten in de mens naar zich toetrekken.

In het taalgebruik van Albert Schweitzer: 'Zelfs de maatschappij met een relatief hoogstaande ethiek is een gevaar voor de ethiek van haar leden. Als de ethiek van de maatschappij ook nog gebreken ontwikkelt en de maatschappij bovendien nog een overmatig sterke geestelijk invloed uitoefent op de individuen, dan gaat de ethiek van de ethische persoonlijkheid te gronde. Iets dergelijks gebeurt in de moderne maatschappij, waarvan het ethische geweten op fatale wijze afgestompt wordt door de ethiek die verpest is door het biologisch-sociaalwetenschappelijke en zelfs nationalistische. – De grote fout in het hedendaagse denken is dat het niet wil toegeven dat de ethiek van de ethische persoonlijkheid en de vanuit het standpunt van de maatschappij opgestelde ethiek wezenlijk verschillen, maar altijd van mening is, beide in één vorm te moeten en te kunnen gieten.' 'De ethiek van de ethische persoonlijkheid en de vanuit het standpunt van de maatschappij opgestelde ethiek kunnen ... eenvoudigweg niet tot elkaar herleid worden en zijn ook niet gelijkwaardig. Alleen de eerste is echte ethiek.'

Vanuit dat oogpunt kan de betreffende cultuur niets beters overkomen, dan dat ze verantwoording, en dus zelfstandigheid en competentie van de *individuen* eist. Wat de psychoanalyse in de strijd tegen de psychische aandoeningen van individuen doet, blijkt bij nader beschouwing juist het doel te zijn van elke echte cultuur: haar belangrijkste waarde ligt in de vorming van persoonlijkheid! Religie, kunst en mensenkennis in de breedste zin zijn daarbij haar belangrijkste helpers.

Maar waardoor wordt het individu er innerlijk toe bepaald het algemene te dienen, *zonder* daarvan een te misbruiken slaaf te worden? Waaruit bestaat de 'vanzelfsprekendheid' van zijn 'gevoel voor waarden'?

Voor A. Schweitzer luidde de essentiële ervaring van alle ethiek: *eerbied voor het leven*. Hijzelf beschreef, hoe hij, in september 1915 in Cap Lopez aan de zee verblijvend, te hulp geroepen werd bij een zieke missiezuster tweehonderd kilometer stroomopwaarts en nu, zittend op het dek van de sleepkaan, 'worstelend om het elementaire en universele begrip van het ethische', 'aan de avond van de derde dag', 'net toen we door een kudde nijlpaarden heen voeren' 'heel plotseling', 'nietsvermoedend en ongezocht' op de term: 'eerbied voor het leven' stuitte: 'De ijzeren deur was geweken ... Nu was ik doorgedrongen tot het idee waarin een positieve instelling tot wereld en leven en ethiek in elkaar op gaan.' Schweitzer verklaart: 'het meest directe feit van het bewustzijn van de mens luidt: "ik ben leven, dat leven wil, temidden van leven dat leven wil."' 'Nu heeft de mens echter besloten, hoe hij zich gedraagt ten opzichte van zijn wil tot leven. Hij kan deze ontkennen ... maar ... (alleen, E.D.) in tegenspraak met zichzelf ... Als de mens zijn wil tot leven aanvaardt, dan handelt hij op een natuurlijke en waarachtige manier. Hij bevestigt een al in het instinctieve denken gerealiseerde daad ... Tegelijkertijd ervaart de nadenkend geworden mens de uitnodiging voor alle wil tot leven dezelfde eerbied voor het leven op te brengen als voor de zijne.'

Het is dus één en dezelfde zekerheid – het cartesiaanse 'ik denk' in de oorspronkelijke vorm –, die het individu bevestigt dat hij een levend wezen met een wil tot leven is en die hem verbindt met alle andere levende wezens, voor wie hetzelfde geldt. Doordat Schweitzer uitgaat van de *wil*, van het *affect*, stelt hij, evenals A. Schopenhauer, het grondprincipe van het ethische niet in de abstractie van het denken, maar in de drijfkracht van het ethisch handelen zelf: in de wil, die ethisch wordt, doordat hij zichzelf van zijn algemeenheid bewust wordt en daardoor verandert in een identiteitsgevoel, in *medelijden* in oorspronkelijke betekenis. Weliswaar wijkt Schweitzer sterk af van zijn voorbeeld Schopenhauer, doordat hij niet de resignatie en het pessimisme, maar de positieve instelling tot het leven in al zijn vormen als de eigenlijke kracht van het ethische beschouwt. 'Hij (te weten de mens, E.D.) beleeft het andere leven in zijn eigen leven. Hij beschouwt als goed: leven behouden, leven bevorderen, leven dat ontwikkeld kan worden op een hoger plan brengen; als slecht: leven vernietigen, leven schenden, leven dat ontwikkeld kan worden tegenhouden. Dit is het logische, het absolute grondprincipe van het ethische.'

Op twee manieren overschrijdt de ethiek van Schweitzer daarmee de grens van datgene wat in historisch opzicht uit de woorden van Jezus (en de vroeg-christelijke gemeente) afgeleid kan worden als een 'nieuwtestamentische ethiek' hoewel de *richting* waarin dat gebeurt niet afwijkt van de *perspectieven* van de boodschap van Jezus: het ene is de directe *uitbreiding van de ethiek* tot *over* de grenzen van het toenmalige vorm van religie en *cultuur*, het andere is de *uitbreiding van de ethiek tot meer dan het doel op zichzelf, wat de mens ervan maakt.*

Het eerste punt is al door Schopenhauer uitgelegd en geïntroduceerd in het westerse denken: de vernieuwing en de verwezenlijking van de 'christelijke' westerse ethiek door de confrontatie met de Aziatische religies en filosofieën. Men heeft de persoon van de man uit Nazareth altijd weer meer of minder terecht vergeleken met *Boeddha*, doordat men vanzelf in deze beide grote leraars van de mensheid hun gezamenlijke goedheid en geweldloosheid inzag. In werkelijkheid lijken de beide godsdienststichters door de verschillen in hun culturen aanvankelijk zeer ver van elkaar verwijderd te zijn; bij nader inzien bestaat er echter een verbazingwekkende gemeenschappelijkheid van hun boodschap in hun wil de mensen te bevrijden van *leed* en ze te leiden naar een plaats van innerlijke rust en eensgezindheid – een constatering die R. Guardini ertoe bracht om Boeddha direct naast de man uit Nazareth te plaatsen. Wat Schweitzer aan de persoon van de Indische koningszoon fascineerde, was de vaardigheid om de passiviteit van de ethische grondhouding van zijn tijd om te vormen tot iets actiefs, zoals ook Jezus' instelling, verre van alleen maar een 'dulden' te zijn, gericht was op activiteit, op de 'werken' van de liefde. 'Al vindt', vond Schweitzer, 'het gebod van niet-doden en niet-aantasten niet zijn oorsprong in Boeddha, toch is hij de schepper van de ethiek van het medelijden. Want hij zorgt er namelijk voor dit gebod, dat oorspronkelijk stamt uit het idee van de passiviteit en het zuiver blijven van de wereld, vanuit het medelijden te motiveren.' Vooral wist Boeddha, dat het niet mogelijk is om goed te doen zonder het eigen innerlijk gezuiverd te hebben. Daarom zijn in de eerste plaats zijn vermaningen aan de groepering van de eigen gezindheid typerend: 'Dit moeten jullie, mijn monniken, nu goed beoefenen: ons gemoed zal niet verstoord worden, geen boos geluid zal onze mond verlaten, wij willen vriendelijk en medelijdend blijven, met een liefdevol gemoed, zonder heimelijke listen, en onze persoonlijkheid zullen we met een liefdevol gemoed uitstralen; van daaruit zullen we dan de hele wereld doorstralen met een breed, diep, onbeperkt, van toorn en wrok gezuiverd gemoed.'

Het rusten in zichzelf, de innerlijke identiteit, de houding van een onverstoorbaar vertrouwen in de goedheid van de macht die de wereld vervult – boeddhisme, psychoanalyse en christendom raken elkaar in deze basisvoorwaarde voor alle ethiek – het ethische als het aanvaarden van de feitelijkheid van het leven op grond van de instemming met het feit, dat men zelf bestaat...

Weliswaar vond Schweitzer de leer van Boeddha ontoereikend in zoverre 'ze het nalaat, onder aandrang van medelijden en liefde daadwerkelijk handelen te vereisen. Aan de zo geweldige gedachte-ethiek van het medelijden en de goedheid moet een overeenkomstige ethiek van de daad gepaard gaan. Deze ontbreekt.' Maar is dat bij Jezus met zijn voorstelling van een spoedig wereldeinde zo anders? Schweitzer resumeert: 'Boeddha's ethiek onderscheidt zich van de ethiek van Jezus, in zoverre deze laatste een echt actieve liefde vereist. Gemeenschappelijk aan Jezus en Boeddha is dat hun ethiek, omdat ze beïnvloed is door wereld- en levenspessimisme, geen ethiek van de daad, maar een ethiek van innerlijke vervolmaking is. Bij beide wordt echter de ethiek van de innerlijke vervolmaking beheerst door de grondregel van de liefde. Daardoor heeft ze de neiging zich uit te drukken in daden, en dat is in zekere zin verwant aan een positieve houding ten opzichte van de wereld en het leven. Bij Jezus gebiedt de ethiek van de eigen vervolmaking actieve liefde: de ethiek bij Boeddha gaat niet zo ver.'

Maar daarvoor in de plaats, moet men toevoegen, is de boeddhistische ethiek *veelomvattender*, doordat ze alle levende schepsels includeert. Op dit punt kan de 'christelijke' cultuur veel leren van het *boeddhisme* om het hoogst mogelijke niveau van zichzelf te bereiken, al is het haar misschien niet helemaal eigen. 'De grootste fout van alle ethiek tot nu toe', vond Schweitzer hier heel terecht, ' is dat ze denkt alleen te maken te hebben met het gedrag van mensen jegens mensen. In werkelijkheid gaat het er echter om hoe de mens zich gedraagt ten opzichte van de wereld en alle leven dat in zijn nabijheid komt. De mens is alleen ethisch als het leven, dat van planten en dieren en mensen, hem heilig is, en hij het leven dat in nood is, hulp biedt. Alleen voor de universele ethiek van de ervaring van de grenzeloos uitgebreide verantwoordelijkheid jegens alles wat leeft, kan in het denken de grondslag gelegd worden. De ethiek van het gedrag van mens tot mens staat niet op zichzelf, maar is alleen iets bijzonders dat ontstaat uit het algemene. De ethiek van de eerbied voor het leven bevat daarom alles wat bestempeld kan worden als liefde, toewijding, medelijden, gedeelde vreugde en steun.'

Vooral voor de diepe crisis waartoe de mens in de twintigste eeuw de *natuur* om hem heen gebracht heeft, zal er geen ander geneesmiddel zijn *dan de cultuur zelf*, met haar waardesysteem, haar mensbeeld, haar maatstaven, volgens de denkbeelden van juist die ethiek te *veranderen*. Dit heeft Schweitzer al meer dan zestig jaar geleden, geheel onafhankelijk van de druk van de huidige ecologische knelpunten, geformuleerd doordat hij de impulsen oppakte die hij meende (gemeenschappelijk) in zowel de boodschap van Jezus als in de leer van Boeddha te vinden. 'De ethiek van de eerbied voor het leven', schreef hij, 'is de universeel uitgebreide ethiek van de liefde. Ze is de erkend logische ethiek van Jezus.' Zelfs als er in kerkelijke kringen niet weinigen zijn die zich, nog steeds, af zouden willen sluiten voor dit inzicht, pleit alles ervoor dat het klopt. Maar als het klopt, dan is de tijd voorbij waarin het voor menselijk gehouden werd 'verschil in waarde tussen de levende wezens te bepalen', iets wat altijd uitloopt op de vraag 'of ze voor ons gevoel dichterbij of verder van ons mensen af schijnen te staan... Wie van ons weet welke betekenis het andere levende wezen op zichzelf en in het geheel van de wereld heeft?'

In elk geval, een ethiek die zich zo openstelt voor de natuurfilosofie, zoals Schweitzer die postuleerde, kan er niet onderuit ook de tegenstrijdigheid en de verscheurdheid van de wil tot leven in de schepselen op te merken. Eerbied voor het leven is op geen andere manier mogelijk dan als een oneindig mede*lijden* met het geschapene. Hoe is het mogelijk in een God van liefde te geloven als schepper van zo'n wereld van kwelling en smart? Dat was de vraag die Marcion al in de derde eeuw n. Chr. gesteld heeft (*Geloven in vrijheid*, deel 1, p. 227-244); wij moeten en zullen haar in het derde deel van het onderhavige werk proberen te beantwoorden. Tot dat moment heeft echter een heel andere vraag prioriteit: hoe is het mogelijk – niet in de 'natuur', maar wel in de wereld van de geschiedenis van de mensheid persoonlijk te leven met de boodschap van universele liefde en universele goedheid? Gezien vanuit het voorbeeld van Jezus kan om te beginnen slechts het paradoxale antwoord gegeven worden: het is alleen mogelijk in een voortdurend *falen*.

3. 'Moest de Messias niet zo lijden en dan zijn heerlijkheid binnengaan?' (Luc. 24:26) – of: over dood en opstanding

'Wat was ... het Messiaanse idee van de profeet?', vroeg E. Fromm eens in een lezing op de Süddeutsche Rundfunk over *De actualiteit van de profetische geschriften* op 20 april 1975, en hij gaf zelf ten antwoord: 'het stichten van een nieuwe vrede, die meer betekent dan de afwezigheid van oorlog; een toestand van solidariteit en harmonie tussen afzonderlijke mensen, tussen de volkeren, tussen de geslachten, tussen mensen en de natuur – een toestand waarin, zoals de profeten zeggen, de mens niet geleerd wordt om bang te zijn. Men vergeet maar al te gemakkelijk dat agressie zijn oorzaak vindt in het feit dat mensen bang zijn. Men brengt hem bij elke seconde van zijn leven bang te zijn, wantrouwend te zijn, in niets goeds te geloven. De profeten hebben de radicaliteit om te zeggen: de agressie kan alleen verdwijnen als de angst verdwijnt. En dat behoorde tot hun voorstelling van de Messiaanse tijd. Dat was voor de profeten geen tijd van luxe, maar van overvloed, in de zin dat voor het eerst de tafel gedekt zou zijn voor iedereen die daaraan wilde eten en die als mens het recht heeft aan die tafel te zitten en de gemeenschappelijke maaltijd met alle andere mensen te gebruiken. De Messiaanse tijd werd voor de profeten gekarakteriseerd als de tijd waarin de mensen niet alleen in vrede, in harmonie, zonder conflicten met zichzelf en met de natuur en zonder hebzucht en jaloersheid zouden leven, maar waarin het leven een nieuw doel krijgt. En dat is niet het verwerven van datgene wat men psychisch nodig heeft om te kunnen leven; dat zou een constante, maar wel op te lossen opgave worden. Het gaat om het doel van het – zoals de profeten zeggen – totale kennen van God of, zoals men het niet-theologisch zou zeggen: het doel dat de mens zijn psychische krachten, zijn leven en zijn verstand volledig ontwikkelt, een zwaartepunt heeft in zichzelf en vrij is helemaal te worden wat hij als mens kan zijn. – Deze Messiaanse tijd is in zekere zin de herhaling van de paradijselijke situatie. Alleen was de paradijselijke situatie het begin van de geschiedenis of zelfs ... de voorgeschiedenis ... De Messiaanse tijd is de terugkeer naar deze harmonie, als en nadat de mens zichzelf in zijn geschiedenis verwezenlijkt heeft. Met de Messiaanse tijd zal de geschiedenis niet ten einde komen, maar in zekere zin zou ze pas het begin zijn van de menselijke geschiedenis, waarin overwonnen is wat de mens verhindert helemaal mens te zijn.'

Zo beschouwd, was Jezus uit Nazareth volgens het getuigenis van het Nieuwe Testament de 'grootste' van alle profeten; want hij wilde niet langer wachten op de voorspelde tijd van de Messias, hij wilde haar zelf inluiden; hij wilde zich niet langer voorstellen hoe een wereld eruit zou kunnen zien waarin God de heer van de menselijke geschiedenis zou zijn, hij wilde dat deze wereld hier en nu werkelijkheid zou worden, want hij meende te zien dat we echt geen tijd meer hadden; alleen daarom al scheen hem de tijd *rijp* voor het einde, voor de voleinding...

En juist daarom moest hij *sterven*? Ja, juist daarom. *Alleen* daarom. Iedereen die probeert te leven zoals hij, zal direct falen, evenals hij. Toch zijn in de geschiedenis van de theologie juist daaruit conclusies getrokken die het van hun kant steeds weer onmogelijk hebben gemaakt de eenvoudige menselijkheid van Jezus na te volgen, en die conclusies moeten wij daarom goed onder handen nemen om de menselijkheid in de boodschap van Jezus terug te krijgen.

Al voor de vroegste evangelietraditie, die in het Marcus-evangelie haar definitieve vorm aangenomen heeft, vormde de verbijstering van *Goede Vrijdag* het uitgangspunt voor een complexe *theologische* uitleg. Het leek niet voor twijfel vatbaar dat Jezus met profetische kracht het woord van God definitief, aan de mensen verkondigd had – een woord van vergeving, van acceptatie en van vrijspraak (Marc. 2:16-17). De hemel had zich geopend (Marc. 1:10), het Rijk van God *was* dichtbij, tastbaar dichtbij (Marc. 1:15). Maar waarom dan dat verschrikkelijke eind op Golgotha? Deze vraag was ondoorgrondelijk en raadselachtig, ze verlangde naar een antwoord, opdat niet alles wat Jezus te zeggen had in het duister van de geschiedenis verloren zou gaan. Het *kruis* was niet alleen het verschrikkelijkste en afschuwelijkste van alle folter- en terechtstellingsinstrumenten die de mensheid in haar aan gruwelen bepaald niet arme geschiedenis geproduceerd had; veel erger dan de som van alle sadistisch verzonnen fysieke kwellingen moest de *reden* van de kruisiging zelf lijken.

De *Romeinse procurator* had vanuit *zijn* perspectief in de persoon van Jezus weliswaar alleen maar het zoveelste Messiaanse warhoofd en oproerkraaier uit de weg laten ruimen, een nieuwe hoogwaardigheidsbekleder en afgezant van deze onbegrijpelijke, beeldloze God van dat zeldzaam fanatieke en fantastische volk dat zich, ondanks zijn overduidelijke politieke onbeduidendheid, voor iets hield dat beslist uitverkoren was, iets van wereldbetekenis; *Pilatus* wilde met de terechtstelling van deze zogenaamde 'koning der Joden' niets meer dan de rust en de orde in het land bewaren en herstellen; theologische twistpartijen en joodse spitsvondigheden interesseerden hem hoogstens vanwege het openbare belang; in Jezus' geval moest hij optreden en dus is hij opgetreden. Maar Jezus' zaak *was* geen politieke; en zelfs met een politiek gemotiveerde gerechtelijke moord had men op de één of andere manier genoegen kunnen nemen. Feitelijk echter stellen alle vier de evangelisten de toedracht van de gebeurtenissen rond Goede Vrijdag anders voor: nog voor het verhoor voor Pilatus zou Jezus een kruisverhoor zijn afgenomen door de hogepriester Kajafas. De beide verhoorscènes in het Joodse en in het Romeinse proces zijn al bij *Marcus* (Marc. 14:53-65; 15:1-20) parallel opgezet en vormen een literair *doublet*; wat er ooit historisch ten grondslag gelegen mag hebben aan de berichten, welke van de beide versies historisch juister is, kan niet meer met historische middelen (zoals altijd op de belangrijkste plaatsen in het Nieuwe Testament!) gereconstrueerd worden. Des te belangrijker is het theologische, respectievelijk *religieuze* probleem dat de evangelisten zelf oproepen met het verhoor van Jezus voor de hogepriester.

Men heeft in de hele scène bij de joodse hogepriester een schuldverklaring achteraf willen zien aan het adres van de joden voor de terechtstelling van Jezus, en niet ten onrechte, want de beslissende vraag van de hogepriester : 'bent u de Messias, de Zoon van de Gezegende?'(Marc. 14:61), is in deze vorm alleen in het kader van de Christus-belijdenissen van de vroege gemeente zinvol en mogelijk, maar niet uit de mond van een joodse theoloog. Naar alle waarschijnlijkheid projecteert hier een kring van (hellenistische?) jodenchristenen (in de kring rond Stefanus?) de spanningen van een latere tijd terug op de tijd van de historische Jezus en belast de joden met het verwijt de 'zoon van God' gedood te hebben. Het is belangrijk om erop te letten dat de evangelisten in de verhoorscène voor Kajafas er in elk geval een historisch duidelijk correcte herinnering aan bewaren, dat het essentieel de *religieuze* thematiek was die de man uit Nazareth kort na zijn openbare optreden de dood in gedreven heeft. Het echt verbijsterende aan de terechtstelling van Jezus bestaat geheel en al uit deze *religieuze* dimensie: de man die als geen ander de goedheid en liefde van God geleerd heeft en eruit geleefd heeft, wordt terechtgesteld als een door God *vervloekte*. Het is de verschrikkelijke zin uit *Deut. 21:23* die luidt: 'want een gehangene is door God vervloekt', die de dood van Jezus niet langer tot een tragedie, maar tot een *schandaal* maakt. Als er ook maar iets waar is aan de voorstelling die Jezus ook zelf deelde, dat er een God is die het lot van de mensen in de geschiedenis leidt en stuurt, hoe is het dan mogelijk dat God deze gruwelijke dood toegelaten heeft?

Omdat met deze vraag God zelf ter discussie gesteld wordt, probeerde de vroege gemeente haar *vanuit God* te beantwoorden. *Dat* God de dood van Jezus gewild moet hebben, bleek duidelijk, maar dit besluit was alleen te begrijpen als men de motivatie daarvoor in God zelf opspoorde. De vraag naar de betekenis en waarheid van de boodschap van Jezus was derhalve een in strikte zin theologische vraag geworden: het lot van Jezus stelde God zelf ter discussie. Het ging er eenvoudig niet meer om van de man uit Nazareth te leren vertrouwen te hebben, te durven liefhebben, zieken te genezen en 'boze geesten' te verdrijven, het had voortaan prioriteit God te verkondigen, opdat weer bewezen kon worden dat de woorden en daden van Jezus echte uitspraken van God waren. Alleen de bijbel, dat wil zeggen het 'Oude' Testament stond dit streven – naar de joodse vooronderstellingen – ter beschikking; het bevatte, het *was* het woord van God; als er ergens een antwoord gevonden moest worden, dan *hier*. En het was te vinden: in de latere perioden van de religieuze overlevering van Israël had zich allang de voorstelling gevormd dat een mens die in deze wereld wilde proberen God trouw te zijn, niet op eer en aanzien moest rekenen, maar integendeel moest rekenen op spot en verachting; het thema van de *lijdende rechtvaardige* is steeds vanzelfsprekender geworden, en het droeg er nu aan bij het lijden van Jezus te begrijpen. Hij was niet veroordeeld omdat hij zich, zoals zijn tegenstanders beweerden, *tegen* God gekeerd had, maar omdat de 'ijver voor uw huis' hem 'verteerd' had (Joh. 2:17 = Ps. 69:10); zijn grote mate aan trouw aan God werd door de ontrouwe groten in tempel en synagoge met haat en afwijzing beantwoord; maar daarmee hebben ze eigenlijk geen recht gesproken over de man Jezus, maar over zichzelf. Juist in zijn dood had Gods macht zich geopenbaard, die een mens in staat stelt alle vijandschap en foltering te trotseren.

Maar met dit inzicht was de zaak niet afgedaan. Men las de lijdensgeschiedenis van Jeremia, men las de liederen van *Jesaja* over de knecht van

God, men las over het heldhaftige martelaarschap van de getrouwen in de tijd van de oorlogen van de Makkabeeën. Dat bevestigde, dat het mogelijk, zelfs telkens weer noodzakelijk was, bij de mensen te mislukken om door God verhoogd te worden. Toen waren er oude, oeroude beelden van de joodse rite, archaïsche voorstellingen, hoe de godheid zich laat verzoenen door zoenoffers, en deze beelden lijken eindelijk erg genoeg om de gruwel van Goede Vrijdag helemaal te begrijpen. O ja, het moest de *priester* zijn, die een man als Jezus de dood in stuurde, – net zoals hij het *paaslam* slachtte (Ex. 12:1-14), net zoals hij naar het voorschrift van Lev. 4:1-35; 5:1-13 stieren, geiten en schapen als *zoenoffer* doodde, net zoals hij naar het voorschrift van Lev. 16:20-28 de *zondebok* op de verzoendag de woestijn in dreef, beladen met de schuld van het gehele volk.

Pas zo *begreep* men wat God *gewild* had: Hij had Jezus tot zijn '*knecht*' gemaakt, opdat hij de zondelast van allen weg zou dragen (Jes. 53:4-5); Hij had hem tot het *lam* gemaakt dat zijn mond voor de scheerders en slachters niet zou openen (Jes. 53:7; Joh 1:29 + 36; Hand. 5: 6, 9, 12); Hij had hem zelf tot *hogepriester* gekozen, om door *zijn* offer alle offers van de mensheid samen te voegen en te beëindigen (Hebr. 7:1-28). Doordat de vroege gemeente zich losmaakte van het jodendom, kon ze breken met de tempel, met het offerritueel, met de cultus-wetgeving van Israël, en ze voelde zich in deze houding door God zelf bevestigd, toen in het jaar zeventig de stad Jeruzalem samen met de tempel door de cohorten van Titus in puin en as gelegd werden en daarmee de hele tempelcultus vergankelijk bleek te zijn; – had Jezus zelf mogelijk niet al dit duistere einde voorzien (Marc. 13:2; Matth. 24:1-2)? Maar terwijl men zich hiermee van de offerpraktijken van Israël zelf afkeerde, nam men theologisch de offervoorstelling van Israël over als geestelijk geldig en verbond haar des te sterker met de persoon van de gekruisigde. Men had net als hij bezwaar tegen de synagoge, maar al bleef men niet met haar verbonden, bleef men toch wel aan haar gebonden, want men kwam er niet onderuit het lot van Jezus te verklaren juist aan de hand van de teksten die getuigden van God, aan Wie hij toch zijn leven gewijd had. Men overwon het verdriet over de dood van Jezus en de hardheid van de scheiding van zijn volk daarom alleen door het des te inniger gevoel van verbondenheid met de God die al die verschrikkelijke gebeurtenissen juist niet gewild had om alleen de joden te redden, maar alle mensen, vooral de *heidenen*. Deze God, *wilde* men zeggen, was vergevend en goed, doordat Hij zijn eigen 'zoon', zijn 'knecht', zijn 'lam' aan de dood prijsgaf om de zonde van de mensheid te verzoenen, om de straf van allen op te heffen, om het scharlaken van de schuld af te wassen (Jes. 1:18) ... En toch had deze nieuwe theologie een vreemde, fataal te noemen uitwerking.

In de Musées royaux des Beaux-Arts in Brussel hangt een schilderij dat iedereen die het voor het eerst ziet zal en moet shockeren: Gustave van de Woestynes (1881-1947) schilderij *Jezus Christus offert zijn bloed voor ons*. Zoals op een icoon valt de blik direct op de stralende goudglans, waarin niet alleen het aureool van de gekruisigde en zijn beide vereerders, maar ook het vaalgele kruis zelf gehuld lijkt te zijn. De houding van het crucifix, zijn uitgespreide armen, zijn donkerbruine, doorgebogen lichaam, de lendendoek, de aanduiding van de (aan de linkerkant aangebrachte) steekwond – dat heeft allemaal in eerste instantie een bijna geruststellend conventionele uitwerking; maar dan kijkt men als het ware gebiologeerd in de wijd geopende bloeddoorlopen ogen van de gekruisigde, die de toeschouwer overal schijnen te achtervolgen, en plotseling ontdekt men geschokt en geschrokken het afschuwelijke: de smalle lippen van deze man zijn gevormd tot een grijnzende triomferende glimlach! Eigenlijk is hij het niet die zich daar opoffert – van het 'bloed' dat hij vergiet, is niets te zien, zijn (elders vastgespijkerde) handen en voeten zweven ergens vrij buiten beeld; hier verheft zich eerder een vampier van zijn doodsbed, die zijn 'vergoten bloed' van de mensheid terug eist. Op de plaats van de madonna onder het kruis staat een vrouw, die in het zwart gekleed zoals een non, de dorre handen smekend als een schaal opheft om iets te ontvangen wat ze nooit zal krijgen; haar verlangende blik, haar smekend geopende tandeloze mond, haar afgetobde gezicht, haar zichtbaar lijden – dat alles, omhuld door een gouden mandorla, is de heiligverklaring van het lijden op zich. Het is duidelijk dat niemand in de schaduw van dit kruis verlost wordt, maar iedereen wordt opgenomen, gedwongen tot een 'navolging van Christus', van het leed, dat, absoluut gezien, alleen voldoende is voor zichzelf. Hetzelfde geldt voor de gestalte van de heilige *Johannes*, die op Woestynes schilderij als een door verdriet getekend, vlasblond kind in rood-blauw onder- en bovenkleed verschijnt: deze jongen met de kruisvormig vastgeklampte, lege handen, de ogen treurig op de grond gericht, de nietige kleine mond voor altijd verstomd, heeft onder dit kruis duidelijk zijn leven lang niet anders dan geleden, en men kan weten: hij zal niet ophouden daaronder te lijden. Men zou dit kind en de vrouw, die zijn moeder zou kunnen zijn (vergelijk Joh. 19:26-27!), graag wegvoeren, weglokken uit de nachtzwarte hemel van de uitzichtloosheid, die gemarkeerd wordt door dit reusachtige kruis met deze triomfator met een mooie scheiding in het haar en een doornenkrans – maar ligt er onder de blauwig witte nevel misschien niet nog een hele andere onbekende wereld verborgen? – daarvoor moet men zich echter in de eerste plaats uit het blikveld van deze reusachtige en monsterlijke Christus kunnen verwijderen, daarvoor moet men de gehele masochistische nachtmerrie van angst, schuldgevoel en kwelling ten einde brengen, daarvoor moet men deze 'verlosser' van het kerkelijk dogma in zijn donkere hemel laten verdwijnen, zodat eindelijk op aarde een zonsopgang van licht en inzicht mogelijk wordt. Het kan niet ontkend worden dat in de geschiedenis van de kerk juist dit schrikbeeld van de gekruisigde onder de gouden glans van heilige verering tevoorschijn komt. Omdat men ermee begon de gedachten van God te bedenken en de teksten van het Oude Testament *theologisch* vanuit God zelf, als een inleiding in goddelijke kennis te lezen, bleef niet uit, dat men het menselijke, al te menselijke in het godsbeeld mengde. Het was niet de vergevende, zachtaardige God die de gevoelens van de gelovigen opwekte, maar de vraag drong zich op de voorgrond wat dit dan voor een God was, die zijn vergeving en goedheid aan dergelijke monstrueuze voorwaarden verbond.

Een God die zijn eigen zoon niet ontzag – zeker, zoiets vertelde de bijbel al in de geschiedenis van Abrahams offer (Gen. 22:1-19); maar het werd, zoals iedereen weet, vader Abraham uiteindelijk *bespaard* dat hij zijn zoon Isaak op de slachtplaats voor zijn God moest offeren; op het laatste moment nog, ten aanzien van zijn gruwelijke, tot alles bereide *gehoorzaamheid*, (vertelt ons de bijbel) had God hem toch nog veroorloofd in plaats van zijn zoon een ram te doden, die zichzelf met zijn horens al (handig genoeg) in een bosje gevangen had. Als dit, zoals de 'vaders' van de kerkelijke theologie in de eerste eeuwen niet moe worden te benadrukken, het *oerbeeld* en het *voorbeeld* van het 'offer' op Golgotha moet zijn, dan is de conclusie onvermijdelijk dat deze *reconstructie* veel meer afschuw in ons opwekt, doordat het datgene, wat daar als vermijdbaar en te vermijden mogelijkheid overgeleverd wordt, in de onvermijdelijke werkelijkheid plaatst. Over Abrahams geschiedenis kan men dan in elk geval zeggen dat het eens de betekenis heeft gehad om de hele sinistere mensenslachting in goddelijke opdracht de wereld uit te helpen – het kan in de toenmalige beschaving ook en juist wel als vooruitgang van de rite van de religie beschouwd worden, dat men de bloedige offers van (onschuldige) mensen verving door het doden van (eveneens onschuldige) dieren: de *ambivalentie* van deze steeds wraakgierige en wraakzuchtige, alleen door offers te verzoenen godheid, mocht in zekere zin wel milder lijken, nu ze genoegen nam met aan stukken gescheurde dierkadavers, in plaats van met in stukken gescheurde mensenlijven, maar een echo van het verschrikkelijke bleef; men bewoog zich nog steeds dicht bij de afgrond. Maar wat toen de oude God zijn Abrahamsmasker plotseling weer afwierp en zijn huiveringwekkende archaïsche aangezicht weer onthulde als dat van een onverbeterlijke bloedzuiper en een onveranderlijke woesteling? Ons wordt wel gezegd dat het 'offer' aan het kruis éénmalig, voor eens en altijd volbracht werd, maar het hele gevoel en de menselijke geest kunnen alleen maar huiverend en vol weerzin tegenwerpen: maar deze éne keer was precies één keer teveel! En het wordt allemaal nog veel archaïscher.

Als Jezus het *Pascha* is, dat in plaats van in de tempel, aan het hout van het kruis 'geslacht' werd, dan is het ook de plicht, ja, de genade van de gelovigen, het 'vlees' van de geofferde als een *heilige spijs* tot zich te nemen en *zijn bloed te drinken* als heilige drank; dit alles weliswaar 'onbloedig', symbolisch, zoals in de mysteries van de verscheurde god Dionysius, die zich openbaart in het plattrappen van de ranken van de wijnstok, in de roes van de mensen, maar vol schaduwbeelden van kannibalistische jagersmaaltijden uit de prehistorie.

Al deze archaïsche gevoelscomponenten waren de prijs die men moest betalen voor de poging de gedachten van God te bedenken. Was het eigenlijk geen verleiding? Maar wat begreep men eigenlijk, als men God opvatte als het spiegelbeeld van de eigen prehistorische nachtmerries van angst en hoop? Het was alsof in de psyche van de mensen die instemden met de boodschap van Jezus, door het ontzettende spektakel van zijn terechtstelling een vulkaan zijn magma in de atmosfeer geslingerd had en alsof de bloedig-rode weerschijn, die de zon in rookgloed hulde, gezien werd als een nieuwe openbaring van het lichtstelsel. Want het waren juist de archaïsche gevoelscomponenten die het godsbeeld van de christelijke 'verlossingsleer' voortaan moesten vervormen en vertekenen tot tweeslachtige tegenstrijdigheid, sadistische weerzinwekkendheid.

Welk kind, als men het bijbrengt dat het zo 'oneindig' schuldig is, dat alleen de 'offerdood' van de godszoon het zou kunnen 'verzoenen' met de toornende God, zou zich deze God niet als een demonische worgengel, in geen geval echter als een 'liefhebbende vader' voorstellen? Erger nog: in plaats van de 'bevrijdende' kracht, die de christelijke 'verkondigingsleer' graag toegeschreven wordt, verspreidt zich vanuit de schaduw van zo'n godsbeeld een ongeneselijke angst, een diepe onzekerheid en een nooit eindigend schuldgevoel. In plaats van de fantasie van de mensen te vullen met beelden van schoonheid en van het leven, staren de christenen op z'n minst vanaf de realistischer wordende schilderijen van de gotiek als gehypnotiseerd naar de uitbeelding van een met bloed overstroomde, naakte man, die met verrekte leden aan het kruis hangt en zijn ziel onder ontzettende kwellingen uitrochelt. Wat voor mens kan dat willen? Wat voor God kan dat 'gewild' hebben?

Doordat men voor de betekenis van Jezus' dood de offervoorstellingen van de prehistorie in de godheid projecteerde en de gekruisigde zelf tot 'offerlam' verklaarde, maakte men niet alleen het godsbeeld demonisch, men dwong de psyche van de mensen terug tot lang overwonnen gewaande, pathologische nachtmerries. Het 'christendom' vormde met een dergelijke theologie cultuurhistorisch geen vooruitgang, maar een gevaarlijke stap achteruit in het brute, barbaarse.

Parallel aan de sadomasochistische pathologisering van de 'gelovige' mensheid moest natuurlijk *ook de mens Jezus van Nazareth* in een steeds bizarder licht verschijnen. Helemaal afgezien van de latere dogmatische twisten van de kerk over de 'twee naturen' of over de 'twee willen', die zich in de ene *goddelijke* (!) persoon van Jezus 'ongescheiden, maar onvermengd' verenigd zouden hebben, kon de vraag waarom Jezus moest sterven, vanzelfsprekend niet terugdeinzen voor de raadselen van de godheid. Nadat men op het gebied van het Nieuwe Testament eerst al meende te weten, dat in de terechtstelling van de Nazarener de wil van God zijn 'vervulling' gevonden had, scheen het nu des te noodzakelijker, over Jezus' instelling ten opzichte van deze 'wil' van zijn 'vader' zelf na te denken.

Vanzelfsprekend had Jezus zich *gevoegd* naar de 'wil' van God, hij was *gehoorzaam* geweest, dat wil zeggen: niet meteen, zonder meer, hij heeft gehoorzaamheid moeten *leren*. 'Hij werd gehoorzaam tot de dood, de dood aan het kruis' (Fil. 2:8, Hebr. 5:7-8); en omdat gehoorzaamheid eruit bestaat zelf te *willen* wat de hoogste autoriteit *gebiedt*, moet het voor zeker gehouden worden dat Jezus zelf *wilde sterven*.

Zonder zich van de wijs te laten brengen door de psychologische consequenties van haar 'christologische' vermoedens, die echter golden als dogma's, zwolg de christelijke stichtelijkheid voortaan in het beeld van de man van smarten, die zichzelf ter verzoening van de zonden van de mensen op zo'n gruwelijke manier aan God ten offer aanbood. Wat men uit de archaïsche betekenisschema's van schuld, offer, doding en verzoening in de godheid binnengebracht had, dat droeg men nu over op de gestalte van de man uit Nazareth; de eigen offer-theologische voorstellingen veronderstelde men nu als de subjectieve motivatie van het handelen en het gedrag van Jezus: hij zag zichzelf als het 'offerlam', als de 'godsknecht', als diegene die met zijn dood de poorten van de hemel heeft willen openen en het rijk van God naar de mensen willen brengen... Zelfs auteurs als Albert Schweitzer (en zijn navolgers) evenals natuurlijk de meerderheid van de katholieke exegeten geloofden en geloven zoals altijd het denken van Jezus te kunnen herkennen in hun eigen dogmatische stellingen.

Het speelde en speelt voor deze auteurs duidelijk geen rol dat ze op deze wijze een beeld van de Nazarener ontwerpen, dat de houding van gehoorzaamheid, onderwerping aan autoriteit, negatieve zelfidentificatie, masochistische lijdensdrang en een tot de verlossingsdood sterk gerationaliseerde levensweigering en verstoring van het geluk juist verheft tot een religieus en zedelijk ideaal. Had Jezus niet zelf opgeroepen tot het 'opnemen van het kruis' (Marc. 8:34-38)? Had hij niet zelf steeds weer zijn wil tot zelfverloochening (Marc. 8:34), tot dienen (Marc. 9:35; Joh. 13:14-16) en tot ultieme gehoorzaamheid als voorbeeld aan zijn discipelen aangeprezen? Had hij niet drie keer de onontkoombaarheid van zijn dood in het vooruitzicht gesteld (Marc. 8:31; 9:31; 10:33-34)? Wel, deze teksten zijn niet bestand tegen kritiek op de historiciteit, ze zijn aantoonbaar vaticinia ex eventu, waarzeggingen, die de uitkomst als doel, het resultaat als de bedoeling verklaren; maar het blijft toch erg waarschijnlijk dat Jezus zich bewust moet zijn geweest van het gevaar van zijn dood, weliswaar niet door een geheimzinnige goddelijke kennis, maar door het oordeelsvermogen van een gezond mensenverstand.

Hoe staat het *in werkelijkheid* met de redenen waarom Jezus sterven *moest*, om 'de wil van God' te vervullen? Buiten de 'christologische' constructies en offermythologische reconstructies geeft het Nieuwe Testament ons daarover verrassend betrouwbare informatie.

In het *Marcus*-evangelie wordt de val waarin men Jezus hoopt te vangen al in hoofdstuk 3:6 opgesteld. Jezus heeft daar net een verlamde genezen (Marc. 3:1-5), en daar staat het doodsbesluit in feite al vast. Het evangelie is nog geen drie hoofdstukken oud, of men verwijt Jezus dat hij zijn genezings-'wonder' met behulp van de overste van de duivel, *Baäl Zebub*, bewerkstelligt (Marc. 3:20), en het schijnt zelfs in de ogen van zijn familieleden het beste te zijn als ze hem vanwege het dreigende doodsoordeel, vanwege *het pact met de duivel* – voor 'gek' verklaren en bij wijze van spreken in familiaire hechtenis nemen (Marc. 3:21). Zeker, dat is de voorstelling van *Marcus*. Naar de mening van deze evangelist vormde alleen al het feit dat Jezus zieken op de *sabbat* genas, de belangrijkste reden om hem systematisch de dood in te drijven (Marc. 3:1-5; vergelijk 3:23-28: het aren rapen op de sabbat); er valt veel voor te zeggen dat ook dergelijke scènes een afspiegeling zijn van de latere controverse tussen de gemeenten rond zeventig na Christus met de (farizeïstisch gedomineerde) synagoge. Een veel toepasselijker reden lijkt in Luc. 23:5 tegen Pilatus geuit te worden: *'Hij maakt met zijn leer in heel het Joodse land het volk oproerig, eerst in Galilea, en nu hier ook al.'* Het lijkt een feit te zijn dat Jezus, in plaats van dat hij moedwillig en met opgeheven hoofd de 'wil' van de 'vader' aan zich laat voltrekken, zich steeds opnieuw *onttrokken* heeft aan zijn dreigende gevangenschap; hij leefde gedurende lange tijd als op de vlucht; en zelfs de legende van de gevangenneming van Jezus op de Olijfberg vertelt vooral van de angst en de aarzeling die Jezus ten aanzien van de dreigende dood overvielen (Marc. 14:34-38). Maar waarom heeft Jezus zich dan toch nog, tenminste indirect, door *verraad* in de handen van zijn vijanden 'over laten geven'? Alles lijkt hier merkwaardig en raadselachtig; en toch zullen we direct zien dat de dingen zich niet moeilijk laten verklaren.

In zijn belangrijke werk '*Die Entwicklung des Christusdogmas*' uit 1930 heeft E. Fromm een poging gewaagd de boodschap van Jezus als een bevrediging van de fantasie van de anti-autoritaire neigingen 'van de arme, ongevormde revolutionaire menigte' te interpreteren: 'er was de menigte ... van het proletariaat van Jeruzalem en van de kleine boeren van het land, die door de groeiende politieke en maatschappelijke onderdrukking, door de sociale boycot en verachting in groeiende mate als het ware vervuld waren van de drang en het verlangen naar verandering van de bestaande structuren, naar het aanbreken van een voor henzelf gelukkige tijd en van haat en wraakgevoelens tegen de heersers van het eigen en het vreemde volk ... Hoe uitzichtlozer de hoop op een reële verbetering werd, des te meer moest de hoop uitdrukking vinden in de fantasie.

De vertwijfelde eindstrijd van de Zeloten tegen de Romeinen en de beweging van Johannes de Doper zijn beide extremen, die zich echter op dezelfde basis bevinden: de vertwijfeling van de onderste lagen van het volk. Deze laag wordt psychologisch gekarakteriseerd door het naast elkaar bestaan van de hoop op verandering van hun situatie, analytisch gezegd, op een goede vader die hen zal helpen, en wilde haat tegen de onderdrukkers, die haar uitdrukking vond in de haat tegen de keizer, tegen de farizeeërs, tegen de rijken en in de fantasieën van de straf van het jongste gericht. Het gaat hier om een ambivalente instelling: deze mensen hielden van een gefantaseerde goede vader, die hen helpen en verlossen zou, en ze haatten de boze vader die hen onderdrukte, kwelde en verachtte.'

Voor deze uitleg van Fromm, die nog steeds graag geciteerd wordt om de sociaal-politieke betekenis van de leer van Jezus te benadrukken, is apriori kenmerkend, dat ze er in feite niet in geïnteresseerd is wat de man uit Nazareth nu echt gezegd en gedaan had, maar welke voorstellingen over hem in welke sociaal-historische groepen ontwikkeld werden en welke motieven zich in de overeenkomstige wensfantasieën lieten gelden; daarbij wordt verondersteld dat de sociaal-psychologische functie van de religie er wezenlijk uit bestaat 'de grote massa' te laten instemmen 'met haar (namelijk de kinderlijk-afhankelijke, E.D.) klasse-situatie' en 'de heersende (namelijk de vaderrol innemende, E.D.) klasse' te ontlasten 'van schuldgevoel ten opzichte van de nood van de door haar onderdrukten'. Hoewel E. Fromm ook verklaart dat het een opdracht van de religie jegens alle mensen is, hen 'voor alle door het leven afgedwongen ontberingen' te troosten, stelt hij toch de opvattingen, die in de eerste gemeenten (en later) over Jezus gevormd werden, helemaal onder het aspect van de klassetegenstellingen: 'Net als Johannes de Doper richtte ook de christelijke leer zich niet tot de intellectuelen en vermogenden, maar tot de armen, onderdrukten en lijdenden. De kleine handarbeiders en proletariërs waren de dragers van de nieuwe verkondiging.'

Het is daarbij veelbetekenend dat Fromm voor deze opvatting als enige uitspraak van Jezus de 'zaligsprekingen' in de versie van het *Lucas*-evangelie (Luc. 6: 20-26) aan kan voeren: 'gelukkig de armen' en 'wee jullie rijken'. Maar hoewel het juist is dat er in het hellenistische Lucas-evangelie tendenzen tot uitdrukking komen die overgingen op de latere beweging van de 'Ebonieten', de 'armen' (een groep die men kerkelijk dan als 'dwaalleraren' uit zal schakelen), toch is het *in principe* verkeerd, de wezenlijk *religieuze* instelling van Jezus als louter 'onderbouw', respectievelijk als reactievorming van bepaalde klassen-constellaties en -conflicten uit te leggen. Het belangrijkste in de boodschap van Jezus wordt op deze wijze niet duidelijker uitgewerkt en niet beter begrepen, het geraakt integendeel door een methodisch bepaalde beperking van de perspectieven volledig uit beeld, respectievelijk het komt helemaal niet in beeld. Het is daarbij bijzonder te betreuren dat E. Fromm in dit artikel de voor hem eigenlijk voor de hand liggende *therapeutische* aanzet voor de uitleg van de verkondiging van Jezus niet oppakt; in plaats van de persoon Jezus, zijn woorden en daden in het middelpunt van de beschouwing te zetten, richt hij zijn blik door het zelfgekozen perspectief op bepaalde klassenbelangen en -overwegingen. Juist wat voor hem later zo belangrijk zal zijn in zijn psychoanalytische en cultuurfilosofische geschriften: de nadruk op de absolute betekenis van het individuele ten opzichte van het collectieve, *vermijdt* E. Fromm in zijn vroege werk *Das Christusdogma*. In plaats van het grote, verzoenende, *integrerende* en in zoverre echt *radicaal* kritische uitgangspunt van de boodschap van de man uit Nazareth, ervaren wij op deze wijze alleen iets over bepaalde (hypothetisch geconstrueerde) uitgangspunten van de maatschappijkritiek van bepaalde groepen in Israël, evenals over de 'Christologie' in de vroege geschiedenis van het christendom in de eerste eeuwen, en het laatste wordt bovendien niet erg overtuigend beschreven. De kans van een existentiële vernieuwing, die Jezus aan de *hele* mensheid kon en wilde geven, wordt daardoor teniet gedaan; wat bedacht was als een visioen van de *eenheid van iedereen* – de verwachting van een rijk van God op aarde –, dat verwordt onder deze voorwaarden a-priori tot niets anders dan een nieuwe polarisatie van de mensen vol open of verdrongen gevoelens van haat, wraak en revanche. Om het zo duidelijk mogelijk te zeggen: zou Fromm in dit (later evenwel nooit herroepen) beeld van religie zijn blijven steken, dan had hij nooit iets anders aan Gods woorden toe kunnen kennen dan wat daar binnen de nauwe grenzen van de marxistische godsdienstkritiek sinds jaar en dag mee verbonden werd: of een ideologie van de *rechtvaardiging* van de bevoorrechten te zijn of een leus van *opstand* van de minderbedeelden te zijn.

Feitelijk ligt het veel meer voor de hand en voert het veel verder als men die andere functie die E. Fromm de religie ook toekent erbij haalt: ze zou *alle* mensen, dus toch *onafhankelijk* van hun *maatschappelijke klasse*, troost schenken voor de aardse moeiten. Want het staat buiten kijf dat Jezus dat juist bedoelde.

De grote menselijke en religieuze verdienste van de man uit Nazareth bestond eruit, dat hij zich binnen de verschillende politieke, sociale en religieuze groeperingen *geen* partijganger liet maken van de ene groep ten opzichte van de andere groep. Zijn doel, dat Matth. 10:6 eenduidig formuleert, was de redding van de 'verloren schapen van het huis van Israël'; daarmee worden niet de 'zondaars' bedoeld in onderscheid tot de 'goeden', daarmee wordt heel Israël bedoeld, dat voor 'verloren' geldt, zolang het *de eenheid* niet vindt die het in de eerste plaats tot 'volk van God' zou kunnen maken, tot 'model' van een met zichzelf verenigde mensheidsfamilie. Niet alleen maakt Jezus zijn bedoeling van de *vergadering* van de ten onder gegane twaalf 'stammen' van Israël duidelijk door de 'uitverkiezing' van de 'twaalf discipelen', het is vooral dat hij zich ook overeenkomstig gedraagt; in ieder geval vertonen de mededelingen van de evangelisten over de *contacten* van Jezus, juist omdat ze geen onderliggende redactionele bedoeling verraden, een echt historisch geloofwaardig, een op zich al programmatisch spectrum.

E. Fromm beschreef terecht hoe ver de kring van *de farizeeërs* zich door haar strenge wetsopvatting en door haar demonstratieve extra vroomheid van *Am haaretz*, de bevolking van de armen en ongeschoolden, verwijderd had. Maar des te verbazingwekkender en karakteristieker is het, dat Jezus in gelijke mate contacten onderhield *met beide* groepen. Hijzelf kwam geestelijk uit de beweging van de farizeeërs en het was zijn leraar, Johannes de Doper, die men met een zeker recht in kan delen bij de rechterflank van de farizeeërs. Dan is het niet verbazingwekkend, dat er bij alle polemiek van de evangelisten tegen de farizeeërs uit de tijd na zeventig, nog sprake van is dat de farizeeërs Jezus waarschuwen voor de vervolging van Herodes (Luc. 13:31) en dat hij bij een farizeeër aanligt aan tafel, als een in de stad bekende 'zondares' tot hem komt (Luc. 7:36-50); maar het is juist deze *toegankelijkheid* van Jezus voor alle ethische en religieuze outcasts en verachten, die de man uit Nazareth voor de orthodoxe vromen in een *schandalig* daglicht plaatst.

'*Bij een maaltijd*', schijft *Marcus* (2:15-16) historisch juist, '*in zijn* (nl. van de tollenaar Levi, zoon van Alfeüs, E.D.) *huis waren er vele tollenaars en zondaars samen met Jezus en zijn leerlingen aan tafel. Het waren er veel en ze volgden Hem. Toen de schriftgeleerden en de farizeeën zagen dat Hij met zondaars en tollenaars at, zeiden ze tegen zijn leerlingen: 'Waarom eet Hij met tollenaars en zondaars?'* (vergelijk Luc. 15:1-2). Het antwoord dat Jezus daarop geeft, spreekt voor zich: '*Gezonde mensen hebben geen dokter nodig, maar zieke wel. Ik ben niet gekomen om rechtvaardigen te roepen, maar zondaars.*' (Marc. 2:17). Het gedrag van Jezus wordt niet bepaald door partijschap, klassebelang of fractiepressie, maar door de dringende nood van individuele mensen of individuele groepen. *Ze moeten er ook bij horen*, dat is de voornaamste wens van Jezus en het lijkt erop dat hij oorspronkelijk gehoopt had ook en juist de farizeërsbeweging voor zijn standpunt te winnen.

In Luc. 15:4-7, 8-10, in de *dubbele gelijkenis van het verloren schaap en de verloren drachme* probeert Jezus zich tegen hetzelfde verwijt, dat hij 'zondaars' ontvangt en 'met hen eet', dat hij letterlijk hun 'gezelschap', hun 'tafelgenoot' zou zijn, nog te verdedigen met een verhaal dat formeel *begrip* vraagt voor de verlorenen en voor hemzelf: als 's avonds één van zijn dieren ontbreekt, is het dan niet vanzelfsprekend dat een herder bij de doortocht door het bergachtige steppengebied van Judea nog eens dezelfde weg teruggaat en *zoekt* naar het verloren schaap? Het schaap zal ergens krachteloos liggen en hulpeloos blaten, en zelfs met zijn hulpgeroep zal het alleen maar de jakhalzen lokken; en als hij het vindt, zal het zo zwak zijn dat het nog maar nauwelijks kan lopen – hij moet het op de schouder nemen en het terug *dragen* naar de andere dieren. En de vreugde daarover zal groot zijn. Net als bij een vrouw die een drachme (ongeveer twee kwartjes) verliest: voor deze arme vrouw is dat veel geld; ze zal haar kleine, bijna raamloze eenkamerwoning met een palmblad uitvegen – het moet toch ergens zijn! –, totdat zij het geldstuk hoort rinkelen, en 's avonds bij het water halen aan de dorpsbron, zal zij het opgelucht aan iedereen vertellen, en iedereen zal zich met haar verheugen. Maar zijn de 'vromen', de 'farizeeërs' (Luc. 15:2) eigenlijk wel in staat in die blijdschap te delen? Dat is de vraag van Jezus in de *gelijkenis van de twee zonen* (Luc. 15:11-32). Het is steeds een gevaar van de gewaardeerde, want beschaafde leden van de maatschappij, dat ze voor de moeizame disciplinering van hun driften, voor de voortdurende onderdrukking van hun wensen, voor de onafgebroken zelfregulering gewoonweg wraak nemen, doordat ze met strenge maatstaf om gerechtigheid roepen. Ze hebben strafgedachten *nodig*, omdat ze zichzelf anders niet weten te beteugelen. Niet vanuit de kern van hun persoonlijkheid, niet uit het gevoel van innerlijke overeenstemming en menselijkheid ontstaat hun goede gedrag, maar uit het dictaat van hun superego, uit de drang van geïnternaliseerd geweld van buitenaf. Hun wetsbetrachting is alleen de keerzijde van hun vreugdeloze gruwelijkheid. Daarom, omdat ze vreugde, bevrediging en geluk steeds *buiten* hun geregelde leven wanen. 'Zonde' zien zij niet als vertwijfeling, maar als verleiding, niet als verlorenheid, maar als belofte, alsof er nog een nooit ontdekte, verre vrijheid wachtte tot iemand eindelijk de moed zou vinden om de wetten te breken en eindelijk z'n slag te slaan! Zoals André Gide ergens in zijn novelle over de *terugkeer van de verloren zoon* vertelt.

Weliswaar heeft *Jezus* dit verhaal heel anders bedoeld: hij *vraagt* daarin juist om begrip voor al degenen die men van de kant van de 'vromen' letterlijk benijdt vanwege hun vermeende 'geluk'. Deze mensen, verklaart Jezus indirect, zijn ten diepste toch ongelukkig; hun eigen levensontwerp van bewustwording en verbreding heeft hen volledig laten verdwalen in een leven van schaamte en schande en het zijn juist de trotsten onder hen die het langste zullen *weigeren* het fiasco van hun leven te erkennen en *terug te keren*. De 'vader' echter zal in plaats van boos te zijn op zijn zoon, treurig wachten en wachten of zijn jongste misschien toch nog terugkomt; en als hij hem ziet, zal hij hem tegemoet lopen, hij zal zijn 'schuldbekentenis' eerst helemaal niet horen, maar zich alleen beijveren om zijn smaad weg te nemen en zijn waardigheid te herstellen: een mantel, een ring, sandalen, een gemest kalf, een feest, dans en muziek...! *Hij* is weer *thuis*!

De centrale vraag van Jezus in deze gelijkenis richt zich echter tot de '*oudste*' zoon, die intussen mokkend en geërgerd buiten staat en *weigert* te delen in de vreugde van zijn vader: zal hij leren om *ook blij te zijn* over de terugkeer van zijn al dood gewaande 'broer' of zal hij in zijn vrome ontstemdheid volharden? Afhankelijk daarvan zal hij, woedend over de terugkeer van de verlorene, zichzelf buitensluiten uit zijn 'vaderhuis', of hij zal *gezamenlijk* met zijn teruggekeerde broer naar zijn vader teruggaan. Op leven en dood bestreden vertelt Jezus in ongelooflijke soevereiniteit zo'n gelijkenis, die een brug zou willen slaan over de afgrond, doordat het groepen mensen met elkaar wil *verzoenen*, die elkaar wederzijds uit lijken te sluiten als water en vuur. – Het verbijsterende aan het verhaal van Jezus is dat deze poging tot verzoening ook hem blijkbaar mislukt is!

Want er is een *derde* gelijkenis uit de mond van Jezus die eveneens gaat over 'farizeeërs' en 'zondaars', maar daarin wordt niet langer verzoenend gesproken, maar definitief partij getrokken en vastberaden stelling genomen voor *één* kant van de beide conflictpartijen, dat is het verhaal van *de farizeeër en de tollenaar in de tempel* (Luc. 18:9-15). *Lucas* heeft deze gelijkenis aangegrepen om de juistheid van een even benard (vergelijk Luc. 18:1-8*: de gelijkenis van de rechter en de weduwe*) als deemoedig *bidden* aan te tonen; in feite gaat het om een laatste en uiterste afrekening met de *farizeeërs*: hun trotse dankgebed voor hun deugd en trouw, waarin zij zich voor God zo zeker wanen, is helemaal niet waar, integendeel! Zoiets zou eigenlijk alleen maar waar zijn als ze open zouden staan voor menselijk begrip en medelijden, in plaats van zich, verondersteld aan de kant van God, tegen de rest van de wereld af te schermen. De tollenaar zoals Jezus hem afschildert, heeft eigenlijk geen andere kans dan zonder voorafgaande prestatie op onvoorwaardelijke vergeving te hopen; dat God zich over hem zou *erbarmen*, is dan ook zijn hele gebed. Maar als Jezus nu zegt dat deze tollenaar 'gerechtvaardigd' naar huis ging, dan veroorzaakt dat alleen al een aardbeving die nooit meer op zou houden; als hij er dan echter nog aan toevoegt dat die ander, de farizeeër *niet* gerechtvaardigd naar huis ging, dan haalt die ene uitspraak het hele bouwwerk van de Israëlitische vroomheid omver. Na deze spreuk over de *onverzoenlijkheid* bestaat er geen verzoening meer. Uiteindelijk vanaf dat moment moet Jezus tot en met de aanklacht in Luc. 11:37-53 *waarschuwen* tegen het 'zuurdeeg' van de farizeeërs (Marc. 8:15), moet hij de ergste profetische uitspraken over de huichelarij van louter lippenvroomheid in hun gedrag bevestigd zien (Marc.7:6 = Jes. 29:13); en omgekeerd zullen de farizeeërs proberen hem met legitimatie-eisen (Marc. 8:11-13) en strikvragen (Marc. 12:13-17) in het nauw te drijven. Wie zo spreekt en handelt als Jezus doet, die dwingt, zoals alle echte profeten, tot een existentieel verplichtende beslissing: en waarachtig ze zal snel genomen worden – *tegen* deze onruststoker en provocateur uit Nazareth. Jezus' verhouding met de beide tegengestelde, vijandelijke groeperingen: de *tollenaars* en de *zeloten*, schijnt zich niet anders ontwikkeld te hebben. De *tollenaars* representeerden in de dagen van Jezus op klassieke wijze het type van de volksverrader; ze collaboreerden met de leiding van de Romeinse bezetting; ze vormden zogezegd het smeermiddel in de machinerie van de uitbuiting. Dat zijzelf niets anders waren dan uitgebuite uitbuiters, dat er voor hen onder de verachting van de rechtgelovigen zo goed als geen terugkeer mogelijk was in de orthodoxe normaliteit, dat ze sociaal tussen wal en schip vielen, speelde bij hun buitensluiting geen enkele rol. Het vormde daarom voor Jezus zelf een aanzienlijk risico ten opzichte van de 'vromen' in het land, toen hij dermate demonstratief juist de tollenaars de aanneming door God verzekerde en voorleefde. Volgens Marc. 2:14 behoorde de tollenaar Levi (= Mattheüs, Matth. 9:9) tot de eersten die Jezus tot de kring van de twaalf discipelen riep; en de *legende* over de *tollenaar Zacheüs* (Luc. 19:1-10) vertelt zelfs, hoe Jezus tegen de afkeuring van de vromen uitgerekend bij 'deze zondige man' (Luc. 19:7) overnachtte: juist *omdat* deze man, die uit verlangen om Jezus te zien, in een vijgenboom geklommen was, door de profeet uit Nazareth *niet* afgewezen, maar letterlijk *aangekeken* werd, beloofde hij dezelfde avond nog de helft (!) van zijn vermogen aan de armen te geven en alle woeker bij het geld innen viervoudig terug te betalen. Zo'n bekeringswonder bereikte Jezus, omdat hij zelfs een tollenaar niet confronteerde met de arrogantie van het morele verwijt, en niet bang was zich een nacht lang door het geldbezit van deze man te laten onderhouden. 'Tollenaars en hoeren gaan u voor naar het koninkrijk van God', zei Jezus uiteindelijk (Matth. 21:32). Zo radicaal trok hij partij voor deze groep van buitengesloten mensen, en dat niet uit sociale motieven – het ging de tollenaars maatschappelijk in verhouding zeker niet zo slecht als bijvoorbeeld de werklozen, de dagloners, de pachtboeren of de onderste laag van de handarbeiders – maar alleen uit religieuze motieven.

Alleen zo kan men begrijpen dat tot dezelfde kring van de twaalf behalve tenminste *één* tollenaar, ook minstens één zeloot behoorde: Simon, de *ijveraar* (Marc. 3:18). Als deze bijnaam tenminste goed vertaald is (en het Aramese woord niet simpel opgevat moet worden als 'de Kanaäniet'), heeft Jezus in zijn meest directe omgeving de poging gewaagd, de twee politiek meest vijandige groeperingen in Israël: de aanhangers van het Messiaans-theologisch bewapend verzet tegen de Romeinen en de tegengroepering van de maar al te gewillig van Rome afhankelijke collaborateurs, samen te brengen. Er bestaat geen enkele uitspraak uit de mond van Jezus die erop zou duiden dat hij op de één of andere manier het religieuze of politieke programma van een 'heilige oorlog' tegen de 'heidenen' deelde; in plaats daarvan wordt ons verteld over zijn sympathie voor een Romeinse hoofdman (Matth. 8:5-13) of over zijn oproep jegens de vreemde overheersing zonder verzet genereus te blijven (Matth. 5:39, 41, zie p. 236 e.v.); en toch was Jezus er duidelijk veel aan gelegen ook en juist deze 'helden van vrijheid en vrede' zoals men onlangs 'onze' soldaten die in Bosnië en elders voor de NATO ingezet werden noemde, ook in de boodschap van zijn *godsvrede* te betrekken.

Natuurlijk, ook dat is Jezus naar alle waarschijnlijkheid niet gelukt. Het is alleen maar een legende, die historisch in de overgeleverde vorm weliswaar niet klopt, maar het zou toch heel goed de stemming destijds weer kunnen geven, als ons in *Marc. 15:6-15* bericht wordt, dat de Romeinse stadhouder in het proces tegen Jezus voor de joden een man vrijgelaten heeft met de naam *Barabbas*, die 'bij een oproer een moord begaan had'. Misschien kan – overeenkomstig de meest geopperde hypothese bij dat gedeelte – de 'oproer' waaraan Barabbas deel had, inderdaad opgevat worden als een guerrilla-actie van het Zelotische verzet; men moet dan bedenken dat Jezus paradoxaal genoeg de Romeinen in handen gespeeld werd, terwijl hij *geen* deel had aan de bewapende vrijheidsstrijd van de Zeloten, zelfs duidelijk een *afwijzende* houding aannam als het erom ging God te beschouwen als opdrachtgever van 'rechtvaardig geweld'. Ook *hem* ging het, net als de Zeloten, in feite om het koninkrijk van God, maar doordat *zijn* voorstelling van de heerschappij van God *alle* mensen omvatte, was het uitgesloten te voldoen aan de verwachtingen van degenen die 'God' verbonden met het patriottisme en de nationale trots van een 'uitverkoren volk' en daarmee met een politieke aanspraak op macht. Deze groeperingen moesten uiteindelijk in Jezus een *gevaarlijker* tegenstander zien dan in de Romeinse cohorten. Uiteindelijk werd Jezus door de Romeinen terechtgesteld als de 'koning der joden' (Marc. 15:9, 12, 26, 32), juist omdat hij nooit de koningstitel van de 'Christus' op zichzelf wilde betrekken (Marc. 8:30). Doordat men, volgens de legende, 'Barabbas' in plaats van de Nazarener koos, koos men niet alleen voor het geweld en tegen de vrede maar nam men tegelijkertijd honend wraak dat Jezus het had durven wagen de boodschap van het rijk van God uit haar Messiaans-politieke en theologische gevangenschap te halen. (Ook het 'verraad' van *Judas* wordt meestal geïnterpreteerd als een ontgoochelde reactie op het gebrek aan bereidheid tot opstand van Jezus na zijn – weer volgens de *legende* – 'triomfantelijke' intocht in Jeruzalem, Marc. 11:1-11; toch zullen ook hier de religieuze motieven, in het bijzonder de tegenstelling tussen vrijheid en wet, tussen het nieuwe en het oude, Marc. 2:21-22, veel belangrijker geweest zijn.)

Het is daarbij van belang dat Jezus' visioen van het aanbreken van de goddelijke heerschappij juist niet is zoals E. Fromm (met vele anderen) haar willen zien: namelijk als een houding van het politiek en sociaal onmachtig ressentiment vol latente wraakfantasieën, fantastische verwachtingen en in God geprojecteerde revolutionaire ideeën. Er zijn nog altijd theologen die de uitspraak uit de zaligspreking van de *bergrede* in Luc. 6:21 heel letterlijk op willen vatten: 'Gelukkig die nu honger hebben, jullie zullen volop te eten hebben.' Het speelt voor deze exegeten geen rol dat al in Matth.5:6 de 'honger' (en dorst) van de mensen als verlangen naar 'juist voor God te leven' (*niet*: naar 'gerechtigheid' in ethisch-juridische betekenis!) geheel in overeenstemming met het antwoord wat Jezus het hoofdstuk daarvoor aan de satan in de woestijn meedeelde – betekent: 'De mens zal niet leven van brood alleen, maar van ieder woord dat uit de mond van God komt' (Matth. 4:4). Voor deze 'politieke' theologen rijst niet eens de vraag hoe men zich de 'spijziging' van de hongerigen concreet voor moet stellen. Wel staan er in Marc. 6:30-44 en 8:1-10 twee wonderverhalen over brood, maar het gaat daarbij om *legenden*, die Jezus in een parallelle situatie plaatsen moet met het manna-wonder van *Mozes* (Ex. 16:14-15) en het wonder van *Elia* bij de weduwe van Sarepta (1 Kon 17:14-16); er is in het leven van Jezus' niet het geringste aanknopingspunt dat hij door dergelijke fantasmagorieën gedreven werd, zoals in het jaar 44 de 'profeet' *Theudas*, die een grote schare aanhangers rond zich verzamelde en hen beloofde, als een tweede Mozes, droogvoets door de Jordaan te leiden en hen in de woestijn uit Gods hand te voeden; de Romeinen zagen in de beweging van deze eschatologische fantast een gevaar van opstand en lieten *Theudas* onthoofden en zijn gevolg ombrengen, in zoverre ze niet op de vlucht sloegen; in Hand. 5:36 laat Lucas de raadsheer *Gamaliël* over deze omstandigheden vertellen, blijkbaar zonder te bedenken dat deze gebeurtenissen zo lang geleden plaats hebben gevonden dat zelfs deze wijze man daarover niets had kunnen weten; *Theudas*, die hier geschiedenis maakte, en *Lucas*, die *van* zijn leven geschiedenis maakte, handelen hier in dezelfde mate zonder realiteitszin. Maar waar *in het leven van Jezus* bevond zich – buiten de hem toegeschreven *legenden* – een bewijs voor een dergelijk 'magisch' godsvertrouwen?

Religie als realiteitsverloochening, religie als vervangende realiteit, religie als ressentiment uit onmacht, religie als reactie op de eeuwige strijd van de klassen en de rassen – *niet één* van deze interpretatiepatronen komt overeen met wat we in de persoon van Jezus echt aantreffen. Hij wilde bemiddelen, in plaats van tweestrijd oproepen, veranderen in plaats van doorgaan, uitzicht bieden – niet in fantastisch-irrationele zin, maar in de verandering van mensen. Volgens Jezus verandert men de wereld niet, als men geweld met geweldsmiddelen beantwoordt, als men de onderdrukten door de bewapende strijd uiteindelijk verheft tot het onderdrukken van hun onderdrukkers, als men de tot op dat moment uitgebuiten ertoe brengt, nu eindelijk eens zelf de uitbuiters uit te buiten – met zulke inspanningen schuift men alleen met pikhouweel en schop de ijsmassa van de ene kant naar de andere; daarna mag het 'verkeer' een stuk 'beter' 'functioneren', maar aan de koude, aan het gehele klimaat wordt zo niets veranderd. Jezus wilde in deze wereld van het eeuwige ijs de lente brengen. *Dat* was *zijn* 'revolutie'. Zij gaat *allen* aan. Juist omdat ze niemand aanviel. Ze ging voor iedereen te ver, juist omdat ze voor iedereen partij trok. Geen resignatie uit onmacht, het was eerder een ongekende soevereiniteit in vrijheid die Jezus ertoe bepaalde de eenheid en de vrede van allen te willen en juist daarmee de buitensluiting en de veroordeling van de kant van *allen* te provoceren.

Waarom 'moest' Jezus sterven? De eerste aanwijzingen ter beantwoording van deze vraag kregen wij al bij de bestudering van de mechanismen van de sociale psychologie. Er bestaat in zekere zin echt een dergelijk 'moeten' om de dood van Jezus te verklaren, alleen ligt het niet in de goddelijke *wil* besloten, maar in de menselijke *weerzin* en in plaats van de conflicten die de man uit Nazareth met zijn boodschap en met zijn optreden altijd weer in ons naar boven zal brengen in de godheid zelf te projecteren en dan over de passende bijbelcitaten te theologiseren, zouden we in de eerste plaats de dogmatische projecties in de menselijke psyche terug moeten halen, om ze daar op de bodem van de menselijke ervaring te begrijpen en uit te werken. Pas dan kunnen de archetypische voorstellingen van de bijbelse symbooltaal 'verlossend', dat wil zeggen 'therapeutisch' zinvol geïnterpreteerd worden.

Het *bijbelse* interpretatieschema van bijvoorbeeld '*offerlam*' en van '*zondebok*' is volstrekt geldig en toepasbaar voor het lot van Jezus, mits men het niet 'offertheologisch' vanuit God, maar sociaal-psychologisch vanuit de mensen opvat. *Elk* sociaal systeem zal zich zolang het kan verweren tegen zelfontbinding; de boodschap van Jezus dreigt echter tot op heden het functioneren van de totale politieke, maatschappelijke en culturele structuur van staten en naties, van kerken en verenigingen, van banken en concerns, van wapenexporteurs en het leger fundamenteel in gevaar te brengen; het is dus geen wonder dat het bestaande systeem zich *tegen* de man uit Nazareth verweert, zoals het immuunsysteem van het lichaam zich tegen een binnengedrongen virus zal verweren. De meest werkzame afweer is echter vooral biologisch bepaald: men maakt *replica's* van de *oppervlaktestructuur* van het gevaarlijke voorbeeld, vermenigvuldigt ze in een toereikend aantal en blokkeert daarmee de uitbreiding van het virus. Precies zo is de tweeduizend jaar oude 'truc' van het 'christelijke' Westen, precies zo is de overlevingsstrategie van de 'christelijke' kerken: ze vormt een complex dat een zekere *uiterlijke gelijkenis* vertoont met de jezuïsche oervorm, die zuiver mechanisch in serie vermenigvuldigd kan worden om deze uiterlijk gelijkende kopie te koppelen aan elke vrije gedachte van de man uit Nazareth, en die in haar ontwikkeling 'onschadelijk' te maken.

Vooral het *religieus* gemotiveerde afweersysteem is steeds hetzelfde: iemand beroept zich op God en laat door zijn manier van spreken en handelen het bestaande illegitiem lijken; in dit geval zal de (kerkelijke) reactie altijd en overal hetzelfde zijn zoals we in Marc. 3:21-22 konden lezen: men zal de betreffende persoon of voor 'gek' verklaren, alleen al omdat hij het waagt zo'n 'verstandige' instelling als het religieuze (en maatschappelijke) instituut van de synagoge of kerk aan te pakken, of men maakt de betreffende persoon uit voor een ongelovige, voor een ketter, voor iemand die door demonen is bezeten, voor een duivel; zowel in de hemel als op de aarde behoort zo'n mens tussen psychiatrie en galg, tussen dwanginrichting en executie, *aan de kant gezet* of *uit de weg geruimd* te worden. Hij bevindt zich bij de rolverdeling van zijn referentiegroep in de positie van de *omega*, hij vertegenwoordigt in de rolverdeling van zijn referentiegroep de zaak van de externe 'vijand', hij is de 'splijtzwam', de 'vijfde colonne' van de tegenstander, hij *verdient* juist dat allen die van goede wil zijn hem vertreden.

En dat is precies de functie van het '*offerlam*' en van de '*zondebok*': allen die dit dier doden of wegjagen geven daarmee te kennen dat ze 'goed' zijn voor de groepsverbondenheid, dat ze boven alle verdenking staan 'onbruikbaar' en 'schadelijk' (en dus 'schuldig') te zijn, maar dat ze integendeel nuttige en bruikbare groepsleden zijn. Uiterlijk als de *alfa* de jacht op de *omega* vrijgeeft, wordt het de plicht van de *gamma's* de buitenstaander ten val te brengen. G. C. Homans heeft gelijk: het zijn de heel normale identificatieprocessen in de groepssamenleving zelf die dit uitstotingseffect hebben; evenals in de dierpsychologie is het feit dat er van de norm afgeweken wordt voldoende om de straf van het groepsverband, om zijn Mobbing-agressiviteit aan te trekken. Het breekpunt tussen groepsconsensus en groepsuitsluiting kan eigenlijk beter verklaard worden aan de hand van de houding ten opzichte van het heersende leiderschap. Elke 'hervormer' treedt op met de pretentie de hele groep aan te kunnen tonen hoe ze zich overeenkomstig de principes van haar gemeenschap heeft te gedragen; in zoverre wordt hij oorspronkelijk bijzonder nauw geïdentificeerd met zijn referentiegroep. Zijn kritiek op de groep ontstaat, in deze opvatting, niet uit een principiële afwijzing van de groep, maar uit een diepe instemming met haar bestaansgronden. Doordat hij echter deze aan allen bekende en, letterlijk, door allen erkende maatstaven op het reële leven van de groep volkomen serieus, compromisloos toepast, komt hij willekeurig of onwillekeurig *in contrast* te staan met de zittende leiding. Zelfs als hij helemaal geen aanspraak maakt op de positie van de leider, ondergraaft hij met toenemend succes de autoriteit van de *alfa*, en daarmee dwingt hij zijn tijdgenoten tot een *beslissing*: als ze verder met het bestaande geïdentificeerd willen blijven worden, moeten ze zich intensiever *om de leider scharen* en zijn positie versterken; lijkt 'het hele systeem' hen echter bedenkelijk en schadelijk, dan moeten ze voortaan op revolutie zinnen.

Daarbij is van tevoren duidelijk hoe deze beslissing uit zal vallen: allen die menen door het behoud van het systeem zelf behouden te worden, zullen zich aan de kant van de verdediging scharen; allen die zich het slachtoffer van het systeem voelen, zullen aandringen op de in hun ogen allang noodzakelijke hervorming; daartussen liggen natuurlijk alle vormen van zelfbedrog, tweeslachtigheid, goedkope compromissen, een pragmatische aanpak in kleine stappen...

Doordat Jezus met de *absolute* maatstaf van de allesomvattende barmhartigheid van God, met de belofte van het aanbreken van de 'goddelijke heerschappij', streefde naar een vernieuwing van heel Israël, *moest* hij noodgedwongen voor diegenen *partij trekken* bij wie het lijden en de conflicten van het bestaande systeem het duidelijkst te zien waren: voor de 'tollenaars', 'hoeren', 'zondaars'..., en hij moest diegenen *aanpakken* in wiens voordeel het was het bestaande systeem te behouden. En zo was ook zijn reactie: doordat hij in de bres sprong voor de verstotenen, werd hij zelf een verstotene; doordat hij opkwam voor de 'wettelozen', werd hij zelf een *outlaw*, een 'schurftige hond'; doordat hij de collaborateurs van de 'vijand' verdedigde, werd hij zelf een vijand.

Veel juister dan in zijn vroege werk over de '*Entwicklung des Chris-*

tusdogmas', was het oordeel van E. Fromm over de man uit Nazareth in de werken die rond zijn latere belangrijkste werk '*Vom Haben zum Sein*' ontstonden, doordat hij hem in plaats van voor een dagdromer en fantast, voortaan uitmaakte voor een ware realist, die zo krachtig opkwam voor het leven, dat hij de dood niet vreesde: 'Het geloof in het leven', schreef hij, '(het geloof) in zichzelf en in anderen, moet gebaseerd zijn op de harde rots van de realiteit, dat wil zeggen, op de vaardigheid het slechte te zien waar het is en bedrog, destructieve elementen en zelfzucht niet alleen te onderkennen als het heel duidelijk is, maar dan ook als het verkleind (sc. gebagatelliseerd, E.D.) en gerationaliseerd wordt. Om de realiteit ten volle in haar naaktheid te zien, moeten geloof, liefde en hoop zo innig met elkaar verbonden zijn, dat een buitenstaander geneigd zou zijn deze houding "cynisch" te vinden. Men mag het cynisch noemen, als daarmee bedoeld wordt dat wij weigeren door de lieflijke en plausibele leugens ingepalmd te worden, die bijna alles wat gezegd en geloofd wordt, omvatten. Een dergelijk cynisme is echter geen cynisme; het is compromisloze kritiek en de weigering het spel in een systeem van bedrog mee te spelen ... Inderdaad waren noch Boeddha, noch de profeten, Jezus ... of Albert Schweitzer "soft". Ze waren integendeel juist nuchtere realisten, en de meesten van hen werden vervolgd en belasterd – en dat niet omdat ze moralistisch preekten, maar omdat ze de waarheid zeiden. Ze respecteerden macht, titels, noch roem en ze waren zich ervan bewust dat de keizer naakt was. Ze wisten dat macht diegenen, die de waarheid zeggen kan doden.'

Maar waarom *riskeerde* een man als Jezus dat hij gedood werd? Hij zal zich er wel snel van bewust zijn geworden dat men hem wel *moest* doden als hij doorging zoals hij begonnen was. Hoezeer de drie genoemde 'lijdensaankondigingen' in het *Marcus*-evangelie ook in een terugblik vanuit de latere gebeurtenissen geformuleerd mogen zijn, verraden ze toch een historisch juist gevoel voor het feit dat Jezus erop *gerekend* had dat de (in wezen *Sadducese)* vertegenwoordigers van de macht in 'kerk' en staat in alle hardheid terug zouden slaan. Jezus kon niet weten dat hem de meest gruwelijke terechtstellingswijze wachtte: de *kruisiging*; maar het is al karakteristiek dat het voor Jezus op een voor hem karakteristieke wijze *onverschillig* schijnt te zijn geweest, wat zijn tegenstanders in het bijzonder zouden doen en hoe het met hem verder zou gaan. We kennen al zijn antwoord op de waarschuwing van de farizeeërs voor de vervolging van Herodes : '*vandaag en morgen drijf Ik demonen uit, en verricht Ik genezingen; de derde dag is de dag van mijn voltooiing. Maar vandaag, morgen en overmorgen moet ik nog verder trekken, want het past niet dat een profeet omkomt buiten Jeruzalem'* (Luc. 13:32-33). Ondanks alle tactische uitwijkmanoeuvres, ondanks behoedzaamheid en vlucht, die aantonen dat Jezus niet 'wilde' sterven, is in zulke uitspraken toch merkbaar dat Jezus op zijn einde gerekend en het op de koop toe genomen heeft. Maar het is nu net de vraag hoe men dit '*op-de-koop-toe-nemen*' interpreteert.

De oude uitleg van Albert Schweitzer luidde, dat Jezus, gebonden aan het eschatologische dogma van zijn tijd, door zijn zoendood het rijk van God gewoonweg af wilde dwingen. Er zijn echter *twee* tegenwerpingen die afdoende *tegen* deze nog steeds geliefde constructie spreken.

De *eerste* is van theologische aard en heeft betrekking op de enorme tegenstrijdigheid die in Jezus' beeld over God onder deze voorwaarden aangenomen moet worden: Jezus die er dan zijn leven lang mee bezig is geweest de mensen bij een God te brengen die *zonder voorafgaande prestaties* vergeeft, die het individu in zijn nood *onvoorwaardelijk* aanneemt, die, zoals Jesaja het al indringend schilderde (1:10-20), waarde hecht aan vroomheid van het hart in plaats van aan ceremoniële diensten (Marc. 7:1-13), diezelfde Jezus zou dan uiteindelijk toch teruggevallen zijn in de archaïsche offerfantasieën van de priesterreligie? Dat is niet goed voor te stellen. Eén en dezelfde man zou zijn discipelen in het *onzevader* hebben leren bidden: 'uw koninkrijk kome' (Matth. 6:10) om het helemaal in de handen van 'zijn' 'vader' en die van alle mensen te leggen, wanneer en hoe Hij die tijd zou 'vervullen' (Marc. 1:15!), en dan weer zou hij een talmende, dralende gerechtigheid eisende, 'verzoening' nodig hebbende God in juist deze 'vader' gezien hebben, nog gruwelijker en verschrikkelijker dan de God van Abraham op de berg Moria?

Dat past allemaal niet bij elkaar.

Maar alles past wel goed bij elkaar, als men bedenkt dat Jezus er sowieso niet aan dacht in cultische betekenis 'offerlam' of 'zondebok' van Israël te worden, maar omgekeerd, dat hem de rol van 'zondebok' noodzakelijk opgedrongen werd, omdat zijn *alleen* zachtaardige, *niet*-ambivalente godsbeeld die grenzen van de sociale psychologie van de reglementaire religie van zijn tijd *en alle tijden* doorbrak en zou moeten doorbreken! En dat hij uiteindelijk bewilligde in deze rol, omdat het conflict om de zaak van God hem deze prijs en *elke* prijs waard leek. Hij *wilde* deze rol *niet*, maar hij kon het op de één of andere manier niet meer vermijden haar te aanvaarden, en dat niet, omdat God zo was, maar omdat God *niet* zo was, omdat de mensen in hun angst en in hun angstbewustzijn zich het ongelooflijk moeilijk maakten en maken om in God te 'geloven' op de manier van Jezus. In plaats van het archetype van het 'offer' individual-psychologisch als een motief voor het gedrag van Jezus te veronderstellen, moet de functie van dit archetype in de eerste plaats, *sociaal-psychologisch* opgevat worden.

Alleen zo vermijdt men tegelijkertijd een *tweede* onoplosbaarheid, die beslist *tegen* de theorie van het 'vrijwillige' en 'gehoorzame' 'verzoenende lijden' 'van onze Heer Jezus' 'aan het kruis' spreekt – dat is de *psychologische consequentie* die voor de persoonlijkheid van Jezus ontstaan moet uit een dergelijk beeld. De tijden zijn goddank voorbij waarin men, vooral vanuit bepaalde uitlatingen van het *Johannes*-evangelie, de persoon van Jezus tot een psychiatrisch geval verklaarde; want een mens die van zichzelf beweert Gods Zoon te zijn en die beweert juist daarom door de mensen gehaat en vervolgd te worden, die bovendien gelooft door zijn dood de zonden der wereld te overwinnen, zo iemand zal men of al in de gesloten inrichting *vinden* of onverwijld daarheen *verwijzen, diagnose*: schizofrenie met paranoïde trekken, schuld- en verlosserswaan, vaderobsessie, gebrek aan ego, grootheidswaan... *prognose*: nauwelijks te genezen.

Men heeft intussen zo'n beetje geleerd dat men dogmatische denkbeelden niet zonder meer uit mag leggen als een individueel gemotiveerd gebeuren en dat men vooral verschil moet maken tussen de theologische uitleg van het lot van Jezus in het Nieuwe Testament en Jezus' oorspronkelijke idee. Bovendien hoeft men alleen maar te bekijken hoe de priesterlijke offerfantasieën tot op heden de zielen van de 'gelovigen' in de schaduw van het kerkelijke dogma belasten en men kan gemakkelijk inschatten wat voor fatale consequenties het moet hebben, als men Jezus in zekere zin zou verklaren tot het eerste en ergste offer van deze Woestynse offerfantasie. Daar waar Jezus door zijn persoonlijkheid vertrouwen in de persoon van God wilde opwekken, moest de oude angst en ambivalentie *opnieuw en nog versterkt* zijn intrede doen en de boodschap van de verlossing verwerd tot het grootst mogelijke masochistische dwangdenkbeeld, een psychotische horrortrip, maar beslist geen bijdrage aan de vermenselijking van de mensen. Dat zulke consequenties *uit het kerkelijke dogma* moesten ontstaan, is op zich al erg genoeg;

maar des te belangrijker is en blijft het, *daartegenover* de eigenlijke boodschap van Jezus te laten gelden, waarvoor niet de vermeende problemen van God met de mensen, maar wel de problemen van de mensen met hun goddelijke projecties noodlottig werden. Een 'theologie' daarentegen, die van haar kant niets anders is dan een geprojecteerde psychologie van vervreemde mensen, druist niet alleen in tegen het tweede hoofdgebod van Israël: 'U zult geen beelden maken' (Ex. 20:4), ze maakt God letterlijk demonisch en de mensen waanzinnig.

Men heeft in de zogenaamde *theodicee*vraag, die voor ons in het derde deel van *Geloven in vrijheid* nog centraal zal komen te staan, steeds weer het verschil benadrukt, dat hierin ligt, dat God het kwaad in de wereld (met het oog op de vrijheid van de mens) weliswaar *toegelaten*, maar toch niet 'gewild' zou hebben; of deze informatie in het kader van een zinvolle scheppingstheologie volstaat of alleen maar een uitvlucht vormt, blijft hier nog onbesproken, in de 'christologie' komt het er echter vooral op aan zo'n verschil te benadrukken. Men moet voor alle duidelijkheid zeggen: Jezus *wilde niet* lijden, maar hij wilde het lijden onder bepaalde omstandigheden niet langer ontwijken*; hij liet het toe*; niet meer en niet minder. Zijn inzet voor een God die geen menselijk lijden wil, was hem het lijden door de handen van zijn tegenstander waard. In *die* zin offerde hij zich, in *die* zin 'vervulde' hij de 'wil' van zijn 'vader'; in *die* zin vond hij zichzelf de ware 'knecht' van God; zo 'belastte' hij zich met de schuld en de schuldofferrituelen van de religie, waartegen hij in de naam van God protesteerde. Zo werd hij voor iedereen die het begrijpt, definitief tot bevrijder van de angst en de schuldenlast die het godsgeloof in de reglementaire religie van priesters en cultusdienaars aan moest nemen. Zo stemde hij in met de 'uitlevering' aan zijn 'verraders'.

Maar om de zaken zo te zien, is het nodig het hele perspectief te veranderen: de vraag luidt niet meer wat God bedacht heeft toen Jezus op Golgotha stierf, de vraag luidt welke gedachten het zijn, die een man als Jezus van Nazareth tot op Golgotha konden brengen. Deze man wilde, dat staat in ieder geval vast, het rijk van God niet 'afdwingen'; hij leefde het alleen tot het uiterste; zo simpel was het. Hij stierf, als de legendevorming van de lijdensteksten in het Nieuwe Testament een menselijke waarheid verraad, feitelijk *als een zich vervullend gebed.*

Het lijdensverhaal van het *Marcus*-evangelie is al gevormd naar het voorbeeld van Jes. 53; Ps. 22 en Ps. 69: het verdelen van de kleding en het werpen van het lot onder het kruis (Marc. 15:24) herinnert bewust aan Ps. 22:19; dat Jezus tussen twee rovers terechtgesteld werd (Marc.15:27), wordt een vers later met een (verkeerd vertaald) citaat uit Jes. 53:12 gemotiveerd; en nog op het moment van het sterven (Marc. 15:34) zou Jezus de psalm 22 gebeden hebben, terwijl Jezus volgens Luc. 23:46 stierf met de woorden uit Psalm 31:6 'Vader, "in uw handen beveel Ik mijn geest"'. Hoezeer dergelijke citaten ook vrome legendevorming zijn, ze geven de vroomheid van Jezus toch –nogmaals!– veel beter weer dan alle mogelijke nog zo 'objectieve' informatie over het gebeuren op Golgotha. Wat men daar *uiterlijk* had kunnen zien, was de martelende, uren durende doodsstrijd van een mens die men spijkers door de handwortels had gedreven, om hem aan dwarsbalken van een T-vormige galg op te hangen, en aan wie men heel sadistisch een voetsteun ter beschikking gesteld had, zodat hij, steeds nog één keer, adem kon halen en de bewusteloosheid en de hartstilstand zo steeds weer uitgesteld werden. De evangelisten schilderen bepaald niet wat een mens, die onder dergelijke omstandigheden naakt en prijsgegeven aan het martelaarshout van een Romeins executiecommando aan zijn eind komt 'in werkelijkheid' denkt, voelt en zegt, maar ze schilderen geloofwaardige wijze het *karakter* van zijn denken, voelen en spreken, die hem in deze situatie gebracht heeft en die hem bewoog tot het uiterste vol te houden en door te zetten.

En toch is het moeilijk te geloven dat een mens een wisse dood op zich neemt, simpel en alleen doordat hij *alles*, onverschillig hoe het komt, in Gods handen legt – in een daad van in zekere zin *blind* vertrouwen. Men heeft in gedeelten als Marc. 14:62 gelezen dat Jezus zich (aansluitend bij Dan. 7:13) geïdentificeerd zou hebben met de apocalyptische gestalte van de mensenzoon, en zo zou hij zijn dood ingegaan zijn met het vertrouwen dat God hem in het sterven zou 'verhogen' en voor mensenogen zichtbaar in macht en heerlijkheid 'terug zou laten keren'. Maar ook hierbij wordt het 'christologische' dogma van de vroege gemeente, die in Jezus de 'mensenzoon' zag, als het persoonlijke geloof van de man uit Nazareth (verkeerd) geïnterpreteerd. In dit verband is de vraag belangrijk hoeveel hoop en wat voor soort hoop nodig is om een mens, een '*mensenzoon*' in staat te stellen zo te spreken als Jezus in de drie lijdensaankondigingen bij *Marcus* (8:31; 9:31; 10:33-34) doet: hij werd door de hogepriesters en schriftgeleerden aan de heidenen overgeleverd, en zij zouden hem 'bespotten, op hem spugen, hem geselen en ter dood brengen, en na drie dagen zal Hij *opstaan*'.

Het belangrijkste in deze 'lijdensaankondigingen' is niet de apocalyptische speculatie over de aard en het lot van de 'mensenzoon', maar *de verstrengeling van menselijkheid en leed*: wie in deze wereld als *mens* wil bestaan, zoals God hem bedoeld heeft, die zal niet anders kunnen dan toetreden tot het 'lijden van de rechtvaardige' en hij zal daarbij als belangrijkste en voornaamste troost niets anders mee kunnen nemen dan juist het geloof, dat in Israël zelf uit dit soort ervaringen gevormd werd: God zal de mensen die hun best doen Hem trouw te zijn, van zijn kant ook trouw zijn. De *farizeïsche* leer over de 'opstanding uit de doden' bij het jongste gericht heeft invloeden ondergaan van de voorstellingen van het hiernamaals uit het oude Egypte en de Iraanse religie van Zarathustra, uit deze overtuiging van de *martelaarstijd* in de laat-joodse apocalyptiek ontwikkeld. Jezus hoefde dit geloof niet uit te vinden, – hij groeide er als kind al mee op; ook *Paulus* kon zich er later op beroepen (Hand. 23:6; 24:21). Het belangrijkste was echter dat Jezus, overeenkomstig de drie lijdens'aankondigingen', uit dit geloof kracht vond om de angst voor de dood te overwinnen. '*Wees niet bang voor hen die het lichaam doden, maar de ziel niet kunnen doden. Wees eerder bang voor hem die en ziel en lichaam kan ombrengen in de hel*' (Matth. 10:28) – deze al vaker geciteerde uitspraak, waarmee Jezus zijn discipelen de zekere vervolging instuurde voor hun boodschap over het rijk van God, moet ook hemzelf vergezeld en gedragen hebben.

Feitelijk vervulde hij zo de 'wil' van zijn 'vader'; laat het nog eens gezegd worden: het was niet de wil van God dat hij moest 'lijden'; het was in Jezus' ogen de wil van God op te komen voor het geluk, voor de vrijheid en de ontplooiing van mensen en daarbij dan in ieder geval de onvermijdelijke confrontaties zelfs tot in het uiterste *niet* te schuwen, juist omdat God niet aan de kant van de dood, maar van het leven staat.

Het schijnt onmogelijk de weg van Jezus naar Golgotha zonder dit bewijs van de 'verschijning op de berg' te begrijpen: de dood heeft niet het laatste woord over het leven van een mens; wat een mens is, zullen niet diegenen bepalen die zich met beroep op de goddelijke wetten, zoals zij die opvatten, aanmatigen het oordeel van dood en verdoemenis over mensen uit te spreken; integendeel: de liefde en de menselijkheid zullen de dood en het onrecht overwinnen.

Dit vertrouwen was het dat Jezus kracht gaf om de *macht* van de dood, de doods*angst* in zijn leven en in het leven van de mensen te doorbreken; hij stapte over de afgrond van de dood heen, zoals in de mythische geschiedenis in Matth. 14:25 beschreven wordt over de gang over het meer van Gennesareth.

Het was een typisch '*joodse*' instelling: terwijl *Socrates* zijn onverstoorbaarheid in de kerkercel uit filosofische overwegingen over de onsterfelijkheid van de menselijke ziel verkreeg, was de hoop van Jezus zuiver religieus in de verhouding tot God gelegen. Of er zoiets bestaat als een 'ziel', het 'onsterfelijke', die in de dood de gevangenis van het lichaam verlaat, daarover kan men filosofisch en intussen vooral met behulp van de neurobiologie een serie meer of minder goed gefundeerde hypothesen opstellen; maar wat een mens nodig heeft in de uren van angst is een aanspreekpunt, die hem als persoon antwoordt; en in deze absolute persoon aan de andere kant van de dood en de doodsangst stelde Jezus al zijn hoop. Alleen zo bewaarde hij de kracht van zijn liefde. Hij bezat geen ander 'argument' om in de opstanding te geloven, dan dat het dit geloof zelf is, dat verhindert dat de angst voor de dood het vermogen tot liefde vernielt, en dat God, die liefde is, de dood niet toestaat zijn spel met angstige mensen te spelen.

De taal van het Nieuwe Testament heeft deze overtuiging ingekleed in de '*paasboodschap*': ieder die weet hoe groot de bevrijdende kracht van de woorden van Jezus is, die zal, zoals de man uit Nazareth, de angst voor de dood verliezen; die zal ervaren dat de dood al 'overwonnen' is in de dood op Golgotha, die zal beleven, dat Jezus niet 'op *zal* staan' bij de opstanding op de jongste dag, maar altijd al, nu, waar zijn woord ons raakt, het leven redt voor de dood (Joh. 5:25); voor diegene is het 'einde' van de tijd, de 'voleinding' van de wereld al werkelijkheid; voor diegene *is* Jezus in zijn dood door God 'koning' van de tijd, tot maatstaf van de menselijkheid gemaakt en is hij 'verhoogd' (Matth. 25:31; Rom.1:4). Die zal begrijpen wat de 'engel' bij het 'lege graf' in de paaslegende van het *Mattheüs*-evangelie tegen de bevreesde vrouwen zegt: '*Hij gaat voor u uit naar Galilea; daar zult u Hem zien*' (Matth. 28:7). Elk woord dat is gesproken aan de oever van het meer van Gennesareth is leven en waarheid, een eeuwig getuigenis tegen de dood en tegen de leugen; en verzekert *Mattheüs* de 'opgestane' zal degene die daarnaar op weg is *onderweg* al tegemoet komen en voor hem zichtbaar zijn (Matth. 28:9). Als 'Apocalyps' betekent: *het blootleggen* (van de werkelijkheid), dan was Jezus' gang in de dood zo'n 'Apocalyps' van de wereld. Sinds die tijd is duidelijk zichtbaar wat vrede is, wat vrijheid is en wat de werken van de dood zijn.